Corina Jürgensen/Sabina Piatzer

Chronik 1921

Tag für Tag in Wort und Bild

Chronik Verlag

Abbildungen auf dem Schutzumschlag
(oben links beginnend)
Plakat der sowjetischen Künstlerhilfe für die Hungernden in Sowjetrußland
Französische Soldaten besetzen Düsseldorf
Die »Vossische Zeitung« meldet den Mord an Matthias Erzberger
Volksabstimmung in Oberschlesien
Trude Hesterberg mit dem Rumpler-Tropfenwagen
Dadaisten-Ausstellung in Paris
Jack Dempsey schlägt Georges Carpentier (l.)
»Shimmy« erobert die Tanzsäle

2., überarbeitete Auflage 1991

Redaktion: Manfred Brocks, Ingrid Reuter, Martin Wahl (Text), Hartmut Gahmann (Bild)
Fachautoren: Dr. Frank Busch (Theater), Dr. Ingrid Loschek (Mode),
    Felix R. Paturi (Wissenschaft und Technik), Jochen Rentsch (Musik)
Anhang: Ludwig Hertel, Bernhard Pollmann, Karl Adolf Scheren
Herstellung: Barbara Reppold-Hinz
Satz und Druck: Mohndruck Graphische Betriebe GmbH, Gütersloh

Leihgeber für Zeitungen und Zeitschriften: Institut für Zeitungsforschung, Dortmund

© Chronik Verlag
in der Harenberg Kommunikation Verlags- und Mediengesellschaft mbH & Co. KG
Dortmund 1989

ISBN 3-611-00067-1

Inhalt

Der vorliegende Band aus der »Chronik-Bibliothek des 20. Jahrhunderts« führt Sie zuverlässig durch das Jahr 1921 und gibt Ihnen – aus der Sicht des Zeitzeugen, aber vor dem Hintergrund des Wissens von heute – einen vollständigen Überblick über die weltweit wichtigsten Ereignisse in Politik und Wirtschaft, Kultur und Sport, Alltag und Gesellschaft. Sie können das Jahr in chronologischer Folge an sich vorüberziehen lassen, die »Chronik 1921« aber auch als Nachschlagewerk oder als Lesebuch benutzen. Das Chronik-System verbindet eine schier unübersehbare Fülle von Artikeln, Kalendereinträgen, Fotos, Graphiken und Übersichten nach einheitlichen Kriterien und macht damit die Daten dieses Bandes mit jedem anderen Band vergleichbar. Wer die »Chronik-Bibliothek« sammelt, erhält ein Dokumentationssystem, wie es in dieser Dichte und Genauigkeit nirgends sonst zu haben ist.

Hauptteil (ab Seite 8)

Jeder Monat beginnt mit einem Kalendarium, in dem die wichtigsten Ereignisse chronologisch geordnet und in knappen Texten dargestellt sind. Sonn- und Feiertage sind durch farbigen Druck hervorgehoben. Pfeile verweisen auf ergänzende Bild- und Textbeiträge auf den folgenden Seiten. Faksimiles von Zeitungen und Zeitschriften, die im jeweiligen Monat des Jahres 1921 erschienen sind, spiegeln Zeitgeist und herausragende Ereignisse.
Wichtige Ereignisse des Jahres 1921 werden – zusätzlich zu den Eintragungen im Kalendarium – in Wort und Bild beschrieben. Jeder der 256 Einzelartikel bietet eine in sich abgeschlossene Information. Die Pfeile des Verweissystems machen auf Artikel aufmerksam, die an anderer Stelle dieses Bandes ergänzende Informationen zu dem jeweiligen Thema vermitteln.
548 häufig farbige Abbildungen und graphische Darstellungen illustrieren die Ereignisse und Entwicklungen des Jahres 1921 und werden damit zu einem historischen Kaleidoskop besonderer Art.
Hinter dem Hauptteil (auf S. 212) geben originalgetreue Abbildungen einen Überblick über alle Postwertzeichen, die im Jahr 1921 in der Bundesrepublik Deutschland neu ausgegeben wurden.

Übersichtsartikel (ab Seite 20)

19 Übersichtsartikel, am blauen Untergrund zu erkennen, stellen Entwicklungen des Jahres 1921 zusammenfassend dar.
Alle Übersichtsartikel aus den verschiedenen Jahrgangsbänden ergeben – zusammengenommen – eine sehr spezielle Chronik zu den jeweiligen Themenbereichen (z. B. Film von 1900 bis 2000).

Anhang (ab Seite 213)

Der Anhang zeigt das Jahr 1959 in Statistiken und anderen Übersichten. Ausgehend von den offiziellen Daten für die Bundesrepublik Deutschland, Österreich und die Schweiz, regen die Zahlen und Fakten zu einem Vergleich mit vorausgegangenen und nachfolgenden Jahren an.
Für alle wichtigen Länder der Erde sind die Staats- und Regierungschefs im Jahr 1921 aufgeführt und werden wichtige Veränderungen aufgezeigt.
Die Zusammenstellungen herausragender Neuerscheinungen auf dem Buchmarkt sowie der Premieren auf Bühne und Leinwand werden zu einem Führer durch das kulturelle Leben des Jahres.
Das Kapitel »Sportereignisse und -rekorde« spiegelt die Höhepunkte des Sportjahres 1921.
Internationale und deutsche Meisterschaften, die Entwicklung der Leichtathletik- und Schwimmrekorde sowie alle Ergebnisse der großen internationalen Wettbewerbe im Automobilsport, Eiskunstlauf, Fußball, Gewichtheben, Pferde-, Rad- und Wintersport sowie im Tennis sind wie die Boxweltmeister im Schwergewicht nachgewiesen.
Der Nekrolog enthält Kurzbiographien von Persönlichkeiten, die 1921 verstorben sind.

Register (ab Seite 232)

Das *Personenregister* nennt – in Verbindung mit der jeweiligen Seitenzahl – alle Personen, deren Namen in diesem Band verzeichnet sind.
Werden Personen abgebildet, so sind die Seitenzahlen kursiv gesetzt. Herrscher und Angehörige regierender Häuser mit selben Namen sind alphabetisch nach den Ländern ihrer Herkunft geordnet.
Wer ein bestimmtes Ereignis des Jahres 1921 nachschlagen möchte, das genaue Datum oder die Namen der beteiligten Personen aber nicht präsent hat, findet über das spezielle *Sachregister* Zugang zu den gesuchten Informationen.
Oberbegriffe und Ländernamen erleichtern das Suchen und machen zugleich deutlich, welche weiteren Artikel und Informationen zu diesem Themenfeld im vorliegenden Band zu finden sind. Querverweise helfen bei der Erschließung der immensen Informationsvielfalt.

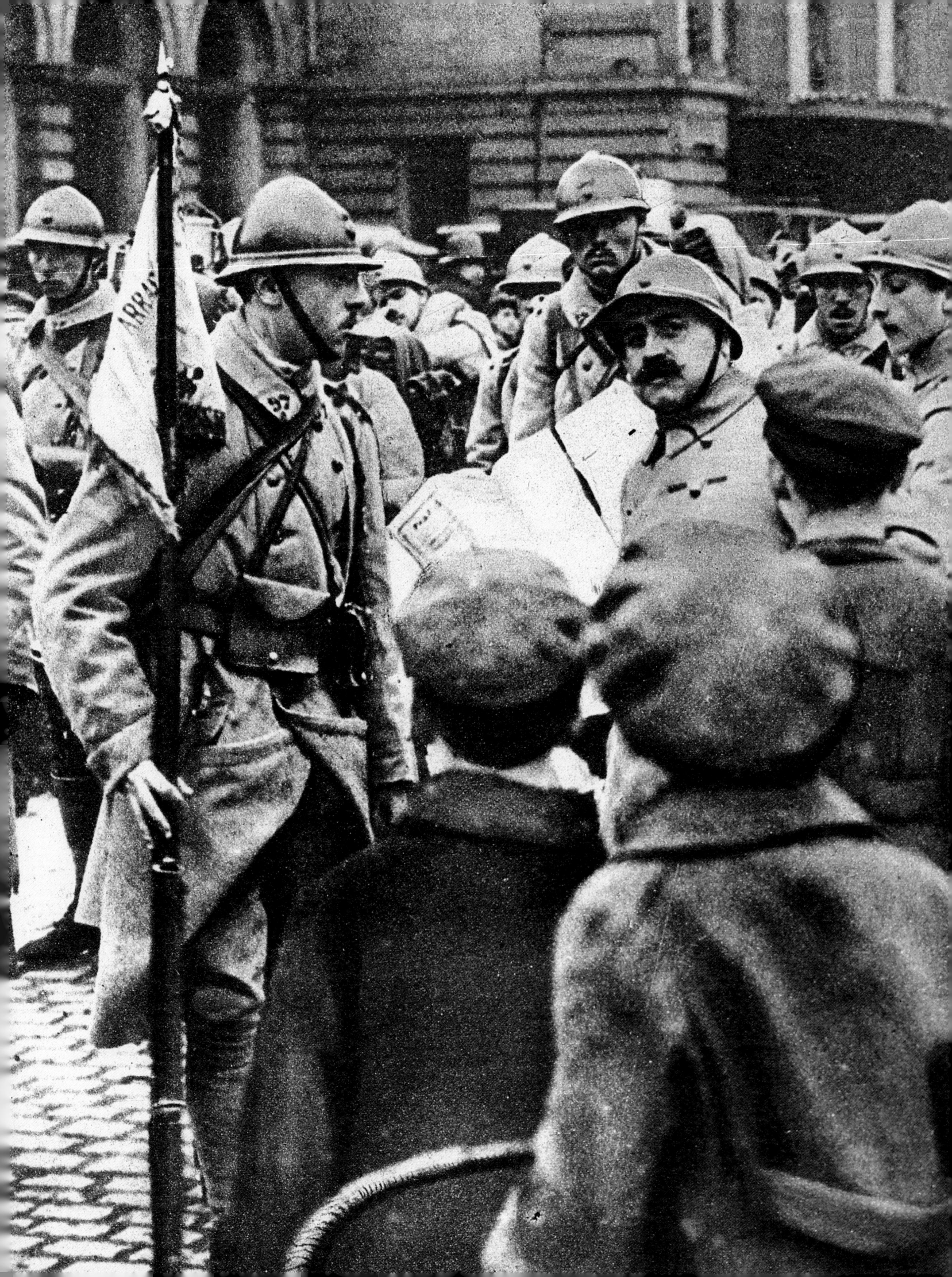

Das Jahr 1921

Ungewißheit und Zukunftsangst prägen die Stimmung der Deutschen im Jahr 1921. Die Folgen der Niederlage im Weltkrieg werden in vieler Hinsicht erst jetzt deutlich. Die Alliierten fordern endgültig Reparationen, gegen die kein Aufbäumen hilft: Dem Deutschen Reich – ohnmächtig als Kriegsverlierer – wird eine horrende Summe auferlegt, die schon im ersten Zahlungsjahr die Gefahr des wirtschaftlichen Ruins näherücken läßt. Außen- und innenpolitisch wird deshalb der Konflikt um die Einlösung der Kriegsschuld zum dominierenden Thema.

Den harten Forderungen der Siegermächte kann die Reichsregierung nur die hilflose Bitte um maßvolle Bedingungen entgegensetzen. Als die deutsche Seite die Festsetzung der Reparationen auf eine Summe von 269 Mrd. Goldmark ablehnt, erzwingen die Alliierten die Durchsetzung ihrer Forderung mit Gewalt: Im März besetzen sie die Städte Düsseldorf, Duisburg und Ruhrort, ein Vorgehen, das drei Jahre nach Kriegsende als besondere Demütigung empfunden wird, zumal schon seit dem Inkrafttreten des Versailler Vertrags die westrheinischen Gebiete unter alliierter Besatzung stehen.

Als die Siegermächte im Mai auch noch mit Sanktionen im Ruhrgebiet drohen, bleibt keine andere Lösung, als eine Wende in der deutschen Außenpolitik einzuleiten. Der neue Reichskanzler Joseph Wirth (Zentrum) versucht, durch seine »Erfüllungspolitik« eine Eskalation des Konflikts abzuwenden, indem er sich bedingungslos den Auflagen der Alliierten fügt. Sein Konzept – zunächst eine Verständigungsbasis mit den ehemaligen Kriegsgegnern zu schaffen, um so neue Verhandlungen einleiten zu können – wird dabei von vielen als Auslieferung deutscher Interessen abgelehnt. Der Mut, die Verantwortung für die immense Bürde auf sich zu nehmen, um damit letztlich den Fortbestand der jungen Republik zu gewährleisten, wird von nationalistischen Kreisen immer wieder als Verrat am Vaterland denunziert.

Obwohl Wirths neuer Kurs vielen Anfeindungen standhalten muß, weckt er doch Hoffnung in einer Frage, welche die ganze Nation bewegt: die Zukunft Oberschlesiens. Wirth bindet seine Einwilligung in die Reparationsforderungen an die Zugehörigkeit des ganzen Gebiets zum Deutschen Reich. Schon ein halbes Jahr nach seinem Antritt wird die »Erfüllungspolitik« jedoch auf ihre bisher härteste Probe gestellt: Der Völkerbund beschließt die Teilung Oberschlesiens. Obwohl bei einer Volksabstimmung im März 60% der Oberschlesier für den Verbleib beim Deutschen Reich votiert haben, fällt das reiche Industrierevier an Polen. Aus Protest gegen diese Entscheidung treten der Reichskanzler und sein Kabinett zurück und müssen wenige Tage später ihre Amtsgeschäfte wieder aufnehmen, da niemand, schon gar nicht Wirths lautstarke Kritiker von rechts, bereit ist, die Last der Verantwortung zu tragen.

Während in dieser Situation die Ohnmacht der Reichsregierung offensichtlich ist, schlachtet die Rechte die vermeintlichen Niederlagen der »Erfüllungspolitiker« aus, um ihre Hetze gegen die Republik auf die Spitze zu treiben. Die endgültige Reduzierung der Reichswehr auf eine Stärke von 100 000 Mann sowie die Auflösung der bewaffneten Wehrverbände liefern den rechtsradikalen Gruppierungen weitere Vorwände, um gegen die Verfechter der demokratischen Ordnung vorzugehen. Durch Mordanschläge auf den Zentrumspolitiker und Unterzeichner des Waffenstillstandsabkommens, Matthias Erzberger, und den bayerischen USPD-Politiker Karl Gareis wollen sie den Staat mit Terror in die Knie zwingen.

Bayern wird dabei zum Sammelpunkt für die Republikfeinde: Mitglieder der Brigade Ehrhardt, die 1920 maßgeblich am Kapp-Putsch beteiligt war, unterhalten hier genauso wie die Organisation Consul, verantwortlich für den Mord an Erzberger, und der Kampfbund Oberland direkte Kontakte zur rechtskonservativen Landesregierung und zum Münchner Polizeipräsidium. Auch die NSDAP, die im Juli 1921 mit der Wahl Adolf Hitlers zum Parteivorsitzenden das »Führerprinzip« annimmt, arbeitet von München aus am Ausbau weiterer Ortsgruppen und intensiviert den Kampf gegen die Republik. Prekär bleibt weiterhin die wirtschaftliche Lage. Während die Alliierten vehement auf den Reparationszahlungen bestehen, boykottieren sie gleichzeitig weitgehend den deutschen Markt und tragen damit entscheidend dazu bei, daß sich die deutsche Wirtschaft nicht erholt. Um die Gelder zur Wiedergutmachung aufbringen zu können, bedient sich die Reichsregierung immer häufiger der Notenpresse. Die Inflation nimmt ungeahnte Ausmaße an.

Die Notlage macht sich auch im Leben des einzelnen Bürgers deutlich bemerkbar. Verschiedene Nahrungsmittel sind immer noch knapp und werden durch die Geldentwertung zusehends teurer. Wegen der extremen Wohnungsnot müssen mehrere Millionen Menschen ihr Dasein in notdürftigen Behausungen fristen.

So normalisiert sich unter diesen Umständen der Alltag in der Nachkriegszeit nur mit Verzögerung. Auch die Vergnügungsmöglichkeiten bleiben eher bescheiden. Ein interessantes Freizeit- und Kulturangebot ist vorerst nur den Großstädtern beschieden, und auch hier klaffen die sozialen Gegensätze weit auseinander. Die Jugend der Oberschicht hat die Hand am Puls der Zeit, entdeckt den Jazz und mit ihm neue Modetänze. Vor allem auch die Kleinkunst erlebt mit einem Boom des Kabaretts ihre erste Blüte.

Die Kinos finden immer mehr Zulauf und bieten auch Menschen mit weniger gefülltem Portemonnaie etwas Abwechslung. Wohl werden im Deutschen Reich keine Kassenschlager wie Charlie Chaplins »The Kid« produziert, der in den USA ein Millionenpublikum in die Lichtspielhäuser lockt. Der deutsche Film ist dennoch auf dem Weg, eigene Ausdrucksformen zu entwickeln. Leopold Jessners »Die Hintertreppe«, Fritz Langs »Der müde Tod« und Lupu Picks »Scherben« verarbeiten die Nachkriegsrealität, indem sie Sozialkritik mit expressionistischen Stilelementen verquicken. Joy Mays »Das indische Grabmal« und Ernst Lubitschs »Die Bergkatze« hingegen verhelfen dem Publikum durch exotische Abenteuer und amüsante Einlagen zur Flucht aus den Sorgen des Alltags.

1921 ist kein Jahr des Umschwungs und der Bewältigung grundlegender Konflikte. Erst allmählich kann für die Hungerkatastrophe in Sowjetrußland, die immer noch Millionen von Menschen bedroht, durch internationale Maßnahmen Abhilfe geschaffen werden. Auch in Österreich, das weiterhin auf Kredite der Siegermächte hofft, lebt ein Großteil der Bevölkerung weit unter dem Existenzminimum. In Italien ebnet die Konzeptionslosigkeit der liberalen Regierung angesichts der anhaltenden Depression den Faschisten den unaufhaltsamen Weg zur Macht. Trotz der Gründung des irischen Freistaats findet der Bürgerkrieg kein Ende, da große Teile der Unabhängigkeitsbewegung die Einbindung in das britische Königreich ablehnen und weiterhin auf ihrer Forderung nach der vollständigen Loslösung von Großbritannien beharren. Zumindest bemühen sich die Großmächte und ihre Verbündeten, auf internationaler Ebene eine neue Verständigungsbereitschaft zu erzielen. Die Washingtoner Konferenz dauert über die Jahresgrenze hinaus an und soll durch ein Abrüstungsabkommen die erste Grundlage für einen dauerhaften Frieden schaffen.

Corina Jürgensen
Sabina Piatzer

◁ *Um die deutsche Reichsregierung zur Annahme der Reparationsforderungen in Höhe von 269 Mrd. Goldmark zu zwingen, besetzen alliierte Truppen die Städte Duisburg, Düsseldorf und Ruhrort. Verunsichert beobachten Jugendliche die Aufstellung französischer Soldaten vor dem Düsseldorfer Hauptbahnhof.*

Januar 1921

Mo	Di	Mi	Do	Fr	Sa	So
					1	2
3	4	5	6	7	8	9
10	11	12	13	14	15	16
17	18	19	20	21	22	23
24	25	26	27	28	29	30
31						

1. Januar, Neujahr

In ihren Neujahrsansprachen beschwören die deutschen Politiker im Hinblick auf die bevorstehenden Reparationsverhandlungen die Notwendigkeit des Zusammenhalts der Nation. → S. 13

Winston Churchill wird als Nachfolger von Alfred Viscount Milner britischer Kolonialminister. → S. 15

In der Schweiz löst Edmund Schultheß für 1921 Giuseppe Motta als Bundespräsident ab. Schultheß hat das Amt nach 1917 zum zweiten Mal inne.

Das US-Marineflugzeug NC-5 fliegt mit fünf Passagieren an Bord 702 Meilen (1129,50 km) in einer Rekordzeit von 9:15 h, d.h. mit einer Durchschnittsgeschwindigkeit von 123,44 km/h.

2. Januar, Sonntag

Der frühere deutsche Reichskanzler Theobald von Bethmann Hollweg stirbt auf seinem Gut Hohenfinow. → S. 18

Im Deutschen Reich wird der Arbeitslohn für Sträflinge erhöht: Zuchthausgefangene bekommen für einen Arbeitstag 1 Mark statt bisher 20 Pfennig, die anderen Gefangenen 1,50 Mark statt 30 Pfennig ausgezahlt.

3. Januar, Montag

Der deutsche Botschafter Friedrich Sthamer und der britische Außenminister Lord George Curzon unterzeichnen in London ein Abkommen, das die Rückgabe bzw. Vergütung von britischem Eigentum gewährleistet, das während des Weltkriegs beschlagnahmt wurde.

In Berlin wird das polizeiliche Aufführungsverbot für Arthur Schnitzlers Drama »Reigen«, das wegen angeblicher Unsittlichkeit beanstandet worden war, aufgehoben. → S. 22

4. Januar, Dienstag

In Flensburg kommt es bei der Beisetzung des Kommunisten Paul Hoffmann, der bei einem Fluchtversuch von Polizisten erschossen wurde, zu schweren Zusammenstößen zwischen der Schutzpolizei und Demonstranten. Die Protestierenden erinnern an die Ermordung Karl Liebknechts und Rosa Luxemburgs. Im Laufe der gewalttätigen Auseinandersetzungen werden zehn Demonstranten getötet und 20 weitere verletzt.

Das Direktionskomitee der Kommunistischen Partei Frankreichs (KPF), die am 29. Dezember 1920 in Tours gegründet wurde, tritt erstmals zusammen. Die 1904 gegründete Tageszeitung »L'Humanité« wird Parteiorgan.

Der Deutsche Luft-Lloyd richtet zwischen Hamburg, Magdeburg und Breslau einen täglichen Flugpostdienst ein. Die Deutsche Luft-Reederei (DLR) eröffnet den Linienflugverkehr zwischen Berlin und München.

5. Januar, Mittwoch

Nach einer Meldung der »Düsseldorfer Nachrichten« ist der Austausch von deutschen und russischen Kriegsgefangenen in vollem Gang. Bislang sind aus Sowjetrußland 29 000 reichsdeutsche Kriegs- und Zivilgefangene zurückgekehrt, aus den anderen Kriegsteilnehmerstaaten beträgt die Zahl der Heimkehrer 70 000. Rund 132 000 kriegsgefangene Russen sind aus deutschen Lagern in ihre Heimat zurückgekommen.

Anläßlich drohender Streiks erhöht die Reichsregierung die Bezüge der Eisenbahner um 55 bis 70%.

In Essen macht die Kriminalpolizei eine Bande von zehn bewaffneten Eisenbahnräubern und zwölf Hehlern dingfest. Die Bande hat seit 1920 Güterzüge im nördlichen Ruhrgebiet beraubt. Bei Hausdurchsuchungen in den Wohnungen der Täter findet man große Posten an Schuhen, Leder, Stoffen, Wäsche, Wolldecken und Seifen.

Die Oper »Walküre« wird als erste Wagner-Inszenierung seit 1914 an der Pariser Oper aufgeführt.

6. Januar, Donnerstag

Im sächsischen Landtag fordert die KPD eine Verdoppelung der Arbeitslosenunterstützung sowie die sofortige Anhörung einer vor dem Landtag in Dresden versammelten Gruppe von Arbeitslosen. Als der Antrag abgelehnt wird, kommt es zu starken Tumulten innerhalb der Reihen der KPD.

Das Berliner Gesundheitsamt meldet, daß von 485 000 Kindern der Stadt 29 000 (6%) an Tuberkulose erkrankt sind. Insgesamt sind 120 000 (24,7%) Kinder unterernährt, 77 000 (15,9%) krank und stark unterernährt.

Der argentinische Staatspräsident Hipólito Irigoyen erklärt in Buenos Aires, sein Land habe den Völkerbund verlassen, weil nicht alle Länder der Welt in ihn aufgenommen wurden.

In Hamburg wird das Rembrandt-Gemälde »Abziehendes Gewitter in Herbstlandschaft« (entstanden um 1639) gestohlen. Es hat einen Wert von 2 Mio. Mark und wurde aus dem Kontor der Privatbank Heckscher entwendet.

7 . Januar, Freitag

Die Finanzminister der deutschen Länder tagen in Bamberg unter dem Vorsitz des bayerischen Finanzministers Wilhelm Krausneck (BVP), um die finanzielle Notlage der Länder sowie die Neuregelung der Beamtenbesoldung und der Arbeitslosenfürsorge zu beratschlagen.

Der Kriminalfilm »Der Mord ohne Täter«, in der Regie von Ewald André Dupont, wird in Berlin uraufgeführt.

---

8. Januar, Samstag

In Paris findet unter dem Vorsitz von Alexandr F. Kerenski, der von Juli 1917 bis zur Oktoberrevolution Ministerpräsident Rußlands war, ein Exilrussentreffen statt. → S. 16

Der britische Politiker Rufus D. Reading wird neuer Vizekönig von Indien. → S. 17

In Frankfurt am Main wird die Akademie für Arbeit als erste Hochschule »für das Volk der Arbeit« gegründet. → S. 19

Der Industrie-Konzern von Hugo Stinnes eröffnet einen Schiffsliniendienst von Danzig nach Südamerika.

9. Januar, Sonntag

In Köln findet der rheinische Zentrumsparteitag statt. Die Redner betonen ihre Ablehnung des preußischen Zentralismus in der Partei, wenden sich aber gleichzeitig gegen eine Loslösung aus dem preußischen Staatsverband. Zudem fordern sie die Revision des Versailler Vertrages, da mit seiner Erfüllung eine wirtschaftliche Gesundung des Deutschen Reiches unmöglich sei.

10. Januar, Montag

Die ersten Urteile gegen Kriegsverbrecher werden vor dem Reichsgericht in Leipzig ausgesprochen. Für Plünderungen gibt es Zuchthausstrafen (→ 26. 3./ S. 81).

11. Januar, Dienstag

In Moskau wird unter der Leitung von Dawid B. Rjazanov das Karl Marx-Friedrich Engels-Institut gegründet. Das Institut ist eine wissenschaftliche Einrichtung zur Erforschung und Pflege der Werke der beiden Begründer des Kommunismus.

In Danzig, das seit dem Versailler Vertrag als »Freie Stadt« unter dem Schutz des Völkerbundes steht, aber zu Polens Zollgebiet gehört, läuft das erste polnische Kriegsschiff vom Stapel. Es wird nach dem Staatspräsidenten von Polen »Marschall Piłsudski« getauft.

12. Januar, Mittwoch

Unter der Leitung der sowjetischen Volkskommissare Leo D. Trotzki und Georgi W. Tschitscherin sowie des Vorsitzenden des Präsidiums des Obersten Sowjets, Michail I. Kalinin, findet in Moskau eine Tagung statt, auf der Maßnahmen zur Eindämmung der antibolschewistischen Kräfte in Sowjetrußland beschlossen werden.

In Berlin beginnt eine zweitägige Konferenz der Länderfinanzminister. Unter dem Vorsitz von Reichsfinanzminister Joseph Wirth (Zentrum) wird über die Deckung der Mehrausgaben, die durch die geplante Erhöhung der Beamtenbesoldung entstehen, beraten.

Der preußische Kultusminister Konrad Haenisch (SPD) beschließt in Berlin, daß Examenskandidaten wegen der schlechten wirtschaftlichen Lage bei Prüfungen nicht mehr wie bislang üblich im Frack erscheinen müssen.

---

13. Januar, Donnerstag

Die US-amerikanische Militärbehörde im Deutschen Reich vermindert die Stärke der Besatzungstruppen im Rheinland von 15 000 auf 8000 Mann.

Brasilien übernimmt für die nächste einjährige Amtsperiode den Vorsitz im Völkerbund in Genf.

Das Strafgericht in Paris verbietet die 1895 gegründete, marxistisch ausgerichtete Gewerkschaft CGT (Confédération Génerale du Travail) aufgrund ihrer Beteiligung an einem Eisenbahnerstreik im Vorjahr.

Der italienische Dichter Gabriele D'Annunzio wird von König Viktor Emanuel III. amnestiert. Als sich die Entente nach dem Friedensschluß von St.-Germain-en-Laye vom 10. September 1919 unschlüssig zeigte, ob Fiume (Rijeka) in den Besitz des neugegründeten jugoslawischen Staates fallen sollte, belagerte D'Annunzio als Führer einer Freischar am 12. September die Stadt und errichtete dort innerhalb der folgenden 15 Monate einen korporativen Freistaat. Erst im Dezember 1920 konnte ihn die italienische Regierung mit Waffengewalt zum Abzug zwingen.

14. Januar, Freitag

Die Regierung und der Landtag von Braunschweig, die sich mehrheitlich aus Sozialdemokraten zusammensetzen, sprechen offiziell ihre Ablehnung der Feiern zum 50. Reichsgründungstag aus. Sie weichen damit von der offiziellen Linie der SPD ab (→ 18. 1./S. 18).

Mit knapper Mehrheit wird in Mecklenburg-Schwerin Johannes Stelling (SPD) zum Ministerpräsidenten gewählt. Er löst Hermann Reincke-Bloch (DVP) im Amt ab und bildet ein rein sozialdemokratisches Kabinett.

In Großbritannien hat die Arbeitslosenzahl mit 927 000 ihren bisherigen Höchststand erreicht. Damit sind rund 15% aller Beschäftigten ohne Arbeit. → S. 15

Die 1919 gegründete Universität in Hamburg bekommt durch die Hamburger Bürgerschaft eine Verfassung, in der ihre Selbstverwaltung geregelt ist.

15. Januar, Samstag

In Dresden wird die Konferenz der Ernährungsminister unter Vorsitz von Reichsernährungsminister Andreas Hermes (Zentrum) eröffnet. Die achttägigen Beratungen befassen sich mit der Festsetzung der Mindestpreise für Getreide und dem Einsatz von Düngemitteln. So soll zukünftig ein Mindestertrag von 4 Doppelzentnern Getreide pro Hektar erzielt werden.

US-amerikanische Archäologen entdecken in der Nähe von Theben den ca. 4000 Jahre alten Grabschatz eines ägyptischen Prinzen. → S. 23

Der erste Deutsche Arbeiter-Sport-Kongreß findet in Jena statt. Ziel ist ein organisatorischer Zusammenschluß der Arbeitersportbewegung zu einem Einheitsverband.

Der Verlauf der Pariser Reparationskonferenz (24.–29. 1.) nimmt in der Berichterstattung der meisten Tageszeitungen einen breiten Raum ein. Die Entscheidung über die politische und wirtschaftliche Zukunft des Deutschen Reiches ist von solcher Wichtigkeit, daß jedes Gerücht auch in seriösen Blättern eine Meldung wert ist.

Einzelpreis 30 Pfg.

Düsseldorfer Nachrichten

Düsseldorfer General-Anzeiger

Schriftleitung und Geschäftsstelle: Königsallee 27. Zweigstellen: Königsallee 72, Nordstraße 84. — Fernsprecher: 8750 bis 8765. — Telegramm-Adresse: Nachrichten Düsseldorf. Postscheck-Konto: Köln 10 108

Die Düsseldorfer Nachrichten erscheinen wochentags zweimal, Sonntags einmal. — Bezugspreis: Durch Boten monatlich 7.50 Mk. frei ins Haus. — Anzeigenpreise: Für 1 mm Höhe und 82 mm Breite im Anzeigenteil 1.40 Mk., Familienanzeigen und Stellengesuche 1.— Mk., im Reklameteil (72 mm breit) 4.50 Mk. (einschl. Anzeigensteuer).

Kreisblatt für den Landkreis Düsseldorf

Eigene Berliner Abteilung (Schriftleitung und Geschäftsstelle): Berlin NW. 7, Unter den Linden Nr. 59a. — Fernsprecher: Berlin, Amt Zentrum Nr. 10128, 11868 und 1195. Telegramm-Adresse für Berlin: Girardetverlag.

Anzeigenschluß für die nächste Ausgabe 11 Uhr vormittags des vorhergehenden Tages, für die Sonntag-Ausgabe Samstagmorgen 9 Uhr, für die Montagmorgen-Ausgabe Samstagmittag 2 Uhr. Für die Aufnahme von Anzeigen an bestimmten Tagen und bestimmter Stelle wird keine Gewähr übernommen. — Unsere Geschäftsräume sind von morgens 8 bis abends 6 Uhr geöffnet.

Dienstag, den 25. Januar 1921 — Morgen-Ausgabe — 46. Jahrgang — Nummer 43

Die Entwaffnungsfrage auf der Pariser Konferenz.

TU. Paris, 24. Januar. (Drahtb.) Die erste Sitzung der Interalliierten Konferenz hat heute morgen um 11 Uhr begonnen. Nur die Chefs der Delegationen waren zugegen, und zwar für Frankreich Briand, unterstützt von Berthelot, für England Lloyd George und Lord Curzon, für Italien Graf Storza, Graf Bonin-Longare und Marquis Torelli, für Belgien Außenminister Jasper, für Japan Baron Ishi. Jede Delegation hat außerdem zwei Sekretäre. Es ist beschlossen worden, daß die Sachverständigen erst bei der Besprechung von Fragen eingeführt werden sollen, für die ihre Meinung eingeholt wird. Nach einigen Begrüßungsworten Briands wurde ein Bericht über den Inhalt der Tagesordnung verlesen. Man beschloß, als erste Frage diejenige zu besprechen, die die Einberufung der Konferenz veranlaßt hat, die Frage der Entwaffnung. Die Sachverständigen wurden eingeführt, und zwar für Frankreich Barthou und Marschall Foch, begleitet von den Generalen Weygand und Nollet, für England Marschall Wilson und General Bingham, für Belgien General Maglinsse, für Italien General Mariotti. Marschall Foch verlas eine Zusammenfassung der Feststellungen des Berichts des Versailler Militärkomitees vom 13. Dezember 1920. Er schilderte sodann die gegenwärtige Lage Deutschlands bezüglich der Entwaffnung und der Effektivbestände. Die Aussprache über die Frage der Entwaffnung wird heute nachmittag um 4 Uhr fortgesetzt werden. Im Verlaufe der Verhandlung zeigten sich die Marschälle Foch und Wilson sehr entschlossen und erklärten, daß die Entwaffnung Deutschlands unerläßlich ist. Man glaubt, daß die Konferenz, wenn sie eine kleine Frist für die Entwaffnung der Einwohnerwehren gewähren wird, andererseits unter Androhung von Bestrafung die Ablieferung aller Waffen verlangen wird.

Fochs Bericht.

W. Paris, 24. Januar. (Drahtb.) Nach einer Sondermeldung der Havas-Agentur hat Marschall Foch in dem Bericht, den er am 30. Dezember namens des interalliierten militärischen Ausschusses von Versailles erstattete und den er in der heutigen Vormittagssitzung in der Pariser Konferenz resümierte, folgende Feststellungen gemacht:

1. Die Kontrollkommission habe nur einen kleinen Teil der den deutschen Behörden von der Zivilbevölkerung ausgelieferten Waffen erhalten.
2. Der Entwaffnungskommissar habe noch nicht den Zeitpunkt der Übergabe der Waffen der Bürgerwehren mitgeteilt.
3. Die Entwaffnung der Sicherheitspolizei sei nicht beendet.
4. Die Sicherheitspolizei sei nicht aufgelöst worden.
5. Die Einwohnerwehren, die in Ostpreußen und Bayern aufrechterhalten würden, stünden in enger Beziehung zu der Reichswehr.
6. Die deutsche Gesetzgebung sei noch nicht genügend in Einklang gebracht worden mit den militärischen Dispositionen des Friedensvertrages.
7. Die deutsche Regierung weigere sich, das Artilleriematerial der deutschen Festungen Königsberg und Küstrin abzuliefern.
8. Die deutsche Regierung fahre fort, trotz der noch nicht kontrollierten Herabsetzung der Reichswehr auf 100 000 Mann Rekrutierungsbüros entgegen den Bestimmungen des Friedensvertrages zu unterhalten.
9. Die deutsche Regierung setze der Ausführung der Klauseln über die Luftschiffahrt systematisch Widerstand entgegen.

Nach der Havas-Meldung hat es den Anschein gehabt, daß das Exposé des Marschalls Foch Lloyd George und die anderen alliierten Vertreter günstig beeinflußt habe.

Eine Parallelkonferenz der Sachverständigen?

WB. **Paris**, 24. Januar. (Drahtb.) Von der „Chikago Tribune“ wird behauptet, daß Bergmann zur Pariser Konferenz hinzugezogen werden soll. Es fragt sich nur, in welcher Eigenschaft er dort auftreten soll. Bis jetzt ist nichts bekannt geworden, daß er von der deutschen Regierung zur Führung von Verhandlungen und zur Unterzeichnung von Beschlüssen ermächtigt worden sei. Die Depeschenagentur „Radio“ ist der Meinung, daß die Finanzsachverständigen der Entente in Paris eine Parallelkonferenz abhalten werden, zu der Bergmann hinzugezogen werden soll.

Der „Matin“ ist pessimistisch.

DN. **Paris**, 24. Januar. (Eigener Drahtbericht.) Der „Matin“ schreibt zur Konferenz: Hinter dem Programm zur Konferenz baut sich eine ganze Welt von Schwierigkeiten auf, die beängstigend sind. An erster Stelle steht die Frage der Entwaffnung Deutschlands. In dieser hauptsächlichsten Frage wird eine Verständigung mühelos herbeigeführt werden, und es ist möglich, daß bereits gegen Ende des heutigen Vormittags die Alliierten in der Lage sein werden, an Deutschland ein präzises Ultimatum abzusenden.

Danach wird man zur Frage der Kohlenlieferungen übergehen. Die Alliierten haben dazu einen neuen Vertrag gutgeheißen nach den Angaben des Wiedergutmachungsausschusses. Wenn diese Angelegenheit geregelt ist, wird man das Wiedergutmachungsproblem anschneiden. Briand hat eine schwere Aufgabe. Er ist genötigt, sich des schlechten Versailler Vertrages, der ihm als Erbe hinterlassen wurde, zu bedienen, in dem alles, was die englischen Interessen betrifft, klar und deutlich ist und außer Diskussion steht, und wo alles, was Frankreich betrifft, sehr kompliziert und manchmal bedauerlich unklar ist.

Englisch-französische Streitfragen.

W. **London**, 24. Januar. (Drahtb.) Der Pariser Berichterstatter der „Morning Post“ meldet, es seien alle Anstrengungen gemacht worden, nicht nur vom französischen Ministerium des Äußeren, sondern auch von der Regierung, um ein möglichst enges Einvernehmen zwischen Frankreich und England zu sichern. Es habe jedoch keinen Wert, die Tatsache zu verheimlichen, daß zahlreiche Streitfragen auftauchen werden. Frankreich sei der Ansicht, daß es an der Ostküste des Mittelmeeres so große Opfer gebracht habe, daß es die Interessen, für die es gekämpft habe, nicht aufgeben könne. Es werde mit anderen Worten bestimmt auf eine Abänderung des Vertrages von Sevres dringen.

Die amerikanischen Besatzungstruppen.

WB. **Stockholm**, 24. Januar. (Drahtb.) „Sydsvenska Dagbladet“ erfährt aus New York, daß die amerikanischen Besatzungstruppen bis zum Einzug Hardings in das Weiße Haus im Rheinland verbleiben werden.

Ein Amerikaner über Wilhelm II.

W. **Paris**, 23. Januar. (Drahtb.) „Matin“ berichtet heute über einen Vortrag, den der erste politische Beirat der amerikanischen Finanzdelegation in Paris, James Brown Scott in Philadelphia gehalten hat. Darin sagt Scott: Die Welt müsse Holland dafür dankbar sein, daß es sich geweigert habe, Kaiser Wilhelm wegen seiner politischen Verbrechen auszuliefern. Die Verfasser des Friedensvertrages hätten einmütig anerkannt, daß der deutsche Kaiser Wilhelm II. den Krieg verursacht habe, aber sie seien nicht einmütig gewesen darüber, zu entscheiden, ob die Kriegserklärung ein Verbrechen darstelle oder nicht! Die in den Vertrag eingeschriebene Entscheidung sei von Wilson abgelehnt worden. Wilson habe jedem Prozeß gegen Kaiser Wilhelm feindlich gegenübergestanden, aber nicht Lloyd George. Scott erklärte weiter, die alliierten Mächte hätten sich nicht geschämt, von der holländischen Regierung die Auslieferung des Kaisers zu verlangen. Keine der alliierten Großmächte habe mit Holland einen Vertrag über die Auslieferung von Personen, die politischer Vergehen angeklagt seien.

Die Abstimmung in Oberschlesien.

Die polnischen Kampforganisationen. — Musterhafte Zurückhaltung der Deutschen.

WB. **Breslau**, 24. Januar. (Drahtb.) Der deutsche Abstimmungskommissar Dr. Urbanek teilte Pressevertretern mit: Die Kampforganisation der Polen besteht tatsächlich, darüber gebe es keinerlei Zweifel und sie sei auch schon vollkommen schlagfertig und warte nur auf die Gelegenheit einer deutschen Unvorsichtigkeit oder Ungeduld. Aber die deutsche Zurückhaltung sei musterhaft. Die Abstimmungsaussichten sind für Deutschland durchaus günstig. Der deutsche Erfolg könnte eigentlich nur noch durch Gewalttätigkeiten, Generalstreikterrors und dergleichen gefährdet werden.

Die Unsicherheit.

W. **Kattowitz**, 24. Januar. (Drahtb.) Vormittags wurde die Stationskasse in Rosdzin durch vier Banditen mit Dynamit in die Luft gesprengt. Eine Beraubung der Kasse wurde durch Eisenbahnbeamte und Abstimmungspolizei verhindert. Drei Banditen wurden verhaftet.

Das neue Wehrgesetz.

W. **Berlin**, 24. Januar. (Drahtb.) Der dem Reichstag, wie bereits mitgeteilt, zugegangene Entwurf eines Wehrgesetzes enthält u. a. folgende Bestimmungen: Die deutsche Wehrmacht besteht aus dem Reichsheer und der Reichsmarine, die aus freiwilligen Soldaten und nicht im Waffendienste tätigen Beamten gebildet und ergänzt werden. Alle Angehörigen der Wehrmacht müssen die deutsche Staatsangehörigkeit besitzen. Die allgemeine Wehrpflicht ist abgeschafft. Die Zahl der Soldaten beträgt vom 1. Januar 1921 ab im Reichsheer 100 000 einschließlich 4000 Offizieren. Hierzu treten 300 Sanitäts- und 200 Veterinäroffiziere; in der Reichsmarine 15 000 einschließlich 1150 Offizieren und Deckoffizieren. Im Reichsheer werden aufgestellt: 21 Infanterie-Regimenter ze je drei Bataillonen und je 1 Minenwerferkompagnie, 18 Reiterregimenter zu je 4 Eskadronen, 7 selbständige Eskadronen, 7 Artillerieregimenter zu je 3 Abteilungen, 3 selbständige Artillerieregimenter, 7 Pionierbataillone, 7 Nachrichtenabteilungen, 7 Kraftfahrabteilungen, 7 Fahrabteilungen, 7 Sanitätsabteilungen. Hieraus werden zwei Gruppenkommandos und 7 Divisionen und 3 Reiterdivisionen gebildet. Jede Division wird in der Regel in einem Wehrkreis untergebracht. Die Flotte wird gebildet aus 6 Linienschiffen, 6 kleinen Kreuzern, 12 Zerstörern, 12 Torpedobooten. Die Befehlsführung liegt ausschließlich in der Hand der gesetzmäßigen Vorgesetzten. Der Reichspräsident ist der oberste Befehlshaber der gesamten Wehrmacht; unter ihm übt der Reichswehrminister Befehlsgewalt über die gesamte Wehrmacht aus. An der Spitze des Reichsheeres steht ein General als Chef der Heeresleitung, an der Spitze der Reichsmarine ein Admiral als Chef der Marineleitung. Als beratende und begutachtende Körperschaften sind beim Reichswehrministerium eine Heeres- und eine Marine-Kammer zu bilden, deren Mitglieder aus geheimer Wahl hervorgehen.

Der Gesetzentwurf bringt anschließend Bestimmungen über Kündigung des Dienstverhältnisses und Einspruch dagegen. Weiter heißt es: Den Unteroffizieren und Mannschaften soll während ihrer Dienstzeit eine vorbereitende Ausbildung für den Übergang in bürgerliche Berufe nach besonders aufzustellenden Grundsätzen gewährt werden. Jeder Angehörige der Wehrmacht kann nach Maßgabe seiner Fähigkeiten und Leistungen zu den höchsten Stellen gelangen. Sodann regelt der Entwurf das Dienstverhältnis der Offiziere, indem er u. a. bestimmt: Der Offiziersberuf soll Lebensberuf sein. Während der ersten 25 Offiziers-Dienstjahre ist ein Ausscheiden aus den Diensten nur möglich, soweit der Abschied erteilt wird, weil der Offizier die erforderlichen körperlichen oder geistigen Kräfte oder die nötige dienstliche Eignung nicht mehr besitzt, oder wenn in seinen bürgerlichen Verhältnissen eine wesentliche Änderung eingetreten ist. Ferner bestimmt der Entwurf: Die Angehörigen der Wehrmacht dürfen sich innerhalb des Dienstbereichs politisch nicht betätigen. Den Soldaten ist die Zugehörigkeit zu politischen Vereinen und die Teilnahme an politischen Versammlungen verboten. Für die Soldaten ruht das Recht zum Wählen oder zur Teilnahme an Abstimmungen im Reiche, in den Ländern oder in den Gemeinden.

Die Beamtenräte.

DN. **Berlin**, 24. Januar. (Eig. Drahtb.) Das preußische Staatsministerium hat sich in seiner Montag-Sitzung mit der Frage der Beamtenräte befaßt. Die Ansicht des Staatsministeriums geht dahin, daß unbedingt daran festgehalten werden muß, daß bei den einzelnen Behörden Beamtenvertretungen mit Befugnissen geschaffen werden, die etwa den Bestimmungen des vom Reichsministerium des Innern im Reichsrat vorgelegten Gesetzentwurfes über die Beamtenräte entsprechen. Die Frage, ob neben diesen Beamtenvertretungen noch besondere zentrale Beamtenvertretungen für den Umfang des Reiches und der Länder geschaffen werden sollen, wird ebenso wie die Einzelheiten der Bestimmungen des Entwurfes bei der Durchberatung des Reichsgesetzentwurfes zu erörtern sein.

Die bayrischen Gewerkschaften gegen v. Kahr.

TU. **Nürnberg**, 24. Januar. (Drahtb.) In einer Konferenz von Vertretern der nordbayrischen Ortsausschüsse des Allgemeinen deutschen Gewerkschaftsbundes, welche 230 000 Mitglieder der freien Gewerkschaften vertrat, wurde gegen die Politik der Regierung Kahrs Stellung genommen und betont, daß die Verknüpfung der Interessen der nordbayrischen Arbeiter mit denen der Arbeiter des Ruhrreviers weit stärker sei, als die Gemeinsamkeit der Interessen von Franken und Altbayern. Die bayrische Regierung sollte sich klar machen, was das für das Zusammenhalten des bayrischen Staates bei der Fortdauer ihrer Politik bedeuten könnte.

Verteuerte Fahrkarten und Briefe.

Allgemein begreift man heute, daß eine der schlimmsten Erscheinungen der staatlichen öffentlichen Wirtschaft die ungeheueren Defizite sind, mit welchen die großen Staatsbetriebe, Eisenbahn, Post und Telegraphie arbeiten. Auch darüber besteht eigentlich nur eine Meinung, daß alles geschehen müsse, um zunächst die Zunahme weiterer Verlustmilliarden zu verhindern, dann aber auch, um die entstandenen Fehlbeträge auf irgend eine Weise zu decken. Grundverschieden und stark gegensätzlich sind aber die Anschauungen, wie dies zu machen sei.

Die Vorschläge über die Mittel zur Reform unserer Eisenbahn sind zahllos wie der Sand am Meer. In Broschüren und Zeitungsartikeln, Kommissionsberichten und manchen Ministerreden sind die Sanierungsmöglichkeiten betrachtet. Zum Teil bewegen sich die Pläne auf stark optimistischer Grundlage, indem sie einseitig von der Einführung dieser oder jener Maßnahme die Rettung anstreben und erhoffen. Auf der anderen Seite befinden sich dann wieder die Vertreter der Meinungen, die in vielen zur Zeit unerfüllbaren Vorbedingungen sich akademisch über das Thema auslassen, nichts wie „wenn“ und „aber“ sehen und so überhaupt keinen Ausweg finden.

Endlich befaßt sich noch die weite Masse des Publikums nach einer bestimmten Richtung mit den Eisenbahn- und Postdefiziten. Sie interessiert aber nur eine Seite an der ganzen Angelegenheit, nämlich was sie an Steuern zuzahlen müssen für die „andern“, die auf der Eisenbahn zu billig fahren und hunderte von Briefen schreiben. Hat man aber wirklich einmal selbst eine Eisenbahnfahrt zu machen oder ein Telegramm aufzugeben, so wettert man gegen die hohen Fahrpreise und das teuere Porto. Gewöhnlich klingt dann der Unmut noch in einem Vorschlag aus, der mit den Worten beginnt: Man sollte .... nicht bloß 8 Stunden arbeiten (nämlich die andern!), die vielen Beamten abschaffen, die nur die Zeit totschlagen, die Schieber fassen usw. Heilige Einfalt der Weltanschauung solcher Gemütsmenschennaturen; sie erscheinen ungefährlich, sind es aber dann nicht, wenn sie in einer erschrecklichen Vielzahl wie heutzutage auftreten, sodaß der Eindruck entsteht, als sei ihre Ansicht die öffentliche Meinung.

Wie liegen die Dinge in Wirklichkeit? Feststeht, daß eine ganze Reihe von Ursachen zusammengewirkt haben, um die Fehlbeträge der Eisenbahnen und der Post zu bewirken. Es ist hier nicht der Platz, sie aufzuführen und zu prüfen. Es muß auch grundsätzlich den Sachverständigen, Fachleuten und erfahrenen Volkswirtschaftlern überlassen werden, die Gewichtigkeit der einzelnen Mißstände und die fehlerhaften Wirtschaftsmethoden zu entdecken und für Abhilfe und Besserung zu sorgen. So wird es dann gelingen, wenigstens die Tendenz zu ändern in der Richtung, daß die Fehlbeträge wieder kleiner werden und ganz verschwinden. Der Weg dazu wird aber lang sein. Von heute auf morgen ist das nicht zu machen. Nachdem sich aber das große Publikum, wie gesagt, um diese Fragen weniger kümmert, sondern in der Hauptsache der Tarifpreispolitik ihr Interesse zuwendet, ist hierzu einiges zu sagen.

Auch die öffentlichen Betriebe des Eisenbahnverkehrs und der Post müssen im allgemeinen auf der Grundlage sich aufbauen, daß ihre Einnahmen den Ausgaben entsprechen. Die Einnahmen für die Dienstleistung, die in der Beförderung der Person, des Gutes, Briefes oder der Eilnachricht liegt, müssen daher so hoch sein, daß keine offensichtlichen Verluste entstehen. Die geforderten Tarifpreise können auf die Dauer nicht, um es kaufmännisch-wirtschaftlich auszudrücken, unter den Selbstkosten liegen. Die öffentlichen Wirtschaftsbetriebe brauchen keine Gewinne und Überschüsse abwerfen wie die private Wirtschaft, darauf kann im allgemeinen Interesse verzichtet werden, sie müssen aber wirtschaftlich geführt werden, wozu die Beobachtung oben angeführten Grundsatzes

16. Januar, Sonntag

Nach einem Mißtrauensvotum der französischen Nationalversammlung gegen die Regierung löst der Sozialrepublikaner Aristide Briand Georges Leygues als Ministerpräsident ab. →S. 14

17. Januar, Montag

In Berlin faßt der Reichsbund der Kriegsbeschädigten eine Entschließung gegen das neue Reichsversorgungsgesetz, da er die Kriegsopfer und Hinterbliebenen benachteiligt sieht.

Nach Verhandlungen zwischen dem Deutschen Reich und den Einzelstaaten gehen die Wasserstraßen auf das Deutsche Reich über.

Der sozialdemokratisch ausgerichtete Allgemeine Deutsche Gewerkschaftsbund (ADGB) in Berlin meldet seine bisher höchste Mitgliederzahl von acht Millionen (→19. 1./S. 19).

Das preußische Justizministerium in Berlin verfügt, daß Frauen unter den gleichen Bedingungen wie Männer zur ersten juristischen Staatsprüfung zugelassen werden können.

18. Januar, Dienstag

Der 50. Reichsgründungstag wird überall im Deutschen Reich feierlich begangen. →S. 18

Das »Königshütter Tageblatt« und die »Kattowitzer Zeitung« werden in Oppeln (Oberschlesien) von der Interalliierten Kommission für acht Tage verboten. Die Zeitungen unterstützen das deutsche Interessen in Oberschlesien, wo die Abstimmung über die Volkszugehörigkeit zu Polen oder dem Deutschen Reich noch aussteht.

Die armenische Sowjetregierung und die Regierung der Russischen Sozialistischen Föderativen Sowjetrepublik (RSFSR) richten ein Ultimatum an die nationaltürkische Regierung in Ankara. Sie fordern die Räumung des besetzten Kars in der Türkei und den Rückzug der türkischen Truppen hinter die Grenzen von 1914.

19. Januar, Mittwoch

Theodor Leipart (SPD) wird in Berlin als Nachfolger des verstorbenen Karl Legien zum neuen Vorsitzenden des Allgemeinen Deutschen Gewerkschaftsbundes (ADGB) gewählt. →S. 19

In San José (Costa Rica) wird ein Abkommen über den Zentralamerikanischen Bund, eine Vereinigung der unabhängigen zentralamerikanischen Staaten, durch Bevollmächtigte aus Costa Rica, Guatemala, Honduras, Nicaragua und San Salvador unterzeichnet. Die unterzeichnenden Staaten verpflichten sich zu gegenseitiger militärischer und wirtschaftlicher Unterstützung.

20. Januar, Donnerstag

In Berlin wird der bisherige Stadtkämmerer Gustav Böß (DDP) als Nachfolger Adolf Wermuths (parteilos) zum neuen Oberbürgermeister gewählt.

Im Ruhrgebiet werden Hausdurchsuchungen und Festnahmen von Führern einer kommunistischen Kampforganisation, die sich aus Mitgliedern der Kommunistischen Partei (KPD) rekrutiert, vorgenommen, da die Behörden die Aufstellung einer »Roten Armee« befürchten.

Die westlich des Kaspischen Meers gelegene Dagestanische Autonome Sozialistische Sowjetrepublik (ASSR) wird nach dem Sieg bolschewistischer Truppen über weißgardistische Verbände gebildet.

Das Auswärtige Amt in Berlin verbietet eine Reihe von Theatervorstellungen, die das Polnische Nationalkomitee in der Reichshauptstadt geplant hat. Als Begründung wird die deutschfeindliche Haltung der polnischen Organisation angegeben, da diese für die Loslösung Oberschlesiens vom Deutschen Reich eintritt.

Der »Oberdada« Johannes Baader lädt den Reichspräsidenten Friedrich Ebert und alle politischen Repräsentanten im Deutschen Reich zum ersten Dada-Faschingsball in Berlin ein.

21. Januar, Freitag

In München findet eine Generalmitgliederversammlung der NSDAP statt. Der Vorsitzende Anton Drexler und sein Stellvertreter Oskar Körner werden wiedergewählt. →S. 18

Der Allgemeine Deutsche Gewerkschaftsbund (ADGB) fordert in Berlin die sofortige Sozialisierung des Kohlebergbaus sowie die tarifliche Festsetzung der Bergarbeiterlöhne.

Ministerpräsident Aristide Briand stellt im französischen Parlament die Vertrauensfrage. Die große Mehrheit der Abgeordneten spricht sich für die von ihm eingeschlagene Politik aus, die bei der bevorstehenden Pariser Konferenz vom 24. bis zum 29. Januar die Reparationsforderungen an der Zahlungsfähigkeit der Deutschen messen will.

In New York stiftet der US-amerikanische Industrielle John Davidson Rockefeller eine Million US-Dollar (64 Mio. Mark) für den Hilfsfond zur Bekämpfung der Kindersterblichkeit in Europa.

22. Januar, Samstag

Der Reichsrat billigt den siebenten Notetat im laufenden Haushaltsjahr. Darin sind 7,7 Mrd. Mark zur Verbesserung der Volksernährung vorgesehen, weiterhin 400 Mio. Mark für neue Handelsschiffe, 3 Mrd. Mark zur Ausführung des Friedensvertrages und 1 Mrd. Mark zur Deckung des Defizits bei der Reichsbahn.

Auf dem italienischen Sozialistenkongreß in Livorno spaltet sich der extreme linke Flügel als Kommunistische Partei Italiens (KPI) ab. →S. 15

Aufgrund der allgemeinen wirtschaftlichen Notlage wird in Sowjetrußland die Brotzuteilung in den Großstädten um ein Drittel gekürzt (→24. 2./S. 30).

Bei einer Berliner Aufführung von Arthur Schnitzlers Drama »Reigen« kommt es zu einem Stinkbombenattentat, das

vom antisemitischen deutsch-völkischen Schutz- und Trutzbund verübt wird.

23. Januar, Sonntag

Die Landtagswahlen in Lippe-Detmold bringen nur geringe Verschiebungen. Trotz eines Verlustes von drei Mandaten bleibt die SPD stärkste Partei.

In Berlin veranstaltet der Klub der Filmindustrie einen Wohltätigkeitsball. Zu den prominenten Gästen zählen Pola Negri, Lil Dagover und Ernst Lubitsch.

Eine Sturmflut auf Sylt richtet Millionenschäden an. Menschen kommen nicht zu Schaden.

24. Januar, Montag

Die Konferenz der Alliierten in Paris zur Festlegung der Höhe der deutschen Reparationen sowie deren Zahlungsmodus tritt zusammen. Sie dauert bis zum 29. Januar. →S. 12

Die chinesische Regierung schließt mit vier US-amerikanischen Banken ein Abkommen über eine Anleihe von 4 Mio. US-Dollar (256 Mio. Mark) zur Abhilfe einer großen Hungersnot.

Die deutschen Benediktiner beziehen wieder den Zionsberg in Jerusalem, den sie 1918 verlassen mußten. →S. 17

Bei einem Grubenunglück aufgrund einer Schlagwetterexplosion verunglücken in Oelsnitz im Erzgebirge 38 Bergleute tödlich.

25. Januar, Dienstag

Bei der Beratung des Justizetats im Reichstag kritisiert der Abgeordnete Gustav Radbruch (SPD) die deutsche Justiz, die rechte und linke politische Straftaten ungleich beurteile. Er erinnert u. a. daran, daß die Morde an Rosa Luxemburg und Karl Liebknecht noch immer ungesühnt seien.

Wie die »New York Times« mitteilt, ist die Zahl der Erwerbslosen in den USA auf knapp 3,5 Mio. angestiegen. Um die bestehenden Arbeitsplätze erhalten zu können, kürzen zahlreiche Industriezweige die Löhne ihrer Beschäftigten. In der Textilindustrie z. B. beläuft sich die Herabsetzung der Löhne auf 22,5%.

26. Januar, Mittwoch

Der Oberste Rat der Alliierten in Paris erkennt Estland und Lettland als unabhängige Republiken an.

Die sozialdemokratische Partei der Schweiz spricht sich in einer Urabstimmung für den Beitritt zur Dritten Internationale, dem Zusammenschluß aller sozialistischer Parteien, aus.

27. Januar, Donnerstag

Adolf Hitler, Propagandaleiter der NSDAP, veröffentlicht seinen ersten Leitartikel im »Völkischen Beobachter«.

In der Sowjetunion beschließt der Rat der Volkskommissare, Einnahmen aufgrund von Hausbesitz abzuschaffen. Darunter

fallen sowohl Mieten in verstaatlichten Häusern als auch die Gebühren für öffentliche Versorgungsleistungen (Wasser, Gas, Strom, Kanalisation).

In Schweden wird vom Reichstag in Stockholm eine Verfassungsänderung zum uneingeschränkten Frauenwahlrecht angenommen.

28. Januar, Freitag

Der Landesausschuß der Einwohnerwehren Bayerns streicht auf alliierten Beschluß die Satzungspunkte, die ihnen freien Kontakt zur Reichswehr erlaubten. Damit soll der Wehr der militärische Charakter genommen werden.

Das US-amerikanische Außenministerium gibt bekannt, daß es die Anerkennung der Republiken Estland und Lettland durch den Obersten Alliierten Rat nicht akzeptiere, da die USA eine Konfrontation mit Sowjetrußland vermeiden wollten.

Ein Sprecher des Verbandes des deutschen Einzelhandels erklärt in Berlin, daß unter Verzicht auf eigenen Gewinn ein Hilfswerk zur Linderung der Bekleidungsnot im Deutschen Reich eingerichtet werden soll.

29. Januar, Samstag

In der Schweiz finden zwei Volksabstimmungen statt. Die sozialistische Initiative für die Abschaffung des Militärstrafrechts wird abgelehnt. Die zweite Initiative, die alle Staatsverträge mit einer Dauer von mehr als 15 Jahren der Volksabstimmung unterstellt, wird dagegen angenommen.

30. Januar, Sonntag

In Berlin beginnen Verhandlungen mit der tschechoslowakischen Regierung über den Abschluß eines Wirtschaftsabkommens. Ein Ergebnis der Gespräche ist die Verlängerung des gerade abgelaufenen Kohlenabkommens.

Die von Alfred Flechtheim gegründete Kulturzeitschrift »Der Querschnitt« erscheint erstmals. →S. 22

31. Januar, Montag

Das Reichsministerium für Wirtschaft in Berlin gibt bekannt, daß die Arbeitslosenzahl im Deutschen Reich auf 357 000 gestiegen ist. Auf 100 offene Stellen kommen knapp 400 Bewerbungen.

In München verbietet der Staatskommissar der Polizei die Kampforganisation Republikanischer Schutzbund mit der Begründung, daß sie ein militärischer Verband sei.

Das Wetter im Monat Januar

Station	Mittlere Lufttemperatur (°C)	Niederschlag (mm)	Sonnenscheindauer (Std.)
Aachen	5,9 (1,8)	80 (72)	— (51)
Berlin	4,6 (−0,4)	93 (43)	— (56)
Bremen	5,6 (0,6)	113 (57)	— (47)
München	4,3 (−2,1)	50 (55)	— (56)
Wien	— (−0,9)	— (40)	— (56)
Zürich	4,1 (−1,0)	53 (68)	56 (46)
( ) Langjähriger Mittelwert für diesen Monat – Wert nicht ermittelt			

Preisgekröntes Titelblatt der Münchner Zeitschrift des Vereins der Plakatfreunde e.V. für Kunst und Kultur in dem Fachblatt »Das Plakat«

W. Zietara,
preisgekrönter Entwurf zum Wettbewerbsumschlag für das vorliegende Heft.
Druck von Joh. Roth sel. Ww. G.m.b.H., München.

Deutsches Reich soll 226 Milliarden Goldmark bezahlen

24. Januar. In Paris treten die Vertreter der Alliierten zusammen, um über die Höhe der Reparationen zu beraten, die das Deutsche Reich aufgrund des verlorenen Weltkriegs zu zahlen hat. Zudem soll eine Resolution zur Entwaffnung des deutschen Heers vorgelegt werden.

Auf der Konferenz sind die Regierungschefs Frankreichs und Großbritanniens sowie Delegierte aus Belgien, Italien und Japan versammelt. Da die USA den Versailler Vertrag nicht unterzeichnet haben, sind sie in Paris nicht vertreten.

Im Versailler Vertrag wurde die Höhe der Reparationen nicht festgelegt. Die Alliierten konnten bei seiner Erarbeitung 1919 weder ihre eigenen Ansprüche definieren noch die Leistungsfähigkeit der deutschen Wirtschaft einschätzen. Der Friedensvertrag von 1919 sah lediglich eine Übergangszahlung von 20 Mrd. Goldmark in Sach- und Geldleistungen bis zum 1. Mai 1921 vor.

Der französische Finanzminister Paul Doumer unterbreitet am 26. Januar den Vorschlag der französischen Seite. Er fordert Leistungen in Höhe von insgesamt 200 Mrd. Goldmark, die innerhalb von 30 Jahren gezahlt werden sollen. Der britische Premierminister David Lloyd George weist Doumers Vorschlag zurück, da diese Summe seiner Ansicht nach zu hoch veranschlagt ist. Er fordert, daß Maßnahmen zur Sanierung der deutschen Wirtschaft in den Plan einbezogen werden müssen und lehnt eine endgültige Feststellung der Zahlungen ohne Beteiligung der Deutschen an den Gesprächen ab. Der belgische und der italienische Außenminister, Henri Jaspar und Carlo Sforza, unterstützen diesen Standpunkt.

Auf Vermittlung Jaspars wird eine Kommission zur Formulierung eines Ausgleichsentwurfs eingesetzt. Diese Kommission veröffentlicht am 28. Januar ihre Beschlüsse:

▷ Das Deutsche Reich soll 226 Mrd. Goldmark in 42 Jahreszahlungen an die Alliierten leisten
▷ Im Zuge der Verbesserung der deutschen Wirtschaftslage sollen die Jahreszahlungen gestaffelt und im Laufe der Frist von zwei auf sechs Mrd. Goldmark pro Jahr gesteigert werden
▷ Das Deutsche Reich soll außerdem jährlich 12% des Wertes des deutschen Exports abgeben.

Die Vertreter der Alliierten beraten im französischen Außenministerium die Frage der deutschen Reparationen.

Die Pariser Konferenz erklärt abschließend, daß es sich hierbei um die ersten konkreten, aber noch keineswegs verbindlichen Beschlüsse zur Lösung der Reparationsfrage handle. Eine Einladung an die Deutschen zu einer definitiven Festlegung der Zahlungen auf einer Konferenz in London, die Ende Februar beginnen soll, wird angekündigt (→ 1. 3./S. 44).

Gleichzeitig legen die alliierten Vertreter eine Resolution zur Frage der Entwaffnung vor. Laut Versailler Vertrag hätte das deutsche Heer bis zum 30. März 1920 auf 100 000 Mann sowie die Marine auf 15 000 reduziert werden müssen. Die Durchführung wurde von deutscher Seite jedoch auf dem Rechtswege verzögert. Die Pariser Konferenz fordert deshalb nun ultimativ ein neues Reichswehrgesetz bis zum 15. April (→ 23. 3./S. 50). Gleichzeitig verlangt sie die Auflösung aller sog. Selbstschutzorganisationen und bewaffneter Bürgerwehren bis zum 30. Juni (→ 1. 6./S. 98).

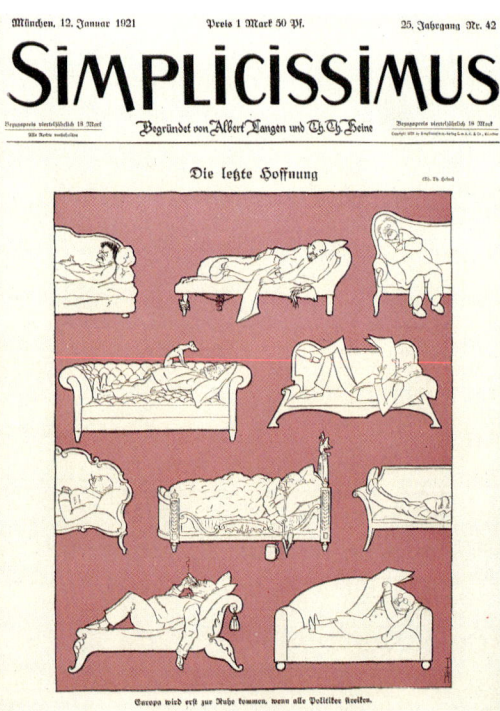

Die führenden europäischen Politiker räkeln sich auf ihren Diwanen. Unter der Überschrift »Die letzte Hoffnung« kommentiert der »Simplicissimus« die Karikatur: »Europa wird erst zur Ruhe kommen, wenn alle Politiker streiken.« Dieses Fazit zum Jahresbeginn gibt die allgemeine Krisenstimmung wieder. Die Wirtschaft in ganz Europa leidet noch unter den Nachkriegsfolgen. Während Großbritannien und Frankreich um die beherrschende Rolle in Europa wetteifern, sind das Deutsche Reich, Österreich und Sowjetrußland weitgehend isoliert.

Frankreich fordert 52% der Zahlungen

Der Versailler Vertrag vom 28. Juni 1919 trat am 10. Januar 1920 in Kraft. Er spricht dem Deutschen Reich und seinen Verbündeten die Kriegsschuld zu und verpflichtet es zu Wiedergutmachungsleistungen.

Die Höhe der Reparationsleistungen ist im Versailler Vertrag nicht festgelegt. Nachdem erste Beratungen in Hythe im Mai 1920 gescheitert waren, vereinbarten die Alliierten am 21. Juni 1920 in Boulogne einen Betrag von 269 Mrd. Goldmark, der in 42 Jahresraten entrichtet werden sollte. Im Anschluß daran empfahl jedoch eine Sachverständigenkonferenz in Brüssel im Dezember 1920, dem Deutschen Reich angesichts seiner wirtschaftlichen Schwäche vorläufig nicht mehr als fünf Jahresraten von 3 Mrd. Goldmark aufzuerlegen.

Auf der Konferenz von Spa (5.–16. 7. 1920) wurde schließlich der Verteilerschlüssel für die Reparationen erstellt. Danach erhält Frankreich 52% der deutschen Zahlungen, Großbritannien 22%, Italien 10% und Belgien 8%. Die verbleibenden 8% gehen an die übrigen Verbündeten der Siegermächte.

Lloyd George und Briand im Streit

Auf der Pariser Konferenz tritt ein deutlicher Interessenkonflikt zwischen Großbritannien und Frankreich zutage. Frankreich drängt darauf, die deutschen Reparationszahlungen möglichst hoch zu veranschlagen. Großbritannien hingegen fürchtet, daß dadurch der Wiederaufbau des Deutschen Reichs behindert werde. Die übrigen Alliierten – Belgien, Italien und Japan – sind um Vermittlung zwischen diesen beiden Positionen bemüht.

Frankreichs Außenpolitik strebt seit dem Ende des Weltkriegs zusehends nach kontinentaler Expansion. Um dieses Ziel zu erreichen, soll vor allem das Deutsche Reich wirtschaftlich und militärisch schwach gehalten werden. Die französischen Politiker beharren darauf, daß das Deutsche Reich keine Gelder für die Aufrüstung verwenden könne, solange es bis an die Grenzen seiner Möglichkeit Reparationen zahlen muß.

In Großbritannien sorgt man sich um den eigenen Einfluß, weil Frankreich in der europäischen Außenpolitik den Ton angeben will. Die Regierung unter David Lloyd George fordert, daß die Reparationszahlungen der Leistungsfähigkeit der deutschen Wirtschaft entsprechen müssen. Die britische Politik ist dabei stark durch den Ökonomen John Maynard Keynes beeinflußt. In »Die wirtschaftlichen Folgen des Friedensvertrags« hatte dieser 1919 dargelegt, daß die Reparationsforderungen der Alliierten unerfüllbar seien. Die britische Forderung nach Einbeziehung des Deutschen Reichs ins internationale Wirtschaftssystem entspringt dabei auch der Sorge um die eigene Wirtschaft, die seit Herbst 1920 einem starken Konjunkturrückgang unterliegt (→ 14. 1./S. 15). Um Abhilfe zu schaffen, setzt die Regierung auf eine Steigerung des Exports, wobei der deutsche Markt eine Schlüsselrolle spielt.

Trotz der Differenzen in den Richtlinien ihrer Außenpolitik sind der französische Ministerpräsident Aristide Briand und der britische Premierminister zu Kompromissen bereit. Briand will auf keinen Fall das Deutsche Reich ohne die Unterstützung Großbritanniens zum Zahlen zwingen. Lloyd George ist an einer Einigung interessiert, um Frankreich, das den Deutschen immer wieder mit Besetzung droht, von extremen Maßnahmen abzuhalten.

1921 – Wiederaufbau ist wichtigstes Ziel

1. Januar. Die Folgen des Weltkrieges, der Wunsch nach Erhaltung des Friedens und die Vordringlichkeit des Wiederaufbaus sind die vorherrschenden Themen in den Neujahrsansprachen der Politiker im In- und Ausland.

Reichskanzler Konstantin Fehrenbach (Zentrum) bezeichnet in einem Aufsatz, der in mehreren Zeitungen veröffentlicht wird, den Wiederaufbau als die wichtigste Aufgabe des neuen Jahres:

»In letzter Zeit hat sich in unserem Vaterlande auf dem Boden gemeinsamer Arbeit eine gewisse Milderung der Gegensätze der sich allzu feindselig gegenüberstehenden Klassen und Parteien zweifellos schon vollzogen. Dies gibt uns die Richtlinie für die Zukunft. So vielerlei Fragen, begründet in natürlichen Gegensätzen der Interessen, begründet in der Verschiedenheit der politischen Auffassungen, zur Lösung drängen, wir werden sie zum Heil unseres Volkes nur dann lösen können, wenn wir mit dem festen Willen zur gemeinsamen Arbeit an sie herantreten, wenn wir versuchen, in der … Not zunächst die großen gemeinsamen Ziele zu erreichen.«

Reichswirtschaftsminister Ernst Scholz (DVP) befaßt sich in seiner Neujahrsrede mit der Umorganisation der deutschen Wirtschaft:

»Die Vorarbeiten für den deutschen Wiederaufbau sind getan. Wirtschaftspolitisch stehen zwei Fragen im Vordergrunde: Revision des Versailler Friedensvertrags in dem Sinne, daß er uns leben läßt und die Umgestaltung der heimischen Wirtschaftsorganisation … Eiserne Sparsamkeit, Entpolitisierung der Wirtschaft, Dezentralisation unter Neugliederung des Reiches nach seinen wirtschaftlichen und kulturellen Bedürfnissen müssen dabei die leitenden Gesichtspunkte sein … Läßt die Entente uns leben und bewahrt das Deutsche Volk seine Energie und Arbeitskraft, so dürfen wir die Hoffnung haben: der deutsche Wiederaufbau wird gelingen!«

Reichspräsident Friedrich Ebert (SPD) richtet seine Rede zum Jahreswechsel speziell an die Reichswehr, die aufgrund des Versailler Vertrages auf 100 000 Soldaten reduziert werden soll.

»Mit dem Eintritt in das neue Jahr wird auch die Wehr des deutschen Volkes endgültig neu gebildet sein. Was die Friedensbedingungen von Versailles uns von Heer und Marine übrig ließen, ist zusammengefaßt in einer kleinen Wehrmacht, die sich durch Pflichttreue und Tüchtigkeit auszeichnen muß. Mit dem deutschen Volke weiß ich mich eins, wenn ich ihr heute meine und des Volkes Wünsche für eine glückliche Zukunft auf den schwierigen Weg gebe. Möge sie ein Markstein sein beim Wiederaufbau unseres Vaterlandes!«

Auch der Chef der Heeresleitung, Hans von Seeckt, äußert sich zur Verkleinerung der Reichswehr:

»Ein neuer Abschnitt deutscher Heeresgeschichte beginnt. An Stelle aller guten Wünsche für das beginnende Jahr und die kommende Zeit setzten wir das Gelöbnis, zusammenzustehen in der Hingabe an unseren Beruf. Wir wollen das Schwert scharf, den Schild blank halten … Das Heer ist das erste Machtmittel des Reiches. Jeder Angehörige muß sich bewußt sein, daß er in und außer Dienst Vertreter und Mitträger der Reichsgewalt ist … Erfüllt von solchen wahren Ehrbegriffen, von Vaterlandsliebe und Verantwortungsgefühl, wird das neue Heer mit dem alten in kriegerischer Tüchtigkeit wetteifern können. So wird es ein tätiges und lebendiges Glied des ganzen Volkskörpers … Das Heer soll und wird … ein wahres Volksheer bleiben.«

Die Kommentatoren der Tageszeitungen befassen sich nüchterner mit den Problemen, die im neuen Jahr gelöst werden müssen.

Besorgnis spricht aus dem Ausblick der »Frankfurter Zeitung«:

»Ein Jahr ist zu Ende, das kein Deutscher nochmals erleben möchte; ein neues beginnt, das uns vom ersten Tage an wieder mit den schwersten Gefahren für unser ganzes staatliches Dasein, für das nackte Leben unseres armen Volkes bedroht. Kaum nötig, sie aufzuzählen: den unglückseligen Konflikt mit der Entente durch die bayerischen Einwohnerwehren; das Ausstehen der Entscheidung über Oberschlesien; die Verhandlungen über die endliche Festsetzung unserer Kriegsentschädigungszahlung; die Ungewißheit aller Entwicklungen im Osten; – dazu die schwere Sorge um unsere Ernährung, im kommenden Frühjahr; das Verhängnis unser finanziellen Zerrüttung … die immer tiefer sich durchsetzende Geldentwertung, die wachsende Schichten ausweglos ins Elend stürzt … Wahrhaftig, wir haben bei dieser Jahreswende Anlaß genug, unsere Herzen und Köpfe fest in beide Hände zu nehmen, um sie zu erfüllen mit dem starken, Zuversicht gebenden Willen, das Schicksal zu meistern …«

Die Hoffnung auf bessere Zeiten spricht auch aus dem Leitartikel der »Düsseldorfer Nachrichten«:

»Heute leben wir ohne Hoffnung auf Besserung von einem zu dem andern Tag. Die Hoffnungslosigkeit, die uns in den eisenstarren und harten Kriegsjahren so manches Mal niederzudrücken versuchte, … hat sich heute im ganzen deutschen Volke festgesetzt … Werden wir im nächsten Jahre aus den sumpfigen Niederungen ein Stück weiter emporkommen, der Paßhöhe näher, wo reinere Luft und gesündere Lebensbedingungen ein besseres Dasein versprechen. Unwillkürlich heben wir das Haupt höher und straffen die Muskeln fester in dem Gefühl langsam wiederkehrender Kraft, die uns hoffen läßt, das ferne Ziel, wenn auch erst nach … mühevollen Anstrengungen zu erreichen.«

Regierung Briand leitet Kurswechsel in Frankreich ein

16. Januar. Der Sozialrepublikaner Aristide Briand wird neuer Ministerpräsident in Frankreich. Er löst Georges Leygues ab, der durch ein Mißtrauensvotum des Parlaments am 12. Januar gestürzt worden ist.

Die Deputiertenkammer hatte von der Regierung unverzüglich Beratungen über die Entwaffnung des Deutschen Reiches und die Reparationsfrage gefordert. Leygues dagegen verlangte die Vertagung dieser Themen. Er wollte nicht der Pariser Alliiertenkonferenz (→ 24. 1./S. 12) vorgreifen, auf der die Höhe der deutschen Reparationszahlungen festgelegt werden soll. Insgesamt stimmten 447 Abgeordnete – darunter vor allem die eher rechts stehende und zahlenmäßig stärkste Partei Republikanisch-Demokratische Entente und die Sozialisten – gegen und 116 Abgeordnete für die Vertagung. Leygues trat daraufhin mit seinem Kabinett, das nur drei Monate im Amt war, zurück.

Mit Aristide Briand, der zugleich Minister des Äußeren ist, tritt ein Mann an die Spitze der Regierung, der im Gegensatz zur eher schwankenden Position von Leygues in der Reparationsfrage eine kompromißlose Haltung Frankreichs vertritt. Im Hinblick auf die deutschen Entschädigungsleistungen betont er: »Wir können uns nicht mit einer langfristigen Politik befassen; wir müssen die jetzige Lage zur Gesundung zu bringen suchen. Es ist daher nötig, möglichst rasch die Summe zu bestimmen, die Deutschland zu zahlen hat, sowie den Betrag der Jahresraten in Waren und Geld und den Anteil am Gewinn der deutschen Industrie. Vor allem sind auch mit den Alliierten Vereinbarungen zu treffen, um die von Deutschland auszustellenden Wechsel verwerten und in den Handel bringen zu können.«

In seiner Regierungserklärung führt Ministerpräsident Briand aus, daß die Sicherheit Frankreichs und der Frieden nur erhalten werden könnten, wenn das Deutsche Reich entwaffnet sei. Die wichtigsten innenpolitischen Ziele Briands sind der Wiederaufbau des Landes und der zerstörten Industrie. Auch die Verbesserung der finanziellen Situation Frankreichs gehört zu seinem Programm. Als wesentliche Voraussetzung dafür gelten seiner Ansicht nach die Reparationsleistungen des Deutschen Reiches.

Exponent der linken Mitte

Aristide Briand, geboren am 28. März 1862 in Nantes, stammt aus kleinbürgerlichen Verhältnissen. Nach Beendigung seines selbstfinanzierten Jurastudiums in Paris arbeitete er zunächst als Rechtsanwalt in seiner Heimatstadt. Doch die politische Laufbahn faszinierte ihn stärker als die »trockene« Arbeit als Anwalt. Seit 1902 war Briand als Sozialist Abgeordneter der französischen Deputiertenkammer. Schnell machte er sich als hervorragender Redner und gewandter Taktiker einen Namen. 1906 trat er aus der sozialistischen Partei aus und wurde mehr und mehr zu einem Politiker der linken Mitte. Als Minister für Unterricht und Kultur (1906–1908) profilierte er sich durch die liberale Anwendung des unter seiner Mitarbeit entstandenen Gesetzes zur Trennung von Staat und Kirche.

Er gehörte 1910 zu den Gründungsmitgliedern der Republikanischen Sozialistischen Partei (PRS). Mit seiner Wahl zum Ministerpräsidenten ist Briand zum vierten Mal in diesem Amt, seine letzte Amtsperiode dauerte von 1915 bis 1917.

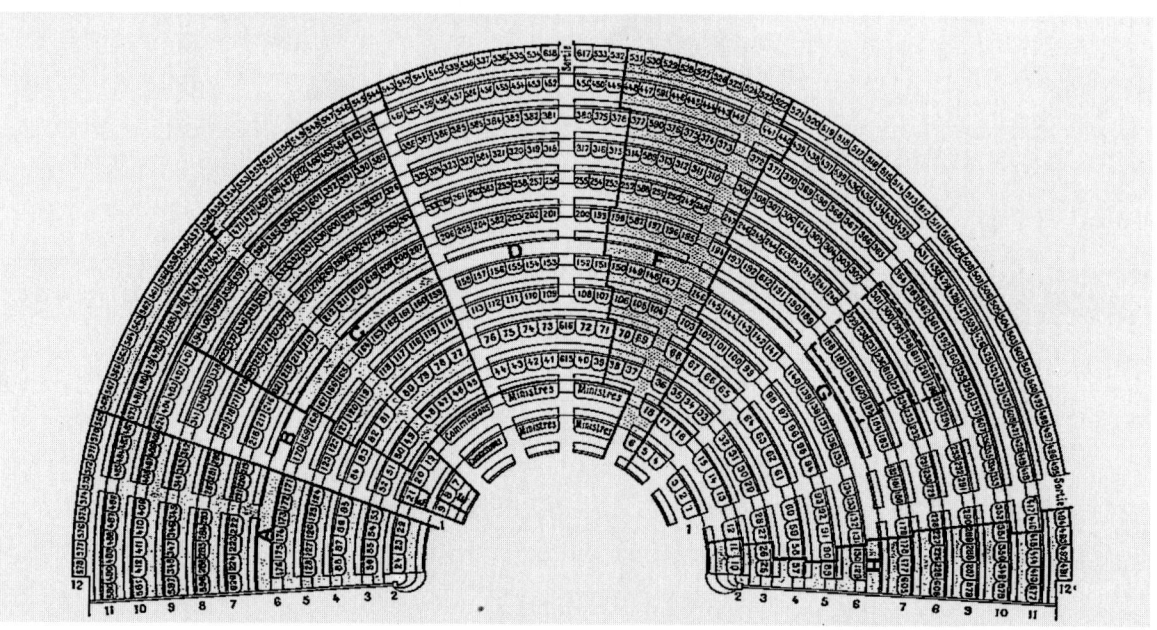

Die Sitzverteilung des neu gewählten französischen Parlaments

16. Januar. Die Republikanisch-Demokratische Entente ist mit 182 Sitzen die stärkste Partei im Parlament. Dieser Partei gehören vier von insgesamt 14 Ministern an. Die Republikanische Sozialistische Partei (PRS), der Ministerpräsident Aristide Briand angehört, ist mit 29 Sitzen die kleinste Partei. Die Radikal- und Radikal-sozialistische Partei (84 Sitze) und die Republikanisch-Demokratische Partei (88 Sitze) sowie die Linke Republikanische Partei (56 Sitze) stellen weitere Minister.

Die Sitze auf der linken Seite in der Deputiertenkammer werden von den sozialistischen Parteien (A–C) besetzt. In der Mitte (D–F) sitzen die gemäßigten und republikanischen Gruppierungen und rechts (G–H) die nationalistischen Parteien.

Gründung der KPI spaltet die Linke

22. Januar. Auf dem XVII. Kongreß der Italienischen Sozialistischen Partei in Livorno beschließt der linke Flügel unter Antonio Gramsci, Palmiro Togliatti und Amadeo Bordiga die Gründung der Kommunistischen Partei Italiens (KPI).

Die von Moskau befürwortete Ab-

Antonio Gramsci, geboren am 22. Januar 1891, nahm 1911 an der Universität von Turin erste Kontakte zu Palmiro Togliatti und anderen Sozialisten auf; 1913 wurde er Mitglied der Italienischen Sozialistischen Partei und 1919 Mitbegründer der sozialistischen Zeitschrift »L'Ordine Nuovo« (»Die neue Ordnung«).

spaltung ist das Ergebnis einer Auseinandersetzung über Strategien zur Mobilisierung der Arbeiterbewegung. 1920 waren mehrere Streiks fehlgeschlagen, während der Einfluß der Faschisten auf die Arbeiter zusehends stärker wird.

Nur 58000 der 173000 Parteimitglieder schließen sich in der Folgezeit der neuen Partei an. Im Gegensatz zu den von Giacinto Serrati angeführten Sozialisten will die KPI die Revolution in Italien auch mit illegalen Mitteln herbeiführen.

Die Schwäche der KPI wird jedoch bald offensichtlich, denn die Sozialistische Partei kann 70% der Gewerkschaftsmitglieder in ihren Reihen halten.

927000 Arbeitslose in Großbritannien

14. Januar. Das britische Wirtschaftsministerium meldet, daß die Arbeitslosenzahl eine Rekordhöhe von 927000 erreicht hat. 14,8% der Arbeiter sind damit ohne Beschäftigung. Noch 1919 und 1920 belief sich die Erwerbslosenquote auf nur 2,4% der Arbeiterschaft.

Im 19. Jahrhundert war Großbritannien die führende Handelsmacht in der Welt. Zudem spielte es in den 20 Jahren vor dem Weltkrieg als internationaler Kreditgeber eine herausragende Rolle. Da die USA und Japan seit 1918 wirtschaftlich immer mehr expandieren, erleidet Großbritannien nun einen entscheidenden Produktions- und Außenhandelsrückgang, vor allem in den »alten« Industrien für Baumwolle, Kohle, Schiffbau sowie Eisen- und Stahlverarbeitung, wo der neueste Stand der Technik nicht eingeholt wurde. Nur kleinere Regionen im Südosten Englands können mit der außereuropäischen Konkurrenz Schritt halten, weil man hier mit dem Aufbau einer Elektro- und chemischen Industrie beginnt. Auch der Kraftfahrzeugbau wird stark angekurbelt. In den traditionellen kohlefördernden und stahlverarbeitenden Regionen von Wales, Yorkshire, Lancashire und Schottland steigt hingegen die Zahl der Arbeitslosen drastisch an.

Die liberale Regierung unter David Lloyd George ist nicht in der Lage, Maßnahmen zur Umstrukturierung der britischen Wirtschaft in Angriff zu nehmen. Durch den Druck der

Konkurrenz im Ausland sieht sie sich genötigt, Löhne und damit Produktionskosten zu senken. Dennoch ist sie sich des Konfliktpotentials bewußt, das in der hohen Arbeitslosigkeit liegt. Die Frage, welchen Kurs die Arbeiterschaft einschlägt, ist zum wichtigsten innenpolitischen Thema geworden.

Arbeitslose demonstrieren in London; allein in den letzten Wochen sind über 100000 Menschen infolge der Wirtschaftskrise entlassen worden.

tig läuft bis 1922 ein Förderungsprogramm, durch das der Bau von 200000 Wohnungen staatlich subventioniert wird.

Anstelle einer Umstrukturierung der inländischen Wirtschaft setzt die Regierung auf eine starke Exportsteigerung im Handel mit dem europäischen Ausland. Dabei spielen vor

Die Regierung bemüht sich deshalb, die Mehrheit der Arbeiter, die jetzt noch gemäßigt ist, durch sozialpolitische Fortschritte auf ihre Seite zu bringen. Schon 1920 wurde deshalb die Arbeitslosenversicherung auf alle Lohnempfänger ausgedehnt, die weniger als 5 Pfund (1279 Mark) wöchentlich verdienen. Die Zahl der versicherten Arbeiter ist so von drei auf zwölf Mio. gestiegen. Gleichzei-

allem der deutsche und der sowjetische Markt, die von den anderen alliierten Mächten isoliert werden, eine Schlüsselrolle. Großbritannien strebt mit den Worten von Lloyd George den wirtschaftlichen Wiederaufbau »Europas vom Atlantik bis zum Ural« an, ein Konzept, das jedoch durch den Widerstand Frankreichs von seiner Realisierung weit entfernt ist.

Churchill soll Konflikte in den britischen Kolonien lösen

1. Januar. Der liberale Politiker Winston Churchill wird als Nachfolger von Alfred Viscount Milner britischer Kolonialminister. Milner hatte in einem Entwurf für Ägypten, das seit 1914 britisches Protektorat ist, die Rückführung des Landes in die Unabhängigkeit gefordert. Er war damit im Kabinett gescheitert.

In Milners Plan fanden die Vorstellungen des ägyptischen Widerstandsführers Sad Saghlul, mit dem sich Milner in ständigen Verhandlungen befand, ihren Niederschlag. Die Regierung unter Premierminister David Lloyd George lehnte den Entwurf ab, weil Ägypten große strategische Bedeutung gegenüber den Stützpunkten anderer europäischer Mächte in Afrika habe.

Zwei neue Männer an der Spitze der britischen Kolonialverwaltung: Winston Churchill (3. v. l.) und der Vizekönig in Indien, Rufus D. Reading (l.)

Churchill ist in seinem neuen Amt mit einer Reihe von Problemen konfrontiert. In Ägypten verhindert der Widerstand gegen die Landesregierung unter britischem Einfluß die Lösung des Konflikts zwischen der Unabhängigkeitsbewegung und der Protektoratsmacht. Im Mandatsgebiet Palästina müssen die territorialen Versprechen, die sowohl Arabern als auch Juden nach dem Weltkrieg gemacht wurden, in Einklang gebracht werden (→ 12. 3./S. 55). In Indien fordert die Unabhängigkeitsbewegung seit 1919 eine selbständige Regierung (→ 24. 12./S. 203). In Britisch-Ostafrika und Rhodesien (Zimbabwe) schwelt der Interessenkonflikt zwischen weißen Siedlern und schwarzer Bevölkerung.

Die »Russische Politische Delegation« versteht sich als legitime Vertretung ihres Volkes in der Emigration.

Exilanten fordern Demokratie in Rußland

8. Januar. In einem kleinen Hotel in der Pariser Rue de Poitiers findet eine Versammlung von Exilrussen statt, die von Alexandr F. Kerenski, dem letzten russischen Ministerpräsidenten vor der Oktoberrevolution, einberufen worden ist. Mitglieder seiner ehemaligen Regierung, aber auch Vertreter anderer Interessengruppen haben sich eingefunden, um mögliche Aktionen gegen die bolschewistische Herrschaft in Sowjetrußland zu beraten. Die Anwesenden sind Mitglieder der sog. Russischen Politischen Delegation, die sich als legitime Regierung ihres Volkes in der Emigration versteht.

Prominente Russen im Exil 1921

Politiker:
Pawel B. Axelrod, Menschewist (gemäßigter Sozialist), seit 1918 in Berlin
Alexandr F. Kerenski, Sozialrevolutionär, seit 1918 in Frankreich
L. Martow, Menschewist, seit 1920 in Berlin
Nikolai S. Tschcheidse, Menschewist, ab 1921 in Paris
Viktor M. Tschernow, Sozialrevolutionär, seit 1920 in Paris
Künstler:
Igor F. Strawinski, Komponist, seit 1920 in Frankreich
Wassily Kandinsky, Maler, ab 1921 in Weimar
Alexander Archipenko, Bildhauer, ab 1921 in Berlin
Maxim Gorki, Schriftsteller, ab 1921 in Italien (Sorrent)
Sergei S. Prokofjew, Komponist, seit 1918 in Paris und den USA
Fjodor I. Schaljapin, Opernsänger, ab 1921 in New York
Wissenschaftler:
Gleb Struve, Slawist, seit 1918 in den USA
Nikolai S. Trubezkoi, Sprachwissenschaftler, seit 1919 in Wien

---

Seit ihrer Gründung im März 1919 bemüht sich die Russische Politische Delegation um die Verbreitung ihres politischen Programms, das eine freiheitliche russische Demokratie auf föderalistischer Grundlage beinhaltet. In seiner Eröffnungsrede verneint Kerenski im Hinblick auf die große Zahl der Anhänger des Zarentums unter den Exilrussen die Möglichkeit, zu einer russischen Monarchie zurückzukehren. Er betont, daß ein demokratischer Kurswechsel der bolschewistischen Regierung nicht abzusehen sei und prophezeit baldige schwere Aufstände der sowjetischen Bevölkerung aufgrund der miserablen Ernährungslage (→ 24. 2./S. 44). Im Hinblick auf die extremen Probleme bei der Versorgung mit Nahrungsmitteln greift der frühere Ministerpräsident scharf die Blockade der Alliierten gegen Sowjetrußland an und fordert die sofortige Wiederherstellung des freien Handels. Abschließend fordert die Versammlung die Einrichtung einer Verfassunggebenden Versammlung in Rußland, sobald die Bolschewisten gestürzt worden sind.

Weitere prominente Teilnehmer der Versammlung sind die ehemaligen Minister Pawel N. Miljukow und Viktor M. Tschernow. Sie mußten ins Exil, nachdem sie durch ihre Forderung, daß der sozialistischen Revolution eine demokratische vorauszugehen habe, in Konflikt mit den Bolschewisten geraten waren.

Über eine Million Russen leben derzeit als Exilanten im Ausland. Es handelt sich um keine einheitliche Gruppe. Die meisten gehören zur geistigen Führungsschicht ihres Heimatlandes, vertreten aber die unterschiedlichsten ideologischen Standpunkte.

Zur großen Schar der Auslandsrussen gehören sowohl Sozialrevolutionäre und gemäßigte Sozialisten als auch Monarchisten und Bürgerlich-Liberale. All diese Gruppen werden von der neuen Regierung gleichermaßen verfolgt, da sie die radikalen Maßnahmen der Bolschewisten zur Fortsetzung der Revolution ablehnen.

Jede Gruppe entwirft ihr eigenes Programm zum Umsturz der neuen Herrschaft, jedoch verlieren diese Pläne durch die fortschreitende Verfestigung der Regierung Lenins immer mehr an politischem Gewicht. Zudem verhindern nationale Gegensätze unter den Exilanten, die aus verschiedenen Teilen des Vielvölkerstaats kommen, ein gemeinsames Vorgehen.

Die Emigranten haben in mehreren großen Wellen zur Zeit des Bürgerkriegs zwischen 1918 und 1920 ihre Heimat verlassen. Während der Oktoberrevolution 1917 noch glaubten die wenigsten, ins Ausland gehen zu müssen. Die ersten Flüchtlinge ließen sich deshalb zunächst in den Randgebieten des ehemaligen Zarenreichs nieder. Der Strom ins Ausland setzte erst ein, als die Rote Armee im Bürgerkrieg immer mehr an Boden gewann und die Gegner der neuen Regierung schonungslos zu bekämpfen begann.

Weiterhin ging die Sowjetregierung dazu über, alle Flüchtlinge auszubürgern. Die Exilanten suchen vornehmlich in Polen, Finnland und in den Balkanstaaten Zuflucht. Eine Anzahl läßt sich jedoch auch in Mittel- und Westeuropa sowie in Amerika nieder. Paris, Berlin, Warschau, Prag, London und Konstantinopel (Istanbul) werden zu politischen und kulturellen Zentren der Exilrussen.

Prominenter Exilrusse mit seiner Familie auf der Flucht: General Pjotr N. von Wrangel hält sich nach der Niederlage der Weißgardisten in der Türkei auf.

Neuer britischer Vizekönig in Indien

8. Januar. Der britische Politiker Rufus D. Reading wird nach langen parlamentarischen Verhandlungen von der Regierung zum neuen Vizekönig in Indien ernannt. Er ist der Nachfolger von Frederick J. Viscount Chelmsford, der seit 1916 höchster Kolonialbeamter war.

Seit dem 1. Januar gilt in Indien das neue Selbstverwaltungsrecht, das auf Wahlen begründete Provinzialvertretungen vorsieht. Dieses Gesetz ist ein erster Schritt zur Entwicklung einer britisch-indischen Verwaltung. Gegen das Gesetz hat sich in den Kreisen der radikalen Nationalisten Indiens Widerstand formiert. Seine Wortführer fordern die Unabhängigkeit Indiens.

Die britische Regierung entschloß sich, die Durchführung des Gesetzes einem neuem Vizekönig anzuvertrauen, der geeigneter schien, zwischen den gegensätzlichen Interessen zu vermitteln. Die Wahl fiel schließlich auf den liberalen Lord Reading, der bisher als Justizminister in Großbritannien fungierte.

Deutsche Mönche auf dem Zionsberg

24. Januar. Die deutschen Benediktiner beziehen wieder den Zionsberg in Jerusalem. Sie hatten ihre Abtei, die vom früheren deutschen Kaiser Wilhelm II. besonders gefördert worden war, nach der britischen Besetzung 1918 verlassen.

Jerusalem ist seit 1920 Hauptstadt des britischen Völkerbundmandats Palästina. Aufgrund der Balfour-Deklaration von 1917, die den Juden mit britischer Hilfe die Gründung einer »nationalen Heimstätte« in Palästina zusagte, wurde eine intensive zionistische Aufbauphase eingeleitet. Danach sollte Palästina als »Heiliges Land« religiös-nationaler Bezugspunkt für das Judentum sein. Der religiöse Anspruch der Christen und der Moslems – besonders auf Jerusalem als »Heilige Stadt« – wurde von den Juden nur unter Protest hingenommen.

Nach der Festigung Palästinas als »Heimstätte« der Juden erlaubt die britische Regierung wieder die Anwesenheit der vorwiegend deutschen Benediktinermönche, deren Beuroner Ordensgemeinschaft 1868 gegründet wurde.

Der ehemalige französische Politiker Clemenceau (M.) mit Maharadschas nach erfolgreicher Tigerjagd in Gwalior

»Der Tiger« Clemenceau auf Jagd in Indien

Großes Interesse in den internationalen Zeitschriften findet die mehrmonatige Asienreise des früheren französischen Ministerpräsidenten Georges B. Clemenceau. Bislang machte er u.a. Station in Ceylon (Sri Lanka), Singapur, auf Java in Indonesien und in Bombay.

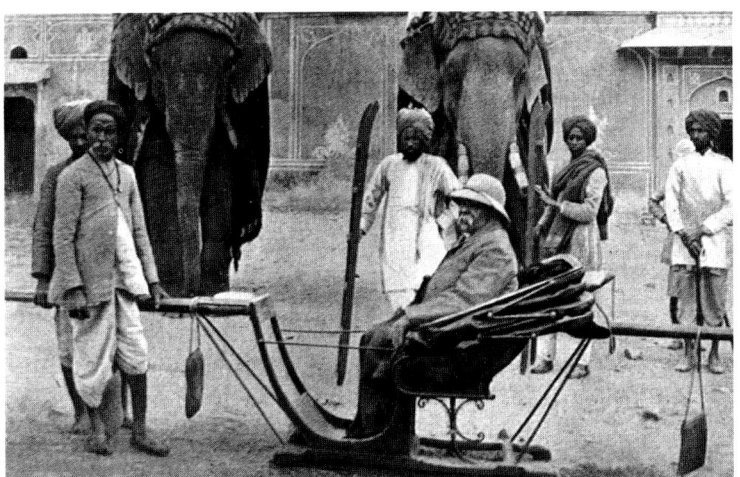

Vor dem Palast in Jaipur beginnt eine Expedition mit Elefanten.

Der prominente Politiker, von seinen Anhängern und Gegnern mit dem Spitznamen »der Tiger« versehen, hält sich zur Zeit zu einer Tigerjagd in Indien auf.

In der indischen Stadt Gwalior hat Clemenceau in Begleitung der Maharadschas von Gwalior und Bikaner auf einer Jagd drei Tiger erlegt. Clemenceau ist noch im hohen Alter von 79 Jahren vital genug, um an solchen abenteuerlichen Unternehmungen aktiv teilzunehmen.

Nicht nur die französischen Gazetten veröffentlichen regelmäßig seine Reiseberichte. Sie bieten Gelegenheit, Clemenceau, eine der dominierendsten politischen Persönlichkeiten der III. Republik, von einer anderen Seite kennenzulernen. Er hatte sich 1920 nach 45 Jahren politischer Tätigkeit ins Privatleben zurückgezogen.

Der reiselustige Clemenceau (M.) bei einem offiziellen Empfang im Palast des Maharadschas von Kapurthala

Reichsgründungstag feierlich begangen

18. Januar. Die junge Weimarer Republik begeht den Tag der Gründung des Deutschen Reiches von 1871. Der Zusammenhalt der deutschen Länder wird angesichts der Last des Versailler Vertrages von zahlreichen Festrednern beschworen.

Reichspräsident Friedrich Ebert (SPD) betont, daß der Wille zur Einigkeit unter den deutschen Ländern 1871 Vorbild für die Republik sein müsse. Nur so könne das wichtigste Ziel deutscher Politik, die Aufhebung der außenpolitischen Isolation, gelingen. Der DVP-Politiker Gustav Stresemann bezeichnet das deutsche Volk als »nationale Notgemeinschaft«, die dem Interesse der Gemeinschaft alle innenpolitischen Streitigkeiten unterzuordnen habe.

Hingegen hat sich der Landtag von Braunschweig geschlossen gegen die Feiern ausgesprochen, da man die Propagierung von nationalistischem und reaktionärem Gedankengut befürchtet.

Die Studentenschaft der Berliner Universität feiert den 50. Gedenktag der Gründung des Deutschen Reichs. Zur gleichen Zeit demonstrieren die Studenten der Universität Wien für den Anschluß Österreichs an das Deutsche Reich. Insbesondere die studentischen Verbindungen geben sich patriotisch.

Ex-Kanzler Bethmann Hollweg gestorben

2. Januar. Theobald von Bethmann Hollweg, von 1909 bis 1917 Reichskanzler, Außenminister und preußischer Ministerpräsident, stirbt 64jährig auf seinem Gut Hohenfinow, wo er am 5. Januar beigesetzt wird.

Zu den Trauergästen gehört Prinz Oskar von Preußen als Repräsentant des früheren Kaisers Wilhelm II. Justizminister Rudolf Heinze (DVP) hält die Grabrede. Er würdigt den früheren Reichskanzler als großen Staatsmann. Bethmanns Friedensbemühungen im Weltkrieg hatten einen Konflikt mit der Obersten Heeresleitung hervorgerufen. Auf Druck der Generäle Paul von Hindenburg und Erich Ludendorff entließ Wilhelm II. den Kanzler.

Beisetzung des früheren Reichskanzlers in seinem Geburtsort Hohenfinow

Letzte Aufnahme von Bethmann (r.)

Hitler verzichtet auf NSDAP-Vorsitz

21. Januar. Auf der ersten Generalmitgliederversammlung der Nationalsozialistischen Deutschen Arbeiterpartei (NSDAP) in München wird der bisherige Vorstand unter Leitung von Anton Drexler wiedergewählt. Adolf Hitler, seit 1920 zuständig für Parteipropaganda, hatte den Vorsitz abgelehnt.

Dem Verzicht war eine längere Auseinandersetzung über die Funktion des Parteiausschusses vorangegangen. Hitler widersetzt sich der kollektiven Leitung der Partei. Er besteht darauf, daß die NSDAP einen Führer mit diktatorischen Vollmachten haben müsse.

Hitler lehnt den Vorsitz in der Gewißheit ab, den größten Teil der Parteianhänger hinter sich zu haben. Das NSDAP-Organ »Völkischer Beobachter« hat ihn schon versehentlich als Vorsitzenden bezeichnet.

Durch sein Amt als Propagandaleiter kann Hitler ungehindert Agitation für sein Konzept betreiben. Während der Parteiausschuß einen großen Teil seiner Zeit auf Organisationsfragen verwendet, sammelt Hitler systematisch eine Gefolgschaft, die auf ihn als »Führer« ausgerichtet ist. Zu dieser Gruppe gehören Ernst Röhm, Dietrich Eckart, Alfred Rosenberg und Rudolf Heß.

Hitlers Propaganda ist das Anwachsen der NSDAP auch außerhalb Münchens zuzuschreiben. Zur Partei, die gegenwärtig 3000 Mitglieder hat, zählen zwar nur zehn Ortsgruppen neben denen in der bayerischen Hauptstadt, jedoch hat Hitler diese schon seiner Kontrolle unterstellt (→ 5. 2./S. 34).

»Kolonisierung« der Deutschen

Am 3. Januar veröffentlicht Hitler unter dem Titel »Dummheit oder Verbrechen« einen Aufsatz im »Völkischen Beobachter« über die Folgen des Versailler Vertrages:

»Der Sinn aber und der Zweck dieses Vertrages war und ist ja doch kein anderer, als Deutschland wirtschaftlich zur Kolonie des Ententekapitals zu machen… Und während man so Deutschland nach außen hin mehr und mehr zur Kolonie ausbaut, ist es im Inneren schon längst Kolonie geworden, Kolonie nämlich der Brut, die mit wahrhaft blutegelmäßiger Gefräßigkeit unser Volk seit den glorreichen Novembertagen aussaugt und auswuchert und ausplündert.«

Die Beisetzung Karl Legiens; an der Spitze des langen Trauerzuges schreitet die Kranzabordnung der Bergleute.

Theodor Leipart neuer ADGB-Vorsitzender

19. Januar. Theodor Leipart wird von der Vorständekonferenz der freien Gewerkschaften in Berlin zum Vorsitzenden des Allgemeinen Deutschen Gewerkschaftsbundes (ADGB) gewählt. Er ist Nachfolger des am 26. Dezember 1920 mit 59 Jahren verstorbenen Gewerkschaftsführes und Mitbegründers des ADGB, Karl Legien.

Nach seiner Wahl erklärt Theodor Leipart, daß er die reformistische, auf Ausgleich mit den Arbeitgebern bedachte Politik seines Vorgängers konsequent fortsetzen wolle. Trotzdem stellt er die Verwirklichung des Sozialismus als erstes Ziel des ADGB heraus.

Auf dem 10. Kongreß der Freien Gewerkschaften 1919 wurde als Dachverband der Allgemeine Deutsche Gewerkschaftsbund (ADGB) gegründet. Die Weimarer Verfassung sichert den Gewerkschaften weitgehende Rechte zu. Im Artikel 159 ist die uneingeschränkte Koalitionsfreiheit niedergelegt, welche die Freiheit gewerkschaftlicher Betätigung, z. B. Pressearbeit, Versammlung und Streik einschließt. Die Regelung von Lohn- und Arbeitsbedingungen und die Mitwirkung bei der wirtschaftlichen Entwicklung gehören zu den verfassungsrechtlich gesicherten Aufgaben der Gewerkschaften.

Aufgrund der Anerkennung der Gewerkschaften durch die Weimarer Verfassung und der wachsenden Akzeptanz durch die Arbeitgeber steigen die Mitgliederzahlen der Gewerkschaften rapide an. 1921 hat dcr ADGB knapp acht Mio. Mitglieder, 1919 waren es noch 4,6 Mio.

Mitglieder. Der Einfluß der Gewerkschaften in Wirtschaft und Staat wächst angesichts der Mitbestimmungsmöglichkeiten der Arbeiterschaft und der engen Verflechtung mit der SPD. Arbeiter und Angestellte werden durch Betriebsräte, Bezirksarbeiterräte und dem Reichsarbeitsrat gesetzlich vertreten.

Das wichtigste politische Anliegen des ADGB ist die Forderung nach Wirtschaftsdemokratie, d. h. vor allem Maßnahmen gegen den Mißbrauch wirtschaftlicher Macht, Ausbau betrieblicher Mitbestimmung und Förderung der öffentlichen und genossenschaftlichen Unternehmen. Zum gewerkschaftlichen Engagement gehören in erster Linie Lohnpolitik und Arbeitszeitverkürzung. Angesichts der hohen Inflationsraten sind zufriedenstellende Tarifverhandlungen jedoch schwierig, da Tarifverträge mit einjähriger Laufzeit mit der Entwertung der Löhne und der Verteuerung der Lebenshaltungskosten bei weitem nicht schritthalten können.

Den Gegenpol zur sozialistischen Gewerkschaftsbewegung bilden die christlich-nationalen Gewerkschaften mit rund 1 Mio. Mitglieder. 1919 wurde der Deutsche Gewerkschaftsbund (DGB) als Zusammenfassung der konservativen Verbände gegründet; der Zentrumspolitiker und spätere preußische Ministerpräsident Adam Stegerwald (→ 9. 4./S. 69) ist seitdem Vorsitzender. Im Gegensatz zum ADGB will der DGB den Aufbau einer sozialistischen Republik verhindern. Der DGB besteht mehrheitlich aus Mitgliedern von Zentrum, Deutsche Volkspartei (DVP) und Deutschnationale Volkspartei (DNVP).

Gemäßigter Gewerkschaftsführer

Theodor Leipart wurde am 17. Mai 1867 in Neubrandenburg geboren. Der Schneidersohn erlernte nach Abschluß der Mittelschule das Drechslerhandwerk, in dem er bis 1890 tätig war. Im Jahre 1886 wurde er in Hamburg zum Vorsitzenden des Drechslerverbandes gewählt. Drei Jahre später ging er in gleicher Funktion nach Berlin, wo er 1890 Chefredakteur der »Fachzeitung für Drechsler« wurde. 1919 bis 1920 war Theodor Leipart als Mitglied der SPD in Württemberg Arbeitsminister, bevor er als engagierter Gewerkschafter und Politiker nach dem unerwarteten Tod Karl Legiens an die Spitze des ADGB tritt.

Erste Akademie der Arbeit gegründet

8. Januar. In Frankfurt am Main wird die Akademie der Arbeit gegründet. Als erste deutsche Hochschule für das »Volk der Arbeit« soll sie u. a. zur Ausbildung für Verwaltungs- und Organisationstätigkeiten in Betrieben, Behörden und Gewerkschaften beitragen.

Primäres Ziel des neuartigen Bildungsinstituts ist die Aus- und Weiterbildung besonders von bildungsmäßig benachteiligten Arbeitern. Ferner steht die Anleitung zu politischer Betätigung im demokratischen Staat im Mittelpunkt. Die Lehrgänge sind teilweise berufsbegleitend und dauern mindestens ein Jahr.

Schon der erste Nachkriegskongreß der freien Gewerkschaften 1919 in Nürnberg hatte als »wichtigste Aufgabe« zur Vorbereitung des Sozialismus die »Sozialisierung der Bildung« herausgestellt. Die Erweiterung der Kenntnisse der Gewerkschafter werden als Vorausetzung zur Wahrnehmung ihrer Mitspracherechte angesehen. So gründeten 1919 die freien Gewerkschaften die Heimvolkshochschule Tinz bei Gera, die sich insbesondere um die Weiterbildung von Volksschülern verdient machte. In Köln wurde 1920 in Kooperation mit der neugegründeten Universität das »Freiegewerkschaftliche Seminar« ins Leben gerufen. In Planung sind weitere Fachschulen für Wirtschaft und Verwaltung.

Mit der Gründung der Akademie der Arbeit schließlich ist ein zusätzlicher wichtiger Schritt zur Weiterbildung getan. Vertreter der Frankfurter Universität und der Gewerkschaften betonen schon in der Vorbereitungsphase für die Akademie der Arbeit: »Es handelt sich um die Erfüllung einer für unsere Zeit hochwichtigen Bildungsaufgabe. Die politische und wirtschaftliche Demokratie ruft alle Kräfte zur Mitarbeit in Staat und Wirtschaft herbei.«

Die Akademie ist an die Universität Frankfurt angegliedert, wird aber von den Spitzenorganisationen der Arbeiter, Angestellten und Beamten unter der Patenschaft des Frankfurter Professors Hugo Sinzheimer getragen. Sowohl die freien als auch die christlichen Gewerkschaften haben sich bereiterklärt, neben der finanziellen Unterstützung des Projekts durch die Regierung das Studium der Arbeiter zu fördern.

Werbung 1921:
Die Frau als Eva und Mutter

Drei Jahre nach Kriegsende, in einer Zeit der anhaltenden Wirtschaftskrise im Deutschen Reich, beschränkt sich die Werbung in den Zeitungen und Zeitschriften auf ein bescheidenes Maß und verzichtet weitgehend auf vielversprechende Werbeslogans. Geworben wird hauptsächlich für Produkte des alltäglichen Bedarfs.

Besonders die Frau spielt in der Werbung eine immer herausragendere Rolle. Sie wirbt vor allem für Kosmetikprodukte, Wasch- und Putzmittel, technische Haushaltsgeräte und Kleidung. Der Mann hingegen ist dominierender Werbeträger für Zigaretten, Zigarren und alkoholische Getränke.

Die Vermarktung der Frauengestalt in der Reklame basiert einerseits auf dem Bild der fleißigen Hausfrau und Mutter, die z. B. für Haferflocken oder Kakao Reklame macht. Andererseits orientiert sich die Werbung am Bild der modernen, schönen, verführerischen Frau, die vornehmlich für Kleidung, Parfüm, Kosmetika und Körperpflegemittel für eine »zarte weiße Haut« und Schlankheitskuren wirbt. Diese beiden Rollenideale treten als wesentliche Merkmale in der Werbung hervor und sind bevorzugte Themen der Werbegrafiker.

Das Plakat als Werbemittel setzt sich mehr und mehr durch. Bekannte Firmen wie Henkel, Persil, Nivea, Steiff, Deinhardt, Odol oder Leibniz werben für ihre Qualitätsprodukte in Zeitungen oder auf Plakaten ohne jegliche Zusatzinformationen für den Verbraucher. Allein der traditionsreiche Name steht im Vordergrund. Auch für den Normalverbraucher unerschwingliche Güter wie Autos oder Klaviere werden nur mit den Firmennamen präsentiert, da genaue Kenntnisse des Wertes des Produkts beim Kunden vorausgesetzt werden.

Dominierend im Anzeigenteil der Zeitungen sind nicht die großflächigen Anzeigen bekannter Firmen, sondern die kleinformatigen Angebote der örtlichen Händler. Angesichts der schlechten Ernährungssituation wird auffallend häufig für sog. Ersatz- und Vitaminprodukte, die eine unzureichende Ernährung ausgleichen sollen, geworben. So

wird Kindern, Kranken und Unterernährten das Stärkungsmittel »Viscitin«, das die Abwehrkräfte und die Leistungsfähigkeit aufbaut, empfohlen. Auch der Verband deutscher Schokoladenfabrikanten empfiehlt seine Waren als Ersatzprodukte. Gute Schokolade wird als altbewährtes Mittel dargestellt, um zu jeder Tageszeit den ermüdeten Körper zu stärken und ihm das Hungergefühl zu nehmen.

Medizinische Produkte bilden einen weiteren Schwerpunkt in der Werbung. Erfolgversprechende Mittel werden z. B. zum Abgewöhnen des Rauchens angepriesen, gegen lästigen Haarwuchs wie den Damenbart, Haarausfall, Stuhlverstopfung oder Mitesser. Orthopädische Geräte wie beispielsweise ein Beinkorrektionsapparat zur Heilung von O- und X-Beinen oder ein Nasenformer werden in Annoncen offeriert, die auf Abbildungen gänzlich verzichten und trotzdem den größten Teil der Anzeigenseiten in den Tageszeitungen einnehmen. Die allgemeine Zurückhaltung in der Produktwerbung spiegelt sich in der Vielzahl dieser kleinformatigen Inserate wieder.

Werbealltag als Plakatmotiv; Titelseite der Kunstzeitschrift »Das Plakat«

Die Hausfrau als Werbeadressat; Anzeige für Kakao

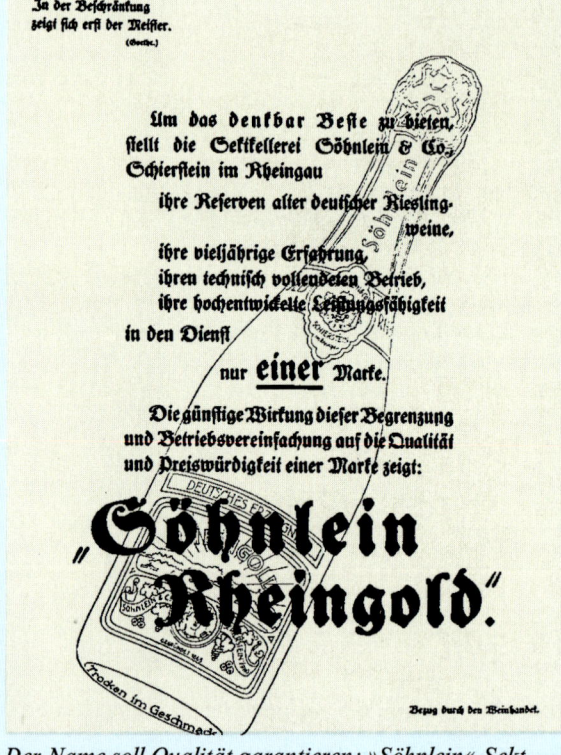

Der Name soll Qualität garantieren: »Söhnlein«-Sekt

Werbung für die Werbeagentur Lucian Zabel   Hervorstechendes Merkmal: Grathwohl-Zigarette   Fernöstliche Exklusivität: Samurai-Zigarette

Firmen entdecken Kunstplakate als Werbeträger für den gehobenen Kundengeschmack

Das künstlerisch gestaltete Plakat nimmt in der Werbelandschaft einen immer höheren Stellenwert ein. Neben Anzeigen für Ausstellungen, Theater- oder Kinovorstellungen wird vorrangig für Luxusartikel, wie etwa Zigarren, Sekt, Whisky, Schmuck, Pelze oder Parfüm mit unkonventionellen Plakaten geworben, die sich von der üblichen, rein gegenständlichen Abbildung des Verkaufsobjekts abheben.

Die Art der Werbung ist mitentscheidend für den Verkaufserfolg. Hochwertige Produkte für einen zahlungskräftigen Kundenkreis müssen auf dem Niveau des Käufers präsentiert werden. Auffällige Formen und Farben, die den künstlerischen Aspekt häufig in den Mittelpunkt stellen, wirken entsprechend und heben den elitären Stellenwert des Werbeobjekts hervor. Der Markenname ersetzt den Slogan.

Ein umgebautes Auto als Werbeträger für ein Nobelrestaurant   Schuhgeschäft   Reklamezug anläßlich der Messe in den Straßen von Leipzig

Ein fünf Meter langes Modell einer Zigarette wird von Clowns durch die Straßen gezogen

Außenwerbung setzt sich durch

Ein neuer Trend ist die Verlagerung der Werbung von den konventionellen Werbeträgern wie Zeitungen und Zeitschriften nach außen an Häuserwände, Straßenbahnen und Telefonzellen. Aufwendig gestaltete Lichtreklame verbreitet sich. Mit dieser Entwicklung erreicht die Werbung einen größeren Bevölkerungskreis, und das Geschäft der Firmen, die immer mehr in Werbung investieren, wird angeregt. Auffallend ist auch der verstärkte Einsatz von Kindern oder Studenten bei den Werbeanstrengungen größerer Unternehmen im Einzelhandel. Junge Leute, die wie in einem Demonstrationszug Schilder mit den Sonderangeboten der Warenhäuser tragen, gehören in den Großstädten ebenso zum Straßenbild wie die wandelnde Litfaßsäule.

Skandal um Schnitzlers Liebes-»Reigen«

»Querschnitt« als Spiegel der Zeit

3. Januar. Das polizeiliche Aufführungsverbot für Arthur Schnitzlers Drama »Reigen« wird in Berlin wieder aufgehoben. Noch vor der Premiere im Dezember 1920 hatte das Berliner Landgericht III die Aufführung des Stücks wegen angeblicher »Unsittlichkeit« untersagt. Die Direktion des Kleinen Schauspielhauses Berlin ließ den »Reigen«, der bereits 1896/97 geschrieben wurde, trotz Androhung von Haftstrafen uraufführen.

Schnitzlers »Reigen« zeigt in frechfrivolen Dialogen Charaktere verschiedener sozialer Schichten in ständigem Partnerwechsel. Gefühlsarmut und Heuchelei wachsen mit der gesellschaftlichen Position. Sexuelle Begierde verwischt jedoch die Klassengegensätze. Auf diese Weise deckt das Stück Schein und Sein der Gesellschaft auf.

Nach der offiziellen Freigabe der Inszenierung kommt es bei einer Aufführung am 22. Januar in Berlin zu organisierten Krawallen. Rechtsradikale stören mit Stinkbomben die Aufführung, außerdem hagelt es Proteste von völkischen und katholischen Vereinen. Ihre Empörung richtet sich gegen die Darstellung einer freizügigen Sexualmoral.

Die Theaterdirektion des Kleinen Schauspielhauses Berlin wird wegen »Erregung öffentlichen Ärgernisses« angeklagt. Der »Reigen-Prozeß« endet am 18. November 1921 mit dem Freispruch aller Beteiligten.

Rudolf Forster und Blanche Dergan in einer »Reigen«-Aufführung in Berlin

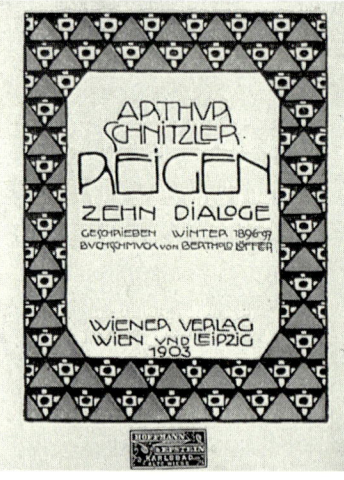

Titelblatt und Inhaltsseite der ersten Buchausgabe des »Reigen« 1903 in Wien, die ein Jahr später im Deutschen Reich gerichtlich verboten wird

30. Januar. Der Galerist Alfred Flechtheim gründet die Zeitschrift »Der Querschnitt«. Sie wird eine der bedeutendsten Kulturzeitschriften der 20er Jahre.

Flechtheim entwickelte den »Querschnitt« aus den Kunstkatalogen seiner Düsseldorfer Galerie. Eine Mixtur aus verschiedenen Kunstrichtungen steht im Mittelpunkt. Von Flechtheim entdeckte Künstler werden neben den aktuellsten Trends aus Mode, Dichtung, Theater, Ballett, Musik, Architektur, Politik und Sport vorgestellt. Das Besondere am »Querschnitt« ist, daß er die erste Zeitschrift ist, in der beispielsweise zwischen den neuesten Bildern von Pablo Picasso plötzlich die Schilderung eines Boxkampfes auftaucht. Mit sicherem Gefühl versteht sich Flechtheim darauf, vorauszuspüren, welcher Maler oder Dramatiker zu Weltruhm gelangen könnte. Neben Ideenreichtum trägt auch die grafische Aufmachung des »Querschnitts« zu seinem Erfolg bei.

Der Kunsthändler Alfred Flechtheim, geboren am 1. April 1878 in Münster, ist einer der ersten deutschen Sammler zeitgenössischer französischer Kunst. Er stellt in seiner Galerie z. B. Gemälde von Henri Matisse und Georges Braque aus, aber auch Werke von Pablo Picasso, Max Beckmann und Paul Klee. Zu den Ausstellungen veröffentlicht er umfassende Kataloge.

Nach der Freigabe des Dramas »Reigen« karikiert die Zeitschrift »Simplicissimus« die Darstellung des Liebeslebens als »Entgötterte Welt«. Während Amor eines gewaltsamen Todes sterben muß, werden gleichgeschlechtliche Liebe und Pornographie in Zeitschriften offen zur Schau gestellt. Der Kommentar auf dem Titelblatt: »Amor ist tot. Es lebe das Schwein!«

Zeitungskritik zur Uraufführung

Schon kurz nach der Uraufführung schrieb der »Berliner Lokalanzeiger« vom 24. Dezember 1920 zum Inhalt des Stücks:

»Bildchen aus dem Leben, wie es Schnitzler sah: Wien um 1900, leichtsinnig, spielerisch, frivol, und immer etwas müde. All die Lieblingsgestalten des ›Anatol‹-Dichters treten auf... Das ist mit jenem tändelnden Esprit erzählt, der nur Schnitzler eignet. Eine Komödie der Worte, ein Zwischenspiel, eine Liebelei in zehn aparten hingehauchten Szenen. Kunst, so leicht, so flüchtig, so prickelnd wie Sektschaum. Nur ab und zu mischt sich strenges Parfüm ein, wenn aus dem Spiel der Worte Taten werden, das Bett in Aktion tritt... Darauf sind ja diese schillernden Szenen alle zugespitzt. Das ist es, was sie verbindet und die Menschen dieser Szenen zum Reigen ordnet.«

Titelseite des ersten »Querschnitt«-Hefts, das in Berlin, Frankfurt am Main und Düsseldorf erscheint

Die Wasserträgerin ist eine der kostbarsten Figuren des Fundes.

Grabfunde zeigen ägyptischen Alltag

15. Januar. Durch Zufall stoßen US-amerikanische Archäologen in der Nähe von Theben auf den Grabschatz des ägyptischen Prinzen Mehenkwetre, der ca. 2000 v. Chr. lebte. Die Funde, die durch ihre Vollständigkeit zu den bedeutendsten der letzten Jahrzehnte gehören, zeigen detailgetreu das frühägyptische Alltagsleben.

Der Grabschatz besteht aus einer Reihe von figürlichen Darstellungen des alltäglichen Lebens auf dem Anwesen des Prinzen. Durch Nachbilden des irdischen Lebens wollte er das Leben nach dem Tod positiv beeinflussen. Eine Szene zeigt den Adeligen selbst in einem Säulengang, wie er vier Schreibern Anweisungen zum Erfassen von Rinderherden gibt, die gerade vorbeigetrieben werden. Andere Szenen zeigen Menschen bei der Arbeit in einer Kornkammer, beim Brotbacken und Bierbrauen genauso wie beim Weben. Zwölf verschiedene Schiffsmodelle lassen die Vorliebe des Prinzen für Nilfahrten erkennen.

Am meisten interessieren sich die Forscher für die Modelle von zwei Gärten. Durch einen überdachten Säulengang blickt man auf ein kupferumrandetes Bassin, das von sieben Platanen umgeben ist. Für die Erforschung frühägyptischer Architektur ist dies eine unschätzbare Entdeckung, da bisher nur wenige Überreste von Privathäusern aus dieser Zeit gefunden wurden.

Winterwonnen sind den wenigsten vergönnt

Der Winter ist in diesem Jahr ein »Winterfrühling«, wie die Illustrierten die außergewöhnliche Milde der Jahreszeit kommentieren. In weiten Teilen des Deutschen Reichs liegen die Temperaturen zwischen +6 bis +9 °C. Nur in Süddeutschland und in den Gebieten östlich der Oder wird zumindest gegen Ende des Monats der Gefrierpunkt erreicht.

Angesichts der Wirtschaftsmisere liegt vielen der Gedanke an Winterfreuden im Schnee ohnehin fern. Wer dennoch nicht auf den Wintersport verzichten möchte und zudem über die finanziellen Mittel verfügt, reist in die Höhenlagen der Schweizer Berge. St. Moritz und Mürren sind wie immer die absoluten Favoriten in der Gunst der Wintersportler.

Bei den Urlaubern ist die Damenmode in diesem Jahr ein besonderes Thema, denn eine kleine »Revolution« hat stattgefunden: Frauen zeigen sich beim Skifahren mehr und mehr in Hosen, die Reithosen, den »breeches«, nachempfunden sind. Sie sind an den Oberschenkeln extrem weit geschnitten und liegen unterhalb des Knies eng am Bein. Diejenigen Frauen, die sich noch nicht auf den neuen Trend einstellen können, gehen auch weiterhin in weiten Faltenröcken und dicken wollenen Strumpfhosen auf die Piste.

△ *In St. Moritz hat man sich einen neuen Freizeitspaß auf dem Eis ausgedacht: Das Eimerwettlaufen. Sieger wird, wer zuerst das Ziel erreicht, ohne Wasser aus dem Eimer, den er mit den Füßen vorwärts tritt, verschüttet zu haben.*

◁ *Werbeplakat für einen Skiurlaub auf dem Ste Croix les Rasses im schweizerischen Jura. Der Wintertourismus in der Schweiz, der bei nicht wenigen zahlungskräftigen Deutschen zum Prestige gehört, wird in Leserbriefen an deutsche Zeitungen heftig diskutiert. Den Wintersportlern wird vorgeworfen, dringend benötigte Devisen für Vergnügungen auszugeben anstatt sich in den deutschen Alpen zu erholen.*

Die Kunstläuferin Thea Frenssen bei der Veranstaltung »Fest auf dem Eis« in dem mondänen Urlaubsort St. Moritz

Drei Skifans im schweizerischen Mürren, die immer noch die konventionelle weibliche Kluft bevorzugen

Literatur 1921:

Schriftsteller betonen die politische Funktion der Literatur

Unter dem Eindruck des noch nicht bewältigten Kriegserlebnisses und beunruhigt durch die politische Instabilität der jungen Republik, gibt die deutsche Literatur zunehmend der politischen Aussage den Vorrang vor dem rein ästhetischen Anspruch. Die Distanzierung der Literatur gegenüber gesellschaftlichen Vorgängen wird als unzeitgemäß betrachtet. Der Künstler soll eine verantwortungsbewußte Rolle im Staat übernehmen.

Unberührt von der Frage des Spannungsverhältnisses zwischen Kunst und Politik greift die breite Leserschaft indessen wie bisher zum Unterhaltungsroman. Horst Wolfram Geißlers »Der liebe Augustin«, Norbert Jacques' »Dr. Mabuse der Spieler« und Felix von Luckners »Seeteufel« sind die Bestseller unter den Neuerscheinungen des Jahres 1921. Der kulturelle Umbruch, der in der Hinwendung zum Politischen erkennbar wird, findet in den wenigen Romanen und Lyrikbänden, die in diesem Jahr erscheinen, allerdings

erst wenig Resonanz. Es ist vielmehr das Drama, das zunächst als angemessene Gattung erscheint, um Kunst in den Dienst der politischen Aussage zu stellen, da hier die spontane Reaktion des Publikums in die Produktion einbezogen ist. Die Aufführung als solche kann so bereits zur politischen Aktion werden (→S. 208).

Anstelle des traditionellen literarischen Genres benutzen Literaten die zunehmend populärer werdenden Kulturzeitschriften als Forum ihrer zeitkritischen Aussagen. Zwischen 1918 und 1921 kommt es zu 49 Neugründungen, von denen allerdings viele den ersten Jahrgang nicht überleben. Der Anteil der literarisch-politischen Zeitschriften erhöht sich dabei zusehends gegenüber dem der rein literarischen, die nur noch annähernd 40% des Vorkriegsbestandes ausmachen. Karl Kraus' »Fackel«, Siegfried Jacobsohns »Weltbühne« oder auch Alfred Flechtheims neugegründeter »Querschnitt« (→30. 1./S. 22) sind

hierbei Beispiele einer brillanten Verquickung von Kunst- und Kulturkritik. Zugleich gewähren sie den neuen literarischen Ausdrucksformen in Kleinprosa und »Gebrauchslyrik«, bei denen besonders Kurt Tucholsky hervorsticht, Raum zum Experimentieren.

Es sind vor allem die linken Intellektuellen, welche die gesellschaftliche Aufgabe der Literatur in den Vordergrund stellen. Für sie stellt sich das Problem, wie die Kunst wirksam sozialistische Positionen beziehen kann in einer Gesellschaft, die immer noch von den Idealen des konservativen Bildungsbürgertums dominiert wird.

Der Leiter des Malik-Verlags, Wieland Herzfelde, analysiert in seiner Schrift »Gesellschaft, Künstler und Kommunismus« (1921) das Dilemma der neuen literarischen Avantgarde, die sich zu großen Teilen selbst aus der bürgerlichen Schicht rekrutiert, aber ideologisch den Forderungen der Sozialdemokraten oder der Kommunisten na-

hesteht. Herzfelde kritisiert, daß diese Künstler einerseits gegen die Dogmen der Gesellschaft kämpfen, die sie verändern wollen, sich andererseits aber oft eher halbherzig der Arbeiterklasse anbiedern, mit deren Problemen sie nur theoretisch vertraut sind: »Der Künstler ist ein Arbeiter, und er wird wie andere ausgebeutet. Trotzdem ist er kein Proletarier, denn seine Freuden und Leiden, seine Niederlagen und Erfolge sind nicht so wie beim Proletarier diejenigen seiner Kameraden. Er hat keine Kameraden, sondern Rivalen und Konkurrenten, seine Existenz ist bürgerlich.« Die Lage der linken Schriftsteller wird dadurch erschwert, daß vor allem die KPD größtenteils moderne Kunst geringschätzt, bisweilen geradezu kunstfeindlich eingestellt ist.

Durch ihr Engagement steht die Literatur zudem vor der Gefahr, die Kunstform zugunsten der politischen Aussage zu vernachlässigen. Auch warnt Herzfelde in seiner Schrift vor der Abwertung der künstlerischen Tätigkeit gegenüber der politischen. Die eigentliche Aufgabe bestehe darin, das literarische – bürgerliche – Erbe anzunehmen und für eine proletarische Kunst fruchtbar zu machen.

Zugleich gewinnt Literatur von Arbeitern selbst immer mehr an Gewicht. Der Lyrikband »Rhythmus des neuen Europa« des 1918 in Frankreich gefallenen Arbeiterdichters Gerrit Engelke wird 1921 postum veröffentlicht. Engelke verkündet darin die Möglichkeit, nach dem überstandenen Weltkrieg einen »neuen Menschen« zu schaffen. Zentrale Themen in seinen hymnischen Gedichten sind die Welt der Technik und des Arbeiters und die Bewältigung des Kriegserlebnisses.

Bemerkenswert in diesem Zusammenhang ist auch die Autobiographie der Fabrikarbeiterin Ottilie Baader, die unter dem Titel »Ein steiniger Weg« erscheint. Sie steht dabei in der Tradition der Lebensbeschreibungen von Adelheid Popp (1909) und Luise Zietz (1919), die wider Erwarten breite Leserkreise angesprochen hatten. Baader beschreibt in ihrem nüchternen Tatsachenbericht die besonderen Pro-

Im Schaufenster dieser Charlottenburger Buchhandlung beherrschen noch vorwiegend Klassikerausgaben das Bild.

Das Bildungsbürgertum bevorzugt die Klassiker der Weltliteratur

Der Beginn des Massenzeitalters und der Massendemokratie findet seinen Niederschlag in der neuen politischen Kunsttheorie. Das Bildungsbürgertum indessen kann sich mit den neuen künstlerischen Ausdrucksformen nicht identifizie-

ren. Konservative Stimmen rufen zur Achtung der Weltliteratur auf, die zugunsten politischer und satirischer Schriften vernachlässigt werde. Dennoch bietet gerade die Weimarer Verfassung durch die Garantie der Freiheit der Kunst günstige Bedingungen für eine literari-

sche Produktion, die nicht gemaßregelt wird. Zudem fördert besonders die SPD den Ausbau von Volksbüchereien und Volkshochschulen, um breiten Schichten die Möglichkeit zur Weiterbildung zu bieten.

Kaspar Hauser
Ignaz Wrobel
Theobald Tiger
Peter Panter

Kurt Tucholsky

liest

Donnerstag, am 27. Januar 1921,

abends 8 Uhr, im

Meistersaal, Köthener Straße 38,

aus eigenen Schriften.

Eintrittskarten sind zum Preise von 20.40, 10.10, 6.50 Mk.
(einschließlich Steuer) bei Bote & Bock, A. Wertheim und an
der Abendkasse zu haben.

Verband konzertierender Künstler, Berlin W 57

Der satirische Schriftsteller Kurt Tucholsky schreibt unter vier Pseudonymen.

Antikriegsplakate im Schaufenster der Berliner Buchhandlung Dietz

Künstler fordern Aufklärungsarbeit und Solidarität mit Kriegsopfern

Angesichts der zunehmenden Verdrängung des Kriegserlebnisses in der Bevölkerung fühlen sich politisch aktive Künstler gefordert, die Auswirkungen des Weltkriegs gegenwärtig zu halten. Sie thematisieren dabei besonders die Beziehung zu den Opfern und stellen sich damit in einen Gegensatz zu der großen Zahl von Büchern und Heften, welche die Leistung der deutschen Soldaten im Weltkrieg verherrlichen und die »Dolchstoßlegende« untermauern.
Die Kriegsberichte von Walter Flex, Manfred von Richthofen, Hermann Löns und Ernst Jünger (z. B. »In Stahlgewittern«, 1920) stoßen allerdings im Gegensatz zu den Werken pazifistischer Autoren wie Bernhard Kellermann, Karl Kraus und Andreas Latzko auf eine starke Resonanz.

bleme im gesellschaftlichen Engagement von Arbeiterfrauen. Die Darstellung einer allmählichen Politisierung aus weiblicher Sicht stellt dabei eine Neuinterpretation der Geschichte der deutschen Arbeiterbewegung dar.
Wie im Deutschen Reich wird auch in den USA mit dem Drama mehr experimentiert als in der Prosa (→ S. 208). Dennoch setzt John Dos Passos mit dem Roman »Drei Soldaten« den Beginn einer für die 20er Jahre bestimmenden Entwicklung. Wie später Ernest Hemingway und William Faulkner analysiert er menschliches Verhalten in bezug auf das Kriegserlebnis, wobei das

psychologische Interesse an den individuellen Folgen des Kriegs erneuernd auf Sprache und Romanaufbau wirkt. Die Auswirkungen des Krieges auf die einzelne Persönlichkeit haben in den USA im allgemeinen ein starkes Interesse an der Psychologie hervorgerufen. Übersetzungen von Carl Gustav Jungs »Psychologie des Unbewußten« (1916) und Sigmund Freuds »Allgemeiner Einführung in die Psychoanalyse« (1920) erfahren hohe Auflagensteigerungen. Eine ganze Generation US-amerikanischer Freudianer und Jungianer formiert sich. Die Erkenntnisse über die menschliche Psyche finden nun Eingang in

die neuen Romane. In »Drei Soldaten« reduziert Dos Passos die sprachlichen Mittel auf einen bildarmen Stil und faßt das Geschehen vorwiegend in einfache Dialoge, welche die fortschreitende Entmenschlichung der Soldaten widerspiegeln. Thema ist die Armee als eine Fabrik von Soldaten, die wie Maschinen funktionieren. Nach dem Krieg »verrosten« diese Menschenmaschinen dann oder kommen »unter die Räder«.
In Sowjetrußland wird der Anfang einer »sowjetischen« im Gegensatz zu einer bisher nur »proletarischen« Literatur gesetzt. Wladimir W. Majakowskis Poem »150 000 000« und

Wladimir Sasubrins Roman »Zwei Welten« liefern das zukünftig dominierende literarische Motiv: Das Aufeinanderprallen der »imperialistischen Mächte« des Westens mit den revolutionären Massen des neuen Systems im Osten, wobei das sowjetische Proletariat siegreich aus dem Kampf hervorgeht. Trotz der Namenlosigkeit in der Masse trägt jeder einzelne Mensch eine historische Verantwortung. Die Literatur erhält so eine tragende Rolle in der Bekräftigung der Errungenschaften der Revolution, wird damit aber auch zur Dienerin des Staates.
(Siehe auch Übersicht »Buchneuerscheinungen« im Anhang.)

Februar 1921

Mo	Di	Mi	Do	Fr	Sa	So
	1	2	3	4	5	6
7	8	9	10	11	12	13
14	15	16	17	18	19	20
21	22	23	24	25	26	27
28						

1. Februar, Dienstag

Reichsaußenminister Walter Simons (parteilos) gibt eine Regierungserklärung zu den auf der Pariser Konferenz (24.–29. 1.) beschlossenen Reparationsforderungen der Alliierten ab. Er bezeichnet die Beschlüsse der Entente als unerfüllbar. →S. 33

Dresden wird an das Linienflugnetz nach Berlin angeschlossen, so daß jetzt regelmäßig Passagiere sowie Postsendungen auf dieser Strecke befördert werden können.

In Dortmund wird der Unterschied im Preis von inländischer und niederländischer Milch aufgehoben. Das Getränk kostet jetzt einheitlich 2,40 Mark pro Liter. Bisher kostete die niederländische Milch 6,60 Mark und die inländische 2,40 Mark pro Liter.

Das Leipziger Kabarett »Die Retorte« wird eröffnet. Am ersten Programm wirken die Autoren Walter Mehring, Max Hermann-Neiße und Joachim Ringelnatz mit. →S. 39

2. Februar, Mittwoch

Im ganzen Deutschen Reich finden Protestkundgebungen gegen die Reparationsbeschlüsse der Pariser Konferenz statt (→1. 2./S. 33).

Laut einer Meldung des Reichsernährungsministeriums sinken vereinzelt die Lebensmittelpreise. In Westfalen kostet ein Liter Backöl jetzt im Durchschnitt nur noch 13 Mark, ein Pfund Schweineschmalz 10,90 Mark, die Schweinefleischpreise sind um 2,50 Mark pro Pfund gesunken. Ein Hühnerei kostet statt zwei Mark jetzt durchschnittlich eine Mark.

Zur Verbesserung der Rechte der Mieter wird beim Wohnungsamt der Stadt Düsseldorf erstmals eine Beschwerdeabteilung eingerichtet.

Ein Luftpostservice zwischen New York und San Francisco wird eröffnet, der die Brieflaufzeit über die 4300 Kilometer lange Strecke erheblich verkürzt.

In Frankfurt am Main wird Oskar Kokoschkas Drama »Orpheus und Eurydike« uraufgeführt.

3. Februar, Donnerstag

Staatssekretär Carl Bergmann vom Außenministerium überreicht dem Obersten Rat in Paris eine Denkschrift, in der auf die Verminderung der Förderleistung im deutschen Kohlebergbau hingewiesen wird. Das Memorandum fordert eine Reduktion der Reparationsleistungen auf 1,8 Mio. Tonnen pro Monat im Gegensatz zu der bisherigen Abgabe von zwei Mio. Tonnen, die im Juli 1920 auf der Konferenz von Spa festgelegt wurde.

Der Reichstag in Berlin nimmt ein neues Reichsmietgesetz an, in dem besonders die Förderung des öffentlichen Wohnungsbaus vorgesehen wird. Die Regierung stellt 1,5 Mrd. Mark als Vorleistung für die Zuschüsse zu Wohnungsbauten zur Verfügung.

4. Februar, Freitag

In der irischen Grafschaft Cork attackieren 500 Angehörige der nationalistischen Partei Sinn Féin, die für die Unabhängigkeit Irlands von Großbritannien kämpft, die Autos von mehreren britischen Regierungsmitgliedern. Bei den sich anschließenden Kämpfen mit der Polizei werden sechs der Demonstranten getötet, die restlichen verhaftet.

In London wird ein britisch-baltischer Handelsverband gegründet, dem Großbritannien, Finnland, Estland, Litauen, Lettland und der Freistaat Danzig angehören. Hierdurch erhofft sich Großbritannien eine preiswertere Versorgung mit Papier, Flachs, Leder und Holz.

Der Allgemeine Deutsche Gewerkschaftsbund (ADGB) richtet in Berlin an die Arbeiter der Welt einen Aufruf, sich angesichts der Reparationsforderungen der Alliierten mit den deutschen Arbeitern zu solidarisieren (→1. 2./S. 33).

Der Reichstag in Berlin erhöht die Teuerungszulagen für Kriegsbeschädigte und Hinterbliebene von 25% auf 35%.

5. Februar, Samstag

Die Reichs- und Länderminister fordern ultimativ von der bayerischen Regierung, die Einwohnerwehren in ihrem Land gemäß den Pariser Beschlüssen zu entwaffnen (→1. 6./S. 98).

Im Münchner Zirkus Krone findet die erste Massenveranstaltung der NSDAP als Protestkundgebung gegen die Pariser Beschlüsse statt. →S. 34

Angesichts der deutschen Proteste gegen die Beschlüsse der Reparationskonferenz in Paris ziehen Frankreich und Großbritannien in Eupen und Malmedy sowie in Kaiserslautern, Pirmasens und Neustadt stärkere Truppenverbände zusammen, um die Forderungen gegebenenfalls militärisch durchzusetzen.

6. Februar, Sonntag

Das US-Repräsentantenhaus bewilligt die Reduzierung des Heeres von 223 000 auf 175 000 Mann. →S. 32

Der französische Ministerpräsident Aristide Briand richtet in der »Chicago Tribune« einen Aufruf an das US-amerikanische Volk, in dem er um die Unterstützung Frankreichs in der Reparationsfrage bittet. Briand betont, daß die USA als Verbündete im Weltkrieg Frankreich diese Solidarität schuldig seien.

In den USA findet die Premiere des Charlie Chaplin-Films »The Kid« statt. →S. 38

7. Februar, Montag

Der Oberste Rat der Alliierten richtet eine Note an die deutsche Regierung, in der

versichert wird, daß die jährlichen Reparationsleistungen sich zumindest in den ersten Jahren größtenteils auf Sachleistungen belaufen werden. Die Alliierten betonen, daß der wirtschaftliche Wiederaufschwung im Deutschen Reich nicht behindert werden solle.

Die deutsche Regierung nimmt die Einladung der Alliierten zur Teilnahme an der Londoner Konferenz, die am 21. Februar beginnen soll, an. Sie stellt die ausdrückliche Bedingung, daß die deutschen Gegenvorschläge zur Reparationsfrage diskutiert werden (→1. 3./S. 44).

In Preußen werden alle Richter und Justizbeamten neu vereidigt. Sie müssen nun auf die Weimarer Reichsverfassung schwören.

Laut einer Meldung der französischen Zeitung »Matin« haben es 13 französische Gewerkschaften abgelehnt, zum Appell des Allgemeinen Deutschen Gewerkschaftsbund (ADGB) vom 4. Februar Stellung zu nehmen. Der ADGB hatte die internationale Arbeiterschaft zur Solidarisierung gegen die alliierten Reparationsforderungen aufgerufen.

Der US-amerikanische Frachter »West Arrow« läuft mit 742 Milchkühen als Beitrag zum Aufbau der deutschen Landwirtschaft in Bremerhaven ein. →S. 33

Als erstes deutsches Passagierschiff nach dem Krieg trifft der Dampfer »Argentina« der Hamburg-Südamerikanischen Dampfschiffahrtsgesellschaft in Buenos Aires ein.

8. Februar, Dienstag

Der auf der Werft von Hugo Stinnes gebaute Dampfer »Hindenburg« läuft nach der Taufe durch seinen Namensgeber General Paul von Hindenburg in Bremen vom Stapel.

9. Februar, Mittwoch

Die Sowjetregierung protestiert gegen den Plan des Völkerbundes, neutrale Truppen ins litauische Wilna (Vilnius), das im Oktober 1920 von polnischen Freischärlern annektiert wurde, zu entsenden.

Auf Einladung der dänischen Sozialdemokraten treffen 500 Kinder aus Oberschlesien in Kopenhagen ein, um drei Monate lang in Arbeiterfamilien ausreichend mit Nahrungsmitteln versorgt zu werden.

Der deutsche Spielfilm »Hamlet« mit Asta Nielsen in der Titelrolle wird im Mozartsaal in Berlin uraufgeführt. →S. 91

10. Februar, Donnerstag

Die Bayerische Volkspartei unterstützt Ministerpräsident Gustav Ritter von Kahr (parteilos) in seinem Beharren auf dem Fortbestand der Einwohnerwehren, weil diese einen unentbehrlichen Bestandteil des Selbstschutzes darstellten.

Die Alliierten lehnen in Paris das vom Deutschen Reich am 3. Februar überreichte Memorandum zur Verminderung der jährlichen Kohlelieferungen auf 1,8 Mio. Tonnen ab.

11. Februar, Freitag

Der Bremer Senat beschließt im Einverständnis mit Reichsinnenminister Erich Koch (Deutsche Demokratische Partei, DDP) die Auflösung der Bremer Stadtwehren zum Ende des Monats. Mit dieser Anordnung wird den Pariser Beschlüssen zur Entwaffnung des Deutschen Reiches Folge geleistet.

Der sowjetische Rat der Volkskommissare erläßt ein Dekret zur Einrichtung des »Instituts der Roten Professur« in Moskau. Diesem soll die Ausbildung von Lehrern für höhere Lehranstalten im Bereich der Gesellschaftswissenschaften übertragen werden.

12. Februar, Samstag

Der französische Arbeitsminister Daniel Vincent gibt in Paris bekannt, daß derzeit die Gesamtzahl der Arbeitslosen in seinem Land zwischen 100 000 und 120 000 liege.

Aus Riga wird gemeldet, daß infolge des völligen Mangels an Brennmaterial 31 Eisenbahnlinien in Sowjetrußland eingestellt sind (→24. 2./S. 30).

Die Tschechoslowakei verzichtet offiziell auf die Beschlagnahmung deutschen Eigentums, die ihr gemäß Versailler Vertrag rechtlich zusteht. Österreichischer Besitz wird jedoch einbehalten.

In Washington wird eine strenge Durchführung der seit 1920 gesetzlich eingeführten Prohibition (Alkoholverbot) angeordnet: Das Justizministerium verfügt, daß Schiffe anderer Länder, die alkoholische Getränke an Bord haben, beschlagnahmt werden, wenn sie sich innerhalb der US-amerikanischen Hoheitsgewässer befinden.

13. Februar, Sonntag

Im Berliner Sportpalast treffen sich mehrere tausend Menschen, um auf Einladung der Liga zum Schutz der deutschen Kultur gegen die Pariser Reparationsbeschlüsse zu protestieren. Auch der deutsche evangelische Kirchenausschuß, die Gesamtvertretung der deutschen Landeskirchen, mißbilligt scharf die alliierten Forderungen.

Die Kohlen-, Eisen- und Stahlgesellschaft von Ebbe Vale in Südwales gibt bekannt, daß sie ihre Kohlenwerke am 26. Februar schließen wird. Die großen Metallwerke der Gesellschaft produzieren wegen Mangels an Beständen fast gar nicht mehr, so daß mit 20 000 weiteren Arbeitslosen zu rechnen ist.

Auf der schlesischen Baudenbahn finden die Entscheidungsrennen der fünften Deutschen Rodelmeisterschaft statt (→14. 2./S. 39).

14. Februar, Montag

Bei den Stadtverordnetenwahlen in Kreuzburg (Oberschlesien) erhält die Liste der Vereinigten Deutschen Parteien 5188 Stimmen, die Liste der Nationalpolen 276 Stimmen.

Im thüringischen Oberhof findet die Deutsche Bob-Meisterschaft statt. →S. 39

Der Verband der Kunstschaffenden zugunsten der Hungernden ruft auf diesem Plakat zu Spenden für die notleidende Bevölkerung in Sowjetrußland auf.

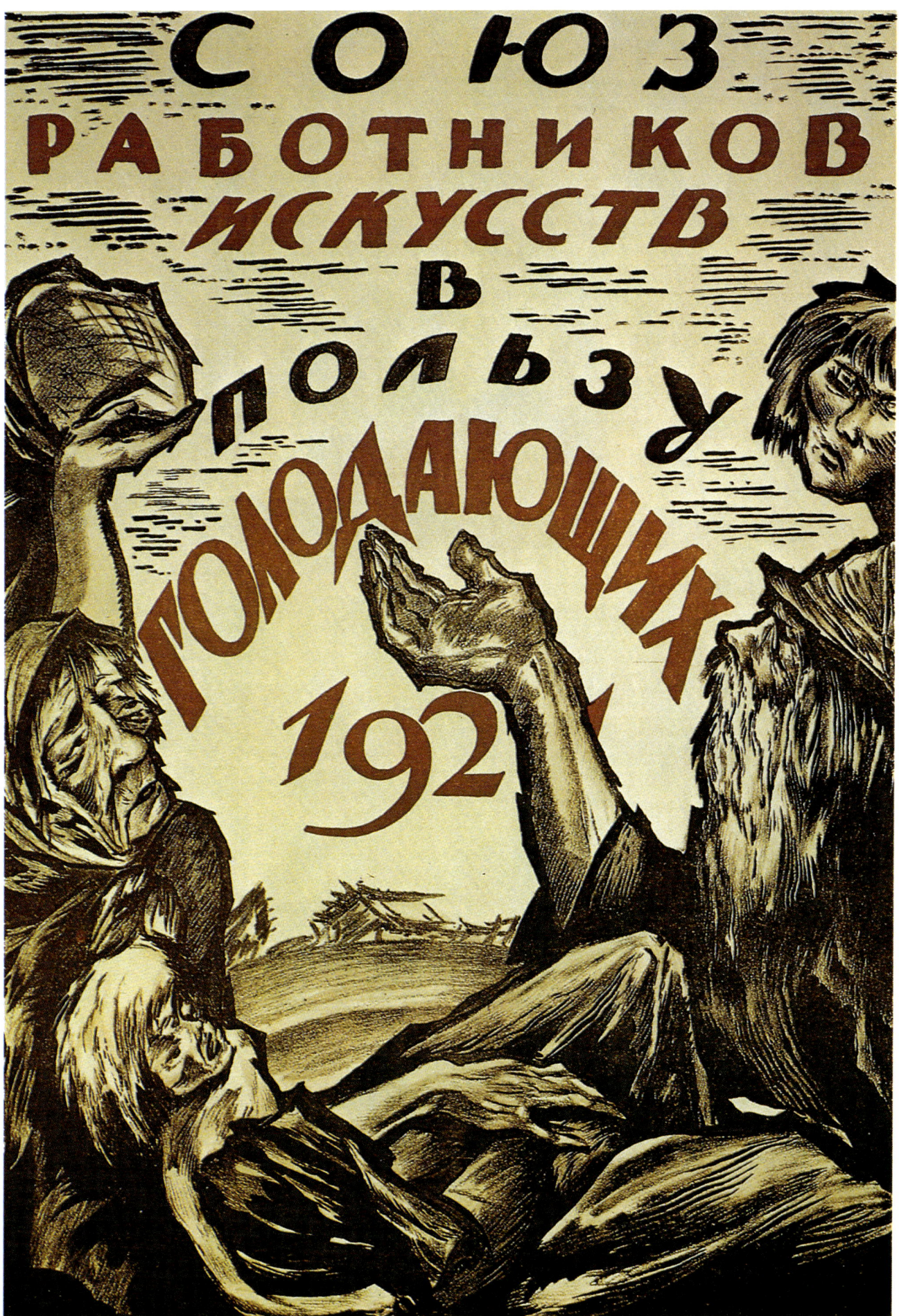

15. Februar, Dienstag

Das britische Parlament wird von König Georg V. in London eröffnet. Da Attentate der irischen Nationalpartei Sinn Féin befürchtet werden, bleiben die sonst geöffneten Tribünen geschlossen.

In Irland herrschen bürgerkriegsähnliche Zustände. Der Führer der irischen Unabhängigkeitsbewegung, Eamon de Valera, beschuldigt die britischen Truppen schwerer Verbrechen wie Morde, Gefangenenfolter und Vergewaltigungen.

Der Dramatiker Georg Kaiser wird in München zu einer zwölfmonatigen Gefängnisstrafe verurteilt. → S. 33

In Brüssel wird die königliche Akademie der Literatur und Schönen Künste eingeweiht.

Die Falschgeldstelle der deutschen Reichsbank hat eine Falschgeldfabrik ausgehoben. Seit mehr als einem Jahr wurden im Deutschen Reich, in Polen und der Tschechoslowakei falsche Fünfzigmarkscheine von Händlern in großen Mengen vertrieben. 15 Produzenten dieser »Blüten« werden verhaftet.

In Berlin verhaftet die Polizei die Putzmacherin Anna Sannek, eine Hochstaplerin, die sich als Gemahlin eines russischen Großfürsten ausgegeben und hohe Hotel- und Schmuckrechnungen bis zu 50 000 Mark unbezahlt gelassen hatte.

16. Februar, Mittwoch

Die Vorstände der vier Bergarbeiterverbände kündigen in Essen das Überschichtenabkommen im Ruhrbergbau. Es wird beschlossen, ab 13. März keine Sonderschichten mehr zu fahren, bis die Verhandlungen über höhere Löhne für diese Schichten abgeschlossen sind und eine Neuregelung der Lebensmittelsonderzulagen geklärt ist.

In Dublin befreien Angehörige der Sinn Féin ein Mitglied ihrer Partei, das wegen Mordes an einem Offizier zum Tode verurteilt wurde, aus dem Gefängnis. Zur gleichen Zeit sprengen andere Mitglieder der Sinn Féin in der Grafschaft Cork alle Eisenbahnbrücken in die Luft. Südirland ist damit von jeder Verkehrsverbindung nach Norden abgeschnitten.

In Berlin unternehmen die Kriminal- und die Schutzpolizei Unter den Linden eine großangelegte Razzia, da sich die Straße in den vorhergehenden Monaten zu einem Treffpunkt von Hehlern entwickelt hat. Mehr als 300 Personen werden untersucht.

17. Februar, Donnerstag

Im bayerischen Landtag gibt Ministerpräsident Gustav Ritter von Kahr (parteilos) eine erneute Erklärung über die Stellung der Einwohnerwehren ab. Die bayerische Regierung und die Koalitionsparteien beharren trotz des scharfen Protestes der Sozialdemokraten auf der Notwendigkeit der Wehren (→ 1. 6./S. 98).

Im rheinisch-westfälischen Industriegebiet kommt der öffentliche Nahverkehr wegen eines Straßenbahnstreiks vollständig zum Erliegen.

Der württembergische Landtag bewilligt in Stuttgart 20 000 Mark zur Abhaltung von Kursen für Betriebsräte.

Die erste preußische Rechtsreferendarin, Edith Gußmann, tritt ihren Dienst im Amtsgericht Berlin-Schöneberg an.

In London erlassen der parlamentarische Ausschuß des britischen Gewerkschaftskongresses und der Vollzugsausschuß der Labour Party ein Manifest, in dem die Alliierten aufgefordert werden, angesichts der deutschen Wirtschaftslage die Höhe ihrer Reparationsforderungen noch einmal zu erwägen.

Nach den Tumulten während einer Aufführung des Schauspiels »Reigen« von Arthur Schnitzler in Wien werden alle weiteren Aufführungen polizeilich verboten (→ 3. 1./S. 22).

18. Februar, Freitag

In Berlin tritt ein Sachverständigenausschuß zusammen, der die Gegenvorschläge des Deutschen Reiches zu den Reparationszahlungen für die am 21. Februar beginnende Londoner Konferenz ausarbeiten soll (→ 1. 3./S. 44).

Der Pilot Etienne Oehmichen stellt der französischen Akademie der Wissenschaften eine neue Hubschrauberkonstruktion vor. → S. 38

19. Februar, Samstag

Polen und Frankreich schließen ein Defensiv- und Wirtschaftsbündnis. → S. 32

In Belgien wird das kommunale Wahlrecht für Frauen eingeführt.

Der aus Ungarn stammende Spion Ignaz Lincoln Trebitsch, der von dem Putschisten Wolfgang Kapp 1920 zum Pressechef ernannt wurde, wird in Wien verhaftet. Zuletzt übermittelte er dem tschechoslowakischen Außenminister Eduard Beneš gefälschte Dokumente, die einen bevorstehenden Aufstand in der Tschechoslowakei ankündigten.

20. Februar, Sonntag

Bei den Landtagswahlen in Preußen findet eine Verlagerung der Stimmenmehrheit zur bürgerlichen Mitte statt, so daß die jetzige Regierung unter dem Sozialdemokraten Otto Braun zum Rücktritt gezwungen ist (→ 9. 4./S. 69).

In den Teilen Ostpreußens und Schleswig-Holsteins, die erst durch Volksabstimmung 1920 wieder ans Deutsche Reich angeschlossen wurden, finden Nachwahlen zum Reichstag statt. Die Deutsche Demokratische Partei (DDP) und die SPD verlieren je fünf Mandate. Die Deutschnationale Volkspartei (DNVP), die Deutsche Volkspartei (DVP), die Unabhängige Sozialdemokratische Partei Deutschlands (USPD) sowie die KPD und das Zentrum verbuchen Stimmengewinne.

Bei den Bürgerschaftswahlen in Hamburg erzielen die Deutschnationale Volkspartei (DNVP) und die Deutsche Volkspartei (DVP) große Gewinne, während die Deutsche Demokratische Partei

(DDP) und die regierende SPD Einbußen hinnehmen müssen. In der Bremer Bürgerschaft hingegen ergeben sich nach der Wahl nur geringfügige Veränderungen. Die SPD bleibt Regierungspartei.

21. Februar, Montag

In London beginnt die von den Alliierten einberufene Konferenz zur definitiven Festlegung der deutschen Reparationszahlungen. Zudem soll eine Einigung zwischen Griechenland und dem Osmanischen Reich, die seit 1920 Krieg führen, gefunden werden (→ 1. 3./S. 44).

Unter der Führung von General Resa Khan findet in Teheran ein Militärputsch statt, bei dem die persische Regierung gestürzt wird. → S. 32

22. Februar, Dienstag

Der Völkerbundrat beschließt in Paris die Einsetzung einer internationalen Blockadekommission, die zukünftig die Anwendung des Artikels 16 der Völkerbundakte kontrollieren soll. In diesem sind die Bestimmungen über Sanktionen gegen ein kriegsverursachendes Mitglied festgelegt. Großbritannien, Kuba, Spanien, Frankreich, Italien, Japan, Norwegen und die Schweiz stellen die Mitglieder dieser Kommission.

23. Februar, Mittwoch

In Berlin veranstalten Pädagogen eine Protestaktion gegen den »literarischen Schund«. → S. 34

Ein US-amerikanisches Flugzeug fliegt in einer Rekordzeit von 33:20 h die Strecke von San Francisco nach New York (ca. 4300 km).

In Mexiko beginnen Streikaktionen von insgesamt 125 000 Eisenbahnarbeitern. Die Arbeiter fordern Maßnahmen gegen die Arbeitslosigkeit sowie eine Erhöhung der Löhne, die Anerkennung der Gewerkschaften und die Aufteilung des Bodens der Großgrundbesitzer. Die Streiks werden innerhalb einer Woche niedergeschlagen.

24. Februar, Donnerstag

Eine Krise im Vorstand der KPD über die Frage des Bündnisses mit Sowjetrußland endet mit der Ablösung der beiden Vorsitzenden Ernst F. Däumig und Paul Levi. → S. 34

Ein in Warschau und Skierniewice ausgebrochener Eisenbahnerstreik wird dadurch beendet, daß die Regierung alle Bahnlinien unter Kriegsrecht stellt und die Todesstrafe bei Vergehen gegen die öffentliche Ordnung androht.

Der sowjetrussische Parteisekretär Grigori J. Sinowjew verhängt den Ausnahmezustand über Petrograd (Leningrad) als Antwort auf die Demonstrationen und Streiks, die angesichts der wachsenden Versorgungskrise stark zugenommen haben. → S. 30

25. Februar, Freitag

Nach dem Sturz der menschewistischen (gemäßigt sozialistischen) Regierung in Georgien wird die bisher unabhängige

Republik zur autonomen Sowjetrepublik innerhalb des Transkaukasus erklärt. → S. 31

Der Pariser »Populaire« meldet, daß in Frankreich in fast allen Fabriken die Löhne z. T. bis zu 20% herabgesetzt werden. Die Arbeitgeber begründen die Maßnahme mit der Absicht, die hohe Inflation zu bekämpfen. Auch in Belgien werden die Bergarbeiterlöhne um 5% gesenkt.

26. Februar, Samstag

Die deutsche Regierung setzt eine Kommission aus Mitgliedern der Ministerien, des Reichtages und des Reichsrates ein, die Maßnahmen zur Vereinfachung der Reichsverwaltung beschließen soll.

Der Allgemeine Deutsche Gewerkschaftsbund (ADGB) fordert in Berlin in einem Zehn-Punkte-Programm die Bekämpfung der Arbeitslosigkeit.

In Danzig wird die Luftpost-GmbH unter der Leitung des deutschen Flugzeugkonstrukteurs und Industriellen Hugo Junkers gegründet. → S. 38

Sowjetrußland und Persien vereinbaren im Sowjetisch-Persischen Vertrag in Moskau die Aufnahme freundschaftlicher Beziehungen. Die Sowjetregierung verzichtet auf Besitz aus der Zarenzeit, so u. a. auf Eisenbahnen (→ 21. 2./S. 32).

Am letzten Tag des Pariser Sechstagerennens kommt es zu einem Skandal: Die Radfahrer »streiken« wegen der zu großen Anstrengung. → S. 39

27. Februar, Sonntag

In Wien wird auf einer bis zum 27. Februar tagenden Sozialistenkonferenz die Internationalen Arbeitsgemeinschaft sozialistischer Parteien (IASP) gegründet. → S. 32

Der Völkerbundrat in Genf ernennt den Schweizer Oberst de Reynier zum Vorsitzenden des Hafenrates der Freien Stadt Danzig, da die Freie Stadt und Polen sich auf keinen gemeinsamen Kandidaten einigen konnten.

28. Februar, Montag

Die Russische Sozialistische Föderative Sowjetrepublik (RSFSR) und Afghanistan schließen einen Freundschaftsvertrag. Damit soll den seit dem vorigen Jahrhundert andauernden Grenzstreitigkeiten ein Ende gesetzt werden.

Der erste Linienflug zwischen Berlin und Leipzig findet statt. Neben Dresden ist damit auch die zweitgrößte Stadt Sachsens an das Luftverkehrsnetz mit der Reichshauptstadt angeschlossen.

Das Wetter im Monat Februar

Station	Mittlere Lufttemperatur (°C)	Niederschlag (mm)	Sonnenscheindauer (Std.)
Aachen	3,0 (2,1)	17 (59)	— (74)
Berlin	1,6 (0,4)	32 (40)	— (78)
Bremen	2,9 (0,9)	23 (48)	— (68)
München	0,9 (−0,9)	23 (50)	— (72)
Wien	0,9 (0,6)	— (41)	— (81)
Zürich	1,1 (0,2)	10 (61)	117 (79)

( ) Langjähriger Mittelwert für diesen Monat
— Wert nicht ermittelt

Bereits Wochen vor der Abstimmung über die nationale Zugehörigkeit Oberschlesiens am 20. März gehören Demonstrationen für den Verbleib des Gebiets beim Deutschen Reich zum Straßenbild der Großstädte (Titelseite der Illustrierten »Bilder-Chronik« vom 6. Februar).

Bilder-(DAZ)Chronik

Nr. 6 ⌗⌗⌗⌗⌗⌗⌗⌗⌗⌗⌗⌗⌗⌗⌗⌗ Sonntag, den 6. Februar ⌗⌗⌗⌗⌗⌗⌗⌗⌗⌗⌗⌗⌗⌗⌗⌗⌗⌗ 1921

Groß

Oberschlesien bleibt deutsch!
Schauspieler im Dienste der oberschlesischen Propaganda in den Straßen Berlins

Hungersnot und Kriegskommunismus in Sowjetrußland

24. Februar. Als Reaktion auf die Arbeiterunruhen, die aufgrund der wachsenden Versorgungskrise, dem Mangel an Lebensmitteln und Brennmaterial, entstanden sind, verhängt der Parteisekretär Grigori J. Sinowjew den Ausnahmezustand über Petrograd (Leningrad).

Von der Hungersnot in Sowjetrußland, die immer weiter um sich greift, sind inzwischen mehr als 20 Millionen Menschen direkt betroffen. Angesichts der allgemeinen Versorgungsnotlage und den Folgeerscheinungen wie Unterernährung, Cholera und Typhus sind bereits rund 5 Mio. Menschen gestorben.

Die Ursachen für die extreme Ernährungsnotlage und die brachliegende Wirtschaft sind vielfältig. Die Praxis des Kriegskommunismus trägt durch bürokratischen Aufwand zu einer Verschlechterung der Situation bei: Sie beinhaltet straffen Zentralismus, d. h., daß der Staat allein produziert, die Produkte verteilt und über die Arbeitskraft verfügt. Der Oberste Volkswirtschaftsrat und das Volkskommissariat für Versorgung sind übergeordnete Wirtschaftorganisationen für die Verteilung von Produkten.

Dem Obersten Volkswirtschaftsrat obliegt mit 40 Hauptabteilungen die Verstaatlichung der Industrie und die Leitung der industriellen Produktion. Das Volkskommissariat für Versorgung wiederum, das seit 1918 alle Vollmachten hat, betreibt eine Art »Versorgungsdiktatur«, es ist somit für die staatliche Lebensmittelverteilung zuständig. Ursprünglich hatte diese Praxis den Zweck, im Bürgerkrieg die Rote Armee zu versorgen.

Die Methoden des Volkskommissariats für Ernährung entsprechen nicht den Erwartungen der Arbeiter und Bauern an die Revolution. War das System der Lebensmittelrationierung in der Kriegswirtschaft noch notwendig gewesen, so wird die Rationierung nunmehr von großen Teilen der Bevölkerung als Mittel zur Unterdrückung empfunden. Der schwerfällige bürokratische Apparat läßt immer wieder Engpässe in der Versorgung der Bevölkerung mit Lebensmitteln und Konsumgütern entstehen. Der städtischen Bevölkerung wird ein fester Verpflegungssatz zugeteilt. Dieser bezieht sich nicht auf die Person, sondern auf die Arbeitsstätte. Da viele Menschen versuchen, mehrere Arbeitsstätten nachzuweisen, kommt es auch zu schwerwiegenden Ungerechtigkeiten. Die »Versorgungsdiktatur« durch das Volkskommissariat für Ernährung legt fest, daß die zu verteilenden Nahrungsmittel durch Zwangsrequisitionen bei den Bauern eingeholt werden. Seit 1918 besteht eine Ablieferungspflicht aller landwirtschaftlichen Erzeugnisse. Diese z. T. willkürliche Praxis hat zur Folge, daß sich die landwirtschaftliche Produktion reduziert, denn die persönliche Initiative der Bauern ist als Folge des Ablieferungszwanges kaum noch vorhanden.

Zu organisatorischen Problemen kommmt erschwerend hinzu, daß weite Flächen des Ackerbodens aufgrund des Bürgerkrieges jahrelang nicht bestellt wurden. Besonders die Ukraine stellte ein Schlachtfeld mit ständigen Wechseln der Frontlinien dar. Mehrere Ernten wurden vernichtet und der Ackerboden zerstört, so daß eine kontinuierliche Arbeit auf den Feldern sinnlos erschien. Auf dem Land gingen die Bauern dazu über, mehr und mehr nur für den eigenen Bedarf zu produzieren. Mißernten wie im Sommer 1920 verschlimmern die ohnehin ausweglos erscheinende Situation.

Die katastrophalen Auswirkungen zeigen sich allerdings in ihrem vollen Ausmaß erst Anfang des Jahres 1921. Nicht nur die Landwirtschaft befindet sich in einem desolaten Zustand, auch die Industrie hat unter dem Bürgerkrieg gelitten. In den lebenswichtigen Industriezweigen ist die Produktion fast zum Erliegen gekommen, sie beträgt höchstens noch ein Viertel der Vorkriegsproduktion. Viele Bergwerke und Schächte sind zerstört. Vorräte an Metall und Industrieerzeugnissen sind erschöpft. Dringend notwendige Gebrauchsgüter, Lebensmittel sowie Brennmaterial sind allerorts Mangelware.

Bruttoproduktion in Sowjetrußland

Jahr	in Mio. Vorkriegsrubel	zu 1913 in %
1913	5722	100
1914	5333	93,2
1915	6092	106,4
1916	5753	100,5
1917	3982	69,6
1918	1861	32,5
1919	975	17,0
1920	824	14,4
1920/21	(940)	16,4

Schon am 22. Januar wurde die Brotzuteilung in den Städten um ein Drittel gekürzt. Überdies stieg der Brotpreis von 1920 bis 1921 auf das Elfeinhalbfache an. Der Schwarzmarkthandel von Lebensmitteln blüht. Seit dem 12. Februar sind die 64 größten Petrograder Industrieunternehmen infolge der akuten Brennstoffkrise und des Rohstoffmangels geschlossen.

Die Unzufriedenheit unter den Arbeitern in Petrograd breitet sich immer mehr aus. Die verzweifelten Versuche der notleidenden Bevölkerung, aus der ländlichen Umgebung der Hauptstadt selbst Nahrungsmittel zu besorgen, werden darüber hinaus von der Polizei mit rücksichtsloser Härte verhindert.

Die zunehmenden Protestaktionen der Arbeiter und Bauern besonders in Petrograd sind eine Antwort auf die verheerende Ernährungssituation und auf staatliche Restriktionen. Sie fordern vor allem eine Freigabe des Lebensmittelmarktes.

Die Streiks der Arbeiter und Bauern stellen die Macht der kommunistischen Partei nicht gänzlich in Frage, jedoch sieht sich die bolschewistische Sowjetmacht bedroht. Nach Verhängung des Ausnahmezustands über Petrograd läßt sie Sonderabteilungen von Offiziersschülern gegen die Streikenden vorgehen und alle Menschewisten und Sozialrevolutionäre als Urheber der Streikwelle verhaften.

In primitiven Zelten auf dem gefrorenen Erdboden übernachten die Flüchtlinge aus den Hungergebieten an der Wolga. Die meisten erreichen aufgrund von Epidemien und Unterernährung ihr Ziel nicht, in den Großstädten versorgt zu werden.

Hungernde und kranke russische Flüchtlinge in einem äußerst notdürftig eingerichteten Feldlager an der Wolga

Flucht vor Hunger und Krankheiten

Die Hungersnot in Sowjetrußland veranlaßt Tausende von Menschen zur Flucht vom Land in die Städte. Die Bewohner der besonders betroffenen Hungergebiete entlang der Wolga und im Süden Sowjetrußlands flüchten vor allem nach Moskau. Sie hoffen, dort besser mit Lebensmitteln und lebenswichtigen Medikamenten versorgt zu werden. Unter den Flüchtlingsströmen, die in Richtung Moskau marschieren, grassieren lebensbedrohliche Krankheiten wie Cholera, Typhus und Ruhr. Aufgrund der starken Unterernährung ist die Anfälligkeit für diese Infektionskrankheiten besonders hoch, und die Sterberate steigt drastisch. In Samara, dem Sammelpunkt der Flüchtlinge aus den Hungergebieten, werden täglich 400 neue Cholerafälle gemeldet.

Die Flüchtlinge nächtigen in armseligen Feldlagern, die kaum Schutz vor der starken Kälte bieten. Internationale Hilfsaktionen, die helfen sollen, die Not im Lande zu lindern, werden erst im Sommer eingeleitet (→ 2. 8./S. 144). Unterdessen versucht die sowjetische Regierung, die Getreideversorgung zunächst in den Städten zu verbessern und die Ausbreitung der zahlreichen Seuchen zu verhindern.

Die Getreideverteilung obliegt den Behörden, wobei die Landgebiete oft zu kurz kommen. Bestechung und Schiebertum bewirken weitere Ungerechtigkeiten.

Zugriff der Roten Armee auf Georgien

25. Februar. Nach zweiwöchigen Kämpfen zwischen der sowjetischen Roten Armee und georgischen Regierungstruppen wird in Tiflis die »Georgische Sozialistische Sowjetrepublik« ausgerufen. Die menschewistische (gemäßigt sozialistische) Regierung unter Nikolai S. Tschcheidse wird abgesetzt.

Georgien hatte sich 1918 zur Unabhängigen Republik erklärt, die im Mai 1920 auch ausdrücklich von der Russischen Sozialistischen Föderativen Sowjetrepublik (RSFSR) anerkannt wurde. Da die Rote Armee schon im selben Jahr die an Georgien grenzenden unabhängigen Republiken Armenien und Aserbaidschan besetzt hatte, lag nun auch ein Übergriff auf das restliche transkaukasische Gebiet nahe.

Georgiens Unabhängigkeit war zudem im Januar 1921 vom Obersten Rat der Alliierten anerkannt worden, und die Regierung unter Tschcheidse stand in regem Austausch mit Westeuropa. Die Sowjetregierung fürchtete daher, daß die Republik als eine Art Brückenkopf für eine alliierte Intervention dienen könnte. Nicht zuletzt liegt es auch im Interesse der bolschewistischen Führer, die mit einer Reihe von gravierenden Problemen in ihrem Herrschaftsbereich konfrontiert sind, einer erfolgreichen menschewistischen Regierung rechtzeitig ein Ende zu setzen.

Das Vorgehen der Roten Armee stößt dennoch in den Reihen der Bolschewisten, vor allem bei Wladimir I. Lenin selbst, auf scharfe Kritik. Eingeleitet wurde die Aktion vom Volkskommissar für Nationalitätenfragen, Josef W. Stalin. Dieser hatte den Vorsitzenden des Kaukasischen Büros des Zentralkomitees, Grigori K. Ordschonikidse, beauftragt, selbst unter offener Gewaltanwendung den Übergriff auf Georgien vorzunehmen.

Stalin und Ordschonikidse wollen in ihrem Alleingang, der durch die Entfernung zu Moskau möglich ist, eine neue Transkaukasische Sowjetrepublik errichten. In dieser sollen die Republiken Aserbaidschan, Armenien und Georgien zusammengefaßt werden, was schon allein aufgrund der bestehenden Nationalitätenkonflikte problematisch ist. Der Georgier Stalin verspricht sich jedoch eine Stärkung seiner Position.

US-Außenminister Robert Lansing übt Druck auf Costa Rica aus.

Resa Khan will die Modernisierung Persiens umgehend einleiten

Außenminister Aristide Briand sucht Bündnispartner in Osteuropa.

Belgien: Zollunion mit Luxemburg

20. Februar. Zwischen Belgien und Luxemburg wird in Brüssel ein Wirtschaftsabkommen unterzeichnet, in dem sich die beiden Länder zu einer Zollunion zusammenschließen. Belgien verpflichtet sich gleichzeitig, Kredite zum Wiederaufbau der luxemburgischen Wirtschaft zu leisten, die schwer durch die deutsche Besatzung im Weltkrieg gelitten hat. Nach Inkrafttreten des Vertrags stellen die beiden Länder ein einheitliches Zollgebiet dar. Zwischen ihnen herrscht vollständige Handelsfreiheit. Belgien ist verpflichtet, für die Einbeziehung Luxemburgs in alle internationalen Handelsverträge Sorge zu tragen.

Panamas Grenze von Costa Rica besetzt

26. Februar. Truppen aus Costa Rica besetzen auf Anweisung von Präsident Julio Acosta Garcías das Grenzgebiet in Panama am Pazifik. Costa Rica beansprucht das Gebiet schon seit der Jahrhundertwende, als Panama noch als Provinz zu Großkolumbien gehörte.

Bereits im Jahr 1900 und noch einmal 1914 drohte der Konflikt zu eskalieren. Schlichtungsversuche der USA und Frankreichs zugunsten Costa Ricas scheiterten am Protest Panamas. Als Reaktion auf den Einmarsch fordert US-Außenminister Robert Lansing Costa Rica zum Rückzug auf und droht mit einem militärischen Gegenangriff. Am 7. März räumt Costa Rica das Gebiet.

Militärputsch in Persien geglückt

21. Februar. General Resa Khan, Begründer der späteren Pahlawiden-Dynastie, verübt an der Spitze von Kosakentruppen in Teheran einen Staatsstreich. Er will der Korruption in Regierungskreisen und dem Einfluß ausländischer Mächte in Persien ein Ende bereiten.

Resa Khan übernimmt das Oberkommando der Armee. Seinem Mitkämpfer Seyyid Zia' ed-Din werden die Regierungsgeschäfte übertragen. Die erste Amtshandlung besteht in der Aufhebung des britisch-persischen Vertrags von 1919, der das Land quasi zum Protektorat Großbritanniens machte. Am 26. Februar verzichtet Sowjetrußland vertraglich auf seine Ansprüche in Persien.

Frankreich baut Bündnissystem aus

19. Februar. Die Außenminister Frankreichs und Polens, Aristide Briand und Eustach Kajetan Sapieha, unterzeichnen in Paris einen Verteidigungs- und Wirtschaftsvertrag. Frankreich unternimmt hiermit den ersten Schritt zum Ausbau eines Bündnisgeflechts, das vornehmlich darauf ausgerichtet ist, das Deutsche Reich zu isolieren (→ 6. 11./S. 189). Frankreich verpflichtet sich in diesem Vertrag, zum Aufbau der polnischen Wirtschaft beizutragen und Sachverständige sowie Waffen für die polnische Armee zu entsenden. Polen erhofft sich durch dieses Bündnis vor allem eine stärkere Position gegenüber seinem ehemaligen Kriegsgegner Sowjetrußland.

Sozialisten rufen zur Einigkeit auf

27. Februar. Mit der Gründung der »Internationalen Arbeitsgemeinschaft Sozialistischer Parteien« (IASP) endet eine fünftägige Sozialistenkonferenz in Wien. Die Organisation soll Strategien zur Einigung der gespaltenen internationalen Arbeiterbewegung ausarbeiten.

Die Versammelten wenden sich vor allem gegen die Kompromißlosigkeit der Kommunistischen Internationale (Komintern). Die IASP hingegen fordert eine Einigung mit den Sozialdemokraten, um die Verwirklichung des Sozialismus auf eine breite Basis zu stellen.

US-Kongreß: Wende in Rüstungspolitik

6. Februar. Gegen das Veto von Präsident Woodrow Wilson beschließt das US-amerikanische Repräsentantenhaus, den Bestand des Heeres von 223 000 auf 175 000 zu reduzieren. Am 7. Februar stimmt auch der Senat zu. Mit dieser Entscheidung signalisiert der Kongreß seine mangelnde Bereitschaft, weiterhin Wilsons Politik der Einmischung in europäische Angelegenheiten zu unterstützen. Zugleich ersucht der Senatsausschuß für auswärtige Angelegenheiten den Präsidenten, eine internationale Abrüstungskonferenz einzuberufen, da vor allem auch das seit 1916 laufende Marinebauprogramm gewaltige Haushaltsmittel verschlingt.

Einfluß der USA in Panama

Mit Unterstützung der USA wagte Panama 1903 die Loslösung von Großkolumbien, dem es seit 1821 angehört hatte. Die neue Republik erteilte der Schutzmacht kurz darauf im Vertrag von Hay-Bunan-Varilla die alleinigen Hoheitsrechte über die Panamakanalzone. Schon seit dem Ende des 19. Jahrhunderts hatten die USA versucht, ihre Ansprüche vor allem gegenüber Frankreich und Großbritannien in diesem Gebiet durchzusetzen. In der Verfassung von 1904 erhielten sie zudem ein Interventionsrecht im Falle innerer Unruhen, wovon sie bei den Wahlen in den Jahren 1908, 1912 und 1918 Gebrauch machten.

Persien vor dem Umbruch

Obwohl das Kaiserreich Persien 1906 eine Verfassung erhielt und ein Parlament eingerichtet wurde, blieben alle demokratischen Reformversuche bisher im Ansatz stecken. Zudem verhinderten widerstreitende ausländische Interessen ein einheitliches Vorgehen zur Modernisierung des wirtschaftlich brachliegenden, von Hungersnöten heimgesuchten Landes. Die Zerrissenheit Persiens resultiert dabei vornehmlich aus der britisch-russischen Rivalität, die seit dem vorigen Jahrhundert in Vorderasien ausgetragen wird. Nach der Niederlage Rußlands im Weltkrieg gewann Großbritannien ab 1917 die Vorherrschaft.

Polnische Expansion seit 1918

Die polnische Republik wurde im November 1918 gegründet, nachdem Polen ab 1795 zwischen Rußland, Österreich und Preußen aufgeteilt war. Der Vertrag mit Frankreich bietet somit eine Absicherung gegenüber den alten Teilungsmächten.

Die neue Republik sah sich direkt mit einer unsicheren Grenzlage konfrontiert. 1919 besetzten polnische Truppen Ostgalizien. Im Versailler Vertrag wurden dem jungen Staat die Provinz Posen und der sog. Polnische Korridor zu Lasten des Deutschen Reiches zugestanden. Im Krieg mit Sowjetrußland 1920 weitete Polen sein Gebiet nach Osten aus (→ 18. 3./S. 55).

Protestkundgebung vor der Münchner Feldherrnhalle gegen die Pariser Reparationsbeschlüsse der Alliierten

Reichsaußenminister Simons (am Rednerpult) während seiner Protesterklärung vor dem Reichswirtschaftsrat

Deutsche Proteste gegen »Versklavung«

1. Februar. Außenminister Walter Simons (parteilos) gibt eine Regierungserklärung ab, in der er die Pariser Beschlüsse zu den deutschen Reparationen entschieden ablehnt. In den anschließenden Verlautbarungen der deutschen Landtage, des Reichswirtschaftsrats und der Gewerkschaften zeigt sich bei den Vertretern aller politischen Gruppierungen eine bemerkenswerte Einigkeit im Widerstand gegen die alliierten Forderungen (→ 24. 1./S. 12).

Es herrscht prinzipielle Übereinstimmung in der Bereitschaft, bei den Zahlungen bis an die Grenzen der Leistungsfähigkeit der deutschen Wirtschaft zu gehen. Damit soll ein Zeichen für die Bereitschaft des Deutschen Reichs gesetzt werden, seinen Willen zur Wiedergutmachung unter Beweis zu stellen.

Außenminister Simons kritisiert in seiner Regierungserklärung sowie seiner Rede vor dem Reichswirtschaftsrat am 24. Februar, daß die Alliierten die bisherigen deutschen Leistungen von 20 Mrd. Goldmark nicht angerechnet hätten. Außerdem führe die prozentuale Festlegung der Abgabe auf den deutschen Export zur »Erdrosselung der deutschen Industrie«: Wenn der Wert der Mark steige, könnten sich die Alliierten bereichern; im Falle eines Konjunkturabfalls sei der deutsche Arbeiter der erste Leidtragende der notwendig hieraus resultierenden Inflation im Inland.

Im Hinblick auf diese Befürchtung wendet sich am 4. Februar auch der sozialdemokratisch ausgerichtete Allgemeine Deutsche Gewerkschaftsbund (ADGB) gegen die Zahlungsforderung der Entente. In einem Aufruf an die »Arbeiter der Welt« ruft er zur Solidarität mit den deutschen Werktätigen auf, die nun »versklavt« werden sollten und »zum Vorteil des internationalen Kapitalismus« zugrunde gingen.

Dramatiker Kaiser erhält Haftstrafe

15. Februar. Der expressionistische Dramatiker Georg Kaiser wird vom Münchner Landgericht wegen wiederholter Eigentumsdelikte zu zwölf Monaten Haft verurteilt. Kaiser und seine Ehefrau Margarete hatten wegen finanzieller Schwierigkeiten das Inventar fremder Wohnungen veräußert.

Der Prozeß gestaltet sich zu einem medienwirksamen Spektakel. Die deutsche »Gloria«-Filmgesellschaft bietet an, die Rechte für die Verfilmung sämtlicher Dramen Kaisers zu erwerben, da die Popularität des Literaten durch den Skandal außerordentlich angewachsen ist. Kaiser selbst versteht es jedoch am besten, sich durch exzentrische Auftritte dem Publikum einzuprägen. Pathetisch beruft er sich auf seine Vorbil-

Georg Kaiser, geboren am 25. November 1878, war zunächst Kaufmann und lebte von 1898 bis 1901 in Buenos Aires; er wurde dann Schriftsteller und ist der produktivste und meistgespielte Dramatiker des Expressionismus; Kaiser verarbeitet in seinen Stücken aktuelle Zeitprobleme und das typische expressionistische Thema der Erneuerung des Menschen.

der Heinrich von Kleist und Georg Büchner, deren Stimmen ihm für sein Abschlußplädoyer souffliert hätten: »Fallt nicht so hartherzig über den Geist her. Der Geist ist ohnedies schon eine große Wunde.«

US-amerikanische Milchkühe für deutsche Landwirtschaft

7. Februar. In Bremerhaven läuft der US-amerikanische Frachter »West Arrow« mit einer Ladung von 742 Milchkühen ein. Es handelt sich dabei um die erste in einer Reihe von Viehlieferungen, mit der ein US-amerikanisches Hilfskomitee zur Gesundung der deutschen Landwirtschaft beitragen will.

Die Kühe werden von Bremerhaven aus nach Berlin und in die Industriegebiete transportiert, da hier die Milchversorgungsprobleme gravierende Ausmaße angenommen haben. Nach Ankunft dieser ersten Lieferung ergeben sich technische und finanzielle Probleme bei der Planung der nächsten Sen-

Milchkühe und Kälber auf der »West Arrow« in Bremerhaven

Die 43 auf der Fahrt geborenen Kälber werden auf Kähne geladen.

dungen. Die Kühe selbst sind zwar eine Spende, jedoch mußte sich das Deutsche Reich verpflichten, selbst für die Transportkosten aufzukommen. Dagegen waren Proteste im Reichstag laut geworden. Dennoch wird letztlich eine Einigung zur Bewilligung weiterer Lieferungen erzielt.

Die Probleme in der Aufstockung des Viehbestands spiegeln sich auch in der Verordnung des Ernährungsministeriums vom 15. Februar, in der die Einfuhr von Schlachtvieh und Fleischwaren ohne Einfuhrerlaubnis freigegeben wird. Das deutsche Seuchengesetz gilt jedoch weiterhin.

Erste Massenveranstaltung der NSDAP

5. Februar. Im Münchener Zirkus Krone findet die erste Massenveranstaltung der NSDAP gegen die Pariser Beschlüsse (→ 24. 1./S. 12) statt. Anschließend ziehen mehrere tausend Parteimitglieder randalierend durch die Stadt.

Auf der Veranstaltung wendet sich der NSDAP-Propagandaleiter Adolf Hitler in einer Rede gegen die Höhe der deutschen Reparationszahlungen, die Entwaffnung des Heeres und die Auflösung aller Selbstschutzorganisationen. Hitler fordert die deutsche Regierung auf, den Pariser Beschlüssen nicht zuzustimmen. Auch Ministerpräsident Gustav von Kahr, der nicht auf der Veranstaltung vertreten ist, hatte sich zuvor entschieden gegen das »Pariser Diktat« ausgesprochen.

An seine Zuhörer gerichtet sagt Hitler: »Wer Sklave sein will, der werde es und beklage sich aber nicht über Not und Elend. Wer leben will, der stelle alles andere zurück und protestiere dagegen, daß man uns die

»Deutschland den Deutschen« fordern die Teilnehmer der Demonstration.

Möglichkeit zum Leben raubt.« Nach weiteren flammenden Angriffen gegen die Siegermächte des Weltkriegs zieht die Menge nach der Veranstaltung durch die Straßen, um vor zwei Hotels, in denen Mitglieder der Entente-Kommission wohnen, zu demonstrieren. Außerdem erzwingen die NSDAP-Mitglieder die Schließung eines Kabarettlokals und umlagern das Deutsche Theater, wo gerade ein Faschingsball stattfindet. Mehr als eine Stunde lang belagern die Demonstranten das Theater, ehe die Polizei einschreitet und die Menge auflöst.

Aktion gegen Schundliteratur

23. Februar. Im Jugendheim Berlin-Neukölln wird eine Kampagne zur Bekämpfung von »Schmutz und Schund« in Wort und Bild durchgeführt. Jedes Kind, das dort ein »schlechtes« Buch z. B. mit kriegsverherrlichenden Inhalten abliefert, erhält als Gegenleistung kostenlos ein »gutes« Buch.

Zusammmen mit dieser Veranstaltung wird eine Leihbibliothek für »gute« Bücher eröffnet. Kinder und Jugendliche erhalten im Austauschverfahren literarisch wertvolle Bände zu einem geringen Kostenbeitrag. Sog. gute Bücher müssen nach Ansicht der Initiatoren der Aktion zur moralischen Gesundung und religiösen Erziehung der Kinder und Jugendlichen beitragen.

Auch die Pfadfinderbewegung, die Turn- und Sportjugend und die Proletarische Jugend haben den »Rauschgiften Nikotin und Alkohol sowie der Schundliteratur« den Kampf angesagt.

Kritik aus Moskau zwingt KPD-Führung zum Rücktritt

24. Februar. Nach heftigen Auseinandersetzungen im Vorstand der Kommunistischen Partei Deutschlands (KPD) werden Ernst F. Däumig und Paul Levi als Vorsitzende abgelöst. Neuer Parteichef wird Heinrich Brandler, der nach seinem Ausschluß aus der SPD die Spartakusgruppe in Chemnitz leitete und 1919 in die KPD-Zentrale eintrat.

Auslöser der sogenannten »Levi-Krise« über die Frage des Bündnisses zu Sowjetrußland und zur Kommunistischen Internationale war eine offizielle Sitzung der Exekutive der Kommunistischen Internationale (EKKI) in Berlin am 22. Februar. Die Führungslinie der KPD stand dort zur Diskussion. Als Mitglied des Exekutivkomitees der Komintern in Sowjetrußland sprach Karl Radek über die organisatorische Umgestaltung der KPD-Führung. Dem KPD-Vorsitzenden Paul Levi warf er vor, wie Rosa Luxemburg ein Anhänger der innerparteilichen Demokratie zu sein. Nach Ansicht Radeks steht dies im Widerspruch zu den Auffassungen der russischen Bolschewisten mit ihren weltrevolutionären Zielen. Radek stellte sich darüber hinaus der Linie der KPD, den Kampf auf der Straße

zu vermeiden und die Parlamentstribünen zu nutzen, vehement entgegen. Er forderte, das radikale Organisationsprinzip der bolschewistischen Partei auf die KPD zu übertragen, wobei er auch Gewaltanwendung befürwortete. Die KPD kritisierte er als zu wenig schlagkräftig, und Paul Levi bezeichnete er als »Exponenten opportunistischer Tendenzen«.

Aus Protest gegen diese Angriffe erklären Paul Levi, Clara Zetkin, Ernst F. Däumig, Adolf Hoffmann und weitere Mitglieder des KPD-Vorstands zwei Tage nach der Sitzung ihren Austritt aus der Parteiführung. Wegen seiner massiven Kritik an den kommunistischen Märzaufständen in Mitteldeutschland wird Paul Levi im August 1921 von der Partei ausgeschlossen (→ 26. 8./S. 141).

Die KPD wurde an der Jahreswende 1918/1919 durch Zusammenschluß von Spartakusbund und regionalen linksradikalen Gruppen unter der

Führung von Rosa Luxemburg und Karl Liebknecht in Berlin gegründet. Auch Karl Radek war aktiv am Aufbau der KPD beteiligt. Die Errichtung einer »einheitlichen sozialistischen Republik« mit Räteverfassung ist das zentrale Ziel der Partei. Neben ihrer parlamentarischen Arbeit verfolgt die neue KPD-Führung unter Heinrich Brandler ihre Ziele auch mit gewaltsamen Aktionen wie die Organisation von Aufständen (→ 21. 3./S. 48).

Nach der Ermordung Karl Liebknechts KPD-Vorsitzender: Paul Levi

Vom »Vorwärts«-Redakteur zum KPD-Funktionär: Ernst Däumig

Seit 1920 im Reichstag: KPD-Vorstandsmitglied Clara Zetkin

Jugendorganisationen bieten Abenteuer und Vorbilder

Das Interesse vieler Jugendlicher an den Aktivitäten der Jugendorganisationen wächst 1921 weiter an. Politische, kirchliche und unabhängige Verbände entwickeln sich zu Trägern der Jugendkultur.

Die Jugendbewegungen verzeichnen einen starken Zulauf, weil viele Jugendliche versuchen, so weit wie möglich der tristen Nachkriegswirklichkeit zu entfliehen. Das Bedürfnis nach Abenteuer und Kameradschaft wird in Jugendorganisationen befriedigt. Da viele Väter im Krieg gefallen sind, fehlen ihren Kindern Ideale und Vorbilder; die Jugendverbände bieten hier Orientierungshilfen an. Die erste autonome Jugendbewegung entstand um die Jahrhundertwende in Berlin, als sich vor allem gymnasiale Wandergruppen zum »Wandervogel« zusammenschlossen. Im Laufe der Jahre konstituierten sich studentische Verbindungen, der Deutsche Pfadfinderbund und die Turn- und Sportjugend. Parallel dazu formierten sich Arbeiterjugendverbände sowie religiöse Jugendvereine.

Die sog. Wandervogelbewegung erfreute sich als erste eigenständige Jugendbewegung rasch hoher Popularität. Hauptsächlich durch die bürgerliche Jugend getragen, wurden die bäuerliche Dorfkultur und das Vagabundenleben idealisiert. Auf langen Fußmärschen, beim Erlebnis der Natur und der Kameradschaft schwärmte man vom »Abenteuer der Landstraße«. Nach dem Krieg zerfiel der »Wandervogel«, aber der »Wandervogelgeist« färbte auf nachfolgende Jugendvereine ab.

Der Deutsche Pfadfinderbund, 1911 gegründet, übernimmt die Idee der Wandervogelbewegung und findet immer größeren Zuspruch. (→ 3. 7./S. 124) Nach 1918 verbreitet sich die Turn- und Sportjugend. Edmund Neuendorff, Turnlehrer und Wandervogel, der 1921 zum Jugendwart bestellt wird, erweitert durch seinen »Jugendturnspiegel«, durch Heimabende und Turnfeste das Programmangebot seiner Organisation. Durch die größere Popularität von Sportarten wie Schwimmen, Fußball, Wintersport, Wandern und Radfahren wachsen die Sportvereine an.

Die Anfänge der Arbeiterjugendbewegung gehen auf das Jahr 1906 zurück. Zunächst entstanden der Verband junger Arbeiter Deutschlands und die Vereinigung der freien Jungorganisationen Deutschlands. Beide Verbände zusammen bildeten 1908 die Zentralstelle für die arbeitende Jugend Deutschlands, deren Organ »Arbeiterjugend« 1911 schon 50 000 Abonnenten zählte. Im Jahre 1919 spalteten sich die Freie proletarische Jugend und die Kommunistische Jugend, die zur KPD gehören, ab. Schwerpunkte der Arbeiterjugend bilden gewerkschaftliche und politische Aufklärung. Bedingt durch wirtschaftliche Zwänge wie lange Arbeitszeit und schlechte Bezahlung ist die arbeitende Jugend von aufwendigen Freizeitunternehmungen ausgeschlossen. Sie verfolgt in erster Linie politische Ziele und fordert eine Verkürzung der Arbeitszeit und die Durchsetzung von Jugendschutzverordnungen.

Neben den politischen Jugendorganisationen spielen die konfessionellen Jugendvereine eine wesentliche Rolle. Besonders weit verbreitet ist der Christliche Verein Junger Männer (CVJM), bei dem Bibellektüre, Gottesdienstbesuch, aber auch Fortbildung und Leibesübungen auf dem Programm stehen. Blieb die Mitgliederzahl bis 1914 relativ niedrig, so konnte der CVJM nach dem Krieg, unter dem neuen Motto: »Harmonische Ausbildung an Leib, Seele und Geist«, einen starken Zulauf registrieren.

Unter den zahlreichen Bünden der katholischen Jugend nimmt der Quickborn eine herausragende Stellung ein. Das Quickborner Programm von 1921 vermittelt den Zeitgeist: »Durch das Wandern mit all seinen Auswirkungen, Freude an Natur und Heimat, an Volkslied und Volkstanz, Rückkehr zur Einfachheit in Nahrung, Kleidung und Wohnung, durch Enthaltung von Rausch- und Rauchgift…, durch Verschmähung minderwertiger Vergnügungen suchen die Quickborner herauszukommen aus der Giftkluft der modernen Asphaltkultur, um frei und bereit zu werden, in edler Natürlichkeit und tätigem Katholizismus ihre Jugend zu leben…« Die katholischen Jugendverbände bilden schon 1920 mit mehr als 5500 Mitgliedern allein in München die stärkste Jugendgruppierung.

◁△ *Mitglieder der »Sozialistischen Arbeiterjugend« auf Fahrt; die SPD-nahe Organisation gehört zu den größten Jugendverbänden und verfolgt das Ziel gewerkschaftlicher und politischer Aufklärung.*

△ *Der »Jungdeutsche Bund« (»Bündische Jugend«) propagiert soldatische Tugenden.*

◁ *Der »Quickborn«, der größte Verband der katholischen Jugendbewegung, wurde 1909 in Schlesien gegründet und trifft sich seit 1919 regelmäßig auf der Burg Rothenfels am Main. Leiter des »Quickborn« ist der Theologe Romano Guardini.*

◁△ *Keine Domäne zukünftiger Sekretärinnen: Auch Jungen werden in der Charlottenburger Arbeitsschule im Schreibmaschineschreiben unterrichtet. Die Leiter dieser Bildungsstätte betonen den Praxisbezug des Lehrstoffs, ohne geschlechtsspezifische Berufsbilder zu festigen.*

△ *Innovationen aus einer britischen Schule: Anhand einer Karte bauen Schüler das Relief einer Landschaft.*

◁ *Die Arbeit deutscher Modellschulen findet im Ausland Beachtung. Japanische Pädagogen beobachten Versuche im Chemieunterricht.*

Der Staat kümmert sich verstärkt um die berufliche Bildung: Die erste Optikerschule in Jena

Berufsausbildung in Klassenraum und Werkstatt

Reformpädagogische Ansätze finden immer stärker Eingang in den berufsbildenden Unterricht. Als oberstes Prinzip gilt der ständige Bezug des Lehrstoffs zum täglichen Leben. Der theoretische Unterricht und das Arbeiten in der Werkstatt sollen zu gleichen Teilen berücksichtigt werden. Die Reformpädagogen messen dabei der Berufsbildung eine neue Bedeutung bei. Sie widersetzen sich vehement der Auffassung, daß »Allgemeinbildung« einen höheren Stellenwert als die Berufsbildung habe. Manuelle Fähigkeiten und musisches Talent dürften der geistigen Bildung nicht nachstehen und müßten gleichermaßen gefördert werden.

Bestandteil jeder Lehre im Metallgewerbe ist das saubere Feilen, wie hier in der Lehrwerkstatt bei Daimler in Sindelfingen. Reformpädagogen betonen die Gleichrangigkeit von Theorie und Praxis.

Bildungswesen 1921:

Grundschule – Experimentierfeld der Reform

Schulwandertage sollen die Liebe zur Natur wecken, aber auch Ausdruck von Unbeschwertheit sein.

Züchtig und wasserscheu gestaltet sich der Schwimmunterricht in einer Berliner Schule für höhere Töchter.

Die erste Schulkunstausstellung in Berlin, die Kunstverständnis vermitteln soll, stößt auf starkes Interesse.

Das Jahr 1921 steht im Zeichen reformpädagogischer Bemühungen. Für die 1920 neu eingeführte Grundschule werden detaillierte Richtlinien aufgestellt, die das deutsche Schulwesen und bestehende Unterrichtsmodelle maßgeblich verändern.

Die Einführung der Grundschule gilt als die bedeutendste Leistung der reformpädagogischen Bewegung, denn der erste Schritt zur Einführung der Einheitsschule ist damit getan. Mit den »Richtlinien zur Aufstellung von den Lehrplänen für die Grundschule« wird ein Markstein in der Geschichte der Weimarer Schulreform gesetzt. Das hier vorgelegte Konzept findet schon 1922 Eingang in die Oberschulreform.

Die reformpädagogische Bewegung hatte sich seit der Jahrhundertwende vornehmlich auf die Erneuerung der Volksschule konzentriert. Bisher hatte es in den ersten vier Klassen eine Trennung der Kinder, die für die Höhere Schule vorgesehen waren, und der Kinder, die auf der Volksschule bleiben sollten, gegeben. Die Proteste häuften sich dagegen, daß Kinder, deren Begabung noch gar nicht ersichtlich war, »ein Abonnement auf die Sexta« erhielten, während anderen von vornherein der Wechsel auf eine Höhere Schule versperrt blieb. Um diese sozial ungerechte Differenzierung aufzuheben, wurde die Einführung einer gemeinsamen »Grundbildung« für mindestens vier Jahre gefordert, die durch das Grundschulgesetz von 1920 schließlich verwirklicht wurde. Ohne Rücksicht auf Stand, Beruf oder Einkommen der Eltern sollten nun alle Kinder die gleiche Ausgangsposition haben.

Die neuen Richtlinien für die Grundschule lassen den tiefgreifenden Charakter der Reform im Detail nachvollziehen. Erstmals finden hier wissenschaftliche Erkenntnisse über die Angemessenheit von Unterrichtsinhalten für bestimmte kindliche Altersstufen ihren Niederschlag. In der Grundschule soll nicht so sehr die Wissensvermittlung im Vordergrund stehen als vielmehr das Bemühen, »alle geistigen und körperlichen Kräfte der Kinder zu wecken und zu schulen«.

Das bedeutet, daß zunächst das Kind als soziale Persönlichkeit im Vordergrund steht. Es soll lernen, sich auf die neue Gemeinschaft in der Schule einzustellen. Erst dann kann das Interesse für Unterrichtsinhalte geweckt werden.

Einer der wesentlichsten Ansatzpunkte der Reformpädagogen ist das neue Verständnis des Begriffs »Unterricht«. Dieser soll in den ersten vier Schuljahren in engem Zusammenhang mit dem außerschulischen Leben stehen, d. h. direkte Bezüge zum Familienleben herstellen. Weiterhin soll die »manuelle« Ausbildung genauso viel Gewicht haben wie die »geistige«. Aus diesem Grund soll von einer Hierarchie der Unterrichtsfächer abgesehen werden. Zeichnen und Gesang werden der Vermittlung der deutschen Sprache und der Heimatkunde gleichgestellt. Man beruft sich auf Berthold Ottos Bezeichnung des »Unterrichts ohne Fächerung«, d. h. eines Unterrichts, in dem Lehrinhalte nicht mehr streng getrennt sind. Der Vorrang der kindlichen Wahrnehmung findet auch in den Weisungen für den Deutschunterricht seinen Niederschlag. Die Vermittlung von Grammatik soll fortan in den Hintergrund treten, während die enge Verbindung von Sprach- und Sachunterricht das Hauptziel des Unterrichts darstellen soll. Das Kind soll aus Erfahrung und Fantasie schreiben dürfen, wobei das »kindertümliche Schrifttum« toleriert werden muß.

Das Ziel, die Schule nicht mehr als reine »Unterrichtsanstalt« erscheinen zu lassen, und die »heimatliche Umwelt« des Schülers in den Lehrstoff einzubeziehen, führt zu einer Aufwertung außerschulischer Aktivitäten. Um die volle Entfaltung des Kindes zu gewährleisten, gewinnen Ausflüge in Schullandheime und das Schulwandern große Bedeutung. Die Kritik vieler Reformpädagogen an der städtischen Zivilisation findet hier Eingang in die neuen Zielsetzungen der Schule. Die besondere Berücksichtigung der kindlichen Entwicklungsphasen resultiert letztlich auch in der Anweisung, jede »Verfrühung und Überbürdung«, vor allem durch Hausaufgaben, zu vermeiden. Das spielerische Lernen in der Schule soll absoluten Vorrang vor jeder auferlegten Pflicht haben.

Sitzung eines Elternbeirats (Zeichnung in der Leipziger »Illustrirten Zeitung«)

Elternbeiräte dürfen Schule kritisieren

Der Einfluß der Elternbeiräte gewinnt zusehends an Bedeutung. Beratung und Kritik der Eltern an Lehrern und Unterrichtsinhalten sollen zu einer besseren Abstimmung zwischen familiärer und schulischer Erziehung führen. Nach Preußen, das sich 1919 zum Vorreiter dieses neuen Mitspracherechts der Eltern machte, folgten bald weitere Länder. In den Großstädten werden immer häufiger Zentralelternbeiräte eingerichtet, die sich je nach Schulart und Konfession zusammenschließen und den Schulverwaltungen gegenüberstehen.

Chaplin-Film »The Kid« rührt Millionenpublikum zu Tränen

6. Februar. Der Charlie-Chaplin-Film »The Kid« (»Der Vagabund und das Kind«) wird in den Vereinigten Staaten unter großem Zuschauerandrang uraufgeführt. Der sechsjährige Jackie Coogan, der die Titelrolle spielt, beginnt mit dem Film seine Karriere als Kinderstar.

»The Kid« stellt eine gelungene Mischung aus Slapstick und Melodrama dar, die in dieser Form in Chaplins Filmen erstmalig ist. Die Menschen werden nicht als Karikaturen bloßer Slapstickkomödien dargestellt, sondern werden mit all ihren Gefühlen ernstgenommen. Die Betonung sentimentaler sowie sozialkritischer Elemente trägt zum großen internationalen Erfolg des Films bei. »The Kid« hat teilweise autobiographische Züge, da er das armselige Leben in den Londoner Slums zeigt, in denen Chaplin seine Kindheit verlebte. Die Dreharbeiten zu Chaplins erstem Langfilm (51 Minuten) wurden 1920 nach einjähriger Dauer abgeschlossen.

Die Handlung spielt in den Slums von London. Eine Mutter muß aufgrund ihrer Armut ihr uneheliches Baby aussetzen. Ein umherziehender Glaser, gespielt von Charlie

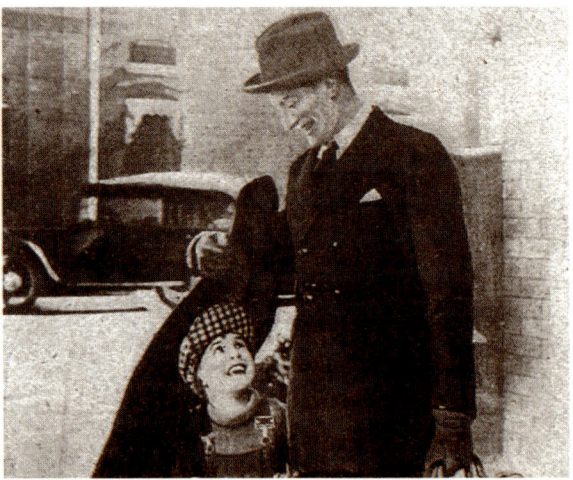

Der sechsjährige Jackie beeindruckt durch natürliche schauspielerische Ausdruckskraft und Spontaneität.

Über Nacht zum Weltstar: Jackie Coogan hatte bereits als Dreijähriger sein Debüt in »Skinner's Boy«.

Chaplin, findet das Kind und entscheidet sich, es zu behalten. Die nächste Sequenz, fünf Jahre später, zeigt, wie sehr sich die beiden inzwischen liebgewonnen haben. Sie arbeiten zusammen. Der Junge wirft mit Steinen Scheiben ein, die der Glaser dann neu einsetzt. Die Mutter des Kindes ist in der Zwischenzeit eine berühmte Opernsängerin geworden. Um ihr Kind zurückzubekommen, setzt sie eine Belohnung

aus. Ein Mann, der den Jungen gestohlen hatte, als er von der Belohnung erfuhr, bringt ihn zur Mutter zurück. Der Glaser sucht das Kind tagelang verzweifelt. Am Schluß gibt es ein Happy-End: Alle drei finden schließlich zu einer glücklichen Familie zusammen.

Der Film zeichnet sich durch seine Situationskomik sowie das hervorragende Pantomimenspiel der beiden Hauptdarsteller aus. Die schau-

spielerischen Leistungen des begabten Jackie Coogan sind insbesondere der Regiekunst Chaplins zuzuschreiben. Mühelos erlernte Jackie die Grundregeln der Pantomime und konnte in seine Handlungen Gefühl legen, ohne daß dabei seine kindliche Spontaneität verlorenging. Im Laufe der Dreharbeiten entwickelten beide eine innige Beziehung zueinander, von der der Film sichtbar profitierte.

Zwischenlandung des ersten Post- und Passagierflugzeugs der Luftpost GmbH in Stettin

Fluglinie Berlin–Königsberg eröffnet

26. Februar. *Die Luftpost GmbH wird in Danzig gegründet. Die neue Gesellschaft unter dem Vorsitz des Industriellen und Flugzeugkonstrukteurs Hugo Junkers will die regelmäßige Beförderung von Passagieren und Post sicherstellen. Die Flugpostverbindung wird auf der Linie Berlin–Stettin–Danzig–Königsberg errichtet. Der erste Post- und Verkehrsflug fand bereits am 5. Februar 1919 auf der Strecke Berlin–Weimar statt. Im gleichen Jahr wurden die Verbindungen Hamburg–Berlin und Hannover–Gelsenkirchen eingerichtet. Die rund 550 km lange Strecke nach Königsberg soll Teilstück weiterer Linien nach Sowjetrußland und ins Baltikum sein.*

Es gelingt Oehmichen, den Hubschrauber für 40 sec. in einer Höhe von drei Metern zu halten.

Ballonhubschrauber macht erste Testflüge

18. Februar. *Der Flugzeugkonstrukteur Etienne Oehmichen stellt der französischen Akademie der Wissenschaften ein neues Hubschraubermodell vor: Auf dem Leichtmetallgerüst sind vorn und hinten ein Propeller montiert. Dazwischen ist zum Halten des Gleichgewichts ein zylindrischer Wasserstoffball befestigt. Die Konstruktion hat mit der Schwierigkeit zu kämpfen, daß die Abstimmung der beiden Motoren nicht optimal ist, so daß das Fluggerät an einer Seite schneller emporsteigt und das Gleichgewicht gestört wird. Auch die Landung ist trotz der Stabilisierung durch den Ballon problematisch, wenn auch nicht gefährlich, da Oehmichen nur bis zu 3 m aufsteigt.*

Neuer Modetanz begeistert USA

Ein neuer Tanz erobert die US-amerikanischen Ballsäle: Der Shimmy. Zu populären Jazzrhythmen wirbeln die Tänzer in zuckenden Bewegungen über das Parkett. Improvisation ist dabei immer das höchste Gebot.

Der Shimmy ist Zeichen eines neuen Lebensgefühls, denn besonders junge Leute sind fasziniert von der Möglichkeit neuer Ausdrucksformen, bei denen sie sich individuell bewegen können. Die Begeisterung für den Shimmy, wie auch für andere populäre Tänze zur »schwarzen« Jazzmusik, ist ein Phänomen, das alle sozialen Gruppen ergreift und zur Aufhebung gesellschaftlicher Unterschiede in der Tanzkultur führt.

Europa indes tut sich noch schwer mit der Imitation der neuen Rhythmen, die in den USA als Bekundung eines neuen Lebensgefühls aufgefaßt werden. Die deutsche Jazzband »Original Piccadilly Four« nimmt jedoch schon 1921 ihre erste Platte »Shimmy here« auf.

◁ Schwarze Musik und der Shimmy werden auch in Frankreich zusehends beliebter.

Leipziger Kabarett hat großen Erfolg

1. Februar. Die Berliner Kabaretts, die als die einzigen anspruchsvollen Kleinkunstbühnen im Deutschen Reich gelten, erhalten Konkurrenz aus der Provinz. Mit seinem Eröffnungsprogramm stellt das Leipziger Kabarett »Die Retorte« unter Beweis, daß auch außerhalb der Hauptstadt Unterhaltungskunst mit Niveau produziert wird.

Der erste Abend wird mit Texten von Walter Mehring, Max Herrmann-Neiße und Joachim Ringelnatz gestaltet. »Die Retorte« behält auch zukünftig ihre literarische Ausrichtung bei. Die Programmhefte verzeichnen Lyrik und Prosa verschiedenster Dichter und Schriftsteller. Dennoch kommt auch das musikalische Repertoire nicht zu kurz: Lieder zur Laute werden genauso aufgeführt wie Tänze nach Musik von Edvard Grieg oder freche politische Chansons. Besonderer Beliebtheit erfreut sich die Verulkung von Kitschromanen und Gangsterfilmen: Hinter einer Leinwand werden Pappfiguren an Fäden bewegt, wozu ein »Stummfilm-Erklärer« die parodistisch-absurde Handlung satirisch kommentiert.

Fünferbob »Bobby« Deutscher Meister

14. Februar. Bei der deutschen Bobmeisterschaft im thüringischen Oberhof siegt der Fünferbob »Bobby« mit Lenker Griebel. In zwei Fahrten erreicht er eine Durchschnittszeit von 2:10 min. Im Kampf um den Titel im Zweierbob siegen Klemm und Jung mit »Wer nun« auf der 1960 m langen Bahn.

Einen Tag zuvor hatten die fünften deutschen Rodelmeisterschaften auf der 2700 m langen schlesischen Baudenbahn stattgefunden. Willi Adolf gewann mit 3:41 min. vor Richard Simm mit 3:44 min.

Das Deutsche Reich spielt zusammen mit der Schweiz seit der Jahrhundertwende eine Vorreiterrolle im Bobsport. Das erste Rennen fand 1903 in St. Moritz statt, die deutsche Premiere folgte 1906 in Oberhof. 1911 wurde als erste Organisation für den Bobsport in Frankfurt am Main der »Deutsche Bob- und Schlittensportverband« (DBSV) gegründet. Eine Europameisterschaft wurde erst 1914 eingerichtet.

Die erschöpften Fahrer des Sechstagerennens in Paris drehen ihre letzten Runden, nachdem sie vergeblich gegen die harten Bedingungen protestiert hatten.

Eklat beim Sechstagerennen wegen Übermüdung der Fahrer

26. Februar. Am letzten Tag des Sechstagerennens in Paris kommt es zu einem Eklat. Die völlig überanstrengten Fahrer verlangen eine Pause, die die Direktion ihnen jedoch verweigert. Aus Protest steigen die Radsportler aus dem Sattel und schieben ihre Räder ein paar Runden lang zu Fuß um die Bahn. Die Besucher der Sportveranstaltung nehmen das kaum zur Kenntnis und amüsieren sich bei kaltem Buffet und Champagner ungestört weiter.

März 1921

Mo	Di	Mi	Do	Fr	Sa	So
	1	2	3	4	5	6
7	8	9	10	11	12	13
14	15	16	17	18	19	20
21	22	23	24	25	26	27
28	29	30	31			

1. März, Dienstag

Auf der seit dem 21. Februar andauernden Konferenz der Alliierten in London findet die erste Vollsitzung statt. Der Vorschlag der deutschen Delegation zur endgültigen Lösung der Reparationsfrage löst einen Skandal aus. →S. 44

Der erste Band von Jaroslav Hašeks Roman »Die Abenteuer des braven Soldaten Schwejk während des Weltkriegs« erscheint in Prag. →S. 58

2. März, Mittwoch

In Kronstadt, einer Petrograd (Leningrad) vorgelagerten Seefestung, bricht unter den dort stationierten Truppen aufgrund der schlechten Versorgungslage in der Sowjetunion ein Aufstand gegen die bolschewistische Herrschaft aus. →S. 52

Angesichts der seit dem Weltkrieg anhaltenden Knappheit vieler Grundnahrungsmittel richtet der Vorstand des Deutschen Roten Kreuzes ein Schreiben an Reichspräsident Friedrich Ebert (SPD), in dem eine »Eindämmung der Genußsucht« gefordert wird. →S. 58

3. März, Donnerstag

Einer Meldung des Reichswirtschaftsministeriums in Berlin zufolge beträgt das Gesamtdefizit des Haushaltsplans für das Deutsche Reich im laufenden Jahr 46,8 Mrd. Mark. →S. 56

Der Reichslandbund tritt zu seiner ersten Tagung im Berliner Zirkus Busch zusammen. Der Bund versteht sich als Interessenvertretung des »nationalen und christlichen Landvolks«. →S. 56

Der Völkerbundrat in Genf beschließt nach Prüfung des Abkommens zwischen dem Deutschen Reich und der Freien Stadt Danzig vom 12. Dezember 1920, in dem der Stadt vorübergehend deutsche Beamte für Verwaltungstätigkeiten überlassen wurden, daß diese ihren Dienst am 1. Juli einstellen sollen.

Polen schließt in Bukarest ein Defensivabkommen mit Rumänien. Die Vertragspartner sichern sich gegenseitigen Beistand bei Angriffen Dritter zu und garantieren sich die Wahrung des gegenwärtigen Besitzstandes (→23. 4./S. 67).

Die US-amerikanische Rockefeller-Stiftung schenkt den medizinischen Fakultäten der österreichischen Universitäten Wien, Graz und Innsbruck 60 000 US-Dollar (3,8 Mrd. Mark). In Österreich, das extreme wirtschaftliche Probleme hat, ist die Lage der Studenten besonders schlecht (→18. 4./S. 69).

William Somerset Maughams Schauspiel »Der Kreis« wird im Londoner Haymarket Theatre uraufgeführt.

4. März, Freitag

Der Republikaner Warren G. Harding wird in Washington als neuer Präsident der USA vereidigt. Er wurde am 2. November 1920 gewählt. →S. 51

Der US-amerikanische Gewerkschaftsdachverband American Federation of Labor (AFL) beschließt in Washington, sich vom Internationalen Gewerkschaftsbund zu trennen. Die AFL begründet ihre Entscheidung damit, daß der Bund sich zu stark an der sowjetischen Regierung orientiere.

Wegen vermehrter Angriffe von irischen Unabhängigkeitskämpfern auf die britische Armee und Polizei in Dublin verfügen die britischen Behörden, daß die Sperrstunde in der irischen Hauptstadt von 22 auf 21 Uhr gesetzt wird.

5. März, Samstag

Die Kommunistische Partei der Schweiz (KPS) wird von ehemaligen Mitgliedern der Sozialdemokratischen Partei der Schweiz (SPS) in Zürich gegründet.

6. März, Sonntag

In Lissabon wird die portugiesische Kommunistische Partei gegründet. Ihre Mitglieder rekrutieren sich hauptsächlich aus der 1919 entstandenen revolutionären Gewerkschaftsbewegung Portugiesische Maximalistische Föderation.

Der Turbinendampfer »Kaiser« vom Seebäderdienst der Hamburg-Amerika-Linie, der von Großbritannien als Reparationsleistung angefordert wurde, verläßt Hamburg in Richtung Firth of Forth.

7. März, Montag

Auf der Londoner Konferenz brechen die Vertreter der Alliierten die Verhandlungen mit den Deutschen ab, da in der Reparationsfrage keine Einigung erzielt werden kann. Die Beratungen zur Beendigung des seit 1920 andauernden griechisch-türkischen Kriegs werden bis zum 14. März fortgesetzt, bleiben aber ergebnislos (→1. 3./S. 44; 2. 11./S. 188).

Die Alliierten besetzen in der Nacht zum 8. März als Sanktionsmaßnahme für die fehlgeschlagene Londoner Konferenz und die hierdurch vorerst ausbleibenden deutschen Reparationszahlungen die Städte Düsseldorf, Duisburg und Ruhrort. →S. 46

Die erste landwirtschaftliche Woche wird in Dresden eröffnet. Die Ernährungsminister der Länder betonen, daß augenblicklich 52% der Deutschen durch Importlieferungen versorgt werden. Im Vergleich dazu konnte die deutsche Landwirtschaft 1913 rund 83% des Nahrungsmittelbedarfs selbst decken.

8. März, Dienstag

Der spanische Ministerpräsident Eduardo Dato Iradier wird in Madrid von einem Anarchisten ermordet. →S. 51

Der X. Parteitag der sowjetischen KP in Moskau beschließt die von Wladimir I. Lenin konzipierte Neue Ökonomische Politik (NEP). Um dem Versorgungsnotstand in Sowjetrußland ein Ende zu setzen, soll in Teilen der Industrie und in der Landwirtschaft eine Rückkehr zu marktwirtschaftlichen Prinzipien vorgenommen werden. →S. 53

Das britische Handelsministerium in London verzeichnet aufgrund der wachsenden US-amerikanischen und japanischen Konkurrenz auf dem internationalen Markt einen drastischen Rückgang der Einnahmen im Außenhandel. Der Warenimport betrug im Februar 97 Mio. Pfund (23,5 Mrd. Mark) im Vergleich zu 170 Mio. (41,2 Mrd. Mark) im Vorjahr. Der Export sank von einem Umfang von 86 Mio. (20,8 Mrd. Mark) auf 68 Mio. Pfund (16,5 Mrd. Mark; →14. 1./S. 15).

9. März, Mittwoch

Der Magistrat der Stadt Berlin bewilligt wegen der anhaltenden Schwierigkeiten bei der Versorgung mit Nahrungsmitteln, vor allem Milch, einen Betrag von 10 Mio. Mark zur Unterbringung von Kindern auf dem Lande.

10. März, Donnerstag

In Berlin erklärt der Untersuchungsausschuß des Reichstags, der mit der Klärung der Ursachen des Weltkriegs betraut ist, daß weder im Deutschen Reich noch in Österreich-Ungarn jemals Anordnungen ergangen sind, die den Charakter einer geheimen Mobilmachung trugen (→9. 6./S. 100).

In Athen heiraten der rumänische Thronfolger Karl und Prinzessin Helene von Griechenland, Tochter König Konstantins I. →S. 58

11. März, Freitag

In Essen endet eine seit dem Vorjahr andauernde Serie von Gerichtsverfahren gegen Mitglieder der Roten Ruhrarmee mit einem Freispruch für alle Angeklagten. Die Rote Armee hatte sich 1920 in Reaktion auf den Kapp-Putsch zur Niederschlagung der rechten Freikorps gebildet (→21. 12./S. 205).

Das erste Schiff mit Lebensmitteln vom US-amerikanischen Roten Kreuz zur Versorgung der anti-bolschewistischen Aufständischen in Sowjetrußland trifft in Kronstadt ein (→2. 3./S. 52).

12. März, Samstag

Die seit dem 6. März andauernde Leipziger Messe wird beendet. Die Auslandsgeschäfte wurden trotz der Auseinandersetzungen zwischen Deutschen und Alliierten auf der Londoner Konferenz ruhig abgewickelt. →S. 56

In Berlin billigt der Reichstag mit 268 gegen 49 Stimmen von Abgeordneten der Unabhängigen Sozialdemokratischen Partei Deutschlands (USPD) und der SPD die Zurückweisung der Pariser und Londoner Reparationsbeschlüsse. Die Gegner dieses Beschlusses werfen der Reichsregierung vor, nicht für die deutsche Kriegsschuld einstehen zu wollen.

In Kairo beginnt unter Vorsitz des britischen Kolonialministers Winston Churchill eine Konferenz britischer Kolonialbeamter, auf der eine neue Festsetzung der Grenzen Palästinas und die zukünftige britische Politik im Mittleren Osten geregelt werden sollen. →S. 55

Am Lago Maggiore wird das »größte Flugzeug der Welt«, ein Wasserflugzeug mit acht Motoren, der Öffentlichkeit präsentiert. →S. 58

13. März, Sonntag

Der österreichische Bundeskanzler Michael Mayr bittet die alliierte Konferenz in London um Hilfe für sein notleidendes Land. →S. 51

14. März, Montag

Da im Weltkrieg britische Schiffe US-amerikanische Truppen nach Frankreich transportiert haben, verzichten die USA auf 25 Mio. US-Dollar (1,6 Mrd. Mark) Kriegsschulden Großbritanniens.

Der Botschafterrat der Alliierten in Paris beschließt, daß Österreich aufgrund seiner wirtschaftlichen Notlage nicht, wie im Vertrag von St. Germain (1919) vereinbart, Milchkühe, Pferde und Vieh an die Alliierten ausliefern muß.

Im Dubliner Mountjoy-Gefängnis werden sechs irische Widerstandskämpfer wegen Mordes und Hochverrats hingerichtet. Die Bevölkerung der irischen Hauptstadt legt als Reaktion hierauf einige Stunden lang die Arbeit nieder. Eine große Menschenmenge kniet betend während der Exekution vor dem Gefängnis (→7. 6./S. 101).

15. März, Dienstag

Das Deutsche Reich protestiert beim Völkerbund gegen die Sanktionen der Alliierten im Ruhrgebiet, die in Folge der gescheiterten Londoner Konferenz eingeleitet wurden (→7. 3./S. 46).

In Berlin wird der türkische Politiker Mehmet Talat Pascha von einem Armenier ermordet. Talat Pascha war als Großwesir 1917/18 maßgeblich an der Vertreibung der Armenier aus dem Osmanischen Reich beteiligt.

Der Gesamtausschuß zur Vorbereitung des Beethovenfestes in Bonn am 5. Mai beschließt, das Fest in diesem Jahr wegen der Besetzung des Rheinlandes ausfallen zu lassen.

Der deutsche Maler und Graphiker Lovis Corinth wird Ehrendoktor der Universität Königsberg (Kaliningrad).

16. März, Mittwoch

Großbritannien und Sowjetrußland schließen ein befristetes Handelsabkommen. Damit erkennt die britische Regierung die bolschewistische Regierung de facto an.

Die Türkei und Sowjetrußland unterzeichnen ein Friedens- und Freundschaftsabkommen. Die sowjetische Regierung gesteht der Türkei hierin das umstrittene Gebiet von Kars zu. Die Türkei hatte Kars nach ihrer Niederlage im Weltkrieg durch den Vertrag von Sèvres 1920 verloren.

Als Anfang März eine weitere Reparationskonferenz in London fehlschlägt, besetzen die Alliierten als Sanktionsmaßnahme Düsseldorf, Duisburg und Ruhrort. Das Titelblatt der »Wochenschau« zeigt, wie die Bevölkerung von Düsseldorf ohnmächtig den Einzug von Truppen und Panzern beobachtet.

Nr. 12   1 Mk.   19. März 1921.

Die Wochenschau

Verlag W. Girardet, Essen, Düsseldorf, Berlin

Düsseldorfs Besetzung.

Britische Tanks vor dem Hauptbahnhof.

17. März, Donnerstag

Die französische Deputiertenkammer lehnt ein von der Radikalen Partei eingebrachtes Mißtrauensvotum mit 491 zu 66 Stimmen ab. Sie bestätigt damit die Politik von Ministerpräsident Aristide Briand in der Reparationsfrage.

Die seit 1918 bestehende Republik Polen erhält eine Staatsverfassung. →S. 55

Der belgische Außenminister Henri Jaspar teilt in Brüssel mit, daß die von Antwerpen ins Ausland verschifften deutschen Waren nicht im Zuge der alliierten Reparationsforderungen als Sachleistungen beschlagnahmt werden sollen.

Der Internationale Gewerkschaftsbund in Amsterdam nimmt Stellung zur Frage der deutschen Reparationen. Er erklärt sich überzeugt von der Berechtigung der Alliierten, das Deutsche Reich zum Zahlen und zum Wiederaufbau der zerstörten Gebiete zu zwingen.

Der Senat der Universität Wien richtet einen Aufruf an die österreichische und die deutsche Bevölkerung, die Hochschule finanziell zu unterstützen, um dem fluchtartigen Abwandern bedeutender Gelehrter Einhalt zu gebieten.

Die Russische Politische Delegation in Paris, die sich als legitime Regierung Rußlands in der Emigration versteht (→8. 1./S. 16), protestiert gegen das am 16. März unterzeichnete britisch-sowjetische Handelsabkommen.

18. März, Freitag

Zwischen Polen und Sowjetrußland wird in Riga ein Friedensvertrag geschlossen, der den Krieg von 1920 formal beendet. →S. 55

19. März, Samstag

Das britische Unterhaus nimmt in dritter Lesung das sog. Reparationsgesetz an, durch das die Einfuhr deutscher Waren mit einem 50%igen Zoll belegt wird. Die französische Deputiertenkammer hatte einen Tag zuvor einen gleichlautenden Beschluß gefaßt.

Der Berliner Magistrat beschließt, erstmalig Frauen an drei Gymnasien der Reichshauptstadt als Direktorinnen einzusetzen.

US-Präsident Warren G. Harding überreicht der Chemikerin und Physikerin Marie Curie in Paris ein Gramm Radium als Geschenk des US-amerikanischen Volks für weitere Forschungen in der Krebstherapie. Harding verweist in diesem Zusammenhang auf die Verbundenheit der USA mit Frankreich und Polen. Curie ist Französin polnischer Herkunft.

Kurt Tucholsky bringt unter den Pseudonymen Theobald Tiger und Peter Panther die beiden Werke »Träumereien an preußischen Kaminen« und »Fromme Gesänge« heraus.

20. März, Sonntag

In Oberschlesien findet eine Abstimmung über die Staatszugehörigkeit der dort ansässigen Bevölkerung statt. Bei einer Wahlbeteiligung von 98% stimmen 40,4% der Stimmberechtigten für Polen und 59,6% für den Anschluß an das Deutsche Reich. →S. 54

Die Besatzungskommission des Saarlandes, das seit Inkrafttreten des Versailler Vertrags (1920) einer Völkerbundkommission unter französischer Leitung unterstellt ist, verfügt, daß ab dem 15. April Einnahmen und Gehälter im Eisenbahn-, Post- und Telegrafenverkehr in Francs zu entrichten sind.

Im New Yorker Madison Square Garden findet eine Versammlung statt, die sich gegen Proteste der deutschen und irischen Bevölkerung in den USA wendet, die in den letzten Wochen gegen die Reparationsbeschlüsse der Alliierten laut wurden. Der Stabschef der US-amerikanischen Armee, General John J. Pershing, bekräftigt auf dieser Versammlung die Solidarität der USA mit den Londoner Forderungen der Alliierten (→1. 3./S. 44).

21. März, Montag

Im Mansfelder Industriegebiet wird auf Veranlassung der KPD-Zentrale der Generalstreik ausgerufen, der sich zu schweren Aufständen in ganz Mitteldeutschland ausweitet. Die von Moskau gesteuerte Aktion soll die proletarische Revolution im Deutschen Reich einleiten. →S. 48

Die Sowjetregierung in Moskau erläßt gemäß der Neuen ökonomischen Politik ein Dekret, das die bisherigen Zwangsrequisitionen durch eine Naturalsteuer ersetzt. Zukünftig brauchen Bauern nur noch genau festgelegte Mindestsätze ihrer Ernteerträge abzuliefern (→8. 3./S. 53).

Reichspräsident Friedrich Ebert (SPD) dankt der deutschen Bevölkerung in den von Polen beanspruchten Gebieten in einem Aufruf, daß es allen gegnerischen Einschüchterungsversuchen zum Trotz bei der Abstimmung in Oberschlesien in der Mehrheit zum deutschen Vaterland gehalten habe (→20. 3./S. 54).

Die Betriebskrankenkasse der Friedrich Krupp AG in Essen beschließt dank der günstigen Bilanz für das vergangene Rechnungsjahr, über tausend Kindern von Arbeitern der Stahlwerke Erholungsaufenthalte in Kurbädern zu finanzieren.

22. März, Dienstag

Das belgische Parlament beschließt in Brüssel, ebenso wie Großbritannien und Frankreich am 19. März einen 50%igen Zoll auf die Einfuhr deutscher Waren zu erheben.

Der französische Ministerpräsident Aristide Briand erklärt in Paris, daß angesichts der deutschen Goldreserven von 1,6 Mrd. Mark nicht an eine Auslandsanleihe des Deutschen Reiches zur Begleichung der Reparationen zu denken sei.

Die Zentralorganisation aller britischen Friedensgesellschaften schickt der deutschen Friedensgesellschaft ein Schreiben, in dem die Sanktionsmaßnahmen der Alliierten im Ruhrgebiet (→7. 3./S. 46) als klarer Bruch des Versailler Friedensvertrags deklariert werden.

In Darmstadt wird Fritz von Unruhs Drama »Louis Ferdinand, Prinz von Preußen« uraufgeführt.

23. März, Mittwoch

Im Deutschen Reich tritt ein neues Wehrgesetz in Kraft, durch das die Bestimmungen des Versailler Vertrags über die Reduzierung des deutschen Heeres auf 100 000 Soldaten Folge geleistet wird. →S. 50

Angesichts der desolaten Wirtschaftslage in Sowjetrußland richtet die bolschewistische Regierung in Moskau ein Bittschreiben an die US-Regierung, in dem diese um die Aufnahme von Handelsbeziehungen ersucht wird (→24. 2./S. 30).

In Berkeley legt der US-Amerikaner Charles Paddock 220 yards (200 m) in 20,8 sec zurück und stellt damit einen Weltrekord auf (→23. 4./S. 75).

24. März, Donnerstag

In Essen wendet sich der Vorstand der SPD gegen Solidaritätsaktionen mit den kommunistischen Aufständen in Mitteldeutschland (→21. 3./S. 48).

In Monte Carlo beginnt die erste Frauenolympiade. Sie wird aus Protest gegen die Nichtzulassung von Frauen zu den Olympischen Spielen veranstaltet. →S. 59

25. März, Karfreitag

Der australische Ministerpräsident William M. Hughes bestätigt in Sydney die Meldung, daß Weizenverkäufe an das Deutsche Reich stattgefunden haben. Hughes kündigt an, das australische Parlament werde bald die Aufnahme des allgemeinen Handels mit dem Deutschen Reich debattieren.

Die Polizei von Buer (Gelsenkirchen) verhaftet eine Schieberbande, die drei Eisenbahnwaggons mit Rohtabak einem Großschieber zukommen lassen wollte. Damit wären 2,5 Mio. Mark Zoll hinterzogen worden.

26. März, Samstag

Der ehemalige Chef der Obersten Heeresleitung, Paul von Hindenburg, erklärt in einem Interview mit der französischen Zeitung »Petit Journal«, Frankreichs Haß gegen die Deutschen müsse ein Ende haben. Durch Fortsetzung des »moralischen Kriegs« werde nur erreicht, daß sich auch auf deutscher Seite Ressentiments bildeten.

In den USA veröffentlicht Robert Lansing, Außenminister unter Woodrow Wilson, das Buch »Die vier Großen der Versailler Friedenskonferenz«. Wegen der darin enthaltenen Kritik an Wilsons Friedenspolitik findet das Buch einen reißenden Absatz.

Das irische Parlament in Dublin bestätigt offiziell den Handelskrieg gegen britische Waren. Der Boykott richtet sich besonders gegen landwirtschaftliche Maschinen (→7. 6./S. 101).

Einer Meldung der französischen Nachrichtenagentur Havas zufolge sind in der chinesischen Provinz Tschang-Hsi 50 000 Menschen an Hungertyphus gestorben.

27. März, Ostersonntag

Der Kölner Erzbischof Kardinal Karl Joseph Schulte gibt bekannt, daß Papst Benedikt XV. ihm eine Summe von 1 Mio. Lire (2,2 Mio. Mark) für notleidende deutsche Kinder überwiesen habe.

28. März, Ostermontag

Ein Feuersturm legt einen besonders stark bevölkerten Stadtteil von Tokio in Schutt und Asche. Innerhalb von drei Stunden werden durch den Sturm, der bei einem Großbrand entstanden ist, über 1000 Häuser zerstört. 5000 Menschen werden obdachlos.

Das Karlshorster Galopprennen erfreut sich dieses Jahr besonderer Beliebtheit. Die Buchmacher verzeichnen einen Umsatz von 4,5 Mio. Mark. Den mit 45 000 Mark dotierten Osterpreis gewinnt H. Sellos auf »Biedermann II«.

29. März, Dienstag

Als Reaktion auf die kommunistischen Unruhen in Mitteldeutschland, die auch Solidaritätsaktionen in Hamburg und im Ruhrgebiet hervorgerufen haben, werden im Deutschen Reich außerordentliche Gerichte zur schnelleren Verurteilung der festgenommenen Aufständischen eingerichtet (→21. 3./S. 48).

In Berlin verbietet der Polizeipräsident alle Straßendemonstrationen und öffentlichen Versammlungen, da sie in letzter Zeit vermehrt zu Angriffen gegen die Staatsautorität von seiten der Kommunisten benutzt worden seien.

30. März, Mittwoch

Der frühere KPD-Vorsitzende Paul Levi (→24. 2./S. 34) lehnt in seiner Schrift »Wider den Putschismus« das Vorgehen während des Aufstands in Mitteldeutschland ab (→22. 8./S. 141).

Die britischen Universitäten Oxford und Cambridge tragen zum 100. Mal das Achterruderrennen auf der Themse aus. Cambridge gewinnt in 19:45 min.

31. März, Donnerstag

Die in den Pariser Beschlüssen vom Januar (→24. 1./S. 12) festgelegte Frist für die Entwaffnung der Einwohnerwehren im Deutschen Reich läuft ab. Die Reichsregierung in Berlin erklärt, daß sie trotz der Unruhen im Inland diese Frist einhalten will. Nur die bayerische Landesregierung lehnt die Waffenabgabe weiterhin ab (→1. 6./S. 98).

Das Wetter im Monat März

Station	Mittlere Lufttemperatur (°C)	Niederschlag (mm)	Sonnenscheindauer (Std.)
Aachen	7,3 (5,5)	34 (49)	— (125)
Berlin	6,6 (3,9)	4 (31)	— (151)
Bremen	7,3 (4,0)	24 (42)	— (117)
München	6,5 (3,3)	17 (46)	— (142)
Wien	— (4,9)	— (42)	— (135)
Zürich	6,2 (4,2)	26 (69)	216 (149)

( ) Langjähriger Mittelwert für diesen Monat
— Wert nicht ermittelt

Der neue US-Präsident Warren G. Harding, der am 4. März sein Amt antritt, posiert mit Ehefrau und Vater vor Fotografen der französischen Zeitschrift »L'Illustration« auf seinem Landsitz in Ohio. Harding, dessen Kompetenz von vielen bezweifelt wird, konnte die US-Amerikaner durch Wahlversprechen gewinnen, in denen er vor allem den Rückzug der USA aus der europäischen Politik und eine Belebung der Wirtschaft in Aussicht stellte.

Ce numéro contient un supplément de théâtre : LE COMÉDIEN, de M. Sacha Guitry.

L'ILLUSTRATION

RENÉ BASCHET, directeur.

SAMEDI 5 MARS 1921
79ᵉ Année. — Nᵒ 4070.

Maurice NORMAND, rédacteur en chef.

MADAME HARDING.　　LE PRÉSIDENT HARDING.　　LE PÈRE DU PRÉSIDENT.

LE NOUVEAU PRÉSIDENT DES ÉTATS-UNIS DANS L'INTIMITÉ

Photographie prise en 1920 dans le jardin de la maison du Président, à Marion (Ohio), après sa « nomination » par le parti républicain.
Copyright by Underwood and Underwood.

43

Londoner Konferenz: Gegenvorschlag der Reichsregierung

1. März. Auf der Londoner Konferenz der Alliierten treten die Vertreter der Siegermächte und eine Delegation des Deutschen Reichs zur ersten Vollsitzung zusammen, um die Pariser Reparationsbeschlüsse vom Januar (→24. 1./S. 12) erneut zu erörtern. Der deutsche Vorschlag stößt auf den heftigen Widerstand der Alliierten. Da auch in den Verhandlungen der nächsten Tage keine Einigung erzielt werden kann, beschließen Großbritannien, Frankreich und Belgien Sanktionsmaßnahmen gegen das Deutsche Reich (→7. 3./S. 46).

Als erster Redner auf der Vollsitzung am 1. März unterbreitet Außenminister Walter Simons (parteilos) als Leiter der deutschen Delegation die Position der Reichsregierung. Simons wirft den Alliierten vor, sie wollten die deutsche Industrie durch ihre hohen Zahlungforderungen und die Auflage der 12%igen Abgabe auf den deutschen Handel konkurrenzunfähig machen. Die gegenwärtig angestrebten Forderungen der Siegermächte könnten jedoch vom Deutschen Reich nur erfüllt werden, wenn man einen Exportüberschuß erreiche. Die Lage werde dadurch erschwert, daß das Deutsche Reich aufgrund seiner Gebietsverluste durch den Versailler Vertrag auf einen erhöhten Import von Rohstoffen und Lebensmitteln angewiesen sei.

Nach einer allgemeinen Beschreibung der Probleme in der deutschen Wirtschaft stellt Simons den Gegenvorschlag im Detail vor:

▷ Das Deutsche Reich zahlt einen sofortigen Betrag von 53 Mrd. Goldmark zuzüglich 42 Jahresraten von 8% Zinsen. Nach Berechnungen der Sachverständigen entspricht dieses dem Jetztwert der alliierten Forderungen von 269 Mrd. Goldmark in 42 Jahresraten.

▷ Die bisherigen Leistungen von 20 Mrd. Goldmark werden von dieser neuen Summe abgezogen. Durch Abrundung der 53 auf 50 Mrd. Goldmark beläuft sich die sofort zu zahlende Reparationsleistung also auf insgesamt 30 Mrd. Goldmark.

▷ Acht dieser 30 Mrd. Goldmark sollen dann durch eine internationale Auslandsanleihe aufgebracht werden.

▷ Von den übrigen 22 Mrd. ent-

Die Vertreter der Siegermächte und des Deutschen Reichs auf der Londoner Konferenz; zudem ist eine Delegation türkischer Gesandter anwesend, um über eine Friedenslösung im griechisch-türkischen Krieg zu verhandeln.

richtet das Deutsche Reich aufgrund der momentanen Wirtschaftsmisere bis 1926 nur 1 Mrd., und zwar größtenteils in Sachleistungen. Ab 1926 muß dann eine Regelung für bequeme Raten gefunden werden, die nur mit 5% zu verzinsen sind.

▷ Die 12%ige Abgabe auf den deutschen Export soll fallen.

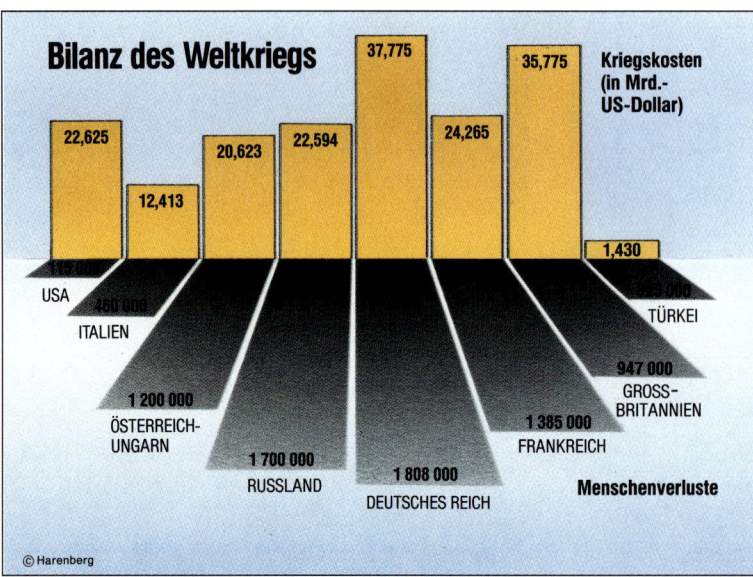

Die Vorteile der vorgeschlagenen Auslandsanleihe für das Deutsche Reich liegen in den – angesichts der Wirtschaftsmisere – wahrscheinlich günstigen Zinsbedingungen und in der Steuerfreiheit im Ausland. Zudem würde das Deutsche Reich durch diese Reparationslösung unabhängiger von den Siegermächten, was eine schnellere Einbeziehung in den Weltmarkt ermöglichen würde. Abschließend bindet Simons seinen Vorschlag an zwei Voraussetzungen: Er stellt die Bedingung, daß Oberschlesien vor der ausstehenden Abstimmung über die Staatszugehörigkeit dem Deutschen Reich, nicht Polen zugeteilt werde. Simons denkt dabei besonders an die Bodenschätze des oberschlesischen Industriereviers (→20. 3./S. 54). Weiterhin fordert er die Alliierten auf, das Deutsche Reich als gleichberechtigten Partner in der Weltwirtschaft anzuerkennen. Nachdem Simons seine Rede beendet hat, ist sofort

öst Eklat aus

offensichtlich, daß sein Vorschlag keine Grundlage für eine Einigung mit den Alliierten darstellen kann: Die Delegierten der Entente erheben sich schweigend und verlassen ohne Gruß den Sitzungssaal.

Auf der nächsten Vollversammlung am 3. März gibt der britische Premierminister David Lloyd George als Sprecher aller alliierten Vertreter bekannt, daß der von Simons vorgebrachte Entwurf völlig inakzeptabel sei, weil er die Bestimmungen des Versailler Vertrags mißachte. Er klagt das deutsche Volk an, es habe die Kriegsschuld verdrängt und erinnert an das gewaltige Ausmaß der Schäden in Frankreich und Belgien. Basierend auf diesen Ausführungen resümiert Lloyd George, daß das Deutsche Reich unter keiner entsprechenden Belastung stehe, da das Maß der Zerstörung hier weitaus geringer sei. Zudem wirft er der Reichsregierung vor, sie habe ihre Steuerforderungen im Inland nicht denen der Alliierten angeglichen, sondern subventioniere z. B. noch Eisenbahn und Post. So würden die Alliierten in der Frage der deutschen Zahlungsfähigkeit getäuscht.

Lloyd George beschließt seine Rede mit der Androhung, die Alliierten würden Duisburg, Ruhrort und Düsseldorf besetzen, falls die Deutschen die Pariser Beschlüsse nicht akzeptierten oder mit einem diskutablen Gegenvorschlag aufwarteten (→ 7. 3./S. 46). Gleichzeitig werde um das besetzte Gebiet eine Zollgrenze errichtet, so daß die Einnahmen direkt an die Mitglieder der Entente abgeführt werden könnten.

Nach dieser harten Konfrontation herrscht vier Tage lang Ungewißheit, ob noch eine Einigung erzielt werden kann, zumal unter den Alliierten Stimmen laut werden, man solle die Deutschen gar nicht mehr zu Wort kommen lassen. Auf der nächsten Sitzung am 7. März wird Simons dann doch erneut die Möglichkeit gegeben, die deutsche Position zu revidieren. Der Außenminister bekräftigt zwar, das deutsche Volk sei sich sehr wohl seiner Kriegsschuld bewußt, rückt aber nicht entscheidend von seinem Zahlungsplan ab. Da die Konferenz nun als gescheitert gilt, beschließen die alliierten Vertreter, die angedrohten Sanktionen umgehend durchzuführen. Die deutsche Delegation reist am 8. März zurück nach Berlin.

Lloyd George: Deutsche tragen Verantwortung für den Krieg

Unter Berufung auf den Kriegsschuldartikel im Versailler Vertrag legitimiert der britische Premierminister David Lloyd George in seiner Rede am 3. März in London die Pariser Beschlüsse:

»Für die Verbündeten ist die deutsche Verantwortlichkeit für den Krieg grundlegend. Sie ist die Basis, auf der das Gebäude des Vertrages errichtet worden ist, und wenn diese Anerkenntnis verweigert oder aufgegeben wird, ist der Vertrag hinfällig. Die Verbündeten fühlen daher, daß sie die Tatsache in Rechnung ziehen müssen, daß die deutsche Regierung mit offenbarer Unterstützung der deutschen öffentlichen Meinung die eigentliche Grundlage des Vertrages von Versailles anficht. Vorschläge, wie die durch Dr. Simons gemachten, sind einfach die notwendige Folgerung aus dieser neuen Haltung…

Die deutsche Bevölkerung steht unter dem Eindruck, daß unsere Forderungen eine unerträgliche Bedrückung darstellen und bestimmt sind, ihr großes Land zu zerstören und ihr großes Volk zu versklaven. Lassen Sie mich von vornherein sagen, daß wir ein freies, ein zufriedenes und gedeihendes Deutschland als wesentlich für die Zivilisation ansehen und daß wir ein unzufriedenes und versklavtes Deutschland für eine Bedrohung und eine Last für die europäische Zivilisation ansehen. Wir haben nicht den Wunsch, Deutschland zu unterdrücken, wir haben nicht den Wunsch, dem deutschen Volk eine Knechtschaft

Rastloser Staatsmann: In einer Verhandlungspause während der Londoner Konferenz diktiert David Lloyd George seinem Sekretär Anweisungen. Er fordert vom Deutschen Reich hohe Entschädigungsleistungen.

aufzuerlegen. Wir fordern einfach, daß Deutschland seine Verpflichtungen einlöse, die es zur Reparation von Schäden auf sich genommen hat, welche durch einen Krieg verursacht sind, für dessen Herausforderung seine kaiserliche Regierung verantwortlich war…

Die Kriegskosten der alliierten Länder insgesamt sind so ungeheuer, daß es ganz unmöglich sein würde, von irgendeinem Lande, irgendeinem einzelnen Lande ihre Tragung zu verlangen… Das müssen wir uns stets vergegenwärtigen: Wir alle stöhnen unter einer Last von Steuern zur Bezahlung von Schulden, die wir eingegangen sind, um uns in diesem Kriege zu verteidigen… Wir haben daher mit Bedacht im Versailler Vertrage

von Deutschland nicht verlangt, eine einzige Papiermark für die Kosten zu zahlen, die die verbündeten Länder bei ihrer Verteidigung auf sich genommen haben… Wir haben einfach darauf bestanden, daß Deutschland Reparation leisten soll im Hinblick auf die Lasten, die jedem unserer Länder durch Sachschaden an Eigentum und durch Schäden an Leib und Leben der Einwohner auferlegt worden sind… Es handelt sich nicht um eingebildete Übel, sondern um Unbilden, deren Reparation in diesem Augenblick den Hilfsquellen der verbündeten Länder eine erdrückende Last auferlegt. Das deutsche Volk hat keine Ahnung von der Verwüstung, die in den alliierten Ländern angerichtet worden ist.«

Reichspräsident Ebert: »Recht wird hier zertreten durch Gewalt«

Am 8. März veröffentlichen Reichspräsident Friedrich Ebert (SPD) und Reichskanzler Konstantin Fehrenbach (Zentrum) folgende Proklamation an das deutsche Volk:

»Mitbürger!
Unsere Gegner im Weltkrieg haben unerhörte und unerfüllbare Forderungen an Geld und Gut an uns gestellt. Wir selbst nicht nur, auch unsere Kinder und Enkel sollen Arbeitssklaven der Gegner werden. Durch unsere Unterschrift sollten wir einen Vertrag besiegeln, den auszuführen auch die Arbeit von Generationen nicht genügt hätte. Das durften, das konnten wir nicht tun. Unsere Ehre, unsere Selbstachtung verbot es. Unter offenem Bruch des Friedensvertrages von Versailles sind

Reichspräsident Ebert bittet das deutsche Volk auszuharren.

die Gegner zur Besetzung weiterer deutschen Landes geschritten. Der Gewalt können wir Gewalt nicht entgegensetzen, wir sind wehrlos. Aber hinausrufen können wir es, daß alle es hören, die noch die Stimme der Gerechtigkeit erkennen: Recht wird hier zertreten durch Gewalt.

Mit den Bürgern, die Fremdherrschaft erdulden müssen, leidet das ganze deutsche Volk. Ehern zusammenschmieden soll uns dieses Leid . . . zu einigem Wollen.

Mitbürger, tretet der Fremdherrschaft mit ernster Würde entgegen. Bewahret Euren aufrechten Sinn, aber laßt Euch nicht zu unbesonnenen Taten hinreißen…«

Französische Truppen marschieren in Duisburg ein und sammeln sich auf dem Rathausplatz; die städtische Verwaltung wird ihrer Kontrolle unterstellt.

Britische Panzer beim Einzug in Düsseldorf; wie Ruhrort besitzt die Großstadt am Rhein einen für die Alliierten strategisch wichtigen Hafen.

Siegermächte besetzen Ruhrgebietsstädte als Sanktion

7. März. Nachdem die Londoner Konferenz in der Frage der deutschen Reparationszahlungen als gescheitert gilt, besetzen Truppen der alliierten Mächte noch in der Nacht zum 8. März die rechtsrheinisch gelegenen Städte Düsseldorf, Duisburg und Ruhrort.

Die seit Inkrafttreten des Versailler Vertrags (1920) bestehende Besetzung des Rheinlands wird damit ausgedehnt. Im Friedensvertrag wurde festgelegt, daß die deutschen Gebiete westlich des Rheins für 15 Jahre von den Siegermächten zu besetzen seien, um die Ausführung der Versailler Bestimmungen zu gewährleisten.

Im Gegensatz zu dieser Sicherungsmaßnahme greifen die Alliierten nun aber als Sanktion für die Nichterfüllung ihrer Reparationsforderungen direkt in die Verwaltung und Wirtschaftsorganisation der drei neu besetzten Städte ein. Sie verhängen sofort den Belagerungszustand, unterstellen die deutschen Behörden ihrer Kontrolle und errichten einen Monat später zudem noch eine Zollschranke.

Der Oberbefehlshaber der alliierten Streitkräfte im Rheinland, der französische General Jean Marie Degoutte, läßt noch am 8. März im neu besetzten Gebiet eine Verordnung mit folgenden Bestimmungen anschlagen:

▷ Jeder Bürger muß jederzeit seine Identität nachweisen können.
▷ Öffentliche Kundgebungen sind untersagt. Private und öffentliche Kundgebungen dürfen nur mit Genehmigung der Besatzer stattfinden.
▷ Die Ein- und Ausreise wird nur Berufstätigen erlaubt, die außerhalb der neu besetzten Zone arbeiten. Das gilt auch für den Eisenbahn- und Personenverkehr.
▷ Zeitungen, Flugblätter, Flugschriften und Anschlagzettel dürfen nur mit Genehmigung der Besatzungsbehörden verteilt werden. Der Post-, Telefon- und Telegrafenverkehr wird nicht unterbrochen, jedoch ebenfalls kontrolliert.
▷ Alle Waffen und sämtliche Munition, die in den besetzten Städten vorhanden sind, müssen bei der Ortsverwaltung abgegeben werden.
▷ Jede größere Zuwiderhandlung gegen diese Anordnungen wird kriegsrechtlich verfolgt. Leichtere Vergehen unterliegen Gefängnisstrafen.

Nicht nur durch diese Eingriffe in das öffentliche Leben der drei Städte verändert sich das persönliche Leben ihrer Bewohner entscheidend: Die verantwortlichen Offiziere bestehen auch darauf, daß ihre Mannschaften weitgehend in Privatwohnungen untergebracht werden. Um die Betroffenheit der Deutschen zum Ausdruck zu bringen, verfügen die deutschen Behörden eine einstweilige Schließung aller Vergnügungsstätten.

Am 10. April gibt die Interalliierte Rheinlandkommission schließlich die Zolltarife heraus, die fortan an der neu gezogenen Grenze gelten. Sie belaufen sich beim Import in das besetzte Gebiet auf drei Viertel des Tarifs, der an den deutschen Grenzen gilt. Beim Export entsprechen sie dem deutschen Tarif, sind jedoch in Papiermark zu erheben, was ein Zehntel des Betrags in Goldmark ausmacht. Die besetzte Region wird so zu einem eigenständigen Wirtschaftsgebiet der alliierten Mächte (→ 30. 9./S. 156).

Nach der Besetzung beobachten Bewohner von Düsseldorf vor dem Bahnhof das Verhalten der Soldaten.

Der besetzte Hafen von Ruhrort, der zu den größten europäischen Inlandshäfen zählt und ein Umschlagplatz für Kohle, Eisen und Metallwaren ist

Politiker protestieren gegen Besetzung

Zahlreiche Politiker im Deutschen Reich protestieren gegen die Besetzung der Ruhrgebietsstädte Düsseldorf, Duisburg und Ruhrort durch die Alliierten infolge des Scheiterns der Londoner Konferenz (→ 1. 3./S. 44).

Auf der Reichstagssitzung am 12. März kritisiert der sozialdemokratische Abgeordnete Otto Wels, daß die deutsche Delegation in London verpaßt habe, ihren Willen zum Wiederaufbau in den alliierten Staaten zu bekräftigen. Dann jedoch verurteilt er scharf die Sanktionsmaßnahmen der Siegermächte:

»Die Zollgrenze soll zur Verelendung der Rheinlande führen, um diese durch Hunger zu dem Anschluß an den Westen zu zwingen. Man wird zunächst hier ein eigenes Parlament ins Leben rufen und daran anschließend langsam die Rheinlande abschnüren. Die Arbeiterschaft wird hier die stärkste Stütze des Deutschtums sein. Mit Gewalt und Bajonetten läßt sich kein dauernder friedlicher Zustand schaffen.«

Der Deutschnationale Kuno von Westarp hingegen nimmt die alliierten Sanktionsmaßnahmen als Anlaß zu einem scharfen Angriff gegen das deutsche Zugeständnis zur Entwaffnung der Einwohnerwehren (→ 1. 6./S. 98) und hetzt anschließend unter Leugnung der deutschen Kriegsschuld gegen die Besatzer:

»Daß die Gewaltmaßnahmen dem deutschen Volke schwere Schläge versetzen, bringt uns zum Bewußtsein, vor der ganzen Welt, wie wehrlos wir geworden sind. Sollen doch sogar schwarze Truppen im Anmarsch sein und noch weitere Städte besetzt werden.«

Der Zentrumsabgeordnete Karl Trimborn gibt im Namen der Fraktionen des Zentrums, der DVP, der DDP und der Bayerischen Volkspartei (BVP) folgende Erklärung ab:

»Die von unseren Gegnern in Paris aufgestellten Forderungen sind für uns unerfüllbar und daher unannehmbar. Die Forderung maßloser Entschädigungssummen hindert die Herbeiführung eines endgültigen Friedenszustands. Die Gegner haben die Ablehnung des versuchten Diktats mit Strafmaßnahmen gegen Deutschland beantwortet, welche die Besetzung deutscher Städte, die Errichtung einer neuen Zollgrenze innerhalb des deutschen Gebietes und die Einbeziehung eines Anteiles des Wertes deutscher Ausfuhr in sich begreifen. Das Vorgehen der Gegner ist eine Verletzung des Friedensvertrages, eine Verletzung des Völkerrechts und eine Verletzung der Völkerbundsakte. Vor der ganzen Welt erheben wir feierlich Einspruch gegen einen derartigen Rechtsbruch. Wir kennen die schweren Wirkungen dieser neuen Gewalttaten für Deutschland. Sie bringen seelische und materielle Not über die Bewohner des besetzten Gebiets. Wenn die Gegner aber glauben, mit diesen Maßnahmen den entschlossenen Sinn der Bevölkerung der deutschen Rheinlande zermürben zu können, so wird diese Hoffnung scheitern an der gerade in Zeiten der Not bewährten Treue zum deutschen Vaterlande.«

Die Generäle der Besatzungsmächte am Düsseldorfer Brückenkopf; als Oberbefehlshaber fungiert der Franzose Jean Marie Degoutte (vorn, 2. v. r.).

Bürger von Duisburg lesen einen Anschlag mit den Verordnungen des französischen Oberbefehlshabers; französische Soldaten beobachten sie dabei.

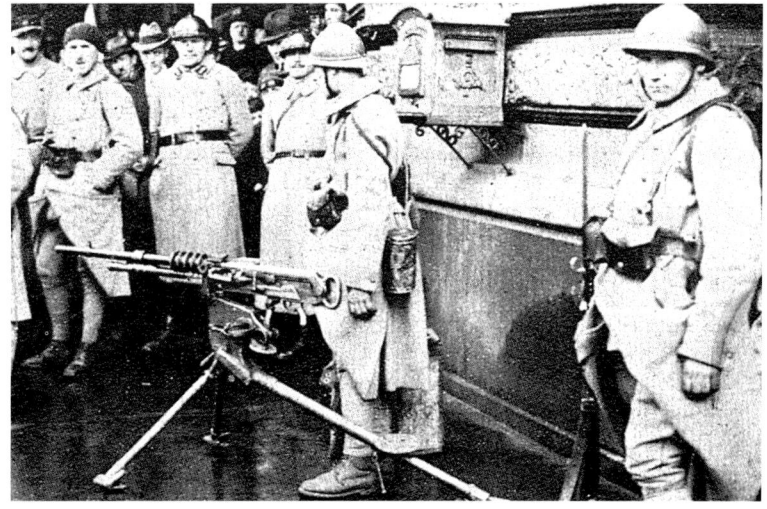

Französische Soldaten mit Maschinengewehren vor dem Düsseldorfer Bahnhof

Proletarische Revolution in Mitteldeutschland scheitert an

21. März. Im Mansfelder Industriegebiet wird auf Veranlassung der KPD-Zentrale der Generalstreik ausgerufen. Die kommunistische Parteiführung will damit das Signal für eine großangelegte Erhebung geben, mit der die parlamentarische Republik von Weimar gestürzt und die proletarische Revolution eingeleitet werden soll.

Die Initiative zu dieser Aktion geht sowohl vom Präsidium der Kommunistischen Internationale (Komintern) als auch von der Sowjetregierung selber aus. Moskau hat die ungarischen Revolutionäre Béla Kun und Josef Pogany als Funktionäre nach Mitteldeutschland entsandt, um die KPD-Führung unter Heinrich Brandler (→ 6. 6./S. 99) davon zu überzeugen, daß der richtige Zeitpunkt zum Losschlagen gekommen sei. Die Sowjetführung erhofft sich vom Gelingen des Aufstands eine Stärkung ihrer Position sowohl im Inland als auch unter den Verbündeten innerhalb der Komintern, da ihr Führungsanspruch durch die innenpolitischen Probleme und nicht zuletzt auch durch die Niederlage im Krieg gegen Polen 1920 zunehmend auf Kritik stößt (→ 18. 3./S. 55).

Die Führer der KPD, die sich seit ihrem Zusammenschluß mit dem linken Flügel der USPD 1920 zur »revolutionären Offensive« und zur Einheitsfronttaktik bekennt, lassen sich von den Moskauer Gesandten überzeugen. Zwar kann die Partei in weiten Teilen des Deutschen Reiches keine Stimmengewinne verzeichnen, jedoch hat sie in der Arbeiterschaft des mitteldeutschen Industriegebiets eine klare Mehrheit. Diese Sicherheit veranlaßt den Parteivorstand am 17. März, den Beginn des Aufstands für den 27. anzusetzen. Man hofft darauf, daß sich nicht nur Parteianhänger, sondern auch zwei bis drei Mio. politisch unorganisierter Arbeiter der Aktion anschließen werden.

Jedoch ist die mangelnde Organisation durch die Parteizentrale bei der Aktion von Anfang an offensichtlich. Schon einen Tag nach dem Vorstandsbeschluß läßt der Oberpräsident der Provinz Sachsen, Otto Hörsing (SPD), im Einvernehmen mit dem preußischen Innenminister Carl Severing (SPD) und der Reichsregierung das Mansfelder Revier, in dem die kommunistische Bewegung am stärksten ist, durch Truppen der Sicherheitspolizei besetzen. Die KPD-Führung entschließt sich deshalb, schon am 21. loszuschlagen, wobei ihr jedoch schon bald deutlich wird, daß die Massen nicht wie geplant zu mobilisieren sind. Zu schweren Kämpfen mit den Regierungstruppen kommt es nur im Mansfelder Kohlenrevier und in den thüringischen Leuna-Werken bei Merseburg.

Um die eigene Schwäche zu überspielen, veranlaßt die Parteizentrale sofort den Übergang zu putschistischen Methoden: In Dresden und Leipzig werden Bombenattentate verübt, auf die Siegessäule in Berlin wird ein Sprengstoffanschlag unternommen und zwischen Leipzig und Halle ein Schnellzug zur Entgleisung gebracht.

Nach der Ausrufung des Generalstreiks in Mansfeld kommt es am 22. März zu den ersten blutigen Zusammenstößen zwischen den revoltierenden Arbeitern und Regierungstruppen. Am 24. verhängt Reichspräsident Friedrich Ebert (SPD) den Ausnahmezustand über die Provinz Sachsen. Bis zum 26. können die Aufständischen noch die Stellung halten; als ihnen jedoch bewußt wird, daß sie wider Erwarten keine Unterstützung aus anderen Teilen Mitteldeutschlands erhalten werden, sind sie schließlich zur Kapitulation gezwungen.

Trotz der mangelnden Organisation durch die KPD-Führung werden Versuche zur Einrichtung eines funktionierenden Meldeläufernetzes und einiger schlagkräftiger Kampfkompanien unternommen. Der Revolutionär Max Hölz, der schon als Reaktion auf den Kapp-Putsch von 1920 den Aufstand im Vogtland leitete, bildet mit einigen hundert Soldaten eine proletarische Kampftruppe, die sich ab dem 25. März eine Reihe von schweren Gefechten mit der Polizei liefert, deren Stationen an mehreren Orten überfällt und einige ihrer Waffenlager ausplündert. Bei einem Gefecht in Beesenstedt am 1. April müssen Hölz und seine Gefolgsleute jedoch angesichts der Übermacht der Regie-

Der Aufruf der Mansfelder Industriearbeiter zum sofortigen Generalstreik

Sicherheitspolizei und Reichswehr haben die Straße von Mansfeld nach Eisleben besetzt, denn der Streik dehnt sich von hier aus auf andere Städte aus. Vor allem die vier Sturmkompanien und sechs Maschinengewehrabteilungen von Max Hölz tragen zur schnellen Verbreitung des Aufstands in Mitteldeutschland bei.

KPD-Führung

rungstruppen aufgeben. Hölz kann kurz darauf aus der Haft entkommen, wird jedoch am 15. April erneut festgenommen (→22. 6./S. 99).
Während die Sicherheitspolizei in der Zwischenzeit kleinere Unruhen in Eisleben, Hettstedt und Halle niederschlagen konnte, kommt der Konflikt in den Leuna-Werken erst nach der Mansfelder Niederlage voll zum Ausbruch, zumal sich auch ein Teil der Mansfelder Aufständischen hierhin abgesetzt hat. 3000 Arbeiter verbarrikadieren sich in der Chemiefabrik. Trotz militärischer Unterlegenheit gegenüber der Sicherheitspolizei, die durch Artillerieabteilungen der Reichswehr unterstützt wird, können die Kämpfer eine Woche lang die Stellung halten. Die Truppen scheuen den Beschuß großer Teile der Werksanlage, um die Explosion von Chemikaliendepots zu vermeiden. Am 29. März müssen die Arbeiter schließlich auch hier kapitulieren. Ein Teil kann entkommen, die restlichen werden im Werksgelände interniert.

Genauso erfolglos wie die Kämpfe in Mitteldeutschland verlaufen die Solidaritätsaktionen in Hamburg und Teilen des Ruhrgebiets. Zwar treten auf der Hamburger Werft Blohm & Voß schon am 23. März 1500 Arbeiter unter der Führung von Ernst Thälmann in den Ausstand, jedoch kann durch massives Aufgebot an Sicherheitspolizei und Verhängung des Ausnahmezustands eine Ausbreitung des Streiks verhindert werden. Am 24. März ruft das kommunistische Organ »Ruhrecho« im rheinisch-westfälischen Industrierevier zum Streik auf. Obwohl es in einigen Großstädten des Ruhrgebiets zu Attentaten und in Essen auch zu blutigen Zusammenstößen mit der Polizei kommt, muß auch hier die Revolte am 29. März aufgegeben werden.

Am 2. April beschließt die KPD-Führung, den Aufruf zum Generalstreik zurückzuziehen. Der Aufstand hat auf beiden Seiten insgesamt fast 200 Tote gekostet. Die Folgen für die KPD sind gravierend: In den Monaten nach der Märzaktion verliert die Partei 200 000, d.h. die Hälfte ihrer Mitglieder. Die Führung muß sich nun eingestehen, daß sie wegen ihrer politischen und militärischen Führungsschwäche vorläufig unfähig ist, die Arbeitermassen zu mobilisieren.

Eine gesprengte Bank im thüringischen Hettstedt

Zwei Aufständische werden in Eisfeld abgeführt.

Die Polizei fährt zur Abwehr mit Panzerautos vor.

Polizei und Reichswehr bei einem Einsatz in Eisleben

Angehörige der Reichswehr verhaften in Hamburg einen Aufständischen. Die Soldaten sind zur Unterstützung der Sicherheitspolizei abkommandiert.

Der Marktplatz von Eisleben nach schweren bewaffneten Kämpfen

Heer auf 100 000 vermindert

23. März. Rückwirkend zum 1. Januar tritt im Deutschen Reich ein neues Wehrgesetz in Kraft, das den Bestimmungen des Versailler Vertrages über Stärke und Einteilung des deutschen Heeres Folge leistet. Zudem verankert das Gesetz Militärverfassung und Befehlsverhältnisse innerhalb der Streitkräfte, die seit 1919 nur als »vorläufige Reichswehr« bestanden.

Gemäß Versailler Vertrag hätten die neuen Bestimmungen schon zum 31. März 1920 durchgeführt werden müssen. Die parlamentarische Behandlung des Gesetzes war jedoch infolge des Kapp-Putsches im selben

Reichswehrminister Otto Geßler (DDP) ist seit Juni 1920 im Amt.

Monat ohne neue Fristsetzung aufgeschoben worden.

Im Anschluß an den Friedensvertrag bestimmt das Wehrgesetz eine Reduzierung des Heeres auf eine Berufsarmee von 100 000 Mann einschließlich 4000 Offiziere sowie 300 Sanitäts- und 200 Veterinäroffiziere. Die Stärke der Marine darf 15 000 Mann nicht überschreiten. Gleichzeitig wird die allgemeine Wehrpflicht abgeschafft, die zwar in der Weimarer Reichsverfassung verankert ist, jedoch im Widerspruch zu den Versailler Bestimmungen steht. Heer und Marine unterstehen der politischen Führung. Der Reichspräsident steht als Oberbefehlshaber an der Spitze der gesamten Reichswehr. In seinem Auftrag übt der Reichswehrminister die Befehlsgewalt aus, wobei er allein verantwortlich ist, zum einen gegenüber dem Reichspräsidenten, zum anderen gegenüber dem Reichstag, auf dessen Vertrauen er in seiner Amtsführung angewiesen ist. So kann das Parlament eine indirekte Kontrolle über die Reichswehr ausüben.

An der Spitze der Streitkräfte stehen ein General als Chef der Heeresleitung und ein Admiral als Chef der Marineleitung. Sie sind der Befehlsgewalt des Reichswehrministers unterstellt und haben keinerlei eigene Autorität oder Selbständigkeit.

Gesetzliche Bestimmung und Reali-

Deutsche Militärpässe werden verbrannt. Die Alliierten wollen durch Anordnung dieser Maßnahme die Aufstellung neuer Wehrlisten erschweren.

tät klaffen hierbei jedoch weit auseinander. Der Rücktritt des sozialdemokratischen Reichswehrministers Gustav Noske infolge des Kapp-Putsches (1920) und die Neubesetzung des Amtes durch Otto Geßler (DDP), der sich selbst als »Vernunftrepublikaner« bezeichnet und wenig militärische Sachkenntnis in sein Amt einbringt, haben zur Folge, daß der Einfluß des Chefs der Heeresleitung, General Hans von Seeckt, zunehmend dominanter wird. Seeckt steht in der preußischen Offizierstradition und plant den Aufbau einer neuen Kerntruppe, mit deren Hilfe er über kurz oder lang die alte

Größe des Deutschen Reiches wiederherstellen will.

Der Einfluß der Militärs auf das neue Wehrgesetz läßt sich vor allem an einer Bestimmung erkennen, welche die unbedingte Loyalität der Truppe gewährleisten soll: Der Soldat darf sich nicht politisch betätigen und auch nicht an Wahlen teilnehmen. Diese Distanz zur Politik dient insofern vor allem den Intentionen von Seeckts, als er die von ihm geschmähte »Republikanisierung« und »Demokratisierung« des Heeres, das im Kern aus monarchistischen und revanchistischen Kräften besteht, vermeiden will.

Da dem Deutschen Reich die Herstellung von Panzern untersagt ist, benutzt man bei Manöverübungen Panzernachbildungen, um Angriffe vorzutäuschen; es handelt sich dabei um Autos mit Verkleidungen.

Kommissionen der Siegermächte kontrollieren die Abrüstung des Deutschen Reiches

Im Versailler Vertrag mußte sich das Deutsche Reich als erster Staat zur Abrüstung der Land-, See- und Luftstreitkräfte verpflichten, »um den Anfang einer allgemeinen Beschränkung der Rüstung aller Nationen zu ermöglichen«. Zur ständigen Überwachung der vollständigen deutschen Entwaffnung wurden interalliierte Kontrollkommissionen eingerichtet.

Diese beaufsichtigen die Zerstörung der Waffen- und Materialbestände sowie

der Produktionsstätten für militärische Bedarfsgüter und bewachen die Waffenabgabe der Einwohnerwehren. Die Reichsregierung muß die Kosten für den Unterhalt der Kontrollinstanzen tragen. Zudem ist sie verpflichtet, beglaubigte Vertreter zur Verfügung zu stellen, die Mitteilungen der Überwachungskommissionen in Empfang nehmen und an die Regierung weiterleiten müssen, um einen reibungslosen Informationsaustausch zu ermöglichen.

US-Präsident gibt Wirtschaft Vorrang

4. März. Als Nachfolger von Woodrow Wilson wird der Republikaner Warren G. Harding in Washington als 29. Präsident der Vereinigten Staaten vereidigt. Sein Vizepräsident wird der bisherige Gouverneur von Massachusetts, Calvin Coolidge. Harding gewann die Wahl am 2. November 1920 mit 60% der Stimmen, die größte Mehrheit, die ein Präsident seit 100 Jahren erzielt hat.

Dieser überwältigende Erfolg des neuen Präsidenten ist symptomatisch für einen entscheidenden Stimmungswandel in der US-amerikanischen Bevölkerung, die ihrem Überdruß an der Einmischung der USA in europäische Belange durch die Wahl Ausdruck gab.

Harding hatte die Wähler vor allem durch sein Programm der »Rückkehr zur Normalität« für sich gewinnen können, womit der Rückzug Amerikas aus internationalen Angelegenheiten gemeint ist. Die Mobilisierung der Kräfte im eigenen Land soll helfen, die Nachkriegsdepression zu überwinden. Während sein demokratischer Gegenkandidat James M. Cox in Anlehnung an Wilsons Politik den Eintritt der USA in den Völkerbund zum Hauptthema des Wahlkampfs machte, zeigt sich die von Harding vollzogene pragmatische Wende darin, daß in seinen Slogans die Ankurbelung der Wirtschaft absoluten Vorrang hatte.

△ *Der bisherige US-Präsident Woodrow Wilson (l.) begleitet den neuen Amtsinhaber Warren G. Harding zur Vereidigung vor dem Kapitol.*

◁ *Der neue Präsident legt vor dem Kapitol den Eid auf die Verfassung ab, gemäß der er Staatsoberhaupt und Oberbefehlshaber des Heeres ist.*

Harding: Rückzug aus der Alten Welt

In seiner Antrittsrede begründet der neue US-Präsident Warren G. Harding seinen Willen, sich aus der europäischen Politik zurückzuziehen:

»Ich muß meinen Glauben an die göttliche Inspiration der Gründungsväter zum Ausdruck bringen... Am Anfang spottete die Alte Welt über unser Experiment. Heute ist das Fundament unserer politischen und sozialen Überzeugung nach wie vor unerschüttert... Der nachgewiesene Fortschritt unserer Republik, in materieller wie in geistiger Hinsicht, ist Beweis genug für die Weisheit in der uns überlieferten Politik der Nichteinmischung in Angelegenheiten der Alten Welt. Im Vertrauen auf unsere Fähigkeit, unser Schicksal selbst zu bestimmen..., wollen wir keinen Anteil an der Lenkung des Schicksals der Alten Welt haben. Wir wollen nicht verwickelt werden... Wir werden keinerlei Verantwortung übernehmen... Wir sehnen uns nach Freundschaft und hegen keinen Haß. Aber Amerika, unser Amerika, das Amerika, das auf dem Fundament der erleuchteten Gründungsväter gebaut ist, kann nicht an einer fortdauernden militärischen Allianz beteiligt sein.«

Spanischer Ministerpräsident ermordet

8. März. Der spanische Ministerpräsident Eduardo Dato Iradier wird auf dem Heimweg von der Cortes in Madrid in seinem Auto erschossen. Bei dem Mörder handelt es sich um den wenig später festgenommenen Syndikalisten Pedro Mateu.

Dato hatte vor allem durch die Einleitung militärischer Maßnahmen gegen die seit 1919 andauernden Streikbewegungen und die Ernennung von General Martinez Anido zum Gouverneur von Barcelona den Widerstand der Syndikalisten geschürt. Anido versucht, die syndikalistische Gewerkschaft Confederación Nacional del Trabajo (CNT) durch Aussperrungen und Begünstigung der konservativen freien Gewerkschaften zu zerschlagen.

Seit dem Ende des Weltkriegs ist der anarchistische Syndikalismus im wirtschaftlich zerrütteten Spanien erstarkt. Angesichts wachsender Repressionen der Unternehmer gegen die CNT, die soweit gehen, daß bewaffnete Sicherheitsmänner zum Schutz der freien Gewerkschaften eingesetzt werden, nimmt der Terror als Reaktion der Syndikalistenbewegung in starkem Ausmaß zu.

Dato – Politiker in Krisenzeiten
Eduardo Dato Iradier (r.), geboren am 12. August 1856 in La Coruña, war ab 1913 Vorsitzender der Konservativen Partei. 1913 bis 1915, 1917 und ab 1920 amtierte er als Ministerpräsident. Trotz der Einführung wichtiger Reformgesetze, u. a. des Arbeiter- und Unfallschutzes, zeigte er sich unfähig, die inneren Probleme seines Landes zu bewältigen. Neben den sozialen Unruhen infolge der durch den Weltkrieg ausgelösten Wirtschaftskrise blieben vor allem die katalanischen Unabhängigkeitsbestrebungen ein dauerhaftes innenpolitisches Problem für die Regierung in Madrid.

Österreich vor dem Wirtschaftsruin

13. März. Auf der Londoner Konferenz (→ 1. 3./S. 44) bittet der österreichische Bundeskanzler Michael Mayr die Alliierten um Kredite für sein wirtschaftlich zerrüttetes Land. Die junge Republik Österreich leidet unter der Zerstörung des Wirtschaftsraumes der ehemaligen Donaumonarchie: Die Nachfolgestaaten Tschechoslowakei und Ungarn sowie die Staaten, die nach dem Weltkrieg Gebiete von Österreich erhielten, haben eigene Industriegebiete aufgebaut. Wirtschaftliche Zusammenhänge wie die mährisch-niederösterreichische Textilindustrie sind auseinandergebrochen.

Erschwerend wirkt zudem die desolate Finanzlage der Republik. Der Weltkrieg hat alle Mittel verschlungen, und der Inflation ist kein Einhalt mehr zu gebieten.

Matrosenaufstand in Kronstadt

2. März. In Kronstadt bricht der sog. Kronstädter Matrosenaufstand aus. Die Erhebung von ca. 16 000 dort stationierten Marineangehörigen gegen die bolschewistische Herrschaft wird vor allem durch die schlechte Versorgungslage in Sowjetrußland ausgelöst. Am 18. März 1921 werden die Unruhen von der militärisch überlegenen Roten Armee beendet. Auf einem Treffen der Matrosen am 1. März 1921 in Kronstadt, einer Petrograd (Leningrad) vorgelagerten Seefestung, erklärten sich die Angehörigen der Marine solidarisch mit den im ganzen Land demonstrierenden Arbeitern. Die Gründe für die seit Februar 1921 andauernden Streiks und Unruhen liegen in der allgemeinen Unzufriedenheit mit den Errungenschaften der Revolution. Die Arbeiter kritisieren, daß die staatlichen Lebensmittelrationierungen nicht beseitigt werden und die Hoffnung auf mehr persönliche Freiheit von der sowjetischen Regierung in Moskau bislang nicht verwirklicht wurde.
Ein »Provisorisches Revolutionskomitee« übernimmt vor diesem Hintergrund am 2. März die Macht in Kronstadt, ohne auf Widerstand zu stoßen. Das Kronstädter Komitee bezeichnet die Politik der Regierung in Moskau als »dreijährige blutige Zerstörungsarbeit der Kommunisten« und will die »Befreiung von der Gewaltherrschaft der Kommunisten«. Die Forderungen der Aufständischen lauten:

Soldaten der Roten Armee werden zum Einsatz gegen die rebellierenden Matrosen nach Petrograd gebracht.

▷ Neuwahlen für den Sowjet mit freiem Agitationsrecht für alle Arbeiter und Bauern
▷ Beseitigung der Privilegien von Parteimitgliedern in Truppen und Betrieben
▷ Rede-, Presse- und Versammlungsfreiheit
▷ Aufhebung der Dienstpflicht in Industrie und Landwirtschaft
▷ Gleichheit bei der Lebensmittelzuteilung für alle Arbeiter
▷ Aufhebung der Handelsbeschränkungen
▷ Freies Handwerk und freie Kleinindustrie
▷ Verfügungsfreiheit der Bauern über ihr Land

Diese Forderungen orientieren sich ausschließlich an den Interessen der Arbeiter und Bauern. Den Aufständischen geht es nicht um die Herstellung einer parlamentarischen Demokratie, sondern vor allem um die Verbesserung ihrer sozialen Lage. Die sowjetische Regierung, die ihre Macht massiv bedroht sieht, reagiert sofort mit Gegenmaßnahmen. Aufrufe des Vorsitzenden des Rates der Volkskommissare, Wladimir I. Lenin, zur Beschwichtigung der Aufständischen scheitern jedoch am entschlossenen Protest der Kronstädter. Die Regierung fühlt sich angesichts der Gefahr einer »Gegenrevolution« gezwungen, zu militärischen Mitteln zu greifen.
Am 7. März 1921 kommmt es zum ersten Angriff der Regierungstruppen: Kronstadt wird mit schwerer Artillerie beschossen. Die Kronstädter Matrosen wehren den Angriff jedoch erfolgreich ab. In Funksprüchen heißt es: »Genossen Arbeiter, Kronstadt kämpft für Euch, für die Hungernden, die Frierenden und die Schutzlosen… Kronstadt hat das Banner der Rebellion erhoben und ist gewiß, daß Millionen Arbeiter und Bauern diesem Rufe folgen werden. Es ist undenkbar, daß das Morgenrot, das von Kronstadt ausging, nicht zum hellen Tageslicht für ganz Rußland werden sollte…«
Die Hoffnungen der Rebellierenden erfüllen sich jedoch nicht. Am 18. März 1921 wird der Matrosenaufstand nach erbitterten Kämpfen aufgrund der Übermacht der Roten Armee niedergeschlagen.

Die Initiatoren des gescheiterten Matrosenaufstands in Kronstadt ziehen sich aus Angst vor sowjetischer Verfolgung nach Finnland zurück.

Nach ihrer Flucht aus Kronstadt nehmen die verwundeten, kranken und verfolgten Matrosen eine erste ausgiebige Mahlzeit in Finnland ein.

Lenin ordnet neue Wirtschaftspolitik an

8. März. Auf dem X. Parteikongreß der Kommunistischen Partei Rußlands in Moskau (8.–16. 3.) wird die Neue Ökonomische Politik (NEP) eingeleitet, die einen bedeutsamen Kurswechsel in der sowjetischen Wirtschaftspolitik darstellt. Diese Änderung war notwendig geworden, um der anhaltenden Versorgungskrise in Sowjetrußland entgegenzuwirken.

Mit der Neuen Ökonomischen Politik, die auf einem Vorschlag des Vorsitzenden des Rates der Volkskommissare, Wladimir I. Lenin, basiert, kehrt Sowjetrußland teilweise zu marktwirtschaftlichen Prinzipien zurück. Lenin setzt die NEP gegen den Widerstand der dogmatisch-marxistischen Bolschewisten innerhalb der Kommunistischen Partei Rußlands durch. Ein wichtiges Ziel ist, den durch die Praxis des Kriegskommunismus (→ 24. 2./S. 30) demotivierten Bauern neue Anreize zur Erhöhung der landwirtschaftlichen Produktion zu geben. Die bislang übliche, willkürliche Requisition von Lebensmitteln und Agrarprodukten wird durch eine gesetzlich festgelegte Naturalabgabe ersetzt. Die Bauern erhalten die Erlaubnis, die von ihnen produzierten überschüssigen Erträge auf dem freien Markt zu verkaufen.

Ein weiterer wesentlicher Punkt im Programm der NEP ist die Zulassung des freien Binnenhandels. Konzessionen zur Gründung von industriellen Unternehmen dürfen nun auch an private und ausländische Firmen erteilt werden. Ausländische Betriebe werden deshalb verstärkt aufgefordert, Unternehmen in Sowjetrußland aufzubauen. Kapital und Kredite aus dem Ausland, die bislang als Fundamente des Kapitalismus abgelehnt wurden, erscheinen jetzt wieder geeignet, die Wirtschaft zu beleben. Darüber hinaus wird von der sowjetischen Regierung angestrebt, Handelsverträge mit dem Ausland abzuschließen.

Die Einführung der Privatwirtschaft ist allerdings nur auf kleine und mittlere Industrieunternehmen begrenzt. Die großen Industrieunternehmen, Verkehrseinrichtungen, Großbanken und der Außenhandel bleiben weiterhin dem Staat unterstellt. Die Freiheitsbeschränkungen der Arbeiter, wie etwa die Dienstverpflichtung auf Arbeitsplätze, sollen gelockert werden. Zugleich versucht

Die NEP ermöglicht den freien Verkauf von Brot auf einem Moskauer Markt.

Nach der Einführung der Neuen Ökonomischen Politik (NEP) durch Wladimir I. Lenin wächst die Zahl der kleinen, privaten Unternehmen in Sowjetrußland stark an. In den Straßen der Hauptstadt Moskau hat ein Barbier sein Geschäft eröffnet und bietet seine Dienste vor den Augen neugieriger Passanten an.

man, durch eine Staffelung der Lohnhöhe nach Leistung und Qualifikation die Produktivität der Arbeiter weiter zu steigern.

Die eingeleiteten Maßnahmen zur Überwindung der massiven wirtschaftlichen Schwierigkeiten sind ein Kompromiß: Der sozialisierte Sektor steht fortan neben einem privaten Sektor. Lenin setzt die Hoffnung darauf, daß der sozialisierte Wirtschaftsbereich expandiert, während der private Bereich im Laufe der Zeit immer stärker zurückgedrängt wird. Er bezeichnet die Maßnahmen zur Wiederbelebung der Wirtschaft offen als Staatskapitalismus. Allerdings betont er, daß es sich um einen Kapitalismus handelt, der die Interessen der Arbeiter und nicht die der Bourgeoisie in den Mittelpunkt stellt.

Die NEP kommt jedoch zu spät, um die Hungerkrise in Sowjetrußland noch in den Griff zu bekommen. Im Sommer werden umfangreiche internationale Hilfsaktionen zur systematischen Bekämpfung des Hungers organisiert. Die Ernährungslage verbessert sich schrittweise (→ 2. 8./S. 144). Der Erfolg des neuen Wirtschaftsprinzips zeichnet sich im Laufe des Jahres allerdings deutlicher ab. Die Produktion industrieller und landwirtschaftlicher Erzeugnisse steigert sich; der Warenhandel entwickelt sich, das Verkehrssystem wird ausgebaut, und die Technisierung schreitet voran. All das hat zur Folge, daß sich die Lage in Sowjetrußland beruhigt und oppositionelle Tendenzen, z. B. Streiks und Aufstände innerhalb der Bevölkerung, abnehmen.

Kurswechsel in Sowjetrußland

In seiner Rede auf dem X. Parteikongreß der Kommunistischen Partei Rußlands begründet Wladimir I. Lenin die Einführung der Neuen Ökonomischen Politik. Er legitimiert die Abkehr von der Praxis des Kriegskommunismus hin zu neuen wirtschaftlichen Prinzipien:

»Zum Teil unter dem Einfluß der auf uns einstürmenden militärischen Aufgaben und der, wie es schien, verzweifelten Lage, in der sich die Republik damals, im Augenblick der Beendigung des imperialistischen Krieges, befand, unter dem Einfluß dieser und einer Reihe anderer Umstände beginnen wir den Fehler, daß wir beschlossen, den unmittelbaren Übergang zur Produktion und Verteilung zu vollziehen. Wir waren der Meinung, daß uns die Bauern auf Grund der Ablieferungspflicht die notwendige Menge Getreide liefern und wir es auf die Fabriken und Werke verteilen werden und daß wir damit eine kommunistische Produktion und Verteilung haben werden.

An der ökonomischen Front haben wir bei dem Versuch, zum Kommunismus überzugehen… eine Niederlage erlitten, die ernster war als irgendeine [militärische] Niederlage, die uns jemals von Koltschak, Denikin oder Pilsudski beigebracht wurde…

Die Ablieferungspflicht im Dorf, dieses unmittelbar kommunistische Herangehen an die Aufgaben des Aufbaus in der Stadt, behinderte den Aufschwung der Produktivkräfte und war die Grundursache der tiefgehenden ökonomischen und politischen Krise… Deshalb wurde das notwendig, was vom Standpunkt unserer Linie, unserer Politik aus betrachtet, nur als eine sehr schwere Niederlage und ein Rückzug bezeichnet werden kann. Die Neue Ökonomische Politik bedeutet die Ersetzung der Ablieferungspflicht durch die Steuer, bedeutet den Übergang zur Wiederherstellung des Kapitalismus in beträchtlichem Ausmaß. Konzessionen an ausländische Kapitalisten… das [ist] eine… Wiederherstellung des Kapitalismus, und das ist mit den Wurzeln der NEP verbunden.«

»Wählt Deutsch« lautet die Parole der deutschen Stimmberechtigten in Oberschlesien zum 20. März.

Sogar gelähmte und gebrechliche Menschen werden von Sanitätern zu den Wahlurnen getragen.

Kontrollstelle für polnische Bürger, die an der Abstimmung in Oberschlesien teilnehmen

Polen als Schreckensvision auf einem deutschen Abstimmungsplakat

Wahlplakat: Aufruf zur Wahrung der Einheit Schlesiens, das mit dem Deutschen Reich verwurzelt ist

Verbleib Oberschlesiens weiterhin unklar

20. März. In Oberschlesien, das im Versailler Friedensvertrag (1919) zum Abstimmungsgebiet erklärt wurde, findet eine Volksabstimmung statt, die darüber entscheiden soll, ob das Gebiet an Polen oder das Deutsche Reich fällt.

Die Abstimmung wurde seit langem mit großer Spannung erwartet, weil es dabei auch um den Verbleib der für das Deutsche Reich wichtigen Industriegebiete im Südosten Oberschlesiens geht. Bei einer Wahlbeteiligung von 98% stimmen schließlich 59,6% der Stimmberechtigten für den Anschluß an das Deutsche Reich, während 40,4% sich für den Anschluß an Polen aussprechen.

Trotz des Volksabstimmungsergebnisses zugunsten eines Anschlusses an das Deutsche Reich bleibt die politische Zugehörigkeit Oberschlesiens umstritten (→20. 10./S. 172). Das Abstimmungsergebnis ist problematisch, weil insgesamt 597 Gemeinden eine polnische und 664 Gemeinden eine deutsche Mehrheit haben. Die Bewohner der meisten Städte des rund 3200 km² großen Industriegebiets, das reich an Zink- und Bleierz sowie Steinkohlevorkommen ist, stimmen zwar für die deutsche Staatszugehörigkeit, jedoch liegen dazwischen große Bezirke mit polnischer Majorität.

Schon lange vor der Volksabstimmung gab es ständig blutige Auseinandersetzungen zwischen deutschen Einwohnerwehren und polnischen Aufständischen. Breite Bevölkerungskreise sind bereits aus Oberschlesien geflüchtet aus Angst davor, daß das Gebiet an Polen fallen könnte. Viele Menschen befürchten, daß dann das gesamte deutsche Wirtschaftsleben lahmgelegt würde.

Um eine möglichst hohe Wahlbeteiligung zu erzielen, wurden Sonderzüge nach Oberschlesien eingesetzt. Reichspräsident Friedrich Ebert (SPD) und Reichskanzler Konstantin Fehrenbach (Zentrum) forderten die Deutschen in wiederholten Aufrufen auf, sich nicht durch Drohungen von polnischer Seite von ihrer »vaterländischen Pflicht« zur Abstimmung abhalten zulassen. Oberschlesien und das Deutsche Reich seien unlösbar miteinander verbunden durch »Bande des Blutes«, durch die gemeinsame Kultur, durch den gleichzeitigen sozialen Aufstieg und durch die gemeinsame wirtschaftliche Entwicklung. Würde diese Verbundenheit zerreißen, so wäre die »fruchtbare Arbeit des letzten Jahrhunderts zunichte gemacht, und Hunger, Not und Elend« wären die unausbleiblichen Folgen.

Oberschlesien ist seit 1919 alliiertes Hoheitsgebiet. Großbritannien als alliierte Besatzungsmacht befürwortet den Verbleib des Industriegebietes beim Deutschen Reich. Der britische Premierminister David Lloyd George ist der Ansicht, daß es für das Deutsche Reich unmöglich sei, die Reparationszahlungen zu leisten, falls es Oberschlesien verliere. Frankreich hingegen spricht sich, um das Deutsche Reich zu schwächen, offen für einen Anschluß an Polen aus. Die Polen ihrerseits versuchen, durch einen Aufstand unter Wojciech Korfanty das Gebiet für sich zu gewinnen (→2. 5./S. 82).

Wahlbüro zur Volksabstimmung in Oppeln: Ein Repräsentant der Interalliierten Kommission und zugleich Vorsitzender des Büros (l.), eine Polin (M.) und ein Übersetzer (r.) warten auf die abstimmungsberechtigten Oberschlesier.

Demokratische Staatsverfassung für Polen

17. März. Mit der Annahme der neuen Staatsverfassung durch den Sejm in Warschau wird Polen eine demokratisch-nationale Republik. Die Konsolidierung des polnischen Staates ist damit formal beendet. Die Staatsgewalt liegt beim Sejm (polnischer Reichstag und oberstes Gesetzgebungsorgan) mit 444 Abgeordneten. Dem Sejm steht ein Senat mit 111 Mitgliedern als Oberhaus zur Seite. Senat und Sejm gehen aus allgemeinen, gleichen, geheimen und direkten Wahlen hervor. Der Staatspräsident mit repräsentativen Befugnissen wird von Sejm und Senat zusammen für sieben Jahre gewählt. Die Regierung, vom Staatspräsidenten berufen, ist bei der Führung der Staatsgeschäfte und der gesamten Landesverwaltung dem Sejm verantwortlich.

Die Grundsätze der neuen Verfassung sind die vollkommene Gleichberechtigung aller Bürger sowie der Schutz nationaler Minderheiten. Die Verfassung garantiert außerdem Glaubens- und Gewissensfreiheit. Wahlberechtigt sind Männer und Frauen ab dem 21. Lebensjahr. Träger der gesetzgeberischen Befugnisse ist der Reichstag. Der Senat muß zuvor angehört werden.

Von 1795 bis 1918 stand Polen unter der Herrschaft der Teilungsmächte Rußland, Preußen und Österreich. Durch Proklamation eines neuen Königreichs Polen versuchten die Mittelmächte 1916 vergeblich, eine stärkere Unterstützung ihrer Armeen im Weltkrieg zu erzielen. Nach ihrem militärischen Zusammenbruch wurde am 7. November 1918 mit Unterstützung der Alliierten eine provisorische Regierung der Republik Polen eingerichtet. Eine Woche später wurde Jósef Klemens Pilsudski zum Staatspräsidenten ernannt. Pilsudski, der zunächst auf seiten der Mittelmächte für die Unabhängigkeit gekämpft hatte, wurde 1917 von den Deutschen in Haft gesetzt, weil er eine unabhängige polnische Armee gefordert hatte.

Kämpfer für die Unabhängigkeit

Der polnische Politiker Jósef Klemens Pilsudski, geboren am 5. Dezember 1867 in Zulowo bei Wilna, ist seit 1920 Marschall von Polen. 1893 war er an der Gründung der Polnischen Sozialistischen Partei (PPS) beteiligt. Von Galizien aus baute er ab 1907 bewaffnete polnische Einheiten auf.
1918 übernahm er als »Staatschef« die oberste Militär- und Staatsgewalt in Polen. Durch militärische Vorstöße nach Osten versuchte er, die historischen Grenzen von 1772 wiederherzustellen (→ 18. 3./S. 55) und die Unabhängigkeit Polens zu verwirklichen.

Frieden zwischen Warschau und Moskau

18. März. Der Friedensvertrag von Riga beendet den 1920 begonnenen Krieg zwischen Polen und Sowjetrußland. Polen erhält eine neue Ostgrenze, die rund 300 Kilometer weiter östlich der sog. Curzon-Linie liegt. Es gewinnt dadurch 4 Mio. Einwohner hinzu. Die Curzon-Linie ist die von den Alliierten 1919 vereinbarte Demarkationslinie zwischen Polen und Sowjetrußland. Die historische Grenze von 1772, als die Ukraine und weite Teile Weißrußlands zu Polen zählten, wird mit dem Friedensvertrag jedoch nicht, wie es den Plänen des polnischen Staatschefs Jósef Klemens Pilsudski entsprach, wiederhergestellt. Doch ein großer Teil der sowjetischen Westgebiete mit vorwiegend ostslawischer (weißruthenischer und ukrainischer) Bevölkerung geht an Polen. Nachdem im April 1920 sowjetisch-polnische Verhandlungen zur endgültigen Festlegung der Grenzen fehlgeschlagen waren, löste Polen durch den Vorstoß nach Kiew im Juni 1920 einen Krieg aus. Die Rote Armee vertrieb die polnischen Truppen innerhalb einer Woche wieder aus Kiew und rückte daraufhin nach Warschau vor.

Durch das sog. Wunder an der Weichsel am 16. August 1920, d.h. der von Jósef Klemens Pilsudski geführten Gegenoffensive, wurden die sowjetischen Truppen allerdings entscheidend geschlagen und zum Rückzug gezwungen. Nach der sowjetischen Niederlage vor Warschau waren beide Gegner im Oktober 1920 zu Friedensverhandlungen bereit. Der Sieg der Polen zerstörte die Hoffnung der Bolschewisten, die Revolution auch in Mittel- und Westeuropa durchzuführen und führte zu einer Neuregelung der Grenzziehung zugunsten Polens.

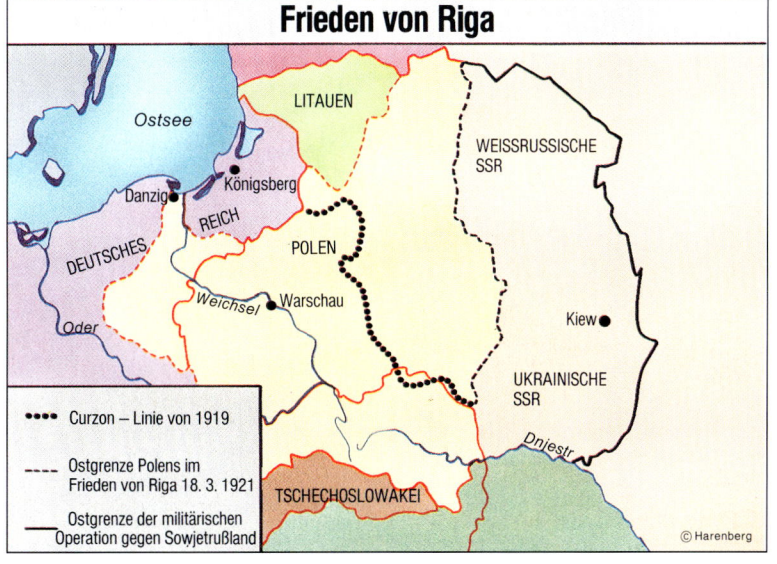

Frieden von Riga

Ostsee · LITAUEN · WEISSRUSSISCHE SSR · Danzig · Königsberg · DEUTSCHES REICH · POLEN · Oder · Weichsel · Warschau · Kiew · UKRAINISCHE SSR · Dnjestr · TSCHECHOSLOWAKEI

•••• Curzon – Linie von 1919
––– Ostgrenze Polens im Frieden von Riga 18. 3. 1921
—— Ostgrenze der militärischen Operation gegen Sowjetrußland

© Harenberg

Emir Faisal (Faisal I.) wird mit britischer Hilfe König des Irak.

Teilung Palästinas in Kairo beschlossen

12. März. Unter dem Vorsitz des britischen Kolonialministers Winston Churchill (→ 1. 1./S. 15) wird die sog. Kairoer Konferenz eröffnet. Das Anliegen der Konferenz, die bis zum 22. März 1921 dauert, sind Gespräche über die Zukunft der britischen Mandatsgebiete im Mittleren und Nahen Osten.

Primär geht es dabei um eine endgültige Lösung des Konflikts zwischen Arabern und Juden in Palästina, das seit 1920 Mandatsgebiet des Völkerbundes ist. Ein Ergebnis der Verhandlungen ist die Teilung Palästinas. Mit diesem Schritt wird der Geltungsbereich der Balfour-Deklaration von 1917 auf das Gebiet westlich des Jordans beschränkt.

Den Juden war ursprünglich in der Balfour-Deklaration ein ungeteiltes Palästina als nationale Heimstätte zugesagt worden. Das spätere Transjordanien wird nun von Palästina abgetrennt. Das Gebiet östlich des Jordans (Transjordanien) soll dem Sohn des Scherifen von Mekka, Emir Abdallah, unterstellt werden. Juden dürfen in diesem Gebiet nicht mehr siedeln. Emir Abdallahs Bruder Faisal (später Faisal I.) wird mit Unterstützung Churchills als König des Irak designiert (→ 23. 8./S. 146). Schon seit Ende des Weltkriegs hat in Palästina eine Einwanderungswelle von Juden aus Sowjetrußland eingesetzt. Seitdem häufen sich blutige Unruhen zwischen Arabern und Juden, die ihre Ursache vor allem in der Angst der Araber vor der zunehmenden zionistischen Landeinnahme haben.

Messe mit mäßigem Erfolg

12. März. Nach sechstägiger Dauer geht die Leipziger Frühjahrsmesse zu Ende. Die Aussteller zeigen sich mit den Abschlüssen zufrieden, nachdem in Wirtschaftskreisen ein schlechtes Messegeschäft prophezeit worden war.

Mehr als 120 000 Messebesucher, die meisten von ihnen Kaufleute, sorgten besonders an den ersten Tagen für ein reges Geschäft. Vor allem auf den Gebieten Haushalts- und Textilwaren sowie bei optischen und feinmechanischen Geräten wurden die Voraussagen übertroffen. Mit Spannung erwartet wurden die Auswirkungen der Londoner Reparationskonferenz (→ 1. 3./S. 44) auf den Messeverlauf, doch ließen sich Aussteller und Händler aus dem In- und Ausland kaum von den dortigen Ereignissen beeinflussen.

Interessanter als die unspektakulären Geschäftsabschlüsse auf dem Messegelände sind die Fahnen, Plakate und Blumen, mit denen die Stadt geschmückt ist. Besonderes Aufsehen erregen Reklameumzüge, bei denen mit Kostümen und überdimensionalen Attrappen der Produkte effektive Werbung betrieben wird. Solche Veranstaltungen verbreiten die freundliche Atmosphäre, für die Leipzig bekannt ist.

Zweimal im Jahr ist Leipzig Drehscheibe des Handels im Deutschen Reich; nicht nur in der Petersstraße sorgen die Aussteller mit unzähligen Fahnen und Plakaten für ein buntes Straßenbild. Auch für die örtlichen Geschäftsleute, Gaststätten und Hotels bedeutet die Messe jedesmal eine deutlich spürbare Verbesserung ihres Umsatzes.

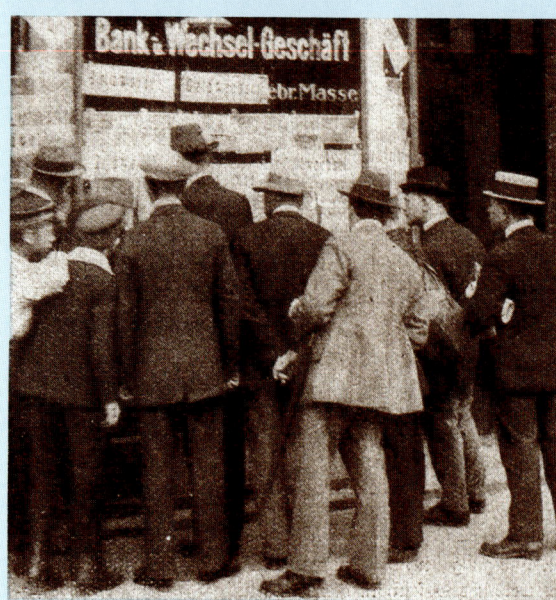

△ *Die Flucht in die Sachwerte wird durch Kriminelle genutzt: ein aufgeflogenes Hehlerlager in Berlin.*

◁ *Vor Börsenschluß in Berlin: Andrang vor den Banken und Wechselstuben*

▽ *Unter Bewachung werden deutsche Traktoren als Reparationsleistung nach Frankreich transportiert.*

Erste Tagung des Reichslandbunds

3. März. Im Berliner Zirkus Busch findet die erste Tagung des neugegründeten Reichslandbundes statt. Die Vereinigung, die nach der Satzung von einem Gutsbesitzer und einem Bauern gleichberechtigt geführt wird, erhebt den Anspruch, die umfassende Organisation des »nationalen und christlichen Landvolks« zu sein. Gustav Roesicke, einer der Vorsitzenden, begründet die Verbandsgründung mit der Notwendigkeit, die Interessen der Landwirtschaft geltend zu machen, da auf das Parlament kein Verlaß sei. Erstes Ziel sei die »Beseitigung« des preußischen Landwirtschaftsministers Otto Braun (SPD), des »Feindes der deutschen Landwirtschaft« und »Ministers der Landarbeiter«.

Reichshaushalt 1921 nicht ausgeglichen

3. März. Der Reichsrat verabschiedet in Berlin den Reichshaushalt für das Jahr 1921.

Der Etat des laufenden Jahres umfaßt Gesamtausgaben in Höhe von 87,5 Mrd. Mark. Er ist damit um 20 Mrd. Mark niedriger angesetzt als der Haushalt des Vorjahres. Der gleiche Betrag ist allerdings wegen der zu erwartenden Reparationsforderungen der Alliierten als Ausgabenposten im außerordentlichen Haushalt vorgesehen. Insgesamt rechnet das Reichsfinanzministerium mit einem Gesamtfehlbetrag von 46,8 Mrd. Mark. Die Mindereinnahmen sollen insbesondere durch die Erhöhung mehrerer Verbrauchssteuern und die Beibehaltung der Kohlensteuer ausgeglichen werden.

Wirtschaft 1921:

Wiederaufbau durch Reparationen und Inflation gefährdet

Die wirtschaftliche Entwicklung des Jahres 1921 im Deutschen Reich wird in erster Linie von den politischen Entscheidungen der Siegermächte des Weltkriegs bestimmt. Unter den denkbar schlechtesten Voraussetzungen hatte nach dem Ende des Krieges der wirtschaftliche Wiederaufbau begonnen. Die Kriegsschulden von rund 150 Mrd. Mark waren dreimal so hoch wie das jährliche Volkseinkommen von 1913. Der Versailler Vertrag von 1919 verpflichtete das Deutsche Reich zudem zu Entschädigungszahlungen an die Siegermächte, legte aber noch keine endgültige Summe fest. Bis zum 1. Mai 1921 war jedoch ein erster Teilbetrag in Höhe von 20 Mrd. Goldmark zu zahlen. Nach der abschließenden Festsetzung der deutschen Reparationsleistungen auf 132 Mrd. Goldmark stehen die Reichsregierung und die deutsche Wirtschaft vor dem unlösbar erscheinenden Problem, diese Leistungen zu erbringen (→ 5. 5./S. 80).

Da die Reichsregierung unter Joseph Wirth (Zentrum) entschlossen ist, mit ihrer sog. Erfüllungspolitik den Reparationsforderungen nachzukommen (→ 1. 6./S. 96), produziert die deutsche Wirtschaft zu einem großen Teil für die Ansprüche der Alliierten. Die Auftragslage ist zwar ausgesprochen günstig, doch können die Unternehmen dabei kaum Gewinne erzielen, da die Reichsregierung nur niedrige Festpreise zahlt. Erschwerend kommt hinzu, daß nach dem Versailler Vertrag die Kohlenreviere in Elsaß-Lothringen und im Saargebiet nicht mehr zum Deutschen Reich gehören und das Industriegebiet in Oberschlesien an Polen fällt (→ 20. 10./S. 172), so daß die deutsche Wirtschaft den Verlust von 48% seines Eisenerzes, 15,7% seiner Kohlereserven, 63% des Zinkerzes, 19% der Eisen- und Stahlkapazität und 40% der Hochofenanlagen verkraften muß. Schwerwiegend wirken sich die Reparationsforderungen auch im Bereich des Handels aus. Rund 90% der Handelsflotte müssen an die Alliierten abgetreten werden, und der Neubau von Schiffen ist strengen Begrenzungen unterworfen. Gerade auf dem Gebiet der Außen-

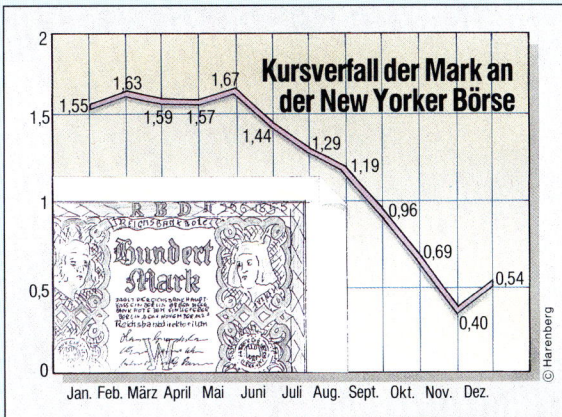

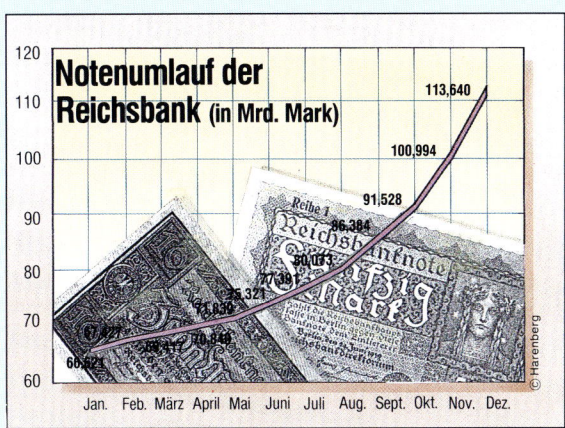

wirtschaft macht sich das Dilemma der Reparationsforderungen bemerkbar. Zu ihrer Begleichung muß ein Exportüberschuß für Devisengewinne erwirtschaftet werden, was bei den bestehenden Handelshemmnissen nicht möglich ist. Andererseits ist das Deutsche Reich gezwungen, aufgrund der verlorenen Rohstoff- und Nahrungsmittelquellen mehr Waren einzuführen, die in Devisen bezahlt werden müssen. So stehen Importen im Warenwert von 5.732 Mrd. Mark Ausfuhren von lediglich 2.976 Mrd. Mark gegenüber. Zwangsläufige Begleiterscheinung dieser Zahlungskrise ist der rapide Verfall der deutschen Währung. Nach der Bezahlung der ersten Rate der Reparationen über 1 Mrd. Mark sinkt der Kurs der Mark an den De-

visenbörsen drastisch ab. In New York werden im Juni 100 Mark mit 1,55 US-Dollar gehandelt, am Jahresende steht der Kurs auf 0,54 US-Dollar. Dies bedeutet einen Kursverlust der Mark seit Jahresbeginn von nahezu 300%. Da viele Reparationen aus Sachleistungen bestehen, die aus dem Staatshaushalt bezahlt werden müssen, erhöhen Reichswirtschaftsministerium und Reichsbank die Geldmenge. Umfaßt der Geldverkehr im Januar 66.621 Mrd. Mark, so sind im Dezember bereits 113.640 Mrd. Mark im Umlauf. Zwar reduziert sich dadurch der Schuldenabbau des Reiches, jedoch sinken die Staatseinnahmen, und die Ausgaben werden zu einem großen Teil für die Bezahlung der Reparationen aufgewandt.

Die Steuererhöhungen am Jahresende wirken dabei nur wie ein Tropfen auf den heißen Stein. Das unaufhaltsame Fortschreiten der Geldentwertung hat auch einschneidende Konsequenzen für die Binnenwirtschaft. Zwar steigt in sämtlichen Industriezweigen die Produktion gegenüber dem Vorjahr geringfügig, die Gewinne der Unternehmen gehen durch die Inflation jedoch real zurück. Firmenzusammenbrüche werden andererseits dadurch vermieden, daß die Rückzahlung von Krediten erleichtert und neue Investitionen durch den Währungsverfall begünstigt werden. Massenentlassungen von Arbeitern bleiben aus, so daß die Zahl der Arbeitslosen mit 346 000 im Jahresdurchschnitt auf einem niedrigen Niveau bleibt. Betroffen von der Geldentwertung sind in erster Linie die Arbeiter, deren zu Jahresbeginn ausgehandelte Tariflöhne durch den Preisauftrieb nahezu wertlos geworden sind. Es kommt zu insgesamt 4093 Streiks, mit denen die Arbeiter eine Anpassung der Löhne an die Teuerung fordern.

Der deutsche Michel im »Simplicissimus«: »Ich sehe vor lauter Damoklesschwertern die Sonne nicht mehr!«

Mit höheren Steuern soll das Haushaltsloch gestopft werden; Zweifel zeigt die »Simplicissimus«-Karikatur.

Brotpreise 1921 in Berlin (pro kg)	
Januar	2,37 Mark
Februar	2,37 Mark
März	2,37 Mark
April	2,37 Mark
Mai	2,64 Mark
Juni	2,64 Mark
Juli	2,64 Mark
August	3,66 Mark
September	3,66 Mark
Oktober	3,74 Mark
November	3,74 Mark
Dezember	3,91 Mark

Wegen seiner hohen Tragfähigkeit kann das neue Wasserflugzeug auch als Bomber genutzt werden; es kann acht Torpedos von 700 kg transportieren.

Neues Wasserflugzeug als technische Sensation vorgestellt

12. März. *Der italienische Ingenieur Caproni stellt am Lago Maggiore in Norditalien ein neues Wasserflugzeug vor, das in seiner Kapazität sowie seinen Maßen alle bisherigen Rekorde schlägt. Das »größte Flugzeug der Welt«, wie die Presse die technische Neuerung feiert, hat acht Motoren, von denen jeder eine Stärke von 400 PS erreicht. 100 Passagiere finden Platz in dem neuartigen Beförderungsmittel, zudem können 10 000 kg Fracht transportiert werden. Das neue Flugzeug kann fünf bis sechs Stunden ohne Zwischenstopp in der Luft bleiben.*

Zwei Königshäuser verbinden sich

10. März. Der rumänische Thronfolger Karl, Sohn von Ferdinand I., und Prinzessin Helene von Griechenland heiraten in Athen. Die kirchliche Zeremonie wird vom Metropoliten von Athen, dem Patriarchen von Alexandria und einem rumänischen Prälaten in der Kathedrale zelebriert.

Als Gäste aus dem Ausland haben sich die Außenminister der Niederlande, Spaniens und Rumäniens eingefunden. Da der Vater Prinzessin Helenes, Konstantin I. von Griechenland, von den Alliierten nicht anerkannt wird, sind keine Regierungsmitglieder der Ententestaaten anwesend. Der Schwager des deutschen Kaisers Wilhelm II. war 1917 von den Alliierten zur Abdankung gezwungen worden und hatte erst 1920 durch Volksabstimmung seinen Titel zurückerhalten. Die griechische Presse sieht nicht zuletzt auch deswegen eine glückliche politische Verbindung in der Heirat.

Das königliche Brautpaar auf der offiziellen Hochzeitsfotografie

Hašeks »Schwejk« erscheint in Prag

1. März. In Prag erscheint der erste der vier Bände von Jaroslav Hašeks Roman »Die Abenteuer des braven Soldaten Schwejk während des Weltkrieges«.

Der 37jährige tschechische Schriftsteller zeichnet in seinem satirischen Roman ein ebenso amüsantes wie kritisches Bild der österreichisch-ungarischen Monarchie und seiner k. u. k. Armee. Aus der Perspektive des Prager Hundehändlers Josef Schwejk erscheinen Armee und Gesellschaft in einem zweifelhaften Licht. Schwejk trotzt dem Kriegsalltag an der Front mit scheinbarer, amtsärztlich festgestellter Blödheit und berechnender Naivität. Als »Putzfleck« eines leichtlebigen Oberleutnants führt er dessen Befehle mit der Schläue des kleinen Mannes stets wortgetreu aus und gerät durch seine übertriebene Loyalität häufig in turbulente Auseinandersetzungen mit dem Militärapparat und der Bürokratie. Patriotische Parolen werden vor dem Hintergrund der Abenteuer dieses Antihelden fragwürdig, der Militarismus wird der Lächerlichkeit preisgegeben.

Vergnügungssucht ruft Kritik hervor

2. März. Der Vorstand des Deutschen Roten Kreuzes fordert in einem Schreiben an Reichspräsident Friedrich Ebert (SPD) eine »Eindämmung der Genußsucht, besonders der besitzenden Klassen«.

In dem Brief heißt es: »Lärmende Genußsucht und sittenloses Vergnügungstreiben machen sich vielfach rücksichtslos in aller Öffentlichkeit breit, in einer Zeit, in der allenthalben Not an uns herandrängt und keine Hilfe genügt, um das Elend zu bewältigen. Auch die Veranstaltungen gutgemeinter Wohltätigkeit nehmen manchmal einen Charakter an, der mehr die Genußsucht gewisser Kreise als menschenfreundliche Zwecke erkennen läßt.« Reichspräsident Ebert richtet an die Landesregierungen, die für die Ausgangsbestimmungen verantwortlich sind, den dringenden Appell, Tanzveranstaltungen nur bis 23 Uhr zu genehmigen. Die bayerische Staatsregierung schlägt darüber hinaus die Einführung einer Lustbarkeitssteuer vor.

Frauen veranstalten aus Protest ihre eigene Olympiade

24. März. In Monte Carlo beginnt die erste Frauen-Olympiade. Die Veranstaltung ist nicht nur als sportliches Ereignis konzipiert, sondern gleichzeitig auch als Protestaktion gegen die mangelnde Anerkennung des Frauensports, vor allem durch das Internationale Olympische Komitee (IOC).

Da das IOC sich 1920 geweigert hatte, Frauen in der Leichtathletik zu den Olympischen Spielen zuzulassen, wurde die Fédération Sportive Féminine Internationale (FSFI) in Paris gegründet, die gegen die Diskriminierung von Frauen im Sport vorgehen will. Die FSFI-Präsidentin, die Französin Anne Milliat, hat schon mehrfach Beschwerde beim IOC und dem Internationalen Leichtathletik-Verband (IAAF) eingereicht, um eine Anerkennung des Frauensports, der in den letzten Jahren einen enormen Aufschwung erlebt hat, zu bewirken. Um ein Zeichen zu setzen, initiierte die FSFI schließlich die Frauen-Olympiade.

In Monte Carlo sind Sportlerinnen aus Großbritannien, den USA, der Schweiz und Frankreich vertreten. Deutsche Sportlerinnen dürfen aus politischen Gründen bei diesem Ereignis nicht mitwirken.

Neben den Laufdisziplinen sind Wettbewerbe im Hoch- und Weitsprung sowie Kugelstoßen und Speerwerfen, die letzteren jeweils beidarmig, vorgesehen. Die Wettkämpfe werden dabei von den Britinnen beherrscht. Mary Lines läuft einen Weltrekord über 60 m in 8,2 sec; sie läuft auch in der siegreichen Staffel über 4 × 200 m mit, die mit 1:46,2 min ebenfalls einen Weltrekord aufstellt. Im 800-m-Lauf hingegen wird die schnelle Britin von der Französin Lucie Bréard geschlagen. Bréard erreicht ihrerseits einen Weltrekord mit 2:30,2 min, dabei überrundet sie Lines um entscheidende fünf Meter. Lines gewinnt jedoch noch eine weitere Goldmedaille im Weitsprung, wo sie 4,70 m erreicht. Ihre Teamkameradin Hilda Hatt erlangt mit 1,40 m die Goldmedaille im Hochsprung.

Als Sensation gilt nicht nur die Veranstaltung als solche, sondern auch die Kleidung der Sportlerinnen, denn bisher war es tabu, sich als Frau in der Öffentlichkeit in Sportkleidung zu zeigen. Besonders die kurzen Hosen der Leichtathletinnen erregen großes Aufsehen.

Eine Momentaufnahme aus dem 800-m-Lauf, bei dem Lucie Bréard mit 2:30,2 min einen Weltrekord aufstellt

Die Schweizerin Pianzola beim Kugelstoßen, wo sie, genauso erfolgreich wie beim Speerwerfen, Zweite wird

Die Britin Mary Lines, einer der Stars der Olympiade, beim Speerwerfen, wo sie die Goldmedaille gewinnt

Auf dem Unterhaltungsprogramm zwischen den harten Wettkämpfen steht ein Musikreigen von Radlerinnen.

Kunst 1921:

Häßliche Wirklichkeit, Absurdes und reinste Abstraktion

Die bildende Kunst des Jahres 1921 ist geprägt durch die Weiterführung vorherrschender Strömungen (Expressionismus und Dadaismus), wobei ein starker Einfluß des Konstruktivismus spürbar wird und sich als Reaktion auf das »wilde« Engagement des Expressionismus eine sachlich-direkte und ins Absurde übersteigerte Kunst herausbildet.

Werden im Expressionismus ausdruckssteigernde expressive Formelemente konsequent genutzt, so erwächst nun eine neue Kunst, die Neue Sachlichkeit, die sich scheinbar an das rein Faktische, an die Wirklichkeit des Objektes hält.

Alles Gegenständliche ist scharf beobachtet, überdeutlich gezeichnet und modelliert, in den Bildaufbau fest eingeordnet und oft so übersteigert, daß Bewegungslosigkeit, fast Starrheit die Folge ist. Dabei werden stärker als bisher sozialkritische Elemente berücksichtigt.

Innerhalb dieser neuen Kunstrichtung entwickelt sich eine Darstellungsart, der Verismus (lat. verus = wahr, ital. verismo), der die krasseste Wirklichkeit, also insbesondere das Häßliche ungemildert aufzeigt. Künstler wie Otto Dix und George Grosz vertreten mit ihren scharfen und unerbittlich-exakten Beobachtungen und Beschreibungen der Umwelt die veristische Komponente innerhalb der Neuen Sachlichkeit. Grosz will die Welt davon überzeugen, »daß sie häßlich, krank und verlogen ist«.

Die Zielsetzung der Veristen ist es, die soziale Wirklichkeit ungeschönt wiederzugeben. Grosz und Dix verwenden beide dieselbe demoralisierende und schockierende Bildsprache. Beide sind bemüht, soziale Mißstände und Konflikte der Zeit schonungslos zu erfassen. So sind die Bilder von Grosz und Dix charakterisiert durch eine durchgehend kritische, realistische und zugleich desillusionierende Betrachtungsweise. Kunst bekommt auf diese Weise einen direkten Bezug zum Erlebten der Menschen, zu Hunger, Tod und Verzweiflung.

Die deutsche Kunst leistet besonders mit dem Dadaismus einen wesentlichen Beitrag zur europäischen Kunstentwicklung. Aus dem Geist der Rebellion, aus Ablehnung bestehender Ordnungen mit ihren politischen, militärischen und kapitalistischen Autoritäten, die versagt hatten, entstand der Dadaismus, eine kulturelle Bewegung, die keine Stil- und Malrichtung ist, sondern vielmehr eine Lebens- und Geisteshaltung darstellt. Bürgerliche Wertvorstellungen werden in Frage gestellt und ins Absurde geführt.

Neben dem Expressionismus hat sich im vorrevolutionären Rußland der Konstruktivismus entwickelt. Ausgangspunkt waren der französische Kubismus und der italienische Futurismus. Vertreter wie Kasimir Malewitsch, Wladimir Tatlin, Alexandr Rodtschenko und El(iezier) Lissitzky lehnen gegenständliche

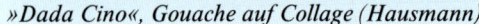
»Dada Cino«, Gouache auf Collage (Hausmann)

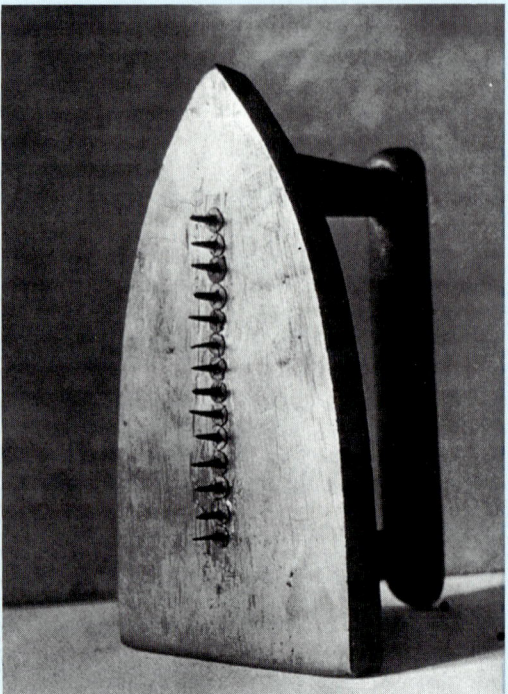
»Cadeau«, ein Dadaobjekt von Man Ray

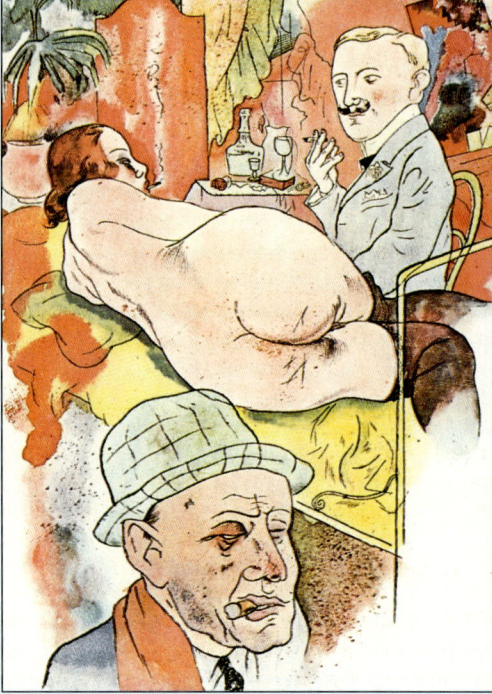
»Ecce homo«, ein veristisches Bild von Grosz

Der Dadaismus etabliert sich als eine Protestbewegung gegen den »Wahnsinn der Zeit«

1921 unternehmen die Dadaisten Kurt Schwitters, Raoul Hausmann und Hannah Höch eine Vortragsreise nach Prag.

Die Bewegung des Dadaismus ist international. 1916 war auf neutralem Boden in Zürich von emigrierten Künstlern das »Cabaret Voltaire« gegründet worden. Gründungsmitglieder waren die Maler Hans (Jean) Arp und Marcel Janco, der Schriftsteller Hugo Ball und der Dichter Richard Hülsenbeck. Im Deutschen Reich gehören seit 1918 Raoul Hausmann, der Maler und Plastiker Kurt Schwitters und Max Ernst zu bedeutenden Vertretern des Dadaismus. Sie geben in Berlin, Hannover und Köln maßgebliche Anregungen. George Grosz und Hannah Höch in Berlin vertreten einen politisch ausgerichteten Dadaismus. Einen sensiblen Beitrag leistet Kurt Schwitters in Hannover. Er vermittelt eine neue Sicht der Wirklichkeit durch die Darstellung von Weggeworfenem und abgenutzten Dingen, Collagen, durchsetzt mit Wortfetzen auf Druckerzeugnissen.

Max Ernst bereichert die Kölner Dada-Gruppe. Durch die Verbindung von Alltagsobjekten mit Fabelwesen und Monstern baut er mythische und alptraumhafte Inhalte ein und hebt den Surrealismus mit aus der Taufe.

Ein erstes Dada-Objekt von Man Ray ist die Plastik »Cadeau«, das Geschenk, die 1921 in Frankreich fertiggestellt wird. Der experimentierfreudige Man Ray erfindet die sog. Rayogramme, fotografische Direktkontaktabzüge, die ohne Fotoapparat hergestellt werden.

»Der Elefant Celebes« von Max Ernst (1921; Privatsammlung, London)

»Große Badende« ist ein typisches Bild von Picasso aus dem Jahre 1921.

Motive ab und erreichen die reine Harmonie durch einfache geometrische Formen in abstrakt-perspektivischen Kompositionen und zweidimensionalen Architekturentwürfen. Um Oberflächenstrukturen zu erreichen, verwendet Rodtschenko unter Einfluß Tatlins reale Materialien im realen Raum. Tatlins materielle Kunstauffassung steht im Gegensatz zu Malewitschs Betonung der geistigen Werte. Ein wichtiger Aspekt in der Kunst Malewitschs ist die Beziehung zwischen Philosophie und bildender Kunst. Er gilt als Begründer des Suprematismus, der Überordnung der Empfindung über den Gegenstand, was besonders in seinen elementaren Kompositionen zum Ausdruck kommt, die auf der reinsten, nur denkbaren Abstraktion, auf Kreisen, Quadraten, Dreiecken, Kreuzen und anderen Grundformen vor weißem Grund basieren. Nach der Oktoberrevolution in Rußland ist Lissitzky wie viele Konstruktivisten aktiv an der neuen Kulturpolitik beteiligt. Bis 1921 unterrichtet er an der Moskauer Kunstschule Wchutemas. Nach 1921, als die Künstler ihre umstürz-

lerische Rolle für den Staat ausgespielt haben – der proletarischen Klassenkunst wird nun der Vorzug gegeben – verlassen viele ihre russische Heimat und emigrieren in den Westen, hauptsächlich nach Berlin und Paris. Herwarth Waldens »Sturm«- Galerie bietet manchen ein neues Aktionsfeld, von dem sich die Ideen der Konstruktivisten über Europa und bis nach Amerika verbreiten. Vor allem durch das Engagement von Künstlern wie Wassily Kandinsky und Lissitzky entwickelt sich der Konstruktivismus zu einem internationalen Stil.

Auch das Bauhaus in Weimar, 1919 von Walter Gropius durch Zusammenschluß der Hochschule für Bildende Kunst mit der Kunstgewerbeschule gegründet, wird nachhaltig vom Konstruktivismus beeinflußt. Das Bauhaus gilt auf den Gebieten Malerei, Architektur und Design als Sammelbecken der künstlerischen Avantgarde. Handwerkliches, technisches Können wird dort zur Grundlage des künstlerischen Gestaltens. 1921 kommen die Maler Paul Klee und Oskar Schlemmer als Lehrer ans Bauhaus.

Vielfalt der Stile in Pablo Picassos Bildern

Die 1921 entstandenen Werke des spanischen Malers Pablo Picasso zeichnen sich durch ihre große Vielfalt aus. Der 40jährige Picasso malt nicht nur kubistische Kompositionen, sondern auch naturalistische und figürliche Bilder.

Er vollendet seine zwei Fassungen des bekannten Bildes »Drei Musikanten«. Dieses Bild, eine Darstellung mit Harlekinen aus der Come-

dia dell'arte ist der strengen Form des Kubismus verhaftet.

1921 erscheint erstmals das Thema »Mutter und Kind« in Picassos Werken; entscheidender Auslöser dafür ist die Geburt seines Sohnes Paolo im Februar 1921. Einen weiteren Schwerpunkt seiner Arbeiten bilden naturalistische Gemälde mit kolossalen Frauengestalten, wie »Drei Frauen am Brunnen«.

April 1921

Mo	Di	Mi	Do	Fr	Sa	So
				1	2	3
4	5	6	7	8	9	10
11	12	13	14	15	16	17
18	19	20	21	22	23	24
25	26	27	28	29	30	

1. April, Freitag

In allen Kohlerevieren Großbritanniens beginnt ein Streik von etwa 1 Mio. Bergarbeitern gegen angekündigte Lohnkürzungen (→15. 4./S. 66).

In Ungarn scheitert ein Restaurationsversuch Karls I., des letzten Kaisers von Österreich, der gleichzeitig als König Karl IV. in Ungarn regierte. →S. 68

Hans Bredow übernimmt als Technischer Staatssekretär die Leitung des Telegrafen-, Fernsprech- und Funkwesens im Reichspostministerium in Berlin. →S. 70

Die christlich-nationale Zeitschrift »Der Deutsche« erscheint erstmals in Berlin. Sie wird vom Vorsitzenden des Deutschen Gewerkschaftsbundes (DGB), Adam Stegerwald (Zentrum), herausgegeben. Die Zeitschrift, die DGB-Organ wird, erscheint in einer Auflage von 60 000 Exemplaren.

2. April, Samstag

Die Reparationskommission in Paris bewilligt die Errichtung einer Zollgrenze im Rheinland, wo seit März Düsseldorf, Duisburg und Ruhrort von den Alliierten besetzt sind (→7. 3./S. 46).

Der französische Vertreter beim Völkerbund, Réné Viviani, richtet auf einer Reise durch die Vereinigten Staaten ein Gesuch an die US-amerikanische Regierung, Frankreich finanziell zu unterstützen, da die Deutschen mit ihren Reparationsleistungen weit im Rückstand seien. In diesem Zusammenhang meldet die französische Zeitung »Temps«, daß das Deutsche Reich im März mit seinen Kohlelieferungen um 220 000 Tonnen im Rückstand geblieben sei.

3. April, Sonntag

In Amsterdam tritt eine internationale Gewerkschaftskonferenz zusammen, die sich mit dem Scheitern der Londoner Reparationsverhandlungen im März befaßt (→1. 3./S. 44). Die Versammlung fordert die sofortige Aufnahme des Deutschen Reiches in den Völkerbund und die Errichtung eines internationalen Reparationsinstituts, das mit der technischen Organisation und der finanziellen Verwaltung der Wiederaufbauarbeit betraut werden soll.

Die Reichsregierung beschließt in Berlin, rückwirkend zum 1. April die Rationierung von Zeitungspapier aufzuheben. Damit entfällt auch die bisherige amtliche Preisfestlegung für Papier.

Bei einem Galopprennen in Berlin-Karlshorst kommt es zu einem Skandal, als alle vier Pferde so langsam laufen, daß die Höchstzeit überschritten wird. Trotz der Disqualifikation der Pferde müssen die Wetten ausgezahlt werden.

4. April, Montag

Nordwestlich der türkischen Stadt Eskisehir erleidet die griechische Armee eine ihrer schwersten Niederlagen im seit 1920 andauernden Krieg mit der Türkei. Über 4000 griechische Soldaten werden getötet.

Emir Abdallah, der zukünftige König Transjordaniens (→12. 3./S. 55), äußert gegenüber einem Journalisten der »Times«, daß der Zionismus keine Gefahr für die Palästinenser darstelle.

In Weimar wird die Staatliche Hochschule für Bildende Künste gegründet. Neben dem 1919 von Walter Gropius gegründeten Staatlichen Bauhaus ist sie die zweite Kunsthochschule in Weimar.

Im Schauspielhaus in Köln wird das Drama »Der Ketzer« von Paul Bourfeind uraufgeführt.

5. April, Dienstag

Die »Chicago Tribune« meldet, daß die USA als Gläubiger Europas gegenwärtig jede Woche eine Goldsendung zur Tilgung der Kriegsschulden der alliierten Verbündeten erhalten. Frankreich allein habe seit dem 15. Januar zwei Mrd. Francs (rund 10 Mrd. Mark) zurückgezahlt.

Die »Oppelner Nachrichten«, eine in Oberschlesien erscheinende deutsche Zeitung, werden von der Interalliierten Kommission wegen eines Artikels über den polnischen Terror gegen deutsche Einwohner im Kreis Tarnowitz für vier Tage verboten.

Die 1920 ins Leben gerufene Brüsseler Wirtschaftsmesse findet zum zweiten Mal statt. Auf der Messe, die eine Woche lang dauert, sind 2291 Aussteller aus 20 Ländern vertreten.

6. April, Mittwoch

Der ungarische Ministerpräsident Pál Graf Teleki tritt zurück, weil er einen Aufruf Karls IV., in dem dieser seinen Restaurationsversuch zur Wiedererlangung der Königswürde rechtfertigte, in den Budapester Zeitungen veröffentlichen ließ (→1. 4./S. 68).

Aufgrund betriebsinterner Auseinandersetzungen sperrt der Autohersteller Fiat in Turin alle 13 000 Arbeiter aus.

7. April, Donnerstag

Die sowjetische Regierung in Moskau erläßt ein Dekret über die Verbrauchergenossenschaften, die gleichzeitig mit den Handwerks- und Kleingewerbegenossenschaften als Mittler zwischen Landwirtschaft und Stadt eingesetzt werden. Angesichts der extremen wirtschaftlichen Probleme soll so die Versorgung der Städte verbessert werden (→8. 3./S. 53).

Der chinesische Revolutionsführer Sun Yat-sen, der 1913 nach Japan ins Exil verbannt wurde, wird wieder an die Spitze der Regierung im südchinesischen Kanton wählt. →S. 68

Die deutschen Firmen Siemens & Halske, AEG sowie Felten & Guilleaume gründen unter Beteiligung der Deutschen Reichspost in Berlin die Deutsche Fernkabel Gesellschaft (DFKG). Ihr Ziel ist der baldige Ausbau des deutschen Fernkabelnetzes, worunter der Telegrafen-, Fernsprech- und Funkverkehr fallen (→1. 4./S. 70).

Der von Regisseur Friedrich Wilhelm Murnau nach der Romanvorlage von Rudolf Stratz gedrehte Film »Schloß Vogelöd« wird in Berlin uraufgeführt. Mit der Hauptrolle in diesem Gruseldrama beginnt die Schauspielerin Olga Tschechowa ihre Filmkarriere.

8. April, Freitag

Eine Teilsonnenfinsternis verdunkelt für einige Stunden Europa. →S. 71

Tizians Gemälde »Der Mann mit dem Falken« (16. Jh.) wird vom New Yorker Auktionshaus Duveen Brothers für 300 000 US-Dollar (19,2 Mio. Mark) gekauft.

9. April, Samstag

Der preußische Landtag wählt den bisherigen preußischen Wohlfahrtsminister und Vorsitzenden des Deutschen Gewerkschaftsbundes (DGB), Adam Stegerwald (Zentrum), zum neuen Ministerpräsidenten. Er wird Nachfolger des seit 1920 amtierenden Sozialdemokraten Otto Braun. →S. 69

10. April, Sonntag

In Erwin Piscators Proletarischem Theater in Berlin wird Franz Jungs Drama »Die Kanaker« uraufgeführt. →S. 74

11. April, Montag

Das östlich des Kaspischen Meeres gelegene Turkestan, das 1918 als erster Sowjetstaat in Mittelasien gegründet wurde, wird als Autonome Sowjetrepublik in die Russische Sozialistische Föderative Sowjetrepublik (RSFSR) eingegliedert.

Die letzte deutsche Kaiserin, Auguste Viktoria, die Frau Wilhelms II., stirbt im Alter von 63 Jahren im niederländischen Exil. Sie wird am 19. April unter großer Anteilnahme der Bevölkerung in Potsdam beigesetzt. →S. 70

12. April, Dienstag

Die sowjetische Regierung in Moskau schickt eine Protestnote an Rumänien, in der die sofortige Entfernung der rumänischen Kriegsschiffe aus der Dnjestr-Mündung am Schwarzen Meer gefordert wird. Rumänien hatte dort Teile seiner Flotte zusammengezogen, um sich die Zufahrt zum Meer zu sichern. Gleichzeitig wird die Bildung einer gemischten Kommission zur Ausarbeitung eines sowjetisch-rumänischen Schiffahrtsstatuts vorgeschlagen.

Der Allgemeine Deutsche Gewerkschaftsbund (ADGB) und der Allgemeine freie Angestelltenbund (AfA) schließen in Berlin einen Vertrag über die Zusammenarbeit in wirtschaftlichen und sozialen Fragen. Den Schwerpunkt in dem Abkommen bildet der Ausbau betrieblicher Mitbestimmung.

13. April, Mittwoch

Der US-amerikanische Senator und frühere Außenminister Philander Chase Knox legt dem Senat eine Entschließung vor, die den Abschluß eines Friedensvertrags mit dem Deutschen Reich und Österreich vorsieht (→25. 8./S. 140).

Die Lloyds Bank in Großbritannien kauft das private Bankunternehmen Fox, Fowler & Co. auf. Es war das letzte Geldinstitut in Großbritannien, das seine Banknoten noch selbst druckte.

14. April, Donnerstag

Der preußische Landtag debattiert bis zum 18. April über den kommunistischen Aufstand in Mitteldeutschland im März (→21. 3./S. 48) und bildet einen Ausschuß zur Untersuchung der polizeilichen Maßnahmen während der Revolte.

Das US-amerikanische Hilfswerk für notleidende europäische Kinder stellt seine Lebensmittellieferungen an das Deutsche Reich ein. →S. 67

Der Film »Die Bergkatze«, ein groteskes Lustspiel von Ernst Lubitsch, wird im Ufa-Palast am Berliner Zoo mit Pola Negri, Victor Janson und Hermann Thimig in den Hauptrollen uraufgeführt.

15. April, Freitag

In Großbritannien scheitert die Bergarbeitergewerkschaft mit ihrer Absicht, zusammen mit anderen Arbeitnehmervertretungen den Generalstreik auszurufen. →S. 66

Die sowjetische Regierung ratifiziert den am 18. März in Riga geschlossenen Friedensvertrag mit Polen (→18. 3./S. 55).

Gegen die italienischen Einwanderer Nicola Sacco und Bartolomeo Vanzetti wird im US-Staat Massachusetts das Todesurteil wegen Raubmords verhängt. →S. 71

Die Operette »Der Vetter aus Dingsda« des Komponisten Eduard Künnecke wird in Berlin uraufgeführt.

16. April, Samstag

Der kommunistische Revolutionär Max Hölz, der maßgeblich an den »Märzunruhen« beteiligt war (→21. 3./S. 48), wird in Berlin verhaftet (→22. 6./S. 99).

17. April, Sonntag

Auf dem Wiener Rathausplatz finden Kundgebungen statt, die einen Anschluß Österreichs an das Deutsche Reich fordern. Die Demonstranten halten die 1918 gebildete Österreichische Republik für nicht überlebensfähig. Bundeskanzler Michael Mayr (Christlich-Soziale Partei) bittet die Bevölkerung, von solchen Forderungen zumindest solange abzusehen, bis die Alliierten Österreich Kredite zum wirtschaftlichen Wiederaufbau gewährt haben (→29. 5./S. 83).

*Der Versuch des früheren öster-
reichischen Kaisers Karl I., als
Karl IV. gleichzeitig ungarischer
König, in Ungarn wieder an die
Macht zu kommen, scheitert am
Widerstand der Regierung in
Budapest. Karl (mit Zigarette) kehrt
mit einem Sonderzug in sein
Schweizer Exil zurück (Titelblatt der
französischen Zeitschrift »L'Illu-
stration« vom 16. April 1921).*

Ce numéro contient LA PETITE ILLUSTRATION (nouvelle Série-Théâtre)
SOPHIE ARNOULD, de M. Gabriel Nigond ;
VIVE BOULBASSE ! de M. Régis Gignoux.

L'ILLUSTRATION

SAMEDI 16 AVRIL 1921
79ᵉ Année. — Nᵒ 4076.

RENÉ BASCHET, directeur.

Maurice NORMAND, rédacteur en chef.

L'ex-roi Charles IV à la fenêtre du wagon, une cigarette à la bouche.

UNE RESTAURATION MONARCHIQUE MANQUÉE
En gare de Szombathély, cinq minutes avant le départ du train spécial qui va reconduire en Suisse Charles de Habsbourg,
un courrier spécial lui apporte l'amnistie gouvernementale pour les officiers qui s'étaient ralliés à sa cause

Phot. A. Frankl. — Droits réservés. — *Voir l'article et les autres photographies, pages 340, 341, 342*

Unter Vorsitz von Marschall Ferdinand Foch tritt in Paris eine Kommission von Vertretern der Alliierten zusammen, um Maßnahmen für den Fall zu diskutieren, daß das Deutsche Reich seinen Reparationszahlungen nicht nachkommt. Ein Plan, der die Besetzung des Ruhrgebiets vorsieht, soll dem Obersten Rat vorgelegt werden.

18. April, Montag

Die Interalliierte Kommission in Oppeln hebt die Verhängung des Ausnahmezustandes über Kattowitz (Katowice), Königshütte (Chorzów), Pleß (Pszczyna) und den Kreis Rybnik auf. Dieser war am 20. März verhängt worden, um bei der Volksabstimmung über die Staatszugehörigkeit zum Deutschen Reich oder Polen Ruhe und Ordnung zu gewährleisten (→ 20. 3./S. 54).

Die Ernährungsminister der deutschen Länder tagen in Bremen. Sie beschließen, die staatliche Rationierung von Milch und Fleisch, die seit 1916 besteht, so bald wie möglich fallenzulassen.

Zur finanziellen Förderung von Akademikern wird in Leipzig eine gemeinnützige Wirtschaftsgemeinschaft der Universität ins Leben gerufen. Sie will bedürftige Studenten aus Spendenmitteln unterstützen. → S. 69

In Worms findet eine große Feier anläßlich des 400. Jahrestags des Wormser Edikts statt. Darin war 1521 über Martin Luther die Reichsacht ausgesprochen worden. Die Durchführung des Edikts scheiterte am Widerstand der evangelischen Reichsstände.

19. April, Dienstag

Das Reichsfinanzministerium in Berlin veröffentlicht einen Überblick über den Reichshaushalt für das Rechnungsjahr 1921. Das Deutsche Reich, das in den nächsten Wochen mit dem Beginn hoher Reparationsverpflichtungen zu rechnen hat, muß für den außerordentlichen Haushalt noch Anleihen im Umfang von über 33 Mrd. Mark aufbringen.

Der oberste Richter Chinas, Wang Chung-hui, befindet sich mit neun weiteren Gesandten seines Landes auf dem Weg nach Genua, wo die Delegation mit Vertretern des Völkerbunds über die außenpolitischen Probleme Chinas beraten will. Auf einer Zwischenstation im kanadischen Vancouver erklärt Wang, daß China niemals den Völkerbund anerkennen werde, wenn dieser sich nicht für die Befreiung Chinas von der japanischen Herrschaft einsetzen werde.

20. April, Mittwoch

Die Reparationskommission in Paris beschließt, die Zahlungsverpflichtungen des Deutschen Reiches an Italien nicht, wie ursprünglich erklärt, ab dem 27. Mai 1916 zu veranschlagen, sondern ab dem 27. Mai 1915. An diesem Tag wurden erstmals zwei deutsche Soldaten an der österreichischen Grenze gefangengenommen.

Im französisch besetzten Rheinland tritt ein Verbot der deutschen Zeitschriften »Französischer Courier«, »Jugend« und »Das freie Wort« für drei Monate in Kraft. Zwischen 1920 und 1922 werden im Rheinland insgesamt 103 Zeitungen wegen Gefährdung der öffentlichen Ordnung und Schädigung des Ansehens der Besatzungsmacht verboten.

Der seit zwei Monaten amtierende KPD-Vorsitzende Heinrich Brandler und neun seiner Parteigenossen werden wegen Beteiligung an den »Märzaufständen« (→ 21. 3./S. 48) verhaftet (→ 6. 6./S. 99).

Der 12 000 Tonnen schwere Dampfer »Hindenburg«, derzeit das größte Schiff in deutschem Besitz, tritt seine erste Reise von Hamburg nach Südamerika an.

Der Magistrat der Stadt Buer (Gelsenkirchen) bewilligt die Einrichtung eines Schulfilm-Archivs. Volksschülern sollen zukünftig im Kino kostenlos Filme, die Unterrichtszwecken dienen, vorgeführt werden.

21. April, Donnerstag

Die Reichsregierung in Berlin bittet die US-Regierung in einer Note um Vermittlung in der Reparationsfrage. Sie erklärt sich bereit, die Entscheidung von Präsident Warren G. Harding bedingungslos zu akzeptieren.

Zwischen Polen, Danzig und dem Deutschen Reich wird das sog. Korridorabkommen abgeschlossen. Es regelt den Durchgangsverkehr zwischen Ostpreußen und dem übrigen Deutschen Reich. → S. 69

Der US-Senat ratifiziert einen Vertrag mit der Republik Kolumbien, in dem sich die USA zur Zahlung von 25 Mio. US-Dollar (1,6 Mrd. Mark) in fünf Raten verpflichten und Kolumbien gleiche Rechte am Panama-Kanal gewährleisten. Die US-Regierung strebt damit eine Verbesserung des Verhältnisses zu Kolumbien an, das gestört war, seitdem die Vereinigten Staaten Panama 1903 bei der Abspaltung von Großkolumbien unterstützt hatten (→ 26. 2./S. 32).

In Moskau erklärt der Volkskommissar für Verteidigung, Leo D. Trotzki, die sowjetische Rote Armee befinde sich in solch gutem Zustand, daß sie jederzeit einen Revanchekrieg gegen Polen beginnen könne (→ 18. 3./S. 55).

Nach Berichten der japanischen Verwaltungsbehörden in den Häfen Osaka und Kobe ist der Handel mit dem Deutschen Reich stark angestiegen. In den ersten drei Monaten des Jahres kauften die Japaner deutsche Waren im Wert von rund einer Mio. Mark.

Die Dadaisten Johannes Baader, George Grosz und Wieland Herzfelde werden wegen Beleidigung der Reichswehr in der Mappe »Gott mit uns« von der Strafkammer des Berliner Landgerichts zu einer Geldstrafe verurteilt. → S. 74

Der Oberbürgermeister von Köln, Konrad Adenauer, erläßt eine neue Bestimmung zur genauen Erfassung des vorhandenen Wohnraums. Zahl und Größe der Räume einer Wohnung sind in Zukunft anzugeben. Räume, die nach dem 1. Oktober 1914 nur zu Wohnzwecken benutzt wurden, dürfen nicht mehr gewerblich vermietet werden.

22. April, Freitag

Die US-amerikanische Regierung lehnt den Vorschlag des Deutschen Reiches ab, in der Reparationsfrage eine Vermittlerrolle zwischen dem Reich und der Entente einzunehmen und plädiert für eine neue Konferenz zur endgültigen Regelung der Zahlungen.

Das Exekutivkomitee des Völkerbundrats in Genf erklärt, daß von einem militärischen Vorgehen der Alliierten im Ruhrgebiet abgesehen werden solle. Diese haben ein solches Vorgehen angedroht für den Fall, daß das Deutsche Reich seinen Reparationszahlungen nicht nachkommt. Der Völkerbundrat hingegen plädiert für eine Lösung des Reparationsproblems durch Schiedsspruch.

23. April, Samstag

Die Tschechoslowakei und Rumänien schließen ein Defensivabkommen mit dem Ziel, eine Kleine Entente auszubauen. Zu diesem Bündnis gehört außerdem Jugoslawien. → S. 67

Der US-amerikanische Läufer Charles Paddock stellt mit 10,4 sec über 100 m einen Weltrekord auf. → S. 75

24. April, Sonntag

Bei einer Volksabstimmung in Tirol entscheiden sich 98,8% der Wahlbeteiligten für den Anschluß an das Deutsche Reich (→ 29. 5./S. 83).

Bei einem Trachtenfest in Bozen kommt es zu blutigen Zusammenstößen zwischen Faschisten und Tiroler Bauern.

Bei den Kommunalwahlen in Belgien dürfen die Frauen zum ersten Mal zu den Wahlurnen gehen.

25. April, Montag

Reichspräsident Friedrich Ebert (SPD) gibt unter Gegenzeichnung von Justizminister Rudolf Heinze (DVP) Anweisung, daß die Sondergerichte zur Verurteilung der kommunistischen Aufständischen in den sog. »Märzunruhen« (→ 20. 3./S. 48) auch einen Strafaufschub gewähren dürfen. Die Maßnahme wird angesichts der großen Anzahl jugendlicher Angeklagter vorgenommen.

In Moskau erklärt die sowjetische Regierung, daß alle Ausländer mit Ausnahme von Diplomaten zum Arbeitsdienst herangezogen werden dürfen.

26. April, Dienstag

In Übereinstimmung mit den Beschlüssen Großbritanniens, Frankreichs (19. 3.) und Belgiens (22. 3.) beschließt das rumänische Parlament in Bukarest, die Einfuhr deutscher Güter mit einem 50%igen Zoll zu belegen.

Der ägyptische Widerstandskämpfer Sad Saghlul bezeichnet die Regierung seines Landes als eine Gruppe von »Marionetten der Briten« und prophezeit deren baldigen Umsturz. Ägypten ist seit 1914 britisches Protektorat (→ 1. 1./S. 15).

Vor dem Berliner Landgericht wird ein Gastwirt zu 20 000 Mark Geldstrafe verurteilt, weil er Lebensmittel ohne Marken an alliierte Soldaten verkauft und die Sperrstunde häufig überschritten hat.

27. April, Mittwoch

Die Reparationskommission in Paris modifiziert ihre Zahlungsforderung an das Deutsche Reich. Der neue Entwurf legt die Höhe der Reparationsschuld verbindlich auf insgesamt 132 Mrd. Goldmark fest. Zugleich wird für Anfang Mai eine Konferenz anberaumt, in der ein offizielles Protokoll mit der genauen Regelung des Zahlungsmodus verfaßt werden soll (→ 5. 5./S. 80).

Der Industrielle Hugo Stinnes wird wegen der Einrichtung einer Konkurrenzlinie von Danzig (Gdansk) nach Südamerika nicht mehr in den Aufsichtsrat der Hamburg-Amerika-Linie gewählt. Die Versammlung wählt den Unternehmer Karl Haniel als neues Mitglied. Der Einfluß von Stinnes auf die deutsche Schiffahrt nimmt hierdurch zusehends ab.

28. April, Donnerstag

Der christlich-soziale Politiker Karl Vaugoin wird Heeresminister in Österreich. Während seiner Amtszeit in 15 Kabinetten (1921 und 1922–33) schafft er seiner Partei im bisher eher sozialdemokratisch gesinnten Bundesheer eine feste politische Position.

Bei der Schachweltmeisterschaft in der kubanischen Hauptstadt Havanna schlägt der Kubaner José Raúl Capablanca y Graupera den deutschen Titelverteidiger Emanuel Lasker, der seit 1894 ununterbrochen Weltmeister war. → S. 75

29. April, Freitag

Reichspräsident Friedrich Ebert (SPD) dankt dem US-amerikanischen Wirtschaftsminister Herbert C. Hoover, der Vorsitzender des US-amerikanischen Hilfsfonds für europäische Kinder ist, für die bisherigen Spenden (→ 4. 4./S. 67).

Der britische Schatzkanzler Robert S. Horne teilt mit, daß Großbritannien durch den seit Monatsbeginn andauernden Bergarbeiterstreik bisher 3,5 Mio. Pfund Sterling (847 Mio. Mark) verloren habe (→ 15. 4./S. 66).

30. April, Samstag

Die britische Tageszeitung »Daily Mail« des Verlegers Alfred Northcliffe feiert ihr 25jähriges Bestehen.

Das Wetter im Monat April

Station	Mittlere Lufttemperatur (°C)	Niederschlag (mm)	Sonnenscheindauer (Std.)
Aachen	8,6 (8,8)	27 (63)	— (178)
Berlin	9,2 (8,3)	24 (41)	— (193)
Bremen	9,1 (8,2)	28 (50)	— (185)
München	7,4 (8,0)	64 (59)	— (173)
Wien	— (9,6)	— (54)	— (173)
Zürich	7,7 (8,0)	68 (88)	129 (173)
( ) Langjähriger Mittelwert für diesen Monat — Wert nicht ermittelt			

Das Cover der exklusiven US-amerikanischen Frauenzeitschrift »Vanity Fair« stellt beliebte Sportarten vor. Die Zeichnung ist ironisch an Kinderbuchzeichnungen angelehnt. Neben »Vogue« und »Harper's Bazaar« hat auch »Vanity Fair« das Image einer anspruchsvollen Publikation, deren Themenbreite weit über die von gewöhnlichen Modezeitschriften hinausgeht. Internationale Politik und Tendenzen in der bildenden Kunst finden hier ebenso starke Beachtung wie die neuen Modelle führender Couturiers.

»Schwarzer Freitag« für die britischen Gewerkschaften

15. April. In Großbritannien scheitert der Versuch der Bergarbeitergewerkschaft, mit Unterstützung der anderen Arbeitnehmervertretungen einen landesweiten Generalstreik auszurufen.

Am 1. April hatten rund 200 000 Bergarbeiter in Nordengland, Südwales und Schottland die Arbeit niedergelegt, um gegen zunehmende Lohnkürzungen zu demonstrieren. Außerdem forderten sie eine Vereinheitlichung der Löhne, da für die Arbeiter in den 2500 Gruben, die sich im Besitz von 1500 Firmen befinden, keine Tariflöhne bestehen und die Löhne in jedem Bergwerk getrennt

▷ *Walisische Bergleute geben nach der letzten Schicht ihre Grubenlampen zurück. Ihr Streik zieht in den meisten Fällen die Kündigung nach sich. Dies bedeutet für sie ein hohes Risiko, denn nach britischem Recht können Arbeitslose keine Gewerkschaftsmitglieder sein, weshalb die Gewerkschaften auch nicht zur Zahlung von Streikgeldern verpflichtet sind.*

▽ *Leere Kohlewagen auf dem Güterbahnhof der walisischen Hauptstadt Cardiff; durch den Bergarbeiterstreik ist die gesamte Kohleförderung in Südwales zum Erliegen gekommen. Da die britische Regierung jegliche Ausfuhr von Kohle vorübergehend untersagt hat, finden auch in anderen Gebieten keine Kohletransporte statt.*

ausgehandelt werden müssen. Darüber hinaus verlangt die Bergarbeitergewerkschaft eine Verstaatlichung der Bergbaubetriebe.

Hintergrund des Bergarbeiterstreiks ist die seit Herbst 1920 wachsende Absatzkrise für britische Kohle, die zu zahlreichen Zechenstillegungen und Entlassungen geführt hatte. Die meisten Bergwerkseigner gingen dazu über, die Löhne der weiterhin beschäftigten Arbeiter zu kürzen. Dafür sahen die Gewerkschaften keine wirtschaftliche Notwendigkeit und riefen ihre Mitglieder zum Streik auf. Ein weiterer Grund für den Arbeitskampf liegt in der Aufhe-

bung der staatlichen Bewirtschaftung der Betriebe in Bergbau, Energieversorgung und Verkehr zum 1. April, die den Unternehmern freie Hand bei Betriebsschließungen und Lohnkürzungen gibt.

Die britische Regierung unter Premierminister David Lloyd George beantwortet den Ausstand am 2. April mit der Inkraftsetzung des Notstandsgesetzes, das im Oktober 1920 nach einem Bergarbeiterstreik verabschiedet worden war. Danach ist die Regierung ermächtigt, die Versorgung der Bevölkerung mit Lebensmitteln und Brennstoff zu kontrollieren und den Weiterbetrieb

wichtiger Industrieanlagen auch mit militärischer Gewalt zu sichern. Die staatlichen Organe können jedoch nicht überall verhindern, daß die Belegschaften einzelner Zechen die Gruben absaufen lassen. Streikposten verhindern den Einsatz sog. Notkommandos, die an den Pumpen eine Überschwemmung der Gruben verhindern sollen. Als die Regierung jedoch die Einberufung aller Streitkräftereserven anordnet, bricht der gewerkschaftliche Widerstand zusammen. Nachdem Verhandlungen von Gewerkschafts- und Arbeitgeberdelegationen unter dem Vorsitz von Lloyd George zu keinerlei Ergebnissen führen, suchen die Bergarbeiter bei den Eisenbahnern und Transportarbeitern um Unterstützung nach. Den Führern dieser beiden Gewerkschaften gehen jedoch die Forderungen der Bergarbeiter zu weit. Zwar unterstützen sie die Einführung von Einheitslöhnen, befürworten aber nicht die Verstaatlichung der Kohleindustrie und die Verpflichtung zur Subventionierung auch unwirtschaftlicher Betriebe. Nach heftigen Streitigkeiten zwischen den gemäßigten und den radikalen Gewerkschaftsflügeln wird die Beteiligung an dem mit der Bergarbeitergewerkschaft vorbereiteten Generalstreik eine Stunde vor seinem Beginn abgesagt. Mit dem Scheitern des Generalstreiks vollzieht sich die Spaltung des erst seit sechs Monaten bestehenden Gewerkschaftsbündnisses aus Bergleuten, Transportarbeitern und Eisenbahnern. Die drei Mio. Mitglieder starke »Triple Alliance« (Dreibund) sollte die Geschlossenheit der Arbeiterbewegung demonstrieren und die seit Ende des Weltkrieges gestärkte Position der Gewerkschaften durch konkrete Erfolge untermauern. Die unbewegliche Haltung der Bergwerkseigentümer, die starke Position der mit Notstandsmaßnahmen operierenden Regierung und der Streit im eigenen Lager lassen den 15. April als »Black Friday« in die Geschichte der britischen Gewerkschaftsbewegung eingehen. Die Bergarbeiter streiken noch fast drei Monate allein weiter, bis leere Streikkassen sowie Hunger und Armut der ausgesperrten Arbeiter und ihrer Familien die Gewerkschaft zur Hinnahme von niedrigeren Löhnen zwingen (→ 1. 7./ S. 118).

Kleine Entente erweitert

23. April. In Bukarest unterzeichnen der rumänische Ministerpräsident Dumitru (Take) Ionescu und der tschechoslowakische Botschafter František Veverka einen Bündnisvertrag.

Dieses tschechoslowakisch-rumänische Bündnis ergänzt das Vertragssystem der Kleinen Entente, das unter der Führung Frankreichs seit August 1920 die osteuropäischen Staaten mit Ausnahme Sowjetrußlands zu gegenseitigem militärischen Beistand verpflichten soll. Der Vertragsabschluß in Bukarest ist nach einer gleichlautenden Vereinbarung zwischen dem Königreich der Serben, Kroaten und Slowenen (Jugoslawien) und der ČSR das dritte Glied in diesem Bündnissystem. Am 3. März wurden identische Vereinbarungen zwischen Polen und Ru-

mänien geschlossen, im Juni folgt ein Vertrag zwischen Jugoslawien und Rumänien.

Das Bündnissystem richtet sich in erster Linie gegen Ungarn, das durch den Vertrag von Trianon vom 4. Juni 1920 rund 68% seines früheren Staatsgebiets verloren hat. Die Nachbarstaaten, die von den Gebietsabtrennungen profitiert haben, befürchten Revisionsbestrebungen Ungarns für den Fall, daß König Karl IV. seine Regentschaft wieder übernimmt (→ 1. 4./S. 68).

Der Ausbau der Kleinen Entente wird durch Frankreich gefördert, das Osteuropa als Einflußgebiet gegenüber Sowjetrußland, Großbritannien und dem Deutschen Reich sichern möchte. Dazu hatte es ein Beistandsabkommen mit Polen (→ 9. 2./S. 32) abgeschlossen.

US-Hilfsaktion eingestellt

14. April. Der Vorstand der US-amerikanischen Hilfsorganisation American Relief Administration and European Children Fund beschließt die Einstellung der Lebensmittellieferungen an das Deutsche Reich. Die Verbesserung der Versorgungslage mache eine Fortsetzung der Hilfsaktion entbehrlich.

Unter dem Vorsitz des US-amerikanischen Handelsministers und späteren Präsidenten Herbert Clark Hoover war 1915 zunächst für Belgien ein Hilfskomitee zur Bekämpfung des Hungers gegründet worden. Nach Kriegsende wurden die umfangreichen Nahrungsmittellieferungen auf ganz Europa ausgeweitet, so daß mehr als 30 Staaten von den »Hoover-Speisungen« im Wert von 100 Mio. US-Dollar (6,2 Mrd. Mark) profitierten.

Die Verlierer des Weltkrieges wurden von den Hilfsaktionen nicht ausgenommen. Eine Geschäftsstelle in Hamburg sorgte für die Weitergabe der Lebensmittelpakete, die Mehl, Reis, Speck, Öl, Kondensmilch, Kakao und Zucker enthielten. Die Lieferungen wurden an Familien mit Kindern verteilt, die einen Antrag auf Unterstützung gestellt hatten.

Am 28. April richtet Reichspräsident Friedrich Ebert (SPD) ein Dankschreiben an Handelsminister Hoover: »Es ist mir ein Herzensbedürfnis, Ihnen den aufrichtigen Dank des deutschen Volkes für die Hilfe auszusprechen, die Sie zahlreichen Familien, Müttern und Kindern geleistet haben… Das deutsche Volk wird das große, unter Ihrem Namen in der Welt bekannt gewordene Liebeswerk nicht vergessen.«

Britische Marineartilleristen besetzen die Kohlengruben in der südwalisischen Stadt Abertillery. Die Regierung rechtfertigt den Einsatz von Soldaten aller drei Waffengattungen im Bergarbeiterstreik mit der Notwendigkeit, die Bergwerke vor Anschlägen und Zerstörungen zu schützen, zumal die Kohleversorgung für die Kriegsschiffe gesichert werden müsse. Die Soldaten hätten nicht die Aufgabe, die Pumpen zu bedienen. Die Bergarbeitergewerkschaft wirft der Regierung jedoch vor, die Truppeneinheiten als Streikbrecher zu mißbrauchen.

Putsch Karls IV. in Ungarn mißglückt

1. April. Der frühere österreichische Kaiser Karl I., als Karl IV. gleichzeitig König von Ungarn, scheitert mit seinem Versuch, in Ungarn wieder an die Macht zu gelangen.

Karl reiste am 26. März 1921 zusammen mit seiner Frau Zita aus dem Schweizer Exil über die westungarische Grenzstadt Steinamanger (Szombathely) nach Budapest. Dort forderte er Reichsverweser Miklós Horthy auf, ihn wieder als König einzusetzen. Nach Kriegsende habe er nur auf seinen Anteil an der Regierung, nicht aber auf den Thronanspruch verzichtet. Horthy lehnt die Wiedereinsetzung Karls entschieden ab, der gezwungen wird, in die Schweiz zurückzukehren.

In der Nationalversammlung in Budapest wird am 1. April eine Resolution angenommen, in der die Rückkehr Karls als Gefährdung der bestehenden Rechtsordnung bezeichnet wird. Das Parlament spricht Reichsverweser Horthy, der seit der Abdankung Karls am 13. November 1918 provisorisch als Staatsoberhaupt fungiert, das Vertrauen aus.

Als Folge des Putschversuches muß der ungarische Ministerpräsident Graf Pál Teleki am 7. April zurücktreten. Er hatte einen Aufruf Karls veröffentlicht, in dem dieser seinen Staatsstreich rechtfertigte. Am 15. April wird István Graf Bethlen von Bethlen neuer Ministerpräsident.

△ *In k. u. k.-Uniform überscheitet der frühere ungarische König Karl IV. (l.) in Steinamanger (Szombathely) die Landesgrenze; er wird von mehreren Offizieren seines alten Generalstabs begleitet, die ihm 1918 in sein Schweizer Exil gefolgt waren.*

▷ *Enttäuschte Mienen nach dem blamabel gescheiterten Putschversuch des ehemaligen Königs von Ungarn und früheren Kaisers von Österreich. Ex-Kaiserin Zita empfängt ihren erfolglosen Gatten mit dem Vorwurf: »Aber Karlchen! Du hast mir keine Königskrone mitgebracht... jetzt kann ich meinen alten Frühjahrshut wieder tragen« (Karikatur in der satirischen Zeitschrift »Simplicissimus«).*

Sun Yat-sen bildet Oppositionsregierung in Südchina

7. April. Der chinesische Politiker Sun Yat-sen wird von seinen Anhängern zum Präsidenten einer von der Zentralregierung in Peking unabhängigen südchinesischen Republik in Kanton gewählt. Sie soll ein Gegengewicht zum nördlichen Teil Chinas bilden, der seit der Revolution 1911 durch blutige Auseinandersetzungen zwischen den Führern regionaler Militärgruppen (»Warlords«) geprägt ist. Sun Yat-sen ist der Führer der Kuomintang, der Nationalchinesischen Volkspartei.

Bereits seit drei Jahrzehnten setzt sich Sun Yat-sen für die revolutionäre Erneuerung Chinas ein. So gründete er 1892 die Gesellschaft zur Wiedererneuerung Chinas und 1905 den Chinesischen Revolutionsbund. Er gilt als einer der führenden Köpfe der Revolution von 1911, welche die kaiserliche Regierung 1912 zum Sturz brachte, die Republik als Staatsform einführte und die seit 1644 andauernde Fremdherrschaft der Mandschuren beendete.

Sun Yat-sen wurde am 1. Januar 1912 zum ersten provisorischen Präsidenten der Republik China gewählt, mußte jedoch einen Monat später zugunsten des Generals Yüan Shih-k'ai wieder abdanken. Noch im gleichen Jahr gründete er die Kuomintang, die 1913 verboten wurde. Sun Yat-sen mußte nach Japan ins Exil gehen. Dort bildete er die »Chinesische Revolutionspartei«. Nach dem Tod von Yüan Shih-k'ai, der sich zum Kaiser proklamiert hatte, versuchte er 1917 zum ersten Mal, eine Gegenregierung im südchinesischen Kanton aufzubauen. 1919 wurde die Chinesische Revolutionspartei in Kuomintang umbenannt.

Die revolutionäre Bewegung in China unter Sun Yat-sen verfolgt drei Prinzipien: Nationalismus, Demokratie und Volkswohlstand. Sun Yat-sen strebt die Befreiung Chinas von den europäischen Großmächten, Japan und den USA an und will einen unabhängigen Vielvölkerstaat in China aufbauen.

Der neue Präsident der südchinesischen Republik, Sun Yat-sen (M.) wird von seinen revolutionären Truppen am Tor der Stadt Kweiyang empfangen.

Weimarer Koalition zerbricht in Preußen

9. April. Der bisherige preußische Wohlfahrtsminister und Vorsitzende des christlich-nationalen Gewerkschaftsbundes DGB, Adam Stegerwald (Zentrum), wird vom preußischen Landtag in Berlin zum neuen Ministerpräsidenten des größten deutschen Landes gewählt. Er löst den Sozialdemokraten Otto Braun ab und bildet am 21. April eine Minderheitsregierung aus Zentrum und DDP.

Der Ernennung Stegerwalds waren langwierige Koalitionsverhandlungen über eine Erweiterung der Weimarer Koalition aus SPD, Zentrum und DDP durch die DVP vorausgegangen. Sie dauern auch nach seiner Wahl noch elf weitere Tage an. Bei den Landtagswahlen am 20. Februar hatte die SPD entscheidende Mandatsverluste hinnehmen müssen. Da auch das Zentrum und die DDP bedeutende Stimmeneinbußen erlitten, lagen für diese beiden Parteien neue Koalitionsverhandlungen nahe, auch wenn die SPD stärkste Partei blieb und demnach für die »Weimarer Koalition« keine Notwendigkeit zur Regierungsumbildung bestand.

Der Druck zur Neubildung kam von zwei Seiten: Innerhalb der preußischen Koalition bestand vor allem das Zentrum auf einem Zusammengehen mit der DVP, um so die bei den Wahlen erstarkte DNVP ins Ab-

Berliner Kinder werben vor der Wahl mit Plakaten für politische Parteien.

seits zu drängen. Zugleich wollte die Reichsregierung, die sich aus Zentrum, DDP und DVP zusammensetzt, eine »Einheitskoalition« im Reich und in Preußen durchsetzen, vor allem, um einen Konsens in bezug auf die prekäre außenpolitische Lage des Reichs zu erzielen.

Der Schlüssel zur Lösung des Problems liegt bei SPD und DVP. Am 9. März schon erklärte die SPD ein Zusammengehen mit der den Großindustriellen nahestehenden DVP für unmöglich. Genauso wenig will die DVP der SPD bestimmte Ministerposten zugestehen. Da es unmöglich ist, eine Einigung zu erzielen, verzichten beide Parteien auf eine Regierungsbeteiligung (→ 5.11./S.192).

Paßkontrolle in Marienburg im deutschen Abstimmungsgebiet

Der neue Ministerpräsident Adam Stegerwald (Mitte) mit seinem Kabinett; zwei seiner Minister gehörten schon der Regierung unter Otto Braun an.

Korridorabkommen wird unterzeichnet

21. April. Das Deutsche Reich und Polen schließen in Paris ein Abkommen, das den Durchgangsverkehr zwischen Ostpreußen und dem übrigen Deutschen Reich regelt. Die Gebiete sind seit Inkrafttreten des Versailler Vertrags durch den sog. Polnischen Korridor getrennt. Gleichzeitig gewährt das Deutsche Reich Polen und der Freien Stadt Danzig Durchgangsrecht im Gebiet östlich der Weichsel, das vorläufig als Abstimmungsgebiet noch deutscher Verwaltung untersteht.

Der Korridor war beim Abschluß des Versailler Friedensvertrags Polen zugesprochen worden, um der neuen Republik den begehrten Zugang zur Ostsee zu öffnen. Gleichzeitig wurde jedoch festgelegt, daß zwischen den beiden Staaten zukünftig Abkommen über den Durchgangsverkehr getroffen werden müßten.

Der Vertrag regelt detailliert den Verkehr aller Transportmittel sowie das Post-, Telegrafen- und Fernsprechwesen in den betreffenden Gebieten. Die Eisenbahnstrecken, auf denen der Durchgangsverkehr zukünftig gestattet ist, werden genau festgelegt. Zudem wird garantiert, die Zoll- und Paßkontrolle im Personen- und Güterverkehr, die im Durchgangsverkehr in geschlossenen Zügen erfolgen muß, wesentlich zu erleichtern. Für etwaige Streitfälle zwischen den beiden Vertragspartnern wird ein Schiedsgericht in Danzig eingerichtet.

Deutsche Studenten leiden extreme Not

18. April. An der Leipziger Universität wird eine gemeinnützige Wirtschaftsgemeinschaft zur finanziellen Unterstützung von Akademikern gegründet. Wie an vielen anderen Hochschulen auch wird damit ein Versuch unternommen, der wirtschaftlichen Not der deutschen Studenten, die seit dem Ende des Weltkriegs ein gesellschaftliches Problem darstellt, entgegenzuwirken.

Durch den Weltkrieg hatten viele Abiturienten nicht sofort vom Gymnasium auf die Universität wechseln können, so daß nach Kriegsende sofort ein unproportional hoher Andrang an den Hochschulen zu verzeichnen war: Während 1913 noch 71 828 Studenten immatrikuliert waren, sind es 1921 schon ca. 100 000. Aufgrund der allgemeinen Wohnungsnot sind viele der sozial schwachen Studenten gezwungen,

in beengten und teuren Wohnungen zu hausen. Unterernährung wird zunehmend zum Problem. Da noch keine Stipendien vergeben werden, sind immer mehr Hochschüler darauf angewiesen, ihren Unterhalt neben dem Studium als Werkstudenten selbst zu verdienen.

Studenten an der Universität Berlin rufen zur Wahl ihrer Interessenvertretungen auf; es gibt viele Programme zur Linderung ihrer wirtschaftlichen Notlage.

Bredow baut Fernkabelnetz weiter aus

1. April. Der Elektroingenieur Hans Bredow übernimmt als technischer Staatssekretär die Leitung des Telegrafen-, Fernsprech- und Funkwesens im Reichspostministerium in Berlin. Er soll die technische und organisatorische Entwicklung des Rundfunkwesens im Deutschen Reich vorantreiben. Das Haupziel des Reichspostministeriums ist zunächst der verstärkte Ausbau des Telefonnetzes und die Beschleunigung der Informationsvermittlung. Als Ministerialdirektor im Reichs-

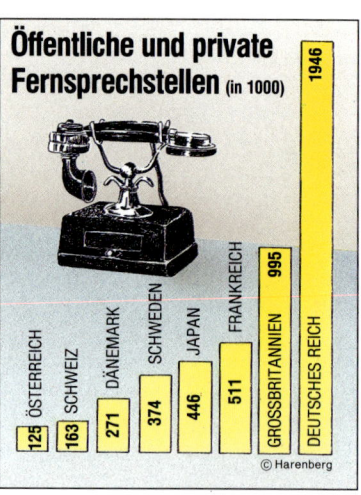

Öffentliche und private **Fernsprechstellen** (in 1000)

ÖSTERREICH 125 · SCHWEIZ 163 · DÄNEMARK 271 · SCHWEDEN 374 · JAPAN 446 · FRANKREICH 511 · GROSSBRITANNIEN 995 · DEUTSCHES REICH 1946

© Harenberg

▽ In einem Kabelschacht aus Fertigteilen beginnen Arbeiter mit der Verlegung von Rohren zum Ausbau des Funkkabelwesens.

postministerium prägte Hans Bredow durch seine Tätigkeit in der Funkabteilung den Begriff des Rundfunks. Bereits 1919 stellte Bredow Journalisten und Verlegern den »Natfunk« und den »Rundfunk« im Reichspostministerium vor. Es handelte sich hierbei um eine Vermittlungsform, bei der das Nachrichtenmaterial telegrafisch »rundgefunkt« wurde. Das bedeutete praktisch, daß die Sendungen nicht an einen Empfänger gerichtet waren, sondern von Empfangsanlagen der Reichstelegrafenverwaltung (RTV) in 76 Städte aufgenommen wurden. Von dort wurden sie als sog. Rundfunktelegramme den Empfängern telefonisch oder auch durch Boten zugestellt. Bei diesem Dienst handelte es sich um drahtlose Telegrafie. Für diese Art der Vermittlung war der Begriff Rundfunk üblich.

Seit März 1921 wird unter Rundfunk auch die drahtlose Telefonie einbezogen. Im Zusammenhang mit dem angestrebten Ausbau des Fernkabelwesens steht auch die Gründung der Deutschen Fernkabel Gesellschaft (DFKB) am 7. April 1921. Die DFKB besteht aus einem Zusammenschluß der deutschen Elektrofirmen AEG, Siemens & Halske, Felten und Guilleaume sowie der Deutschen Reichspost in Berlin.

Staatssekretär Hans Bredow

Vater des Rundfunks

Hans Bredow, geboren am 26. November 1879 in Wiesbaden, war nach seinem Studium ab 1903 als Elektroingenieur bei der AEG beschäftigt. Als Technischer Direktor der Telefunken GmbH baute er 1908 den deutschen Schiffs- und Überseefunkdienst auf. Ab 1919 leistete er in der Funktion des Ministerialdirektors im Reichspostministerium in Berlin den entscheidenden Beitrag zum Aufbau des deutschen Rundfunknetzes.

Letzte deutsche Kaiserin Auguste Viktoria gestorben

11. April. Die letzte deutsche Kaiserin und preußische Königin Auguste Viktoria stirbt im Alter von 63 Jahren in ihrem Exil im niederländischen Doorn. Sie war seit 1881 die Frau Kaiser Wilhelms II.

Die »Vossische Zeitung« berichtet über die Trauerfeier am 19. April, an der 40 000 Menschen teilnehmen: »Für ein paar Stunden ist in Potsdam das wilhelminische Zeitalter noch einmal zu gespenstisch strahlendem Leben erwacht… An der Spitze [des Trauerzuges] schritten die Geistlichen, in der Mitte der ersten Reihe der Oberhofprediger Dryander, der den Zug mit der Leiche von Holland nach Potsdam begleitet hatte. Dann von vier Trakehner Rappen, mit lila Decken, die den goldbestickten Kaiseradler trugen und schwarz-weiße Federbüsche, gezogen, der Prunk-Leichenwagen der Hohenzollern. Dem Leichenwagen folgte dicht verschleiert die Kronprinzessin mit dem

Prinzen Eitel Friedrich… Neben Hindenburg schritten Ludendorff und… Großadmiral von Tirpitz im Zuge. Auch andere Heerführer und frühere Minister waren in großer

Zahl im Zuge vertreten, u.a. Fürst Bülow und der frühere Reichskanzler Michaelis… Es flimmerten die Fahnen und Uniformen der Abordnungen von früheren Regimentern,

von Vereinen, Schulen, studentischen Vertretungen… Beim Herannahen des Zuges senkten sich die umflorten Banner, und die Köpfe entblößten sich.«

Über 40 000 Menschen stehen an den Straßen, als der Sarg der ehemaligen Kaiserin nach Potsdam überführt wird.

Kaiserliche Offiziere im Trauerzug (v. l.): Paul von Hindenburg, Alfred von Tirpitz, Erich Ludendorff

Anarchisten Sacco und Vanzetti zum Tode verurteilt

15. April. In Dedham im US-Bundesstaat Massachusetts beginnt der Mordprozeß gegen die Italiener Nicola Sacco und Bartolomeo Vanzetti. Er endet am 14. Juli mit dem Todesurteil gegen beide Angeklagte. Sacco und Vanzetti werden beschuldigt, mit drei anderen Männern am 15. April 1920 eine Schuhfabrik überfallen zu haben, wobei zwei Wächter getötet und 15 000 US-Dollar (960 000 Mark) erbeutet wurden. Augenzeugen berichteten danach, die Täter hätten »sehr italienisch« ausgesehen, konnten jedoch keine genaue Personenbeschreibung liefern.

Das Todesurteil wird gefällt, obwohl stichhaltige Alibis gegen eine Tatbeteiligung Saccos und Vanzettis sprechen. Von viel größerem Interesse ist für die Prozeßführung, daß beide Angeklagte sich zum Anarchismus bekannt haben. Sie gelten für das Gericht als gefährliche Fremde, welche die Demokratie durch kommunistisches Gedankengut unterwandern wollen. Der Vorsitzende Richter Webster Thayer macht von Anfang an kein Hehl aus seiner Abneigung gegen die vermeintlichen Täter. In seiner abschließenden Ansprache an die Geschworenen, die nach US-amerikanischem Gesetz zu erfolgen hat, bevor diese sich zur Urteilsfindung zurückziehen, läßt Thayer die

Argumente der Verteidigung unberücksichtigt.

Das Todesurteil für Sacco und Vanzetti ist symptomatisch für eine zunehmende Fremdenfeindlichkeit in den USA. Obwohl nirgends die Gefahr organisierter Umsturzversuche besteht, grassiert seit 1919 die »Rote Furcht« (»red scare«), auch wenn die in der Nachkriegszeit zunächst anwachsenden Streikbewegungen längst abgeebbt sind. Vor allem die gewerkschaftlich organisierten Einwanderer, zu subversiven »Roten« erklärt, müssen als Sündenböcke für die Nachteile des sozialen Wandels herhalten.

△ *Bartolomeo Vanzetti (l.) und Nicola Sacco (r.) vor dem Prozeß. Während der Verhandlung müssen die beiden Angeklagten in Stahlkäfigen mitten im Gerichtssaal sitzen. Staatstruppen bewachen das Gerichtsgebäude.*

◁ *Auch wenn die Mehrheit der US-Amerikaner das Todesurteil befürwortet, bilden sich eine Reihe von Bürgerorganisationen aus Protest gegen die Entscheidung.*

Sonnenfinsternis fasziniert Europa

8. April. 28 Jahre nach der letzten Teilsonnenfinsternis beobachten die Europäer erneut durch rußgeschwärztes Glas dieses Naturereignis, das um 9.44 Uhr seinen Höhepunkt erreicht. In Paris sind 83% der Sonnenoberfläche verdeckt, in Dublin 94% und in Nizza 71%.

Das Naturereignis ist von einem starken Temperatursturz begleitet: In London fällt das Thermometer von 26 °C bis unter den Gefrierpunkt. Überall wird das Spektakel mit Foto- und Filmkameras, die mit besonderen Filtern ausgerüstet sind, festgehalten. Um ihre Augen zu schonen, schauen sich viele das optische Phänomen als Spiegelbild im Wasser an.

Die letzte totale Sonnenfinsternis fand 1860 statt, während die nächste erst für den 15. Februar 1961 erwartet wird.

Pariser Bürger beobachten die Verdunkelung der Sonne.

Mit gerußten Gläschen läßt sich die Blendung vermeiden.

Mode 1921:

Accessoires machen Schlichtheit reizvoll

»Die Modedame braucht sich nicht mehr sklavisch einer einzigen Grundform unterzuordnen, sie kann vielmehr die verschiedenen Möglichkeiten zu ihrem Vorteil voll ausnutzen. Früher legten sich die ›Modeschaffenden‹ gewissermaßen auf einige Richtlinien fest, um alles im gleichen Stil zu schaffen, heute aber bringt jeder Künstler, was ihm gefällt«, schreibt Elsa Herzog in »Sport im Bild«.

Dennoch bieten die Modejournale, allen voran »Elegante Welt«, »Die Dame« und »Moden-Spiegel«, eine Grundsilhouette: Gleichförmig weite, wadenlange Kleider, die in der Taille mit einer Gürtelschärpe lose zusammengefaßt sind. Das Kleidoberteil ist darübergeschoppt, der Rock mit Seidenfransen, lose herabhängenden Stoffbahnen oder mit einem längeren oder kürzeren Überrock aus Spitze oder Chiffon versehen. »Durch diese überaus aparten Garnierungen erhält der Rock eine aufgelockerte Saumlinie.« Die Kleider sind aus Charmeuse, Taft oder Crêpe Georgette. Kostüme und Laufkleider sind betont nüchtern und zweckmäßig gehalten. Die Kostümjacken sind ziemlich lang und reichen fast bis zum Knie. Sie sind tailliert und haben einen durch seitlich eingesetzte Zwickel ausschweifenden Schoß. Ein farblich kontrastierender Schalkragen sowie Lacktressen lockern die Strenge auf. Neuartig sind hüftlange, lose Jacken. Am meisten geschätzt sind die »Schneiderjacken«, deren strengste Form die Sakkojacke darstellt. Sie erfordern zwar einen geübten Schneider, sind aber nicht so sehr der Mode unterworfen. »Man trägt dazu die strenge Hemdbluse mit Umlegekragen und Schlips oder eine jener hübschen weißen Piquéwesten mit Ärmeln oder aber einen seidenen Jumper. Auch Blusen mit Jabots sind noch zulässig, während man sonst den Blusen gar keine Aufmerksamkeit mehr schenkt.« Der Kostümrock ist eher schmal gehalten und kann sogar seitlich einen kleinen Schlitz aufweisen.

Bei den Hüten können sich die Frauen nur breitkrempige Modelle vorstellen. Daneben sind lediglich Toquen und Directoireglocken (selbst diese haben einen relativ breiten Rand) gefragt. Die Hüte sind im Sommer aus Liseréstroh, Pedal oder Tagal gefertigt, im Winter herrschen Samt und Plüsch vor. Sie sind üppigst mit gelackten Pflaumen oder Trauben oder mit künstlichen Mimosen, Rosenranken und Kamelien aufgeputzt. Darüber darf ein Schleier oder eine Spitzendraperie nicht fehlen.

Der Pagenkopf taucht bereits auf, doch herrschen halblange, leicht gelockte Frisuren oder der schlichte Knoten am Hinterkopf vor, so daß vorn der Eindruck von kurzem Haar entsteht.

Die deutsche Frau schließt sich dem Trend der Weltmode zwar an, aber für sie gilt keineswegs nur noch Paris als Modevorbild. Die schick gekleidete Berlinerin wird mehr und mehr zu einem weltweiten Begriff, und die Damen der vornehmsten Gesellschaft tragen ausschließlich Modelle Berliner Couturiers, wie von Drecoll, Friedländer, Manheimer, Gerstel, Gerson-Prager-Hausdorff, Haas-Heye und von dem angesehenen Wiener Couturier Max Becker. Die neue Mode wird nicht auf dem Laufsteg, sondern auf der Theaterbühne vorgestellt. In Gesellschaftsstücken erscheinen Schauspielerinnen wie Tilla Durieux, Fritzi Massary oder Mady Christians in den neuesten Kreationen der Couture-Häuser.

Neben der Gesellschaftstoilette spielt die Mode für den Sport neuerdings eine große Rolle: Der wadenlange Faltenrock zum Tennis, die Breeches mit Wickelgamaschen und Windjacke zum Skifahren und das einfach geschnittene Trotteurkostüm für die Jagd oder zum Golf.

Kleider aus Madeira-Stickerei; um die Taille lose Taftschärpen

Hüte mit Blumendekoration sind ein Bestandteil der Sommermode.

Westen bringen Farbe in die Männermode

»Die Herrenkleidung von heute verlangt vom korrekten Gentleman, daß er sich der Dame anzupassen versteht. Die Wiedergeburt der Phantasieweste beispielsweise, die dazu bestimmt ist, in die Eintönigkeit der Herrengarderobe wieder etwas Kolorit zu bringen, gestattet manche farbliche Übereinstimmung mit der Lieblingscouleur der Dame. Und da es keine Stoffnot in den Schneiderwerkstätten gibt, hat man wieder die Wahl zwischen deutschen und englischen Fabrikaten«, schreibt eine Modezeitung.

Tagesanzug ist der einreihige dreiknöpfige Sakkoanzug mit relativ hochliegender Taille, langem Schoß und gerolltem Revers. Wegen der noch häufig schlechten Stoffe ist die Brust durch eine Leinen- oder Roßhaarauflage verstärkt. Man spricht von »Stehbrustsakkos«. Die Hosen werden Korkenzieherhosen genannt, da sie zum Fuß hin extrem eng werden, außerdem sind sie nur knöchellang. Der freibleibende Rist wird durch die bei der Straßenkleidung üblichen Gamaschen bedeckt. »Durch das größer werdende Angebot an Vergnügungen muß sich der Herr darüber neuerdings eine adäquate Kleidung überlegen.« Der früher zum Tanz korrekte Frack erweist sich durch die fliegenden Schöße infolge der neuen Tänze wie Shimmy, Foxtrott, Go-To-hell und Da-da Wawa als vollkommen ungeeignet. Des Rätsels Lösung scheint in der neuen amerikanischen »Tanzjacke« gefunden zu sein, die eine abgewandelte Form des Smokings darstellt. Ihre Besonderheit beruht auf dem bequemen Ärmelschnitt, einem Raglanärmel. Ansonsten ist die Tanzjacke knapper und anliegender als der Smoking gearbeitet und hat einen weniger tiefen Halsausschnitt. »Jeder weiß, daß der Jazz-Tanz eine recht erhebliche physische Leistung erfordert und da ist die Tanzjacke das einzig wahre Kleidungsstück. Doch davor, daß der Tanz zum Sport ausarte, behüte uns der restliche gute Geschmack des deutschen Herrn. Es könnte nämlich so scheinen, als ob die Tanzjacke, so wie der Sweater des Fußballspielers, zum unabänderlichen Sportdreß gehört.«

Ein findiger Londoner Modeschöpfer aber schlägt den »Frack-Smoking« vor; ein Frack, der sich durch einfaches Abnehmen der Schöße in einem Smoking verwandeln läßt. »Besonders bei Junggesellen, die nach offiziellen gesellschaftlichen Veranstaltungen bummeln gehen wollen, erfreut sich der Frack-Smoking großer Beliebtheit.«

Weite Sportkleider aus Strick ermöglichen den Damen freie Bewegungen, nicht nur beim Kricketspiel.

Schlichte Eleganz bestimmt Abendgarderobe

Die Abendkleider sind in diesem Jahr noch relativ einfach, auch sind sie nur wadenlang und im Schnitt den Nachmittagskleidern ähnlich. Lediglich das Dekolleté, in tiefer, eckiger oder spitzer Form, oder ein Rückendekolleté, gibt dem Kleid den abendlichen Charakter und »zeigt den Grad der Eleganz«. Haute Couture-Modelle sind aus Silberlamé, Brokat oder Samt. Für die junge Dame wirkt das Stilkleid mit seinem krinolinenartigen Rock als adäquates Gesellschaftskleid.

Besonders extravagant sind hingegen die diesjährigen Pelzmodelle. Die Herbstmode steht unter der Devise »Rußland«, wobei besonders die hohen Pelztoquen à la cosaque hervorstechen. Die tiefen Kragen fallen bei diesen Mänteln, die oft in Capeform geschnitten sind, weit über die Schultern und unterstreichen den mondänen Stil. Ebenso beliebt sind Manschetten und Saumansätze aus verschiedensten Pelzen – Hermelin, Zobel, Ringtailopossum oder Seefuchs.

Blüten an Taille und Saum lockern den strengen Schnitt des Abendkleides auf.

Pelzmode erhält ihre Extravaganz durch Kombination mehrerer Pelzarten.

Not macht Frauen erfinderisch

Obwohl die deutschen Modeschöpfer zu Trendsettern werden, kann sich die Mehrzahl der deutschen Frauen ihre Modelle nicht leisten, geschweige denn die Pariser Haute Couture aus den Salons von Paul Poiret, Jeanne Lanvin, Jean Patou oder Gabrielle Chanel.

Auch 1921 noch müssen sich die meisten Haushalte im Deutschen Reich nach der Decke strecken. Die einzige Möglichkeit, trotzdem zumindest annähernd den Chic der großen Welt nachzuahmen, besteht im Selbernähen. Mit dem Aufruf »Schneidert zu Hause!« wirbt daher der Ullstein-Verlag für verschiedene Schnittmusterhefte, die Anleitungen für Kleidung vom einfachen Unterhemd bis zum feinen Sonntagskostüm enthalten – praktische oder elegante Kleidung für die ganze Familie.

Alles läßt sich selber schneidern; für 6,50 Mark kann man Schnittmusterhefte mit 1500 Modellen von Ullstein erwerben.

Beleidigungsprozeß gegen Dadaisten

21. April. Vor dem Berliner Landgericht werden die Dadaisten George Grosz und Wieland Herzfelde wegen Beleidigung der Reichswehr in der Mappe »Gott mit uns« zu Geldstrafen verurteilt. Die Mappe »Gott mit uns« des deutschen Malers und Grafikers George Grosz, die im Oktober 1920 von der Polizei beschlagnahmt wurde, karikiert eine vom Militarismus und der Bourgeoisie geprägte Gesellschaft.

Kapital und Militär wünschen sich:

„Ein gesegnetes Neues Jahr!"

Eine von George Grosz' Zeichnungen, in der er die Verbindung zwischen rechtem Bürgertum und Militär angreift, da diese für ihn durch Festhalten an nationalistischem Gedankengut gesellschaftlichen Fortschritt hemmen. Beide am Galgen zu sehen ist dabei die Wunschvorstellung des Künstlers, der sich mit politischen Karikaturen engagiert gegen antirepublikanische Tendenzen einsetzt.

Anlaß des Prozesses war die Strafanzeige eines Hauptmanns der Reichswehr, der die Bilder aus der Mappe in einer Dada-Ausstellung gesehen hatte. Die Zeichnungen bezeichnete er im Verlauf des Prozesses als »Verspottung der edelsten Güter der Nation, Dinge, die geeignet gewesen sind, den Wehrgedanken in Deutschland zu vernichten«. George Grosz hat sich mit seinen engagierten gesellschaftskritischen Karikaturen gegen den Militarismus ganz besonders in nationalen und kirchlichen Kreisen unbeliebt gemacht und wird sogar öffentlich bedroht. Die Impulse für seine Arbeiten schöpft der Dadaist aus seinen schmerzlichen Erfahrungen in der Artillerie während des Weltkrieges. Der Prozeß gegen ihn und seine Kollegen endet völlig überraschend mit einem relativ milden Urteil, da das Gericht die Zeichnungen von Grosz als Spaß hinstellt. Grosz selbst wird zu einer Geldstrafe von 300 Mark verurteilt. Sein Verleger Wieland Herzfelde hingegen muß eine Summe von 600 Mark Strafe zahlen, da er größere finanzielle Vorteile von der Mappe gehabt habe (→ S. 60).

(→ S. 60)

Piscator scheitert mit Berliner Proletarischem Theater

10. April. In Erwin Piscators Proletarischem Theater in Berlin wird das politische Drama »Die Kanaker« von Franz Jung uraufgeführt. Es ist eine der letzten Aufführungen der Piscator-Bühne, die wegen finanzieller Schwierigkeiten Ende April nach nur sechsmonatigem Bestehen schließen muß.

Der Pastorensohn Erwin Piscator (* 17. 12. 1893) trat 1918 dem Spartacus-Bund bei. 1919 eröffnete er in Königsberg das Theater »Tribunal«, 1920 in Berlin das proletarische Theater.

Piscator hatte das Proletarische Theater als »Propagandabühne der revolutionären Arbeiter Groß-Berlins« konzipiert. Er wollte hier »proletarische Kunst« als neue, revolutionäre Kunst entwickeln und nicht, wie andere sozialistische Bühnen, den Arbeitern nur Kunst vorführen.

Die Probleme begannen jedoch schon mit diesem theoretischen Ansatz, da die zwölf Stücke, die für den ersten Spielplan ohne genaues Programm angesetzt waren, nicht gefunden wurden. Piscators Forderung an Dramaturgen, aktiv »in das Unmittelbare« einzugreifen, schien nirgends erfüllt. Ihm schwebte eine enge Verbindung mit dem Journalismus vor. Im Theater sollte Tagespolitik spontan verarbeitet werden, da nur so Kunst auch gesellschaftliche Veränderungen bewirken könne. Dieser Anspruch konnte jedoch nicht im Drama verwirklicht werden, sondern hätte eher der Form des politischen Kabaretts bedurft, bei dem jeden Abend neu Songs und Glossen auf den Stand des Tages gebracht werden.

Die Berliner Behörden gewährten der Piscator-Bühne außerdem keine Dauerkonzession. Für jede Aufführung mußte eine neue Genehmigung eingeholt werden, was Vorankündigungen unmöglich machte und damit die Zuschauerzahlen extrem verringerte.

Proletarisches Theater
Bühne der revolutionären Arbeiter Groß-Berlins
Geschäftsstelle Halensee, Karlsruher Str 27.   Telefon: Pfalzburg 4515

Genossen und Genossinnen!

Die Seele der Revolution, die Seele der kommenden Gesellschaft der Klassenlosigkeit und der Kultur der Gemeinschaft ist unser revolutionäres Gefühl.

Das proletarische Theater will dieses Gefühl entzünden und wach halten helfen.

Die Erlebnisse, die sozialistische Kunst in uns hervorruft, stärken das Bewußtsein vom Ernst und von der Größe der geschichtlichen Sendung unserer Klasse.

Ein Plakat des Proletarischen Theaters von Erwin Piscator. Das Hauptziel seiner neuen Theaterform besteht darin, den Zuschauer aus seiner Passivität zu locken und zu aktiver Teilnahme am Bühnengeschehen zu reizen. Piscator schreibt hierzu: »Nicht nur Aufschwung, Begeisterung, Hingerissenheit, sondern Aufklärung, Wissen, Erkenntnis sollte das Theater vermitteln.« Bühnenkunst hat für ihn die Aufgabe, vor allem die Arbeiterschaft zu bewegen und so dazu beizutragen, die Voraussetzungen für die proletarische Revolution zu schaffen. Nicht Menschen stehen auf der Bühne, sondern »Thesenträger, Vertreter von Klassen, Gesellschaftsschichten.«

Schachkönig Lasker gibt sich geschlagen

28. April. In der kubanischen Hauptstadt Havanna wird der Deutsche Emanuel Lasker als Schachweltmeister von seinem Herausforderer José Raúl Capablanca y Graupera entthront.

Am Ende der 15. Partie gibt der seit 1894 amtierende Weltmeister den Kampf auf und erklärt sich für besiegt. Nach dem Reglement hätten noch neun Partien gespielt werden müssen. Capablanca hat mit seinem letzten Sieg fünf Partien gewonnen, zehnmal gab es ein Remis. Damit ist der 33jährige Kubaner neuer Schachweltmeister.

Vor der Fachpresse rechtfertigt Lasker seine enttäuschenden Leistungen mit der drückenden Hitze in Havanna, weshalb er nicht in der Lage gewesen sei, seine ganze Aufmerksamkeit dem Spiel zu widmen. Unter den herrschenden Bedingungen habe er keine Möglichkeit gesehen, noch mindestens sechs Partien zu gewinnen und in den übrigen ein Remis zu erreichen, was zur Verteidigung seines Titels ausgereicht hätte. Kritiker werfen Lasker vor, durch ein mattes und wenig unternehmendes Spiel seinen erwarteten Sieg leichtfertig verspielt zu haben. Negativ wird auch vermerkt, daß er trotz seiner Niederlage mit rund 500 000 Mark honoriert wird. Andere Schachexperten vermuten, daß Lasker als Weltmeister »amtsmüde« geworden sei und eine Niederlage gegen den ebenfalls nicht überzeugend spielenden Capablanca bereitwillig in Kauf genommen habe.

△ Wie in seiner Anfangszeit, als er mit Simultanspielen in Kaffeehäusern sein Geld verdiente, spielt José Capablanca (r.) gelegentlich gegen mehrere Gegner gleichzeitig, allerdings zu wohltätigen Zwecken.

◁ Auch nach seiner Aufgabe gegen Capablanca gilt der seit 27 Jahren amtierende Weltmeister Emanuel Lasker als das größte Schachgenie seiner Zeit. Der österreichische Schachtheoretiker Richard Réti bezeichnet Lasker als den Begründer der psychologischen Spielführung. Lasker selbst widerspricht dieser Einschätzung, da das »Mode- und Rätselwort« Psychologie nicht für seinen Schachstil gelte. Vielmehr verzichte er auf eine »starre Technik«, die seine Spielweise für den Gegner schwer durchschaubar mache.

Paddock läuft 100-m-Weltrekord

23. April. Der US-Amerikaner Charles William Paddock stellt in Redlands (US-Bundesstaat Kalifornien) mit 10,4 sec über 100 m einen Weltrekord auf.

Mit dieser Leistung verbessert Paddock die offizielle Rekordmarke von 10,6 sec, die 1912 von Donald Lippincot (USA) erreicht und 1920 von Jackson Scholz (USA) eingestellt worden war. Bei der gleichen Veranstaltung stellt er mit 9,4 sec die Bestmarke über 100 y ein, verfehlt aber seinen eigenen Weltrekord vom 29. März 1921 über 200 m von 20,8 sec um zwei Zehntelsekunden. Dagegen verbessert er den von Bernard Wefer 1901 aufgestellten Weltrekord über 300 m mit 33,2 sec um fast drei Sekunden.

Charles William Paddock gehört zu den beliebtesten Leichtathleten in den Vereinigten Staaten. Bei den Olympischen Spielen 1920 in Antwerpen hatte er Goldmedaillen im 100-m-Lauf (10,8 sec) und über 4 × 100 m gewonnen und gilt seitdem als der schnellste Läufer der Welt. Neben seinen sportlichen Leistungen zeichnet sich der 20jährige Paddock durch publikumswirksame Auftritte aus. Vor jedem Lauf klopft er demonstrativ auf Holz, um seinen Erfolg zu beschwören. Besonders spektakulär sind die letzten Meter seiner Erfolgsläufe: Paddock wirft sich, um noch schneller zu sein, im »Hechtsprung« mit nach vorne gestrecktem Oberkörper über die Ziellinie.

Lasker und Capablanca: Meister des Schachs

In der Weltmeisterschaftsbegegnung in Havanna stehen sich Emanuel Lasker und José Capablanca zum zweiten Mal gegenüber. 1914 hatte Lasker bei einem internationalen Turnier der Schachgroßmeister in Petersburg (Leningrad) seinen kubanischen Gegner knapp geschlagen.

Mit dem 53jährigen Lasker und dem 33jährigen Capablanca messen sich zwei Schachspieler, deren Lebensweg und Spielweise deutliche Parallelen aufweisen.

Nach einer entbehrungsreichen Jugend verdiente sich Emanuel Lasker in Berliner Cafés während des Mathematikstudiums mit Simultanspielen seinen Lebensunterhalt. 1894 gewann er die Weltmeisterschaft gegen Wilhelm Steinitz und verteidigte den Titel sechsmal, zuletzt 1911, erfolgreich. Nach seiner Promotion zum Doktor der Mathematik 1902 offenbarte er seine Weltsicht in den philosophischen Werken »Kampf«, »Das Begreifen der Welt« und »Die Philosophie des Unvollendbaren«. Darüber hinaus machte er sich als Schachtheoretiker einen Namen.

Wie Lasker hatte auch José Capablanca schon früh seine Begabung für das Schachspiel entdeckt. Im Alter von zwölf Jahren wurde er kubanischer Meister und gewann zahlreiche internationale Turniere. Er blieb unbesiegt, nur in Emanuel Lasker fand er seinen Meister. Auch Capablanca trat als Autor hervor, allerdings konzentrierten sich seine Bücher ausschließlich auf das Schachspiel.

Eine weitere Gemeinsamkeit beider Spieler, die große gegenseitige Achtung verbindet, liegt in der Meisterschaft der Endspieltechnik. Capablanca hatte wie Lasker als Vorbereitung auf die Begegnung insbesondere mit Turmendspielen experimentiert.

Leichtathlet und Publikumsliebling: Charles William Paddock

Mai 1921

Mo	Di	Mi	Do	Fr	Sa	So
						1
2	3	4	5	6	7	8
9	10	11	12	13	14	15
16	17	18	19	20	21	22
23	24	25	26	27	28	29
30	31					

1. Mai, Sonntag

Der von den sozialistischen Parteien als Feiertag begangene 1. Mai verläuft im Deutschen Reich ruhig. In Berlin finden 32 Versammlungen der SPD statt, und die USPD veranstaltet eine große Maikundgebung im Lustgarten. Nur bei einem Demonstrationsumzug von Mitgliedern der Kommunistischen Arbeiterpartei Deutschlands (KAPD) kommt es zu tätlichen Auseinandersetzungen mit der Polizei.

Der US-amerikanische Senat nimmt mit 49 zu 23 Stimmen die Resolution Knox an, die den Krieg mit dem Deutschen Reich offiziell für beendigt erklärt. Die USA hatten den Versailler Vertrag wegen der Senatsopposition gegen Präsident Woodrow Wilsons Friedenspolitik nicht unterzeichnet. Die Resolution Knox muß noch vom Repräsentantenhaus angenommen werden (→25. 8./S. 140).

Im New Yorker Hafen liegen 200 US-amerikanische Schiffe fest, weil die Schiffsmechaniker wegen der angekündigten Lohnkürzungen streiken.

Die politische Glosse »Götterprüfung« von Kurt Eisner wird an der Berliner Volksbühne uraufgeführt. Eisner, zunächst Journalist und Schriftsteller, war von November 1918 bis Januar 1919 an der Spitze eines Arbeiter- und Soldatenrates Ministerpräsident der Republik Bayern. Eisner wurde 1919 ermordet.

2. Mai, Montag

Nach der Volksabstimmung über die nationale Zugehörigkeit Oberschlesiens, die eine Mehrheit für das Deutsche Reich ergab (→20. 3./S. 54), beginnt unter Führung des Politikers Wojciech Korfanty ein Aufstand mit dem Ziel der Vereinigung Oberschlesiens mit Polen. →S. 82

In Rom wird die Oper »Der kleine Marat« von Pietro Mascagni uraufgeführt.

3. Mai, Dienstag

In Paris wird eine Ausstellung mit Collagen des Dadaisten Max Ernst eröffnet. →S. 88

4. Mai, Mittwoch

Die Reichsregierung unter Konstantin Fehrenbach (Zentrum) tritt zurück, da sie nicht die Verantwortung für die Einwilligung in die endgültigen Reparationsforderungen der Alliierten übernehmen will (→5. 5./S. 80).

Die australische Regierung in Canberra beschließt, daß die deutschen Missionare in den ehemals deutschen Gebieten von Neuguinea bleiben dürfen. Neuguinea ist seit 1921 australisches Treuhandgebiet.

In der Berliner Akademie der Künste eröffnet der Maler Max Liebermann die »Schwarz-Weiß-Ausstellung«, eine Sammlung von zeitgenössischen Graphiken und Zeichnungen u. a. von Oskar Kokoschka. →S. 88

5. Mai, Christi Himmelfahrt

Stellvertretend für die Alliierten übergibt der britische Premierminister David Lloyd George in London dem deutschen Botschafter Friedrich Sthamer ein Ultimatum, in dem das Deutsche Reich aufgefordert wird, Reparationsschulden in Höhe von 132 Mrd. Goldmark zu akzeptieren. Sollte die Reichsregierung die Bezahlung verweigern, werde das Ruhrgebiet besetzt. →S. 80

Der britische Botschafter in den USA, Auckland Geddes, überreicht der Regierung in Washington eine Einladung der Alliierten, Vertreter zum Obersten Rat, zur Reparationskommission und zur Botschafterkonferenz in Paris zu entsenden. Hiermit sollen die USA ihre Übereinstimmung mit der Politik der Alliierten gegenüber dem Deutschen Reich zum Ausdruck bringen.

Die Parteiführer der nordirischen Ulster Unionists und der südirischen Unabhängigkeitsbewegung Sinn Féin, James Craig und Eamon de Valera, treffen sich in Dublin zu informellen Beratungen über eine Einigung im Konflikt mit Großbritannien. Die Ulster Unionists geben jedoch direkt nach dem Treffen bekannt, Craig habe keine vorherige Absprache mit ihnen gehalten und beharren weiterhin auf ihrer Politik, die den Anschluß an Großbritannien befürwortet (→7. 6./S. 101).

In Paris wird der 100. Todestag des französischen Kaisers Napoleon I. Bonaparte mit zahlreichen Festlichkeiten begangen. →S. 87

Das 34. Fußballländerspiel zwischen dem Deutschen Reich und Österreich in Dresden endet 3:3.

6. Mai, Freitag

Zwischen dem Deutschen Reich und Sowjetrußland wird in Berlin ein Handelsabkommen unterzeichnet, das den beschleunigten Ausbau der Wirtschaftsbeziehungen vorsieht. Ferner wird der Austausch der letzten Kriegsgefangenen vereinbart. →S. 84

7. Mai, Samstag

Der von dem exilrussischen Regisseur Dimitri Buchowetzki frei nach Georg Büchners Schauspiel »Dantons Tod« (1835) gedrehte Ufa-Film »Danton« wird in Berlin uraufgeführt. Die Titelrolle spielt Emil Jannings.

8. Mai, Sonntag

Im Verlauf des Parteitags der Sozialistischen Partei Rumäniens spaltet sich der linke Flügel ab und gründet die Kommunistische Partei. Ursache der Trennung war die Weigerung der demokratisch ausgerichteten Parteitagsmehrheit, der Kommunistischen Internationale (Komintern) beizutreten.

9. Mai, Montag

Nachdem in Großbritannien die Bergarbeiter bereits seit dem 1. April streiken, treten nun auch die Stewards und Elektrizitätsarbeiter wegen angekündigter Lohnkürzungen in den Ausstand (→15. 4./S. 66; 1. 7./S. 119).

10. Mai, Dienstag

Der bisherige Finanzminister Joseph Wirth (Zentrum) wird von Reichspräsident Friedrich Ebert (SPD) zum neuen Reichskanzler ernannt. Er bildet ein Kabinett aus Mitgliedern seiner Partei, der SPD und der DDP (→5. 5./S. 80).

Nach einer hitzigen Debatte nimmt der schwedische Reichstag mit großer Mehrheit den Vorschlag der sozialdemokratischen Regierung von Ministerpräsident Hjalmar Branting an, die Todesstrafe abzuschaffen.

Im Teatro Valle in Rom wird Luigi Pirandellos Drama »Sechs Personen suchen einen Autor« uraufgeführt.

11. Mai, Mittwoch

Die neue Reichsregierung unter Joseph Wirth (Zentrum) akzeptiert ohne Bedingungen das von den Alliierten am 5. Mai überreichte Londoner Ultimatum und damit die Festlegung der deutschen Reparationsschuld auf 132 Mrd. Goldmark (→5. 5./S. 80).

Das britische Landwirtschaftsministerium gibt bekannt, daß in Irland die Maul- und Klauenseuche ausgerottet sei.

12. Mai, Donnerstag

Der indische Unabhängigkeitskämpfer Mohandas Karamchand »Mahatma« Gandhi trifft sich in Simla zu Konsultationen mit dem britischen Vizekönig Rufus D. Reading. Gandhi will Möglichkeiten einer größeren Autonomie der britischen Kronkolonie erörtern. Er vertritt die Strategie des gewaltlosen Widerstands (→24. 12./S. 203).

In Amsterdam wird die Arbeiter-Jugendinternationale (AJI) durch Delegierte von sechs Jugendorganisationen aus verschiedenen europäischen Ländern eröffnet. In den Diskussionen geht es um Strategien zur Bekämpfung von Krieg und Militarismus. Der 20jährige Verbandssekretär der Deutschen Arbeiterjugend, Erich Ollenhauer, wird zum Geschäftsführer gewählt.

In Berlin wird »Der Hochstapler«, ein Film von Karl Heinz Jarosy, uraufgeführt. Olga Tschechowa ist in der Hauptrolle zu sehen.

13. Mai, Freitag

Der österreichische Bundeskanzler Michael Mayr (Christlich-Soziale Partei), der mit den Alliierten in Verhandlungen über einen Kredit zur wirtschaftlichen Sanierung seines Landes steht, fordert die österreichischen Landesregierungen auf, die Bestrebungen für einen Anschluß an das Deutsche Reich fallen zu lassen. Das Kreditversprechen ist mit der Auflage des Anschlußverbots an das Deutsche Reich verbunden (→13. 3./S. 51; 21. 6./S. 100).

Lew B. Kamenew, Mitglied des Zentralkomitees der sowjetischen Kommunistischen Partei, wird zum Vorsitzenden des Obersten Sowjets in Moskau gewählt.

Das Berliner Komitee zur Bekämpfung des »literarischen Schunds« veröffentlicht eine Liste anstößiger Romane und Kinofilme, die Elternbeiräten und Unterrichtsministerien als Orientierungshilfe dienen soll. Gleichzeitig erscheint eine Liste mit empfehlenswerter Literatur (→23. 2./S. 34).

Die Vereinigung der ungarischen Frauenverbände fordert die Regierung in Budapest auf, schärfer gegen die »Unzüchtigkeit« im öffentlichen Leben vorzugehen. So sollen alle Frauen, deren Röcke nicht bis zum Fußgelenk reichen, von der Polizei verwarnt werden.

14. Mai, Samstag

Der sozialdemokratisch ausgerichtete Gewerkschaftsbund ADGB legt in einer Denkschrift an die Botschaften Großbritanniens, Frankreichs und Italiens die Probleme der deutschen Wirtschaft im Falle des Verlustes von Oberschlesien dar. Dabei wird besonders die Bedeutung des oberschlesischen Industr1ereviers für den Aufbau der deutschen Nachkriegswirtschaft hervorgehoben (→2. 5./S. 82; 20. 10./S. 172).

Der bayerische Ministerpräsident Gustav Ritter von Kahr (parteilos) empfängt in München den NSDAP-Propagandaleiter Adolf Hitler und seinen Mitarbeiter Rudolf Heß, um Möglichkeiten zur Sammlung aller »nationalen Kräfte« zu besprechen, da die Reichsregierung die endgültige Auflösung der Einwohnerwehren fordert (→1. 6./S. 98).

Der Hafen von Antwerpen ist durch einen Streik der Dockarbeiter gegen angekündigte Lohnkürzungen völlig lahmgelegt. 3200 Waggons Kohle blockieren die Hafenanlagen.

In Prag wird die Kommunistische Partei der Tschechoslowakei gegründet. Zu den ersten Beschlüssen zählt der Eintritt in die Kommunistische Internationale, dem höchsten Gremium aller sozialistischen Parteien.

Im Moabiter Ausstellungspalast in Berlin wird von Reichspräsident Friedrich Ebert (SPD) die »Große Berliner Kunstausstellung« u. a. mit Werken von Paul Klee und Pablo Picasso eröffnet. →S. 88

15. Mai, Pfingstsonntag

Bei den Wahlen zum italienischen Abgeordnetenhaus erringen die Faschisten 35 von 535 Sitzen, während die Sozialisten schwere Stimmenverluste hinnehmen müssen. Der schnelle Aufstieg der 1919 gegründeten faschistischen Bewegung erklärt sich nicht zuletzt dadurch, daß die liberale Regierung das Vorgehen der Faschisten gegen Sozialisten und Arbeiterorganisationen toleriert, wenn auch nicht ausdrücklich unterstützt (→4. 7./S. 118; 7. 11./S. 189).

Im Königsberger Neuen Schauspielhaus wird das Lustspiel »Casanova in Spa« von Arthur Schnitzler uraufgeführt.

Der Aufstand der polnischen Freischärler in Oberschlesien wird auch im übrigen Deutschen Reich mit großer Sorge verfolgt. Zeitungen und Zeitschriften berichten ausführlich über die bewaffneten Auseinandersetzungen zwischen den polnischen Verbänden und dem sog. deutschen Selbstschutz (Abb.).

Mai 1921

Preis 50 Pf.

Aufruhr in Oberschlesien

Berliner

Illustrirte Zeitung

Extrablatt

Verlag Ullstein, Berlin

Der Aufruhr in Oberschlesien:
Bewaffnete Bahnbeamte bei der Bewachung der Oderbrücken.

16. Mai, Pfingstmontag

Reichskanzler Joseph Wirth (Zentrum) veröffentlicht in der »Neuen Freien Presse«, eine Erklärung, in der er die Annahme des Londoner Ultimatums vom 5. Mai rechtfertigt. Nur nach einer Klärung der Differenzen mit den Alliierten könne endlich der Wiederaufbau des Deutschen Reiches beginnen (→ 5. 5./S. 80).

Die Interalliierte Kommission in Oppeln (Oberschlesien) fordert die polnischen Aufständischen unter der Führung des Politikers Wojciech Korfanty auf, unverzüglich die seit Anfang des Monats besetzten Gebiete in Oberschlesien zu verlassen (→ 2. 5./S. 82).

17. Mai, Dienstag

Das bisher größte US-amerikanische Schlachtschiff, die »Tennessee«, macht seine erste Probefahrt. Das elektrisch angetriebene Schiff mit zwölf Geschützen an Bord erreicht eine Geschwindigkeit von 21 Knoten (39 km/h).

Da Röntgenärzte vermehrt aufgrund zu hoher Strahlenbelastung sterben, findet in London ein Radiologenkongreß statt. Er beschließt genauere Forschungen zum Aufbau der Strahlen und deren Einwirkung auf menschliche Zellen und Blut.

Im Théâtre de la Gaité-Lyrique in Paris wird Sergei S. Prokofjews Ballett »Der Narr« mit dem Ballets Russes unter der Leitung von Sergei Diaghilew uraufgeführt. → S. 89

18. Mai, Mittwoch

Der Deutsche Lehrerverband beschließt auf seiner Tagung in Stuttgart, sich in der Form einer Lehrergewerkschaft zu organisieren. Dieser Verein arbeitet nach gewerkschaftlichen Grundsätzen unter Anwendung aller gewerkschaftlichen Mittel z. B. Streik. Als ersten Schritt beschließt der Verein, dem Deutschen Beamtenbund beizutreten und sich verstärkt dafür einzusetzen, daß dieser mit den gewerkschaftlichen Organisationen der Angestellten und Arbeiter zusammenarbeitet.

19. Mai, Donnerstag

Der US-amerikanische Kongreß verabschiedet ein Gesetz, das die Einwandererzahlen beschränkt. → S. 86

Der Berliner Polizeipräsident erläßt eine Verfügung, daß zukünftig keine Massenrazzien mehr stattfinden sollen. Diese seit zwei Jahren vermehrt eingesetzte Maßnahme hat sich als wenig erfolgreich zur Ergreifung von Hehlern erwiesen, dafür aber um so mehr unschuldig belangte Bürger verärgert.

20. Mai, Freitag

In Peking wird ein Friedensvertrag zwischen dem Deutschen Reich und China unterzeichnet. → S. 87

Das Deutsche Reich, das seit der Entwaffnungskonferenz von Spa im Juli 1920 zu jährlichen Kohlelieferungen an die Alliierten verpflichtet ist, hat seit dem Beginn des polnischen Aufstandes in Oberschlesien am Anfang des Monats keine Kohlen mehr aus diesem Gebiet erhalten. Das Ausmaß des Verlustes ist erheblich, denn der Förderungsertrag in diesem Gebiet betrug allein von Januar bis März 4 352 030 t Steinkohle und 598 896 t Koks (→ 2. 5./S. 82).

Der Belgier Paul Hymans legt als Beauftragter des Völkerbundes Polen und Litauen den Entwurf einer Realunion beider Staaten vor. Diese befinden sich seit der Besetzung des litauischen Wilnagebietes durch polnische Freischärler 1920 in kriegerischen Auseinandersetzungen. Hymans Vorschlag wird jedoch von beiden Seiten abgelehnt.

21. Mai, Samstag

Der deutsche Selbstschutz, der gegen die polnischen Aufständischen in Oberschlesien kämpft, erstürmt unter dem Kommando des deutschen Generalleutnants Karl Höfer den Annaberg in Oberschlesien, die stärkste Befestigung der Polen (→ 2. 5./S. 82).

Die Russische Sozialistische Föderative Sowjetrepublik (RSFSR) und die im Februar neugegründete Georgische (Grusinische) Sowjetrepublik schließen einen Vertrag, in dem sich beide Seiten enge militärische und wirtschaftliche Kooperation zusichern (→ 25. 2./S. 31).

Die britische Regierung gibt in London bekannt, daß durch den anhaltenden Bergarbeiterstreik in Großbritannien ein Ausfall von 27 Mio. t Kohle zu verzeichnen ist. Die Gesamtzahl der Erwerbslosen beläuft sich inzwischen auf über zwei Millionen (→ 15. 4./S. 66; 1. 7./S. 118).

22. Mai, Sonntag

Vertreter aller deutschen Arbeitnehmer- und Arbeitgeberverbände sowie der Industrie und der Presse finden sich in der Berliner Philharmonie zu einer Kundgebung gegen die »Vergewaltigung« Oberschlesiens ein. Die Versammlung fordert das Selbstbestimmungsrecht für Oberschlesien und lehnt einen Anschluß an Polen oder die Bildung eines Freistaats kategorisch ab (→ 2. 5./S. 82).

Die Stadtverwaltung von Chicago kündigt an, daß Frauen, die sich in der Öffentlichkeit mit kurzen Röcken und nackten Armen zeigen, zukünftig zwischen 10 und 100 US-Dollar (ca. 640 bis 6400 Mark) Bußgeld zahlen müssen.

In Rüsselsheim findet das erste Automobil-Bahnrennen seit dem Weltkrieg statt. Sieger des Rennens mit mehreren Durchgängen sind der Opel-Werksfahrer Karl Jörns sowie Georg Kellner. → S. 89

23. Mai, Montag

Der bisherige deutsche Gesandte in den Niederlanden, Friedrich Rosen (parteilos), wird Reichsaußenminister. Er löst Walter Simons (parteilos) ab, der zusammen mit dem Kabinett unter Konstantin Fehrenbach (Zentrum) am 4. Mai zurückgetreten ist (→ 5. 5./S. 80).

24. Mai, Dienstag

In Nordirland, das seit 1920 von Südirland durch das Gesetz zur Teilung Irlands (Government of Ireland Act) getrennt ist, finden Wahlen zum ersten Parlament statt. Es soll in Belfast zusammentreten. Die Ulster Unionists, eine Partei, die den Anschluß an Großbritannien befürwortet, gewinnt 40 von insgesamt 52 Sitzen (→ 7. 6./S. 101).

Der Begriff »Fernsprechbuch« wird als offizielle Bezeichnung der bisherigen Verzeichnisse der Fernsprechteilnehmer der Reichstelegrafenverwaltung eingeführt. Im Deutschen Reich gibt es derzeit etwa 50 solcher Bücher. Das umfangreichste und teuerste Fernsprechbuch ist die Berliner Ausgabe mit 1816 Seiten. Es wiegt 2,5 kg und kostet 34 Mark.

25. Mai, Mittwoch

In der irischen Hauptstadt Dublin setzen Anhänger der Untergrundorganisation Irisch-Republikanische Armee (IRA) das 130 Jahre alte Zollhaus, ein Verwaltungsgebäude der britischen Regierung, in Brand. Die IRA kämpft seit ihrer Gründung 1919 gegen die britische Herrschaft in Irland mit dem Ziel der Errichtung eines autonomen gesamtirischen Staates (→ 7. 6./S. 101).

In Norwegen beginnt ein Generalstreik, der bis zum 8. Juni andauert. 120 000 Arbeiter protestieren gegen angekündigte Lohnsenkungen zwischen 25 und 33%. Angesichts des massiven Aufgebots an Regierungstruppen muß der Streik schließlich abgebrochen werden. Er bewirkt jedoch, daß die Kürzungen zurückgenommen werden.

26. Mai, Donnerstag

Das Reichsgericht in Leipzig fällt das erste Urteil in den von den Alliierten im Versailler Vertrag geforderten Kriegsverbrecherprozessen. Der deutsche Unteroffizier Karl Heynen erhält eine zehnmonatige Haftstrafe. → S. 81

Der Magistrat der Stadt Berlin gestattet die Beschäftigung von sog. Tauschhändlern für Küchenabfälle. Bisher mußten Hausfrauen ihre Abfälle in Behältern in Häuserhöfen deponieren, nun aber können sie diese den Händlern verkaufen. Die Tauschhändler wiederum geben sie zu festgesetzten Preisen an die Verwaltung ab. Auf diese Weise wird eine geregelte Abfallbeseitigung gewährleistet.

27. Mai, Freitag

Der US-amerikanische Kongreß nimmt ein neues Zollgesetz an. Die Erhöhung der Einfuhrzölle für landwirtschaftliche Erzeugnisse ist eine protektionistische Maßnahme, die den US-amerikanischen Farmern, die seit Ende des Weltkriegs unter der Konkurrenz des ausländischen Weizen- und Baumwollhandels leiden, helfen soll.

Der Film »Scherben« von Lupu Pick wird im Berliner Mozartsaal uraufgeführt.

28. Mai, Samstag

Aus dem US-amerikanischen Bundesstaat Texas wird berichtet, daß in der letzten Zeit vermehrt der Ku-Klux-Klan schwarze Bürger und Weiße, die in irgendeiner Form mit Schwarzen in Kontakt standen, durch Teeren und Federn ermordet habe. Der 1865 gegründete geheime Terrorbund kämpft für »die Aufrechterhaltung der Vorherrschaft der weißen Rasse«.

In Guelph in der kanadischen Provinz Ontario wird die Kommunistische Partei Kanadas gegründet. In ihr finden Delegierte verschiedener kommunistischer Gruppen, die sich bisher in den USA organisiert haben, zusammen. In den USA gibt es bereits seit 1919 eine Kommunistische Partei.

29. Mai, Sonntag

Nachdem sich schon die Tiroler Bevölkerung am 24. April für den Anschluß an das Deutsche Reich entschieden hat, stimmen auch in Salzburg 99,5% der Wahlbeteiligten bei einer Volksabstimmung für die Angliederung. → S. 83

In Düsseldorf hat die Operette »Die spanische Nachtigall« von Leo Fall mit Fritzi Massary in der Hauptrolle Premiere.

Graf Giulio Masetti gewinnt auf einem Fiat das sizilianische Autorennen Targa Florio, das mit seiner 72 km langen, extrem kurvenreichen Strecke das härteste Langstreckenrennen für Sportwagen ist.

30. Mai, Montag

Der Direktor der AEG, Walter Rathenau (DDP), wird Wiederaufbauminister in der neuen Regierung unter Joseph Wirth (Zentrum). → S. 81

Staatssekretär Heinrich Bergmann überreicht der alliierten Reparationskommission eine Zahlung von 200 Mio. US-Dollar (840 Mio. Goldmark) in 20 Reichswechseln.

31. Mai, Dienstag

Nachdem am 29. Mai Salzburg für den Anschluß an das Deutsche Reich gestimmt hat, beschließt auch der Landtag der Steiermark in Graz, am 3. Juli eine Volksabstimmung über eine Angliederung abzuhalten (→ 21. 6./S. 100).

Erstmals seit dem Weltkrieg erhalten Deutsche und Österreicher die Erlaubnis, in die USA einzuwandern (→ 19. 5./S. 86).

Der japanische Kronprinz Hirohito beendet seine dreimonatige Weltreise mit einem Aufenthalt in Frankreich. → S. 87

Auf Veranlassung des Schweden Sigfrid Edström wird das Ständige Büro der Internationalen Sportverbände als Partner des Internationalen Olympischen Komitees (IOC) in Lausanne gegründet.

Das Wetter im Monat Mai

Station	Mittlere Lufttemperatur (°C)	Niederschlag (mm)	Sonnenscheindauer (Std.)
Aachen	13,7 (12,8)	33 (67)	— (205)
Berlin	15,4 (13,7)	87 (46)	— (239)
Bremen	15,0 (12,8)	22 (56)	— (231)
München	15,1 (12,5)	102 (103)	— (217)
Wien	— (14,6)	— (71)	— (173)
Zürich	14,2 (12,5)	76 (107)	183 (207)
( ) Langjähriger Mittelwert für diesen Monat — Wert nicht ermittelt			

Die in Berlin erscheinende »Vossische Zeitung« stellt in einer Bildbeilage das neue Kabinett unter Reichskanzler Joseph Wirth vor. Der Zentrumspolitiker löst seinen Parteifreund Konstantin Fehrenbach ab, der mit der Koalitionsregierung aus Zentrum, DDP und DVP aus Protest gegen die Reparationsforderungen der Alliierten zurückgetreten war.

Nummer 20
15. Mai 1921

Zeitbilder

Beilage zur Vossischen Zeitung

DIE NEUEN REICHSMINISTER

Reichsschatzminister und Stellvertreter des Reichskanzlers Bauer.
Phot. Zander & Labisch.

Reichskanzler Dr. Wirth.

Reichswirtschaftsminister Robert Schmidt.
Phot. Noack.

Reichsminister der Justiz Schiffer.
Phot. Noack.

Reichsminister des Innern Dr. Gradnauer.
Phot. Hahn Nchf.

Reichsarbeitsminister Dr. Brauns.

Reichspostminister Giesberts.
Phot. A. Bindis.

Reichsverkehrsminister Gröner.
Phot. Frankl.

Reichswehrminister Dr. Geßler.
Phot. Groß.

Reichsminister für Ernährung und Landwirtschaft Hermes.
Phot. Heddenhausen & Weiß.

DIE TÄNZERIN.
Novellette von Walter Wolff.

L ydia Romanowa stand hinter der ersten Kulisse, einen seidenen Schal über die schmalen, entblößten Schultern gelegt, und harrte geduldig, daß das Senken und Heben des Vorhanges sie auf die Bühne riefe, sie, die berühmte „neunjährige Tänzerin", von der Theaterzettel, Anzeigen und lancierte Pressemitteilungen Wunderdinge zu berichten wußten. Lydia trug um die Hüften einen in hundert Streifen zerschlissenen Rock, der an die Schurzfelle gewisser wilder Völkerstämme erinnerte, metallenen, von klinkenden, blitzenden Steinen durchbrochenen Schmuck um Hals und Brust, und breite, bei jeder Bewegung leise klirrende Reifen um Ober- und Unterarme. Das war ihre ganze Gewandung. Denn die Dreizehnjährige — vier Jahre verschwieg der Theaterzettel — trat gleich zu Anfang in ihrer Glanzrolle auf: im Tanz der Salome.

Nun hatte der Jongleur die letzte in den Lüften tanzende Kugel wieder aufgefangen und den Beifall des Publikums mit einer vagen Handbewegung quittiert. Hilfsbereite Hände nahmen ihr den Schal von den Schultern — und tänzelnd wie ein junges Reh im Walde betrat das Mädchen die Szene.

Londoner Ultimatum: Das Deutsche Reich muß zahlen

5. Mai. Der britische Premierminister David Lloyd George überreicht dem deutschen Botschafter Friedrich Sthamer in London ein Ultimatum, in dem die Reichsregierung aufgefordert wird, innerhalb von sechs Tagen der Bezahlung einer Reparationssumme von 132 Mrd. Goldmark zuzustimmen. Andernfalls wird mit der Besetzung des Ruhrgebiets gedroht. Unter dem Druck dieser Ankündigungen war einen Tag zuvor die Reichsregierung unter Konstantin Fehrenbach (Zentrum) zurückgetreten.

Nach dem Scheitern der Londoner Konferenz im März (→ 1. 3./S. 44) waren die Vertreter der Entente nach mehreren Zusammenkünften am 27. April übereingekommen, die endgültige Reparationssumme auf den Betrag von 132 Mrd. Goldmark festzulegen. Die deutsche Seite hingegen hoffte immer noch, die Schulden durch eine einmalige Zahlung von 50 Mrd. Goldmark begleichen zu können. Für den Fall, daß die Alliierten auch diesem Vorschlag nicht zustimmen würden, schlug sie einen Betrag von 200 Mrd. Goldmark vor, definierte dabei aber die Zahlweise nicht näher, was die sofortige Ablehnung der Siegermächte hervorrief.

Die Reichsregierung setzte dabei vor allem auf die Unterstützung der USA, die davor gewarnt hatten, das Deutsche Reich einem zu großen wirtschaftlichen Druck auszusetzen. Dennoch besteht auch hier ein großes Interesse an einem baldigen Verhandlungsabschluß, da die USA

Der neue Reichskanzler Joseph Wirth (Zentrum); er nimmt das Ultimatum der Entente bedingungslos an.

Die französische Delegation mit Ministerpräsident Aristide Briand (3. v. r.) nach einer Beratung der Alliierten in London

als größter Kreditgeber ihrer Verbündeten im Weltkrieg am meisten von der Wiedergutmachung profitieren. Zudem will man sich in den USA nicht offen der Verhandlungsführung Frankreichs und Großbritanniens widersetzen.

Am 3. Mai erklärt die US-Regierung den deutschen Gegenvorschlag für inakzeptabel, was das Kabinett Fehrenbach am 4. Mai letztlich zum Rücktritt veranlaßt. Die Regierung will sich nicht erneut der Entente beugen, da zum einen schon die Besetzung des Ruhrgebiets (→ 7. 3./S. 46) in ihrer Verantwortung liegt und zum anderen der Koalitionspartner DVP nicht einstimmig zur Unter-

zeichnung des Ultimatums bereit ist (→ 1. 6./S. 96).

Schon am 10. Mai tritt eine neue Regierung unter dem Zentrumspolitiker Joseph Wirth zusammen, die am folgenden Tag das Ultimatum »ohne Vorbehalt« unterschreibt. Das deutsche Reich verpflichtet sich damit zur Einhaltung folgender Bestimmungen:

▷ Die Gesamtsumme von 132 Mrd. Goldmark soll in 66 Jahresraten von 2 Mrd. Mark bezahlt werden; auf diesen Betrag sind 6% Zinsen zu zahlen

▷ 26% der Erträge des deutschen Exports sind an die Entente abzugeben

▷ Die 12 Mrd. Goldmark, die noch von der bis zum 1. Mai zu zahlenden Summe ausstehen (→ 24. 1./S. 12), sind so bald wie möglich zu leisten

▷ Die Einwohnerwehren im Deutschen Reich müssen unverzüglich aufgelöst werden

▷ Die von den Alliierten gefangenen Kriegsverbrecher sind umgehend vor Gericht zu stellen (→ 26. 5./S. 81).

Mit der bedingungslosen Annahme der Reparationsforderungen vollzieht die Reichsregierung eine entscheidende außenpolitische Wende und setzt sich heftiger Kritik der rechten Parteien aus (→ 1. 6./S. 96).

Deutsche Wirtschaft steht vor unerfüllbarer Belastung

Die Festlegung der Reparationszahlungen stellt die neue Reichsregierung unter Joseph Wirth (Zentrum) vor das Problem, so bald wie möglich neue Geldquellen für die Staatskasse zu finden. Die von den Alliierten geforderte Summe von 132 Mrd. Goldmark übersteigt nach Berechnung des britischen Wirtschaftswissenschaftlers John Maynard Keynes die Möglichkeiten der deutschen Volkswirtschaft um ein Dreifaches. Die jährlichen Leistungen belaufen sich auf 7% des deutschen Volkseinkommens. Die naheliegendste Lösung zur Geldbeschaffung wäre eine Steuer-

Der Ökonom John Maynard Keynes

erhöhung, die jedoch vorläufig politisch nicht durchzusetzen ist, da schon die Unterzeichnung des Ultimatums an sich eine starke Opposition hervorruft (→ 1. 6./S. 96). Zudem könnten die so zusätzlich eingenommenen Beträge immer noch nicht die Gesamtforderung decken. Deshalb schreitet die Regierung zu einer Maßnahme, die für die deutsche Volkswirtschaft schwere Folgen hat: Neben der Kreditaufnahme bei führenden deutschen Banken erhöht sie die Geldumlaufmenge. Die Inflation kommt so ins Rollen (→ S. 57).

Eine weitere Belastung erwächst

aus der Art der Leistungen, denn die Alliierten bestehen weitgehend auf Geldzahlungen. Diese jedoch sind nicht unbefristet möglich, denn die Reichsbank besitzt nur geringe Devisen- und Edelmetallreserven. Die Reichsregierung und die deutsche Wirtschaft würden es vorziehen, die Reparationen als Sachleistungen in die Ententestaaten zu liefern. Die Alliierten befürchten wiederum, daß ihre eigenen Industrien hierdurch geschädigt werden, erschweren aber gleichzeitig die deutsche Devisenbeschaffung durch extrem hohe Zölle an ihren eigenen Grenzen.

Rathenau Minister für Wiederaufbau

30. Mai. Nach längerem Zögern tritt der Präsident des Aufsichtsrats der AEG, Walther Rathenau (DDP), als Wiederaufbauminister in das neue Kabinett unter Joseph Wirth (Zentrum) ein. Zusammen mit dem Reichskanzler wird er der entschiedenste Vertreter der »Erfüllungspolitik«, der bedingungslosen Annahme der alliierten Reparationsforderungen (→ 1. 6./S. 96).

Rathenau hatte vor allem Zweifel an der Richtigkeit seines Regierungsbeitritts gehegt, weil er immer stärker wegen seines jüdischen Glaubens angefeindet wird. Zudem haben seine publizistische Tätigkeit, in der er Theorien von einer Gesellschaft zwischen Sozialismus und Kapitalismus entwickelte, und sein Wille zur Einigung mit den Siegermächten viele Widersacher geschaffen, unter ihnen besonders den Stahlindustriellen und DVP-Reichstagsabgeordneten Hugo Stinnes. Rathenau hatte sich im Gegensatz zu Stinnes auf der Konferenz in Spa im Juli 1920 erfolgreich dafür eingesetzt, die Kohleforderungen der Alliierten –

Walther Rathenau, geboren am 29. September 1867, trat 1899 in das AEG-Direktorium ein; 1914 baute er die Kriegsrohstoffabteilung in Preußen auf; zugleich ist er Publizist und Schriftsteller.

die erste Reparationsfestlegung – bedingungslos zu akzeptieren.

Gerade das engagierte Bekenntnis zur Verständigungspolitik hat den neuen Reichskanzler Wirth darauf bestehen lassen, Rathenau als Minister für sein Kabinett zu gewinnen. Entgegen den Angriffen der Rechten würdigt die liberale Presse den Wiederaufbauminister schon bei Amtsantritt als eine Persönlichkeit von internationalem Ansehen. Der Industrielle, der in vielen in- und ausländischen Unternehmen Leitungsfunktionen innehat, trat als Mitglied des vorläufigen Reichswirtschaftsrats und der zweiten Sozialisierungskommission hervor und sammelte bereits bei den Vorbereitungen der Versailler Friedenskonferenz und der Konferenz in Spa außenpolitische Erfahrungen.

Der Kriegsverbrecherprozeß vor dem Reichsgericht in Leipzig stößt auf ein starkes öffentliches Interesse.

Kriegsverbrecher verurteilt

26. Mai. Vor dem Reichsgericht in Leipzig wird im ersten Prozeß gegen deutsche Kriegsverbrecher das Urteil ausgesprochen. Der ehemalige Unteroffizier Karl Heynen wird der Gefangenenmißhandlung in 15 Fällen für schuldig befunden und zu zehn Monaten Haft verurteilt.

Die Siegermächte hatten im Versailler Vertrag vom Deutschen Reich gefordert, die namhaft gemachten Kriegsverbrecher auszuliefern, so daß sie vor alliierten Militärgerichten abgeurteilt werden können. Die Deutschen hingegen hatten sofort gegen diese Bestimmung protestiert und statt dessen eine Aburteilung vor dem Reichsgericht erreicht. Die Alliierten überwachen die Prozeßführung durch Justizbeamte und Parlamentsabgeordnete.

Im Laufe des Jahres werden insgesamt zwölf Fälle verhandelt; danach versiegt das Interesse der Entente an den Prozessen zugunsten wichtigerer politischer Belange. Alle Haftstrafen fallen niedrig aus. Als höchste Strafe wird in zwei Fällen vier Jahre verhängt, jedoch entkommen die Täter, ohne daß große Anstrengungen unternommen werden, sie zu ergreifen.

Vertreter Großbritanniens: Generalstaatsanwalt Ernest Pollock (l.)

Der frühere Unteroffizier Karl Heynen (l.) erhält eine Gefängnisstrafe

Scharfe Kritik an einseitiger Sühne

Das erste Kriegsverbrecherurteil erzeugt neue Proteste gegen den Versailler Vertrag. So wendet sich die »Vossische Zeitung« gegen die Aburteilung ausschließlich deutscher Kriegsverbrecher:

»Auch deutsche Männer sind in großer Zahl in französische und englische Hände geraten, und es kann nicht bestritten werden, daß unter den vielen Klagen, die aus ihrer Mitte gekommen sind, sich eine große Anzahl von Fällen befindet, die der Untersuchung ebenso bedürften wie die Beschuldigungen, die jetzt das Reichsgericht zu prüfen hat. Wenn man der Behauptung der Gegner Glauben schenkt, daß sie mit der Verfolgung der deutschen Kriegsverbrecher nicht eine Politik der Rache, der Willkür und der moralischen Verfemung betreiben, sondern der Festigung der höchsten Rechtsbegriffe dienen soll, so kann man ihre Unterstützung erwarten für die Forderung eines paritätischen Vorgehens, das ja noch viel wirksamer dem hohen Ideal des Schutzes der Entwaffneten und Waffenlosen im Krieg dienen würde, als eine einseitige Sühne, die den Stachel der Kränkung und Rechtlosigkeit nicht beseitigt. Das Verfahren in Leipzig bedarf also der Ergänzung,... für den Völkerbund... eine Gelegenheit.«

Polnischer Aufstand in Oberschlesien gegen das Reich

2. Mai. In Oberschlesien bricht unter der Führung des polnischen Politikers und Abstimmungskommissars Wojciech Korfanty ein polnischer Aufstand aus. Er ist eine Reaktion auf die am → 20. März (S. 54) erfolgte Abstimmung in Oberschlesien, in der sich 59,6% der Bevölkerung für die Zugehörigkeit des Gebietes zum Deutschen Reich entschieden hatten. Korfanty dagegen will die Vereinigung mit Polen.

Die polnischen Freischärler verzeichnen schnelle Erfolge; schon nach einigen Tagen haben sie das Gebiet westlich bis zur Oder in ihrer Hand. Eisenbahnlinien und Telegrafennetze sind fast vollständig zerstört. In den Gruben und Eisenhütten kann nicht gearbeitet werden, weil die polnischen Aufständischen die Arbeitswilligen gewaltsam zurückhalten.

Da Oberschlesien seit dem Versailler Friedensvertrag alliiertes Hoheitsgebiet ist und von einer Interalliierten Kommission verwaltet wird, darf hier kein Reichswehreinsatz erfolgen. Deshalb sammeln sich deutsche Selbstschutzgruppen und Bürgerwehren in Oberschlesien zum Widerstand gegen die Aufständischen. Nach erbitterten Kämpfen gelingt es den Selbstschutzverbänden unter General Karl Höfer am 21. Mai, den südlich von Oppeln gelegenen Annaberg, die stärkste Befestigung der Polen, zu erobern; Korfantys Freischaren werden zurückgedrängt. Schon in den Jahren 1919 und 1920 wurden polnische Aufstände unter Korfanty von deutschen Selbstschutzverbänden erfolgreich niedergeschlagen.

Von der französischen Besatzungsmacht wird der polnische Aufstand toleriert, während Großbritannien den Einsatz deutscher Selbstschutzgruppen gegen die Aufständischen duldet. Frankreich versucht mit allen Mitteln, das Deutsche Reich zu schwächen und unterstützt dementsprechend die polnischen Aufständischen auch mit Waffenlieferungen. Auf diese Weise will Frankreich verhindern, daß das Industriegebiet in Oberschlesien an das Deutsche Reich fällt.

Die deutsche Reichsregierung, die den Verlust wichtiger Industriegebiete in Oberschlesien befürchtet, fordert die Interalliierte Kommission in Oppeln auf, in Oberschlesien wieder für Ruhe und Ordnung zu

Die polnischen Aufständischen unter Wojciech Korfanty haben eine Wegkreuzung bei Kosel in Oberschlesien besetzt; sie kämpfen unnachgiebig gegen die deutschen Selbstschutzgruppen für ein ausschließlich polnisches Oberschlesien.

Wojciech Korfanty (r.) mit anderen Führern des polnischen Aufstands

sorgen. Sie wirft der Kommission vor, nicht rechtzeitig die Organisation des Aufstandes verhindert zu haben. Ganz besonders Frankreich wird aufgrund seiner offenen Unterstützung für Korfanty direkt für die Ausbreitung der Aufstandsbewegung verantwortlich gemacht. Die französische Regierung, die alle Vorwürfe zurückweist, stellt jedoch die deutschen Selbstschutzverbände als die Alleinschuldigen heraus.

Erst nach dem Eingreifen der Interalliierten Kommission, d. h. dem Einmarsch britischer Truppen und zahlreichen Verhandlungen, ziehen sich die deutschen Selbstschutzverbände sowie die polnischen Freischärler im Juni 1921 allmählich zurück. Über die weiterhin offene Frage des Verbleibs Oberschlesiens und die zukünftige Grenzziehung soll der Völkerbund endgültig entscheiden (→ 20. 10./S. 172).

Eine von den Polen gesprengte Eisenbahnbrücke bei Oppeln wird nach ihrem Wiederaufbau erstmalig befahren.

Deutsche Selbstschutzverbände, die gegen die polnischen Aufständischen kämpfen, ziehen durch Ratibor.

Salzburg und Tirol für Anschluß

29. Mai. Bei einer inoffiziellen Volksabstimmung in Salzburg sprechen sich 99,5% der Bevölkerung für einen Anschluß an das Deutsche Reich aus. Die Wahlbeteiligung liegt bei fast 90%. Bei einer Abstimmung in Tirol am 24. April 1921 hatten 98% der Wahlbeteiligten ebenfalls für die Angliederung an das Deutsche Reich gestimmt.

Die österreichische Regierung hatte vergeblich versucht, die Abstimmung in Salzburg zu verhindern. Österreich erhält von den Alliierten, die den Anschluß nicht tolerieren,

Ein Abstimmungsplakat in Salzburg fordert zum Anschluß auf.

wirtschaftliche und finanzielle Hilfe für seine desolate Wirtschaft (→ 13. 3./S. 51). Die Alliierten drohen mit der sofortigen Streichung aller Hilfsprogramme und neu eingeleiteter Kreditaktionen, falls die Anschlußdebatten nicht schnellstens beendet werden. Die Bevölkerung jedoch hält den Anschluß für notwendig, weil sie befürchtet, daß Österreich allein nicht überlebensfähig sei.

Die beiden Abstimmungen widersprechen den Bedingungen des Friedensvertrages von Saint-Germain-en-Laye vom 10. September 1919, der den Anschluß Österreichs an das Deutsche Reich verbietet. Da in Österreich ohne Unterstützung der Regierung trotzdem Anschlußabstimmungen durchgeführt werden, gerät Bundeskanzler Michael Mayr (Christlich-Soziale Partei) unter starken innen- und außenpolitischen Druck (→ 21. 6./S. 100).

»Heim in's Reich« lautet die Forderung der Tiroler Bauern, die am Tage der Volksabstimmung durch die Straßen von Innsbruck fahren; die Tiroler stimmen mit eindeutiger Mehrheit für den Anschluß an das Deutsche Reich.

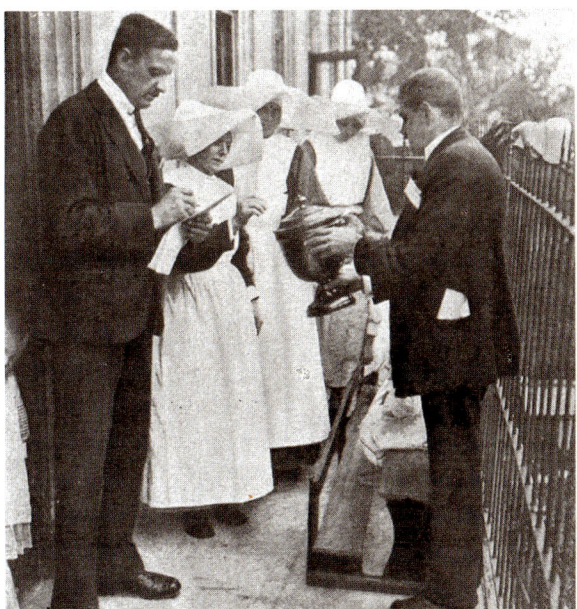

In einer Klosterschule beteiligen sich auch die Nonnen an der Abstimmung über die nationale Zugehörigkeit.

Kundgebung von Tirolern für den Anschluß an das Deutsche Reich vor dem Andreas-Hofer-Denkmal am Berg Isel

Deutsches Reich setzt auf »Ostpolitik«

6. Mai. In Berlin wird ein Abkommen zwischen dem Deutschen Reich und Sowjetrußland unterzeichnet, das den beiderseitigen Ausbau der Handelsbeziehungen vorsieht. In einem Ergänzungsabkommen wird die Rückkehr der noch in Sowjetrußland verbliebenen deutschen Kriegsgefangenen festgelegt.

Der Handelsvertrag, um den die Reichsregierung öffentliches Aufsehen vermeiden möchte, knüpft an ein Abkommen vom 19. April 1920 an, in dem die Rückführung von Kriegsgefangenen und Zivilinternierten geregelt wurde. Der amtierende Außenminister Walter Simons und der russische Volkskommissar für den Außenhandel, Leonid B. Krassin, vereinbaren, daß die bestehenden Handelsvertretungen ausgebaut werden, die auch die Interessen ihrer Staatsangehörigen wahrnehmen sollen.

Mit den neuen Vereinbarungen werden die Beziehungen zwischen dem Deutschen Reich und Sowjetrußland enger geknüpft. Es bestehen allerdings nach wie vor keine diplomatischen Beziehungen. Andererseits verbinden beide Länder gemeinsame außenpolitische Interessen. Als Verlierer des Weltkriegs befinden sie sich in einem scharfen

Mit Autos als Panzerattrappen übt die deutsche Reichswehr auf sowjetrussischem Gebiet, um auf diese Weise der Kontrolle der Alliierten zu entgehen.

Gegensatz zu den Siegermächten, von denen sie sich wirtschaftlich und politisch eingeengt fühlen. Da der deutschen Wirtschaft durch den Versailler Vertrag freie Exportmöglichkeiten genommen sind, ist besonders der Schwerindustrie an einer Ausweitung des Handels mit Sowjetrußland gelegen. Politisch verbindet die Vertragspartner die Gegnerschaft zu Polen, dessen territoriale Ausdehnung Revisionsbestrebungen in beiden Ländern hervorgerufen hat (→ 18. 3./S. 55).

Das Zustandekommen des Vertrags offenbart die widersprüchliche Politik sowohl der sowjetrussischen wie der deutschen Regierung. Während die kommunistische Bewegung das Ziel der Weltrevolution verfolgt und Aufstände auch im Deutschen Reich unterstützt (→ 21. 3./S. 48), sperren sich auf deutscher Seite die SPD aus Gründen der programmatischen Abgrenzung von den Kommunisten und das Zentrum wegen der atheistischen Grundhaltung der Sowjets gegen ein zu enges Bündnis.

(→ 18. 3./S. 55).
(→ 21. 3./S. 48),

Militärs fördern die Ostkontakte

Parallel zu den Vorbereitungen des Handelsabkommens vereinbaren Politiker und Militärs aus dem Deutschen Reich und Sowjetrußland in geheimen Verhandlungen eine Intensivierung der Zusammenarbeit auf militärischem Gebiet.

Unter Umgehung des Versailler Vertrags versucht die Reichswehr bereits seit 1920, durch umfassende Kontakte mit der Roten Armee deutsche Flieger und Panzeroffiziere auf sowjetischem Gebiet auszubilden. Der Austausch von Offizieren bei Manövern wurde zu einer festen Einrichtung, und selbst in der Ausbildung der Generalstäbe kam es zu einer engen Zusammenarbeit. Sowjetrußland will seine Rüstungsindustrie reorganisieren, die aufgrund der Struktur der zaristischen Armee völlig veraltet ist. Von den Waffen- und Munitionsfabriken, die mit deutschem Geld und deutscher Technologie auf russischem Boden entstehen, versprechen sich beide Seiten eine Rückkehr zu ihrer früheren militärischen Machtposition.

Letzte Kriegsgefangene kehren nach sieben Jahren zurück

Wichtiger Bestandteil des deutsch-sowjetrussischen Handelsabkommens ist der Austausch der letzten Kriegsgefangenen.

Weder von deutscher noch von sowjetrussischer Seite werden genaue Angaben gemacht, wie viele Personen von dieser Vereinbarung betroffen sind. Schätzungen gehen von 4000 Deutschen und 500 Russen aus. Nicht nur Soldaten, sondern auch Frauen und Kinder waren im Herbst 1914 bei der russischen Westoffensive in Ostpreußen gefangengenommen und teilweise bis nach Sibirien abtransportiert worden. Wegen der Beschlagnahme deutschen Besitzes durch die Bolschewisten hatte die Reichsregierung die Freilassung der russischen Kriegsgefangenen bisher abgelehnt. Die Regierung in Moskau hatte davon die Rückführung der Deutschen abhängig gemacht.

Ein Kriegsgefangenenlager in der Nähe der ostsibirischen Hafenstadt Wladiwostok; viele Gefangene sind hier seit fast sieben Jahren interniert.

Deutsche Kriegsgefangene im Krankensaal einer Lazarettbaracke; harte Arbeit und ein rauhes Klima sind für den hohen Krankenstand verantwortlich.

Arbeit und Soziales 1921:

Niedriger Lebensstandard trotz geringer Arbeitslosigkeit

Die Wirtschaftsentwicklung im Deutschen Reich hat trotz der Niederlage im Weltkrieg nicht zu langfristigen negativen Folgen auf dem Arbeitsmarkt geführt. Nach volkswirtschaftlichen Kriterien läßt sich für das Jahr 1921 sogar Vollbeschäftigung feststellen.

Das Statistische Reichsamt registriert im Jahresdurchschnitt rund 346 000 Arbeitslose, was einer Quote von 2,8% entspricht. Innerhalb von zwei Jahren konnten die 6,6 Mio. Arbeitslosen vom Januar 1919 wieder in die Wirtschaft eingegliedert werden. Viele ehemalige Soldaten fanden jedoch nicht in dem Beruf Arbeit, in dem sie vor dem Krieg beschäftigt waren. So weisen die Statistiken der Arbeitsämter in fast jedem Berufszweig eine höhere Zahl der Bewerber als der offenen Stellen aus. Im Vergleich schneiden andere europäische Länder in der Arbeitsmarktstatistik schlechter ab. In Großbritannien sind im Jahresdurchschnitt 15,3% der Arbeiter ohne Beschäftigung, in Belgien sind es 21,6%, und in Schweden ist mit einer Erwerbslosenquote von 28,9% mehr als jeder Vierte ohne Arbeit.

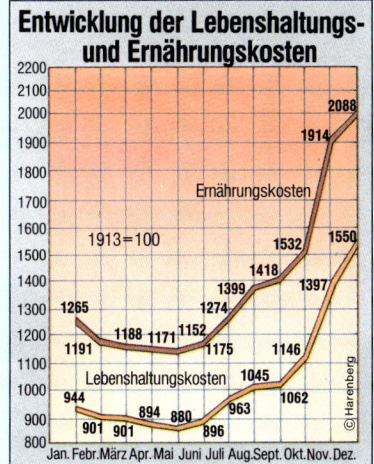

Entwicklung der Lebenshaltungs- und Ernährungskosten

1913=100

Ernährungskosten: 2200, 2100, 2088, 2000, 1914, 1900, 1800, 1700, 1600, 1550, 1532, 1500, 1418, 1399, 1397, 1400, 1274, 1300, 1265, 1152, 1188 1171, 1175 1146, 1200, 1191, 1100, 1045, 1062, 1000, Lebenshaltungskosten, 963, 944, 894 880 896, 900, 901 901, 800

Jan. Febr. März Apr. Mai Juni Juli Aug. Sept. Okt. Nov. Dez.

© Harenberg

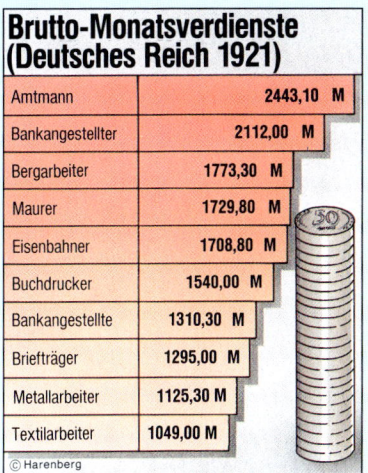

Brutto-Monatsverdienste (Deutsches Reich 1921)

Amtmann	2443,10 M
Bankangestellter	2112,00 M
Bergarbeiter	1773,30 M
Maurer	1729,80 M
Eisenbahner	1708,80 M
Buchdrucker	1540,00 M
Bankangestellte	1310,30 M
Briefträger	1295,00 M
Metallarbeiter	1125,30 M
Textilarbeiter	1049,00 M

© Harenberg

Bewerber auf 100 offene Stellen

Branche	männlich	weiblich
Chem. Industrie	115	137
Papierindustrie	251	137
Textilindustrie	159	154
Baugewerbe	144	–
Handel	319	183
Gastronomie	127	91
Landwirtschaft	120	47
Bergbau	95	–

Weitaus schwerwiegender als die Sorge um den Arbeitsplatz stellt sich für die Arbeitnehmer im Deutschen Reich die Lohnsituation dar. Die ohnehin geringe Kaufkraft der Löhne wird durch die rapide zunehmende Geldentwertung (→ S. 57) noch gemindert. Mit dem durchschnittlichen Monatsverdienst eines Arbeiters von 1200 Mark (Stand: 1. 10. 1921) läßt sich eine vierköpfige Familie nur unter großen Entbehrungen ernähren. In der zweiten Jahreshälfte steigen die Kosten für die Lebenshaltung aufgrund des Währungsverfalls spürbar an, während die Löhne nicht in gleichem Umfang angehoben werden. Hunger, beengte Wohnverhältnisse und unzureichende medi-

zinische Versorgung sind drei Jahre nach Kriegsende trotz guter Beschäftigungslage nichts Ungewöhnliches. In fast allen Großstädten kommt es zu Kundgebungen gegen die Teuerung, und im November und Dezember werden zahlreiche Lebensmittelgeschäfte geplündert. Die Beseitigung der materiellen Not gehört zu den wichtigsten Forderungen der Gewerkschaften, die sich jedoch insbesondere für die Umsetzung ihrer in der Weimarer Verfassung festgelegten Tarifrechte einsetzen. Das 1920 verabschiedete Betriebsrätegesetz wird in allen Betrieben mit mehr als 20 Beschäftigten verwirklicht, so daß die Gewerkschaften mehr Mitbestimmung erhalten. Eine einheitliche Politik der Arbeitnehmerorganisationen fehlt jedoch nach wie vor. Der mit 7,6 Mio. Mitgliedern größte Gewerkschafts-Dachverband, der SPD-nahe ADGB (→ 19. 1./S. 19), kann selten auf die Unterstützung des christlich-nationalen DGB (986 343 Mitglieder) oder die freiheitlich-nationalen Hirsch-Dunckerschen Gewerkvereine (224 597 Mitglieder) rechnen.

Augenschutz beim Schleifen von Werkzeugen; wegen der steigenden Zahl der Unfälle und Erkrankungen im gewerblichen Bereich werden auf Initiative der Gewerkschaften verstärkt Arbeitsschutzmaßnahmen getroffen.

Frauen am Webstuhl; da der Lohn eines Arbeiters häufig nicht die Lebenshaltungskosten deckt, muß seine Familie mitverdienen: Frauen sind im Textilgewerbe als billige Arbeitskräfte willkommen.

Beinamputierter Kriegsversehrter bei der Umschulung zum Schuhmacher; aufgrund schwerer Verwundungen erlernen viele Männer mit staatlicher Förderung ein neues Handwerk.

Bevor die Einwanderer den Boden der Vereinigten Staaten betreten dürfen, werden sie gründlich untersucht.

US-Kongreß bewilligt Einwanderungsstop

19. Mai. Der US-amerikanische Kongreß verabschiedet ein neues Einwanderungsgesetz, das den Zustrom von Ausländern erstmals rigoros einschränkt. Die jährliche Immigrationsquote wird auf 3% der Zahl der Angehörigen einer Nationalität, die schon 1910 in den USA lebten, beschränkt. Das bedeutet eine Verringerung der Einwanderung auf die Hälfte – 300 000 Personen pro Jahr. Diese restriktive Maßnahme ist zunächst eine Reaktion auf die Probleme der Großstädte, die seit den 80er Jahren des vorigen Jahrhunderts Auffangbecken für eine ständig wachsende Einwanderungswelle sind. Die sozialen Probleme eskalieren in diesen Ballungszentren. Da die Ausländer die ersten sind, die für die Misere verantwortlich gemacht werden, verstärkt sich in allen sozialen Gruppen – bei Alteingesessenen genauso wie bei bereits eingebürgerten Neuzuwanderern – die Fremdenfeindlichkeit. Die Angst vor der Verbreitung des Kommunismus durch radikale Arbeiter unter den Immigranten trägt genauso dazu bei wie die Furcht vor der Zerstörung angelsächsischer Traditionen durch andere Religionen und Lebensformen. Nicht zuletzt auch die Enttäuschung durch die Beteiligung am Weltkrieg, die den USA nicht die erhoffte Führungsposition in Europa gebracht hat, bewirkt eine starke Abneigung gegen europäische Einflüsse (→ 4. 3./S. 51).

Gemischte Gefühle: Auswanderer auf dem Weg nach USA

Skyline von Manhatten – für viele Symbol des Wohlstands

Der Traum vom gelobten Land ist für viele oft bald ausgeträumt

Für viele Einwanderer geht der Traum vom Wohlstandsparadies Amerika nicht in Erfüllung. Während sich die nordeuropäischen Neuzuwanderer relativ schnell der dominierenden angelsächsischen Schicht anpassen, werden die Immigranten aus Süd- und Osteuropa sowie aus Asien von vielen als Gefahr für die Eigenheit der US-amerikanischen Gesellschaft angesehen.

Seit den 80er Jahren des 19. Jahrhunderts wurden wiederholt drastische Maßnahmen gegen Einwanderer im Kongreß beschlossen, die jedoch immer auf das Veto des Präsidenten stießen. Die »Nativisten« kämpfen dennoch unermüdlich gegen alles »Unamerikanische« weiter. Begünstigt durch den im Weltkrieg erwachten neuen Nationalismus, konnten sie 1917 ihren ersten Erfolg verbuchen, der den Beginn aller weiteren Einschränkungen setzt: Ein Schreib- und Lesetest wurde eingeführt, der Analphabeten die Einwanderung untersagt.

Sehnsucht nach einem neuen Leben

Nach dem ersten Zustrom europäischer Siedler im 17. Jahrhundert besonders aus England setzte in der Mitte des 19. Jahrhunderts ein weiterer Massenzugang von Einwanderern in die USA, in der Mehrheit Iren und Deutsche, ein.

Ausschlaggebend für die Iren waren eine Reihe von Kartoffelmißernten, die eine verheerende Hungersnot zur Folge hatten. Viele der Deutschen kamen wegen der weitverbreiteten Armut in ländlichen Regionen, aber auch aufgrund der fehlgeschlagenen Revolution von 1848. Gleichzeitig lockte allgemein die Aussicht auf einen Neubeginn, da das Land zum großen Teil noch unerforscht war. Insgesamt wanderten in den 40er Jahren des 19. Jahrhunderts 1,7 Mio. Menschen ein, zwischen 1850 und 1860 stieg ihre Zahl dann sogar auf 2,6 Mio. an.

Die Wege von Deutschen und Iren trennten sich allerdings schnell. Während die Deutschen zum größten Teil in den Mittelwesten weiterzogen und als Farmer, Handwerker und Geschäftsleute bald fester Bestandteil des neuen US-amerikanischen Mittelstands wurden, ließen sich die verarmten Iren in der Regel als Industriearbeiter in den Ostküstenstädten nieder, wo sie zumeist wieder nur Elend kennenlernten.

Erst in den 80er Jahren setzte die nächste, bis zum Weltkrieg anhaltende Welle ein, mit der 14 Mio. Einwanderer aus Ost- und Südeuropa kamen, von denen viele Bauern, Land- oder Industriearbeiter waren. Diese Zeit wird auch als Neue Einwanderung bezeichnet – ein Begriff, der von bereits ansässigen US-Amerikanern mit einer abschätzenden Wertung verbunden ist. Während sich vor allem die Deutschen schnell der neuen Gesellschaft angepaßt hatten, ließ die Andersartigkeit der Kultur der Neuen Einwanderer – viele waren Katholiken oder Juden – den Fremdenhaß und damit den Ruf nach schärferen Einwanderungsgesetzen schnell anwachsen.

Kronprinz Hirohito fotografiert die Pyramiden

Hirohito (l.) im Wagen des britischen Hochkommissars in Gise; im Hintergrund die Sphinx

Kronprinz Hirohito auf Weltreise

31. Mai. Der japanische Kronprinz Hirohito schließt mit einem Besuch Frankreichs seine dreimonatige Weltreise ab.

Der 20jährige Hirohito, der als erstes Mitglied des japanischen Herrscherhauses – der ältesten Dynastie der Welt – sein Land zu einer Auslandsreise verläßt, war an Bord des Schlachtschiffes »Katori« zunächst in Indien eingetroffen. Anschließend machte er in Ägypten Station. Nach Aufenthalten in Malta und Gibraltar stattete Hirohito Großbritannien einen offiziellen Besuch ab und war eine Woche lang Gast des britischen Königs.

Beobachter der Reise erleben Hirohito als einen Mann, der sich der Moderne nicht verschließt. Er zeigt ein starkes Interesse an der wirtschaftlichen Entwicklung seines Landes und möchte den wirtschaftlichen und technischen Austausch seines aufstrebenden Landes mit Westeuropa vorantreiben.

◄ In Uniform und in Zivil: Hirohito in Portsmouth, während einer Kutschfahrt mit König Georg V. in London und in Le Havre

Frankreich feiert 100. Todestag Napoleons

5. Mai. In Frankreich wird des 100. Todestags des früheren Kaisers Napoleon I. Bonaparte in zahlreichen Feiern gedacht.

Bereits am Vortag fand eine Gedenkfeier in der festlich geschmückten Kathedrale Notre Dame in Paris statt, vor der sich mehr als 10 000 Menschen versammelt hatten. In der Pariser Sorbonne, der ältesten französischen Universität, beschloß eine Kommission aus Politikern und Professoren die Gründung eines Museums, das Dokumente aus dem Leben Napoleons und seiner Zeit ausstellen soll.

Am 5. Mai marschieren Einheiten aller Waffengattungen sowie zahlreiche Veteranen des Weltkriegs am Arc de Triomphe auf. Vor dem Grabmal des unbekannten Soldaten rühmt Verteidigungsminister Louis Barthou die Feldherrnkunst Napoleons und gelobt, daß Frankreich acht habe und nicht noch einmal ein Wiedererstarken Deutschlands wie nach dem Frieden von Tilsit 1807 zulassen werde.

In Anwesenheit zahlreicher Würdenträger aus Politik, Militär und Kirche hält Marschall Ferdinand Foch im Invalidendom, am Sarg Napoleons, eine feierliche Ansprache: »Sire, ruht in Frieden. Wenn unsere Legionen siegreich durch den Triumphbogen ziehen, den Ihr gebaut habt, dann deswegen, weil ihnen Euer Schwert von Austerlitz gezeigt hat, wie Frankreich seine Stärke beweisen und den Sieg erringen kann.« Um 17. 49 Uhr, der überlieferten Todeszeit Napoleons, tritt der Pariser Kardinal Dubois an die Balustrade vor dem Sarg und erteilt dem toten Kaiser die Absolution.

Britische Soldaten legen an der früheren Grabstätte Napoleons auf St. Helena einen Kranz nieder; 1840 wurde der Leichnam nach Paris überführt.

Friedensvertrag mit China in Kraft

20. Mai. In Peking unterzeichnen der deutsche Bevollmächtigte Ludwig von Borch und der chinesische Außenminister Chin Jün-p'öng einen Friedensvertrag zwischen ihren Staaten.

In dem Vertrag verzichtet das Deutsche Reich auf alle Ansprüche und Vorrechte, die es nach der Annexion der Provinz Tsingtau 1898 erhalten hatte. Die Republik China stellt dafür die Liquidation deutschen Eigentums ein und zahlt die Erlöse aus dem bereits verkauften Besitz zurück. Außerdem werden die Einrichtung von Konsulaten sowie die Freigabe des Handels vereinbart.

China hatte den Mittelmächten 1917 formell den Krieg erklärt, trat jedoch dem Versailler Vertrag nicht bei, da dieser die deutschen Privilegien an den Erzfeind Chinas, Japan, übertragen hatte. Das Deutsche Reich erhofft sich nun gute Absatzmöglichkeiten für die heimische Wirtschaft, die durch den Versailler Vertrag engen Handelsbeschränkungen unterworfen ist.

Führende französische Dadaisten vor dem Ausstellungsraum; unter ihnen die Schriftsteller André Breton (l.) und Philippe Soupault (2. v. l.)

Feierliche Eröffnung der »Schwarz-Weiß-Ausstellung« in der Berliner Akademie der Künste durch den Impressionisten Max Liebermann (2)

»Dadamax« stellt in Paris aus

3. Mai. In der Pariser Galerie »Au Sans Pareil« wird eine einmonatige Ausstellung mit Collagen von Max Ernst, einem führenden Mitglied der Kölner Dadaisten-Gruppe, eröffnet. Ernst, auch »Dadamax« genannt, folgt damit einer Einladung des Schriftstellers André Breton, der um die Zeitschrift »Littérature« eine Dada-Gruppe gesammelt hat.

Ernst konzentriert sich seit einigen Jahren bevorzugt auf die Collage, für die er mit verschiedenen Techniken experimentiert. Darin fügt er realistische Details aus unterschiedlichen Bereichen der Wirklichkeit zusammen. Diese Verfremdung der Realität ist ein Angriff auf jede gefällige Anbiederung an das breite Publikum; sie soll den Kunstbetrachter »aufheulen machen«. Ernst formuliert damit eine Anti-Ästhetik, die sich nicht nur gegen andere zeitgenössische Künstler richtet, sondern letztlich gegen die »Grundlagen der Zivilisation«.

Schwarz und Weiß in Berlin

4. Mai. Mit einer Würdigung der »Hieroglyphenschrift der Zeichnung« eröffnet Max Liebermann in der Berliner Akademie der Künste die »Schwarz-Weiß-Ausstellung«, eine Sammlung von Graphiken, Zeichnungen und Plastiken zeitgenössischer Künstler.

Die Ausstellung zeigt Werke von Max Liebermann, Max Slevogt, Oskar Kokoschka, Ernst Barlach, Alfred Kubin und Heinrich Zille. Besonders gewürdigt werden Max Klinger und Adolf von Hildebrand, die beide 1920 verstorben sind. Die Sammlung von Handzeichnungen Klingers, die zum großen Teil aus Privatbesitz stammen, findet außerordentliche Beachtung.

Von den Kritikern vernachlässigt werden hingegen die neuen Arbeiten von Käthe Kollwitz. Herausragend ist dennoch ihr Holzschnitt »Gedenkblatt für Karl Liebknecht«, der den 1919 ermordeten KPD-Mitbegründer auf der Totenbahre zeigt.

»Grobeka« zeigt Werke bedeutender lebender Künstler

14. Mai. Reichspräsident Friedrich Ebert (SPD) eröffnet im Moabiter Glaspalast die »Große Berliner Kunstausstellung« (Grobeka), auf der weit über 1000 Werke zeitgenössischer bildender Künstler zu sehen sind.

Ein großer Teil der Ausstellung ist dem Verein Berliner Künstler gewidmet, bei dem die Kritiker jedoch neue Impulse vermissen. Die herausragenden Künstler der Hauptstadt – Max Liebermann, Max Pechstein und Karl Hofer – sind nur mit wenigen Arbeiten vertreten. Weitaus interessanter ist daher eine Reihe von Gemälden des Münchners Paul Klee, der dem Berliner Publikum erstmals mit einer größeren Sammlung vorgestellt wird.

Unter dem Oberbegriff »Freie Sezession« sind Künstler verschiedenster Richtungen zusammengefaßt, wobei vor allem die fehlende Systematik in der Ausstellung bemängelt wird. Dennoch sind gerade auch hier herausragende Werke zu sehen: Gemälde von Pablo Picasso und Wassily Kandinsky ziehen ebenso wie Alexander Archipenkos Plastik »Gondoliere« besondere Aufmerksamkeit auf sich.

Rudolf Bellings expressionistische Plastik »Die Geste Freiheit« (l.)

Archipenkos »Gondoliere« (1914)

Neue Triumphe für das russische Ballett

17. Mai. In Paris wird im Théâtre de la Gaité-Lyrique das Ballett »Der Narr« des sowjetischen Komponisten Sergei S. Prokofjew uraufgeführt. Das Ballett in sechs Bildern steht unter der Leitung des russische Impresarios Sergei Diaghilew. Das Werk wird von Publikum und Kritikern begeistert gefeiert.

Eine sowjetische Märchensammlung von Alexandr N. Afanasjew bildet die Vorlage für das Ballett. Das Märchen erzählt die Geschichte vom »Narren, der sieben Narren narrte.« Der Narr verwandelt sich zunächst in eine Ziege, später in ein Küchenmädchen und übertölpelt schließlich in weiteren Streichen die anderen Narren.

Die musikalische Grundlage für »Der Narr« bilden die Volkslieder und Tänze aus Prokofjews Geburtsort Sonzowka. Die originelle Verbindung aus Märchen, Situationskomik, ungewöhnlichen Melodien und überzeugenden tänzerischer Darbietung durch die Ballets Russes von Diaghilew verhelfen dem Werk zu seinem großen Erfolg.

Neben seinen Ballettkompositionen schreibt Prokofjew auch Opern. Der politisch den Bolschewisten nahestehende Komponist verließ 1918 Sowjetrußland, um sich intensiver seiner Kunst widmen zu können, und lebt seitdem in Westeuropa.

◁ *Sergei Diaghilew und die Tänzerin Tamara Karsawina gehören zu den Begründern der Ballets Russes. Mit dem Komponisten Sergei S. Prokofjew entwickelte er das Thema des Balletts »Der Narr«.*

▽ *Der russische Ballettänzer Boris Romanow in seinem ausdrucksstarken Tanz »Der Krieger«. Romanow tritt zusammen mit Primaballerina Helena Smirnowa auf. Durch Gastspiele im Ausland und trotz der Emigration vieler russischer Tänzer entwickelt sich die vollendete Tanzkunst der Ballets Russes zum Vorbild für die westliche Ballettszene.*

Erfolgsrezept der Ballets Russes

Das Ballett in Europa erhält auch im Jahr 1921 die entscheidenden Impulse durch den russischen Ballettstil.

Mit berühmten Tänzern wie Waslaw Nijinski, Choreographen wie Michail M. Fokin und George Balanchine, Ausstattern wie André Derain und Pablo Picasso sowie Komponisten wie Igor Strawinski, Richard Strauss und Sergei S. Prokofjew versammelt der Ballettimpresario Sergei Diaghilew ein enormes Potential begabter Künstler um sich.

Durch seine Auslandsgastspiele erneuert Diaghilew die Ballettszene. Er gilt als Wegbereiter des modernen Balletts, das die konzeptionelle Einheit von Choreographie, Tanz, Musik und Malerei anstrebt.

Sergei Diaghilew, geboren am 31. März 1872 in Selischtschew, gründete 1909 das Ballets Russes. Dieses Ballettensemble wurde aus Petersburger Tänzern und Moskauer Hoftänzern zusammengestellt. Noch im Jahre 1909 brachte Diaghilew die russische Ballettkompanie zum ersten Mal nach Paris ins Théâtre du Châtelet.

Erstes Autorennen auf der Opel-Bahn in Rüsselsheim

22. Mai. Bei den ersten Automobil-Bahnrennen seit Beginn des Weltkriegs auf der Opel-Bahn in Rüsselsheim erobert die einheimische Marke Opel dreimal den ersten und zweimal den zweiten Platz.

Von den insgesamt neun Läufen des Rennens werden drei von Motorrädern bestritten. Bei den Automobilen bis 14 PS, die eine Strecke von 15 km bewältigen müssen, siegt der Opel-Werksfahrer Karl Jörns vor Fritz von Opel auf dem gleichen Wagen. Auch in den Wagenklassen bis 22 PS und 40 PS erringt Jörns den Sieg für das Rüsselsheimer Unternehmen. Beim 90-km-Rennen, bei dem Wagen mit beliebiger Leistung starten können, scheint Jörns der Sieg sicher, da er einen Vorsprung von einer Runde herausgefahren hat, doch muß er wegen eines Reifendefekts aufgeben. Zuvor hatte er mit einer Geschwindigkeit von 125

km/h einen Rundenrekord erzielt. Sieger wird Georg Kellner auf Adler vor Fritz von Opel.

Abgesehen von der Teilnahme an wenigen Berg- und Kurzstreckenrennen spielten deutsche Fahrer im

europäischen Automobilsport nach Ende des Weltkriegs keine herausragende Rolle. Das Rennen auf der 1917 ursprünglich als Radrennbahn gebauten Opel-Bahn markiert den Beginn neuer Aktivitäten im deut-

schen Motorsport, die mit Achtungserfolgen bei der Targa Florio durch Max Sailer auf Mercedes und dem Sieg Fritz von Opels auf Opel beim Eröffnungsrennen der Berliner Avus deutlich werden (→ 24. 9./S. 167).

Start der Wagen aller Klassen zum 90-km-Rennen auf dem 1,5 km langen Rundkurs der Opel-Bahn in Rüsselsheim. Sieger des spannenden Rennens wird Georg Kellner auf Adler, den zweiten Platz erringt Fritz von Opel auf Opel.

◁ *Charlie Chaplin und Jackie Coogan in einem Szenenfoto aus »The Kid«; die Geschichte vom Vagabunden, der ein ausgesetztes Kind großzieht, bewegt sich zwischen Tragik und Rührseligkeit, zeichnet sich jedoch durch die schauspielerische Leistung der Hauptdarsteller aus.*

Film 1921:

Isolation wirkt produktiv

Die Isolation des Deutschen Reichs in der Nachkriegszeit findet auch in der Filmkunst ihren Niederschlag. Zwar wenden sich deutsche wie internationale, hier vor allem US-amerikanische Regisseure inhaltlich dem sozialen Drama zu, finden aber zu unterschiedlichen Ausdrucksformen in der Bearbeitung ihrer Vorlagen.

Im US-amerikanischen Stummfilm wird Gesellschaftskritik auf verschiedenste Weise verarbeitet. Einer der beliebtesten Filme in den USA ist 1921 »The Kid« mit Charlie Chaplin und Jackie Coogan in den Hauptrollen. Der Film, in dem Chaplin selbst Regie führte, verbindet Sozialkritik sowohl mit komischen als auch sentimentalen Elementen und entläßt den Zuschauer versöhnt durch ein Happy End (→ 6. 2./S. 38). Im Gegensatz zu der Leichtigkeit, mit der Chaplin die Geschichte eines Landstreichers und eines ausgesetzten Kindes erzählt, greift Erich von Stroheims »Närrische Frauen« aggressiv die bürgerliche Gesellschaft an. Durch eine überzeichnete Handlung, die kein Verbrechen ausläßt, bezichtigt er sie der absoluten moralischen Verkommenheit.

Einer der ersten US-amerikanischen Kriegsfilme seit 1918 ist Rex Ingrams »Die vier Reiter der Apokalypse«. Rudolph Valentino spielt darin einen Lebemann, der erst im Weltkrieg seine soziale Verantwortung erkennt. Durch seine technische Qualität hebt sich der Film stark ab von Valentinos anderem Kassenschlager von 1921, dem orientalischen Melodram »Der Scheich« (→ 30. 10./S. 181). Zudem ist der Film durch die realistische Darstellung der französischen Gesellschaft wie durch karikaturistische Überzeichnung des deutschen Kriegsgegners um eine deutliche politische Aussage bemüht.

Der deutsche Film geht eigene Wege. Expressionistische Ausdrucksformen werden mit der Tradition des Kammerspiels verquickt – eine Entwicklung, die zu bedeutenden Experimenten in der Filmkunst führt, gleichzeitig aber die Produktionen einheitlicher erscheinen läßt als in anderen Ländern. Die vorherrschenden Themen – Vereinsamung und die Übermacht des Schicksals – geben eine Stimmung der Ausweglosigkeit wieder. Obwohl dies indirekt die Nachkriegsmisere reflektiert, erreicht der deutsche Film durch expressionistische Ausdrucksformen mehr als nur die banale Umsetzung von Gegenwartsproblemen: Der Künstler verformt die Wirklichkeit subjektiv zu einem Produkt seiner Vorstellungswelt, in die sich der Zuschauer selbst einfinden muß. Durch die Hinwendung des deutschen Films zur Theatertradition und den Verzicht auf Außenaufnahmen können Autoren und Regisseure Dekoration, Licht und Kostüme ihrer Fantasie entsprechend aufeinander abstimmen. Vor allem der gezielte Einsatz von Licht und Schatten unterstreicht dabei die dramatische Aussage.

Herausragende Beispiele sind hier Fritz Langs »Der müde Tod« und Lupu Picks »Scherben«; inhaltlich weniger anpruchsvoll, aber filmtechnisch ebenso interessant sind Leopold Jessners »Die Hintertreppe« und Friedrich Wilhelm Murnaus »Schloß Vogelöd«. All diese Filme kreisen um die Themen Liebe und Tod, betonen die Schicksalsgebundenheit der menschlichen Existenz und die Gewalt dämonischer Mächte. Während bei Lang und Murnau die Grenzen zwischen Traum und Wirklichkeit verwischen, um unterschwellige Gefühle und die Gewalt des Überirdischen zu zeigen, sind Pick und Jessner durch genaue Darstellung eines bestimmten sozialen Milieus mehr dem Realismus verpflichtet. Zugleich jedoch werden die Figuren hier durch pathetische Gesten so stilisiert, daß sie über den Zufälligkeiten des Alltags stehen und wie viele Requisiten symbolischen Charakter erhalten.

(Siehe auch Übersicht »Film« im Anhang.)

Alltagsflucht im Monumentalfilm

Joe Mays zweiteiliger Ausstattungs-film »Das indische Grabmal« steht im Kontrast zu den düsteren Dramen, die das deutsche Filmgeschehen 1921 ansonsten bestimmen. Trotz seiner oberflächlichen Handlung beeindruckt der Film durch seine monumentalen Kulissen eine große Schar von Kinobesuchern. Fritz Lang und seine Frau Thea von Harbou schrieben das Drehbuch zu diesem Abenteuerfilm, dessen Publikumserfolg die Sehnsucht der Deutschen nach der Flucht aus der Misere ihrer Zeit widerspiegelt. Der Film schafft eine Märchenwelt, auch wenn die Guten nicht siegen. Der exotische Schauplatz und die Aneinanderreihung aufregender Episoden – die Zauberkünste des Yoga, eine Elefantenparade und ein Kampf des Helden gegen Tiger – faszinieren das deutsche Kinopublikum besonders.

◁ Conradt Veidt (l.) und Mia May gehören zu den Darstellern in Joe Mays Ausstattungsfilm.

In »Die Bergkatze« spielt Pola Negri die Tochter eines Räubers.

Olga Tschechowa und Lothar Mehnert in Murnaus Kriminalfilm

Asta Nielsen in »Hamlet«, Hans Junkermann (r.) als Polonius

Negri als »Bergkatze«

Zu den beliebtesten Schauspielerinnen im Deutschen Reich gehört die Polin Apollonia Chalupetz, die unter dem Künstlernamen Pola Negri auftritt. Die Komödie »Die Bergkatze« von 1921 mit Negri in der Hauptrolle findet allerdings weder beim Publikum noch bei der Kritik Anklang. Dennoch bietet das von Ernst Lubitsch gedrehte Lustspiel nicht nur oberflächliche Unterhaltung, sondern parodiert zugleich den Militarismus und das expressionistische Theater.

Tschechowa in »Vogelöd«

Mit ihrer Rolle in »Schloß Vogelöd« beginnt die aus Sowjetrußland emigrierte Schauspielerin Olga Tschechowa ihre Filmkarriere. In dem Kriminalfilm spielt sie eine Frau, um die zwei verfeindete Brüder kämpfen, und die sich schließlich aus Liebeskummer im See des Schlosses ertränkt. »Schloß Vogelöd« ist nach »Der Januskopf« das zweite herausragende Regiewerk von Friedrich Wilhelm Murnau, der zu den Vertretern des deutschen Expressionismus im Film zählt.

Nielsen spielt »Hamlet«

Eine Frau in der Titelrolle von William Shakespeares »Hamlet« – das ist 1921 eine kleine Sensation. Trotz der schauspielerischen Leistung Asta Nielsens findet auch dieser Film in der Regie von Sven Gade nicht die Gunst des Publikums. Die Handlung orientiert sich dabei streng an der dramatischen Vorlage, jedoch ist ein Vorspann eingebaut, der erklärt, daß Hamlet eine Frau ist, weil seine Mutter dieses bei der Geburt fälschlich verkündet hat, um die Thronfolge zu sichern.

Juni 1921

Mo	Di	Mi	Do	Fr	Sa	So
		1	2	3	4	5
6	7	8	9	10	11	12
13	14	15	16	17	18	19
20	21	22	23	24	25	26
27	28	29	30			

1. Juni, Mittwoch

Reichskanzler Joseph Wirth (Zentrum) stellt in seiner Regierungserklärung vor dem deutschen Reichstag fest, daß die politische und wirtschaftliche Stabilität des Deutschen Reichs nur zu erreichen sei, wenn die Forderungen der Londoner Reparationskonferenz bedingungslos erfüllt würden. →S. 96

Die rechtsgerichteten bayerischen Einwohnerwehren beschließen, die Forderung der Alliierten nach Ablieferung der Waffen zu erfüllen, jedoch als Organisationen bestehen zu bleiben. →S. 98

Der französische Minister Louis Loucheur spricht sich in Paris gegen die Heranziehung deutscher Arbeiter für Wiederaufbauleistungen in Frankreich aus. Der französische Arbeiter dürfe nicht faul werden, da er der künftigen Konkurrenz einer sanierten deutschen Wirtschaft gewachsen sein müsse.

Der österreichische Bundeskanzler Michael Mayr (Christlich-Soziale Partei) tritt mit seinem Kabinett zurück, weil er eine Volksabstimmung im Salzburger Land über den Anschluß Österreichs an das Deutsche Reich nicht verhindern konnte (→21. 6./S. 100).

Der Untersuchungsausschuß des Reichstags über die Vorgeschichte des Weltkriegs legt in Berlin ein Weißbuch vor. Darin kommt die Kommission zu dem Ergebnis, daß das Deutsche Reich 1914 dem Ausland militärisch unterlegen gewesen sei und deshalb keine kriegerischen Absichten gehabt habe. →S. 100

2. Juni, Donnerstag

Dem österreichischen Nationalrat wird die Haushaltsbilanz des Jahres 1920/1921 vorgelegt. Den Ausgaben in Höhe von 49,5 Mrd. Kronen (6,9 Mrd. Mark) stehen Einnahmen von lediglich 24,4 Mrd. Kronen (3,4 Mrd. Mark) gegenüber. Die Gesamtschuldenlast Österreichs bei in- und ausländischen Gläubigern beträgt 170 Mrd. Kronen (23,8 Mrd. Mark).

Mehrere tausend Menschen drängen sich in der Berliner Universität, um einer Vorlesung des indischen Philosophen Rabindranath Tagore beizuwohnen. →S. 104

3. Juni, Freitag

Der Generalrat des Völkerbunds in Genf spricht sich mit großer Mehrheit für die Zulassung des Deutschen Reiches als Mitglied aus.

In Magdeburg werden fünf Kaufleute zu Freiheitsstrafen bis zu zwei Jahren bestraft, weil sie Stahlhelme, Decken und Militärstiefel der Reichswehr im Wert von 70 Mio. Mark verschoben hatten.

Bei einer Hochwasserkatastrophe im Sudetenland und in Mährisch-Ostrau kommen sieben Menschen ums Leben.

4. Juni, Samstag

Die Reparationskommission in Paris entscheidet, daß die deutschen Schiffe, die während des Weltkriegs in der Südafrikanischen Union beschlagnahmt wurden, nicht als Reparationsleistungen angerechnet werden.

Bei einem Überfall von Angehörigen der irischen Unabhängigkeitsbewegung Sinn Féin auf britische Polizisten werden bei Carrowkennedy und Borisocane elf Polizisten getötet und neun schwer verletzt.

5. Juni, Sonntag

In Paris tritt ein Kongreß von russischen Emigranten zusammen, der über die Bekämpfung der Bolschewisten in Sowjetrußland berät. Anhänger des Zarenreiches werden von der Veranstaltung mit der Begründung ausgeschlossen, daß die Rückkehr des alten Regimes neues Unglück bedeuten würde und nur eine demokratische Staatsform Rußland stabilisieren könne (→8. 1./S. 16).

6. Juni, Montag

Das Landgericht Berlin verurteilt den Vorsitzenden der KPD, Heinrich Brandler, wegen Beteiligung an den Märzaufständen (→21. 3./S. 48) zu fünf Jahren Festungshaft. →S. 99

In Frankreich kommt es zu öffentlichen Auseinandersetzungen über die Art der deutschen Reparationsleistungen. Nachdem der französische Unternehmer- und Architektenverband bei der Regierung in Paris interveniert hatte, um die Lieferung von 25 000 Holzhäusern zu verhindern, demonstrieren in Lille mehrere tausend Menschen für diese Lieferung.

Trotz heftiger Proteste einiger Kriegerverbände werden solche Kirchengemeinden zur Luxussteuer herangezogen, die auf den Friedhöfen kostspielige Heldengedenktafeln und Kriegerdenkmäler aufstellen.

Wegen Mordes an einem US-amerikanischen Soldaten wird in Koblenz das Todesurteil gegen zwei Deutsche durch Enthauptung vollstreckt.

Da den französischen Besatzungstruppen im Rheinland in zunehmendem Maße Fahrräder gestohlen werden, müssen sich ertappte Fahrraddiebe fortan vor dem französischen Kriegsgericht verantworten.

7. Juni, Dienstag

Das erste nordirische Parlament wird in Belfast eröffnet. →S. 101

Der sächsische Landtag in Dresden beschließt die Einführung der kostenlosen Geburtshilfe und die Anstellung der Hebammen als Beamtinnen.

8. Juni, Mittwoch

Reichskanzler Joseph Wirth (Zentrum) erklärt in Berlin vor dem Reichswirt-schaftsrat, der aus Vertretern der Arbeitgeber und der Gewerkschaften besteht, daß die Notwendigkeit bestehe, zur Erfüllung der Reparationsansprüche die Goldreserven des Reiches anzugreifen.

In Belgrad wird ein Verteidigungsabkommen zwischen dem Königreich der Serben, Kroaten und Slowenen (Jugoslawien) und Rumänien abgeschlossen, mit dem die Kleine Entente zwischen der Tschechoslowakei und Rumänien ergänzt wird. Das Bündnis soll möglichen Gebietsansprüchen Ungarns entgegentreten (→23. 4./S. 67).

9. Juni, Donnerstag

Der Fraktionsvorsitzende der USPD im bayerischen Landtag, Karl Gareis, wird in München ermordet. →S. 99

Wegen der Kämpfe zwischen deutschen und polnischen Truppenverbänden in Oberschlesien muß die Oderschiffahrt eingestellt werden (→2. 5./S. 82).

10. Juni, Freitag

Nach Angaben des britischen Arbeitsministeriums sind derzeit durch den anhaltenden Bergarbeiterstreik 2,2 Mio. Arbeiter ohne Beschäftigung (→1. 7./S. 118).

Der Reichswirtschaftsminister, Robert Schmidt (SPD), teilt in Berlin mit, daß sowohl die Umsatzsteuer als auch die Kohlensteuer erhöht werden müssen, um die alliierten Reparationsforderungen begleichen zu können.

Bei einer Tagung des Reichswirtschaftsrats, einem Gremium aus Arbeitgebern und Gewerkschaftern, fordert der Arbeitnehmervertreter Wilhelm Fürstenberg in Berlin die Abschaffung der Tabaksteuer, um den Absatz in diesem Industriezweig zu steigern. Zur Zeit seien 77 000 Arbeiter in der Zigarrenindustrie arbeitslos.

In Ostpreußen werden die sog. Orts- und Grenzwehren gemäß der Forderung der alliierten Reparationskonferenz entwaffnet (→1. 6./S. 98).

11. Juni, Samstag

Um die bewaffneten Kämpfe zwischen deutschen und polnischen Militärverbänden in Oberschlesien zu beenden, verfügt die Interalliierte Kommission ein Auseinanderrücken der Truppen. Britische Soldaten sollen die Einhaltung der Waffenruhe überwachen (→2. 5./S. 82).

Die Interalliierte Rheinlandkommission gibt in Koblenz eine Verordnung heraus, nach der in Zukunft Produktion und Verkauf von Alkohol im Rheinland der Kontrolle der Alliierten unterliegen. Die Reichsregierung in Berlin kritisiert daraufhin die »Errichtung des Branntweinmonopols« als Eingriff in die Hoheitsrechte des Reiches.

Vor dem Zentralvorstand der Deutschen Volkspartei (DVP) rechtfertigt der Parteivorsitzende Gustav Stresemann in Hamburg die Ablehnung des Londoner Ultimatums der Alliierten vom →5. Mai (S. 80) durch seine Fraktion. Durch die Erfüllung der Reparationsforderungen würden das deutsche Nationalbewußtsein und die Staatsautorität geschwächt (→1. 6./S. 96).

In Pueblo im US-Bundesstaat Colorado wird die Prohibition (Alkoholverbot) für einen Monat außer Kraft gesetzt, um der dort um sich greifenden Typhusepidemie mit den erforderlichen alkoholhaltigen Medikamenten Herr zu werden.

12. Juni, Sonntag

Der Reichsminister für Wiederaufbau, Walter Rathenau (DDP), trifft in Wiesbaden mit dem französischen Minister für die befreiten Gebiete, Louis Loucheur, zu einer geheimen Unterredung zusammen. Rathenau versucht, die französische Regierung von weiteren Reparationsforderungen abzubringen (→7. 10./S. 175).

Im polnisch besetzten Teil Oberschlesiens tritt eine Verordnung in Kraft, nach der alle deutschen Kaufleute ihre Firmenschilder in polnische Sprache umändern müssen (→2. 5./S. 82).

Im Berliner Lustgarten demonstrieren mehrere tausend Menschen für die Freilassung von 115 deutschen Soldaten, die sich seit 1918 in französischer Kriegsgefangenschaft befinden (→31. 7./S. 114).

In Mézières (Schweiz) wird die Oper »König David« von Arthur Honegger uraufgeführt.

Das Rennen der beiden britischen Schiffe »Aquitania« und »Mauretania«, die am 4. Juni in Southhampton gestartet waren, endet in New York mit dem Sieg der »Aquitania«. Der Dampfer war zuvor auf Ölfeuerung umgestellt worden, während die »Mauretania« über die konventionelle Kohlefeuerung verfügt.

Vorwärts Berlin unterliegt im Düsseldorfer Stadion dem 1. FC Nürnberg 0:5 im Endspiel um die Deutsche Fußballmeisterschaft. →S. 105

Der Italiener Giovanni Brunero gewinnt in Mailand nach 3107 km Strecke den neunten Giro d'Italia. →S. 105

13. Juni, Montag

Im Vorraum des italienischen Parlaments zwingen mit Pistolen bewaffnete Faschisten den kommunistischen Abgeordneten Misiano, das Gebäude zu verlassen.

14. Juni, Dienstag

Die britischen Truppen, die auf Anordnung der Interalliierten Kommission in Oberschlesien Zusammenstöße zwischen deutschen und polnischen Militärverbänden verhindern sollen, stellen ihre Tätigkeit ein, weil von deutscher Seite die Anweisung zur Räumung besetzter Gebiete nicht befolgt wird.

15. Juni, Mittwoch

Die Alliierte Reparationskonferenz in Paris stellt fest, daß das Deutsche Reich die Bestimmung des Versailler Vertrags bezüglich der Produktion von Flugzeugen mißachtet habe. Als Sanktion muß das Deutsche Reich alle noch vorhandenen Kriegsflugzeuge und 20% aller neugebauten Zivilflugzeuge abliefern.

Die »Rote Hand« polemisiert gegen die Auflösung der Einwohnerwehren, die gemäß Beschluß der Alliierten bis zum 1. Juni vollständig durchgeführt sein muß. Das Blatt, das sich in seiner ersten Ausgabe vom Dezember 1918 als »führendes Organ für national-anarchistische Gschaftlhuberei« deklarierte, ist dabei keineswegs »kritisch-politisch-parteilos«, wie der Untertitel behauptet, sondern kolportiert völkisch-nationalistisches Gedankengut. Die Schreckensvision von der vollständigen Auslieferung des Deutschen Reichs an den Erzfeind Frankreich soll die Bevölkerung gegen die Befolgung der alliierten Verfügung und damit gegen die Reichsregierung aufhetzen.

IM ABONN. NR. 82/83 · PREIS DIESER NUMMER 2 MARK

Rote Hand

KRITISCH·POLITISCHE·PARTEILOSE · ILLUSTRIERTE WOCHENZEITUNG

HERAUSGEBER: OST-PETERSEN · MÜNCHEN · ERSCHEINT WÖCHENTLICH · VERLAGS- U. REDAKTIONS-ANSCHRIFT: OST-PETERSEN MÜNCHEN 2 NW

POSTSCHECKKONTO MÜNCHEN 3830 · ÖSTERR. POSTSPARKASSE WIEN 105905

BEZUGSPREIS DEUTSCHLAND 10 M. SCHWEIZ 5 FRS. HOLLAND 3 GLD. ÖSTERREICH 100 KR. SPANIEN 5 PES. AMERIKA 1 DOLL. / FÜR 3 MONATE — **3. JAHRGANG** — INSERTIONSPREIS 10× GESPALTENE MILLIMETER-ZEILE 2 M. / BEI WIEDERHOLUNG RABATT / ANZEIGENANNAHME DURCH DEN VERLAG MÜNCHEN 2 NW

Auflösung der Einwohnerwehr!
Aus dem Wandschrank — in den Landtag!

AUS DEM INHALT:

Das Ende der bayerischen Einwohnerwehr.
Die englische Sphinx.
Der Gipfel der Heuchelei.
Im besetzten Gebiet.
Des deutschen Volkes Wirth.
Aschanti.
Genosse Ehrhardt — der Baumeister.
Gareis.

Verboten!

Coblence, le 10 Juin 1921.

Haute Commission Interalliée des Territoires Rhénans. Secrétariat Général. Nr. 3587 H.C.I.T.R.

Le Président de la Haute Commission Interalliée des Territoires Rhénans

à M. le Commissaire Allemand pour les Territoires Occupés — Coblence.

Par application de son ordonnance Nr. 3, Art. 13 modifiée par son ordonnance Nr. 13, la Haute Commission Interalliée des Territoires Rhénans a décidé d'exclure hors de la période de trois mois, à dater du 10 Juin 1921, le journal „Rote Hand" comme portant atteinte à la dignité des Forces d'occupation, en raison des illustrations contenues dans son numéro du 9 Mai.

Vous voudrez bien notifier la présente décision aux autorités allemandes intéressées et en assurer l'exécution en ce qui concerne.

Le Président de la Haute Commission Interalliée des Territoires Rhénans: gez. Paul Tirard.

Demnach ist die „Rote Hand" vom 10. Juni bis 10. September dieses Jahres im besetzten Gebiet zum zweitenmal verboten. Unsere dortigen Abonnenten erhalten nach Ablauf der Karenzzeit die bis dahin erschienenen Nummern nachgeliefert.

Der Verlag.

Das Ende der bayerischen Einwohnerwehr.

Es ist erreicht. Die Maulwürfe des Deutschen Reiches haben über die Ordnungsmänner Bayerns gesiegt, und die Raten der Berliner Reichsregierung haben als zuverlässige Naganisten begeistert mitgeholfen, die Säulen staatserhaltender Ordnung zu durchbeißen. Die bayerische Einwohnerwehr wird aufgelöst.

Der Jubel der Reichsfeinde ist groß. Monatelang haben sie den Boden der Wehr unterminiert, monatelang ihr Denunziantengift gegen sie verspritzt, und endlich hat der windelweiche Kanzler des Reiches mit seinem Ministerkabinett von Gummimenschen ihnen zum Ziele verholfen. Dem Druck von innen folgte der Druck von außen. Das Gespenst der Besetzung des Ruhrgebietes marschierte an und tat seine Wirkung und wurde phantastisch unterstützt durch die allerliebste Drohung, England werde im Falle bajuwarischer Widerstützung in Schlesien ausgestreckte Feindseligkeit neutralitätisch zurückziehen. [...]

Die englische Sphinx.

„Meine größten Feinde sind meine Reden", hat Lloyd George von sich schon zu einer Zeit gesagt, in der er seine gefährlichsten Reden überhaupt noch nicht gehalten hatte. Diese hat er nämlich erst in den letzten Jahren gehalten; sie gipfeln in den drei bekannten Gedanken:

1. Wir sind alle zusammen in den Krieg hineingestolpert.
2. Der Friede von Versailles besteht, so lange die Alleinschuld Deutschlands am Kriege feststeht.
3. Auch Deutschland gegenüber muß die Entente fair play einhalten.

[...]

Eine Hiobspost.

Karl Radek, der große, einzige Karl Radek, der erste Bolschewistenkopf in Rußland neben Lenin und Trotzkis rechte Hand, veröffentlicht in dem kommunistischen Organ Wiens furchtbare Eingeständnisse und Enthüllungen über das bolschewistische Rußland und kündigt den Zusammenbruch des bolschewistischen Systems in Rußland an. [...]

Die Verbündeten der Grande Nation.

Polen und Franzosen sind eines Herzens und eines Sinnes. Deutschland auszuquetschen wie eine Zitrone, ist ihre nationale Aufgabe. Die Franzosen erfüllen sie mit Hilfe der schwarzen Franzosen, die Polen mit Hilfe der Franzosen an Grausamkeit fast machen? [...]

Der Gipfel der Heuchelei.

Wenn in der Welt von politischer Heuchelei gesprochen wird, denkt der Wissende an England. Augenblicklich macht ein Musterstück englischer Heuchelei die Runde durch die europäische Presse. Der englische Kolonialminister Churchill führte in einer Rede in Dundee dieser Tage aus: [...]

Auflösung der Einwohnerwehr! — Aus dem Wandschrank — in den Landtag!
Löst den Selbstschutz auf, gebt die Waffen ab, damit der Franzose mit der Hundepeitsche über euch regieren kann!!!

16. Juni, Donnerstag

Vor dem Reparationsausschuß des Reichswirtschaftsrats in Berlin erläutert der Reichsminister für Wiederaufbau, Walther Rathenau (DDP), die Ergebnisse seiner Besprechungen mit Louis Loucheur, dem französischen Minister für die befreiten Gebiete. Es sei ihm nicht gelungen, die Reparationsforderungen abzumildern (→7. 10./S. 175).

In Berlin wird das Schauspiel »Das Glück im Winkel« des ostpreußischen Dramatikers Hermann Sudermann uraufgeführt.

17. Juni, Freitag

Im Reichstag kommt es zu Tumulten und Handgreiflichkeiten, als ein Abgeordneter der Deutschen Volkspartei (DVP) in einem Zwischenruf äußert, daß Kommunisten keine Deutschen seien und an die Wand gestellt werden müßten.

Die deutschen Parteien und Gewerkschaften in Oberschlesien richten in gleichlautenden Schreiben an die Regierungschefs von Großbritannien, Frankreich und Italien die dringende Aufforderung, die deutsche Bevölkerung gegen fortgesetzte polnische Übergriffe zu schützen (→2. 5./S. 82).

18. Juni, Samstag

Der alliierte Stadtkommandant von Gleiwitz in Oberschlesien verbietet die Tageszeitung »Oberschlesische Volksstimme«, da sie die deutschen Militärverbände dazu aufgefordert habe, trotz der angeordneten Waffenruhe polnisch besetztes Gebiet zurückzuerobern.

19. Juni, Sonntag

Auf einer Veranstaltung des Deutschen Gewerkschaftsbundes in Essen rechtfertigt Reichskanzler Joseph Wirth (Zentrum) die Annahme des Londoner Ultimatums vom →5. Mai (S. 80) und erklärt, daß dadurch der Friede in Europa gerettet worden sei.

Zur Durchführung einer Volkszählung werden in Großbritannien in 12 Mio. Haushalten Fragebögen ausgegeben. →S. 104

In Prag geht die Erste Spartakiade revolutionärer Arbeitersportler mit einer großen politischen Kundgebung zu Ende. →S. 105

20. Juni, Montag

In einem Erlaß des Reichsministeriums des Innern wird festgelegt, daß Kommunisten von der Bekleidung öffentlicher Ämter ausgeschlossen werden.

Bei einer Schlagwetterexplosion in der Zeche Mont Cenis in Herne kommen 85 Bergleute ums Leben.

21. Juni, Dienstag

Nach dem Rücktritt der zweiten Regierung Michael Mayrs (Christlich-Soziale Partei) am 1. Juni bildet der bisherige Polizeipräsident von Wien, Johannes Schober (parteilos), eine neue österreichische Regierung. →S. 100

22. Juni, Mittwoch

Die Deutschnationale Volkspartei (DNVP) nimmt die Haltung der Regierung in der Frage der Ergänzungsprüfung für Verwaltungssekretäre zum Anlaß, ein Mißtrauensvotum im Reichstag einzubringen, mit dem sie das neue Kabinett unter Reichskanzler Joseph Wirth (Zentrum) stürzen will. Die Mehrheit des Parlaments lehnt den Antrag, der von den Kommunisten unterstützt wird, ab.

In Berlin wird der Kommunist Max Hölz aufgrund seiner Beteiligung am Märzaufstand wegen Hochverrats und Totschlags zu einer lebenslänglichen Freiheitsstrafe und dem Verlust der bürgerlichen Ehrenrechte verurteilt. →S. 99

In Stuttgart beginnt der erste Deutsche Städtetag nach dem Weltkrieg. →S. 100

Der italienische Faschistenführer Benito Mussolini hält seine erste Rede im Nationalparlament in Rom. Er fordert eine bessere Sicherung der italienischen Grenzen und eine stabilere innere Ordnung des Landes (→7. 11./S. 189).

In Stockholm stellt der Finne Paavo Nurmi mit 30:40,2 min über 10 000 m einen Weltrekord auf. →S. 105

23. Juni, Donnerstag

Auf Anordnung der alliierten Reparationskommission wird das Wachregiment Berlin aufgelöst. Die im Versailler Vertrag festgelegte Höchstgrenze von 21 Infanterieregimentern der Reichswehr sei durch diese Truppeneinheit überschritten.

Im Reichstag fordert die USPD die Abschaffung der Sondergerichte in Bayern. Diese Gerichte, die nicht mit ordentlichen Richtern, sondern mit von der Staatsregierung ausgesuchten Personen besetzt sind, hätten keine verfassungsmäßige Grundlage, und ihre Urteile seien daher aufzuheben.

In Berlin wird die viertägige Deutsche Landwirtschaftsausstellung eröffnet. →S. 104

In der ostsibirischen Stadt Wladiwostok wird eine bolschewistische Regierung gebildet, welche die mit japanischer Unterstützung operierenden rechtsgerichteten Truppen bekämpfen soll.

Der Landtag der Steiermark widerruft in Graz seinen Beschluß, am 3. Juli eine Volksabstimmung über den Anschluß an das Deutsche Reich stattfinden zu lassen. Für den Fall der Abstimmung hatte die italienische Regierung gedroht, den Krediten des Völkerbundes für Österreich nicht zuzustimmen (→21. 6./S. 100).

24. Juni, Freitag

Zwischen der Reichsregierung und dem Kommandeur der alliierten Truppen in Oberschlesien, dem britischen General Charles W. Hennicker, wird eine Einigung über die Räumung Oberschlesiens erzielt. Danach werde sich der deutsche sog. Selbstschutz auflösen, wenn sich die polnischen Militärverbände hinter die deutsch-polnische Grenze zurückgezogen haben (→2. 5./S. 82).

In Erfüllung des Versailler Vertrages wird die gesamte Ausrüstung der Festungen Küstrin, Glatz, Neiße, Glogau, Lötzen und Marienburg dem Reichsverwertungsamt übergeben. Die Befestigungsanlagen in Kiel und auf Helgoland waren zuvor geschleift worden.

Im Reichstag wird der Reichshaushaltsplan 1921 verabschiedet. Er liegt mit Ausgaben in Höhe von 43 Mrd. Mark um 40 Mrd. niedriger als der Etat des Vorjahres.

In der Nähe der nordirischen Stadt Belfast wird ein Eisenbahnzug mit britischen Soldaten von Angehörigen der irischen Unabhängigkeitsbewegung Sinn Féin in die Luft gesprengt. Vier Soldaten kommen ums Leben, 40 werden verletzt.

25. Juni, Samstag

Die alliierte Reparationskonferenz beschließt, daß die Zahlung der deutschen Reparationen künftig nicht mehr in US-Dollar, sondern in europäischen Währungen erfolgen soll. Hintergrund der Maßnahme ist der starke Anstieg des Dollarkurses gegenüber dem französischen Franc und dem britischen Pfund.

Der französische Ministerpräsident Aristide Briand spricht sich in Paris für die Teilung Oberschlesiens zwischen dem Deutschen Reich und Polen aus (→20. 10./S. 172).

In Belgisch-Kongo (Zaire) brechen Aufstände gegen die belgischen Kolonialtruppen aus.

Der deutsche Chemiker Friedrich Bergius berichtet vor dem Chemikerkongreß in Stuttgart über Erfolge bei der Kohleverflüssigung: Aus einer ca. 5% Asche enthaltenden Kohle kann bis zu 85% Öl gewonnen werden (→S. 142).

26. Juni, Sonntag

Die Reichsregierung verfügt die Auflösung der Einwohnerwehren in Bayern, der Orts- und Grenzwehren in Ostpreußen sowie der Organisation Escherich, die im Deutschen Reich und in Österreich aktiv ist. Die Organisationen müssen bis zum 30. Juni ihre Waffen abgeliefert haben (→1. 6./S. 98).

Trotz der Bitten der Reichsregierung um eine vorübergehende Aussetzung der Reparationslieferungen besteht die alliierte Reparationskommission darauf, daß das Deutsche Reich wie in den Monaten zuvor 3,2 Mio. t Kohle an die westlichen Verbündeten liefern muß.

Griechenland lehnt die Vermittlung von Großbritannien und Frankreich im Krieg gegen die Türkei ab (→1. 11./S. 188).

Der britische Premierminister David Lloyd George lädt den Präsidenten der irischen Republik, Eamon de Valera, zu Gesprächen nach London ein. De Valera, der von den Briten 1916 zum Tode verurteilt und später begnadigt wurde, wird freies Geleit zugesichert (→7. 6./S. 101).

27. Juni, Montag

Mit 121 gegen 120 Stimmen beschließt der Reichstag die Einführung einer neuen Handelsflagge. In die rechte obere Ecke der schwarz-weiß-roten Handelsflagge werden die Reichsfarben Schwarz-Rot-Gold eingesetzt. →S. 100

Nach einer Mitteilung des US-amerikanischen Finanzministeriums betragen die Goldreserven der USA 3,5 Mrd. US-Dollar (124 Mrd. Mark). Drei Viertel des Goldvorrats der Welt befinden sich somit in US-amerikanischem Besitz.

Die Frau des sowjetrussischen Schriftstellers Maxim Gorki, Marja Alexeija, flieht aus Petrograd (Leningrad) und trifft in Stockholm ein. Der Opernsänger Fjodor I. Schaljapin verläßt ebenfalls Sowjetrußland.

28. Juni, Dienstag

In Sachsen wird der im März wegen der Arbeiteraufstände verhängte Ausnahmezustand aufgehoben (→21. 3./S. 48).

Im Zuge der deutschen Reparationslieferungen wird das Luftschiff »Bodensee« an Italien ausgeliefert. Damit geht das letzte deutsche Luftschiff in den Besitz der Alliierten über.

Der italienische Ministerpräsident Giovanni Giolitti tritt nach einer Abstimmungsniederlage im Parlament über seine Außenpolitik zurück (→4.7./S. 118).

In Belgrad verabschiedet die Nationalversammlung mit knapper Mehrheit eine Verfassung für das 1918 gebildete Königreich der Serben, Kroaten und Slowenen (Jugoslawien). →S. 100

In London wird der fast achtwöchige Streik der britischen Bergarbeiter mit einer Einigung zwischen Regierung und Gewerkschaften beendet (→1.7./S. 118).

29. Juni, Mittwoch

Der Bayerische Christliche Bauernverband fordert seine Mitglieder auf, im Rahmen der Aktion »Studentenhilfe« möglichst viele Studenten ab Juli bei den Erntearbeiten zu beschäftigen.

30. Juni, Donnerstag

In seiner Antrittsrede vor dem Reichstag fordert Außenminister Friedrich Rosen (parteilos) von den Alliierten die Aufhebung der am 7. März verhängten Sanktionen gegen die Städte Düsseldorf, Duisburg und Ruhrort (→7. 3./S. 46).

Der bayerische Ministerpräsident Gustav Ritter von Kahr (parteilos) dankt den durch eine Verfügung der Reichsregierung aufgelösten Einwohnerwehren für die »Wiederherstellung von Sicherheit und Ordnung« (→1. 6./S. 98).

Das Wetter im Monat Juni

Station	Mittlere Lufttemperatur (°C)	Niederschlag (mm)	Sonnenscheindauer (Std.)
Aachen	14,8 (15,9)	30 (77)	— (200)
Berlin	15,0 (16,5)	81 (62)	— (244)
Bremen	14,6 (16,0)	74 (59)	— (218)
München	15,5 (15,8)	120 (121)	— (201)
Wien	— (17,6)	— (68)	— (201)
Zürich	16,2 (15,5)	98 (138)	229 (220)

( ) Langjähriger Mittelwert für diesen Monat
— Wert nicht ermittelt

Der Entwurf für die Juniausgabe der avantgardistischen US-amerikanischen Zeitschrift »Broom« stammt von Ladislaw Medges. Das plakative Design kombiniert geometrische Formen zu Gegenständen. Eine Flasche, eine Spielkarte mit Herzen, ein angeschnittenes Buch und Becher sind unter Dreiecken und Kreisen arrangiert, die wiederum die Verbindung zum Namen der Zeitschrift herstellen.

»Erfüllungspolitik« wird Maxime der Regierung Wirth

1. Juni. In seiner ersten Rede vor dem Reichstag nach seiner Ernennung rechtfertigt Reichskanzler Joseph Wirth (Zentrum) die Annahme des Londoner Ultimatums (→ 5. 5./S. 80). Wirths Regierungserklärung markiert den Wandel der deutschen Außenpolitik von der Konfrontation mit den Siegermächten zur »Erfüllungspolitik«.

Ziel dieser Politik ist es, durch bedingungslose Erfüllung der alliierten Forderungen die Bereitschaft des Deutschen Reichs zur Wiedergutmachung zu demonstrieren. Letztlich soll der Entente hierdurch jedoch deutlich werden, daß die Reparationsschuld wesentlich zu hoch veranschlagt ist und die deutsche Wirtschaft ruinieren wird. Wirth und Wiederaufbauminister Walther Rathenau (DDP), die Hauptverfechter der Erfüllungspolitik, vertreten die Überzeugung, daß die Bereitschaft des Deutschen Reichs zur Wiedergutmachung das Verhältnis zu den Siegermächten verbessert und damit eine Basis für neue Verhandlungen geschaffen wird.

Der Begriff Erfüllungspolitik ist dabei kein neues Schlagwort, sondern wurde schon auf der Reparationskonferenz von Spa im Juli 1920 geprägt. Damals hatte die deutsche Regierung, vor allem auf Betreiben Rathenaus, die Kohleforderungen der

Alliierten entgegen dem Einspruch der übrigen Wirtschaftssachverständigen akzeptiert (→ 30. 5./S. 81).

Die Ankündigung dieser außenpolitischen Neuorientierung hatte nach dem Rücktritt des Kabinetts unter Reichskanzler Konstantin Fehrenbach (Zentrum) im Mai (→ 5. 5./S. 80) einen Koalitionswechsel zur Folge.

Die Mehrheit in der DVP weigerte sich, die Verantwortung für Wirths Politik zu übernehmen, statt dessen erklärte sich die SPD zur Regierungsbeteiligung bereit. Die »Weimarer Koalition« aus Zentrum, DDP und SPD ist damit erneut in einer Regierung vereinigt.

Die Haltung der DVP zur neuen Regierung bleibt zwiespältig. Teile der Partei sichern ihr Rückendeckung in der Reparationspolitik zu, andere greifen Wirth scharf an. In der Reichstagssitzung am 3. Juni kritisiert der DVP-Vorsitzende Gustav Stresemann einerseits das im Londoner Ultimatum geforderte Verbot des rechten Militärverbands Orgesch als »Eingriff in die Vereinsfreiheit«, andererseits spricht er sich für die Auflösung der Einwohnerwehren aus (→ 1. 6./S. 98).

Zwar sind sich Regierungs- wie Oppositionsparteien einig, daß die Siegermächte in Anerkennung der deutschen Zahlungsbereitschaft die seit März besetzten Städte im Rheinland (→ 7. 3./S. 46) sofort räumen sollen, doch als eine entsprechende Reaktion der Alliierten zunächst ausbleibt, greift das rechte Lage die neue Regierung scharf an. Die DNVP wirft Wirth vor, er sei völlig planlos an die »Erfüllung« herangegangen und habe Auflagen akzeptiert, die das »Pariser Diktat« (Versailler Vertrag) in ihren gravierenden Folgen bei weitem überträfen.

Im Zuge der Entwaffnungsbestimmungen werden Flugzeuge demontiert und an die Interalliierte Luftfahrtüberwachungskommission ausgeliefert. Das Deutsche Reich muß zudem Arbeiter zur Durchführung der Abrüstung bereitstellen.

Wirths Programm: Verständigung, Wiederaufbau, Versöhnung

In seiner Regierungserklärung am 1. Juni führt der neue Reichskanzler Joseph Wirth (Zentrum) aus:

»Das Programm der neuen Regierung ist in kurzer Form zusammengefaßt: Verständigung, Wiederaufbau und Versöhnung. Wir wollen alle unsere Kraft daransetzen, das deutsche Staatsschiff aus den klippenreichen Wogen der Krisen und Katastrophen in das ruhige Fahrwasser friedlicher Entwicklung zu bringen. Durch Werke des Friedens und durch einen Aufbau nach außen und innen wollen wir zeigen, daß es uns ernst ist mit dem Bemühen, durch Arbeit und Leistungen die Freiheit des Vaterlandes zu erkämpfen und unseren Verpflichtungen bis aufs äußerste nachzukommen. Die Reichsregierung will übernommene Verpflichtungen gewissenhaft und loyal erfüllen. Sie

will zeigen, daß sie den Mut hat, auch vom ganzen deutschen Volke zu verlangen, daß es sich anstrengt, Leistungen allerhöchster Art zu vollbringen. Nicht akademische Erörterungen, sondern allein praktische Anerkennung des Leistungsprinzips wird für Deutschland und seine Lage Verständnis in der Welt erwecken.

Das Ultimatum stellt uns kurze Fristen. Einige sind schon abgelaufen. Wir haben sie eingehalten. Auf finanziellem Gebiete ist die bis 30. Mai zu zahlende 1 Mrd. Goldmark rechtzeitig geleistet, davon 150 Mio. Goldmark in bar und der Rest durch Schatzwechsel.

In der Abrüstungsfrage haben wir uns durch die Annahme des Ultimatums den Entwaffnungsbestimmungen der Pariser Note vom 29.

Januar auf militärischem Gebiete wie auf dem der Marine und des Luftwesens gefügt. Die abgelaufe-

nen Fristen sind auch auf diesem Gebiete innegehalten. Die Reichsregierung ist einmütig der Ansicht,

Joseph Wirth begann 1911 seine politische Karriere im linken Flügel des Zentrums. Seit 1914 ist er Mitglied des Reichstags. Im März 1920 wurde er Finanzminister in der Regierung Fehrenbach. Er gilt als entschiedener Verfechter der Republik und beweist Mut bei unpopulären Entscheidungen.

Demontierte Geschütze werden zum Stapelplatz transportiert. Das deutsche Heer darf pro Bataillon nur noch 204 Feldgeschütze besitzen.

Ein Geschütz wird zerschnitten; die Einzelteile werden eingeschmolzen.

Deutsches Reich führt Entwaffnung durch

Durch den Übergang zur Erfüllungspolitik verpflichtet sich die neue Reichsregierung nicht nur zur Einhaltung der Reparationszahlungen, sondern auch zur konsequenten Durchführung des Versailler Vertrags in der Entwaffnungsfrage. Im Friedensvertrag sind Beschränkungen des deutschen Kriegsmaterials festgelegt, die vom Reich wegen der Verschleppung des Entwaffnungs- und des Wehrgesetzes nicht eingehalten wurden.

Infolge des Londoner Ultimatums (→ 5. 5./S. 80) muß das Deutsche Reich bis zum 10. Juni alle Waffen sowie Ersatzteile für Waffen an die Alliierten abliefern, alles weitere Kriegsgerät bis zum 30. Juni. Veraltete Geschütze, Kampfschiffe und Kriegsflugzeuge werden auf deutschem Boden verschrottet. Die Bestimmung des Versailler Vertrags, die dem Deutschen Reich den Besitz von Luftstreitkräften verbietet, wird durch die Interalliierte Luftfahrtüberwachungskommission dahingehend erweitert, daß die Verwendung von Flugzeugen in Polizeiformationen zusätzlich untersagt wird.

daß die Frage der Entwaffnung zu keinen weiteren Reibungen führen, geschweige denn Anlaß zu Sanktionen geben darf …

Wir müssen, um die Devisen der Annuitäten zu decken, bestimmte Steuerquellen bezeichnen, die wir für Reparationszwecke zur Verfügung stellen können. Die 26prozentige Ausfuhrabgabe kann dauernd für die deutsche Ausfuhrindustrie nicht in Frage kommen. Der Ausfuhrindex ist unglücklich, brutal und roh. Die Wirkung auf die Weltwirtschaft wird sich bald zeigen …

Wir müssen dahin streben, auf irgendeine Weise eine Summe als Einnahme zu schaffen, die gleich hoch ist wie die schwebende Ausfuhrabgabe. Die Stunde des Reichswirtschaftsrats zur Mitarbeit an dem deutschen Geschick wird gekommen sein. Wir müssen sehen, die Reparationssummen durch alljährliche Einnahmen aufzubringen.«

Am 2. Juni hält Wiederaufbauminister Walther Rathenau (DDP), zusammen mit Wirth überzeugtester Verfechter der Erfüllungspolitik, eine Rede über den neuen Regierungskurs:

»Ich bin kein Anhänger der Kriegswirtschaft und der Zwangswirtschaft, auch als Schöpfer der Kriegsrohstoffabteilung des preußischen Kriegsministeriums habe ich nichts getan, was irgend mit Ernährungsfragen zusammenhängt. Von meinem Arbeitskreis soll alles ferngehalten werden, was auch nur von weitem an Schieberei und Wiederaufbaugewinnlerei erinnert. Der Körper unseres deutschen Wirtschaftslebens ist viel zu krank, als daß es möglich wäre, ihn grundsätzlich von unten herauf umzustellen. Große Wirtschaftsreformen versprechen erst dann Erfolg, wenn das Bewußtsein des Volkes sich auf diese Reformen im voraus eingestellt hat … Ich bin eingetreten in ein Kabinett der Erfüllung. Wir müssen Wege finden, uns mit der Welt wieder zusammenzubringen …

Es ist für uns in der Lage der Bedrückung und des Schmerzes überaus schwer, objektiv zu bleiben, aber als Vertragschließender Frankreichs müssen wir Frankreich gegenüber unsere Objektivität beibehalten, und die besteht darin, daß wir festzustellen haben, daß Frankreich diesen Wiederaufbau will und deshalb will, weil es überaus schwer vom Kriege gelitten hat …

Wie dienen dem Lande vor dem Ultimatum und nach dem Ultimatum. Wer daraus, daß er eine Maßregel für falsch hält, die Folgerung ziehen wollte, sich schmollend zurückzuziehen und seinem Lande nicht mehr zu dienen, dessen Überzeugung verstehe ich nicht …

Ich bin der Überzeugung, so schwer diese Leistungen sein werden, die von uns erwartet werden hinsichtlich der Aufbauleistungen, daß wir damit das Vertrauen in der Welt wiedergewinnen. Die Welt besteht nicht zu 100% aus Chauvinisten und besteht nicht aus 150 Mio. Feinden. Sie enthält eine Fülle objektiv denkender Menschen, von denen Millionen Augen sich nach Deutschland richten und fragen: was wird Deutschland machen? Wird es ein Leben führen zur Erfüllung seiner Schuld?

Es besteht diese Wunde am Körper Europas … Nicht früher wird der Friede in die Welt kommen, als bis diese Wunde sich geschlossen hat. Diese Aufgabe hat die Eigenschaft, daß sie nichts Trennendes enthält für unsere Parteien, für unsere Berufe und unsere Stände. Zu dieser Aufgabe sind schlechthin alle in Deutschland aufgerufen … Alle sind zu diesem Werk aufgerufen, das Werk muß sein!«

Einwohnerwehren in Bayern entwaffnet und aufgelöst

1. Juni. Auf Druck der Reichsregierung beschließen die rechtsgerichteten paramilitärischen Einwohnerwehren in Bayern ihre Selbstauflösung bis zum Monatsende.

Mit dem Beschluß wollen die Einwohnerwehren vermeiden, daß sie unter Zwang von den staatlichen Behörden entwaffnet und als Organisationen zerschlagen werden. Der Reichstag in Berlin hatte am 19. März ein Gesetz verabschiedet, mit dem die Betätigung paramilitärischer Vereinigungen untersagt wird. Während überall im Deutschen Reich derartige Verbände, die sich als Freikorps, Ortswehren oder Grenzwehren bezeichnen, ihre Tätigkeit weitgehend einstellten, weigerte sich die bayerische Staatsregierung zunächst hartnäckig, die Einwohnerwehren aufzulösen. Ministerpräsident Gustav Ritter von Kahr (parteilos) begründete seine Haltung mit dem Argument, daß die Einwohnerwehren zur Aufrechterhaltung von Ruhe und Ordnung in Bayern unverzichtbar seien. Es handele sich bei diesen »Selbstschutzorganisationen« nicht um militärische Verbände, sondern um eine »Feuerbrigade zur Abwehr des Bolschewismus«. Da sowohl die Reichsregierung als auch die Siegermächte des Weltkriegs mit rechtlichen und politischen Maßnahmen gegen Bayern drohen, gibt Kahr dem Druck nach und fordert am 4. Juni die Einwohnerwehren auf, ihre Waffen freiwillig abzugeben.

Die bayerischen Einwohnerwehren verfügen zusammen mit zahlreichen kleineren militärischen Verbänden über rund 300 000 aktive Mitglieder, die eine antisozialistische, antipreußische und monarchistische Auffassung verbindet. Ihre Aktivitäten, die in Aufmärschen, antirepublikanischen Kundgebungen und als Polizeimaßnahmen getarnten Aktionen gegen politische Gegner bestehen, werden von Ministerpräsident Kahr öffentlich gelobt. Kahr, der seit dem Kapp-Putsch 1920 mit einem bürgerlich-rechtsgerichteten Kabinett regiert, strebt nach der Entlassung der Arbeiter- und Soldatenräte die Erhaltung Bayerns als »Ordnungszelle der Republik« an und provoziert zahlreiche Konflikte mit der Reichsregierung. Er stützt sich dabei auf die Einwohnerwehren, an deren Aufbau er beteiligt war und sympathisiert offen mit notorisch republikfeindlichen Gruppierungen wie der NSDAP. Am 14. Mai hatte Kahr deren Propagandaleiter Adolf Hitler empfangen, um »Möglichkeiten zur Sammlung aller nationalen Kräfte« zu erörtern.

Ministerpräsident von Kahr (M., im dunklen Mantel) bei einem Schießen der Einwohnerwehren vor ihrer Auflösung

Rechtsextreme Militärverbände gegen Reich und Republik

Mit dem Verbot der Einwohnerwehren in Bayern lösen sich die letzten Verbände auf, die an den bewaffneten politischen Auseinandersetzungen von 1918 bis 1920 maßgeblich beteiligt waren.

Nach der Novemberrevolution 1918 hatten sich in allen Teilen des Deutschen Reiches sog. Selbstschutzorganisationen gebildet, die für den Schutz des Eigentums gegen kommunistische Übergriffe und die Aufrechterhaltung der Ordnung sorgen sollten. Durch die Verordnung des Rates der Volksbeauftragten vom 13. Januar 1919 wurden sie zur »Republikanischen Schutztruppe« zusammengefaßt. Reichswehrminister Gustav Noske (SPD) wurden die mit schweren Infanteriewaffen ausgerüsteten Einheiten dem Reichswehrministerium in Berlin unterstellt. Bald stellte sich jedoch heraus, daß sich die Verbände, die in der Mehrzahl aus Angehörigen des Bürgertums und ehemaligen Frontsoldaten zusammengesetzt waren, mit ihrer demonstrativ republikfeindlichen Gesinnung zu einer Bedrohung für die junge Demokratie entwickelten. Beim Kapp-Putsch im März 1920 standen weite Teile der Einwohnerwehren auf seiten der

Georg Escherich trat 1919 als Gründer und Landeshauptmann der Einwohnerwehren in Bayern hervor. Während des Kapp-Putsches im März 1920 beteiligte er sich aktiv am Sturz der sozialdemokratischen bayerischen Staatsregierung.

rechtsradikalen Putschisten. Im April 1920 verfügte die Reichsregierung nicht zuletzt unter dem Druck der Siegermächte die Auflösung aller militärischen Verbände, konnte sie jedoch nicht überall tatsächlich durchsetzen.

Nach dem Verbot der Einwohnerwehren gründete der Forstrat Georg Escherich in Bayern die Organisation Escherich (Orgesch), die mit ähnlicher Struktur und gleichen Zielen ihre Nachfolge antrat. Rechtsextreme Anschläge und Fememorde prägen das Erscheinungsbild der Orgesch, die im gesamten Deutschen Reich sowie in Österreich mit rund einer Million Mitgliedern präsent ist. Im Gegensatz zur Reichsregierung fördert Bayern die Aktivitäten der Orgesch, zu deren Führern Ministerpräsident von Kahr freundschaftliche Beziehungen unterhält.

USPD-Politiker Karl Gareis erschossen

9. Juni. Karl Gareis, der Fraktionsvorsitzende der USPD im bayerischen Landtag, wird in München wahrscheinlich von einem Angehörigen der rechtsradikalen Organisation Consul (OC) ermordet.

Der USPD-Politiker, der als entschiedener Gegner der rechtsgerichteten Staatsregierung und der Einwohnerwehren bekannt ist, wird auf dem Heimweg von einer Parteiveranstaltung vor seiner Wohnung mit vier Kopfschüssen getötet. Der Täter kann entkommen, rühmt sich jedoch am folgenden Tag in einem Brief an die Polizei, »dem Gareis das Licht ausgeblasen zu haben«. Am 14. Oktober wird in Tirol der frühere Leutnant Schwesinger, der zur Organisation Consul gehört, verhaftet. Seine Schriftzüge stimmen mit denen des Bekennerbriefs überein, doch wird kein Ermittlungsverfahren gegen ihn eingeleitet. Nach 14 Monaten Untersuchungshaft setzt ihn die bayerische Justiz auf freien Fuß, ohne weitere Nachforschungen unternommen zu haben.

Nach dem Mord rufen SPD, USPD und KPD zu einem dreitägigen Generalstreik auf. Die von der SPD beantragte Massenprotestversammlung wird vom Münchner Polizeipräsidenten Erich Pöhner nicht ge-

Erbitterter Feind der Rechten

Karl Gareis, geboren 1890, war der führende Kopf der bayerischen USPD. Der Gymnasiallehrer wurde 1920 Mitglied des Landtages und Fraktionschef der linksgerichteten USPD. Er trat als Kritiker des monarchistisch gesinnten Ministerpräsidenten Gustav Ritter von Kahr hervor und attackierte dessen öffentliche Förderung der republikfeindlichen Einwohnerwehren. Um die kriminellen Aktionen dieser Militärverbände offenzulegen, hatte Gareis die Einsetzung eines Untersuchungsausschusses im Bayerischen Landtag erwirkt.

nehmigt. Dafür wird das Polizeiaufgebot in München verstärkt, so daß Auseinandersetzungen zwischen Streikenden und Sicherheitskräften nicht erfolgen.

Die liberale »Vossische Zeitung« in Berlin kommentiert die Hintergründe des Verbrechens: »Es läßt sich nicht verkennen, daß die radikale Hetze, die hier in München auf der rechten Seite hauptsächlich von halbreifen jungen Menschen betrieben wird, den Gruppen der Rechten ein willkommenes Werkzeug gewesen war… Es ist wiederholt festge-

stellt worden, daß die sogenannte ›national-sozialistische‹ Bewegung hier über eine Knüppel-Garde verfügt, die terroristische Mittel anwendet. Die rechtsstehenden nationalistischen Kreise Münchens sind von dem Vorwurf nicht freizusprechen, daß sie diese Elemente… als dienstwillige Werkzeuge benutzt haben. Daß auch die hiesige Polizeileitung es bei der Verfolgung der von dieser Seite kommenden Roheitsdelikte an der nötigen Energie hat fehlen lassen, ist ein Vorwurf, der ihr jetzt zum Verhängnis werden wird.«

Festungshaft für KPD-Vorsitzenden

6. Juni. In Berlin wird der KPD-Vorsitzende Heinrich Brandler wegen Hochverrats zu fünf Jahren Festungshaft verurteilt. Er hatte sich an den Märzaktionen (→ 21. 3./ S. 48) beteiligt.

Heinrich Brandler, geboren am 3. Juli 1881, arbeitete als Maurer und trat 1901 der SPD bei. 1916 wurde er Mitglied des Spartakusbundes in Chemnitz und gehörte seit 1918 der KPD an, deren Vorsitzender er am → 24. Februar 1921 wurde (S. 34).

Das Sondergericht hält Brandler für schuldig, zum Staatsstreich und zur Mißachtung der Gesetze aufgefordert zu haben. Weiterhin habe er in mehreren Artikeln der Parteizeitung »Rote Fahne« eine systematische Aufhetzung zum Klassenhaß betrieben. In der Urteilsbegründung zeigt sich das Gericht davon überzeugt, daß der KPD-Vorsitzende nicht aus ehrenrührigen oder gar kriminellen Motiven gehandelt habe, sondern weil er in erster Linie von seinen kommunistischen Idealen geleitet gewesen sei.

Lebenslänglich für Hölz, den »Robin Hood des Vogtlands«

22. Juni. Der Kommunist Max Hölz wird von einem Sondergericht in Berlin wegen Hochverrats und Totschlags zu einer lebenslangen Freiheitsstrafe und dauerndem Ehrverlust verurteilt.

Hölz hatte als Anführer bewaffneter kommunistischer Verbände während des Kapp-Putsches im März 1920 Aufstände im Vogtland organisiert und dabei Polizeistationen überfallen, Strafgefangene befreit und eine Räterepublik ausgerufen. Durch die deutliche Übermacht der Reichswehr wurde seine rund 1000 Mann starke Rotgardistentruppe aufgerieben. Der »Robin Hood des Vogtlands« floh in die Tschechoslowakei.

Im Verlauf der kommunistischen Aufstände in Mitteldeutschland (→ 21. 3./S. 48) tauchte Hölz wieder im Deutschen Reich auf und setzte sich im Mansfelder Bergwerksgebiet an die Spitze der Streikbewegung. Mit Hunderten von Arbeitern über-

fiel er eine Munitionsfabrik und lieferte sich blutige Gefechte mit den Sicherheitsorganen. Sprengstoffanschläge und planlose Plünderungen, bei denen ein Gutsbesitzer getötet wurde, führten zur Verhängung des

Ausnahmezustands über die Provinz Sachsen und zur blutigen Niederschlagung des Aufstandes. Hölz konnte sich abermals einer Verhaftung entziehen, wurde aber am 15. April in Berlin festgenommen.

Max Hölz (l.) im Zuchthaus Sonnenburg; der schon zu Lebzeiten legendäre Revolutionär wurde am 14. Oktober 1889 bei Riesa (Sachsen) als Sohn eines Tagelöhners geboren. Er nahm am Weltkrieg teil und wurde 1919 Mitglied der KPD, deren strenger Parteidisziplin er sich jedoch widersetzte.

Der Prozeß, über den die Zeitungen in großer Aufmachung berichten, wird zunehmend unter politischem Vorzeichen geführt. Hölz gibt die ihm zur Last gelegten Sprengstoffanschläge und Plünderungen zu, bestreitet aber, am Tod des Gutsbesitzers beteiligt gewesen zu sein. Er betrachtet sich nicht als Angeklagten, sondern als »Kläger gegen die bürgerliche Gesellschaft«. Nach fünf turbulenten Prozeßtagen ruft er in seinem Schlußwort aus: »Wenn Sie heute über mich das Urteil fällen, so betrachte ich das als ein Schulexamen. Wenn Sie mich freisprechen würden, was Sie ja gar nicht können, so würde ich mich schämen. Verurteilen Sie mich zu zehn Jahren Zuchthaus, so wäre das die Zensur Nr. 4, lebenslänglich wäre Nr. 1, Todesstrafe aber 1a. Die bürgerliche Ehre, die Sie mir absprechen wollen, existiert für mich nicht; für mich gibt's nur eine proletarische Ehre, und die können Sie mir nicht absprechen!«

Streit um deutsche Handelsflagge

27. Juni. Nach langen und heftigen Debatten beschließt der Reichstag in Berlin mit 121 gegen 120 Stimmen die Einführung einer neuen Handelsflagge. In die rechte obere Ecke der kaiserlichen schwarz-weiß-roten Handelsflagge werden die schwarz-rot-goldenen Farben der Republik eingefügt.

Die bürgerlichen Parteien DNVP, DVP und Teile des Zentrums sprechen sich im Gegensatz zu Reichskanzler Joseph Wirth (Zentrum) für den Erhalt der bisherigen Flagge aus und fordern, die Verfassungsordnung über die deutsche Flagge vom 11. April 1921 außer Kraft zu setzen. SPD, USPD und KPD dagegen bezeichnen die Farben Schwarz-Weiß-Rot als Symbol des deutschen Kaisertums und verlangen einhellig die schwarz-rot-goldene Flagge als Hoheitszeichen der Republik.

Vom 1. Juli an gilt die neue Handelsflagge als das offizielle Abzeichen auf See. Gegen die Einführung einer neuen Handelsflagge haben sich insbesondere die Reedereien gewehrt. Sie zweifeln die Zweckmäßigkeit der Handelsflagge an.

Der neugewählte Vorstand: 3. v. l. vorne Böß, 4. v. l. vorne Adenauer, 2. Reihe 3. v. l. Scheidemann

Sparsamkeit der Städte wichtigstes Ziel

22. Juni. *In Stuttgart wird der fünfte Deutsche Städtetag, der erste seit dem Weltkrieg, durch Gustav Böß (DDP), den Oberbürgermeister von Berlin, eröffnet. Um über die angespannte Finanzlage der Kommunen zu beraten, sind die Oberbürgermeister zahlreicher Großstädte in Stuttgart eingetroffen. Prominenteste Teilnehmer sind Philipp Scheidemann (Kassel), Hans Luther (Essen) und Konrad Adenauer (Köln).*

Der Städtetag betont einhellig, daß vor allem die Städte unter der schweren Last der Reparationsleistungen an die Alliierten zu tragen haben. Die Vertreter der Städte sind sich einig in der Ansicht, daß die Sparsamkeit das vordringlichste Ziel der Gemeinden sein sollte.

Weißbuch leugnet die Kriegsschuld

1. Juni. Der Untersuchungsausschuß des Reichstages zur Vorgeschichte des Weltkrieges unter der Leitung von Innenminister Georg Gradnauer (SPD) stellt fest, daß die deutsche Regierung 1914 keine kriegerischen Absichten gehabt habe, da das militärische Kräfteverhältnis in Europa für das Deutsche Reich äußerst ungünstig gewesen sei.

In einem Weißbuch werden detaillierte Angaben über die militärische Rüstung und Mobilmachung im Deutschen Reich, Österreich-Ungarn sowie Rußland vor Ausbruch des Weltkrieges gemacht. Laut Sachverständigenkommission betrug die Zahl der militärisch ausgebildeten, im wehrpflichtigen Alter stehenden Männer im Deutschen Reich 4,87 Mio., in Frankreich 4,98 Mio., in Österreich 3,03 Mio. und in Rußland 5,7 Mio. Demnach hätte eine Überlegenheit der gegnerischen Seite von 35% vorgelegen. Die Untersuchungskommission stellt in ihrem Weißbuch außerdem fest, daß die Mobilisierung im Deutschen Reich später als in den Ländern der Entente erfolgt sei.

Wiener Polizeipräsident wird Kanzler

21. Juni. Der bisherige Polizeipräsident von Wien, Johannes Schober (parteilos), bildet die neue Bundesregierung in Österreich. Er ist Nachfolger des am 1. Juni 1921 zurückgetretenen Bundeskanzlers Michael Mayr (Christlich-Soziale Partei). Das Kabinett besteht aus elf Ministern, die parteilose Beamte sind, während die Christlich-Soziale Partei sowie die Großdeutsche Volkspartei jeweils nur einen Minister stellen.

In seinem Regierungsprogramm erklärt Bundeskanzler Schober, der zugleich Außenminister ist, daß er die durch die Regierung Mayr eingeleiteten Verhandlungen mit den Alliierten über die Gewährung von Krediten fortsetzen will: Wichtigstes Ziel bleibt die Lösung der finanziellen Probleme des Landes.

Die Regierung unter Mayr war zurückgetreten, weil sie nicht die Verantwortung für die offiziell als Volksbefragung durchgeführten Abstimmungen in Tirol und Salzburg (→ 29. 5./S. 83) sowie die für den 3. Juli geplante Abstimmung in der Steiermark für einen Anschluß an das Deutsche Reich übernehmen wollte. Mayr hatte die Landesregierung dringend vor diesen Abstimmungen gewarnt, da Österreich gegenwärtig mit den Alliierten in Verhandlungen über Kredite für das wirtschaftlich am Boden liegende Land steht – die Alliierten haben sich vehement gegen einen Anschluß Österreichs ausgesprochen und mit dem Abbruch der Kreditverhandlungen gedroht.

Der vorherige österreichische Bundeskanzler Michael Mayr

Auf Distanz zu den Parteien: Bundeskanzler Johannes Schober

Jugoslawien erhält neue Verfassung

28. Juni. Die Nationalversammlung in Belgrad verabschiedet eine Verfassung für das Königreich der Serben, Kroaten und Slowenen (Jugoslawien). Der 1918 gebildete Staat

König Peter I., geboren am 11. Juli 1844 in Belgrad, ist seit 1903 bis zu seinem Tod am 26. August 1921 Staatsoberhaupt und Oberbefehlshaber der Armee im Königreich der Serben, Kroaten und Slowenen.

besitzt ein parlamentarisches Regierungssystem mit einer Kammer. Der König (1903–16. 8. 1921 Peter I.) ist Oberbefehlshaber der Armee und beruft das Parlament.

In der neuen Verfassung sind die Volksgruppen der Serben, Kroaten, Slowenen und Montenegriner der Zentralregierung in Belgrad unterworfen, wobei die Serben die politische Führung beanspruchen.

Vor dem Amtssitz des britischen Premierministers in London beten Iren für das Ende der bewaffneten Auseinandersetzungen.

Eigenes Parlament für Nordirland gewählt

7. Juni. In Belfast wird das erste nordirische Parlament (Stormont) eröffnet. Bei den Wahlen, die am 24. Mai stattgefunden haben, sind 40 Mitglieder der Ulster Unionists, die sich für die nationale Einheit mit Großbritannien einsetzen, sechs Vertreter der radikalen Sinn Féin und sechs Politiker der gemäßigten Nationalisten in das Parlament gewählt worden. Die Ulster Unionists unter Premierminister John Craig bilden damit die stärkste Fraktion im Parlament.

Seit 1919 herrscht in Irland blutiger Bürgerkrieg. Die besonders in Südirland aktive Sinn Féin-Bewegung und die Irische-Republikanische Armee (IRA) kämpfen gegen die britischen Truppen für die Unabhängigkeit ganz Irlands von Großbritannien. Nordirland dagegen tritt für die Union mit Großbritannien ein. Die mehrheitlich protestantische Provinz Ulster ist seit 1920 von Südirland getrennt und hat eine eigene Verwaltung (→ 6. 12./S. 202).

△ ◁ *Zum Schutz vor den Angriffen der Iren fahren die britischen Truppen mit vergitterten Autos.*

△ *Unter Militärschutz und hinter Stacheldraht verkauft ein Bäcker in Dublin sein Brot.*

◁ *Alltägliches Bild in den Straßen von Dublin: Britische Soldaten lösen eine Demonstration von Iren auf.*

Daten britisch-irischer Geschichte

Die Auseinandersetzungen zwischen Iren und Engländern um die politische Macht in Irland reichen bis ins 16. Jahrhundert zurück und haben religiöse wie wirtschaftliche Ursachen.

▷ 1541: König Heinrich VIII. von England läßt sich vom irischen Parlament den Titel eines Königs von Irland übertragen

▷ 1609–1611: In Ulster werden etwa 100000 Reformierte angesiedelt

▷ 1801: Als Reaktion auf die politischen und religiösen Konflikte wird die Union Irlands mit Großbritannien vollzogen. Das irische Parlament wird aufgelöst

▷ 13. 4. 1829: Die Katholiken-Emanzipations-Akte ermöglicht erstmals die Mitwirkung katholischer Iren im Parlament

▷ 1848: Ein bewaffneter Aufstand gegen die britische Herrschaft wird blutig niedergeschlagen

▷ 1900: Die radikal-nationalistische Partei Sinn Féin wird gegründet

▷ 1. 4. 1912: Der britische Premierminister Herbert Lord Asquith bringt ein Irlandgesetz ein, das die Einrichtung eines Parlaments in Irland und die regionale Selbstverwaltung vorsieht. Das Gesetz wird jedoch 1914 bis Kriegsende suspendiert

▷ 24. 4. 1916: Der Oberaufstand gegen die Briten beginnt in Dublin, wird jedoch nach einer Woche blutig niedergeschlagen

▷ 1919: Die radikal-nationalistische und sozialrevolutionäre Irisch-Republikanische Armee (IRA) wird gegründet. Ihr Ziel ist die Errichtung eines unabhängigen, einigen irischen Staates

▷ 14. 12. 1920: Das britische Oberhaus billigt den Government of Ireland Act, der eine Teilung der Insel in einen protestantischen Nordteil mit einem Parlament in Belfast und den katholischen Süden mit der Hauptstadt Dublin vorsieht.

Soziales Elend für zahlreiche Erkrankungen verantwortlich

Unzureichende Ernährung, Infektionskrankheiten und mangelnde Hygiene kennzeichnen den Gesundheitszustand breiter Bevölkerungsschichten im Deutschen Reich. Die Auswirkungen der unbefriedigenden wirtschaftlichen Situation treffen besonders die Angehörigen der unteren Einkommensschichten. Die große Zahl von Erkrankungen kann direkt auf die besorgniserregenden Ernährungs- und Wohnbedingungen zurückgeführt werden, wie einem Bericht der »Düsseldorfer Nachrichten« vom 13. Januar zu entnehmen ist: »In 43 deutschen Städten ringen 865 000 kranke, unterernährte und tuberkulöse Kinder um ihr Leben. In Berlin sind es 30 000, Hamburg 13 000, Leipzig und München 8000, Breslau 7000. In der 115. Berliner Gemeinde-

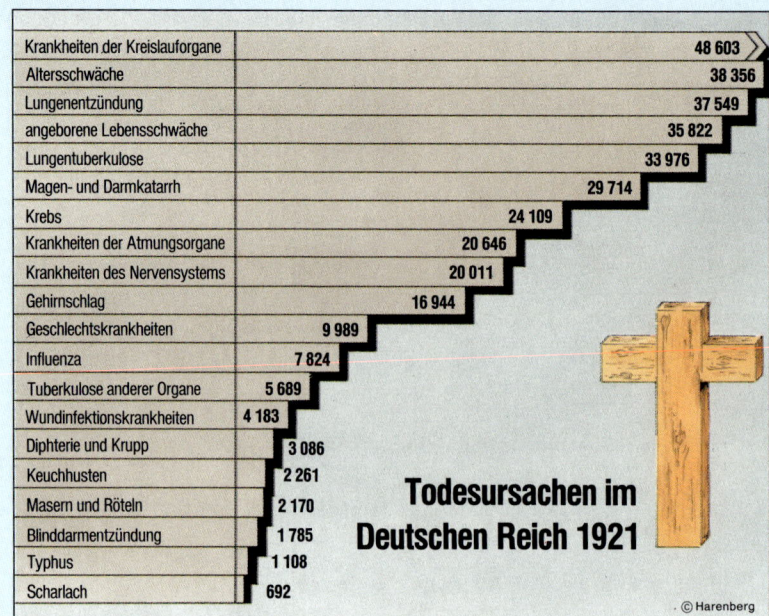

Todesursachen im Deutschen Reich 1921

Krankheiten der Kreislauforgane	48 603
Altersschwäche	38 356
Lungenentzündung	37 549
angeborene Lebensschwäche	35 822
Lungentuberkulose	33 976
Magen- und Darmkatarrh	29 714
Krebs	24 109
Krankheiten der Atmungsorgane	20 646
Krankheiten des Nervensystems	20 011
Gehirnschlag	16 944
Geschlechtskrankheiten	9 989
Influenza	7 824
Tuberkulose anderer Organe	5 689
Wundinfektionskrankheiten	4 183
Diphterie und Krupp	3 086
Keuchhusten	2 261
Masern und Röteln	2 170
Blinddarmentzündung	1 785
Typhus	1 108
Scharlach	692

© Harenberg

schule war von 650 Kindern jedes sechste tuberkulös, jedes zweite Kind hatte kein Hemd, keinen Mantel, keine Schuhe. In manchen Orten des Erzgebirges hat die Tuberkulose das Sechs- bis Siebenfache ihres früheren Standes erreicht; und wie im Erzgebirge, so in der Rhön, im Westerwald und bei einem Teile der Bergarbeiterbevölkerung im Westen… In München sind 84 000 Schulkinder amtsärztlich untersucht worden. Das körperliche Befinden von 40 000 Kindern war ungenügend, das von 25 000 vollständig minderwertig. 40 Prozent der Kinder waren unterernährt. 30–40 Prozent waren beim Schneegestöber barfuß zur Schule gekommen, 50 Prozent der Kinder hatten nur ein einziges Hemd. 90 Prozent der Kinder waren verlaust. 40 Prozent haben kein eigenes Bett und müssen mit Eltern und Geschwistern zusammenschlafen. Die schwersten sittlichen Schäden sind die Folge.« Neben der unzureichenden medizinischen Versorgung machen Fachleute die sozialen Mißstände auch für die unverändert hohe Säuglingssterblichkeit verantwortlich. Bei unehelich geborenen Kindern liegt die Sterberate im ersten Lebensjahr besonders hoch.

Ein von Knochen- und Gelenktuberkulose geheilter Mann wird bei einem Chirurgenkongreß in Berlin vorgeführt.

Tuberkulose bleibt Volkskrankheit Nr. 1

Die Tuberkulose gehört nach wie vor zu den gefährlichsten Erkrankungen, deren Bekämpfung die Ärzte vor ungelöste Probleme stellt. Im Deutschen Reich sterben mehr Menschen an Tuberkulose als an Altersschwäche. Besonders häufig sind Säuglinge, Kleinkinder und alte Menschen von dieser Infektionskrankheit befallen. Da wirksame Heilverfahren nicht bekannt sind, beschränken sich die Mediziner auf die Verordnung von Bettruhe, reichhaltiger Ernährung oder Klimakuren. Diese Therapien kommen jedoch angesichts der sozialen Not-

lage vieler Familien nicht zur Anwendung. Statt dessen führt die Unterernährung zur Verminderung der Abwehrkräfte gegen Tuberkulose-Bakterien.
Besonders auf dem Gebiet der Chirurgie werden große Anstrengungen unternommen, um die Knochen- und Gelenktuberkulose zu bekämpfen. Bei der wesentlich weiter verbreiteten Lungentuberkulose versuchen die Chirurgen immer häufiger, mit dem Einblasen von Luft oder dem Durchschneiden der Rippen einen frühen Tod des Patienten zu verhindern.

Ferdinand Sauerbruch behandelt Lungentuberkulose operativ.

Säuglingssterblichkeit
(im 1. Lebensjahr Gestorbene bezogen auf 100 Lebendgeborene)

Jahr	ehelich	unehelich
1901	19,4	33,9
1905	19,4	32,6
1910	15,2	25,7
1914	15,4	25,3
1915	14,4	23,3
1916	12,6	21,3
1917	13,7	25,1
1918	14,1	23,9
1919	13,0	25,0
1920	11,9	23,0
1921	12,2	23,5

Zu den häufigsten Krankheiten gehören nach wie vor Infektionskrankheiten wie Tuberkulose und Lungenentzündung, die sich leicht ausbreiten. Daraus erklärt sich der hohe Krankenstand in den Betrieben, der aus der Leistungsbilanz der Krankenkassen ersichtlich wird. Die Kassen, in denen 17,4 Mio. Mitglieder versichert sind, zahlen 1,78 Mrd. Mark Krankengeld aus, wenden für Krankenhauspflege dagegen nur 677 Mio. Mark und für Arztkosten 947 Mio. Mark auf.

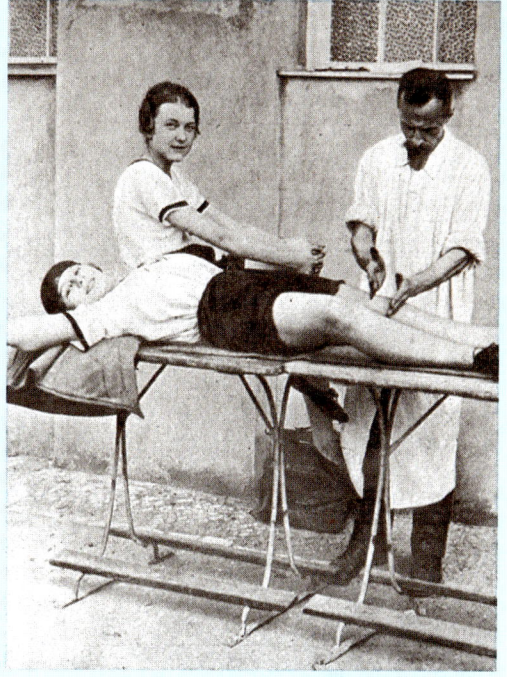

Noch ohne Bleischürze: Ein Röntgengerät wird auf einer Ausstellung für Zahntechnik vorgestellt.

Kuren dienen nicht nur der Rekonvaleszenz: Patientinnen im »Verjüngungs-Moorbad« Schönlaake.

Sportmedizin gewinnt an Anerkennung; eine Leichtathletin läßt sich nach einem Wettkampf massieren.

Diese präparierten **Eta - Hand-hüllen** werden nachts auf die Hände gezogen, worauf sofort der wirksame Sauerstoffbleichprozeß vor sich geht. Die Hände werden hierdurch zart und auffallend weiß; Schwielen und harte Stellen erweichen, während selbst eine arbeitende Hand vornehme Eleganz erhält. Preis 1 Paar
für Damen M. 16.—
für Herren M. 17.25

Mitesser beseitigt man augenblicklich für immer mit dem neuen „Eta - Mitesserentferner". (D. R. G. M.) Ein überaus praktisches Instrument mit der dazugehörigen „Etalösung", womit kinderleicht Mitesser, Pickel und fettglänzende Haut sofort beseitigt werden. Preis mit allem Zubehör M. 14.50

„Eta - Haarzerstörungs-binde." Alle Haarentfernungsmittel haben leider den Nachteil, daß die Haare nur stärker wieder wachsen. „Eta-Haarzerstörungsbinde" entfernt nicht die Haare, sondern bleicht und zersetzt dieselben, so daß sie vollständig farblos und dünn werden und wie Flaumhärchen kaum noch sichtbar sind. Für andere Gesichts- und Körperstellen ist die beigegebene Imprägnierung kaum geeignet. Preis komplett M. 16.—

Wer an lästigem Fuß-, Hand- oder Achselschweiß leidet, beseitigt diesen jetzt durch die einzige Behandlung mit der **„Eta-Fuß-badlösung".** Die Füße und Achselhöhlen bleiben sofort garantiert trocken u. vollständig geruchlos. (Atrophie der Schweißdrüsen.) Ärztlich aufs wärmste empfohlen. Preis mit Verteiler und Zubehör M. 12.50

„Eta-Formenprickler" (gesetzl. geschützt). Eine neue medizinische Erfindung. Wirkung: ein tiefes, angenehmes Prickeln erfolgt, kräftigt und festigt durch neu angeregte Blutzirkulation intensiv die Brustgewebszellen. Die unentwickelte oder welkgewordene Brust wird zum Stolz der Besitzerin üppig und drall. Für Erfolg verbürgt sich die Firma. Preis kompl. M. 24.— mit Garantieschein.

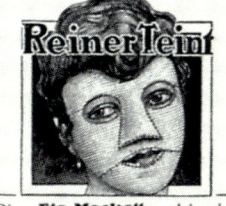

Die **„Eta-Maske"**, welche des Nachts angelegt werden kann, beseitigt gründlich durch Sauerstoffwirkung Sommersprossen, Hautunreinigkeiten, gelbe Haut und erzeugt jenen beneidenswerten reinweißen Teint. Preis M. 19.—, in stärk. Ausf. M. 29.—

„Eta-Masse" löst alle gelben Ansätze und Zahnstein augenblicklich auf und macht vernachlässigte Zähne sofort schneeweiß. Gereinigte weiße Zähne sind es, welche dem lachenden Munde jenen starken, anziehenden Reiz geben. „Eta-Masse" greift Zahnfleisch nicht an! Preis mit allem Zub. M. 9.50. (Dentisten Sonderoff.)

„Eta Haarfärbelotion" färbt jedes Haar allmählich braun, dunkelbraun, dunkelblond oder schwarz. Gibt in 8—14 Tagen ganz allmählich und unmerklich für die Umgebung den gewünschten Haarton. Mißfärbung.

Schönheit durch »Wundermittel«

Selbst in Zeiten wirtschaftlicher Not geben sich viele Menschen nicht mit der Devise »Hauptsache gesund« zufrieden. Gutes Aussehen bedeutet Wohlbefinden, und wo Mutter Natur gehadert hat, muß man sich selbst helfen. Schließlich gibt es Versandhändler, die ihre Wundermittel diskret an den Mann bzw. die Frau bringen. Ob gegen Damenbart, Mitesser oder gar die »Schnapsnase«, für weiße Zähne, schöne Augen und reine Haut – immer gibt es eine Tinktur oder ein Wässerchen, das dem leidgeprüften Interessenten Hoffnung gibt.

»Ohrsprecher« hilft den Schwerhörigen

Wer unter Schwerhörigkeit zu leiden hat, war bisher darauf angewiesen, mit Hilfe eines unförmigen Hörrohrs die Worte seines Gesprächspartners zu verstehen. Besonders junge Leute verzichten in der Regel aus Eitelkeit auf ein solches Gerät, leiden aber unter ihrer Isolation. Abhilfe verheißt der sog. Ohrsprecher, ein kleiner Ohrhörer, der über eine Schnur mit einem Mikrofon verbunden ist. Dieses mit einem Verstärker kombinierte Mikrofon kann unauffällig z. B. in einer Handtasche oder in der Jacke angebracht werden.

Mit dem Versprechen, bei Anwendung gewisser Wundermittel ein makelloses und gesundes Aussehen zu verleihen, wollen Versandhäuser Geschäfte machen.

Nur aus der Nähe zu erkennen: Der sog. Ohrsprecher mit Mikrofon und Ohrhörer läßt Schwerhörige bei Gesprächen nicht mehr abseits stehen.

Deutsche Landwirtschaft in der Krise

23. Juni. Reichslandwirtschaftsminister Andreas Hermes (Zentrum) eröffnet in Berlin die Deutsche Landwirtschaftsausstellung, die bis zum 27. Juni dauert.

Fachpublikum und Besucher können neben der großen Tierschau, bei der zahlreiche Prämiierungen vorgenommen werden, auch eine Maschinenausstellung besichtigen. Im Mittelpunkt stehen eisenbereifte Traktoren sowie Mähbinder und Dreschmaschinen.

Die vorgeführte Technisierung der Landwirtschaft entspricht nicht den tatsächlichen Arbeitsbedingungen der Bauern. Traktoren sind kaum verbreitet, und die wenigen Exemplare arbeiten wegen ihrer geringen Leistung und der hohen Kosten unrentabel. Als Zugtiere werden vornehmlich Pferde eingesetzt, deren Bestand fast wieder den Vorkriegsstand erreicht hat.

Motorpflüge wie dieses französische Modell kommen in der deutschen Landwirtschaft kaum zum Einsatz; das Pferd bleibt das wirtschaftlichere Zugtier.

Ernteerträge im Deutschen Reich
(in t)

	1913	1921
Roggen	10 131 807	6 798 638
Weizen	4 043 084	2 933 820
Sommergerste	3 040 218	1 938 995
Hafer	8 618 618	5 004 938
Kartoffeln	44 018 785	26 151 380

Bei der Produktion landwirtschaftlicher Erzeugnisse, die nur wenig höher als in den letzten Kriegsjahren

liegt, besteht ein hoher Aufholbedarf. Wesentlichen Anteil an den geringen Erträgen hat der unzureichende Einsatz von Düngemitteln, die gegen Devisen importiert werden müssen. Die Verwendung von Phosphorsäuredünger geht um mehr als 50% zurück, was durch die verstärkte Kali- und Stickstoffdüngung nicht ausgeglichen werden kann. Der Verdienst der Bauern ist denkbar niedrig, da die Grundnahrungsmittel der staatlichen Bewirtschaft unterliegen und Festpreise gezahlt werden, die angesichts der rapiden Geldentwertung real sinken.

Philosoph Tagore fasziniert Massen

2. Juni. Scharen von Menschen drängen sich in die Berliner Universität, um einer Lesung des bengalischen Philosophen Rabindranath Tagore über die »Botschaft der Wälder und die Seele Indiens« beizuwohnen. Die Popularität Tagores ist Zeichen eines zunehmenden Interesses an der Verquickung abendländischer Traditionen mit östlicher Philosophie, denn vor allem die Erfahrung des Weltkriegs hat bei vielen die Sehnsucht nach neuen Lebensformen geweckt.

Tagore begründete seinen internationalen Ruhm bereits 1910 mit der Gedichtesammlung »Gitanjali«, für die er 1913 den Nobelpreis erhielt. Er verbindet in seinen Werken Elemente der europäischen Naturlyrik mit einer neuen politischen Dichtung, in der er soziale Mißstände in Indien beschreibt. Zugleich entwickelt er in seiner Lyrik das Ideal des »Weltbürgers«, eines Menschen, der die Barrieren kultureller Bindungen zwischen Ost und West überwindet. Die Schaffung dieses Menschentyps ist Tagores zentrales Anliegen. Schon 1901 gründete er deshalb im bengalischen Santiniketan eine Schule, in der indische und europäische Erziehungsmethoden miteinander verbunden werden.

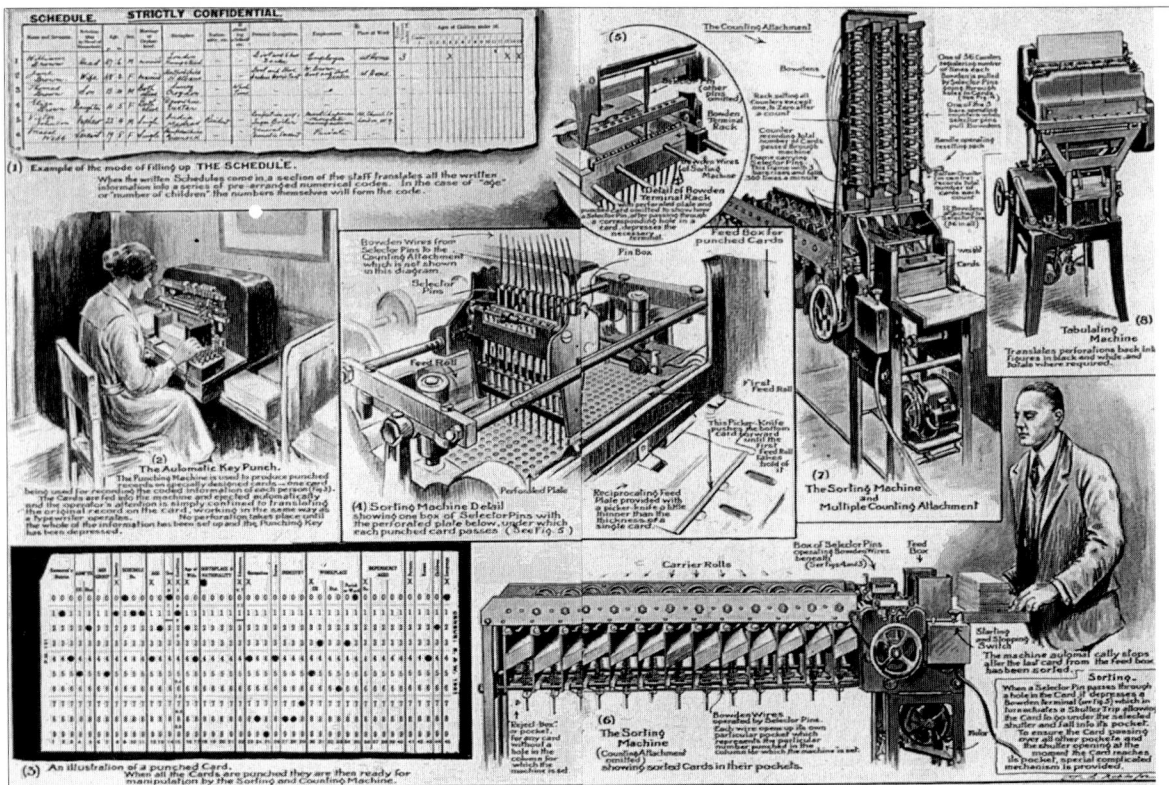

Moderne Methoden der Volkszählung

19. Juni. *In Großbritannien werden in 12 Mio. Haushalten Personalbögen ausgeteilt, deren Angaben zu der exaktesten Volkszählung, die bisher jemals vorgenommen wurde, führen sollen. Die so erhaltenen Daten werden in Zahlen kodiert und dann mittels Stanzmaschinen, die ähnlich wie Schreibmaschinen bedient werden, auf Lochkarten übertragen. Erst nach dieser Verschlüsselung der Angaben werden die Lochkarten in Sortiermaschinen, die zwischen 15 000 und 20 000 Stück fassen können, ausgewertet. Ergebnis sind Listen, auf denen die Daten nur noch addiert werden müssen. Die Namen auf dem Kontrollzettel (o. l.) können abgetrennt werden, ein Anspruch auf Geheimhaltung besteht jedoch nicht.*

◁ *Verschiedene Daten über persönliche Verhältnisse werden auf den Lochkarten kodiert.*

Die siegreiche Nürnberger Elf; in der Mitte Startorwart Heiner Stuhlfauth, genannt »Hexenmeister«

1. FC Nürnberg Deutscher Fußball-Meister

12. Juni. Im Endspiel um die Deutsche Fußball-Meisterschaft gewinnt Titelverteidiger 1. FC Nürnberg vor 22 000 Zuschauern in Düsseldorf gegen Vorwärts Berlin 5:0.

Nürnbergs Torwart Heiner Stuhlfauth (r.), bekannt durch seine katzenartige Sprungtechnik, wehrt jeden Angriff der Berliner Spieler erfolgreich ab.

Bereits zu Beginn des von Peco Bauwens geleiteten Spiels zeigt sich die deutliche Überlegenheit der Nürnberger Mannschaft. Die offensive Spielweise der Stürmer Willi Böß und Luitpold Popp drängt die Berliner – mit ihren Nationalspielern Walter Fritzsche (Linksverteidiger) und Karl Wolter (Linksaußen) – in die Defensive. Die wenigen Gegenangriffe der Berliner scheitern an dem überragenden Nürnberger Torwart Heiner Stuhlfauth. In der 20. Minute schießt Popp eine Maßvorlage von Linksaußen Hans Sutor ins Tor. Schon zwei Minuten später zieht einer der Nürnberger Stars, der linke Verbinder Hans Träg, mit dem zweiten Tor nach und erzielt vor der Halbzeit die 3:0-Führung.

Nach dem Wechsel wirft Vorwärts nochmals alles nach vorn, erzwingt ein ausgeglichenes Spiel – ohne Erfolg: Nach einer hervorragenden Kombination des Nürnberger Innensturms feuert Popp das Leder in der 80. Minute wieder ins Berliner Netz und macht drei Minuten vor Spielende mit seinem dritten Tor den 5:0-Sieg für den »Club« perfekt.

Brunero gewinnt Giro d'Italia

12. Juni. Der neunte Giro d'Italia endet in Mailand für die Italiener mit einem dreifachen Triumph. Nach 3106 km gewinnt Giovanni Brunero das nach der Tour de France schwierigste Etappenrennen. Zu einem spannenden Zweikampf mit Gaetano Belloni holt sich Brunero auf der 6. Etappe von Neapel nach Rom die entscheidende Minute Vorsprung, die Belloni trotz seiner Spurtsiege an den beiden letzten Tagen nicht mehr wettmachen kann. Die nächsten Fahrer haben schon mindestens 20 Minuten Rückstand. Wie in den Vorjahren ist das Rennen, das am 25. Mai in Mailand gestartet wurde, durch Ausfälle gekennzeichnet. Von 69 gestarteten Fahrern erreichen nur 27 das Ziel. Die meisten Teilnehmer geben auf den Abruzzen- und Alpen-Strecken auf.

Nurmi: Weltrekord im 10 000-m-Lauf

22. Juni. Der finnische Läufer Paavo Nurmi stellt in Stockholm mit 30:40,2 min einen Weltrekord im 10 000-m-Lauf auf. Die Zwischenzeit von 29:41,2 min über 6 Meilen (9656,07 m) wird aber nicht offiziell als Rekord anerkannt.

Paavo Nurmi, geboren am 13. Juni 1897, kam erst spät zum Langstreckenlauf. Der 24jährige Finne beeindruckt die Sportfans vor allem durch seine Persönlichkeit: Er ist der Asket par excellence, raucht nicht, trinkt nicht und lächelt so gut wie nie.

Sport wird Ausdruck des Klassenkampfs

19. Juni. In Prag endet die erste Spartakiade mit einer großen Kundgebung, auf der die Ziele des Sozialismus beschworen werden.

Die Teilnehmer hatten sich am 8. Mai in der Marxistischen Föderation der tschechoslowakischen Arbeiterturnvereine (FDTJ) zusammengeschlossen, die gegenwärtig 120 000 Mitglieder zählt. Ihr Gründer ist der Arbeiterführer Jiri František Chaloupecky. Die FDTJ versteht sich zum einen als Gegenpol zu dem von der Prager Regierung unterstützten Turnverband DTJ, der eher sozialdemokratisch ausgerichtet ist, vor allem aber zum offiziellen Nationalen Olympischen Komitee der Tschechoslowakei, das die bürgerliche Sportbewegung vertritt.

Das Zusammenwirken von Ideologie und sportlicher Ertüchtigung ist auch der Leitgedanke bei der Gründung der Roten Sportinternationale (RSI), welche am 29. Juli nach sechstägigen Beratungen von Vertretern aus Sowjetrußland, dem Deutschen Reich, Finnland, Schweden, der Tschechoslowakei und Ungarn in Moskau beschlossen wird. Die leitenden Positionen übernehmen Funktionäre des 1918 gegründeten Obersten Rates für Körperkultur in Sowjetrußland. Die RSI soll sich zu einem internationalen Dachverband für Arbeitersportler und deren Verbände entwickeln. Ihre Aufgaben sind dabei organisatorischer Art: Sie soll zukünftig Völker-Spartakiaden ausrichten.

Besonders im Deutschen Reich vergrößert sich die Arbeitersportbewegung zusehends und dehnt sich auf fast alle Sportarten aus. Schon im Januar wurde der erste Reichsarbeitersporttag der Zentralkommission für Arbeitersport und Körperpflege in Jena abgehalten. Als nächstes Ziel der deutschen Arbeitersportbewegung wurde der Zusammenschluß zu einem Einheitsverband gefordert.

Nurmi war 1920 erstmals bekannt geworden, als er bei den finnischen Leichtathletik-Meisterschaften dreimal Sieger wurde: Über 1500 m, 5000 m und im Waldlauf. Noch im selben Jahr trumpfte er bei den Olympischen Spielen in Antwerpen auf: Er gewann Silber über 5000 m und holte drei Siege über 10 000 m und im 8000-m-Waldlauf. Jedoch erst in Stockholm erreicht der 24jährige Finne seinen ersten Weltrekord und markiert einen neuen Leistungsaufschwung im Langstreckenlauf: Zuletzt lief der Franzose Jean Bouin 1911 mit 30:58,8 min in Paris Weltrekord über 10 000 m.

Architektur 1921:

Originelle Konstruktionen gegen funktionelle Wohnbauten

Trotz Wirtschaftskrise und Wohnungsnot entstehen 1921 einige spektakuläre architektonische Bauten und Entwürfe. Besonders herausragend sind der sog. Einstein-Turm von Erich Mendelsohn, ein Beispiel für organische Architektur, und die Glashochhäuser des deutschen Architekten Ludwig Mies van der Rohe.

Der Hochhausentwurf von Mies, der durch seinen freigeschwungenen Grundriß Aufsehen erregt, ist von dem Gedanken geleitet, die Lichtreflexe des Glases in den Vordergrund zu stellen: Mies will »dem Spiel des Lichts an den Gebäudefassaden zu möglichst freier Entfaltung verhelfen«. Diese Konstruktion gilt 1921 als revolutionär.

Daneben stehen Bauten, die rein funktionellen Kriterien entsprechen. An der Peripherie der Städte wird der Neubau von Einfamilienhäusern und Hochhäusern verstärkt vorangetrieben, wodurch sich die Struktur der Städte verändert. Die bedeutenden niederländischen Architekten Michel de Klerk und Hendrik Petrus Berlage gelten

hier mit ihren Wohnbauten mit geschlossenen, flächigen Formen und betont einfachen Backsteinkonstruktionen als wegweisend.

Während vor allem in Westeuropa Wohnungsbau für einzelne Familien weiterhin im Mittelpunkt steht, versucht man in Sowjetrußland, Wohnraum für größere Gemeinschaften zu schaffen, z.B. mit gemeinsamen Kochküchen und Speiseräumen.

Auch das Bauhaus in Weimar hat sich dem rationellen und funktionellen Bauen verschrieben. Ziel des Bauhauses ist es, »den neuen Bau der Zukunft« zu entwickeln. Der Architekt Walter Gropius, seit 1919 Leiter des Staatlichen Bauhauses, und seine Mitarbeiter sehen ihre Aufgabe in der zunehmenden Standardisierung und industriellen Massenherstellung des Innen- und Außenbaus, um das Bauen preisgünstiger zu machen. Mit diesen Ideen hat das Bauhaus in den zwanziger Jahren einen entscheidenden Einfluß auf die Architektur. Radikale Veränderungen im Baustil sind jedoch 1921 erst ansatzweise zu verzeichnen.

Einstein-Turm fertiggestellt

Der Architekt Erich Mendelsohn vollendet 1921 seinen ersten großen Bau im expressionistischen Stil, das Observatorium und astrophysikalische Laboratorium in Potsdam, der sog. Einstein-Turm. Die Konstruktion, ursprünglich als Stahlbetonbau geplant, wirkt mit ihren abgerundeten Formen dynamisch und plastisch.

1919 begann Mendelsohn mit dem Bau, der aufgrund der angespannten finanziellen Lage in der Nachkriegszeit nur mit Ziegelsteinen ausgeführt werden konnte. Der Turm soll Albert Einsteins Relativitätstheorie mit architektonischen Mitteln symbolisieren und dem Physiker gleichzeitig als Labor dienen (→ 24. 8./S. 147).

Skizze eines stufenförmig zugespitzten Büroturmhauses mit dekorativen Zierelementen an der Friedrichstraße in Berlin von dem Architekten Otto Kohtz aus dem Jahre 1921

Entwurf für ein Turm-Schwebehaus; die Hochhaustrakte verbindet der Architekt mit scheinbar schwebenden Zwischentrakten und löst damit Licht- und Belüftungsprobleme geschlossener Baublocks.

Ein weiterer Hochhausentwurf von Otto Kohtz am Blücherplatz in Berlin; der über 20geschossige Bau paßt sich durch den Sockel fast nahtlos an die direkt anschließenden Nachbarhäuser an.

»Abwandlungen des gleichen Fertighaustyps durch Wiederholung oder Anfügung von Einheiten«, ein Siedlungsentwurf des Architekten Walter Gropius aus dem Jahre 1921

Typische Siedlungsbauten in Holland: Wohnkomplex für die niederländische Genossenschaft »Daal en Berg« in Den Haag von Jan Wils

Wohnungsnot durch leere Staatskassen

Die Wohnungsnot gehört 1921 zu den größten sozialen Problemen in Europa. Allein im Deutschen Reich fehlen etwa eine Million Wohnungen. Aufgrund wirtschaftlicher Schwierigkeiten kann dem extremen Mangel an Wohnraum nicht ausreichend begegnet werden.

Die Bautätigkeit ist auch durch die Verteuerung des Baumaterials stark behindert. Es finden sich kaum private Bauunternehmer, die bereit sind, unter diesen Bedingungen zu bauen. Die Bürgermeister vieler deutscher Städte fordern, den Bau von Einfamilienhäusern zugunsten des Hochhausbaus zurückzustellen, da auf diese Weise mehr und billigerer Wohnraum geschaffen werden kann.

Einfache Arbeitersiedlung in Ortmann nach Entwürfen des Architekten Josef Frank

Die Häuser der Arbeiterkolonie in Ortmann haben 3–4 Zimmer und einen kleinen Garten.

Juli 1921

Mo	Di	Mi	Do	Fr	Sa	So
				1	2	3
4	5	6	7	8	9	10
11	12	13	14	15	16	17
18	19	20	21	22	23	24
25	26	27	28	29	30	31

1. Juli, Freitag

Das US-amerikanische Repräsentantenhaus nimmt die Resolution Knox an, die den Krieg mit dem Deutschen Reich und Österreich formal für beendet erklärt. Der Senat hatte die Resolution bereits im Mai verabschiedet (→ 25. 8./S. 140).

In Schanghai wird die Kommunistische Partei Chinas (KPCH) gegründet. Parteivorsitzender wird der Pekinger Professor Tscheng Tu-hsiu. Zu den zwölf Gründungsmitgliedern gehört auch der Lehrer Mao Tse-tung. → S. 121

Die britischen Bergarbeiter sprechen sich in einer Urabstimmung für die Beendigung ihres Streiks aus, der am 1. April begonnen hatte. → S. 118

Der Bildungsausschuß des Reichstags in Berlin spricht sich dafür aus, Studenten für den Weg zur Hochschule eine Fahrpreisermäßigung zu gewähren, da auch Arbeiter Vergünstigungen für die Fahrt zum Arbeitsplatz erhielten. Angesichts der Notlage der Studenten sei diese Bewilligung dringend erforderlich (→ 18. 4./S. 69).

Die Strafkammer in Stade verurteilt einen Redakteur der »Todtstedter Zeitung« wegen Beleidigung des Reichspräsidenten zu fünf Monaten Gefängnis. Er hatte in einem Artikel behauptet, Reichspräsident Friedrich Ebert (SPD) habe sich während der letzten Monate des Weltkriegs in Zeiten größter Lebensmittelnot bei Ämtern Sonderzuteilungen von Nahrungsmitteln verschafft.

Bei den Tennis-Meisterschaften von Wimbledon gewinnen die Französin Suzanne Lenglen und der US-Amerikaner William Tatem »Big Bill« Tilden wie im Vorjahr die Endspiele im Einzel. → S. 130

2. Juli, Samstag

Der Sozialausschuß des Reichstags in Berlin legt neue Unterstützungssätze für junge Mütter fest. Danach erhalten Frauen, die im letzten Jahr vor der Geburt mindestens sechs Monate krankenversichert waren, einen Zuschuß zu den Kosten der Entbindung sowie ein Wochengeld in Höhe des bisherigen Krankengeldes, jedoch mindestens zehn Wochen lang 3 Mark pro Tag. Während der Stillzeit erhalten sie zudem zwölf Wochen lang ein Stillgeld von mindestens 1,50 Mark täglich.

Vor 80 000 Zuschauern verteidigt der US-Amerikaner Jack Dempsey in Jersey City die Weltmeisterschaft im Schwergewichtsboxen gegen den Franzosen Georges Carpentier. Dempsey siegt in der vierten Runde durch K. o. → S. 128

Im Dresdner Staatstheater wird das Schauspiel »Der Schwan« von Franz Molnar uraufgeführt.

3. Juli, Sonntag

In Moskau wird auf dem ersten internationalen Kongreß der Fach- und Industrieverbände die Rote Gewerkschaftsinternationale (RGI) als erster kommunistischer Gewerkschaftsdachverband gegründet. Auf der bis zum 19. Juli dauernden Tagung sind 380 Delegierte aus 42 Ländern vertreten. Sie beschließen eine enge Bindung an die Kommunistische Internationale (Komintern; → 12. 7./S. 120).

Pfadfindergruppen aus mehreren europäischen Ländern kommen zu einem Treffen in Aachen zusammen. → S. 124

Der Opel-Werksfahrer Karl Jörns gewinnt ein zweitägiges internationales Autorennen auf der Insel Fanø. → S. 131

4. Juli, Montag

Der Reformsozialist Ivanoe Bonomi wird neuer Ministerpräsident Italiens. Sein Vorgänger, der Liberale Giovanni Giolitti, war zurückgetreten, weil nur eine geringe Mehrheit des Parlaments in Rom seine Außenpolitik billigte. → S. 118

Der Rechtsausschuß des Reichstags in Berlin lehnt die Zulassung von Frauen zum Richteramt ab. Der Antrag auf Gleichstellung von Frauen in der Rechtspflege war von den Fraktionen der SPD, der USPD und der KPD gestellt worden.

5. Juli, Dienstag

Wiederaufbauminister Walther Rathenau (DDP) betont in einer Rede in Berlin vor dem Reichstagsausschuß zur Ausführung des Friedensvertrages in Berlin, daß die deutschen Reparationszahlungen an die Alliierten nur dann aufzubringen seien, wenn sie in Sachleistungen entrichtet werden dürften.

Die sowjetische Regierung in Moskau erläßt ein Dekret, in dem öffentlichen Institutionen und Privatpersonen gestattet wird, staatliche Betriebe zu pachten (→ 8. 3./S. 53).

In Rumänien erhalten Frauen das Stimmrecht bei Gemeindewahlen. Der von der konservativen Regierung unter Alexandru Averescu eingebrachte Gesetzesvorschlag wird mit großer Mehrheit im Parlament angenommen.

6. Juli, Mittwoch

Die US-Regierung beschließt, einen nichtamtlichen Vertreter in den Obersten Rat und den Botschafterrat in Paris zu entsenden. Die USA waren aus diesen Gremien der Alliierten ausgeschieden, weil sie den Versailler Vertrag nicht unterzeichnet hatten und somit nicht direkt an den Reparationsverhandlungen mit dem Deutschen Reich beteiligt sind.

Die 21jährige Sarah Johnson wird in Zion City im US-amerikanischen Bundesstaat Illinois wegen ihrer »unanständigen« Kleidung verhaftet. → S. 126

7. Juli, Donnerstag

König Georg V. von Großbritannien empfängt in London den südafrikanischen Premierminister Jan Christiaan Smuts zu Beratungen über die Zukunft Irlands. Smuts war von der Regierung unter Premierminister David Lloyd George als Vermittler zu Konsultationen mit den Führern der Unabhängigkeitsbewegung Sinn Féin nach Dublin entsandt worden (→ 7. 6./S. 101; 6. 12./S. 202).

Im Auftrag der Vereinigung deutscher Wohnungsämter erscheint erstmals die Zeitung »Der Wohnungstausch«, ein Anzeiger, der aufgrund des extremen Wohnraummangels den Austausch von Unterkünften erleichtern soll. Das Blatt ist für 50 Pfennig an Kiosken erhältlich.

8. Juli, Freitag

Der Vorsitzende der irischen Unabhängigkeitsbewegung Sinn Féin, Eamon de Valera, und der britische Premierminister David Lloyd George einigen sich bei Verhandlungen in London auf einen Waffenstillstand im irischen Bürgerkrieg, der am 11. Juli eintreten und den Beginn neuer Friedensgespräche ermöglichen soll (→ 7. 6./S. 101; 6. 12./S. 202).

9. Juli, Samstag

Die sowjetische Zeitung »Prawda« veröffentlicht einen Bericht über die letzte Volkszählung. Danach lebten in Sowjetrußland 1920 133 Mio. Menschen, 12 Mio. weniger als 1914.

10. Juli, Sonntag

In Wien beginnt eine sechstägige Konferenz der Internationalen Frauenliga für Frieden und Freiheit (IFFF). Die Organisation will eine weltweite dauerhafte Abrüstung erreichen. → S. 119

Der mongolische Unabhängigkeitskämpfer Damdiny Sühbaatar erklärt die Äußere Mongolei in Ulan Bator zur unabhängigen Republik. Nachdem das Land seit dem 17. Jahrhundert Teil des Mandschureichs gewesen war, wurde 1911 eine politisch unabhängige Monarchie errichtet. Die Äußere Mongolei blieb jedoch wirtschaftlich völlig unter der Kontrolle Chinas und anderer ausländischer Kreditgeber. Sühbaatar kämpfte mit sowjetischer Hilfe seit der Oktoberrevolution von 1917 im Untergrund gegen chinesische und weißrussische Einflüsse.

Die Bochumer Stadtverordnetenversammlung bewilligt 20 Mio. Mark zur beschleunigten Errichtung von Wohnungsneubauten. Um der akuten Wohnungsnot abzuhelfen, sollen noch in diesem Jahr 400 neue Häuser fertiggestellt werden.

Beim Großen Preis von Berlin auf der Pferderennbahn in Berlin-Grunewald siegt Ossian mit Jockei Otto Schmidt. → S. 131

Gabriel Poulain, Erfinder eines »fliegenden Fahrrads«, stellt auf den ersten offiziellen Rekord im Fliegen ohne Motor auf: Im Pariser Bois de Boulogne legt er mit seiner »Aviette« eine Strecke von 10 m in der Luft zurück.

11. Juli, Montag

US-Präsident Warren G. Harding richtet an die Regierungen von Großbritannien, Frankreich, Italien und Japan eine Anfrage, ob diese zu einer Konferenz über internationale Rüstungsbeschränkungen bereit seien (→ 12. 11./S. 190).

In Großbritannien werden Temperaturen von 32 °C erreicht. Der Tag geht als der heißeste seit 1818 in die britischen Annalen ein (→ 20. 7./S. 125).

12. Juli, Dienstag

In Moskau endet der seit dem 22. Juni andauernde III. Weltkongreß der Kommunistischen Internationale (Komintern). Wegen der innenpolitischen Schwierigkeiten der sowjetischen Regierung (→ 24. 2./S. 30) und nicht zuletzt wegen der fehlgeschlagenen Märzaktion in Mitteldeutschland (→ 21. 3./S. 48) war ein Kurswechsel in der Strategie der Komintern zur Durchführung der Weltrevolution beschlossen worden. → S. 120

Das Internationale Rote Kreuz in Genf erkennt offiziell das sowjetischen Rote Kreuz an.

Der Rektor der Universität Halle, Professor Menzer, gibt bekannt, daß die von ihm ins Leben gerufene Hilfe für notleidende Studenten schon über 1 Mio. Mark durch private Spenden eingebracht habe (→ 18. 4./S. 69).

13. Juli, Mittwoch

Das britische Handelsblatt »Board of Trade Journal« gibt bekannt, daß in den 13 Wochen des Bergarbeiterstreiks vom April bis zum Juli insgesamt nur 179 000 t Kohle in den britischen Bergwerken gefördert worden seien. Im Vergleich dazu seien es in der ersten Märzwoche noch 4 277 200 t gewesen (→ 1. 7./S. 118).

Auf Einladung der dänischen Hilfsorganisation Komitee für die deutschen Kinder treffen 300 Kinder in Kopenhagen ein. Wenige Tage zuvor waren bereits 300 Kinder aus Danzig zu einem kostenlosen Erholungsaufenthalt empfangen worden.

14. Juli, Donnerstag

Der französische Kriegsminister Louis Barthou gibt bekannt, daß bei Unfällen in den ersten fünf Monaten dieses Jahres 35 Piloten in Militärflugzeugen getötet und 34 verwundet worden seien. Die französische Presse kritisiert daraufhin, die Fliegerausbildung sei zu kurz.

15. Juli, Freitag

Der preußische Landtag in Berlin genehmigt die Einrichtung eines Grubensicherheitsamts im preußischen Handelsministerium und die Bildung von Grubensicherheitskommissionen bei den Oberbergämtern. Der Landtag reagiert damit auf das Unglück in der Zeche »Mont Cenis« in Herne am 20. Juni, bei dem 85 Bergleute ums Leben gekommen waren.

Nach dem Abschluß eines Staatsvertrags zwischen dem Deutschen Reich und Preußen übernimmt das neugegründete Rhein-Main-Donau AG den Ausbau der Schiffahrtsstraßen zwischen Aschaffenburg und Passau (→ 30. 12./S. 207).

Das Plakat von Dmitri Moor trägt den Titel »Es lebe die III. Internationale!«. Es nimmt Bezug auf den Weltkongreß der Komintern in Moskau, an dem 605 Delegierte aus 48 Ländern teilnehmen.

16. Juli, Samstag

Der französische Botschafter im Deutschen Reich, Antoine Laurent, protestiert in Berlin bei Reichsaußenminister Friedrich Rosen (parteilos) gegen die fortgesetzten Angriffe des sog. deutschen Selbstschutzes gegen die polnischen Truppen in Oberschlesien. Der Selbstschutz müsse unverzüglich entwaffnet werden (→ 2. 5./S. 82).

Der Reichsverband der Industrie bezeichnet beim Empfang einer Delegation von US-amerikanischen Unternehmern in Berlin die Erfüllung der alliierten Reparationsforderungen als »Ding der Unmöglichkeit« (→ 5. 5./S. 80).

In Wien wird ein Fackelzug der Christlich-Sozialen Partei, an der auch Monarchisten teilnehmen, von sozialdemokratischen Arbeitern gesprengt. Zwölf Polizisten und vier Arbeiter werden verletzt.

17. Juli, Sonntag

Vertreter der größten oberschlesischen Industrieunternehmen richten einen Hilferuf an die Interalliierte Kommission in Paris, in dem der militärische Schutz der Fabriken vor polnischen Übergriffen gefordert wird (→ 2. 5./S. 82).

Gegenüber dem britischen Botschafter Edgar Vincent d'Abernon droht Reichskanzler Joseph Wirth (Zentrum) mit dem Rücktritt seiner Regierung, falls die Sanktionen der Alliierten gegen Düsseldorf, Duisburg und Ruhrort nicht aufgehoben werden (→ 7. 3./S. 46).

Hunderte von Sportbegeisterten nehmen an dem Wettbewerb »Schwimmen durch Berlin« teil. → S. 126

18. Juli, Montag

Der französische Ministerpräsident Aristide Briand lehnt in Noten an die Regierungen des Deutschen Reiches, Großbritanniens und Italiens eine baldige Entscheidung über die Zukunft Oberschlesiens ab. Großbritannien hatte die Einberufung der Obersten Alliierten Konferenz zu einer Beschlußfassung gefordert (→ 2. 5./S. 82; 20. 10./S. 172).

Der russisch-orthodoxe Patriarch von Moskau richtet einen Hilferuf an den Erzbischof von Canterbury (Großbritannien) und bittet um Nahrungsmittellieferungen für die Hungernden in Sowjetrußland (→ 24. 2./S. 30).

Die japanischen Provinzen Navaja und Kioto werden von schweren Überschwemmungen heimgesucht. Rund 800 Menschen kommen dabei ums Leben.

19. Juli, Dienstag

Der Storting, das norwegische Parlament, beschließt die Einführung einer Vermögenssteuer für Guthaben über 200 000 Kronen (2,1 Mio. Mark). Diese Steuereinnahmen fließen nicht in die Staatskasse, sondern in einen speziellen Fonds, aus dem die Schulden, vor allem bei den USA, beglichen werden sollen.

In den USA sind 8 Mio. Frauen in einem festen Arbeitsverhältnis beschäftigt.

87% von ihnen sind als Lehrerinnen oder Sekretärinnen tätig.

Auf einer viertägigen Konferenz wird in Moskau die Rote Sportinternationale gegründet (→ 19. 6./S. 105).

20. Juli, Mittwoch

Die Schiffahrt auf dem Rhein kommt zum Erliegen, nachdem die niederländischen Maschinisten und Heizer für höhere Löhne streiken. Bereits seit dem 16. Juli befinden sich auch ihre deutschen Kollegen im Ausstand.

In Straßburg und Karlsruhe wird mit 39 °C die höchste Temperatur des Jahres gemessen. Die Hitzewelle in Europa verursacht Schwierigkeiten in der Wasserversorgung. → S. 125

21. Juli, Donnerstag

In Frankfurt am Main wird ein Waffenlager der rechtsgerichteten Wehrverbandes Organisation Escherich (Orgesch) ausgehoben. 400 Gewehre und 60 Kisten Munition werden sichergestellt (→ 1. 6./S. 98).

In Marokko müssen die spanischen Kolonialtruppen bei Annual eine schwere Niederlage gegen die aufständischen Rifkabylen unter Abd El Krim hinnehmen. → S. 116

Im britischen Unterhaus in London wird ein Antrag des Labour-Abgeordneten Wegwood Benn mit knapper Mehrheit abgelehnt, auf deutsche Reparationsleistungen in Form von Sachwerten zu verzichten, da sie sich nachteilig für den Handel in Großbritannien auswirkten.

22. Juli, Freitag

Trotz der von den britischen Besatzungstruppen verhängten Waffenruhe kommt es in der oberschlesischen Stadt Kattowitz zu Schießereien zwischen deutschen und polnischen Soldaten (→ 2. 5./S. 82).

In Absprache mit der bolschewistischen Regierung richtet der russische Schriftsteller Maxim Gorki an seinen deutschen Kollegen Gerhart Hauptmann die Bitte, sich dafür einzusetzen, daß das Deutsche Reich Brot und Medikamente für die Hungernden in Sowjetrußland liefert (→ 2. 8./S. 144).

In den italienischen Städten Sfarzana und Triest kommt es zu blutigen Zusammenstößen zwischen Faschisten, Kommunisten und der Polizei. Dabei werden 31 Personen getötet (→ 7. 11./S. 189).

In Washington nimmt das Repräsentantenhaus mit großer Mehrheit ein neues Zollgesetz an, das Einfuhren in die USA mit bis zu 40% höheren Zöllen belastet.

23. Juli, Samstag

Reichsaußenminister Friedrich Rosen (parteilos) weist in einer Antwortnote die französische Beschwerde vom 16. Juli zurück, das Deutsche Reich sei für die Unruhen in Oberschlesien verantwortlich. Vielmehr sei erwiesen, daß Frankreich die polnischen Militärverbände unterstütze.

Nach einer Meldung der französischen Zeitung »Petit Parisien« werden in der französischen Rüstungsindustrie Sonderschichten gefahren, um Polen und Rumänien mit Waffen zu versorgen. Die Verbündeten Frankreichs befürchten einen Angriff von seiten Sowjetrußlands (→ 18. 3./S. 55).

Ein Konsortium US-amerikanischer Banken stellt der deutschen Reichsregierung Kredite im Gesamtwert von 9,2 Mio. US-Dollar (680,8 Mio. Mark) zur Verfügung, mit denen Getreidelieferungen an das Deutsche Reich finanziert werden sollen.

Der frühere Seeoffizier Felix Graf von Luckner tritt eine Vortragsreise nach Skandinavien an. → S. 127

Edwin Gourdin (USA) stellt mit 7,69 m in Cambridge (US-Bundesstaat Massachusetts) einen Weltrekord im Weitsprung auf.

24. Juli, Sonntag

Der frühere bayerische Verkehrsminister und bekannte Numismatiker Heinrich von Nagendorfer begeht in Geiselgasteig bei München Selbstmord, nachdem ihm die Fälschung zahlreicher antiker Münzen nachgewiesen wurde.

Der Belgier Léon Scieur fährt als Sieger der Tour de France in Paris ein. → S. 131

Erstmals seit 1914 wird in Le Mans der Große Preis des französischen Automobilclubs ausgetragen. → S. 131

25. Juli, Montag

An der Devisenbörse in Wien setzt eine Flucht in ausländisches Kapital ein, nachdem Gerüchte aufgekommen sind, daß Österreich keine Wiederaufbaukredite von den Alliierten erhalten werde. Der Wert des US-Dollar gegenüber der österreichischen Krone steigt um 18%.

Der Vorsitzende der Zentrumspartei und Chef der Reichstagsfraktion, Karl Trimborn, stirbt im Alter von 66 Jahren in Bonn.

26. Juli, Dienstag

Der am 4. Juni 1920 geschlossene Friedensvertrag von Trianon zwischen Ungarn und den Alliierten tritt in Kraft. Ungarn muß das Burgenland an Österreich abtreten (→ 13. 10./S. 176).

Papst Benedikt XV. lehnt das Gesuch polnischer Bischöfe ab, den katholischen Klerus in Oberschlesien unter einen besonderen Schutz des Vatikans zu stellen und den deutschen Bischof abzuberufen.

27. Juli, Mittwoch

Die rumänische und die jugoslawische Regierung vereinbaren in Belgrad, Ungarn den Krieg zu erklären, falls der frühere König Karl IV. (der österreichische Ex-Kaiser Karl I.) wieder die Herrschaft erlangen sollte (→ 1. 4./S. 68; 25. 10./S. 177).

Das britische Kolonialministerium erlaubt die Tätigkeit deutscher Missionare in Afrika, wenn sie sich den britischen Kirchenbehörden unterordnen.

Den kanadischen Biochemikern Frederick Banting und Charles Best gelingt erstmals die Isolierung des Bauchspeicheldrüsenhormons Insulin. → S. 125

28. Juli, Donnerstag

Auf Betreiben des bayerischen Kultusministers Franz Matt (BVP) entscheidet der Landtag in München, daß an den Gymnasien Englisch statt Französisch als erste Fremdsprache eingeführt wird.

Im belgischen Parlament in Brüssel wird ein neues Sprachengesetz angenommen, in dem die Amtssprache der Provinzen je nach Sprachzugehörigkeit der Bevölkerungsmehrheit festgelegt wird. Damit wird das Niederländische aufgewertet. → S. 119

In Bozen schließen sich die italienischen Parteien Südtirols zur einer Politisch-Nationalen Arbeitsgemeinschaft zusammen. Sie wollen den Einfluß der deutschen Bevölkerungsmehrheit eindämmen.

Die erste im Deutschen Reich hergestellte elektrische Schreibmaschine kommt auf den Markt. Sie wird von den Berliner Mercedes-Werken hergestellt.

29. Juli, Freitag

Auf einer außerordentlichen Mitgliederversammlung der NSDAP in München wird Adolf Hitler als Nachfolger von Anton Drexler zum Parteivorsitzenden gewählt. → S. 112

30. Juli, Samstag

In Berlin werden bei der Durchsuchung mehrerer Wettbüros und »Sportbanken« 12 Mio. Mark sichergestellt. Den Besitzern wird Steuerhinterziehung vorgeworfen.

Der Spielfilm »Die Ratten« nach der Tragikömodie von Gerhart Hauptmann mit Emil Jannings, Blandine Ebinger und Lucie Höflich in den Hauptrollen wird in Berlin uraufgeführt.

In Berlin beginnt eine Reihe von Prozessen gegen Frauen, die spiritistische Sitzungen veranstaltet haben, bei denen Kunden hofften, mit ihren im Weltkrieg gefallenen Angehörigen in Verbindung zu treten.

Der Schweizer Henri Durafour landet mit einem Flugzeug auf dem Montblanc. → S. 127

31. Juli, Sonntag

In zahlreichen deutschen Städten finden Demonstrationen für den Weltfrieden statt. → S. 114

Das Wetter im Monat Juli

Station	Mittlere Lufttemperatur (°C)	Niederschlag (mm)	Sonnenscheindauer (Std.)
Aachen	19,7 (17,5)	10 (75)	— (190)
Berlin	19,1 (18,3)	20 (70)	— (242)
Bremen	18,3 (17,4)	31 (92)	— (207)
München	21,0 (17,5)	51 (137)	— (226)
Wien	(19,5)	— (84)	— (265)
Zürich	20,0 (17,2)	50 (139)	307 (238)

( ) Langjähriger Mittelwert für diesen Monat
– Wert nicht ermittelt

Die Zeitschrift »Die Woche« zeigt den indischen Dichter und Philosophen Rabindranath Tagore, wie er in der Aula der Berliner Universität vor überfülltem Auditorium eine Vorlesung hält. Tagore befindet sich seit einem Jahr auf Weltreise, um seine Lehre der »wahren Humanität« zu vermitteln.

DIE WOCHE
BILDER VOM TAGE

Tagore spricht in der neuen Aula der Universität über „Die Botschaft der Wälder und die Seele Indiens".

Der indische Dichter Rabindranath Tagore in Berlin.

Spezialaufnahme der „Woche".

Hitlers »Machtergreifung« bei den Nationalsozialisten

29. Juli. Nach heftigen Auseinandersetzungen in der Parteiführung der NSDAP wird Propagandaleiter Adolf Hitler auf einer außerordentlichen Mitgliederversammlung der Partei in München zum Vorsitzenden gewählt. In der neuformulierten Satzung erhält er das Recht, die Partei unabhängig von Mehrheitsbeschlüssen des Vorstandes mit uneingeschränkten Vollmachten zu leiten. Der bisherige Vorsitzende Anton Drexler wird Ehrenvorsitzender, Oskar Körner bleibt zweiter Vorsitzender.

Der Wechsel in der Parteiführung wurde durch innerparteiliche Differenzen zwischen Hitler und Drexler ausgelöst. Während Hitler die Parteiziele auf revolutionärem Wege auch unter Anwendung von Gewalt anstrebt, will Drexler den legalen parlamentarischen Weg nicht verlassen. Außerdem lehnt Hitler vehement den auf dem Zeitzer Parteitag (26.–28. 3. 1921) von Drexler befürworteten Zusammenschluß der nationalsozialistischen Parteien des Deutschen Reichs, Österreichs und der Tschechoslowakei ab.

Drexler versuchte mit seinen Anhängern, die Aktivitäten Hitlers zur »Machtergreifung« einzudämmen. Im Verlauf der Meinungsverschie-

Anton Drexler gibt sein Amt als Vorsitzender der NSDAP auf.

Dietrich Eckart, Hauptschriftleiter des »Völkischen Beobachters«

Adolf Hitler übernimmt die uneingeschränkte Parteiführung der NSDAP.

denheiten mit Drexler erklärte Hitler am 11. Juli sogar seinen Austritt aus der Partei, trat aber am 26. Juli unter dem Drängen einiger Parteifreunde wieder ein. Auf die Vermittlungsbemühungen des Chefredakteurs des »Völkischen Beobachters«, Dietrich Eckart, reagierte Hitler mit folgenden Forderungen: Zunächst verlangte er ultimativ die Einberufung einer außerordentlichen Mitgliederversammlung innerhalb von acht Tagen. Dann beanspruchte er für sich den Posten des ersten

Vorsitzenden mit diktatorischer Machtbefugnis. Darüber hinaus bestand er darauf, daß München Sitz der Partei bleibt und daß der Parteiname sowie das Programm für die Dauer von zunächst sechs Jahren nicht mehr abgeändert werden. Weiterhin machte er zur Bedingung, daß alle Versuche eines Zusammenschlusses der NSDAP mit anderen nationalsozialistischen Parteien im In- und Ausland unterbleiben.

Um Hitler nicht zu verlieren, beugt sich die Partei seinen Forderungen,

die auf der Mitgliederversammlung in die neue Satzung aufgenommen werden. Der militante, auch in seiner inneren Struktur antidemokratische Charakter der NSDAP ist besiegelt. Mit der Machtübernahme durch Hitler entwickelt sich das für die NSDAP charakteristische »Führerprinzip« – die Parteistruktur wird ganz auf die Person Hitlers konzentriert. Die NSDAP expandiert unter Hitlers Führung stark und zählt 1921 bereits über 3000 eingeschriebene Mitglieder.

Parteigeschichte der NSDAP seit 1919

Die NSDAP wurde am 5. Januar 1919 zunächst als Deutsche Arbeiterpartei (DAP) von Anton Drexler und Karl Harrer gegründet. Adolf Hitler, der 1919 noch für die Reichswehr als »politischer Aufklärungsredner« tätig war, wurde noch im gleichen Jahr Parteimitglied. Er hatte die Funktion eines »Werbeobmanns« inne. Am 24. Februar 1920 wurde die Partei offiziell in NSDAP umbenannt. Richtlinie der Partei ist seitdem das von Hitler und Drexler aufgestellte 25-Punkte-Programm. Die zahlenmäßig stärkste Gruppierung der NSDAP ist die uniformierte und bewaffnete Kampftruppe der Partei. Sie wurde 1920 ursprünglich als Versammlungsschutz formiert und wird am → 4. November (S. 192) nach einer Saalschlacht auf einer NSDAP-Parteiversammlung in »Sturmabteilung« (SA) umbenannt.

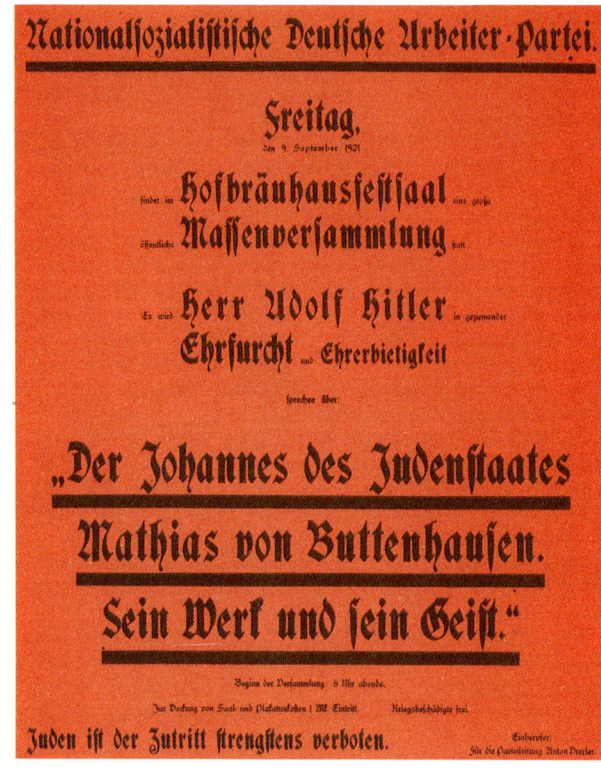

△ *Angehörige der Selbstschutzorganisation »Die Heydebrecker« mit einer Hakenkreuzfahne in Oberschlesien, sie stehen der 1919 als DAP gegründeten NSDAP mit ihrem militanten Charakter nahe.*

◁ *Nach Adolf Hitlers unangefochtener »Machtübernahme« in der Nationalsozialistischen Deutschen Arbeiterpartei (NSDAP) verschärfen sich die rassistischen Tendenzen, was auch offen in den ersten Plakaten der Partei, die zu Veranstaltungen im Münchner Hofbräuhaus einladen, zum Ausdruck kommt.*

NSDAP: Antikapitalistisch, antisozialistisch und rassistisch

Maßgebend für die Politik der völkisch-nationalistischen NSDAP ist das von Adolf Hitler und Anton Drexler entworfene 25-Punkte-Programm der Partei vom 24. Februar 1920. Wesentliche Forderungen dieses Programms lauten:

▷ Zusammenschluß aller Deutschen aufgrund des Selbstbestimmungsrechts der Völker zu einem Großdeutschland

▷ Gleichberechtigung des deutschen Volkes gegenüber den anderen Nationen und Aufhebung der Friedensverträge von Versailles und St. Germain

▷ Erwerb von Kolonien zur Ernährung und Ansiedlung des deutschen Volkes

▷ Staatsbürger kann nur sein, wer Volksgenosse ist. Volksgenosse kann nur sein, wer deutschen Blutes ist, ohne Rücksicht auf Konfession. Kein Jude kann daher Volksgenosse sein

▷ Der Staat soll sich verpflichten, in erster Linie für die Erwerbs- und Lebensmöglichkeiten der Staatsbürger zu sorgen

▷ Jede weitere Einwanderung Nichtdeutscher ist zu verhindern. Alle Nichtdeutschen, die seit dem 2. August 1914 eingewandert sind, sollen zum Verlassen des Deutschen Reiches gezwungen werden

▷ Erste Pflicht des Staatsbürgers soll es sein, geistig oder körperlich zu arbeiten. Arbeitsloseneinkommen soll abgeschafft werden

▷ Gewinnbeteiligung an Großbetrieben

▷ Die Altersversorgung soll großzügig ausgebaut werden

▷ Schaffung eines gesunden Mittelstandes und seine Erhaltung. Sofortige Kommunalisierung der großen Warenhäuser und ihre Vermietung zu billigen Preisen an kleine Gewerbetreibende

▷ Abschaffung der Söldnertruppen und Bildung eines Volksheeres

▷ Gesetzlicher Kampf gegen die politische Lüge und ihre Verbreitung durch die Presse. Alle Redakteure müssen Volksgenossen sein. Das Erscheinen ausländischer Zeitungen bedarf der Genehmigung des Staates. Zeitungen, die gegen das Gemeinwohl verstoßen, sind zu verbieten

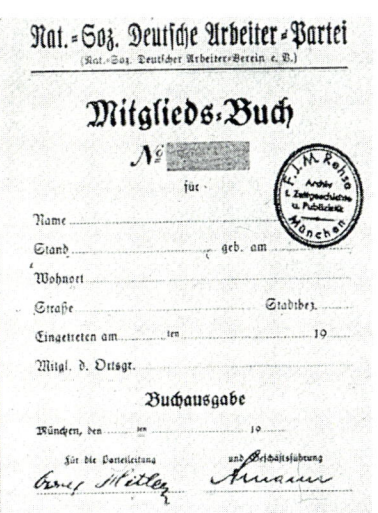

Mitgliedsbuch der NSDAP, das ab 1921 ausgestellt wird

▷ Freiheit aller religiösen Bekenntnisse im Staat, soweit diese nicht gegen das Sittlichkeits- und Moralgefühl der germanischen Rasse verstoßen

▷ Bekämpfung des jüdischen-materialistischen Geistes auf der Grundlage: Gemeinnutz vor Eigennutz.

Zur Durchführung aller Punkte fordern Hitler und Drexler die Schaffung einer starken Zentralgewalt und die unbedingte Autorität des politischen Zentralparlaments über das gesamte Reich und seine sämtlichen Organisationen. Auch die Bildung von Stände- und Berufskammern zur Durchführung der vom Reich erlassenen Rahmengesetze in den einzelnen Bundesländern wird verlangt. Die Parteiführung will, auch unter Einsatz des eigenen Lebens, rücksichtslos für die Realisierung der Punkte eintreten.

△ *Die militanten Unterorganisationen der NSDAP rekrutieren sich zu einem großen Teil aus den ehemaligen rechtsgerichteten Freikorps und Einwohnerwehren. Sie benutzen das Hakenkreuz als Symbol des Antisemitismus auf Armbinden und Ausrüstungsgegenständen.*

◁ *Ein nationalsozialistischer »Frontbannaufmarsch« in Berlin: Die ersten Formationen der NSDAP in der Zeit vor der Bildung der SA bezeichnen sich noch als »Frontbann«. Ihre Ausrüstung besteht aus Windjacken mit der Hakenkreuz-Armbinde und Holzstöcken als Waffe.*

Der Weltkrieg wirkt nach

31. Juli. Am Vorabend des siebten Jahrestages des deutschen Eintritts in den Weltkrieg versammeln sich im Deutschen Reich Hunderttausende von Menschen zu Kundgebungen für den Weltfrieden.

In Berlin nehmen über 100 000 Personen an der Feier im Lustgarten, auf der Schloßfreiheit und vor dem Marstall teil. In einem zweistündigen Sternmarsch waren die Demonstranten zu dem gemeinsamen Treffpunkt gelangt. Neben den roten Fahnen von KPD und USPD sowie Transparenten von SPD und Gewerkschaften bestimmen auch schwarz-rot-goldene Fahnen der liberalen Parteien das Bild. Neben der Losung der Veranstaltung »Nie wieder Krieg« wird die Ächtung des Krieges mit zahlreichen Transparenten wie »Fort mit dem Brudermord!«, »Die Waffen nieder«, »Arbeit bringt Segen, neuer Krieg neues Elend!«, »Verflucht, wer uns hetzt in Haß und Wahn, verflucht, wer den ersten Schuß getan!« und »Völker der Welt, reicht Euch die Brüderhand!«. Besonders eindrucksvoll ist die Demonstration der Kriegsbe-

schädigten, die an der Schloßrampe Aufstellung nehmen.

An etwa zehn verschiedenen Stellen des Lustgartens werden Ansprachen gehalten. Redner der pazifistischen Organisationen Deutsche Friedensgesellschaft (DFG) und Friedensbund der Kriegsteilnehmer fordern die Reichsregierung auf, den 1. August zur warnenden Erinnerung an den Kriegsausbruch zum Gedenktag zu erheben. Der Organisator der Kundgebung, Karl Vetter (DFG), bezeichnet es als den Zweck der Veranstaltung, »die Reaktion ebenso wie die Imperialisten der Entente« zu warnen, gleichzeitig aber die Freunde des Völkerfriedens zu ermutigen.

Unter dem Motto »Nie wieder Krieg« findet auch auf der Moorwiese in Hamburg eine Großkundgebung statt, bei der zur Sicherung der Demokratie und zum Kampf gegen den Geist der Revanche aufgefordert wird. Sie ist eine Gegendemonstration gegen die Flaggenkundgebung, die uniformierte monarchistische Verbände am Vortag veranstaltet hatten.

SPD-Mitglieder bei der Friedenskundgebung in Berlin; die SPD-Politik bewegt sich im Zwiespalt zwischen Pazifismus und patriotischer Gesinnung.

Demonstration für Kriegsgefangene

Die Folgen des Weltkrieges sind für viele Deutsche nicht nur in politischer und wirtschaftlicher Hinsicht bedrückend: Mehrere tausend Familien warten nach wie vor auf ihre Angehörigen, die sich bei den ehemaligen Kriegsgegnern in Gefangenschaft befinden.

Die Mehrzahl der deutschen Gefangenen, etwa 3600 bis 4000 Personen, ist in russischen Lagern interniert. Ein Teil von ihnen, insbesondere in Ostsibirien, verzichtet allerdings auf die Rückkehr ins Deutsche Reich. Für die übrigen soll eine deutsch-sowjetische Vereinbarung über den Austausch von Gefangenen wirksam werden (→6. 5./S. 84).

In einem Kriegsgefangenenlager in Avignon befinden sich noch 130 Deutsche in Gewahrsam. Die Franzosen berufen sich auf Artikel 219 des Friedensvertrags von Versailles, nach dem Kriegs- und Zivilgefangene, die wegen bestimmter Disziplinarvergehen eine Strafe verbüßen, in Haft zurückgehalten werden können. Im Deutschen Reich kommt es wiederholt zu Demonstrationen für ihre Freilassung.

Berliner Kinder bitten um die Freilassung ihrer Väter, die sich in französischer Gefangenschaft befinden.

Demonstration für die deutschen Gefangenen in Avignon

Nach und nach werden die Gefangenen von Avignon entlassen; nach ihrer Rückkehr erhalten sie eine warme Mahlzeit.

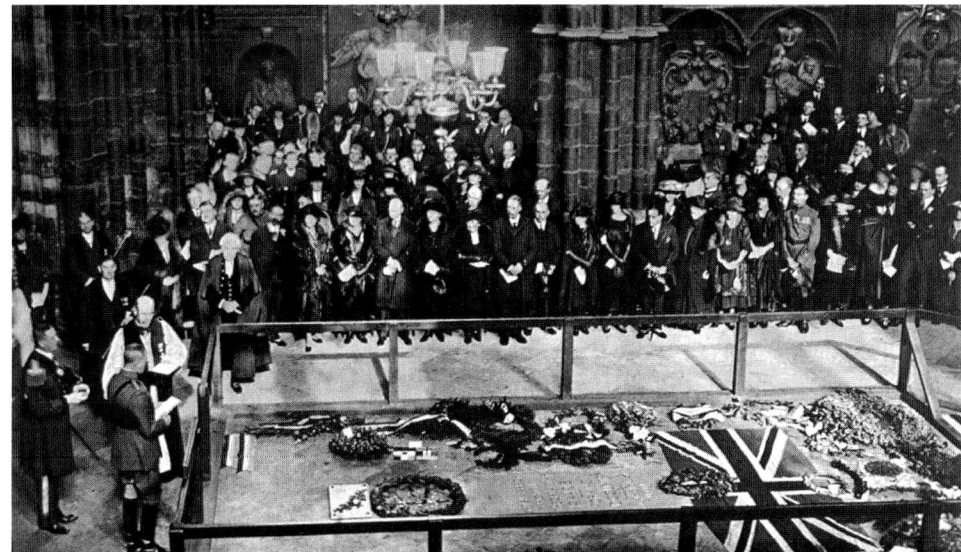

US-General John J. Pershing (l.) vor dem Grabmal des unbekannten Soldaten in der Westminster Abbey in London, wo er die Ehrenmedaille des US-Kongresses überreicht.

Nationalstolz prägt Siegesfeiern der Alliierten

Während im Deutschen Reich militärische Traditionen von der Niederlage im Weltkrieg überschattet werden, begehen die Siegermächte die Jahrestage der erfolgreichen Schlachten und des Sieges von 1918 mit großem zeremoniellen Aufwand.

Besonders in Frankreich wird an die Kapitulation des »Erbfeindes« Deutschland nicht nur am 11. November, sondern im Verlauf des ganzen Jahres bei unzähligen Veranstaltungen von Veteranenverbänden erinnert.

Ebenso zeigt sich die britische Nation geeint im Stolz über den militärischen Erfolg, findet aber moderatere Töne bei ihren Gedenkfeiern, um eine neue Verständigung mit den Deutschen nicht zu verhindern.

Französische und US-amerikanische Truppen gedenken unter dem Arc de Triomphe in Paris der Gefallenen des Weltkrieges.

Der Kriegerverein »Kyffhäuserbund« feiert das 25jährige Bestehen des Kyffhäuserdenkmals in Thüringen.

In Uniform und in Zivil paradieren ehemalige Angehörige des 4. Garderegiments vor ihrem früheren Kommandeur, dem Sohn des ehemaligen deutschen Kaisers Wilhelm II., Prinz Eitel Friedrich.

Militarismus verliert für Deutsche nicht an Attraktivität

Militarismus und Untertanengeist der Kaiserzeit sind nicht mit der Ausrufung der Republik vor drei Jahren untergegangen, sondern prägen nach wie vor das Bewußtsein weiter Kreise der Bevölkerung im Deutschen Reich. Zahlreiche Veteranenverbände und andere Traditionsvereine bekennen sich bei ihren Kameradschaftstreffen weiterhin zu den monarchistischen Idealen und stehen der Weimarer Republik ablehnend gegenüber. Zur Kompensation der Niederlage im Weltkrieg gibt Paul von Hindenburgs »Dolchstoßlegende« Argumentationshilfe; die auf 100 000 Soldaten reduzierte Reichswehr (→ 23. 3./S. 50) wird von vielen nur als vorübergehende Erscheinung angesehen. Das Bekenntnis zur Vaterlandsliebe (mit nationalistischen Untertönen) gehört selbst in der Gewerkschaftsbewegung oder der SPD zur Grundvoraussetzung gesellschaftlicher Akzeptanz.

4000 Kabylen schlagen 15 000 Spanier in Marokko

21. Juli. Die seit Wochen eskalierenden Kämpfe zwischen den spanischen Truppen in Marokko und den Stämmen des Rifgebiets, die Unabhängigkeit von der Protektoratsmacht anstreben, enden bei Annual mit einer vernichtenden Niederlage der Spanier.

Durch die viertägige Schlacht, die den bisherigen Höhepunkt in den kriegerischen Auseinandersetzungen darstellt, verlieren die Spanier die Kontrolle über 5000 km² ihres Herrschaftsgebiets, das sie durch ein Abkommen mit Frankreich seit 1912 innehaben.

Der Oberkommandierende der spanischen Truppen im östlichen Teil des Protektoratsgebiets, General Fernández Silvestre, erlag mit seinen Leuten schon am 1. Juni einem Überraschungsangriff der Marokkaner, als er Abarrán erobern wollte. Daraufhin hatte er von Melilla, dem Hauptstützpunkt der Spanier im Osten des Rifgebirges, den Angriff auf Annual vorbereitet. Mit diesem Plan fand er vor allem Rückendeckung bei König Alfons XIII., der sich von Anfang an für ein massives Vorgehen gegen die Marokkaner eingesetzt hatte. Silvestre glaubte, nach Eroberung dieses Stützpunkts der Kabylen weiter zur Bucht von Alcuhemas vordringen zu können, welche die östliche Zone des spanischen Gebiets von der westlichen trennt. Ein solches Vorgehen würde den Aufbau gleichmäßig verteilter militärischer Anlagen ermöglichen.

Als Silvestres Soldaten begannen, eine Befestigung südlich von Annual zu errichten, führten die Kabylen unter Leitung Abd El Krims, des obersten Kadis im Bezirk Melilla, am 17. Juli den nächsten Überraschungsangriff durch. Abd El Krim ist es gelungen, die durch häufige Blutfehden zerstrittenen Stämme unter seiner Führung zu vereinigen. Silvestres 15 000 Mann starker Armee traten in Annual 4000 Marokkaner entgegen, die trotz ihrer geringen Zahl den Spaniern taktisch weitaus überlegen waren. Die Rifkabylen rückten schubweise unter ständigem starken Feuer vor, wobei die straffe Organisation dieser Formationen ihren schnellen Sieg herbeiführte. Silvestre wurde in diesen Gefechten getötet, was die spanische Truppe, deren Strategie ohnehin schlecht durchdacht war, vollends demoralisierte, zumal Gerüchte kur-

Die spanischen Truppen am Berg Frajana y Benisicar können nur kurze Zeit die Oberhand behalten.

sierten, der General habe Selbstmord begangen. Ungeordnet begann unter fortdauerndem Beschuß durch die Marokkaner der Rückzug der Spanier.

Nach der Entscheidungsschlacht am 21. Juli gelingt es den Kabylen innerhalb weniger Tage, auch die übrigen spanischen Befestigungen – Monte Arruit, Ben-Tied, Dar Drius und Nador – zu erobern. Die Kommunikation zwischen der Front und Melilla ist zerstört, die Stadt als Stützpunkt

der spanischen Militärmacht somit verloren. Im Laufe dieser Kämpfe haben die Marokkaner 800 Mann verloren, die Toten auf spanischer Seite hingegen beziffern sich auf 13 190 Mann. Zudem sind 20 000 Gewehre, 129 Kanonen sowie mehrere große Lager mit Munition, Nahrungsmitteln und Medizin in die Hände der Kabylen gelangt.

Der Sieg der Marokkaner bedeutet einen tiefgreifenden Einschnitt in der Geschichte des seit neun Jahren

bestehenden spanischen Protektorats über das Rifgebiet. Von Anfang an schwelte der Konflikt zwischen den Einheimischen und der Schutzmacht. Zudem fiel es den Spaniern schwer, sich zu behaupten, weil der Rifgebirgsstreifen kartographisch noch nicht erfaßt und extrem unwegsam ist, so daß eine militärische Unterwerfung vielen Experten ohnehin von vornherein unmöglich erschien. Die spanische Regierung scheut sich jedoch vor der Aufgabe Marokkos, weil ein solcher Rückzug ihrer Ansicht nach einen enormen Prestigeverlust im Verhältnis zu den anderen europäischen Staaten zur Folge hätte. Bis 1920 kam es noch nicht zu militärischen Auseinandersetzungen mit den Kabylen, weil der bis dahin amtierende Hochkommissar eine kompromißbereite Politik verfolgte. Erst als General Dámaso Berenguer ihn ablöste, wurde der Gegensatz zu den Marokkanern schärfer. Berenguer, der seinen Sitz in Ceuta in der westlichen Zone hat, eroberte kurz nach seinem Amtsantritt den Kabylenstützpunkt Xauen und entsandte Silvestre nach Melilla, so daß die Marokkaner von zwei Seiten angegriffen werden konnten. Der Beginn der bewaffneten Auseinandersetzungen war danach nur noch eine Frage der Zeit (→13. 8./S. 146; 19. 9./S. 158).

Eine Lageberatung zwischen General Dámaso Berenguer (l.), Kriegsminister Juan La Cierva (M.) und General José Cavalcanti (r.) im Hauptquartier

Der spanische General Dámaso Berenguer (2. v. r.) beratschlagt vor Melilla mit gefolgstreuen marokkanischen Ratgebern die militärische Lage.

Die Unwegsamkeit des bergigen Geländes behindert die spanischen Truppen. Die Kabylen sind ihnen durch leichtere Bewaffnung strategisch überlegen.

Spanische Soldaten bauen an der Straße von Melilla nach Souk el Had ein Blockhaus; ein Wall mit Sandsäcken schützt sie vor feindlichen Schüssen.

Wie Europa Afrika unter sich aufteilte

Vor dem Ende des 19. Jahrhunderts hatten nur wenige europäische Staaten Kolonialbesitzungen in Afrika, die sich auf kleine Küstengebiete beschränkten. Bis dahin hatten sich die Expansionsbestrebungen auf Nordamerika, Westindien und Indien konzentriert, wobei sich vornehmlich Großbritannien, Frankreich, Spanien und die Niederlande überseeischen Besitz aneigneten.

Mit dem Einsetzen imperialistischer Politik in den 80er Jahren des 19. Jahrhunderts und dem Eintritt weiterer Nationen in das Rennen um Ausbreitung auf anderen Kontinenten rückte Afrika als Kolonialgebiet in das Zentrum des Interesses. Die rasche Unterwerfung wurde nicht zuletzt durch den technischen Fortschritt ermöglicht. Überlegenheit in der Waffentechnik und der rapide Ausbau von Eisenbahnen bewirkten sowohl eine schnelle militärische wie auch wirtschaftliche Erschließung Afrikas, und der Einsatz von Dampfschiffen erleichterte den Transport von Rohstoffen und Nahrungsmitteln.

Um Rechte in Nordafrika, und damit die Kontrolle über das Mittelmeer, rangen hauptsächlich Frankreich und Großbritannien, wobei Frankreich bis 1881 Algerien und Tunesien unter seine Herrschaft brachte. Großbritannien erhielt dafür die Kontrolle über Ägypten, nachdem es 1882 eine nationalistische Revolte als Anlaß zu massivem Militäreinsatz genommen hatte. Damit waren die Ansprüche der Franzosen, die den Bau des Sueskanals finanziert hatten, zunichte gemacht und die Durchfahrt der Briten nach Indien gesichert. Das restliche Nordafrika wurde erst zu Beginn des 20. Jahrhunderts aufgeteilt, wobei Frankreich anderen Staaten Zugeständnisse machte, um als Gegenleistung Marokko für sich gewinnen zu können: So ließ es Italien freie Hand in Libyen und überließ Spanien 1912 den nördlichen Teil Marokkos, während es selbst den Löwenanteil mit dem Gebiet südlich des Rifgebirges einbehielt.

In Westafrika unterwarf Belgien den größten Teil des Kongos, während Frankreich das westliche Küstengebiet erhielt, von wo aus es über Äquatorialafrika die Verbindung zu seinen Besitzungen im Norden herstellte. Das Deutsche Reich erhielt in Westafrika 1884 mit Kamerun und Togo seine ersten Kolonien in Afrika. In Zentralafrika dominierte Großbritannien, das große Energien darauf verwandte, Rhodesien und das Betschuanaland für sich zu gewinnen, da hier Diamanten und Gold gefunden worden waren. Portugal brachte Angola und Moçambique unter seine Kontrolle.

Die Eroberung von Südwestafrika durch das Deutsche Reich 1884 veranlaßte Großbritannien schließlich zu starkem Einsatz in Südafrika, indem es das Zululand annektierte und nach dem Burenkrieg (1899–1902) die Hoheitsrechte über den Transvaal und den Oranjefreistaat erhielt. Nach dem Weltkrieg wurden die Kolonialbesitzungen des Deutschen Reichs unter den Siegermächten aufgeteilt. Italien, das bisher nur in Äthiopien und im Somaliland Fuß gefaßt hatte, erhielt keine Gebiete, wurde aber von Frankreich und Großbritannien mit Abtretungen an der libyschen und kenianischen Grenze entschädigt.

Italien: Giolitti stürzt über Fiume-Frage

4. Juli. Der Reformsozialist Ivanoe Bonomi wird neuer Ministerpräsident Italiens. Die Minderheitsregierung unter dem Liberalen Giovanni Giolitti war am 27. Juni zurückgetreten, weil sie bei einer Parlamentsdebatte über ihre Außenpolitik nur eine knappe Mehrheit von 34 Abgeordneten für sich gewinnen konnte. Besonders vehement wandte sich dabei der faschistische Parteiführer Benito Mussolini gegen den Kurs der Regierung (→ 7. 11./S. 189).

Ausschlaggebend für die starke Opposition war dabei vor allem der im Vorjahr vertraglich festgelegte Verzicht Italiens auf die Adriastadt Fiume (Rijeka), die gemäß dem Friedensvertrag von St. Germain vom September 1919 an das Königreich der Serben, Kroaten und Slowenen (Jugoslawien) fallen sollte. Die Regelung war auf Widerstand in Italien gestoßen. Um eine gewaltsame Lösung herbeizuführen, besetzte der Dichter Gabriele D'Annunzio 1919 mit einem Freikorps Fiume. Sein Freistaat wurde im Dezember 1920 von italienischen Regierungstruppen wieder eingenommen. Die Regierung unter Giolitti hatte schon im November 1920 einen Vertrag mit dem serbischen Königreich geschlossen, in dem als Kompromiß festgelegt wurde, daß Fiume vorläufig Freistaat werde.

Die hohe Bedeutung der Fiume-Frage ist symptomatisch für die innenpolitische Krise. Die Enttäuschung über die Ergebnisse des Weltkriegs – auch andere Gebietsforderungen waren nicht erfüllt worden – und die wirtschaftlichen Probleme lassen die Stimmen nach einer Revision des Friedensvertrags lauter werden, vor allem innerhalb der neuen faschistischen Partei, aber auch im Bürgertum. Nach den Neuwahlen im Mai 1921 hatte Giolitti, um Koalitionspartner verlegen, die Faschisten, die 35 Sitze im Parlament gewonnen hatten, an seiner Regierung beteiligt. Der Ministerpräsident glaubte, er könne die Faschisten »konstitutionalisieren« und ihr militantes Vorgehen gegen soziale Proteste für seine Zwecke ausnutzen. Ein Ende der Auseinandersetzungen um Fiume ist jedoch nicht abzusehen, da Bonomi selbst als Unterhändler beim Friedensvertrag von St. Germain fungierte.

Italiens neuer Regierungschef

Bonomis Karriere

Ivanoe Bonomi wurde am 18. Oktober 1873 im norditalienischen Mantua geboren. 1909 wurde er das erste Mal als sozialistischer Abgeordneter seiner Heimatstadt in das Parlament in Rom gewählt. Wegen seiner gemäßigten Auffassungen wurde er 1912 aus der Sozialistischen Partei ausgeschlossen und ging zu den Reformsozialisten über. 1920 ernannte ihn Giovanni Giolitti zum Kriegsminister. Bonomi ist ein entschiedener Gegner der Faschisten unter Mussolini.

Anhänger des italienischen Freikorpsführers und Dichters Gabriele D'Annunzio mit der Fahne des kurzlebigen Freistaats Fiume

Britische Bergarbeiter beenden dreimonatigen Streik

1. Juli. In einer Urabstimmung sprechen sich 70,9% der britischen Bergleute für die Beendigung des Streiks aus, der am 1. April wegen massiver Lohnkürzungen ausgerufen worden war (→ 15. 4./S. 66). Gleichzeitig beschließt das Unterhaus in London, 10 Mio. Pfund Sterling (2,8 Mrd. Mark) als Lohnzuschüsse zu zahlen. Am 28. Juni hatten die Vertreter der Bergarbeitergewerkschaft einem Vorschlag von Premierminister David Lloyd George zugestimmt, nach dem die Tariflöhne für die Beschäftigten im Bergbau einer staatlichen Kontrolle unterworfen werden. Die Gewerkschaft hatte dafür zugesichert, daß in allen Bergwerken am 4. Juli die Arbeit wieder aufgenommen wird.

Der fast drei Monate dauernde Ausstand hat das wirtschaftliche Leben in Großbritannien stark beeinträchtigt. Die unzureichende Versorgung von Industrie und Haushalten, aber auch Lokomotiven und Schiffen mit Kohle führte zu einem drastischen Rückgang von Produktion und Handel, so daß die Regierung zum Eingreifen gezwungen wurde. Die politisch starke Position der Gewerkschaft wurde allerdings dadurch geschwächt, daß die annähernd 1 Mio. Bergarbeiter für die Dauer des Arbeitskampfes nicht durch Streikgelder finanziell abgesichert waren, so daß Hunger und soziales Elend die Arbeitervertreter zum Nachgeben zwangen.

Gewerkschaften müssen empfindliche Niederlage hinnehmen

Mit der Einigung zwischen Gewerkschaft und Grubenbesitzern verfehlen die Arbeiter die wesentlichen Ziele ihres Streiks.

Der Arbeitskampf war ausgerufen worden, nachdem die Grubenbesitzer mehrfach die Löhne der Bergarbeiter gekürzt hatten, was sie mit der schlechten Absatzlage für Kohle begründeten. Da jedoch weder Entlassungen ausgesprochen noch Kurzarbeit angeordnet wurden, wiesen die Gewerkschaften das Argument der Arbeitgeber zurück und forderten, daß die Erträge der Bergwerke in die Staatskasse fließen und die Bergarbeiter staatlich festgesetzte Löhne erhalten sollten. Dies wäre einer Verstaatlichung der Kohlegruben gleichgekommen.

Der unter Vermittlung von Premierminister David Lloyd George zustandegekommene Kompromiß sieht eine staatliche Beteiligung bei den Gewinnen nicht vor. Dafür teilen sich Arbeiter und Arbeitgeber den Bruttogewinn der Gruben nach Abzug der Produktionskosten und eines festgesetzten Gewinnanteils der Unternehmen im Verhältnis 83:17. Für die Arbeiter wird ein Mindestlohn festgesetzt, der lediglich 20% über dem Tariflohn von 1914 liegt – eine Verschlechterung gegenüber dem derzeitigen Tageslohn um weitere 10%. Auch werden die Löhne nicht staatlich festgelegt, sondern müssen auf regionaler Ebene von Gewerkschaften und Grubenbesitzern ausgehandelt werden.

Sprachregionen in Belgien festgelegt

28. Juli. Das belgische Parlament in Brüssel nimmt ein Gesetz an, in dem das Land in Provinzen mit verschiedenen Amtssprachen entsprechend der Sprachzugehörigkeit der Bevöl-

Der belgische König Albert I. (geboren am 8. April 1875) unterzeichnet das von der Regierung unter Henri Carton de Wiart eingebrachte Sprachengesetz. Der König ist seit seinem Amtsantritt 1909 um Schlichtung im Konflikt zwischen Flamen und Wallonen bemüht.

kerungsmehrheit eingeteilt wird. In Flandern wird nun Niederländisch Amtssprache, in Wallonien Französisch. In Brüssel und Brabant sollen Abstimmungen stattfinden, öffentliche Verlautbarungen müssen in beiden Sprachen verfaßt werden. Die Katholische Partei unter Ministerpräsident Henri Carton de Wiart, Unterstützer der »Flämischen Bewegung«, hatte den Entwurf für das Sprachengesetz eingereicht. Niederländisch ist zwar seit 1898 in Belgien gleichberechtigte Amtssprache, allerdings wurden bisher noch keine Sprachgebiete abgegrenzt, weshalb das Übergewicht des Französischen bestehen blieb. Die Gemeindeämter dürfen dennoch auch fortan zusätzlich in der jeweiligen zweiten Sprache ihre Geschäfte abwickeln. Die »Flämische Bewegung« kämpft schon seit der Gründung Belgiens 1831 für die Gleichberechtigung der Flamen gegenüber den Wallonen, den Belgiern französischer Abstammung.

Sprachregionen in Belgien

Amsterdam
Den Haag
NIEDERLANDE
Brügge
Antwerpen
BELGIEN
Brüssel
Aachen
Charleroi
Lüttich
FRANKREICH
LUXEMBURG

Amtssprache Niederländisch
Amtssprache Französisch

© Harenberg

Keine Emanzipation im Berufsleben: Frauen in handwerklich-technischen Berufen bilden eher die Ausnahme.

Seit Frauen nicht mehr in der Kriegswirtschaft benötigt werden, bleiben ihnen Männerberufe weitgehend verschlossen.

Frauen fordern Frieden durch Abrüstung

10. Juli. In Wien beginnt eine sechstägige Konferenz der Internationalen Frauenliga für Frieden und Freiheit (IFFF), einer 1919 von Vertreterinnen der bürgerlichen Frauenbewegungen verschiedener Länder gegründeten Friedensorganisation.

Die Teilnehmerinnen aus Nordamerika, Europa und Asien befassen sich mit Problemen der Friedensarbeit von Frauen, dabei insbesondere mit Strategien zur Durchsetzung einer dauerhaften internationalen Abrüstung und einer neuen Völkerverständigung. Zu dieser Versammlung haben sich eine Reihe herausragender Persönlichkeiten der pazifistischen Frauenbewegung eingefunden. Die Präsidentin der Liga, die US-Amerikanerin Jane Addams aus Chicago, ist seit Jahren als Sozialreformerin tätig und seit 1915 in der internationalen Friedensbewegung aktiv. Als deutsche Repräsentantinnen sind Lida Gustava Heymann und Anita Augspurg anwesend, die beide dem radikalen Flügel der bürgerlichen deutschen Frauenbewegung zugerechnet werden.

Den Auftakt des Kongresses bildet eine Gedenkfeier für zwei Mitbegründer der pazifistischen Bewegung, Bertha von Suttner und Alfred Fried. In den folgenden Tagen wird der Völkerbund mehrmals von verschiedenen Anwesenden scharf kritisiert, weil er seine Mitglieder nicht genügend zur Abrüstung dränge. Gleichzeitig wendet sich die Liga vehement gegen die Beschlüsse des Versailler Vertrags, in denen sie den

Keim eines neuen Kriegs angelegt sieht. Durch die Kooperation mit deutschen und österreichischen Frauen will die Liga den Grundstein für eine neue Verständigung zwischen den Kriegsverlierern und den Siegermächten legen.

Die Friedensbewegung der Frauen legitimiert ihre Arbeit mit der Überzeugung, daß Frauen friedfertiger seien als Männer, vor allem, da sie als Mütter von Natur aus zur Erhaltung des menschlichen Lebens bei-

trügen. Dennoch stößt diese Meinung auch 1921 auf kritische Gegenstimmen. So bestreitet die Soziologin und Psychologin Mathilde Vaerting in einer Schrift die natürliche Friedfertigkeit der Frau und weist nach, daß allein kulturelle Einflüsse geschlechtsspezifisches Verhalten bestimmen. Die als typisch geltenden weiblichen Eigenschaften wie Nachgiebigkeit und stärkere Gefühlsbetontheit seien nur Ergebnis ihrer Unterdrückung.

3. INTERNATIONALER FRAUENKONGRESS FÜR FRIEDEN UND FREIHEIT WIEN 1921 10.–16. JULI IM MUSIKVEREINSGEBÄUDE
TEILNEHMER KARTEN FÜR FRAUEN UND MÄNNER AUSKÜNFTE IM BÜRO DER FRAUENLIGA I. HOFBURG, MICHAELERTOR

Die 1919 in Zürich gegründete Internationale Frauenliga für Frieden und Freiheit tritt 1921 zum dritten Mal zusammen. Die Figur auf dem Plakat, das den Kongreß ankündigt, symbolisiert die Ziele der Friedensbewegung der Frauen: In der linken Hand hält die weibliche Figur eine Friedenstaube, und mit ihrem Gewand schüttelt sie zugleich die Bürde der männlichen Bevormundung ab, die sich für den Frauenverband vor allem in der Mißachtung der naturgegebenen weiblichen Friedfertigkeit äußert. Im Deutschen Reich, wo schon 1919 in Frankfurt eine eigene Sektion der IFFF eingerichtet wurde, bestehen in fast allen größeren Städten Ortsgruppen. Hauptzentren sind Hamburg, Stuttgart und München.

III. Weltkongreß der Komintern für gemäßigten Kurs

12. Juli. In Moskau geht der III. Weltkongreß der Kommunistischen Internationale (Komintern) mit insgesamt 605 Delegierten aus 48 Ländern zu Ende. Die Hauptthemen des Kongresses waren u. a. die neuen Aufgaben der Komintern, die Taktik der Kommunistischen Partei Rußlands (KPR) sowie der organisatorische Aufbau der kommunistischen Parteien im Ausland.

Der Weltkongreß ist das höchste kommunistische Gremium, das insgesamt rund 1,9 Mio. Mitglieder repräsentiert, darunter allein 600 000 Parteigenossen der KPR. Er wurde bereits am 22. Juni durch seinen Vorsitzenden Grigori S. Sinowjew eröffnet. Die Reden der bolschewistischen Führung, besonders Wladimir I. Lenins, Vorsitzender des Rates der Volkskommissare, und Leo D. Trotzkis, Volkskommissar für Verteidigung, waren geprägt von Zweifeln an einer schnellen Realisierung der Weltrevolution. Ein Hauptergebnis des dreiwöchigen Kongresses war die Einsicht, an »der revolutionären Front zeitweilig Zurückhaltung zu üben«.

Im Gegensatz zu der während des zweiten Weltkongresses (19. 7.–7. 8. 1920) noch vorherrschenden Hoffnung, daß die bolschewistische Weltrevolution bevorstünde, wurde während dieses Kongresses eindeu-

Clara Zetkin (5. v. l.), Teilnehmerin des III. Weltkongreß der Komintern, ist Verfechterin der gemäßigten Linie.

tig festgestellt, daß die politische Lage 1920 falsch eingeschätzt wurde. So wurde der Vormarsch der Roten Armee auf Warschau gestoppt und nach dem sog. Wunder an der Weichsel von polnischen Truppen (→ 18. 3./S. 55) zurückgeschlagen. Im Deutschen Reich ist die Kommunistische Partei nach den gescheiterten kommunistischen Aufständen im März (→ 21. 3./S. 48) stark geschwächt.

Besonders kritisch und kontrovers wurden die Märzaktionen in Mitteldeutschland beurteilt. Vor allem Le-

nin, Trotzki und Lew B. Kamenew, Mitglied des Zentralkomitees (ZK), distanzierten sich von diesen Putschversuchen, während Karl Radek, Nikolai I. Bucharin und Sinowjew die Aufstände rechtfertigten. Die Vertreter der Kommunistischen Partei Deutschlands (KPD) zeigten sich angesichts der gemäßigten Politik Sowjetrußlands enttäuscht. Als Verfechter der Märzaktionen hatten die KPD-Führer gehofft, in Moskau von der Dritten Internationale Unterstützung zu erhalten. Lenin hingegen vertrat die Ansicht, daß die re-

volutionären Aktionen in Europa an Kraft verloren hätten. Lenin und Trotzki bekannten sich offen zu Fehlern in der Parteilinie kritisierten den übertriebenen Optimismus der beiden ersten Weltkongresse und forderten schließlich die Delegierten auf, die Lage realistischer zu betrachten. Das Fazit von Lenin zum Abschluß des Kongresses lautete, daß die Kommunisten derzeit noch schlecht geschult und organisiert seien und daher ein baldiger Sieg der kommunistischen Bewegung nicht erwartet werden könne.

Perspektiven für Weltrevolution derzeit äußerst ungünstig

Auf der 17. Sitzung des III. Weltkongresses der Komintern am 5. Juli 1921 hält Wladimir I. Lenin, Vorsitzender des Rates der Volkskommissare, eine vielbeachtete Rede »Über die Taktik der Kommunistischen Partei Rußlands«. Zunächst erläutert er die Notwendigkeit der Neuen Ökonomischen Politik (→ 8. 3./S. 53), die den Kriegskommunismus in Sowjetrußland abgelöst hat.

»Die Freiheit des Austausches bedeutet Freiheit des Kapitalismus. Wir sagen das offen und wiederholen es … Wir müssen also der fremden Bourgeoisie, dem ausländischen Kapital Konzessionen gewähren. Wir geben ohne die geringste Entstaatlichung Bergwerke, Wälder, Naphthavorkommen an auswärtige Kapitalisten, um von ih-

nen industrielle Artikel, Maschinen usw. zu erhalten, um auf diese Weise unsere Industrie aufzu-

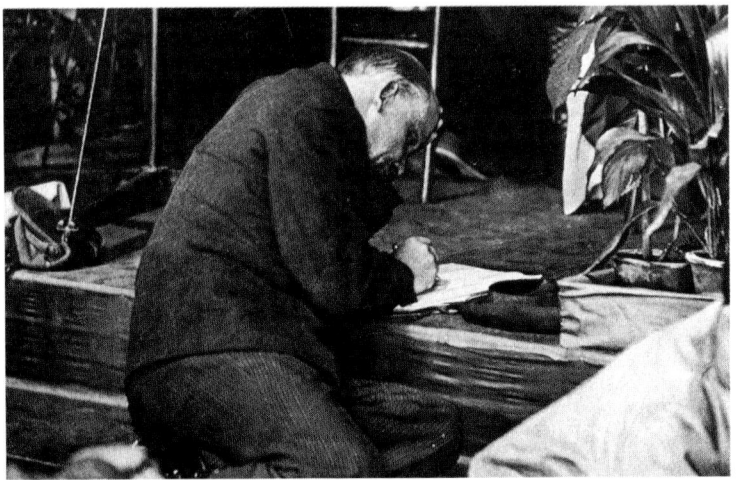

Wladimir I. Lenin macht sich auf der Treppe des Kongreßgebäudes Notizen.

bauen. Durch den siebenjährigen Krieg sind wir so ruiniert, daß der Wiederaufbau der Industrie meh-

rere Jahre erfordern wird. Wir müssen für unsere Rückständigkeit und unsere Schwäche zahlen, dafür, daß wir jetzt lernen und nochmals lernen müssen.«

Im zweiten Teil seiner Rede konstatierte Lenin, daß die Perspektiven für eine Weltrevolution derzeit ungünstig seien. Die Komintern hat damit neue Aufgaben: »Jetzt ist die grundsätzliche Vorbereitung der Revolution, das grundsätzliche Studium der konkreten Entwicklung in den kapitalistischen Ländern notwendig.« Dies sei eine wesentliche Voraussetzung, da die revolutionäre Entwicklung nicht so geradlinig verliefe wie erwartet: »In den anderen großen und kapitalistisch am meisten entwickelten Ländern ist die Revolution bis heute nicht ausgebrochen.«

Kommunistische Partei Chinas gegründet

Ho Schu-heng aus der südchinesischen Provinz Hunan ist eines der Gründungsmitglieder der Kommunistischen Partei Chinas.

Tung Pi-wu leitet in Wuhan, Hauptstaat der Provinz Hupeh, eine kommunistische Parteigruppe.

1. Juli. In Schanghai gründen zwölf Mitglieder der Sozialistischen Jugendliga die Kommunistische Partei Chinas (KPCh). Die Liga arbeitet seit mehr als einem Jahr systematisch am Ausbau kommunistischer Gruppen in den großen Städten Chinas. Tscheng Tu-hsiu, Literaturprofessor an der Pekinger Nationaluniversität, wird zum Generalsekretär gewählt. Zu den Gründungsmitgliedern gehört auch der 28jährige Lehrer Mao Tse-tung.

Die Vorbereitung der Parteigründung war von der Kommunistischen Internationale (Komintern) in Moskau unterstützt worden (→ 12. 7./S. 120). Schon 1920 hatte die Komintern Grigori Voitinski als Gesandten nach China geschickt, der Kontakt mit Tscheng Tu-hsiu und Li Taschao, dem Bibliothekar der Pekinger Nationaluniversität, aufnahm. Beide hatten bereits begonnen, marxistische Lehren unter Studenten und Professoren zu verbreiten.

Die KPCh, die derzeit etwa 50 Mitglieder hat, rekrutiert sich ausschließlich aus jungen Intellektuellen, die auch in der Vierter-Mai-Bewegung von 1919 aktiv waren. Am 4. Mai 1919 demonstrierten in Peking Studenten gegen die Unterzeichnung des Versailler Vertrags, Hierin war festgelegt worden, daß die deutschen Rechte und Besitzungen in China an Japan übergehen sollten. Die Bewegung griff schnell auf andere Städte und Bevölkerungsgruppen über und entwickelte sich zu einem Aufstand, der sich nicht nur gegen den Einfluß Japans wandte, sondern eine grundlegende kulturelle und soziale Erneuerung des innenpolitisch zerrissenen Landes forderte. Insbesondere die konfuzianischen Traditionen als Basis des chinesischen Kaisertums wurden in Frage gestellt.

Angeregt durch das Gelingen der Oktoberrevolution von 1917 begannen einige Professoren und Studenten, radikalere Forderungen aufzustellen. Zuvor hatte man nicht geglaubt, daß eine soziale Revolution in China durchführbar sei, da Karl Marx – dessen »Kommunistisches Manifest« 1908 ins Chinesische übersetzt worden war – gelehrt hatte, daß sich nur aus einer Industriegesellschaft durch Revolution die klassenlose Gesellschaft bilden könne. Der Einfluß Sowjetrußlands wird auch deshalb zunehmend positiver bewertet, weil die bolschewistische Regierung 1920 verkündete, auf allen unter der Zarenherrschaft gewonnenen Besitz in China zu verzichten. Obwohl das Versprechen nicht in dieser Form eingehalten wurde, begünstigt es die Annäherung Chinas an Sowjetrußland.

Mao Tse-tung, Gründungsmitglied der KP Chinas

Maos Hinwendung zum Kommunismus

Mao Tse-tung wurde am 26. Dezember 1893 in Schao-schan, einem Dorf in der Provinz Hunan, geboren. Sein Vater war ursprünglich Bauer, wurde dann aber als Getreidehändler wohlhabend.

Gegen den Willen des Vaters zog Mao als Jugendlicher in die Provinzhauptstadt Tschangscha, wo er die höhere Schule besuchte. Hier kam er erstmals mit westlichem Gedankengut und dem Programm des Revolutionärs Sun Yat-sen in Berührung (→ 7. 4./S. 68). Als im Oktober 1911 eine Militärrevolte ausbrach, um die von Kaiser P'u I nicht ausgeführten Reformen zu erzwingen, beteiligte sich Mao sechs Monate lang als Soldat an den Aufständen, bis 1912 die Republik unter Sun Yat-sen ausgerufen wurde.

1918 wechselte Mao auf die Universität Peking, das geistige Zentrum Chinas, wo er mit Tscheng Tu-hsiu und Li Tatschao in Kontakt kam und sich aktiv an der Vierter-Mai-Bewegung beteiligte. In Tschang-scha organisierte er eine gemeinsame Demonstration von Studenten, Kaufleuten und Arbeitern gegen den Einfluß Japans. Unter dem Einfluß dieser Erfahrung begann er, sich intensiv mit dem Marxismus zu beschäftigen. 1920 gründete Mao die erste kommunistische Gruppe in Tschang-scha.

Eine propagandistische Zeichnung aus späterer Zeit zeigt Mao Tse-tung (l.) bei einer der ersten Versammlungen der KPCh. Unter dem Porträt von Karl Marx beraten Chinas Kommunisten Strategien zur Werbung neuer Mitglieder.

Bestechende Eleganz aus Großbritannien: Eine Morris-Limousine mit 20 PS

Der Sunbeam Landaulette erreicht mit 16 PS und seinem Vierzylinder-Motor 70 km/h.

Der Morris Cowley gehört zu den am meisten verbreiteten Kleinwagen in Großbritannien.

Automobile Oberklasse: Der mit einem Acht-Zylinder-Motor bestückte Talbot-Darracq ist eine britisch-französische Produktion und war mit veränderter Karosserie auch als Rennwagen erfolgreich.

Werbeplakat für den Audi 14/50 PS Typ K, der mit seinem gewichtsparenden Motorblock aus Aluminium, der Kugelschaltung und der auf alle vier Räder wirkenden Bremsen als fortschrittlich gilt

Vorkriegsmodelle beherrschen Automarkt

Das Angebot an Autos wird 1921 kaum erweitert. Die meisten Firmen bieten alte Modelle in überarbeiteter Version an. Die Limousine Audi 14/50 PS Typ K wird mit neuem Motor und Vierrad-Bremsen präsentiert, basiert jedoch auf der 14/35-PS-Version von 1911. Auch der Dixi Typ G 1 geht auf Vorkriegskonstruktionen zurück. Opel verzichtet bei seinen großen Wagen sogar ganz auf Neuerungen.

Ohne Bereifung warten Daimler-Wagen in Sindelfingen auf ihre Bestellung; für große und teure Wagen besteht nur ein geringer Bedarf, so daß Autos auf Halde produziert werden.

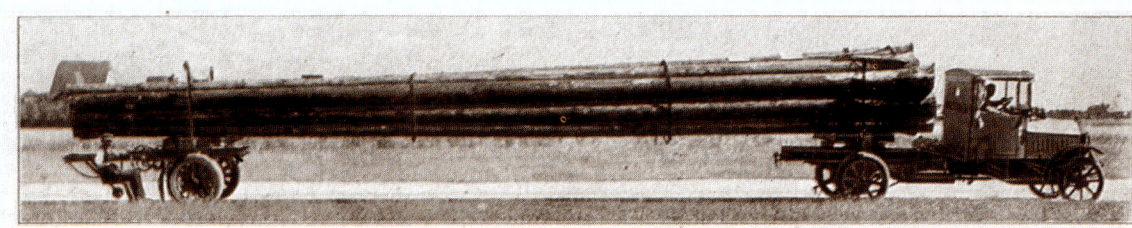
Langholztransportwagen der Vogtländischen Maschinenfabrik A.-G. (Vomag) in Plauen i. V.

5/15 P. S. Dreisitzer der Wanderer-Werke A.-G. in Schönau bei Chemnitz.

6/24 P. S. Viersitzer der Selve-Automobilwerke G. m. b. H. in Hameln a. d. Weser.

Automobil-Benzin-Motorspritze mit 70 P. S. Motor der C. D. Magirus A.-G. in Ulm.

Kippwagen der Stoewer-Werke A.-G. in Stettin.

Für die ehemaligen Kgl. Sächs. Staatsbahnen gelieferter Motoromnibus der Automobilfabrik E. Nacke in Coswig (Sachsen).

1½-Tonnen-Schnell-Lastwagen mit Anhänger der Hansa-Lloyd Werke A.-G. in Bremen.

Podeus-Raupenschlepper beim Pflügen.

Postfahrrad mit Hilfsmotor.

Landbau-Motor von Heinrich Lanz in Mannheim.

Der Siegeszug des Motorfahrzeugs.

Die »Illustrierte Zeitung« dokumentiert Neuheiten im Kraftfahrzeugbau: Nicht nur auf dem Gebiet der Personenwagen, sondern auch im Nutzfahrzeugbau werden neue Einsatzmöglichkeiten der Motorentechnik erprobt. Neu sind der Spritzenwagen der Feuerwehr mit ausfahrbarer Leiter und verschiedene Ausführungen des Kipp-Lasters. Beim Transport von Gütern hat sich der Lkw bereits im Weltkrieg bewährt, problematisch sind nach wie vor die einerseits hubraumstarken, andererseits unwirtschaftlichen Benzinmotoren, verschleißanfällige Fahrwerke und unzureichende Bremsen.

Auto 1921:

Innovation statt Massenproduktion

Die Verbreitung des Automobils hat im Deutschen Reich drei Jahre nach Ende des Weltkriegs kaum zugenommen: Mit 60 966 Kraftwagen liegt der Bestand nur um rund 5000 höher als 1914.

Die Gründe für die nur langsam wachsende Motorisierung sind vielfältig. Die deutsche Automobilindustrie hatte zuvor weitgehend für die Bedürfnisse des Heeres produziert und ab 1918 ausnahmslos Vorkriegsmodelle in geringen Stückzahlen auf den Markt gebracht. Die wirtschaftlich unsichere Lage hat auch 1921 noch keinen ausreichenden Absatzmarkt entstehen lassen. Keiner der rund 80 deutschen Autobauer hat bisher die Fließbandfertigung eingeführt, die 1912 in den USA von Ford entwickelt und 1919 in Frankreich von Citroën übernommen wurde. Den Import dieser vergleichsweise billigen Fahrzeuge versucht die Reichsregierung mit erhöhten Zöllen einzudämmen.

Anstatt Autos in Großserie herzustellen, verlegen sich die deutschen Konstrukteure auf unkonventionelle Methoden des Fahrzeugbaus. Spektakulärste Neuerscheinung ist das Tropfen-Auto von Edmund Rumpler. Die vom Flugzeugbau bekannte Tropfenform wurde auf Karosserie und Fahrgestell des Wagens übertragen, dessen 35-PS-Motor das windschnittige Auto (Luftwiderstandsbeiwert 0,28) auf eine Höchstgeschwindigkeit von 95 km/h beschleunigt (→S. 142).

Auffallend bei vielen Neukonstruktionen ist die Verwandtschaft zum Bootsbau und Flugzeugbau, was sich nicht zuletzt aus dem Wechsel von Ingenieuren aus diesem Bereich in die Fahrzeugbranche erklärt. So wird das »Rivo-Luftschraubenauto« von einem Propeller im Heck bewegt, und zahlreiche kleinere Wagen sind mit einer Karosserie aus Leichtholz versehen.

Kraftfahrzeugbestand 1. Juli 1921

Krafträder	26729
Kraftwagen (insges.)	60966
bis 1600 cm³	16049
1600–2100 cm³	9778
2100–3700 cm³	22017
über 3700 cm³	13122
Lastkraftwagen	30424

Jeden Tag eine gute Tat – Pfadfindertreffen in Aachen

3. Juli. In Aachen findet ein internationales Pfadfindertreffen mit jungen Pfadfindern aus verschiedenen Ländern Europas statt. Das Treffen dient u. a. der Verbesserung der internationalen Verständigung und dem Austausch über die Aktivitäten in den einzelnen Ländern.

Die Pfadfinderbewegung verzeichnet drei Jahre nach Ende des Weltkriegs einen starken Zulauf. Vor allem die Entbehrungen durch den Weltkrieg rufen ein verstärktes Bedürfnis der Jugendlichen nach Abenteuer, Zuwendung und Kameradschaft hervor.

Die Pfadfinderbewegung organisiert Fahrten, Zeltlager, Heimabende und internationale Begegnungen, welche die Wölflinge (8–11 Jahre), die Jung-Pfadfinder (11–14 Jahre), die Pfadfinder (14–17 Jahre) und die Rovers (über 18 Jahre) zu Gemeinschaftsgeist und naturgemäßer Lebensweise erziehen sollen. Der Pfadfinder muß versprechen, die ethischen Regeln einzuhalten, vor allem seine Verpflichtung zur täglichen »guten Tat«. Daneben betont die Pfadfinderschaft vor allem Gesinnungsgemeinschaft, Pflichttreue, Arbeitsfreude, Hilfsbereitschaft, Solidarität und Toleranz.

Der britische General Robert Stephenson Smyth, Baron Baden-Powell gründete 1907 zur Förderung und Erziehung der Jugend den ersten Pfadfinderverein, die Jugendorganisation der Boy-Scouts in Lon-

Führer niederländischer, britischer und deutscher Abordnungen auf dem Internationalen Pfadfindertag in Aachen

don. 1909 bildeten sich die ersten deutschen Pfadfindergruppen. Sie orientierten sich an »Jugenddeutschlands Pfadfinderbuch«, der Übersetzung des Regelwerkes »Scouting for Boys« von Alexander Lion. Dieses Buch ist auch 1921 für die Strukturen und Vorschriften der Pfadfinderorganisationen maßgeblich.

Die Pfadfinder Bayerns schlossen sich 1910 dem Bayerischen Wehrkraftverein an und stellten dadurch die vormilitärische Ausbildung ganz offen in den Mittelpunkt. Bereits 1911 wurde der Deutsche Pfadfinderbund (DPB) gegründet; sein erster Vorsitzender wurde der Major Maximilian Bayer.

Im Jahre 1920 trafen sich die Pfadfinder erstmalig zu einem Welttreffen in London und gründeten die Weltkonferenz der Pfadfinder, die seitdem regelmäßig stattfindet. In der Weltkonferenz hat jedes Land sechs stimmberechtigte Delegierte, die den Vorstand der Weltkonferenz wählen. Der Vorstand hat die Funktion, die Idee des Pfadfindertums zu verbreiten und neue Beschlüsse in die Praxis umzusetzen.

Auf dem Ausbildungsgelände eines Pfadfinderlagers in Compiègne (Frankreich) haben sich die Rovers zu einem Kreis formiert. Sie verfolgen die Rede von General Robert Stephenson Smyth, Baron Baden-Powell, dem Begründer der Pfadfinderbewegung.

Auf dem Hof der Deutschen Schule in Mexiko führen junge Pfadfinder improvisierte Übungen zur Lebensrettung bei Feuergefahr durch. Mit einem Sprungtuch fangen sie einen ihrer Kameraden auf, der sich aus einem Fenster im 1. Stock fallen läßt.

Eine Gruppe der deutschen Abteilung des Pfadfinderbundes in Mexiko, die rund 100 Mitglieder zählt, wird von Landesfeldmeister Kurt Kluge (r.) im Winkelmessen und Entfernungsschätzen in der Nähe der mexikanischen Stadt Guadalupe unterrichtet.

Insulin – neue Hoffnung für Zuckerkranke

27. Juli. Dem kanadischen Mediziner Frederick Grant Banting und seinem Assistenten Charles Herbert Best gelingt es an der Universität von Toronto, das Bauchspeicheldrüsenhormon Insulin zu isolieren.

Mit der Entdeckung dieses Hormons wird die Suche nach den Ursachen der Zuckerkrankheit (Diabetes) abgeschlossen, die bereits in der Antike bekannt war. 1889 hatten die Straßburger Wissenschaftler Joseph Freiherr von Mering und Oskar Minkowski bei Hunden die Bauchspeicheldrüse entfernt und festgestellt, daß die Tiere anschließend die typischen Symptome der Zuckerkrankheit zeigten. Der US-amerikanische Pathologe Eugene L. Opie untersuchte 1901 den Verfall von Zellverbindungen in den Langerhans-Inseln, einem endokrinen Teil der Bauchspeicheldrüse, und stellte einen Zusammenhang zwischen der Funktion dieser Zellen und Diabetes her. Die Regulierung des Blutzuckergehalts durch ein Hormon der Bauchspeicheldrüse wurde vermutet, ließ sich aber nicht verifizieren.

Seit 1920 bemühte sich der 29jährige Orthopäde Frederick Grant Banting, der sich für Physiologie interessierte, an der Universität von Toronto unter Mitwirkung des Institutsdirektors John James Macleod um einen praktischen Beweis von Opies These. In enger Zusammenarbeit mit dem Medizinstudenten Charles Herbert Best unternahm er

Der kanadische Arzt Frederick Grant Banting (r.) und sein US-amerikanischer Mitarbeiter Charles Herbert Best auf dem Dach ihres Instituts mit dem Hund, der trotz der Entfernung der Bauchspeicheldrüse mit einer Insulinbehandlung weiterleben kann. Das Forschungsergebnis von Banting und Best bildet die Grundlage für die Behandlung der weitverbreiteten Zuckerkrankheit, die von einer Unterfunktion herrührt.

zahlreiche Tierversuche, bis es ihm gelang, das Hormon der Langerhans-Inseln rein darzustellen. Der Wirkstoff wurde einem Hund injiziert, dem die Bauchspeicheldrüse entfernt worden war und daher an einer Überzuckerung des Blutes gestorben wäre. Durch die Insulinspritze blieb der Hund am Leben. Am 30. Juli wird das Insulin erstmals zur Behandlung eines Menschen an-

gewendet. Ein 13jähriger Junge, der im Diabeteskoma liegt, kann durch eine Injektion vor dem bevorstehenden Tod bewahrt werden. Banting und Macleod erhalten für ihre Entdeckung 1923 den Nobelpreis für Medizin. Der Protest Bantings, daß sein Mitarbeiter Best und nicht Institutsdirektor Macleod den Preis verdient habe, wird vom Verleihungskomitee nicht berücksichtigt.

Heilungschancen bisher sehr gering

Mit der Isolierung des Hormons Insulin verzeichnet die medizinische Forschung einen entscheidenden Fortschritt bei der Bekämpfung der Zuckerkrankheit (Diabetes).

Die Stoffwechselstörung, von der im Deutschen Reich schätzungsweise eine halbe Mio. Menschen betroffen sind, ist bisher nur an ihren Symptomen erkennbar. Die Verbindung von starkem Durstgefühl, Heißhunger, Trockenheit von Haut und Schleimhäuten sowie Müdigkeit und Leistungsabfall deutet auf Diabetes hin, für die es kein eindeutiges Krankheitszeichen gibt. Der häufigsten Form der Zuckerkrankheit, der Altersdiabetes, wird seit dem Ende des 19. Jahrhunderts mit diätetischer und Bewegungstherapie begegnet, zumal insbesondere bei Fettleibigen eine Erhöhung des Blutzuckers diagnostiziert wird. Keine Heilungschancen bestehen bei dem anderen Typ von Diabetes, der im Jugendalter auftritt und bei dem keine Insulinproduktion in der Bauchspeicheldrüse stattfindet. Starke Stoffwechselstörungen führen zum diabetischen Koma, das mit Bewußtlosigkeit und Herz-Kreislauf-Versagen tödlich sein kann.

Anhaltende Hitzewelle bringt Europa zum Schwitzen

20. Juli. Mit 39 °C im Schatten wird in Karlsruhe und Straßburg die höchste Temperatur des Jahres gemessen. In Aachen, Breslau, Dresden und Frankfurt an der Oder klettert das Thermometer auf 37 °C.

Die seit Monatsbeginn anhaltende Hitzewelle hat in ganz Mittel- und Westeuropa zu Problemen bei der Wasserversorgung geführt. In Berlin werden an Tankwagen Wasserrationen ausgegeben, und in London, wo die Temparatur am 11. Juli auf 32 °C steigt, werden überdurchschnittlich viele Menschen mit Kreislaufbeschwerden in die Krankenhäuser eingeliefert. Die Schiffahrt auf dem Rhein und der Weser muß Einschränkungen hinnehmen, und durch Blitzeinschläge werden viele Telefonleitungen zerstört.

△ *Das Kraftwerk der Edertalsperre bei Waldeck, dem größten Stausee Europas, muß seinen Betrieb infolge der langanhaltenden Trockenheit einstellen.*

▷ *Die Pfalz bei Kaub kann zu Fuß vom Ufer aus erreicht werden. Seit dem Beginn der Messungen vor rund 150 Jahren ist der Wasserstand auf die niedrigste Marke gesunken. Nur kleinere Schiffe können den Rhein noch befahren.*

Mit einem Kopfsprung von der Hansabrücke starten die ersten Schwimmer den strapaziösen Wettkampf durch die Spree.

Kurz vor dem Sprung in die kühle Spree wärmen sich die jungen Schwimmer durch Laufen auf.

USA: Frauen sollen züchtig erscheinen

6. Juli. In Zion City im US-amerikanischen Bundesstaat Illinois wird die 21jährige Sarah Johnson wegen dreifachen Verstoßes gegen die »Verordnung über anständige Kleidung« verhaftet. Laut Angaben der Polizei war ihre Bluse durchsichtig und ließ Schlüsselbein und Unterarme frei. Johnson wird zu einer Geldstrafe verurteilt.

Überall im US-amerikanischen Mittelwesten soll die Kleiderordnung für Frauen verschärft werden, um die »Sittlichkeit« zu bewahren, die vielen durch die neue Mode nicht mehr gewährleistet scheint. Am 22. Mai wurde in Chicago eine Verordnung herausgegeben, die Frauen mit kurzen Röcken und nackten Armen Strafen zwischen 10 und 100 US-Dollar (zwischen 64 und 640 Mark) auferlegt. Im Bundesstaat Utah wird sogar erwogen, in solchen Fällen Verhaftungen vorzunehmen. Die Gesetzgeber wenden sich damit letztlich auch gegen das Verhalten von Frauen, die immer häufiger in der Öffentlichkeit rauchen, Alkohol trinken und Make up tragen.

Mit der Badehose 12 km quer durch Berlin

17. Juli. Bei strahlendem Sonnenschein treffen sich an diesem heißen Sommersonntag Scharen von Sportbegeisterten zum Wettschwimmen »Quer durch Berlin«.

Nicht nur junge Athleten aus der Reichshauptstadt, sondern ebenso viele Schwimmer und Schwimmerinnen aus anderen Teilen des Deutschen Reichs treten zum Start an der Hansabrücke über der Spree an. Von hier aus haben die Teilnehmer eine Strecke von ungefähr 12 km zu bewältigen. Der Kurs folgt zunächst der Spree, vorbei an Charlottenburg und Ruhleben. In Stresow biegen sie in die Havel ein und erreichen am Pichelssee das Ziel.

Eine ganze Reihe von Wettkämpfern haben dabei ihre Kondition überschätzt; die ersten müssen schon nach einigen Kilometern von Sanitätern an Land gezogen werden. Die Berliner bevölkern unterdessen das Ufer und sind fasziniert vom Kampfgeist der jungen Sportler. Bei Volksfestatmosphäre feuern sie die Schwimmer zum Durchhalten an, während sie selbst sich in der Hitze an Limonade gütlich tun.

Prominenz in der Provinz (v. l.): Gastgeber Henry Ford, der Erfinder Thomas Alva Edison, Präsident Warren G. Harding und der Industrielle Harry S. Firestone bei einem Kurzurlaub in den Wäldern von Arizona

US-Präsident Warren G. Harding im Urlaub: Mit weißem Hemd und Fliege ins wilde Arizona

Einen unkonventionellen Kurzurlaub verlebt US-Präsident Warren G. Harding. Er folgt einer Einladung des Autoindustriellen Henry Ford zum Camping nach Pecktonville (US-Bundesstaat Arizona), wo dieser ein riesiges Waldgebiet sein eigen nennt. Fernab von der Politik verbringt er einige beschauliche Tage im Kreise prominenter Zeitgenossen. Da die Blockhütte Fords nur begrenzt Platz bietet, nächtigt der Präsident in einem Zelt und teilt sein Schicksal mit dem Reifenhersteller Harry S. Firestone und dem Physiker Thomas Alva Edison. Der Erfinder des Phonographen, dem nachgesagt wird, täglich nur vier Stunden zu schlafen, entpuppt sich dabei durch sein ausgeprägtes Ruhebedürfnis als wenig kommunikativer Gesprächspartner.

Erstes Flugzeug auf dem Montblanc

30. Juli. Begrüßt von Fotografen landet der Schweizer Henri Durafour mit einem Flugzeug ohne Kufen auf dem Dôme de Goûter 300 m unterhalb der Spitze des 4807 m hohen Montblanc, nachdem er zuvor zweimal den Gipfel umkreist hat. Während der Hinflug wegen der optimalen Wetterlage problemlos verlief, hat der Pilot auf dem Rückweg nach Chamonix mit Luftstrudeln zu kämpfen und entkommt mehrmals nur knapp dem Zerschellen an den Bergwänden. Nach der sicheren Landung verkündet Durafour, nicht »für eine Mio. Francs« dieses Abenteuer wiederholen zu wollen. Durafours Rekordleistung steht in der Tradition des 1910 begonnenen Hochgebirgsfliegens. Damals hatte der Peruaner Geo Chavez als erster den Simplon-Paß überquert. Ihm folgte 1913 der Schweizer Oskar Bider, der in 3000 m Höhe die Alpen in beiden Richtungen überflog. Um die schwerfälligen Zeppeline zu ersetzen, wurden im Weltkrieg schließlich Motorflugzeuge gebaut, die über 4000 m steigen konnten.

Henri Durafour (auf dem Flugzeug) wird auf dem Montblanc in einer Höhe von 4500 m bereits von Reportern erwartet.

Vortragsreise des »Seeteufels« wird ein großer Erfolg

23. Juli. Felix Graf von Luckner tritt von Hamburg aus mit dem Schulschiff »Niobe« eine Vortragsreise nach Skandinavien an, die der ehemalige deutsche Seeoffizier mit Berichten über seine Abenteuer im Weltkrieg bestreitet. Gleichzeitig fühlt er sich berufen, die Menschen anderer Länder »zum Glauben an Deutschland« zu gewinnen. Ebenfalls 1921 erscheint Luckners autobiographischer Roman »Seeteufel«, in dem er seinen Werdegang vom Matrosen zum Kommandanten der kaiserlichen Marine schildert, wobei er den größten Teil des Romans seinen Abenteuern im Weltkrieg widmet. Als Kapitän des Hilfskreuzers »Seeadler« hatte er 1917 die britische Blockade überwunden, indem er das Schiff als norwegischen Kreuzer tarnte. Unter deutscher Flagge versenkte er dann zwischen Januar und Juli 1917 14 Schiffe der Alliierten im Atlantik und im Stillen Ozean. Im September 1917 geriet er in Neuseeland in britische Kriegsgefangenschaft und kehrte erst im Juli 1919 ins Deutsche Reich zurück.

Die spannenden Berichte des »Seeteufels« lassen seine Skandinavienreise zu einem vollen Erfolg werden. Luckner glaubt, damit auch einen Schritt zur Erfüllung seiner politischen Mission zu tun. Er plädiert für eine Revision der im Versailler Vertrag festgelegten Flottenbeschränkung für das Deutsche Reich. Im »Seeteufel« schreibt er: »Das deutsche Volk hat immer durch die tiefsten Wasser waten müssen. Unsere Geschichte ist eine Kette von Zusammenbrüchen und Wiedererhebungen. Auch unser Reich zur See haben wir wie kein anderes Volk immer wieder neu aufbauen müssen. Aber unser Land kann nicht atmen ohne den frischen Anhauch der See ... Das Volk muß im Kerker vermodern ... ›Seefahrt tut not.‹« In der ČSR werden Luckners Auftritte wegen der Gefahr »großdeutscher Propaganda« verboten.

Die »Niobe« bei der ersten Ausfahrt aus dem Hamburger Hafen; das Schulschiff ist ein ehemaliger norwegischer Viermastschoner.

Der frühere Seeoffizier Graf Luckner erzählt Schulkindern von seinen Abenteuern.

Amerikaner feiern den »Boxkampf des Jahrhunderts«

2. Juli. Bei der Weltmeisterschaft im Schwergewichtsboxen in Jersey City (US-Bundesstaat New Jersey) gewinnt der US-Amerikaner Jack Dempsey gegen den Franzosen Georges Carpentier. Jack Dempsey bleibt mit dem Sieg durch K.o. in der vierten Runde Träger des Weltmeistertitels, den er seit 1919 innehat.

Der »Boxkampf des Jahrhunderts«, wie er von der internationalen Presse und der Öffentlichkeit bezeichnet wird, wurde seit langem mit größter Spannung erwartet. Seit einem Jahr liefen die Vorbereitungen zu diesem Sportereignis der Superlative. Zum ersten Mal in der Geschichte des Boxkampfes drängen sich 80 000 Zuschauer in die extra für diese Begegnung gebaute Freiluftarena. Amerikanische Radiosender berichten direkt (»live«) vom Ring; es ist die erste Sportreportage im Rundfunk.

Die Stimmung im Stadion ist bereits zu Beginn des Kampfes gut. Weltmeister Dempsey ist haushoher Favorit, nur französische Wettbüros spekulieren mit einer Außenseiterchance für Carpentier. Der Kampf ist auf zwölf Runden zu je drei Minuten angesetzt. Beide Boxer sind körperlich bestens für den Kampf vorbereitet, doch der Europameister und (seit neun Monaten) Halbschwergewichts-Weltmeister ist fast zu leicht für die All-Kategorie: Mit seinen 78 kg wiegt der Franzose fast 20 Pfund weniger als der austrainierte Titelverteidiger.

Der Kampf beginnt mit blitzschnellen Attacken von Dempsey. Schon früh wird deutlich, daß Carpentier eine sehr riskante Taktik verfolgt, und bereits die erste Runde offenbart die Überlegenheit des US-Amerikaners. Anstatt mit Hilfe seiner enormen Schnelligkeit den Schlägen Dempseys auszuweichen und seine überlegene Technik voll auszuspielen, nimmt Carpentier den offenen Schlagabtausch an. Dennoch hat er zweimal mit seiner Taktik Erfolg, indem er Dempsey schwer trifft. Die Angriffe seines Gegners sind dagegen weitaus zahlreicher und kräftiger.

In der zweiten Runde wiederholt sich der Ablauf. Carpentier geht erneut in die Offensive, mit seiner gefürchteten Rechten trifft er Dempsey voll am Kinn, bricht sich dabei aber unglücklich die Schlaghand. Damit ist der Kampf praktisch entschieden. Der Herausforderer kann nur noch ein Rückzugsgefecht liefern. Dempsey deckt den Europameister mit einem wahren Schlaghagel ein und schickt ihn in der 4. Runde mit einem Leber- und einem Kinnhaken auf die Bretter. Carpentier rappelt sich bei Neun mühsam wieder hoch, doch Dempseys nächste Rechte ist der endgültige K.-o.-Schlag gegen den Franzosen.

Der organisatorische Aufwand für das sportliche Ereignis übertrifft alle Vorstellungen. Bei dem Kampf wird um eine Summe von 500 000 US-Dollar (37,5 Mio. Mark) geboxt, eine Börse, die es nie zuvor für eine Sportveranstaltung gegeben hatte. Titelverteidiger Dempsey erhält davon 300 000 US-Dollar (22,5 Mio. Mark), der Verlierer Carpentier immerhin 200 000 US-Dollar (15 Mio. Mark). Veranstalter (»Promotor«) Tex Rickard konnte sogar 1 Mio. US-Dollar (75 Mio. Mark) auf sein Konto buchen.

Jack Dempsey, auch häufig tituliert als »Man-Killer«, stellt mit seinem Sieg seine Professionalität als Boxer erneut unter Beweis. Seine Fans kommen auch bei diesem Kampf auf ihre Kosten. Wegen seiner Schnelligkeit, der geradezu unmenschlichen Härte gegen sich selbst und seine Gegner, seiner intensiven Schlagkraft sowie des in seinen Kämpfen deutlich sichtbaren »Killerinstinkts« ist der 25jährige Dempsey als »Rauhbein« bekannt.

Vor dem Franzosen Georges Carpentier hatten 1920 bereits Dempseys Landsleute Billy Miske und Billy Brennan erfolglos nach der »Boxkrone« gegriffen. Beide wurden von Dempsey »ausgeknockt«.

Luftaufnahme der achteckigen Sportarena in Jersey City aus 600 m Höhe, die speziell für den Kampf von Jack Dempsey gegen Georges Carpentier errichtet wurde; rund 80 000 Zuschauer können hier Boxkämpfe verfolgen.

Ungleiche Boxkampfgegner

Jack Dempsey, geboren am 24. Juni 1895, gehört seit Beginn seiner Profikarriere zu den bekanntesten Boxern der USA. Er gilt als guter Techniker, errang seine Erfolge jedoch in erster Linie aufgrund der ungeheuren Kraft seiner Schläge. 1919 wurde er mit einem Sieg über Jess Willard Weltmeister im Schwergewicht.

Georges Carpentier, geboren am 12. Januar 1894, begann 1908 als Mittelgewichtler, kämpfte mit Erfolg auch in den höheren Klassen: Er holte sich 1913 den Europa-Titel im Schwergewicht und gewann 1920 die Weltmeisterschaft im Halbschwergewicht. Seine Stärken sind Technik und Schnelligkeit.

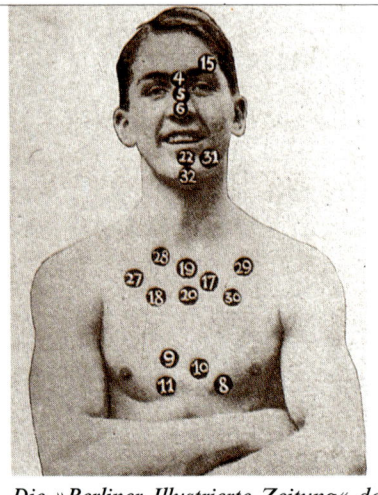
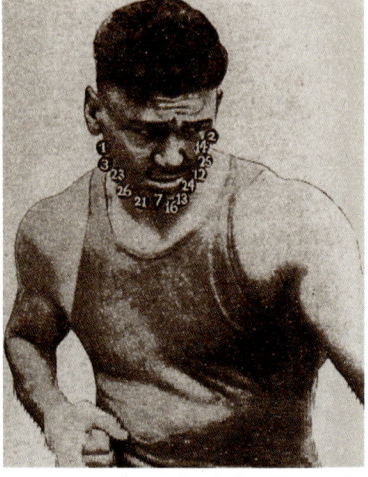

Die »Berliner Illustrierte Zeitung« dokumentiert auf anschauliche Weise die Zahl und Reihenfolge der Schläge, die Georges Carpentier (l.) und Jack Dempsey im Verlauf der vierten und letzten Runde einstecken mußten.

Bereits in der ersten Runde setzt Jack Dempsey seinen Herausforderer Georges Carpentier (l.) stark unter Druck. Die Überlegenheit des US-Amerikaners läßt seinem nervösen Gegner keine Chance. Carpentier kann trotz seiner Schnelligkeit gegen die wuchtigen Schläge des 10 kg schwereren Dempsey nicht bestehen.

Vergeblich versucht der französische Herausforderer Carpentier (l.), eine Lücke in der Verteidigung des völlig austrainierten Champions zu finden.

Die linke Gerade von Carpentier verfehlt den Kopf von Dempsey. Mit einer blitzschnellen Bewegung ist der US-Amerikaner diesem Schlag ausgewichen.

Das Aus für Carpentier: Der schwer angeschlagene Herausforderer wird in der vierten Runde von Jack Dempsey (r.) k. o. geschlagen und ausgezählt.

Lenglen und Tilden holen erneut den Sieg in Wimbledon

1. Juli. In Wimbledon gewinnt die Französin Suzanne Lenglen zum dritten Mal seit 1919 das Finale im Einzel. Sie schlägt die US-Amerikanerin Elizabeth Ryan 6:2 und 6:0. Ryan, die nur das erste und dritte Spiel im ersten Satz gewinnt, behält dennoch das ganze Match über ihren Angriffsstil bei. Lenglen scheint zunächst in die Defensive zu gehen, wirkt dabei aber, wie die »Times« kommentiert, ähnlich wie eine Tennislehrerin, die den Ball für ihre Schülerin im Spiel halten will. Überraschend plaziert sie diesen dann jedoch für ihre Gegnerin unerreichbar in die äußersten Ecken. Ihre Sprungtechnik und gute Haltung rufen bei einzelnen Kommentatoren dabei den Vergleich mit einer Balletttänzerin hervor.

Die erfolgreiche 22jährige Französin wurde schon mit 15 Jahren zum ersten Mal Weltmeisterin auf einem Hartplatz. Von ihrem wohlhabenden Vater seit ihrer Kindheit zum Trainieren angehalten, ist sie jetzt der Superstar im Damen-Tennis. Wegen ihrer auffallenden Erscheinung wird sie auch »die Göttliche« und »die Diva« genannt.

Das Finale im Herreneinzel, das am folgenden Tag stattfindet, gerät trotz des Siegs von Publikumsliebling William Tatem »Big Bill« Tilden zur Enttäuschung für die Zuschauer. Der US-Amerikaner läuft wegen einer Krankheit nicht zu voller Form auf. Dennoch gewinnt er nach fünf Sätzen gegen den Südafrikaner Brian Norton 4:6, 2:6, 6:1, 6:0 und 7:5. Bis zum Ende des zweiten Satzes bringt Tilden nur drei seiner Aufschlagspiele durch, zeigt sich extrem unsicher in der Rückhand und vermeidet die Annahme von Flugbällen. Norton ist wenig offensiv, versucht den Ball im Spiel zu halten und profitiert dabei von Tildens Fehlern. Danach erfolgt der Umschwung. Tilden holt zügig auf, während Norton plötzlich alle Energie verloren zu haben scheint. Erst im letzten Spiel sammelt der Südafrikaner noch einmal alle Kräfte, jedoch erweist sich Tildens Technik hier als überlegen.

1920 war der jetzt 28jährige Tilden der erste US-Amerikaner, der in Wimbledon den Sieg errang. Neben verschiedenen anderen Siegen im Doppel und Mixed gewinnt er sowohl 1920 als auch 1921 die US-Meisterschaften in Newport im Einzel.

△ *Der Centre Court von Wimbledon, während eines Mixed in der Vorrunde bis auf den letzten Platz gefüllt; seit 1877 werden in dem Londoner Vorort die Tennis-Meisterschaften ausgetragen. Seit der »Internationalisierung« der Spiele um die Jahrhundertwende verbuchen die Organisatoren immer neue Rekordzahlen von Besuchern.*

◁ *Diese Luftaufnahme zeigt die weitläufige Tennisanlage in Londons Vorort Wimbledon. Umgeben von sieben Nebenplätzen ragt der Centre Court heraus. Rund um das sportliche Geschehen finden sich alljährlich auch zahlreiche »Fliegende Händler« ein, die während der Spielpausen für das leibliche Wohl der Besucher sorgen und von der wachsenden Popularität des »weißen Sports« profitieren.*

Die Verliererin Elizabeth Ryan gratuliert Suzanne Lenglen (l.) zu ihrem klaren Sieg; im Damen-Doppel sind die beiden Spielerinnen dagegen siegreiche Partnerinnen.

»Big Bill« Tilden in voller Aktion; der Liebling des Publikums hatte 1913 und 1914 die US-Meisterschaften im Mixed, 1920 im Einzel sowie 1918 und 1921 im Doppel gewonnen.

Die Teilnehmer am Autorennen von Le Mans stellen sich zum Start auf; es gehört zum Reglement, daß der Hubraum der Rennwagen 3000 cm³ nicht übersteigt und keiner der schnellen Wagen weniger als 800 kg Leergewicht hat.

Le Mans: Murphy siegt auf Duesenberg

24. Juli. In Le Mans wird erstmals nach dem Weltkrieg wieder der Große Preis des französischen Automobilclubs ausgetragen.
Sieger wird der US-Amerikaner Jimmy Murphy, der die insgesamt 517,86 km (30 Runden à 17,262 km) auf einem Duesenberg in 4:7:11,4 h mit einer Durchschnittsgeschwindigkeit von 125 km/h zurücklegt. Zweiter wird mit 4:22:10,3 h der Franzose Ralph de Palma auf einem Ballot, gefolgt von seinem Landsmann und Teamkollegen Jean Goux, mit 4:28:38,1 h. Erstmals werden neuartige Reifen aufgezogen, die nach dem Platzen nicht mehr von der Felge springen können.

Der Ballot des Franzosen Ralph de Palma wird von Jimmy Murphy auf einem Duesenberg verfolgt; Murphy liegt ab der elften Runde im Rennen vorn.

Überraschungssieg von Jörns auf Opel

3. Juli. Ein zweitägiges internationales Automobilrennen auf der dänischen Insel Fanø endet mit einem unerwarteten Erfolg für Opel.
Den Höhepunkt bildet das Vorgaberennen, bei dem die Wagen in einem Abstand von 50 m starten. Der Opel-Werksfahrer Karls Jörns kann den favorisierten Briten John Duff auf Fiat überholen und gewinnt mit 100 m Vorsprung. Beim 1-km-Rennen bci fliegendem Start stellt Duff mit seinem stärkeren Wagen, dessen Achtzylindermotor aus 3000 cm³ 120 PS leistet, mit 171 km/h einen Streckenrekord auf. Jörns wird Zweiter und kommt auf eine Spitze von 160 km/h.

Großer Preis ohne favorisierte Pferde

10. Juli. Beim Großen Preis von Berlin auf der Galopprennbahn Grunewald siegt »Ossian« aus dem Rennstall Weinberg unter Jockey Otto Schmidt in einer Rekordzeit von 2:32,7 min für die 2400-m-Strecke. Von den sechs Pferden am Start setzt sich »Laland« mit Jockey Danek an die Spitze des Feldes und wird erst in der Zielgeraden von seinem Stallgefährten »Ossian« eingeholt, der mit nur einer Länge Vorsprung das Galopprennen für sich entscheidet. Das Turf-Ereignis enttäuscht viele Besucher, da die Favoriten »Ordensjäger« und »Graf Ferry« nicht antreten.

Léon Scieur gewinnt härtestes Radrennen der Welt

24. Juli. Bei der 15. Tour de France fährt der Belgier Léon Scieur nach 221:50,26 h in Paris als Sieger ein; das entspricht für die 5485 km in 15 Etappen einer Durchschnittsgeschwindigkeit von 24,7 km/h. Zweiter wird, wie im Vorjahr, sein Landsmann Hector Heusgem.
Scieur hatte nur einmal in der 14. Etappe zwischen Metz und Dünkirchen Probleme, als elf seiner Hinterradspeichen brachen. Die Tour de France gilt als Rennen, dessen Strapazen kaum noch zu steigern sind, vor allem, seit 1910 die Strecke auch durch die Pyrenäen geführt wird. Diesmal halten nur 38 von 123 gestarteten Teilnehmern bis zum Ziel in Paris durch.

Entlang der Strecke werden neue Reifen verteilt (l.); zudem schnallen sich die Fahrer Ersatzreifen um (r.).

August 1921

Mo	Di	Mi	Do	Fr	Sa	So
1	2	3	4	5	6	7
8	9	10	11	12	13	14
15	16	17	18	19	20	21
22	23	24	25	26	27	28
29	30	31				

1. August, Montag

Max Amann, ein Gefolgsmann Adolf Hitlers, übernimmt die Geschäftsführung der NSDAP. Amanns Kompetenzen im Presse- und Verlagsbereich der Partei werden in den nächsten Jahren stetig erweitert (→ 29. 7./S. 112).

Die ersten Donaueschinger Kammermusiktage zur Förderung zeitgenössischer Tonkunst werden eröffnet. Auf dem Programm stehen Werke von Paul Hindemith, Ernst Křenek und Karl Horwitz (→ S. 182).

Seit Wochen herrscht eine extreme Hitze in Europa. Aus Breslau werden Temperaturen bis zu 37 °C, aus Prag bis zu 36 °C gemeldet (→ 20. 7./S. 125).

Das Berliner Milchamt meldet Probleme bei der Milchversorgung. In den vergangenen drei Wochen war ein Rückgang von fast 150 000 l pro Tag zu verzeichnen. Die Verknappung wird durch die anhaltende Hitzewelle verursacht.

Der Funkverkehr zwischen dem Deutschen Reich und den USA wird erleichtert. Bisher waren nur unverschlüsselte Handelstelegramme in deutscher und englischer Sprache zugelassen. Von nun an dürfen Telegramme in allen zum Funkverkehr zugelassenen Sprachen verfaßt werden, auch in kodierter Form. Ein nach New York gefunktes Wort kostet jetzt 18 Mark.

2. August, Dienstag

Der Vorsitzende des Rates der Volkskommissare, Wladimir I. Lenin, bittet die Industrienationen um Hilfe für die Hungernden in Sowjetrußland. → S. 144

In New York findet eine Parade von 15 000 Schwarzen statt, die für die Verbesserung der Lage der Schwarzen in der ganzen Welt demonstrieren. Ihr Vorsitzender, Marcus Garvey, der sich selbst Provisorischer Präsident Afrikas nennt, erklärt, daß aus nach dem Willen von 400 Mio. Schwarzen »Afrika den Afrikanern« gehöre. → S. 146

Der Reichsausschuß für Leibesübungen hat in Berlin einen Gesetzentwurf über die körperliche Ausbildungspflicht der Jugend erarbeitet. Danach ist die Jugend bis zur Volljährigkeit zu körperlichen Übungen verpflichtet. In den Schulen muß Sport in den Lehrplan aufgenommen werden.

Die Salzburger Festspiele, die bis zum 23. August dauern, werden mit der Uraufführung eines bisher unbekannten Stückes von Wolfgang Amadeus Mozart eröffnet. → S. 150

In Neapel stirbt der Operntenor Enrico Caruso (→ 5. 8./S. 150).

3. August, Mittwoch

Die Botschafter Großbritanniens, Frankreichs und Italiens, Edgar Vincent d'Abernon, Auguste Laurent und Vittorio Frascati, werden beim deutschen Außenminister Friedrich Rosen (parteilos) mit einer gemeinsamen Note vorstellig. Darin wird das Deutsche Reich ersucht, den Transport alliierter Truppen zu erleichtern. Diese sollen nach Oberschlesien geschickt werden, wo seit Anfang Mai polnische Aufständische mit dem sog. deutschen Selbstschutz kämpfen (→ 2. 5./S. 82).

Auf Initiative des NSDAP-Parteivorsitzenden Adolf Hitler wird der NSDAP-»Versammlungsschutz« in München in eine paramilitärische Kampforganisation umgewandelt, die im November in Sturmabteilung (SA) umbenannt wird (→ 4. 11./S. 192).

Der Zentralrat der Deutschen Gewerkvereine fordert in Berlin aufgrund der Steigerung der Lebenshaltungskosten eine Lohnerhöhung, die im gesunden Verhältnis zur Steigerung der Preise steht.

Die Hamburger Polizei veranstaltet eine Razzia im sog. Chinesenviertel, bei der sie in den Hinterräumen einer Wäscherei und eines Gemüsegeschäfts »Opiumhöhlen« entdeckt. Insgesamt werden 100 Personen beim Drogenkonsum ertappt. Das Rauschgift und die Opiumpfeifen werden beschlagnahmt.

4. August, Donnerstag

Die alliierte Reparationskommission in Paris gibt bekannt, daß das Deutsche Reich trotz seiner wirtschaftlichen Probleme gemäß Artikel 238 des Versailler Vertrages in den nächsten sechs Monaten 29 400 Pferde, 130 000 Schafe und 175 000 Rinder an die Siegermächte des Weltkriegs abzuliefern habe, sofern nicht mit einzelnen Staaten Sonderregelungen getroffen wurden. Artikel 238 regelt die Wiedergutmachung für im Weltkrieg beschädigte Güter und Gegenstände (→ 1. 3./S. 44).

An der Universität Königsberg (Kaliningrad) wird der erste Lehrstuhl für Sexualwissenschaft eingerichtet, der mit dem Dermatologen S. Jeßner besetzt wird. Bisher bestand lediglich an der Universität Breslau (Wroclaw) ein Lehrstuhl für Sexualpädagogik.

5. August, Freitag

Die seit dem 14. Juli andauernde Konferenz von Vertretern der britischen Dominions (Kronländer) und Indiens geht in London zu Ende. Ein umfangreicher offizieller Bericht wird vorgelegt, der die Rechtslage der Dominions im Verhältnis zum britischen Mutterland erläutert. Die Dominions sollen maßgeblich an der Außenpolitik des Empire beteiligt werden. Außerdem wird hervorgehoben, daß die Kooperation mit den USA der wichtigste Grundsatz der britischen Außenpolitik sein müsse.

Eine Kommission des Internationalen Roten Kreuzes ruft alle Regierungen, den Völkerbund und die Hilfsorganisationen Europas und Amerikas auf, sich an einer gemeinsamen humanitären Aktion für das hungernde Sowjetrußland zu beteiligen (→ 2. 8./S. 144).

In Dayton im US-Bundesstaat Ohio wird das erste Auto ohne Fahrer, das nur mit Funkfernsteuerung gelenkt wird, erfolgreich getestet.

6. August, Samstag

Die bayerische Staatsregierung in München verfügt aufgrund der andauernden Hitzewelle eine vorübergehende Zwangsbewirtschaftung für Heu. Die Viehhaltung ist durch die große Trockenheit vor große Probleme gestellt.

Bei einer Leichtathletikveranstaltung in Berlin stellt Frieda Grasse aus Niederlehme mit 9,30 m beim Kugelstoßen der Frauen einen deutschen Rekord auf.

7. August, Sonntag

In allen größeren Städten der Niederlande sind die Kellner seit vier Tagen im Streik. Das Ziel der organisierten Kellnerschaft ist die Abschaffung der Trinkgelder und die Sicherung fester Löhne.

In Bingen erreicht Gustav Steinbrenner aus Frankfurt am Main beim Diskuswurf mit 44,61 m einen deutschen Rekord.

8. August, Montag

In Paris tritt der Oberste Rat der Alliierten bis zum 12. August zusammen, um über die Teilung Oberschlesiens und die Zukunft des besetzten Rheinlandes zu beraten. → S. 145

US-Präsident Warren G. Harding lädt die Regierungen Großbritanniens, Frankreichs, Italiens, Japans und Chinas zu einer Abrüstungskonferenz in Washington im November ein. Der Plan geht auf den US-amerikanischen Außenminister Charles E. Hughes zurück, der ein Wettrüsten zwischen den USA, Großbritannien und Japan aufgrund des seit 1916 forcierten US-amerikanischen Marinebauprogramms vermeiden will (→ 12. 11./S. 190).

Papst Benedikt XV. fordert »alle Christen und zivilisierten Völker der Welt« auf, der hungernden sowjetischen Bevölkerung zu helfen (→ 2. 8./S. 144).

In Berlin wird die deutsche Herbstmodewoche eröffnet. Besondere Attraktion ist eine schauspielerisch aufbereitete Pelzvorführung.

9. August, Dienstag

Ein Schöffengericht in Frankfurt am Main entscheidet, daß Arbeitgeber sich strafbar machen, wenn sie ihre Angestellten länger als acht Stunden am Tag beschäftigen, auch bei Einwilligung der Angestellten. Der Besitzer eines ortsansässigen Kaffeehauses wird zu 100 Mark Strafe verurteilt, weil er die Achtstundenregelung nicht eingehalten hat.

10. August, Mittwoch

Der Oberste Rat der Alliierten, der am 8. August zusammengetreten ist, berät das Problem des 1919 begonnenen griechisch-türkischen Krieges. Es wird beschlossen, Neutralität zu bewahren. Der Waffenhandel mit beiden Ländern soll jedoch keinen Einschränkungen unterworfen werden (→ 3. 11./S. 188).

11. August, Donnerstag

Im Deutschen Reich wird der Verfassungstag zum ersten Mal feierlich begangen. → S. 140

Der Journalist Dietrich Eckart wird Schriftleiter des NSDAP-Organs »Völkischer Beobachter«. Von 1918 bis 1921 gab es die antisemitische und antirepublikanische Zeitschrift »Auf gut deutsch« heraus (→ 29. 7./S. 112).

12. August, Freitag

In seiner Schlußsitzung beschließt der Oberste Rat der Alliierten, der am 4. August 1921 zusammengetreten ist, die Zölle im seit März besetzten Rheinland zum 15. September 1921 aufzuheben (→ 8. 8./S. 145).

In Berlin gründet der KPD-Politiker Wilhelm Münzenberg die Internationale Arbeiterhilfe für Rußland (→ 2. 8./S. 144).

Im Einklang mit der von Wladimir I. Lenin initiierten Neuen Ökonomischen Politik (NEP) billigt der sowjetische Rat der Arbeit und der Verteidigung die Grundsätze über Maßnahmen zum Wiederaufbau der Großindustrie und zur Hebung und Entwicklung der Produktion. Der Rat gesteht die Unabhängigkeit der Industrieunternehmungen von unmittelbarer Staatskontrolle zu (→ 8. 3./S. 53).

13. August, Samstag

Der spanische Ministerpräsident Manuel Allende Salazar (konservativ) wird durch den Liberalen Antonio Maura abgelöst, der damit zum fünften Mal Ministerpräsident wird. Die Gebietsgewinne der aufständischen Rif-Kabylen in Marokko hatten eine Regierungskrise ausgelöst und den Rücktritt Allende Salazars herbeigeführt. → S. 146

14. August, Sonntag

In Fünfkirchen (Pécs) im ungarischen Verwaltungsbezirk Baranya wird die »Serbisch-Ungarische Republik von Baranya« proklamiert und ein Exekutivkomitee unter Petar Dobrović eingerichtet. → S. 145

Der vorläufige Präsident der irischen Republik, Eamon de Valera, weist die Vorschläge des britischen Premierministers David Lloyd George zurück, Irland zukünftig den Status eines Dominion (Kronland) innerhalb des Commonwealth zu geben (→ 6. 12./S. 202).

15. August, Montag

An der Frankfurter Devisenbörse kommt es zu einem dramatischen Kursverfall der deutschen Mark. Die Reichsbank hatte im großen Umfang Deviseneinkäufe getätigt, die den Wert der Goldreserven des deutschen Reiches überstiegen. Der Wert des US-Dollar steigt auf 88 Mark an (→ 27. 11./S. 193).

Die Ermordung des Zentrumsabgeordneten und früheren Reichsfinanzministers Matthias Erzberger durch Mitglieder eines rechtsextremistischen Geheimbunds erschüttert die junge Republik. Die Berliner »Vossische Zeitung« vom 27. August veröffentlicht einen Tag nach dem Attentat einen detaillierten Bericht über den Tathergang. Das liberale Blatt scheut sich nicht vor einer Schuldzuweisung und stellt schon jetzt den Bezug zu den Hetzkampagnen der Rechten her, die das geistige Klima für den Anschlag geschaffen haben.

№ 402 / A 203 Morgen-Ausgabe. **Berlin** Sonnabend, 27. August 1921

Vossische Zeitung

Begründet 1704

Berlinische Zeitung von Staats- und gelehrten Sachen

Die Vossische Zeitung erscheint wöchentlich zwölfmal; Sonntags mit der illustrierten Beilage „Zeitbilder". Sonstige Beilagen: Finanz- und Handelsblatt, Kurszettel der Berliner Börse, Grundstück und Hypothek, Umschau in Technik und Wirtschaft, Literarische Umschau, Hochschulblätter, Sport-Beilage, Für Reise und Wanderung.

Bezug: In Groß-Berlin und Umgegend durch eigene Boten täglich frei ins Haus und durch die Post monatlich 15 Mark. Anzeigen: Zeile 3 Mark und 66⅔ % Teuerungszuschlag. Familienanzeigen 2 Mark netto die Zeile. Keine Verbindlichkeit für Aufnahme in eine bestimmte Nummer. Annahme im Ullsteinhaus, Berlin SW 68, Kochstr. 22-26, und in allen Geschäftsstellen.

Verlag Ullstein. Chefredakteur: Georg Bernhard. Verantw. Redakteur (m. Ausn. d. Handelst.): Jul. Elbau, Berlin. Unverlangte Manuskripte werden nur zurückgesandt, wenn Porto beiliegt.

Schriftleitung: Berlin SW 68, Kochstraße 22-26

Fernsprech-Zentrale Ullstein. Moritzplatz 11800 bis 11852. Die Zentrale verbindet mit den einzelnen Abteilungen. Telegramm-Adresse: Ullsteinhaus Berlin. Postscheckkonto Berlin 660.

Ermordung Erzbergers.

Auf einem Spaziergang erschossen.

* **Mannheim**, 26. August.

Reichsfinanzminister a. D. Erzberger, der mit seiner Familie in Bad Griesbach zur Erholung weilte, wurde heute morgen bei einem Spaziergange, den er mit seinem Freunde, dem Reichstagsabgeordneten Diez, auf den badischen Kniebis unternommen hatte, von zwei jungen, gut gekleideten Männern durch zwölf Revolverschüsse ermordet. Abgeordneter Diez wurde an der Schulter durch eine Kugel verwundet. Die Verfolgung der Täter ist aufgenommen. Es handelt sich offenbar um ein politisches Attentat, da keinerlei Beraubung stattgefunden hat.

v **Karlsruhe**, 26. August.

Erzberger weilte mit seiner Frau und seinen Kindern seit einigen Tagen in Griesbach. Vorgestern kam Reichstagsabgeordneter Dr. Diez-Radolfzell zu ihm zu Besuch. Nach seiner Schilderung trugen sich die Vorgänge folgendermaßen zu:

Als die beiden Reichstagsabgeordneten Erzberger und Diez am heutigen Vormittag zwischen 10 und 11 Uhr auf dem Höhenweg zwischen Griesbach und Freudenstadt, der einen Teil des vielbegangenen Schwarzwaldhöhenweges Pforzheim—Basel bildet, spazieren gingen, folgten ihnen in auffälliger Weise in sehr naher Entfernung zwei gutgekleidete Männer von etwa 25 Jahren. Als den beiden Abgeordneten die Sache auffällig wurde, setzten sie ihren Weg nicht fort, sondern kehrten um, um die Verfolger los zu werden. Daraufhin kehrten auch sofort die beiden Verfolger um und gingen schnell ganz dicht an die beiden Reichstagsabgeordneten heran. **Einer von ihnen zog dann plötzlich und ohne vorher irgend ein Wort zu sagen, einen Revolver aus der Tasche und feuerte einen Schuß ab. Dieser erste Schuß, der offenbar auch schon Erzberger galt, ging fehl und verwundete den Abgeordneten Diez an der Schulter. Als Diez getroffen zu Boden stürzte, versuchte Erzberger, sich in Deckung zu bringen, indem er über die Böschung der Straße sprang und zu fliehen versuchte. Die beiden Fremden ließen darauf den Abgeordneten Diez unbehelligt und sprangen über die Böschung nach, wobei sie ununterbrochen Schüsse auf Erzberger abgaben. Selbst als Erzberger, offenbar bereits tödlich getroffen, zu Boden sank, ließen die Verfolger nicht von ihm ab, sondern feuerten ihm weitere Schüsse in den Kopf, so daß Erzberger schließlich von nicht weniger als 12 Schüssen durchbohrt war. Sofort nachdem die Mörder von ihrem Opfer abgelassen hatten, begab sich der nur leicht verwundete Abgeordnete Diez an die Stelle, an der Erzberger zusammengebrochen war, konnte aber nur noch feststellen, daß Erzberger den Schüssen, die sämtlich Kopfschüsse waren, erlegen war.** Die beiden Mörder blieben noch einige Zeit in einiger Entfernung stehen, offenbar in der Absicht, sich von dem Erfolg ihres Attentats zu überführen, und verschwanden dann erst, als Diez sich von der Mordstelle entfernte, um Hilfe zu holen.

Karlsruhe, 26. August. (W. T. B.)

Wie die Presse-Abteilung der badischen Regierung mitteilt, hat sich die Staatsanwaltschaft alsbald an die Stelle der Mordtat gegen den Abg. Erzberger begeben. Umfassende Maßnahmen zur Aufklärung des Mordes und zur Verfolgung der Täter sind eingeleitet. Der Generalstaatsanwalt ist von Karlsruhe aus im Kraftwagen mit Kriminalpolizei an den Tatort abgereist.

Von den Tätern, die mit großer Kaltblütigkeit zu Werke gingen und sich kurz vorher mit einem Straßenwärter unterhielten, liegen genaue Beschreibungen vor, doch konnten sie bis jetzt nicht festgenommen werden. Gegen abend wurde die Leiche Erzbergers, nachdem die Gerichtsbehörden den Tatbestand aufgenommen hatten, nach Griesbach geführt und hier aufgebahrt.

* **Freiburg**, 26. August.

Die gerichtliche Untersuchung des Mordes an Erzberger liegt in den Händen des Staatsanwalts Burger-Offenburg sowie des Justizverwesers des Amtsgerichts Oberkirch Dr. Liermann. Auch von Karlsruhe aus ist ein Polizeihund an die Mordstelle verbracht worden. Im Amtsgericht Oberkirch findet morgen Vormittag eine Beratung von Vertretern des Landespolizeiamtes in Stuttgart, der Generalstaatsanwaltschaft in Karlsruhe, der Staatsanwaltschaft Offenburg sowie des Bezirkskommandos vom Landjägerkommando in Freudenstadt über die ruchlose Tat statt.

Von der „Freiburger Tagespost" wird folgendes mitgeteilt: Bei der Untersuchung der bekannten Steuerangelegenheit Erzbergers war auch ein Landgerichtsrat Amende beteiligt. Dieser Herr erschien heute sichtlich unter dem Eindruck von der Nachricht über den Mordanschlag auf der Redaktion der genannten Zeitung und erklärte, er habe seinerzeit sechs Wochen lang die Untersuchung gegen Erzberger geführt, und er benutze gern die Gelegenheit, um öffentlich zu erklären, daß er trotz großen Eifers nicht das Geringste habe finden können, was den so jäh aus dem Leben Gerissenen habe belasten können.

Das Beileid der Reichsregierung.

Im Namen der Reichsregierung hat der Reichskanzler Dr. Wirth an die Witwe des früheren Reichsfinanzministers Erzberger nachstehendes Telegramm gerichtet: „Auf die Kunde von dem feigen Meuchelmord, der an Ihrem Gatten verübt wurde, gedenkt die Reichsregierung ehrend des ehemaligen Kollegen. In ihrem Namen spreche ich Ihnen die aufrichtigste Teilnahme an dem schweren und grausamen Verlust aus, den Sie erlitten haben, und gebe zugleich dem tiefen Abscheu Ausdruck, den die Mordtat in ganz Deutschland erwecken muß."

Der Reichspräsident hat an die Frau des ermordeten Reichsministers a. D. Erzberger folgendes Beileidstelegramm gerichtet: „Tief erschüttert durch die Nachricht von dem Verbrechen, dem Ihr Gatte zum Opfer fiel, spreche ich Ihnen meine herzliche Teilnahme aus. Möge Sie das Bewußtsein trösten, daß in lebhafter Entrüstung über die abscheuliche Bluttat weite Kreise des deutschen Volkes an Ihrer Trauer aufrichtigen Anteil nehmen."

Der Reichskanzler hat folgendes Telegramm an Frau Paula Erzberger, Griesbach in Baden, gerichtet:

„Erfahre soeben in tiefstem Schmerz den gewaltsamen Tod Ihres Herrn Gemahls. Zu dem grausam harten Schicksalsschlag, der Sie und Ihre Familie in dem verabscheuungswürdigen, feigen Meuchelmord an Ihrem Gatten betroffen hat, unterbreite ich Ihnen meine innigste Teilnahme. Gott möge Ihnen die Kraft geben, diesen schweren Schlag zu überwinden, der einem arbeitsreichen, dem Dienste der Allgemeinheit unermüdlich gewidmeten Leben ein jähes Ende bereitete."

b **Köln**, 26. August.

Zur Ermordung Erzbergers schreibt die „Kölnische Zeitung": „Es ist zu erwarten, daß die öffentliche Meinung sich einmütig dagegen auflehnt, daß die Revolution, die wir noch nicht überwunden haben, in eine Anarchie ausartet, wo jeder das Recht zu haben glaubt, nach den Vorstellungen der Dinge, die er sich in dem eigenen engen Gehirn zurecht macht, das Leben seiner Mitmenschen zu zerstören, weil sie anderer politischer Meinung sind als er."

Die „Kölnische Volkszeitung" schreibt: „An der Bahre des Ermordeten sollte selbst die bittere Gegnerschaft seiner Feinde schweigen und der Majestät des Todes ihren Tribut zollen. Man sollte bedenken, daß hier ein Sohn des Volkes starb, der, wie immer man auch persönlich oder politisch zu ihm stehen mochte, kein gewöhnlicher Mensch war, der von vielen Talenten seiner reichbegabten Natur einen Gebrauch gemacht hat, der ihm die neidlose Anerkennung Unparteiischer eingebracht."

Paris, 26. August. (E. C.)

Der „Intransigeant" schreibt in seiner dritten Ausgabe zur Ermordung Erzbergers: „Es ist nicht zweifelhaft, daß Erzberger das Opfer verbrecherischer Alldeutscher geworden ist. Erzberger war der Gegenstand zahlreicher Drohungen und selbst von Mordversuchen seitens der Alldeutschen, die es ihm nicht verzeihen konnten, daß er mit Foch den Waffenstillstand unterzeichnete, ebenso wenig sein Buch, das in der Welt so großen Widerhall gefunden hatte und in dem er den deutschen Militarismus brandmarkte."

„La Presse" erklärt: „Es kann gar kein Zweifel obwalten, daß man sich hier einem politischen Verbrechen gegenüber befindet, dessen Bedeutung niemand entgehen wird, wenn man sich der Stellung erinnert, die Erzberger, der frühere Minister, in der deutschen Politik namentlich in der letzten Zeit, eingenommen hat. Es handelt sich hier zweifellos um ein vorbedachtes Verbrechen, daß sicherlich beträchtliche politische Rückwirkungen haben wird."

Meuchelmord.

Alle Nachrichten stimmen darin überein, daß das Verbrechen, das gestern gegen den Reichstagsabgeordneten Mathias Erzberger begangen wurde, ein politischer Mord war. Er war offenbar von langer Hand vorbereitet und wurde mit kaltem Blut ausgeführt. Die Täter haben gründliche Arbeit gemacht und sich von der Leiche erst entfernt, nachdem sie sich davon überzeugt hatten, daß ihre Geschosse gut getroffen hatten.

Die Mordtat, die auf badischem Boden verübt wurde, fern von den Mittelpunkten der Hetze, die gegen Erzberger seit Jahren mit unerhörter Konsequenz betrieben wurde, kann Folgen haben, die für das ganze deutsche Volk von entscheidender Bedeutung werden. Es geht jetzt nicht mehr darum, was der Staatssekretär der letzten kaiserlichen Regierung und der erste Reichsfinanzminister der Republik gewollt und verfehlt, verschuldet und verdient hat: seine menschlichen Schwächen werden verlöscht durch den Eindruck, den sein Tod in den breiten Massen erwecken muß. Seine Feinde haben den lebenszähen, lebensfrohen, den wechselnden Strömungen sich anpassenden Sohn der Fortune zum Märtyrer gestempelt. Sie mögen jetzt alles aufzählen, was gegen ihn spricht: sein jähes Schwanken zwischen den Extremen des Annexionismus und Pazifismus, seinen plötzlichen Uebergang von der Monarchie zur Republik, seinen Mangel an positiven Zielen, seinen parvenühaften Eifer, Gefälligkeiten zu gewähren und zu beanspruchen, seine geistige Beweglichkeit, die sie als Hang zur Lüge auslegten. Sie mögen alles hervorsuchen, was in den letzten vier Jahren — seit der Juli-Resolution von 1917 — gegen ihn bergehoch aufgehäuft wurde, wie noch nie gegen eine politische Persönlichkeit, und sie mögen in diesem und jenem Punkt recht haben. Aber alles wiegt federleicht in den Augen der kleinen Leute draußen im Land, die jetzt erst recht glauben, daß der Mann, der aus ihrer Mitte hervorging, nur deshalb zum Opfer wurde, weil er sich rücksichtslos und schonungslos zum Anwalt ihrer Interessen gegen mächtige, übermächtige Gruppen gemacht hatte.

Vor zwei Jahren hatte Dr. Helfferich in einer Rede in Darmstadt angekündigt, er werde den Kampf gegen Erzberger „persönlich" führen. Dieses Versprechen ist ehrlich gehalten worden. Wer die Zeitungsbände der letzten Jahre zurückblättert, erschrickt geradezu vor diesem Aufwand an Energie und Skrupellosigkeit, der gemacht wurde, um einen einzelnen Mann zu verderben, ganz gleichgültig, ob der frühere Dorfschullehrer aus Buttenhausen etwas tat oder unterließ, redete oder schwieg, auf der Ministerbank saß oder im schwäbischen Oberland bei seinen Bauern, die ihn abgöttisch liebten, in stiller Zurückgezogenheit Schutz und Erholung suchte. Niemals vorher hat es etwas Aehnliches im Deutschen Reich gegeben. Es ist kein Zufall, daß zu gleicher Zeit eine unverhältnismäßig große Zahl deutscher Blätter unter die Kontrolle politisch rechtsstehender, wirtschaftlich mächtiger Gruppen gebracht wurde. Die Saat, die da gesät wurde, ist aufgegangen. Aber der tote Erzberger wird seinen Gegnern vielleicht gefährlicher werden als der lebende.

Erzberger ist nicht der erste Führer der Linken in weiterem Sinn, der einen gewaltsamen Tod gefunden hat. Bisher ist ihre Beseitigung den Urhebern und Nutznießern dieser Mordtaten scheinbar nicht schlecht bekommen. Vielleicht bleibt eine direkte Wirkung auch diesmal aus. Aber der Nachhall wird lang und stark sein. Die Kampfansage Helfferichs ist seinerzeit erfolgt, als der Reichsfinanzminister Erzberger eine scharfe Besteuerung des Besitzes ankündigte. Die Ermordung Erzbergers geschieht in einem Augenblick, wo der Kampf um die Verteilung der ungeheuren Reparationslasten die schärfsten Formen angenommen hat. Die Gefahr besteht ohnedies, daß der Streit um die Steuern zu einer Zerreißung in zwei Lager unter der Parole: „Hie Besitzende, hie Besitzlose" führen werde. Es ist klar, welche Rolle bei einer solchen Entwicklung der Mord an Erzberger spielen muß.

Heute beginnt in Frankfurt a. Main der Katholikentag. Erzberger hatte, wie verlautet, die Absicht, in der Diskussion das Wort zu nehmen. Die Einstellung des Verfahrens wegen Meineids, die im Juni erfolgte, schien ihm den Weg zu neuem politischen Einfluß wieder zu öffnen. Der Reichsausschuß der Zentrumspartei faßte einen Beschluß, der allgemein als Rehabilitierung aufgefaßt wurde. In einer Reihe von Versammlungen draußen im Lande hatte er sich der Stimmung und der Stimmen der Arbeiter und Angestellten versichert, vor denen er den Gedanken eines christlichen Solidarismus von stark anti-kapitalistischem Gepräge entwickelte. Die Steuerkämpfe des Herbstes hätten ihn sicher nicht in einer passiven Rolle gesehen. Im Anschluß an die Darmstädter Rede Helfferichs war an dieser Stelle ausgeführt worden: „Der Führer einer so mächtigen Parteikoalition

16. August, Dienstag

Nach dem Tod von König Peter I. tritt Alexander I. seine Nachfolge im Königreich der Serben, Kroaten und Slowenen (Jugoslawien) an (→ 28. 6./S. 100).

Der irische Präsident Eamon de Valera lehnt in Dublin weitere Verhandlungen mit der britischen Regierung über die Unabhängigkeit Irlands ab. Großbritannien erkennt die Republik Irland nicht an, sondern billigt ihr lediglich den Status eines Freistaates (Dominion) innerhalb des Commonwealth zu (→ 6. 12./S. 202).

17. August, Mittwoch

Auf dem Kolonial- und Schiffahrtstag im Rahmen der Hamburger Sport- und Kulturwoche bekräftigt der frühere Gouverneur von Deutsch-Ostafrika, Schnee, das Recht des Deutschen Reiches auf den Besitz von Kolonien. Wie kein anderes Volk habe man den Afrikanern Frieden, Ordnung, Sicherheit und Kultur gebracht.

Die Medizinische Fakultät der Universität Königsberg verleiht dem früheren General Erich Ludendorff die Ehrendoktorwürde. In der Schlacht bei Tannenberg Ende August 1914 habe »der Meister der Feldherrnkunst… die ostpreußische Heimaterde reingefegt von plündernden und sengenden russischen Horden«.

18. August, Donnerstag

Der italienische Faschistenführer Benito Mussolini tritt als Parteivorsitzender zurück, nachdem einzelne regionale Verbände seiner Organisation sich der Vereinbarung mit den Sozialisten über den Verzicht auf Gewaltanwendung widersetzt haben (→ 7. 11./S. 189).

In Berlin wird das Drama »Notruf« von Hermann Sudermann uraufgeführt.

19. August, Freitag

Reichsfinanzminister Joseph Wirth (Zentrum) legt in Berlin den Entwurf eines neuen Steuergesetzes vor. In diesem Entwurf sind eine Verdoppelung von Zöllen und Verbrauchssteuern und eine Verzehnfachung der Kraftfahrzeugsteuer vorgesehen. Weiterhin sind eine Vermögenssteuer, eine Vermögens-Zuwachssteuer und eine Nachkriegsgewinnsteuer geplant.

Die Sozialistische Gewerkschaftsjugend veranstaltet bis zum 20. August in Kassel ihre erste Jugendkonferenz. In diesem Verband sind mit 300 000 Jugendlichen rund 20% der arbeitenden Jugend im Deutschen Reich organisiert.

Der Spielfilm »Nacht ohne Morgen« von Karl Grune wird mit Eugen Klöpfer und Albert Steinrück in den Hauptrollen in Berlin uraufgeführt.

20. August, Samstag

Die am 14. August ausgerufene »Serbisch-ungarische Republik von Baranya« wird vom größten Teil der serbischen Bevölkerung geräumt. Ungarische Truppen ziehen in das Gebiet ein (→ 14. 8./S. 145).

Die Angestellten des öffentlichen Dienstes und die Beamten fordern in Berlin von der Reichsregierung die Zahlung einer jährlichen Teuerungszulage von 70%.

In Hamburg werden die zweitägigen Deutschen Leichtathletik-Meisterschaften eröffnet. → S. 151

21. August, Sonntag

Nach Protestkundgebungen gegen die steigende Geldentwertung in zahlreichen polnischen Städten kommt es in Posen zu blutigen Auseinandersetzungen zwischen Demonstranten und Polizei.

In Kopenhagen findet der Internationale demokratische Jugendkongreß statt, auf dem Vertreter aller westeuropäischen und skandinavischen Staaten anwesend sind. Bei der Abschlußkundgebung fordern sowohl der deutsche als auch der französische Sprecher, einen Schlußstrich unter die Feindschaft der Völker zu ziehen.

22. August, Montag

In Jena wird der Parteitag der KPD eröffnet, der bis zum 26. August dauert. Paul Levi, der frühere Vorsitzende, wird aus der Partei ausgeschlossen. → S. 141

Im Rheinland werden von den französischen Militärbehörden Geldstrafen bis zu 1000 Mark gegen Bürger verhängt, welche die alte kaiserliche Reichsflagge Schwarz-Weiß-Rot an ihren Häusern gehißt haben.

Eine Feier der rechtsgerichteten Organisation Stahlhelm, Bund der Frontsoldaten wird in Magdeburg von einem kommunistischen Demonstrationszug gesprengt.

In Berlin wird der Arbeiter Karl Graßmann verhaftet. Er soll 20 Frauen getötet haben.

Friseure im US-Bundesstaat Connecticut werden verpflichtet, nur mit behördlicher Genehmigung ihren Kundinnen einen Bubikopf zu frisieren.

23. August, Dienstag

In Südindien kommt es zu blutigen Aufständen gegen die britischen Kolonialbehörden, die für die schlechte Versorgungslage verantwortlich gemacht werden (→ 24. 12./S. 203).

Faisal I. wird in Bagdad zum König des Irak ausgerufen. Der Sohn des Scherifen von Mekka aus der Familie der Haschimiden wird von der britischen Regierung protegiert. → S. 146

Die Film-Oberprüfstelle in Berlin verbietet den Film »Die schwarze Schmach«. Der propagandistische Streifen bezichtigt die farbigen französischen Besatzungssoldaten im Rheinland zahlreicher Sittlichkeitsverbrechen. → S. 150

24. August, Mittwoch

Zwischen Österreich und den Vereinigten Staaten wird in Wien ein Friedensvertrag abgeschlossen, mit dem der Weltkrieg offiziell beendet wird. → S. 140

Im griechisch-türkischen Krieg kommt es zu einer Schlacht am Fluß Sakarya, die für die Türken siegreich endet (→ 2. 11./S. 188).

Bei einer Veranstaltung der rechtsgerichteten Soldatenverbände Nationalverband deutscher Offiziere und Verband nationalgesinnter Soldaten in Berlin sagt der frühere General Rüdiger Freiherr von der Goltz, daß die Losung »Mit Gott für Kaiser und Reich« bald wieder Geltung haben werde.

Die schweizerische Regierung in Bern verlängert die Aufenthaltsgenehmigung für die Familie des ehemaligen Kaisers Karl I. von Österreich, da Dänemark, Schweden, Frankreich und Spanien die Aufnahme der Habsburger abgelehnt haben (→ 1. 4./S. 68; 25. 10./S. 177).

Auf dem deutschen Astronomentag wird in Potsdam der Einstein-Turm eingeweiht, in dem ein astrophysikalisches Laboratorium eingerichtet ist. → S. 147

In Großbritannien explodiert bei Hull das britische Luftschiff »ZR 2« während einer Probefahrt. 41 der 47 Besatzungsmitglieder werden dabei getötet.

25. August, Donnerstag

Reichsaußenminister Friedrich Rosen (parteilos) und der US-amerikanische Geschäftsträger in Berlin, Ellis L. Dresel, unterzeichnen den Friedensvertrag zwischen den USA und dem Deutschen Reich. → S. 140

Der frühere Kommandeur der deutschen Kolonialtruppen in Deutsch-Ostafrika, Paul von Lettow-Vorbeck, wird in der mitteldeutschen Stadt Zeitz von mehreren hundert Demonstranten zur Abreise gezwungen, als er einen Vortrag »Über den Kampf in Afrika« halten wollte.

Bei Unruhen in der britischen Kronkolonie Indien kommen mehr als 1000 Inder ums Leben. Anlaß der Auseinandersetzungen war die Verhaftung eines hinduistischen Priesters (→ 24. 12./S. 203).

26. August, Freitag

Der Reichstagsabgeordnete des Zentrums und frühere Reichsfinanzminister Matthias Erzberger wird in Bad Griesbach im Schwarzwald von zwei Mitgliedern der rechtsradikalen Organisation Consul ermordet. → S. 136

Bei einer von den Gewerkschaften organisierten Demonstration gegen Hunger und Teuerung in München, an der 50 000 Menschen teilnehmen, kommt es zu blutigen Zusammenstößen zwischen Demonstranten und Sicherheitskräften. → S. 141

In Chemnitz werden sämtliche Polizisten der Landespolizei entlassen, weil sie sich geweigert hatten, im Stahlhelm zu einer Übung auszurücken. → S. 141

Der Film »Seefahrt ist not« nach dem gleichnamigen, 1913 erschienenen Roman von Gorch Fock wird erstmals in den deutschen Kinos gezeigt.

Der bayerische Schriftsteller Ludwig Thoma stirbt in Rottach am Tegernsee im Alter von 54 Jahren.

27. August, Samstag

Das Reichsministerium des Innern in Berlin verbietet die für den folgenden Tag geplante sog. Tannenbergfeier, auf der nationalistische Kreise des deutschen Siegs über die russischen Truppen 1914 gedenken wollten. Angesichts der von den Gewerkschaften angekündigten Gegendemonstrationen seien gewalttätige Auseinandersetzungen nicht auszuschließen (→ 11. 8./S. 140).

In Anwesenheit des päpstlichen Nuntius Eugenio Pacelli, des späteren Papstes Pius XII., wird in Frankfurt am Main der 61. Katholikentag eröffnet, der bis zum 30. August dauert. → S. 141

28. August, Sonntag

Die im Vertrag von Trianon festgelegte Abtretung des Burgenlandes an Österreich führt zum bewaffneten Widerstand der ungarischen Bevölkerung gegen die einrückenden österreichischen Truppen (→ 13. 10./S. 176).

In Stuttgart findet bis zum 7. September ein erster internationaler anthroposophischer Kongreß statt. → S. 147

29. August, Montag

Reichspräsident Friedrich Ebert (SPD) verhängt nach dem Mord an Matthias Erzberger (→ 26. 8./S. 136) den Ausnahmezustand über das Deutsche Reich. Unter Anwendung des Art. 48 der Verfassung werden in Einzelfällen die Presse- und die Versammlungsfreiheit eingeschränkt. → S. 139

30. August, Dienstag

Das vom Obersten Rat der Alliierten eingesetzte Komitee zur Bekämpfung des Hungers in Sowjetrußland wird von der Sowjetregierung aufgelöst und des Landes verwiesen. Diese beschuldigt die »französischen Imperialisten und russischen Weißgardisten«, das Komitee zu politischen Zwecken mißbraucht zu haben (→ 2. 8./S. 144).

Der Aachener Wolfgang Klemperer stellt mit 13 min über 7 km einen Weltrekord im Segelfliegen auf.

31. August, Mittwoch

Am Tag der Beerdigung von Matthias Erzberger finden im ganzen Reich Protestdemonstrationen gegen rechtsgerichtete Kreise statt. → S. 138

Im Widerspruch zu den von der Reichsregierung in Berlin erlassenen Ausnahmegesetzen können in Bayern weiterhin rechtsradikale Zeitungen erscheinen. → S. 139

Das Wetter im Monat August

Station	Mittlere Lufttemperatur (°C)	Niederschlag (mm)	Sonnenscheindauer (Std.)
Aachen	17,5 (17,2)	51 (82)	— (188)
Berlin	18,4 (17,2)	65 (68)	— (212)
Bremen	17,7 (17,1)	23 (79)	— (182)
München	18,4 (16,6)	122 (96)	— (211)
Wien	— (18,6)	— (68)	— (242)
Zürich	17,3 (16,6)	97 (132)	229 (219)

( ) Langjähriger Mittelwert für diesen Monat
— Wert nicht ermittelt

Die kommunistische Kulturzeitschrift »Der Gegner« bringt als Aufmacher im August ein Pamphlet über die Unterdrückung des Menschen im Namen der Religion. Gemäß der marxistischen Lehre, Religion sei »Opium des Volkes«, argumentiert der Verfasser Johann Most, der christliche Glaube verdumme die Menschen. Der Glaube – eine Seuche, die »Gottespest« – helfe so den »herrschenden und ausbeutenden Klassen«, soziale Revolutionen zu vermeiden. »Der Gegner« erscheint im Berliner Malik-Verlag, dessen Verleger Wieland Herzfelde selbst literaturtheoretische Essays in dieser Zeitschrift veröffentlicht.

Rechtsextremisten begehen Fememord an Zentrumspolitiker

26. August. Während eines Urlaubsaufenthalts in Bad Griesbach im Schwarzwald fällt der Zentrumsabgeordnete und frühere Reichsfinanzminister Matthias Erzberger einem politischen Attentat zum Opfer. Die Täter, Heinrich Schulz und Heinrich Tillessen, sind Mitglieder der Organisation Consul, eines rechtsradikalen Geheimbundes. Die Ermordung des »Sündenbocks der Rechten«, der eine lange Hetzkampagne vorausgegangen war, führt zu heftigen innenpolitischen Auseinandersetzungen.

Erzberger und der Reichstagsabgeordnete Wilhelm Diez gehen gegen 10 Uhr auf der Landstraße zwischen Bad Griesbach und Freudenstadt spazieren, als sie bemerken, daß sie von zwei Männern verfolgt werden. Als sie umkehren wollen, zieht einer der Verfolger eine Pistole und streckt Diez mit einem Schuß in die Schulter nieder. Erzberger versucht zu fliehen, wird jedoch von den Attentätern eingeholt und mit zwölf Schüssen getötet.

Die badische Staatsanwaltschaft kann die Mörder bald identifizieren und verfolgt ihre Spur nach München. Dort gerät sie in Kompetenzstreitigkeiten mit der Polizei, deren Präsident, Ernst Pöhner, Tillessen und Schulz schriftlich zu einer Vernehmung vorlädt, anstatt ihre Verhaftung zu verfügen, so daß beide entkommen und in Ungarn untertauchen können. In Budapest wird der deutschen Staatsanwaltschaft die Übergabe mit der Begründung verweigert, daß zwischen dem Deutschen Reich und Ungarn kein Auslieferungsvertrag bestehe.

Obwohl es nicht gelingt, die beiden Täter zu fassen, stoßen die badischen Beamten in München zumin-

dest auf das Büro der Organisation Consul, die sich als »Bayerische Holzverwertungsgesellschaft« getarnt hat. Der Auftraggeber von Tillessen und Schulz, Manfred von Killinger, und das gesamte »Personal« der Gesellschaft werden verhaftet, bis auf Killinger jedoch kurz darauf

wieder auf freien Fuß gesetzt. Auch dieser wird im Juni 1922, angeblich aus Mangel an Beweisen, wieder freigesprochen.

Während die Reichsregierung Maßnahmen zur Eindämmung der antirepublikanischen Kräfte ergreift (→ 29. 8./S. 139; 31. 8./S. 138),

---

Vom Dorflehrer zum Politiker

Matthias Erzberger wurde am 20. September 1875 in Buttenhausen (Württemberg) als Sohn eines Handwerkers geboren. Zunächst als Volksschullehrer tätig, wurde er 1896 Redakteur des katholischen »Deutschen Volksblatts« in Stuttgart. 1903 zog er als Kandidat des Zentrums für den Wahlkreis Biberach in den Reichstag ein, wo er sich als Sachverständiger in Haushaltsfragen bald einen Namen machte. In den ersten beiden Jahren des Weltkriegs war er in verschiedenen diplomatischen Missionen tätig und wurde seit 1917 durch sein Eintreten für Friedensverhandlungen zu einem der meistgehaßten Politiker bei den Rechtsparteien.

---

macht die Rechte kein Hehl aus ihrer Genugtuung über das Attentat, denn Erzberger galt für sie seit Jahren als Verkörperung aller Übel der verhaßten Republik. Die Hetze gegen den ehemaligen Minister wurde dabei exzessiv von dem DNVP-Abgeordneten Karl Helfferich betrieben, der Erzberger als »Vaterlandsverräter« denunzierte, weil er die Annahme des Versailler Vertrags befürwortete. Zudem wandte er sich heftig gegen die im März 1920 in Kraft getretene Erzbergersche Finanzreform, durch die das Reich die Finanzhoheit gegenüber den Ländern erhielt und eine Reihe neuer Steuern eingeführt wurde. Bei der Durchsetzung dieser Maßnahme kritisierte Erzberger wiederum vor allem Helfferich, der 1915 als Staatssekretär des Reichsschatzamts die Leitung der Reichsfinanzen übernommen hatte, für seine »unheilvolle« Wirtschaftspolitik.

Wegen der Maßlosigkeit von Helfferichs Angriffen sah sich Erzberger 1920 genötigt, einen Beleidigungsprozeß anzustrengen. Obwohl Helfferich zu einer Geldstrafe verurteilt wurde, lasteten die Vorwürfe, Erzberger habe Kapital ins Ausland verschoben, weiterhin so schwer auf ihm, daß er sich im März 1920 zum Rücktritt genötigt sah.

Den letzten Anlaß für den Fememord, dem monatelang Androhungen vorausgegangen waren, gab schließlich Erzbergers Ankündigung, im Herbst 1921 in die Politik zurückzukehren. Bereits kurz nach Antritt der neuen Regierung unter Joseph Wirth (Zentrum; → 5. 5./S. 80) war sein Einfluß auf dessen »Erfüllungspolitik«, die scharfen Widerstand auf der Rechten hervorruft, offensichtlich geworden. Erz-

---

Friedenswille schafft Feinde

Matthias Erzberger wurde 1917 das erste Mal durch seinen politischen Kurswechsel Zielscheibe scharfer Angriffe, als er, der zunächst energischer Verfechter der deutschen Kriegsziele gewesen war, für einen Verständigungsfrieden mit den Alliierten eintrat. Das Feindbild seiner Gegner vervollständigte sich, als er als Vorsitzender der deutschen Waffenstillstandskommission am 11. November 1918 in Compiègne den Waffenstillstand unterzeichnete und sich danach für die Annahme des Versailler Vertrags stark machte. Auch später trat er für Ausgleich und Versöhnung ein.

▷ Erzberger (M.) und Marschall Ferdinand Foch (r.) verhandelten 1918 in Compiègne.

Erzberger

berger, der wie Wirth zum linken Flügel des Zentrums zählte, hatte mehrere Artikel veröffentlicht, in denen er die Politik der Verständigung mit den Alliierten begrüßte.

Die »Organisation Consul« ist eine Nachfolgeorganisation der Brigade Ehrhardt, die im März 1920 maßgeblich am Kapp-Putsch beteiligt war und danach verboten wurde. Ihr Anführer Hermann Ehrhardt konnte in Bayern untertauchen, wo er trotz des gegen ihn erlassenen Haftbefehls weiterhin in Kontakt mit Polizeipräsident Ernst Pöhner stand und von diesem sogar mehrmals falsche Pässe ausgestellt bekam (→ 4. 10./ S. 174). Als Scheinfirma getarnt konnte die Organisation Consul seitdem im Untergrund operieren.

Ein Statut definiert ihre Ziele: »Weiterpflege und Verbreitung des nationalen Gedankens,… Bekämpfung des Judentums, Bekämpfung der antinationalen Weimarer Verfassung in Wort und Schrift… Die Organisation ist eine Geheimorganisation… Alle Verräter verfallen der Feme.« Unter Berufung auf die Notwendigkeit, das Vaterland zu verteidigen, will der Geheimbund durch Morde, Sprengstoffanschläge und Körperverletzung politische Gegner unschädlich machen.

Die Organisation Consul ist dabei intern so strukturiert, daß eine besondere Elitetruppe unter der Leitung von Killinger, der Germanenorden, eigens für die Planung politischer Morde eingerichtet wurde. Um den Geheimbund im Fall der Aushebung zu schützen, werden Aufträge anonym erteilt. So erhielten Tillessen und Schulz die Anweisung zur Ermordung Erzbergers in einem geschlossenen Umschlag mit dem geheimen Symbol des »Ordens«, der sofort vernichtet werden mußte.

Nach dem Verbot der Freikorps im April 1920 hatte sich eine Reihe von rechtsextremen Untergrundorganisationen gebildet, u. a. der Kampfbund Oberland, die Reichskriegsflagge und der Deutschvölkische Schutz- und Trutzbund. Andere Teile der Freikorps fanden Eingang in die Einwohnerwehren (→ 1. 6./S. 98) oder andere Organisationen, die als Wehrverbände, Soldatenvereine, Sportklubs und Arbeitsgemeinschaften getarnt agitieren. Ihre Mitglieder rekrutieren sich in der Mehrzahl aus ehemaligen Soldaten und Arbeitslosen.

Die zeittypische Nüchternheit der Schlagzeilen täuscht über die emotionsgeladene Berichterstattung hinweg.

Rechte Presse frohlockt über das Attentat

Die Ermordung Matthias Erzbergers wird im Deutschen Reich nicht einhellig verurteilt. Während die linke und die liberale Presse eine Gefährdung des Reichs durch antirepublikanische Kräfte befürchten, finden deutschnationale Organe Rechtfertigungsgründe für die Tat.

Das USPD-Organ »Die Freiheit« nennt unumwunden die Namen der Personen, die nach seiner Ansicht das geistige Klima für den Mord geschaffen haben und damit letztlich auch zu den Tätern zählen:

»Herr Helfferich ist der Mörder. Kahr und Pöhner sind seine Komplizen. In den Büros der Deutschnationalen Volkspartei, in den Vereinen der früheren Soldaten, in den Redaktionen der ›Kreuz-Zeitung‹, der ›Deutschen Zeitung‹ und der ›Deutschen Tageszeitung‹ befinden sich die Anstifter. Dort wurden die Revolver geladen, aus denen in Griesbach gefeuert wurde.«

Die liberale »Vossische Zeitung«, die bisher Erzbergers Politik kritisiert hatte, warnt vehement vor dem Terror von rechts:

»Daß Erzbergers Finanzmethoden gefährlich und dilettantisch waren wie seine außenpolitischen Exkurse, ist an dieser Stelle immer wieder nachgewiesen worden. Dieser sachliche Kampf gegen den Lebenden ist erschwert worden durch die persönliche Hetze, deren Übertreibungen abstoßen mußten. Der Kampf gegen den Toten… wird zehnfach schwer sein. Vielleicht unmöglich… Die Schüsse, die Erzberger töteten, drohen zu einem Signal zu werden…Ernst und

drohend ist die Gefahr, daß die Scheidewand, die bisher den Zusammenprall von Extremen verhindert hat, durchbrochen wird.«

Das Zentrums-Organ »Germania« fordert schärfere Maßnahmen der Regierung gegen die »rechtsradikale Hetze«:

»Hat die Republik diesem Treiben nicht allzu lange untätig zugesehen?… Die Schüsse auf Erzberger werden hoffentlich hier wie elektrische Schläge aufrüttelnd wirken. Der dauernden Untergrabung der Staatsautorität und den offenen Drohungen gegen die leitenden Männer muß endlich mit der nötigen Energie entgegengetreten werden.«

Die nationalistische preußische »Kreuzzeitung« hingegen verteidigt die Ermordung als politisch motivierte Handlung:

»Es ist … gar nicht einzusehen, warum nur die revolutionären Meuchelmörder Brutus und Wilhelm Tell besungen werden sollen. Die heutigen Lobpreiser Erzbergers und Angreifer seiner Gegner scheinen völlig außer acht zu lassen, daß der ganze Kampf, der gegen Erzberger geführt wurde, ein Abwehrkampf war.«

Die »Oletzkoer Zeitung«, ein weiteres Blatt, das deutschnationale Standpunkte vertritt, frohlockt offen über das Attentat:

»Erzberger, den ›Vielgeschmähten‹, hat das Schicksal ereilt, das ihm wohl die meisten national denkenden Deutschen gegönnt haben. Erzberger, der allein Schuldige an dem schmählichen Waffenstillstand,… hat den Lohn erhalten,

der ihm als Vaterlandsverräter zukam. Mag man über politische Morde denken… wie man will, so muß wohl die Mehrzahl des deutschen Volkes aufatmen mit einem Gefühl der Erleichterung… Durch Gefühlsduselei kommen wir nicht weiter. Haß müssen wir säen!«

Angesichts der selbst nach dem Mord nicht verebbenden Hetze befürchtet die ausländische Presse einhellig das Erstarken gefährlicher reaktionärer Tendenzen im Deutschen Reich, so die französische Zeitung »La Presse«:

»Es kann gar kein Zweifel obwalten, daß man sich hier einem politischen Verbrechen gegenüber befindet, dessen Bedeutung niemand entgehen wird, wenn man sich der Stellung erinnert, die Erzberger, der frühere Minister, in der deutschen Politik namentlich in der letzten Zeit, eingenommen hat. Es handelt sich hier zweifellos um ein vorbedachtes Verbrechen, daß sicherlich beträchtliche politische Rückwirkungen haben wird.«

Die britische Tageszeitung »Times« analysiert, welche Urheber für die reaktionären militanten Tendenzen verantwortlich sind:

»Die Tatsache wird [im Deutschen Reich] klar erkannt, daß es die Aufgabe der Demokratie ist, die Oberhand über den preußischen und bayerischen Macchiavellismus zu gewinnen, der wieder zum Meuchelmord als politischem Bekenntnis übergegangen ist. Es besteht kein Zweifel daran, daß dieser Rückfall unter den Parteien, welche die Junker, Militaristen und Monarchisten repräsentieren, stattgefunden hat.«

Clara Zetkin verurteilt auf einer gesonderten Protestkundgebung der KPD in Berlin den Mord an Erzberger; sie greift zugleich die Regierung an.

Am Tag der Beisetzung Matthias Erzbergers strömen Menschenmassen in den Berliner Lustgarten, um an einer Kundgebung für die Republik teilzunehmen.

Hunderttausende demonstrieren für Erhalt der Republik

31. August. Am Tag der Beisetzung Matthias Erzbergers im württembergischen Biberach finden in allen Großstädten des Deutschen Reiches Kundgebungen für die Republik statt. An den Demonstrationen, zu denen die SPD, die USPD und die Gewerkschaften aufgerufen haben, beteiligen sich ebenso die bürgerlichen Parteien. Entgegen den Befürchtungen verlaufen die Märsche überall friedlich.

Vor allem in Berlin nimmt das öffentliche Bekenntnis zur Republik gewaltige Ausmaße an: 500 000 Menschen strömen aus allen Teilen der Stadt zusammen. Zahlreiche Demonstranten tragen schwarz-rotgoldene Flaggen und Tafeln mit den Aufschriften: »Nieder mit den Meuchelmördern«, »Es lebe die Republik« und »Für Freiheit und Recht«. Auf der Abschlußkundgebung im Lustgarten rufen Politiker verschiedener Parteien zum Kampf gegen die Unterwanderung des Staats durch nationalistische Kräfte auf. Der ehemalige preußische Ministerpräsident Otto Braun (SPD) fordert im Hinblick auf die Hetze der DNVP gegen Erzberger Regierungsmaßnahmen gegen die »Mörderparteien«: »Die Schüsse in Griesbach waren gegen die Republik und gegen die Demokratie gerichtet.«

Das Attentat hat vor allem bei der Linken ein Nachdenken über ihre Politik bewirkt. Der gemeinsame Aufruf von SPD, USPD und sozial-demokratischen Gewerkschaften zur Kundgebung soll den ersten Schritt zur Herstellung einer sozialistischen Einheitsfront darstellen. Das SPD-Organ »Vorwärts« kündigt an, in Zukunft werde es keine Demonstrationen »der Militaristen und ihres deutschnationalen Anhangs ohne Gegendemonstration der deutschen Arbeiterschaft geben.«

Die KPD hingegen hat sich zu einer gesonderten Protestkundgebung versammelt, auf der die Parteimitglieder Adolf Hoffmann und Clara Zetkin den Anschlag der rechten »Mordbanden« scharf verurteilen. Diese Veranstaltung ist dennoch kein Bekenntnis zur Republik, sondern wird mit der Aufforderung beendet, ge-gen die »unfähige Regierung« und alle Parteien, denen der »Willen zur Tat« fehle, genauso vorzugehen wie gegen die Geheimbünde.

Zur gleichen Zeit wie in Berlin ziehen in Frankfurt am Main 50 000 Menschen zu Kundgebungen auf dem Opernplatz und dem Goetheplatz. Tausende finden sich auch in Hamburg, Kassel, Leipzig, Breslau und Stettin zu Protestmärschen ein. Am folgenden Tag würdigt die »Vossische Zeitung« den friedlichen Verlauf der Massendemonstrationen: »Nicht eine Ära der Unruhe und der Unruhen sollte eingeleitet werden, sondern der energische Entschluß bekundet werden, die ruhige Entwicklung des Vaterlandes auf dem Boden der gegebenen Verhältnisse vor Störungen zu sichern und vor Gefahren zu wahren.«

Bei den Beisetzungsfeierlichkeiten in Biberach hält Reichskanzler Joseph Wirth (Zentrum) am Grab Matthias Erzbergers eine Trauerrede, in der er den ehemaligen Finanzminister als »hervorragenden Parlamentarier und Staatsmann« würdigt. Gegenüber den Anfeindungen der Rechten, die Erzberger wegen der Unterzeichnung des Waffenstillstands 1918 als Vaterlandsverräter denunzieren, verteidigt Wirth den Ermordeten als Patrioten: »Seine Haltung war ritterlich und deutsch, nicht, wie man gemeint hat, hündisch und feig.«

Der Trauerzug bewegt sich durch Biberach. Tausende von Menschen sind angereist, um an der Beisetzung von Matthias Erzberger teilzunehmen.

Reichskanzler Joseph Wirth (l.) neben geistlichen Würdenträgern im Trauerzug

Ebert verhängt Ausnahmezustand im Reich

Bayern geht nur gegen Linke vor

29. August. Da das Attentat auf Matthias Erzberger als Angriff auf die Republik mit unabsehbaren Folgen für die innere Sicherheit gewertet wird, verhängt Reichspräsident Friedrich Ebert (SPD) den Ausnahmezustand über das Deutsche Reich. Diese »Verordnung zum Schutz der Republik« erteilt dem Reichsinnenminister die Befugnis, Druckschriften, Versammlungen und Vereinigungen vorübergehend zu verbieten.

Gemäß der Weimarer Reichsverfassung hat der Reichspräsident die Befugnis, die persönlichen Freiheitsrechte der Staatsbürger zum Teil oder ganz außer Kraft zu setzen, wenn »im Deutschen Reich die öffentliche Sicherheit und Ordnung erheblich gestört oder gefährdet« sind. Um die Agitation von rechts gegen das Weimarer System zu unterbinden, werden eine Reihe von Maßnahmen ergriffen:

▷ Periodische Druckschriften, die »zur gewaltsamen Änderung oder Beseitigung der Verfassung« oder »zu Gewalttaten gegen die Vertreter der republikanisch-demokratischen Staatsform« aufrufen, können für die Dauer von 14 Tagen verboten werden.

▷ Genauso können »Versammlungen, Vereinigungen, Aufzüge und Kundgebungen« verboten werden, wenn die berechtigte Befürchtung besteht, daß sie sich gegen die Vertreter und Institutionen der Republik richten.

Die »Vossische Zeitung« veröffentlicht am 29. August in ihrer Abendausgabe die Verordnung des Reichspräsidenten zum Schutz der Republik; während der sich anschließende Leitartikel die Notwendigkeit einer »Phalanx der Verfassungstreuen« beschwört, wendet er sich gleichzeitig scharf gegen die KPD, die alle Kräfte darauf verwende, die Anfänge einer von den Sozialdemokraten geforderten Einheitsfront der Arbeiter zu zerstören.

Wer gegen diese Anordnungen verstößt, wird mit einer Geldstrafe von 500 000 Mark oder Gefängnis nicht unter einem Monat bestraft.

▷ Am 30. August wird von der Reichsregierung ergänzend verfügt, daß das Tragen von Uniformen fortan nur Mitgliedern der Reichswehr erlaubt ist.

▷ Die Befugnis, Verbote von Zeitungen und Versammlungen auszusprechen, wird von Reichsinnenminister Georg Radnauer (SPD) auf die Ortspolizeibehörde übertragen, die ihre Maßnahme innerhalb von 24 Stunden zu rechtfertigen haben.

Zwar ist die Verordnung eine direkte Reaktion der Reichsregierung gegen die Bedrohung der Republik von rechts, sie soll jedoch ebenso Aufruhr von seiten der Linken vorbeugen (→ 11. 8./S. 140).

31. August. In Bayern erscheinen trotz des am Vortag erlassenen Verbots der Reichsregierung das NSDAP-Organ »Völkischer Beobachter« und der radikal-völkische »Miesbacher Anzeiger«. Hingegen wird die SPD-nahe »Münchner Morgenpost« verboten. Die Regierung beruft sich dabei auf den gesonderten Ausnahmezustand in Bayern, der bereits seit der Zerschlagung der bayerischen Räterepublik 1919 besteht, sich aber ausschließlich gegen linke Gruppierungen richtet.

Die bayerische Landesregierung unter Ministerpräsident Gustav Ritter von Kahr (parteilos), der sich zunehmend auf außerparlamentarische Gruppen wie die Einwohnerwehren stützt, legt am 1. September im Reichsrat formell Beschwerde gegen die Notverordnung des Reichspräsidenten ein, weil diese einen Eingriff in die Polizeihoheit Bayerns darstelle. Der eigentliche Grund für den Widerstand besteht hingegen darin, daß Kahr keine Zugeständnisse mehr an die Reichsregierung machen will, nachdem er bereits im Juni nach längeren Auseinandersetzungen gezwungen war, in die Auflösung der Einwohnerwehren einzuwilligen (→ 1. 6./S. 98).

Kahr läßt es auf einen erneuten Konflikt mit dem Reich ankommen und verschärft das Vorgehen gegen links. Noch am 1. September löst die Polizei in Nürnberg sozialdemokratische Demonstrationen zum Schutz der Republik gewaltsam auf.

Notverordnung soll dem »Zerfall des Reiches« vorbeugen

Die Reichsregierung begründet die Verhängung des Ausnahmezustands durch Reichspräsident Friedrich Ebert (SPD) mit folgendem Aufruf:

»Schon seit geraumer Zeit erfüllt es die Reichsregierung mit Besorgnis, daß die öffentlichen Sitten in Deutschland immer mehr in Verfall geraten und die Grundlagen von Reich und Staat zu erschüttern drohen. In einer Zeit, wo alle Kräfte der Nation daran gesetzt werden müssen, die moralischen, sozialen und wirtschaftlichen Schäden des Krieges zu beseitigen, geht eine zügellose Agitation immer offener ans Werk, um die politischen und staatlichen Fundamente zu untergraben, auf denen sich der Neubau

Reichspräsident Friedrich Ebert

des Deutschen Reiches erheben soll. Die Sprache der Presse, welche diesen unheilvollen Bestrebungen dient, wird von Tag zu Tag eindeutiger: Sie zeigt, daß die Pläne gewissenloser Elemente und Gruppen, die den gewaltsamen Umsturz der verfassungsmäßigen Ordnung betreiben, in weitere Kreise des Volkes getragen werden sollen... Offen und in rohester Form wird in solchen Organen und in Versammlungen zu Gewalttaten an politischen Gegnern, ja zum Mord aufgefordert. Augenscheinlich halten die Führer dieser Bewegung die Zeit für gekommen, in der die Ziele nicht mehr verschleiert zu werden brauchen, sondern offen bekannt werden dürfen. Die Reichsregierung wird von dieser Bewegung als ein Klüngel unfähiger, schwächlicher und undeutscher Politiker dargestellt, deren Beseitigung patriotische Pflicht sei... In dieser Lage des Vaterlandes Verfassung und Gesetze antasten oder verächtlich machen, heißt... den Zerfall des Reiches vorbereiten... Die Not des Vaterlandes macht es zur doppelten Pflicht, mit harter Hand diesem Treiben teils gewissenloser, teils verblendeter Elemente entgegenzutreten.«

Frieden zwischen Deutschem Reich und USA

Frieden mit Ungarn und Österreich

25. August. Der deutsche Außenminister Friedrich Rosen (parteilos) und der Beauftragte der US-Regierung, Ellis L. Dresel, unterzeichnen im Reichsaußenministerium in Berlin den Friedensvertrag zwischen dem Deutschen Reich und den USA, mit dem formal der Kriegszustand zwischen beiden Staaten beendet wird. Die USA schlossen sich dem Versailler Vertrag 1919 nicht an.

Grundlagen des Friedensvertrags sind das Waffenstillstandsabkommen vom 11. November 1918, der Versailler Vertrag und die Resolution Porter-Knox vom 2. Juli 1921, mit welcher der Kongreß den Friedensschluß bewilligt hatte. Danach werden generell Kriegsentschädigungen eingefordert sowie alles kaiserliche und private deutsche Eigentum, das seit der Kriegserklärung der USA am 6. April 1917 in deren Besitz gekommen ist.

Dennoch unterscheidet sich der Vertrag in wesentlichen Punkten vom Versailler Vertrag: Weder wird die Kriegsschuldfrage erörtert, noch sind die Forderung nach der Auslieferung des Kaisers und die Festlegung der deutschen Grenzen in das Dokument aufgenommen worden. Vor allem aber behält sich die US-Regierung vor, nur nach eigenem Gutdünken an den Reparationsverhandlungen der Alliierten mit dem Deutschen Reich teilzunehmen und schließt weiterhin einen Beitritt zum Völkerbund aus.

Die Änderungen sind das Ergebnis einer langen Auseinandersetzung im Kongreß über die Form des Friedensabkommens. 1919 hatte sich der Senat gegen die Unterzeichnung des Versailler Vertrags ausgesprochen, um die durch den Völkerbundsplan anvisierte starke Bindung an Europa zu verhindern. Ein Gegenentwurf stieß auf das Veto Präsident Woodrow Wilsons. Erst nach der Amtsübernahme der Republikaner im März 1921 fand der neu entworfene Separatfrieden die Zustimmung des Kongresses.

Die Form des Vertrags steht im Einklang mit dem Wahlkampfprogramm von Präsident Warren G. Harding, in dem dieser den Rückzug aus europäischen Angelegenheiten angekündigt hatte. Durch den Abschluß eines von den übrigen Alliierten gesonderten Friedens, der sich auf Entschädigungsfragen beschränkt, will sich die US-Regierung der politischen Verantwortung in Europa weitgehend entziehen.

Karriere im Auswärtigen Amt
Friedrich Rosen wurde 1856 in Leipzig geboren. Nach seinem Studium am Seminar für Orientalistik wurde er 1890 in das Auswärtige Amt übernommen, wo er 1901 Leiter der Orientabteilung wurde. Nachdem er mehrere diplomatische Posten im Nahen Osten und in Nordafrika innegehabt hatte, wurde er 1912 zunächst Gesandter in Lissabon, 1916 dann in Den Haag, wo er sich erfolgreich dafür einsetzte, daß die Niederlande im Weltkrieg neutral blieben. Im Mai 1921 wurde der parteilose Rosen von Reichskanzler Joseph Wirth (Zentrum) zum Außenminister ernannt. Beim Regierungswechsel im Oktober tritt Rosen zurück (→ 22. 10./S. 174).

25. August. Zur gleichen Zeit wie in Berlin wird nach kurzen Verhandlungen zwischen dem österreichischen Bundeskanzler Johannes Schober (parteilos) und dem US-amerikanischen Gesandten Frazier in Wien der Friedensvertrag zur Beendigung des Kriegszustands zwischen den USA und Österreich unterzeichnet. Am 29. August wird ein entsprechendes Abkommen mit Ungarn, dem anderen Nachfolgestaat der Donaumonarchie, geschlossen. Als Grundlage dient der Vertrag von St. Germain von 1919, der analog zum Versailler Vertrag zwischen den Alliierten und den beiden Staaten geschlossen wurde. Der von den USA vorgelegte Friedensvertrag enthält dabei ebenso wie das entsprechende Abkommen mit dem Deutschen Reich nur Bedingungen, welche die Entschädigungen betreffen: Alles Eigentum aus habsburgischem und privatem Besitz, das nach der Kriegserklärung vom 6. April 1917 an die USA gelangt ist, bleibt in US-amerikanischem Besitz. Reparationsverhandlungen sollen gesondert erfolgen. Auch hier wird auf die Übernahme wesentlicher Bestimmungen des Vortrags vom St. Germain verzichtet, so vor allem auf die Bestätigung der neuen Grenzen der Republik Österreich.

Verfassungsfreunde und Verfassungsfeinde demonstrieren

11. August. Der Jahrestag des Inkrafttretens der Weimarer Reichsverfassung von 1919 wird zum ersten Mal mit offiziellen Feierlichkeiten begangen. Im Hinblick auf die bevorstehende Teilung Oberschlesiens (→ 8. 8./S. 145) fordert Reichskanzler Joseph Wirth (Zentrum) in seiner Festrede im Berliner Opernhaus einen »freien Volksstaat« für die Deutschen.

Angesichts der prekären innen- und außenpolitischen Lage des Reiches wird der Festakt im Opernhaus bewußt schlicht gehalten und auf die Rede Wirths beschränkt. Der Reichskanzler rechtfertigt hier erneut seine »Erfüllungspolitik« (→ 1. 6./S. 96) und appelliert an die Alliierten, die Verständigungsbereitschaft des deutschen Volkes durch eine gerechte Lösung bei der Teilung Oberschlesiens zu honorieren.

Wie groß jedoch die Zahl der Gegner der republikanischen Staatsform ist, zeigt sich im Laufe des Monats an einer Reihe von Feiern anläßlich des Jahrestags der Schlacht von Tannenberg im August 1914, in der die deutsche Armee die russische Narew-Armee schlug. Die DNVP und der Stahlhelm, ein monarchistischer Wehrverband ehemaliger Frontsoldaten, hatten hierzu aufgerufen. Dabei kommt es in mehreren Städten Ostpreußens und in Potsdam zu schweren Auseinandersetzungen zwischen den Veranstaltern und demonstrierenden Arbeitern, die wegen der Ermordung Matthias Erzbergers gegen antirepublikanische Angriffe protestieren.

Reichspräsident Friedrich Ebert (M.) und Reichskanzler Joseph Wirth schreiten die Ehrenkompanie der Reichswehr ab.

Die Tannenbergfeier bei Königsberg; Ex-General Erich Ludendorff (2. v. r. neben der Tribüne) nimmt daran teil.

Der päpstliche Nuntius Eugenio Pacelli (M.) schreitet in der Prozession der kirchlichen Würdenträger voran.

Deutscher Katholikentag verurteilt »Zersetzung durch Sozialismus«

30. August. In Frankfurt am Main endet nach vier Tagen der 61. deutsche Katholikentag, der zum ersten Mal seit 1913 abgehalten wird. Die Versammlung, auf der unter den geistlichen Würdenträgern auch der päpstliche Nuntius Eugenio Pacelli vertreten ist, endet mit der Annahme einer Resolution gegen die »Entfremdung von der lebendigen Lebensgemeinschaft«.

Die Resolution ist von politischer Brisanz, da sie den Sozialismus als Grund für die »Zersetzung des Gemein-

schaftslebens« anprangert und im Gegensatz dazu den »Individualismus des kapitalischen Zeitalters« befürwortet. Schon am Vortag hatte die Versammlung politisch Stellung bezogen, als sie mit großer Mehrheit einer von dem Zentrumsabgeordneten Franz von Papen verlesenen Entschließung zustimmte, in der die Katholiken in den Staaten der ehemaligen Kriegsgegner dazu aufgefordert werden, dem Deutschen Reich nicht die alleinige Kriegsschuld zuzuschreiben.

Ex-Vorsitzender Levi muß KPD verlassen

22. August. In Jena findet bis zum 26. August der Parteitag der KPD statt, in dessen Verlauf der frühere Vorsitzende Paul Levi aus der Partei ausgeschlossen wird. Hauptthema des Parteitags ist der mißlungene kommunistische Aufstand in Mitteldeutschland (→ 21. 3./S. 48) sowie die Kritik Levis an den Märzaktionen. Diskutiert wird auch die gegenwärtige Krise in der KPD-Führung. Besonders Paul Levi, der bis zum Februar an der Spitze der KPD gestanden hatte (→ 24. 2./S. 34), steht auf dem Parteitag im Kreuzfeuer der Kritik. Nach den Märzaufständen hatte Levi zwei Schriften veröffentlicht: »Was ist das Verbrechen?« und »Unser Weg wider den Putschismus«, in denen er die Aufstände in scharfer Form verurteilte. Am 26. August 1921 wird Levi als »Renegat und Verleumder« zunächst aus der Partei ausgeschlos-

sen, wenig später erfolgt sein Ausschluß aus der Kommunistischen Internationale.

Als unmittelbare Folge des Aufstands im März hat die KPD fast die Hälfte aller ihrer Mitglieder, rund 200 000 Personen, verloren. Auch viele hohe Funktionäre haben die Partei verlassen. Auf dem Parteitag wird einhellig festgestellt, daß die KPD in hohem Maße das »Vertrauen der Arbeiter verloren« habe.

Levi – Prominenter Abweichler

Der Fabrikantensohn Paul Levi, geboren am 11. März 1883 in Hechingen, war nach seinem Studium ab 1906 als Rechtsanwalt in Frankfurt am Main tätig. 1909 trat er der SPD bei.

Levi war Mitbegründer der KPD im Jahr 1919 und wurde nach der Ermordung Karl Liebknechts und Rosa Luxemburgs Parteivorsitzender. Nach erheblichen Differenzen mit der Kommunistischen Internationale über das Bündnis zu Sowjetrußland und die Linie der KPD-Führung mußte Levi unter dem Druck Moskaus von diesem Amt zurücktreten (→ 24. 2./S. 34).

Massenproteste gegen Inflation

26. August. Bei einer Demonstration in München gegen »Hunger und Teuerung« mit mehr als 50 000 Teilnehmern kommt es zu blutigen Zwischenfällen zwischen Demonstranten und Polizisten, als diese versuchen, den Demonstrationszug zu stoppen. Dabei gibt es etliche Verletzte und einen Toten auf der Seite der Demonstranten.

Organisatoren der Demonstration sind die freien Gewerkschaften. Auf der Hauptversammlung machen die Redner die bayerische Regierung dafür verantwortlich, daß München sich zu einer der teuersten Städte im Deutschen Reich entwickelt habe. Da die Löhne nicht gleichzeitig angehoben würden, seien Hunger und Elend zwangsläufige Folgen.

In einer Entschließung wird die Politik der bayerischen Regierung scharf kritisiert: »Dem Verlangen der Landwirte nach Weltmarktpreisen stellen wir das Verlangen nach Weltmarktlöhnen entgegen. Mitschuldig an der Teuerung ist neben den bürgerlichen Parteien im Reichstag vor allem die Regierung Kahr-Wutzlhofer-Pöhner, die nicht nur ihr Versprechen, gegen Wucherer und Schieber mit brutaler Gewalt vorzugehen, nicht gehalten, sondern Verbrechen am konsumierenden Volk begangen hat...«

»Meuterei« bei der Landespolizei

26. August. Eine Hundertschaft der Chemnitzer Landespolizei weigert sich bei einer angeordneten Übung, mit dem Stahlhelm anzutreten. Als Folge dieser Befehlsverweigerung werden sämtliche Polizisten daraufhin fristlos entlassen.

Die Polizisten weigerten sich den Stahlhelm aufzusetzen, weil er unbeliebt sei und auf die Bevölkerung provozierend wirke. Die Polizeibeamten anderer Reviere nahmen eine Entschließung an, in der sie Verständnis für die besonnene Handlungsweise ihrer Kollegen zeigen. In ihrer Erklärung zu der Befehlsverweigerung heißt es: »Die gespannte wirtschaftliche Lage, die drohenden Kämpfe zwischen Unternehmertum und Arbeiterschaft lassen es gerade gegenwärtig zweckmäßig erscheinen, jede unnütze Provokation der Bevölkerung zu vermeiden«.

Wissenschaft und Technik 1921:

Fortschritt im Motorenbau

Wie die beiden Vorjahre steht auch das Jahr 1921 noch im Schatten des Weltkriegs. Der Wiederaufbau bindet technische Kapazitäten. Für Neuentwicklungen fehlt daher noch das Potential.

Nennenswerte Fortschritte kann – in Folge des erhöhten Transport- und Verkehrsaufkommens im Rahmen des Wiederaufbaus – allenfalls die Fahrzeugbranche vermelden. Ein neues Additiv für Motorenbenzine entdeckt der Chemiker Thomas Midgley Jr. beim US-amerikanischen Automobilkonzern General Motors. Er findet heraus, daß Tetraäthylblei ein hervorragendes Antiklopfmittel ist.

Ein vom äußeren Erscheinungsbild völlig neues Automobil konstruiert der österreichische Ingenieur Edmund Rumpler. Er überträgt seine Erfahrungen als Flugzeugkonstrukteur auf dem Gebiet der Aerodynamik auf das Kraftfahrzeug und entwickelt einen stromlinienförmigen Personenwagen in Tropfenform. Bereits zwei Jahre zuvor hatte Rumpler ähnliches bei einem Eisenbahntriebwagen versucht. Sein neues Auto zeichnet sich durch einen cw-Wert von 0,28 aus, der selbst mehr als 50 Jahre später durch andere Kraftfahrzeuge nicht erreicht wird. Der cw-Wert oder Luftwiderstandsbeiwert kennzeichnet die aerodynamische Güte einer Fahrzeugform.

Für mehr Sicherheit im Straßenverkehr sorgt die US-Firma Duesenberg. Sie produziert die ersten Autos mit hydraulisch betätigten Bremsen. Im kommerziellen Kraftfahrzeugverkehr lassen sich erstmals die Reisedaten während des Betriebs schriftlich erfassen. Die deutsche Uhrenfabrik Kienzle AG bringt den ersten Fahrtenschreiber – sie nennt ihn »Autograph« – auf den Markt.

Ein leichtes Fahrzeug neuer Art bürgert sich im Straßenverkehr ein, das Fahrrad mit Hilfsmotor. Wegweisend für diese Fahrzeuge ist die deutsche Firma DKW, die mit dem Bau der erforderlichen Kleinmotoren zugleich dem Zweitakter zum Durchbruch verhilft.

Weitaus schwerer ist eine neue Fahrzeuggeneration in der Landwirtschaft. Die Firma Heinrich Lanz in Mannheim bringt den ersten einsatzfähigen Ackerschlepper mit Rohölmotor auf den Markt, den »Bulldog«. Die Zugmaschine wird von einem Einzylinder-Glühkopfmotor angetrieben, der bei 500 Umdrehungen/min 15 PS leistet. Unpraktisch ist, daß der Glühkopf vor dem Start mit einer Lötlampe vorgeheizt werden muß. Läuft der Motor erst, dann übernimmt eine elektrische Glühspirale die Zündung. Das Fahrzeug besitzt Stahlräder ohne Bereifung. Die angetriebenen Hinterräder weisen ein tiefes Stahlprofil auf, das auch auf glattem oder weichem Boden gut greift.

Neben den Neuerungen auf dem Verkehrssektor werden auch im Bereich der chemischen Industrie Fortschritte erzielt. Die Brüder Camille und Henri Dreyfus aus der Schweiz beginnen in Großbritannien und den USA mit der Fertigung von Kunstseide. Ihre schon während des Weltkriegs gegründeten Firmen produzieren zunächst synthetische Spannlacke aus Acetylzellulose für die Stoffbespannung von Flugzeugflügeln. Spritzt man die Lacklösung durch feine Düsen, dann bleiben nach dem Verdunsten des Lösungsmittels Acetatfasern zurück, aus denen sich Zwirne und Garne herstellen lassen. Die neuen Textilfasern kommen als »Celanese« auf den Markt.

Eine grundlegende Neuerung auf dem Gebiet der Elektrotechnik ist die Entwicklung einer Elektronenlaufzeitröhre, des Magnetrons, die der US-amerikanische Physiker Albert Wallace Hull erstmals in der »Physical Revue« beschreibt. Diese Art von Röhren kommt in Radarsendern, später auch in Mikrowellenherden und industriellen Hochfrequenzöfen zum Einsatz.

Zur Rationalisierung der nach Kriegsende schnell wachsenden deutschen Industrie wird 1921 ein eigenes Gremium gegründet – das Reichskuratorium für Wirtschaftlichkeit in Industrie und Handwerk, kurz RKW genannt (heute: Rationalisierungskuratorium der deutschen Wirtschaft). Ideologisch knüpft es an die Gedanken des US-Automobilindustriellen Henry Ford und des britischen Betriebswirtes Frederick Winslow Taylor (»Taylorismus«) an.

Als Alternative zu den in Anschaffung und Unterhaltung kostspieligen Traktoren mit Benzinmotor stellt die Mannheimer Landmaschinenfabrik Lanz den ersten Ackerschlepper mit Rohölmotor vor, dessen Glühkopfmotor sowohl mit Motorenöl als auch mit Diesel, Benzin oder flüssiger Butter betrieben werden kann. Die Entwicklung des Traktors begann 1889 in den USA mit dem Raupenschlepper, der 1907 von einer Zugmaschine mit Rädern und Lenkung abgelöst wurde.

Neben DKW beherrscht vor allem Opel den Zweiradmarkt im Deutschen Reich. Das Rüsselsheimer Unternehmen, das auch der größte deutsche Automobilhersteller ist, bezeichnet in der Werbung sein »Motor-Fahrrad« als das »Automobil des Kleinen Mannes«, das Geschwindigkeiten bis zu 30 km/h ermöglicht.

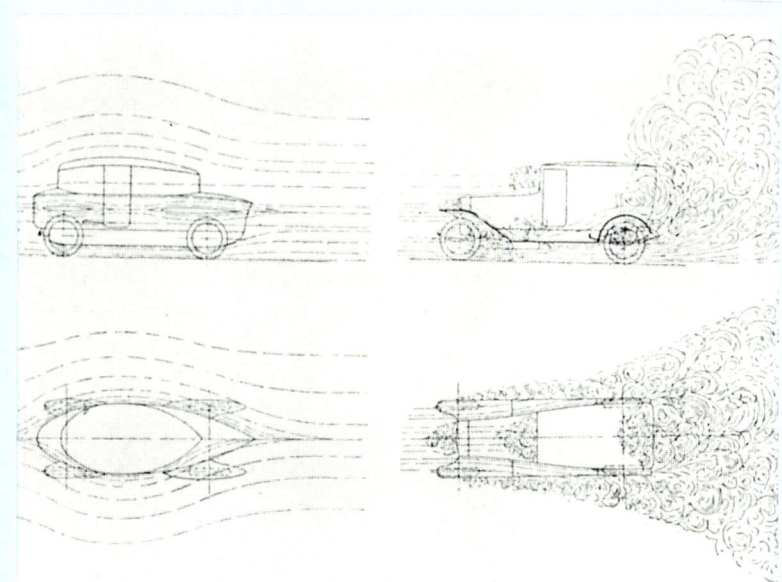

Das konsequent nach aerodynamischen Prinzipien konstruierte Tropfen-Auto von Edmund Rumpler verfügt über einen Sechs-Zylinder-Heckmotor, der 35 PS leistet und den 1,5 t schweren Wagen auf 95 km/h beschleunigt.

Wegen seiner Tropfenform (cw-Wert 0,28) ist der Wagen weitaus strömungsgünstiger als alle anderen Autos. Der Gepäckraum ist jedoch der Aerodynamik zum Opfer gefallen, was den Gebrauchswert des Autos stark einschränkt.

Der Flugzeugkonstrukteur Edmund Rumpler, seit 1908 Eigentümer der Rumpler Flugzeugwerke in Berlin, baut auch Autos und Eisenbahnen mit aerodynamischer Form.

Der Chemiker Friedrich Bergius habilitierte sich 1909, forscht aber in erster Linie als Privatgelehrter zum Problem der Kohleverflüssigung.

Kohlehydrierung in großem Maßstab

Eine der wichtigsten Neuerungen im Bereich der Chemotechnik besteht im Durchbruch des von Friedrich Bergius bereits 1913 entwickelten Verfahrens der Kohleverflüssigung zu großindustrieller Produktionsreife.

Bergius, der sich als Chemiker hauptsächlich mit Erdöl und Kohleprodukten befaßte, gelang 1911 erstmals die thermische Druckspaltung von Erdölfraktionen in Gegenwart von Wasserstoff. Zwei Jahre später wandte er das gleiche Verfahren auf Kohle an, mischte Steinkohle zusammen mit Schwerölen zu einem Brei und brachte ihn mit Wasserstoff bei einem Druck von 200 bar und einer Temperatur von 450 °C zur Reaktion. Weiterhin waren Wolfram- und Molybdänsulfide als Katalysatoren erforderlich. Bei dieser Druckhydrierung lagerte sich der Wasserstoff an den Kohlenstoff an.

Reaktionsprodukte sind in erster Linie Leichtöl und Benzin, aber auch Schweröle und Gase. Durch die Möglichkeit der Kohleverflüssigung wird daher bei der Treibstofferzeugung die Abhängigkeit vom Erdöl reduziert und die Nutzung der heimischen Kohle erweitert.

◁ Das Plakat der Kohleindustrie zeigt die vielfältigen Verwertungsmöglichkeiten der Kohle auf.

Internationale Hilfe für das hungernde Sowjetrußland

2. August. Der sowjetische Regierungschef Wladimir I. Lenin und der Schriftsteller Maxim Gorki bitten die westlichen Industrienationen um finanzielle und materielle Hilfe für die Hungernden in Sowjetrußland. Aufgrund einer Dürreperiode und dadurch bedingter Mißernten nimmt die schon seit Februar 1921 andauernde Hungerkatastrophe verheerende Ausmaße an. Besonders stark betroffen sind die Gebiete entlang der Wolga und im Süden Sowjetrußlands.

Im Zuge der Hungerkatastrophe flüchten die Menschen massenhaft vom Land in die Städte, vor allem nach Moskau. Unter den Flüchtlingen sind Krankheiten wie Typhus, Cholera und Ruhr stark verbreitet. Die Sterblichkeitsrate ist unter den unterernährten Menschen enorm hoch, eine weitere Verbreitung der Seuchen wird befürchtet. Von der Hungersnot sind etwa 21 Mio. Menschen direkt betroffen.

US-Handelsminister Herbert C. Hoover verbindet sein Hilfsangebot an Sowjetrußland mit der Auflage, US-amerikanische Soldaten aus russischer Kriegsgefangenschaft zu entlassen. Als Gegenleistung will Hoover Lebensmittel für insgesamt 1 Mio. hungernde Kinder und Invaliden zur Verfügung stellen. Zur Einleitung weiterer internationaler Hilfskampagnen reist der Norweger Fridtjof Nansen als Hochkommissar des Völkerbunds nach Sowjetrußland. Er will die Situation vor Ort beurteilen, um gezielte Maßnahmen einleiten zu können.

Am 12. August 1921 wird in Berlin die Internationale Arbeiterhilfe (IAH) gegründet. Vorsitzende der Organisation wird Clara Zetkin (KPD), Sekretär Willi Münzenberg (KPD). Dem Komitee gehören prominente Personen aus Wissenschaft und Kultur an, unter ihnen der Physiker Albert Einstein, der Schriftsteller Anatole France, die Bildhauerin und Graphikerin Käthe Kollwitz und der Schriftsteller George Bernard Shaw.

Ziel und Zweck der Internationalen Arbeiterhilfe ist die internationale und überparteiliche Organisation, Koordinierung und Propagierung von Hilfsaktionen. Die praktischen Aufgaben bestehen u.a. in der Sammlung von Geld, Lebensmitteln und Kleidung für die notleidenden Menschen in Sowjetrußland.

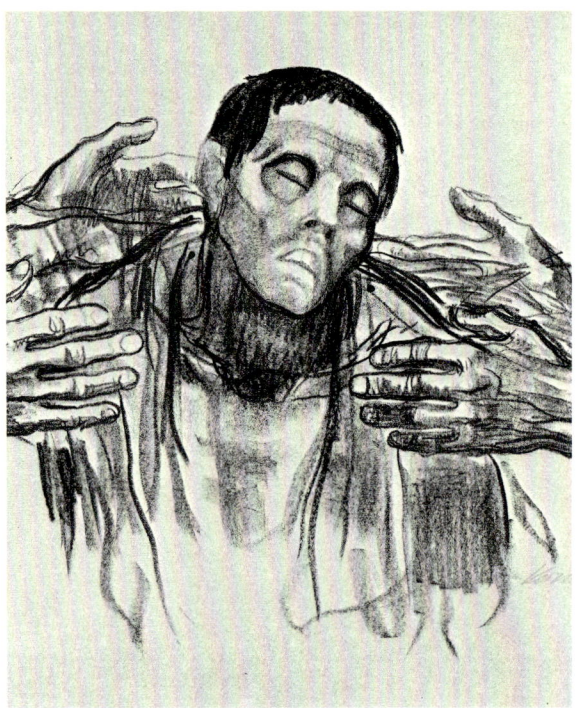

Plakat von Käthe Kollwitz für die Internationale Arbeiterhilfe

Sammelstelle des Schweizer Roten Kreuzes in Interlaken

KPD-Ortsgruppen sammeln für die Hungernden.

Holländische Arbeiter bitten in Amsterdam um Spenden.

»Kampf gegen den Hunger«

Bei der Organisation von Hilfsaktionen für die Hungernden in Sowjetrußland nimmt der Völkerbund in Genf eine Vorreiterrolle ein. Die Hilfe aus verschiedenen europäischen Ländern und den USA konzentriert sich auf die Entsendung von Geldspenden, Lebensmitteln, Kleidern sowie lebenswichtigen Medikamenten. Auch Ärzte und Hilfspersonal werden vom Völkerbund in das Katastrophengebiet geschickt.

Die dänische Sektion der Internationalen Arbeiterhilfe schickt mehrere Tonnen Dosenmilch in die sowjetrussischen Hungergebiete. Transport und Verteilung der Hilfssendungen werden dadurch erschwert, daß korrupte Beamte und eine schwerfällige Bürokratie die Versorgung der Hungernden häufig verhindern.

*Auf Vortragsreisen wirbt Fridtjof
Nansen für die Hungerhilfe.*

*Fridtjof Nansen organisiert im Auf-
trag des Völkerbunds vor Ort die internationalen Hilfsaktionen.*

Nansen initiiert
die Hilfsaktionen

Der norwegische Polarforscher und
Diplomat Fridtjof Nansen wurde
am 10. Oktober 1861 bei Christiania
(Oslo) geboren. Seit 1897 ist er Professor für Zoologie in Christiania.
Gleichzeitig war er von 1906 bis
1908 Gesandter in London.
1888 überquerte Nansen als erster
Grönland von der Ost- bis Westküste auf Skiern und Schlitten. Von
1893–95 unternahm er Forschungsreisen im Nordpolarmeer. 1920 leitet er die Rückführung der Kriegsgefangenen aus Sowjetrußland.

Alliierte beraten über deutsche Zukunft

8. August. In Paris tritt der Oberste
Rat der Alliierten zu einer viertägigen Sitzung zusammen, um die Situation im Deutschen Reich zu beraten. Auf der Tagesordnung stehen
die Besetzung des Rheinlands (→ 7.
3./S. 46) sowie die Teilung Oberschlesiens (→ 20. 10./S. 172).
In der letzten Sitzung am 12. August
1921 beschließt der Oberste Rat die
Aufhebung der wirtschaftlichen
Sanktionen im besetzten Rheinland.
Das bedeutet den Wegfall der Zölle
für deutsche Einfuhren in die von den
Alliierten besetzten Gebiete zum 15.
September. Allerdings ist dieses Zugeständnis Frankreichs mit der Auflage verbunden, daß das Deutsche
Reich bis zum 31. August 1921 die
fälligen Reparationszahlungen von
1 Mrd. Goldmark begleicht. Darüber
hinaus soll eine Kommission eingerichtet werden, welche die Einfuhr-
bewilligungen von Erzeugnissen der
Alliierten in das besetzte Gebiet
überwacht. Die Besetzung des
Rheinlands bleibt vorerst aufrechterhalten (→ 30. 9./S. 156).
In weiteren Verhandlungen wird
über die Teilung Oberschlesiens beraten. Im Versailler Friedensvertrag
ist festgehalten, daß die Alliierten
nach der im März abgehaltenen
Volksabstimmung in Oberschlesien
(→ 20. 3./S. 54) eine Entscheidung
über die dortige Grenzziehung zu
treffen haben. Der britische Premierminister David Lloyd George
plädiert für einen Verbleib der im
Südosten des Landes gelegenen Industriegebiete im Deutschen Reich.
Frankreichs Ministerpräsident Aristide Briand hingegen unterstützt
den Anschluß des Reviers an Polen.
Die endgültige Entscheidung über
die Zukunft Oberschlesiens wird
schließlich dem Völkerbund überlassen (→ 20. 10./S. 172).

*Die Heiterkeit trügt: Über die Zukunft Oberschlesiens bestehen zwischen Ari-
stide Briand (l.) und David Lloyd George erhebliche Differenzen.*

Republik Baranya in Ungarn ausgerufen

14. August. In Fünfkirchen (Pécs) im
ungarischen Komitat Baranya, wird
die »Serbisch-ungarische Republik
von Baranya« ausgerufen. Die Proklamation richtet sich gegen den im
Vertrag von Trianon am 4. Juni 1920
festgelegten Anschluß des Gebiets
an Ungarn, der am 26. August erfolgen soll.
Eine Volksversammlung von rund
30 000 Menschen, in der die Ausrufung beschlossen wird, wählt den
Maler Petar Dobrović zum Präsidenten eines Exekutivkomitees, das bei
der jugoslawischen Regierung um
politische und militärische Unterstützung nachsuchen soll. Das Komitat Baranya, das von Serben, Ungarn und Deutschen bewohnt wird,
steht seit dem Ende des Weltkriegs
unter jugoslawischer Verwaltung.
Mit der Ausrufung einer unabhängigen Republik soll verhindert werden, daß die ungarische Regierung
unter Reichsverweser Miklós Horthy Zugriff auf die Kohlegruben gewinnt und Gewerkschafter und Sozialisten politisch verfolgt werden.
Der frühere ungarische Ministerpräsident Mihály Károly von Nagyká-
roly unterstützt die Unabhängigkeitsbewegung, die den Anschluß an
die Kleine Entente (→ 23. 4./S. 67)
zwischen Rumänien, Jugoslawien
und der Tschechoslowakei wünscht.
Auf Druck der Alliierten, die einen
neuen Balkanstaat als potentiellen
Unruheherd ansehen, sieht Jugoslawien von der Unterstützung der Republik Baranya ab. Als die ungarische Regierung jedoch das Stand-
recht über das Gebiet verhängt, sichern jugoslawische Truppen die un-
gefährdete Übersiedlung der Bewohner. Am 20. August rücken ungarische Heeresverbände in Baranya ein, wo sich ihnen kein Widerstand mehr entgegen stellt.

*Begleitet von einem britischen und einem französischen Offizier zieht der ungari-
sche General Soos mit seinen Truppen in Fünfkirchen (Pécs) ein.*

Marokko-Krise bewirkt Regierungswechsel

13. August. Der konservative Politiker Antonio Maura y Montaner wird neuer Ministerpräsident Spaniens. Das Kabinett unter seinem Vorgänger Manuel Allende Salazar trat zwei Tage zuvor zurück, nachdem es für die schweren Verluste der spanischen Armee in Marokko (→ 21. 7./S. 116) verantwortlich gemacht worden war.

Maura will im Gegensatz zu seinem Vorgänger vorerst von weiteren Militärexpeditionen im marokkanischen Landesinneren absehen und statt dessen die vorhandenen Befestigungen ausbauen, um die Hauptstützpunkte der Spanier so vor neuen Angriffen der Rifkabylen zu schützen.

Maura hat das Amt des Ministerpräsidenten bereits zum fünften Mal inne. Obwohl seine Politik immer wieder Anlaß zu scharfen Auseinandersetzungen gab, gilt er als starker Mann in Krisenzeiten. Bereits 1909 war er zum ersten Mal mit seiner Marokko-Politik gescheitert. Maura hatte damals eine Verstärkung der Truppen angeordnet, da die Kabylen vermehrt Angriffe auf die Eisenbahnlinien einer deutsch-spanischen Gesellschaft unternommen hatten, die Eisen aus ihren nordafrikanischen Minen über Melilla nach Europa exportiert. Die Opposition aus Republikanern und Sozialisten attackierten Maura daraufhin, weil er die Armen Spaniens als Soldaten geopfert habe, um das Prestige Spaniens zu retten. In der Folge kam es zu unkontrollierten, von Anarchisten initiierten Massenausschreitungen, die Mauras Regierung zum Rücktritt zwangen.

Maura zeigte sich in dieser Krisensituation unflexibel. König Alfons XIII. forderte von ihm die Zusammenarbeit mit den Liberalen, um ein entschiedenes Vorgehen gegen die Linke zu ermöglichen. Maura hingegen leitete nach seinem Rücktritt einen scharfen Konfrontationskurs gegen die Liberalen ein und widersetzte sich fortan dem gemäßigten Flügel unter Eduardo Dato Iradier (→ 8. 3./S. 51).

Marcus Garvey kämpft seit 1916 für die Rechte der Schwarzen.

Garvey kündigt »Rassenkrieg« an

2. August. Anläßlich eines Konvents der Universal Negro Improvement Association zieht eine Parade von 15 000 Schwarzen durch die Straßen des New Yorker Stadtteils Harlem, um für bessere Lebensbedingungen zu demonstrieren. Anschließend kündigt der Präsident der Vereinigung, Marcus Garvey, einen »Rassenkrieg« an, da 400 Mio. Schwarze forderten, daß »Afrika den Afrikanern« gehören solle.

Das neue spanische Kabinett unter Antonio Maura (sitzend, 3. v. l.) soll eine neue Strategie für das Vorgehen der Kolonialtruppen in Marokko entwerfen.

Faisal I. wird in Bagdad zum König des Irak ernannt

23. August. Faisal I., Sohn des Scherifen von Mekka, besteigt als König des Irak den Thron in Bagdad. Dieser Schritt ist eine Folge der Kairoer Konferenz (→ 12. 3./S. 55), auf der Faisal mit britischer Hilfe als König des Iraks designiert wurde.

Ein Ergebnis der Konferenz war die Teilung Palästinas, d. h. Transjordanien und der Irak wurden von Palästina abgetrennt. Der Irak gehört seit 1920 zum britischen Mandatsgebiet Palästina. Die muslimischen Iraker befürworten die Wahl Faisals zum König. Am 21. Juli 1921 wurde er von der Bevölkerung zum Monarchen des Irak gewählt.

Seit 1638 bis zum Weltkrieg gehörte der Irak zum Osmanischen Reich. Faisal war zusammen mit dem britischen Agenten Edward Thomas Lawrence, genannt Lawrence von Arabien, maßgeblich am Aufstand der Araber gegen die Türken beteiligt. Er leitete 1918 die arabischen Truppen, die auf britischer Seite kämpften. Im Jahre 1920 wurde er zum »König des Vereinten Syriens« (Palästina, Transjordanien, Libanon) proklamiert. Schon 1916 sollte Syrien nach dem Sykes-Picot-Abkommen, dem britisch-französischen Plan zur Teilung Palästinas, an Frankreich gehen. Da Syrien 1920 endgültig in den französischen Herrschaftsbereich fiel, wurde Faisal von der französischen Armee aus Damaskus vertrieben. Frankreich teilte daraufhin Syrien in Provinzen, um dann eine bessere Kontrolle des Gebiets zu erhalten.

In Bagdad wird Faisal (2. v. l.) aus der Dynastie der Haschimiden mit britischer Protektion zum König des Irak proklamiert. Bei seiner feierlichen Thronbesteigung sind u. a. der britische Hochkommissar Percy Cox (l.), General Aylmer Haldane (2. v. r.) und Sayid Mahmud (r.), Präsident des provisorischen Staatsrats als Regierungsvertreter, anwesend.

Anthroposophie belebt die Wissenschaft

28. August. In Stuttgart findet der erste internationale Kongreß der anthroposophischen Bewegung statt. Hauptreferent des Kongresses ist der Begründer der Anthroposophie, Rudolf Steiner.

Die Anthroposophie wird allgemein als Weltanschauungslehre bezeichnet, innerhalb der nicht nur das rein »materialistisch Greifbare« erfaßt wird, sondern vor allem auch das »Geistige« und das Gefühl. Wie Rudolf Steiner in seiner »Philosophie der Freiheit« (1894), dem Standard-

Philosoph und Pädagoge

Rudolf Steiner, geboren am 27. Februar 1861 in Kraljevica (Kroatien), studierte in Wien Mathematik und Naturwissenschaften. Ab 1890 war er ständiger Mitarbeiter am Goethe- und Schiller-Institut in Weimar. 1902 schloß er sich der Theosophischen Gesellschaft an, von der er sich 1913 trennte. Im gleichen Jahr gründete Steiner die Anthroposophische Gesellschaft in Berlin, wo er fortan als Lehrer tätig war.

Durch Vorträge im In- und Ausland und in zahlreichen Schriften werden seine Theorien verbreitet und haben maßgeblichen Einfluß auf Wissenschaft und Kultur.

werk der Anthroposophie, dargelegt hat, ist diese Lehre das Ergebnis eines primär auf dem Denken basierenden Erkenntnisweges. Steiner betont, daß erst das Denken den Menschen zum freien Menschen macht, der lebt in der »Liebe zum Handeln« und der leben läßt »im Verständnis des fremden Wollens«. Das Grundprinzip der Steinerschen Philosophie besteht darin, daß der Erkenntnisweg nur unter der Voraussetzung der Freiheit und Bewußtheit erreicht werden kann. Die Anthroposophie geht dabei davon aus, daß der Mensch über Meditation sowie durch die Stufen der Imagination, Inspiration und Intuition zu »übersinnlichen« Erkenntnissen gelangen kann.

1913 wurde die Anthroposophische Gesellschaft in Berlin gegründet, deren Erkenntnisse nicht zuletzt durch Vortragsreisen Steiners schnell Verbreitung fanden. So beeinflußt die anthroposophische Bewegung viele Lebensbereiche, wie Medizin, Architektur, Kunst, Landwirtschaft und Pädagogik.

1919 wurde in Stuttgart die erste sog. Waldorfschule eröffnet. In dieser »freien« Privatschule wird »Erziehungskunst« geleistet, welche nicht den konventionellen Bildungstraditionen entspricht. Unterrichtet wird nach bestimmten Regeln, die aber nicht an staatlichen Lehrplänen orientiert sind, sondern der Individualität, dem konkreten Gefühls- und Willensleben der Schüler angepaßt sind. In Waldorfschulen gibt es weder Schulbücher, Zensuren noch Sitzenbleiben. Die künstlerisch-musische Entwicklung und die Ausbildung von handwerklich-praktischen Fähigkeiten stehen in den Waldorfschulen gleichrangig neben der geistigen Bildung.

Neues Verständnis der Bildungsideale

Am Goetheanum, der »Freien Hochschule für Geisteswissenschaft« in Dornach in der Schweiz werden wissenschaftliche Kurse auf anthroposophischer Grundlage angeboten. Die Seminare sind für verschiedene Zielgruppen zugeschnitten.

Es gibt spezielle Kurse zu naturwissenschaftlichen oder geisteswissenschaftlichen Themen, aber auch Kunst, Architektur, Medizin, Musik, Religion und Eurythmie stehen auf dem Lehrplan. Eurythmie ist die von Rudolf Steiner begründete Bewegungs- bzw. Ausdruckskunst, bei der Laute, Wörter, Gedichte, Musik oder Gesang in tänzerische Bewegungen umgesetzt werden.

Das Ziel Rudolf Steiners, der am Goethenaum lehrt, ist die ganzheitliche Deutung der Wissenschaft. Das Goetheanum wurde 1920 eröffnet und bildet das Zentrum der Anthroposophischen Gesellschaft.

Physiker Albert Einstein, der Begründer der Relativitätstheorie

Einstein-Turm als Observatorium

24. August. Im Rahmen des deutschen Astronomentages in Potsdam wird der von Erich Mendelsohn entworfene sog. Einstein-Turm offiziell eingeweiht. Das astrophysikalische Observatorium soll die Relativitätstheorie des Physikers Albert Einstein experimentell nachweisen. Das Gebäude auf dem Telegrafenberg bei Potsdam, das Einstein und seinen Mitarbeitern als Labor dienen soll, ist mit aufwendiger Technik ausgestattet. Seine Funktion besteht hauptsächlich darin, mit astrophysikalischen Apparaturen spektroanalytische Phänomene zu erforschen. Der Einstein-Turm erregt auch aufgrund seiner auffälligen architektonischen Konstruktion mit organisch wirkenden Formen großes Interesse in der Öffentlichkeit.

Erste Woche des Kurses:

	Montag, 27. Sept.	Dienstag, 28. Sept.	Mittwoch, 29. Sept.	Donnerst., 30. Sept.	Freitag, 1. Oktober	Samstag, 2. Oktober
9—10	Dr. Rudolf Steiner: Grenzen der Natur-Erkenntnis.					
10—11	Hermann von Baravalle: Grundprobleme der Physik im Lichte anthroposophischer Erkenntnis.			Dr. Walter Johannes Stein: „Vorstellung", „Begriff" und „Urteil" in der Lehre Rudolf Steiners.		
11—12	Dr. med. Friedrich Husemann: Fragen der heutigen Psychiatrie vom Gesichtspunkte der Anthroposophie.			Dr. Oskar Schmiedel: Licht u. Farbe im Sinne der Geisteswissenschaft.		Dr. Rudolf Steiner: Der Baugedanke von Dornach. I.
4—5	Fabrikdirektor Emil Molt: Der industrielle in Vergangenheit und Zukunft vcm Gesichtspunkt der Geisteswissenschaft. I. und II.		Rudolf Meyer, Hamburg: Geschichtsphilosophische Probleme des Christentums im Lichte anthroposophischer Forschung.			
5—6	Paul Baumann: Musik und Eurhythmische Erziehungskunst.			Emil Molt: Der Industrielle in Vergangenheit und Zukunft vom Gesichtspunkt d. Geisteswissenschaft. III.	Prof. Dr. P. Beckh: Indologie und Geisteswissenschaft. I.	An den Samstag- und Sonntag-Abenden finden Eurhythmische Aufführungen statt.
6—7	Adolf Arenson: Grundzüge geisteswissenschaftlicher Methodik.		Die Kunst d. Deklamation: A. Praxis: Marie Steiner B. Theorie: Dr. Rud. Steiner	Adolf Arenson: Grundzüge geisteswissenschaftlicher Methodik.		

Zweite Woche des Kurses:

	Montag, 4. Oktober	Dienstag, 5. Oktober	Mittwoch, 6.Oktober	Donnerstag, 7. Okt.	Freitag, 8. Oktober	Samstag, 9. Oktober
9—10	Dr. Ernst Blümel: Die Hauptprobleme der modernen Mathematik in ihrer Beziehung zur Philosophie, Physik und Anthroposophie.			Dr. med. Ludwig Noll: Physiologisch-therapeutisches auf Grundlage der Geisteswissenschaft.		
10—11	Dr. Eugen Kolisko: Hypothesenfreie Chemie im Sinne der Geisteswissenschaft.			E. A. Karl Stockmeyer: Phänomenologie des Wärmewesens.		
11—12	Dr. Roman Boos: Phänomenologische Sozialwissenschaft.			Dr. Ernst Blümel: Das Element der Freiheit in den mathematischen Begriffsbestimmungen	Prof. Dr. P. Beckh: Indologie und Geisteswissenschaft. II.	Dr. Rudolf Steiner: Der Baugedanke von Dornach. II.
4—5	Rudolf Meyer, Berlin: Johann Friedrich Herbarts Lehre vom Menschen und dessen Erziehung vom Standpunkt der Anthroposophie.			Emil Leinhas: Licht- und Schattenseiten des modernen Kapitalismus.		
5—6	Dr. Rudolf Treichler: Sprachwissenschaft und Sprachunterricht.			Karl Ballmer: Künstlerisches Wollen und Anthroposophie.		An den Samstag- und Sonntag-Abenden finden Eurhythmische Aufführungen statt.
6—7	Arnold Jth: Bankwesen und Preisgestaltung in ihrer heutigen und zukünftigen Bedeutung für das Wirtschaftsleben.		Die Kunst d. Deklamation: A. Praxis: Marie Steiner B. Theorie: Dr. Rud. Steiner	Ernst Uehli: Die nordisch-germanische Mythologie als Entwicklungsgeschichte.		

◁ *Programm des Goetheanums*

Blick auf den Eingang des neuen Labors, den sog. Einstein-Turm

Urlaub und Freizeit 1921:

Erholung in deutschen Landen am billigsten

Die zwölf Urlaubstage, die im Durchschnitt jedem Beschäftigten im Deutschen Reich zustehen, gehören kurz nach Kriegsende für viele bereits wieder zu den ersehntesten Ereignissen des Jahres.

Nicht ferne Länder steuern die Erholungssuchenden an, sondern sie nutzen das Angebot, das ihnen Hotels und Pensionen in deutschen Landen offerieren. Hoch in der Gunst stehen die Bäder an der Ostsee, die von der Metropole Berlin aus leicht zu erreichen sind. Die Zeiten ungestörter Erholung sind hier nach einem Bericht der »Düsseldorfer Zeitung« allerdings vorbei: »Ein Stranddorf nach dem anderen wird zum Seebad. Orte, von denen noch vor zehn, fünfzehn Jahren niemand abseits der Wasserkante etwas gehört hat, haben bereits einen Namen, haben Badeverwaltungen, Seehotels, Strandkörbe, ›Burgenbau‹ und eine richtige Saison. Wenn diese Entwicklung so weiter geht,

was im Interesse der Volksgesundheit ja nur zu wünschen ist, dann wird es künftig am Ostseestrand eine lange Kette von Seebädern geben.« Kennzeichen der Badesaison 1921 ist der deutlich verbesserte Dampferverkehr von den Ostseestädten zu den Bädern. Die Route von Stettin durchs Haff nach Swinemünde weiter nach Heringsdorf und Saßnitz auf Rügen ist erstmals täglich zu befahren.

Großen Zuspruch besonders bei älteren Erholungssuchenden finden die Kurorte, in denen man zu niedrigen Preisen Urlaub machen kann, wie aus einem Bericht der »Vossischen Zeitung« über das hessische Bad Nauheim hervorgeht: »Das Leben in Nauheim war im allgemeinen recht billig. Schöne große Zimmer mit zwei Betten kosteten in Privatlogis die Woche 45–55 Mark, für Bohnenkaffee mit bester Milch werden 2,50 Mark berechnet. In den Restaurants gab es für 9, 10, 12

Mark recht gutes Mittag, in der berühmten Konditorei am Aliceplatz alles, was nur ein weibliches Naschmäulchen sich ersehnte.« Während Bad Nauheim mit Übernachtungskosten von wöchentlich rund 50 Mark zu den teuersten Kurorten zählt, reichen in Westerland oder Todtmoos im Schwarzwald 20 Mark, in Heringsdorf, Helgoland und Timmendorfer Strand 30 Mark für die gleiche Leistung aus. Vergleichsweise teuer ist dagegen die Anreise mit der Bahn. Für die Hin- und Rückfahrt 2. Klasse von Berlin an den Tegernsee müssen regulär 430 Mark gezahlt werden – bei einem durchschnittlichen Monatslohn von 1100 Mark keine geringe Summe. Die Reichsbahn richtet daher Feriensonderzüge ein, bei denen nur die Hinfahrt nach dem normalen Tarif bezahlt werden muß, die Rückfahrt innerhalb von 30 Tagen von Berlin nach München kostet dann nur noch 27,50 Mark.

R·M·S·P
SOUTH AMERICAN
SERVICE
THE ROYAL MAIL STEAM PACKET CO

Werbeplakat von F. Ch. Herrick

Überseereisen für die Wohlhabenden

Großbritannien ist nach wie vor das Sprungbrett nach Übersee. Besonders die Häfen Liverpool und Southampton verzeichnen einen anhaltenden Zustrom von begüterten Reiselustigen, die hier auf vornehmen Luxusschiffen ihre Geschäfts- oder Urlaubsreise antreten.

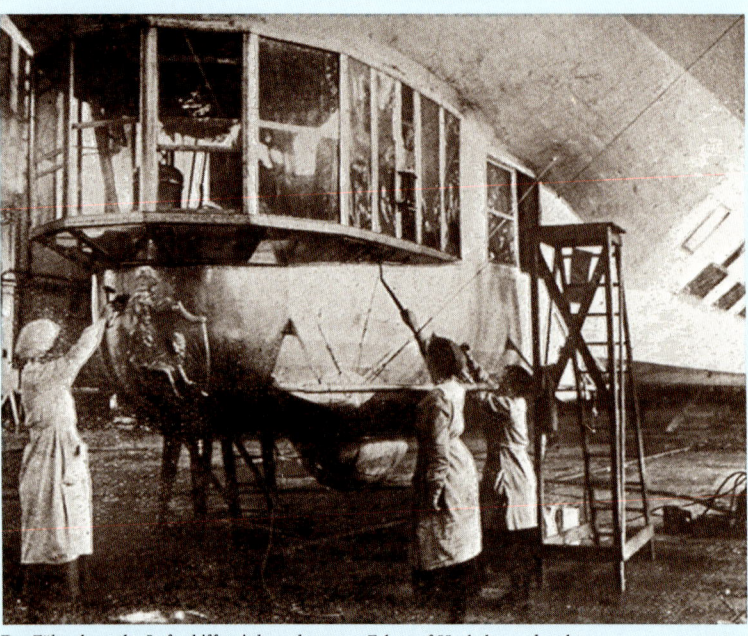

Das Führerhaus des Luftschiffs wird vor der ersten Fahrt auf Hochglanz gebracht.

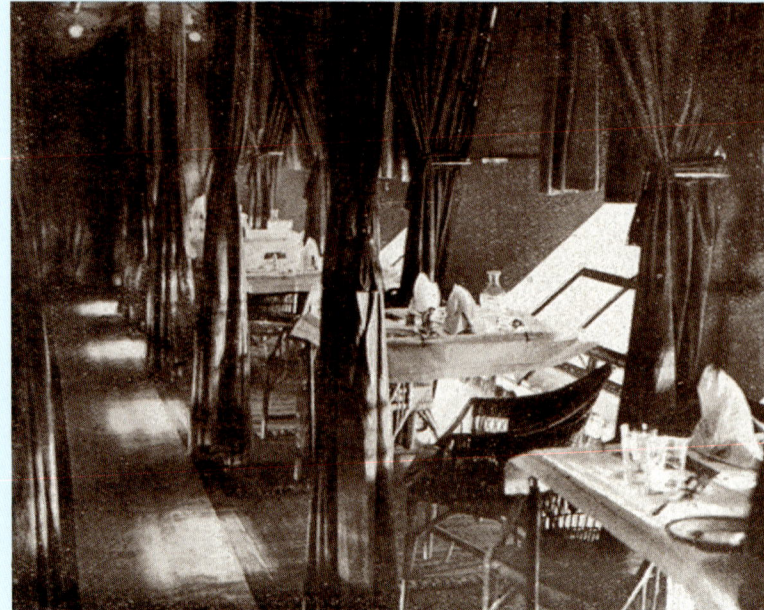

Der Speisesaal der R-36; hinter den Vorhängen verbergen sich die Streben des Leichtmetallgerüsts.

Luftschiffreisen versprechen zahlungskräftigem Publikum komfortable Perspektiven

Wem die Weltreisen auf den Luxusdampfern der großen Schiffahrtslinien keine neuen Abenteuer mehr bieten können, hat die Möglichkeit, mit einem neuen britischen Luftschiff die Kontinente von oben kennenzulernen.

Für gutbetuchte Weltenbummler wird in Großbritannien das Luft-

schiff R-36 in Dienst gestellt. Diese Weiterentwicklung des deutschen Zeppelins R-34 ist mit höchstem Komfort für die Reisenden ausgestattet. Wegen der geringen Fahrgeräusche besonders angenehm ist die Trennung des Passagierabteils von den Motoren, die in separaten Gondeln untergebracht sind. Aufgrund

der geringen Ausmaße der beiden Decks müssen jedoch Einschränkungen in der Bewegungsfreiheit hingenommen werden, und die Schlafkabinen erinnern an enge Seemannskojen. Die Bewirtung im Speisesaal braucht dagegen den Vergleich mit einem Luxusliner nicht zu scheuen.

Als erste Verbindung wird die Linie London–Kairo eingerichtet. Für die rund 3600 km lange Fahrt über das Rhonetal, Italien und das Mittelmeer benötigt das Luftschiff zwischen 36 und 40 Stunden und bietet angesichts des stolzen Fahrpreises die Gewähr, sich in einem exklusiven Kreis zu bewegen.

FRÜHLING in der SCHWEIZ

KENNEN SIE DIE SONNIGEN UND GESCHÜTZTEN ORTE FÜR EINEN FRÜHLINGSAUFENTHALT? AUSKUNFT ERTEILEN DIE SCHWEIZERISCHE VERKEHRSZENTRALE, IHRE AGENTUREN, DIE VERKEHRSBUREAUX UND DIE REISEAGENTUREN IN DER SCHWEIZ UND IM AUSLAND.

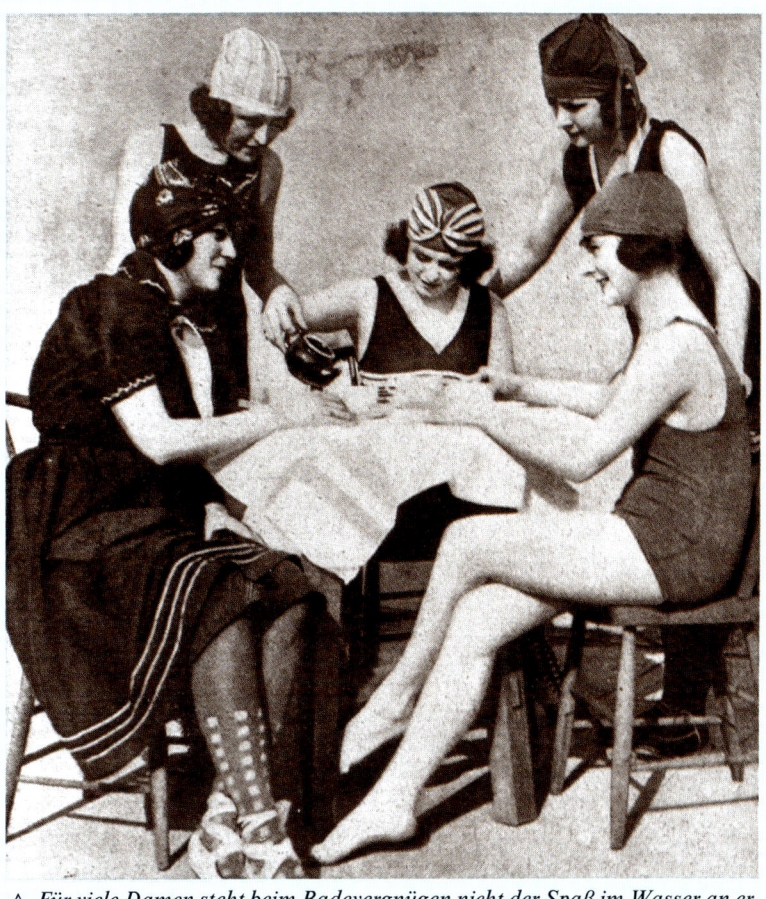

△ *Für viele Damen steht beim Badevergnügen nicht der Spaß im Wasser an erster Stelle. Nachdem sich diese Fünfergruppe im Berliner Wannsee Abkühlung verschafft hat, entspannt sie sich ausgiebig bei einer Tasse Kaffee.*

◁ *Wer es sich leisten kann, bereits im Frühling ein paar Tage auszuspannen, findet in der Schweiz attraktive und exklusive Urlaubsfreuden.*

Die Tänzerinnen Anita Dickstein (l.) und Ellen Stavrides erholen sich im Ostseebad Heringsdorf.

Opernsängerin Cläre Dux amüsiert sich mit dem Schauspieler Hans Albers am Heringsdorfer Strand.

Der britische Botschafter in Berlin, Lord Edgar Vincent d'Abernon (l.), entspannt sich an der Ostsee.

Enrico Carusos früher Tod bewegt die Welt

5. August. 100 000 Menschen geben dem Tenor Enrico Caruso, der drei Tage zuvor im Alter von 48 Jahren starb, in seiner Heimatstadt Neapel das letzte Geleit.

Caruso, der aus einer neapolitanischen Arbeiterfamilie stammt, begann das Gesangsstudium erst im Alter von 18 Jahren. Nach seinem unbeachteten Debüt in Neapel 1894 gelang ihm vier Jahre später in Mailand der Durchbruch als Rodolfo in Giacomo Puccinis »La Bohème« (mit dieser Rolle hatte Caruso auch später den meisten Erfolg). 1902 trat er erstmals im Londoner Covent

Garden auf, ein Jahr später als Herzog in Giuseppe Verdis »Rigoletto« an der Metropolitan Opera in New York, zu deren Ensemble er bis zu seinem Tod gehörte. Gastspiele an allen großen Opernhäusern der Welt begründeten in den folgenden Jahren den internationalen Ruhm des Sängers.

Caruso prägte durch sein Mitwirken in vielen Uraufführungen große Tenorrollen, so in Francesco Cileas »Adriana Lecouvreur«, Alberto Franchettis »Germania« und Giacomo Puccinis »Fanciulla del West«. Sein großer Stimmumfang, der ihn

gleichermaßen zu lyrischem wie dramatischem Ausdruck befähigte, ist in über 250 Schallplattenaufnahmen festgehalten. Er ist damit der erste große Sänger, dessen Stimme der Nachwelt erhalten bleibt. 1913 verfaßte Caruso zudem eine kurze Gesangslehre mit dem Titel »How to sing« (»Wie man singen soll«).

Caruso als Bajazzo; diese Rolle zählte zu seinen Glanzleistungen.

In prächtigem Zeremoniell wird Enrico Caruso zu Grabe getragen; riesige Menschenmengen säumen die Straßenränder seiner Heimatstadt Neapel.

Reinhardt dominiert Salzburger Festspiele

2. August. Die 1920 ins Leben gerufenen Salzburger Festspiele beginnen in diesem Jahr mit einer Mozartwoche als Hommage an den berühmten Sohn der Stadt.

Als besonderes Ereignis gilt am ersten Tag der Festspiele die Uraufführung eines bisher verschollenen Werks von Mozart, des Adagio für zwei Violinen und Violoncello. Den Abschluß der ersten Woche bildet eine Sonate im Hof der barocken Bischofsresidenz. Neben Solisten aus Wien und Salzburg treten Mitglieder der Wiener Staatsoper, des Mozarteumsorchesters und des Salzburger Gesangvereins auf.

Den Höhepunkt der bis zum 23. August dauernden Festspiele bildet wie im Vorjahr die im Freien auf dem Domplatz stattfindende Aufführung des »Jedermann« von Hugo von Hofmannsthal, wie 1920 erneut in der Regie von Max Reinhardt. Reinhardt hat sich zum Ziel gesetzt, das Theaterspiel wie im Mittelalter wieder zu einem Fest zu machen.

Gerade Hofmannsthals Parabel, die in der Tradition des christlichen Mysterienspiels steht, bietet für diese Intention die geeignete Vorlage.

Als Jedermann ist erneut der Österreicher Alexander Moissi zu sehen, der schon seit 1906 zu Reinhardts Ensemble gehört. Johanna Terwin

spielt die Buhlschaft. Die Inszenierung besticht vor allem durch die Einbeziehung der Tageszeiten in die allegorische Aussage des Dramas vom »Sterben des reichen Mannes«: Der Übergang vom Tag zur Nacht begleitet Jedermanns unaufhaltsamen Niedergang.

Erstmals gehören auch Ballettaufführungen zum Salzburger Programm: Tamara Karsawina, die den Ballets Russes von Sergei Diaghilew angehört, präsentiert mit Laurent Nowikow Glanzpunkte aus ihrem Repertoire; Reinhardt hat eigens für die Primaballerina drei Soloabende angesetzt.

Film hetzt gegen schwarze Soldaten

23. August. Die Film-Oberprüfstelle in Berlin verbietet den rassistischen Streifen »Die schwarze Schmach«, der schwarze Soldaten aus der französischen Besatzungsarmee im Rheinland (→ 7. 3./S. 46) zu Unrecht verschiedener schwerer Sittlichkeitsdelikte bezichtigt.

Als Begründung beruft sich die Prüfstelle auf das Lichtspielgesetz, das einen Film für unzulässig erklärt, wenn darin das Verhältnis des Deutschen Reichs zu einem ausländischen Staat beeinträchtigt wird. Zudem könne die Regierung nicht gegen antideutsche Propaganda im Ausland vorgehen, solange sie selber ähnliche Diffamierungen zulasse.

Der rassistische Film gibt vor, authentische Fälle zu dokumentieren, enthält aber nur erfundene Verunglimpfungen, welche die deutsche Bevölkerung gegen die Besatzer aufhetzen sollen. So wird als Tatsache hingestellt, eine deutsche Frau sei in einem Bordell festgehalten und ihr Verlobter bei einem Befreiungsversuch erschossen worden. Während der Film behauptet, inzwischen seien 40 000 Schwarze im Rheinland stationiert, sind es nur ungefähr 200. Die 1000 Verbrechen, die ihnen insgesamt angelastet werden, sind bei der Polizei niemals aktenkundig geworden.

Schon im Mai hatte Lowis Brody in seiner Funktion als Vorsitzender des Afrikanischen Hilfsvereins, einer Organisation von Afrikanern aus den ehemaligen deutschen Kolonien, gegen die Diffamierung von Schwarzen, die als »unmoralische und unkultivierte Rasse« charakterisiert würden, protestiert.

Schwarze französische Soldaten

Deutsche Leichtathleten zeigen sich in Höchstform

20. August. Die zweitägigen Deutschen Leichtathletik-Meisterschaften werden in Hamburg eröffnet. Die rund 10 000 Zuschauer im Sieveking-Stadion im Hammer Park kommen bei strahlendem Sonnenschein und hervorragenden sportlichen Leistungen der Athleten voll auf ihre Kosten. Bereits im Zwischenlauf über 200 m liefern sich Titelverteidiger Richard Rau (Charlottenburg) und Hubert Houben (Krefeld) einen spannenden Kampf, der 20 m vor dem Ziel entschieden ist, als der schon 33 Jahre alte Rau bei starkem Gegenwind im Endspurt nicht mehr mit seinem zehn Jahre jüngeren Gegner mithalten kann. Houben wird später Meister über 200 m und gewinnt am Sonntag auch die 100 m, ohne an Raus alte Rekordzeiten heranzukommen. Richard Rau, bisher 14mal Deutscher Meister, wird auch mit der Charlottenburger Sprintstaffel »nur« Zweiter hinter Eintracht Frankfurt.

Beste Leichtathletin ist Marie Kießling mit drei Titeln: Im Weitsprung sowie jeweils mit Rekordzeiten im 100-m-Lauf und über 4 × 100 m (mit der Staffel von 1860 München). Weltbestleistungen – bei den Frauen werden keine offiziellen Weltre-

Dreikampf-Meister Arthur Holz beim Weitsprung in Hamburg

Der Krefelder Hubert Houben ist der Gewinner über 100 m und 200 m.

◁ Heinrich Fricke aus Hannover wird mit 3,70 m Deutscher Meister im Stabhochsprung, verfehlt jedoch den 1913 aufgestellten Rekord um 9 cm.

korde gefeiert – schaffen auch die Hochspringerin Anneliese Finn mit 1,45 m und die Kugelstoßerin Frieda Grasse (5,25 kg-Kugel: 8,85 m).

Der aufregendste Kampf der Meisterschaft wird im 400-m-Lauf der Männer ausgetragen. Willi Dünker (Charlottenburg) kündigt einen Rekordversuch an und führt über 300 m mit großem Vorsprung, doch Heinrich Most (Krefeld) kann bis auf 3 m aufholen. Einen halben Meter vor dem Ziel stürzt Dünker, ohne das Zielband zu berühren. Most wird zunächst als Sieger erklärt, später erhält Dünker jedoch den Meistertitel zugesprochen.

Die »Düsseldorfer Zeitung« rechtfertigt in ihrem Kommentar das Leistungsdenken der Sportler: »Von den Gegnern des Sportes ist gerade den Leichtathleten oft der Vorwurf der übertriebenen Rekordsucht gemacht worden. Gewiß, die Leichtathletikverbände erstreben Höchstleistungen, doch sind diese ja gar nicht möglich ohne die breite Grundlage [ernster Vorbereitungsarbeit], aus der heraus organisch und allmählich die Auslese reift«.

Zwei Schlagmänner mit Schlagkeulen (Bats) am Tor (Wicket)

Das Poloturnier, ausgetragen zwischen USA und Großbritannien

Unerwarteter Sieger beim Golfturnier: Jock Hutchison (USA; r.)

Polo, Golf und Kricket: Die Sportarten der oberen Zehntausend in Großbritannien

In Großbritannien erfreuen sich Sportarten wie Polo, Golf und Kricket immer größerer Beliebtheit. Die Höhepunkte in diesem Sportjahr bilden vor allem zwei Ereignisse: Das internationale Poloturnier zwischen den USA und Großbritannien in Hurlingham, in dem die USA als Sieger hervorgehen und die Golfmeisterschaft in St. Andrews (Schottland), die der US-Amerikaner Jock Hutchison überraschend gewinnt.

Bei diesen in der britischen Presse vielbeachteten Sportveranstaltungen wird besonders deutlich, daß Polo und Golf kein Volkssport sind, sondern bei Geld- und Geburtsadel als gesellschaftliches Ereignis verstanden werden.

Im Gegensatz zu den Mannschaftsportarten Rugby und Fußball, die in der sog. besseren Gesellschaft als »Vergnügungen der unteren Klasse« gering-

schätzig beurteilt werden, gilt Kricket als das »intellektuellste« Spiel, das an den Universitäten eine große Anhängerschaft findet. Die komplizierten Regeln für die beiden Mannschaften mit 22 Spielern haben seit 1774 Bestand. Weitaus härter als dieses Fang- und Rückschlagspiel, dafür um so exklusiver ist das Polospiel, das seit dem 19. Jahrhundert sportlichen Reitern Anregung bietet und auch von Mitgliedern der königlichen Familie betrieben wird. Traditionellste Sportart in Großbritannien ist Golf, ein Rasenballspiel, das bereits 1457 in Schottland urkundlich erwähnt wurde, weil es die Jugend von kriegerischer Ertüchtigung abhielt. 1774 wurde in Edinburgh die erste Meisterschaft ausgetragen, und ein Jahr später formierte sich der Ancient and Royal Golf Club of St. Andrews, dessen Regeln noch heute Gültigkeit haben.

September 1921

Mo	Di	Mi	Do	Fr	Sa	So
			1	2	3	4
5	6	7	8	9	10	11
12	13	14	15	16	17	18
19	20	21	22	23	24	25
26	27	28	29	30		

1. September, Donnerstag

Das Reichsaußenministerium gibt bekannt, daß sich der Anteil von Nahrungs- und Genußmitteln am Import ins Deutsche Reich derzeit auf 40,9 % beläuft. Im Vergleich dazu betrug er 1913 nur 25,6 %.

In Berlin tritt eine neue Polizeistunde in Kraft. Theater, Kinos und Kabaretts dürfen jetzt bis 1 Uhr spielen. Bisher mußten sie um Mitternacht schließen. →S. 159

2. September, Freitag

Auf dem zwölften internationalen Zionistenkongreß in Karlsbad, der vom 1. bis zum 14. September dauert und von 5000 Delegierten besucht wird, fordert der Religionsphilosoph Martin Buber, die Besiedlung Palästinas durch die Juden dürfe »kein fremdes Recht«, namentlich der Araber, beeinträchtigen.

Auf seiner Jahrestagung wendet sich der Alldeutsche Verband, eine Organisation, die völkisch-nationale Interessen vertritt, massiv gegen die Reparationsbeschlüsse der Alliierten, die das deutsche Volk dem »Sklavenjoch« unterwürfen.

Die Arbeiter der saarländischen Porzellanfabrik Villeroy und Boch beenden nach sieben Wochen einen ergebnislos gebliebenen Streik für höhere Löhne.

Die US-amerikanische Hoover-Hilfe (→14. 4./S. 67) und das US-amerikanische Rote Kreuz geben bekannt, daß sie unabhängig von der Hilfsaktion des Völkerbunds ihre Hilfsmaßnahmen für die Hungernden in Sowjetrußland fortführen werden (→2. 8./S. 144).

Der Aachener Ingenieur Wolfgang Klemperer startet aus 920 m Höhe von der hessischen Wasserkuppe aus den ersten Überlandflug mit einem motorlosen Flugzeug. Nach 13 Minuten landet er sicher in 5 km Entfernung.

Das Radrennen Paris–Brest–Paris endet mit dem Sieg des Belgiers Mottiat, der die 1198 km lange Strecke in 55:07,8 h bewältigt. →S. 166

3. September, Samstag

In Coburg kommt es bei Demonstrationen gegen die Ermordung Matthias Erzbergers (→26. 8./S. 136) zu blutigen Zusammenstößen zwischen der bayerischen Landespolizei und den Protestierenden. Mehrere Menschen werden durch eine Handgranate, die von der Polizei geworfen wurde, verletzt.

4. September, Sonntag

Auf der Nordischen Woche in Lübeck hält der Schriftsteller Thomas Mann einen vielbeachteten Vortrag über »Goethe und Tolstoi«. Die Nordische Woche, zu der zahlreiche Delegierte aus Skandinavien eingeladen wurden, soll der Förderung wirtschaftlicher und kultureller Beziehungen zwischen dem Deutschen Reich und seinen Nachbarn im Norden dienen.

5. September, Montag

Reichspräsident Friedrich Ebert (SPD) erläßt eine Verordnung »zum Schutz der Uniform«. Die deutsche Bevölkerung wird aufgefordert, die Mitglieder der Reichswehr mit Respekt zu behandeln. Während der Protestdemonstrationen gegen die Ermordung Matthias Erzbergers (→26. 8./S. 136) waren Soldaten und Offiziere vermehrt provoziert oder angegriffen worden.

Der Parteivorstand der SPD veröffentlicht seinen Geschäftsbericht für das Jahr 1920/21. Die Mitgliederzahl beträgt derzeit 1,22 Mio. und ist seit dem Vorjahr um 40 851 (3,4 %) gestiegen. Bei Kriegsausbruch waren es nur 1,08 Mio. Mitglieder.

6. September, Dienstag

Die alliierten Mächte fordern die ungarische Regierung auf, sofort mit der Räumung des Burgenlands zu beginnen. Gemäß dem Friedensvertrag von St. Germain (1919) soll Ungarn das Gebiet an Österreich abtreten (→13. 10./S. 176).

Das US-amerikanische Wirtschaftsministerium gibt bekannt, daß die Prohibition (Alkoholverbot), die 1920 verhängt wurde, in den letzten Monaten zu erhöhtem Schmuggel geführt hat. Offiziellen Schätzungen nach werden auf jede Gallone (3,78 l), die legal importiert wird, 100 Gallonen illegal eingeführt. In der ersten Jahreshälfte habe der Import 110 000 Gallonen (415 800 l) betragen.

7. September, Mittwoch

Eine Delegation der DNVP unter Leitung des Parteivorsitzenden Oskar Hergt fordert bei einer persönlichen Unterredung mit Reichskanzler Joseph Wirth (Zentrum) die Aufhebung des Ausnahmezustands und legt Beschwerde gegen die »allgemeine Hetze gegen rechts« ein (→29. 8./S. 139).

In ganz Oberschlesien wird der Ausnahmezustand aufgehoben, der vor der Abstimmung über die Staatszugehörigkeit der Bevölkerung im März verhängt worden war (→20. 3./S. 54; 20. 10./S. 172).

Das Reichsjustizministerium in Berlin ordnet eine Untersuchung der Behandlung von Max Hölz im Moabiter Zuchthaus an. Hölz, der maßgeblich an den Märzaufständen in Mitteldeutschland beteiligt war (→21. 3./S. 48), hatte sich über Mißhandlungen der Aufseher beschwert (→22. 6./S. 99).

Als erster skandinavischer Staat schließt Norwegen mit Sowjetrußland ein Handelsabkommen. Der Storting, das norwegische Parlament, hatte den Abschluß des Vertrages mit 69 zu 47 Stimmen bewilligt.

8. September, Donnerstag

An der Berliner Börse wird der US-Dollar erstmals in diesem Jahr mit mehr als 100 Mark notiert. Der amtliche Mittelwert liegt bei 101 Mark (→3. 11./S. 193).

9. September, Freitag

Der Hochkommissar des Völkerbunds für Flüchtlingsfragen und Organisator des Hilfsprogramms für Sowjetrußland, Fridtjof Nansen, berichtet vor dem Völkerbund in Genf über die sowjetische Hungerkatastrophe. Bisher seien annähernd eine Million Menschen verhungert (→2. 8./S. 144).

In Berlin wird der Film »Sappho« des exilrussischen Regisseurs Dimitri Buchowetzki uraufgeführt. Pola Negri spielt die Titelrolle.

10. September, Samstag

In mehreren deutschen und österreichischen Städten kommt es zu Demonstrationen von Kriegsinvaliden gegen die staatliche Sozialpolitik. →S. 157

Die Einreise von Ausländern in die Schweiz wird erleichtert. Die Vorlage eines polizeilichen Führungszeugnisses ist nicht mehr erforderlich.

Der Vorsitzende der Berliner Gastwirte-Innung, Gustav Lücke, richtet einen Aufruf an seine Kollegen sowie an Brauereien und Großlieferanten der Gastronomie, angesichts der finanziellen Not der Studenten (→18. 4./S. 69) Freitische für sie einzurichten.

Bejubelt von Tausenden von Menschen besucht der britische Schauspieler Charlie Chaplin seine Heimatstadt London. Chaplin war 1913 in die USA ausgewandert. →S. 164

11. September, Sonntag

Der bayerische Ministerpräsident Gustav Ritter von Kahr (parteilos) tritt auf Druck der Bayerischen Volkspartei (BVP) zurück. Kahr hatte sich geweigert, eine Einigung mit der Reichsregierung in der Frage des Ausnahmezustands herbeizuführen (→24. 9./S. 156).

Im Wiener Pratergelände wird die erste Wiener Messe eröffnet, bei der 4700 Aussteller und 500 000 Besucher registriert werden. Die Messe soll der zerrütteten österreichischen Wirtschaft neue Märkte erschließen. →S. 159

Die Soubrette Trude Hesterberg eröffnet im Berliner Theater des Westens das Kabarett »Wilde Bühne«. →S. 164

Der Wettbüroinhaber Max Klante meldet den Konkurs seines Berliner Konzerns an und wird kurz darauf verhaftet. Er hatte innerhalb eines Jahres 60 000 Menschen um insgesamt 100 Mio. Mark betrogen. →S. 160

Ein großer Teil der texanischen Stadt San Antonio wird durch Überschwemmungen zerstört. Nach einem gewaltigen Sturm war der San Antonio River so hoch angestiegen, daß er die Stadt überflutete. Mehrere hundert Menschen kommen dabei ums Leben.

König Albert I. von Belgien ernennt Marie Keignaerts zur Bürgermeisterin des Ortes Gheluvelt. Sie ist die erste Frau, die in Belgien Bürgermeisterin wird.

12. September, Montag

Die städtischen Beamten Berlins treten für die Dauer eines Tages in den Streik, weil ihr Tarifvertrag von 1919 gekündigt wurde. Die Reichshauptstadt ist ohne Strom, und die Gasversorgung sowie der Straßenbahnverkehr sind überwiegend lahmgelegt. Ebenso liegt die Produktion in den Fabriken still.

Im Schloßparktheater in Berlin wird das Schauspiel »Alles um Geld« von Herbert Eulenberg uraufgeführt.

13. September, Dienstag

In Peking wird eine neue medizinische Hochschule eingeweiht. Die US-amerikanische Rockefeller-Stiftung hatte 1,5 Mio. US-Dollar (97,5 Mio. Mark) zur Einrichtung der Forschungsstätte gespendet.

14. September, Mittwoch

In Stuttgart beginnt der zweite Deutsche Evangelische Kirchentag, der bis zum 27. Oktober dauert. Hauptthemen der Beratungen sind der Entwurf einer neuen Kirchenverfassung und der Ausbau des protestantischen Schulwesens.

Wie die britische Tageszeitung »Times« mitteilt, beabsichtigt das britische Kolonialamt unter Leitung von Winston Churchill (→1. 1./S. 15) eine Umorganisation der Kronkolonien und Protektorate. Diesen soll ein größeres Maß an Autonomie, besonders in wirtschaftlichen Fragen, zugestanden werden.

Die »New York Times« berichtet, daß Ingenieuren der General Electric Company in Pittsfield (US-Bundesstaat Massachusetts) gelungen sei, eine Spannung von 1 Mio. Volt zu erzeugen.

Der 600. Todestag des Dichters Dante Alighieri wird in ganz Italien mit großen Feierlichkeiten begangen. Dantes »Göttliche Komödie«, an der er 1290 bis zu seinem Tod arbeitete, gilt als eines der einflußreichsten Werke der mittelalterlichen Literatur.

15. September, Donnerstag

Unter dem Namen Herder-Institut wird in Riga eine deutsche Bildungseinrichtung gegründet, die den deutschstämmigen Letten eine Hochschulausbildung in ihrer Muttersprache ermöglichen soll. Sie umfaßt eine philosophisch-theologische, eine germanistische und eine naturkundlich-landwirtschaftliche Fakultät.

Die Besitzer der Textilunternehmen in den französischen Städten Roubaix und Tourcoing, wo die Arbeiter bereits seit einigen Wochen für höhere Löhne streiken, weigern sich, der Einladung von Arbeitsminister Daniel Vincent zu folgen, Schlichtungsversuche mit Repräsentanten der Arbeiter auszuhandeln.

Bei Ausgrabungen in der ägyptischen Wüste südlich von Kairo wird der mumifizierte Körper eines vor 8000 Jahren verstorbenen Mädchens gefunden.

Franzosen und Briten, die sich bisher in der Oberschlesienfrage die Bälle zugespielt haben, gehen zunehmend auf Konfrontationskurs: Während Frankreich Oberschlesien Polen zuschlagen oder zumindest teilen will, tritt die britische Regierung für die Berücksichtigung der deutschen Interessen in dem seit 1918 von der Interalliierten Kommission verwalteten Gebiet ein (Karikatur der satirischen Zeitschrift »Simplicissimus« vom 7. September 1921).

München, 7. September 1921 — Preis 1 Mark 50 Pf. — 26. Jahrgang Nr. 24

SimPLICISSIMUS

Begründet von Albert Langen und Th. Th. Heine

Bezugspreis vierteljährlich 18 Mark · Alle Rechte vorbehalten

Bezugspreis vierteljährlich 18 Mark · Copyright 1921 by Simplicissimus-Verlag G.m.b.H. & Co., München

Fußtrittpolitik

(Zeichnung von E. Thöny)

„Stop! Sonst wird aus dem Spiel noch Ernst!"

16. September, Freitag

Angesichts des großen Andrangs von Studenten in den Arztberuf fordert die Hauptversammlung des Wirtschaftsverbandes der Ärzte Deutschlands in Karlsruhe Maßnahmen zur planmäßigen Verteilung von Ärzten in Stadt und Land. Nur so könne auch der kassenärztlichen Monopolstellung in vielen Industriegegenden entgegengewirkt werden.

17. September, Samstag

In München wird zum ersten Mal seit dem Weltkrieg wieder das traditionelle Oktoberfest gefeiert. Dieses Volksfest findet seit 1811 alljährlich statt und dauert zwei Wochen.

18. September, Sonntag

Die Wiener Nationalorganisation veranstaltet aus dem Rathausplatz aus Anlaß des Jahrestages des Friedens von St.-Germain-en-Laye (10. 9. 1919) eine Massenveranstaltung gegen die »Unterdrückung des Deutschtums«. Nach dem Absingen der deutschen Nationalhymne wird der Anschluß an das Deutsche Reich gefordert (→ 29. 5./S. 83).

Die Ruhrepidemie in Thüringen weitet sich immer weiter aus. Bislang sind 35 Menschen gestorben. Sämtliche Schulen in diesem Gebiet sind bereits geschlossen.

Im finnischen Helsingfors (Helsinki) endet das 36. Fußballländerspiel Deutschlands gegen Finnland 3:3.

19. September, Montag

In Marokko proklamiert Abd El Krim, der Anführer der Rifkabylen, die unabhängige Rif-Republik. → S. 158

In Berlin wird die erste deutsche Autorennstrecke, die AVUS (Automobil-, Verkehrs- und Übungsstraße) eröffnet (→ 24. 9./S. 167).

Im Ufa-Palast am Zoo in Berlin wird der Film »Die Geier-Wally« uraufgeführt. Die Regie führte Ewald André Dupont.

20. September, Dienstag

Die Wahlen zum thüringischen Landtag bringen eine Mehrheit der Linksparteien: Die SPD erhält 16, die Unabhängige Sozialdemokratische Partei (USPD) 12, die KPD 9 Mandate. Die bürgerlichen Parteien erhalten zusammen nur 36 Sitze.

In Polen löst der Rektor des Warschauer Polytechnikums, Anton Ponikowski, den bisherigen Ministerpräsidenten Wincenty Witos im Amt ab, der am 10. September 1921 aufgrund einer Kabinettskrise wegen der gravierenden wirtschaftlichen und finanziellen Probleme des Landes zurückgetreten war.

In München wird nach einem Umbau das Lustspielhaus wiedereröffnet. Es umfaßt jetzt 700 Plätze.

21. September, Mittwoch

Nachdem sich die SPD auf dem Görlitzer Parteitag zu einer Koalition mit der Deut-

schen Volkspartei (DVP) bereit erklärt hat, stimmt auch die Reichstagsfraktion der DVP in Heidelberg für eine Erweiterung der Regierungskoalition »nach links«. → S. 157

Hugo Max Graf von Lerchenfeld-Koefering (Bayerische Volkspartei, BVP) wird vom bayerischen Landtag in München zum Ministerpräsidenten gewählt. Er löst den am 11. September zurückgetretenen Gustav Ritter von Kahr (parteilos) ab (→ 24. 9./S. 156).

Im Kieler Hafen wird an Bord des Linienschiffes »Hannover« durch eine von der Reichsregierung gestellte Sonderwache die feierliche Ehrung der argentinischen Nationalflagge vorgenommen. Die kaiserliche Regierung hatte sich 1917 zu diesem symbolischen Akt der Wiedergutmachung verpflichtet, nachdem zwei argentinische Schiffe versehentlich durch deutsche U-Boote versenkt worden waren.

Bei einem Explosionsunglück im Stickstoffwerk Oppau der BASF bei Ludwigshafen sterben knapp 600 Menschen, Tausende werden verletzt. → S. 160

22. September, Donnerstag

Die baltischen Staaten Lettland, Litauen und Estland treten dem Völkerbund bei. Sie hatten bis zum Weltkrieg zum Russischen Reich gehört, waren vorübergehend von deutschen Truppen besetzt und hatten 1919/20 von der sowjetrussischen Regierung die staatliche Unabhängigkeit zugesichert bekommen.

Die Reparationskommission in Paris gibt bekannt, daß der Wert der vom Deutschen Reich vor den 1. Mai ausgelieferten Schiffe auf 745 Mio. Goldmark festgesetzt wurde. Die Schiffe haben zusammen 2 153 407 Bruttoregistertonnen.

Der »Times«-Korrespondent in Peking meldet, daß eine kanadische Bankgruppe der chinesischen Regierung eine Anleihe von 3 Mrd. Golddollar (381 Mrd. Mark) gewährt hat. Auf die Hinzuziehung des China-Konsortiums wurde verzichtet. Dieses besteht aus US-amerikanischen, französischen, japanischen und britischen Bankgruppen und hat sich zum Ziel gesetzt, Anleihen an China zu unterbinden, deren Verwendung nicht kontrolliert werden kann.

23. September, Freitag

Der Görlitzer Parteitag der SPD wird mit der Verabschiedung eines neuen Programms beendet. → S. 157

Auf der Deutschen Automobilausstellung in Berlin wird das sog. Rumpler-Tropfen-Auto vorgestellt. Es hebt sich durch seine betont aerodynamische Form vom Design der anderen Wagen ab. → S. 161

24. September, Samstag

Der bayerische Ministerpräsident Hugo Max Graf von Lerchenfeld-Koefering (BVP) schließt mit Reichspräsident Friedrich Ebert (SPD) und Reichskanzler Joseph Wirth (Zentrum) einen Kompromiß über die Aufhebung des Ausnahmezustands in Bayern. → S. 156

In Berlin bilden die ehemaligen KPD-Vorstandsmitglieder Ernst Däumig und Paul Levi die Kommunistische Arbeitsgemeinschaft (KAG). Diese Partei soll von Moskau unabhängig sein. Sie schließt sich schon im Februar 1922 wieder der Unabhängigen Sozialdemokratischen Partei Deutschlands (USPD) an (→ 24. 2./S. 34; 22. 8./S. 141).

Im Reichsarbeitsministerium in Berlin wird der Reichshilfsausschuß für die Opfer der Katastrophe im BASF-Werk in Oppau gegründet. Dem Ausschuß gehören Vertreter der Reichsregierung, der preußischen, badischen und hessischen Regierung, des Roten Kreuzes sowie der Arbeiter- und Angestelltenverbände an (→ 21. 6./S. 160).

Der bisherige tschechoslowakische Außenminister Eduard Beneš wird Ministerpräsident. Er löst Johann Černy im Amt ab. → S. 158

Drei bedeutende französische Tageszeitungen, »Petit Parisien«, »Le Matin« und »Le Figaro«, schicken gleichzeitig ihre Auslandsredakteure zu einer Studienreise ins Deutsche Reich, um diesen Möglichkeit zu geben, sich ein besseres Urteil über die deutsche innen- und außenpolitische Lage zu bilden.

Das größte Autorennen in Deutschland wird auf der neu eröffneten Avus ausgetragen. Der Sieger Fritz von Opel erreicht eine Durchschnittsgeschwindigkeit von 130,4 km/h. → S. 167

25. September, Sonntag

Die fünfte internationale Frankfurter Messe wird eröffnet. Der Tiefstand der Mark (Tageskurs: 1 US-Dollar = 108,70 Mark) trägt zu dem lebhaften Geschäft bei. Den besten Absatz verbuchen die Branchen Textilien, Maschinen und Lederwaren.

Das Central Relief Committee, eine US-amerikanische Hilfsorganisation in New York, überweist dem Deutschen Roten Kreuz für die Opfer der Oppauer Katastrophe am 21. September 500 Kisten mit Milch und Lebensmitteln im Wert von 1 Mio. Mark und weiterhin 500 000 Mark in bar für die Pflege der Verletzten (→ 21. 9./S. 160).

Im Pariser Kaufhaus »Printemps« bricht ein Großbrand aus. → S. 159

In New York findet die Premiere des Charlie-Chaplin-Films »The Idle Class« (»Die feinen Leute«) statt.

Die Vereinigten Stadttheater Bochum-Duisburg werden mit Aufführungen des »Don Carlos« von Friedrich von Schiller und des »Parsifal« von Richard Wagner eröffnet. Innerhalb der Theatergemeinschaft werden in Bochum zukünftig Theaterstücke und in Duisburg Opern aufgeführt.

26. September, Montag

Der leitende Regisseur des Großen Schauspielhauses in Berlin, Karl-Heinz Martin, macht mit einer Neuinszenierung von Friedrich von Schillers Stück »Die Räuber« Furore. → S. 165

Der französische Pilot Sadi Lecointe fliegt einen Rekord von 205 Meilen pro Stunde (328 km/h).

27. September, Dienstag

Bei einem Zusammenstoß mit der Polizei im italienischen Modena werden fünf Faschisten getötet. In Ottonuova in Apulien kommt es zu einer Auseinandersetzung zwischen Faschisten und Sozialisten, wobei es zwei Tote und 18 Verwundete gibt (→ 7. 11./S. 189).

Der deutsche Komponist Engelbert Humperdinck stirbt im Alter von 67 Jahren in Neustrelitz. Seine bekannteste Oper »Hänsel und Gretel« entstand 1893.

In Berlin wird der Film »Fortunato«, 1. Teil »Der tanzende Dämon« und 2. Teil »Die Todesfahrt in den Lüften«, von Georg Schmidt-Rudow uraufgeführt.

28. September, Mittwoch

Der unter der Führung des früheren ungarischen Ministerpräsidenten István Graf Bethlen stehende Landesverteidigungsrat von Westungarn proklamiert, daß er das Land in selbständiger Regierung verwalten werde. Als Grund wird der Verzicht der ungarischen Regierung angegeben, ihre Hoheitsrechte über Westungarn auszuüben (→ 13. 10./S. 176).

29. September, Donnerstag

Der Kursverfall der Mark an den internationalen Devisenbörsen setzt sich fort. Für 1 US-Dollar müssen bereits 127 Mark gezahlt werden gegenüber 64 Mark zu Jahresbeginn.

An der Berliner Volksbühne wird Ernst Tollers sozialkritisches Stück »Masse-Mensch« in einer Inszenierung von Jürgen Fehling erstmals öffentlich aufgeführt. → S. 165

30. September, Freitag

Die Franzosen veranlassen, daß die Sanktionen in den seit dem 8. März besetzten Städten im Rheinland aufgehoben werden. → S. 156

Das US-amerikanische Wirtschaftsministerium gibt bekannt, daß seit Beginn des Jahres 20 000 Unternehmen aufgrund der stagnierenden Nachkriegswirtschaft schließen mußten. 3,5 Mio. Menschen sind arbeitslos.

Der deutsche Schriftsteller Oskar Panizza stirbt mit 68 Jahren in Bayreuth. Der Münchner Nervenarzt war mit Satiren gegen staatliche und kirchliche Institutionen bekannt geworden.

Das Wetter im Monat September

Station	Mittlere Lufttemperatur (°C)	Niederschlag (mm)	Sonnenscheindauer (Std.)
Aachen	15,2 (14,5)	45 (68)	— (160)
Berlin	14,1 (13,8)	34 (46)	— (194)
Bremen	14,2 (14,0)	22 (60)	— (164)
München	14,9 (13,4)	34 (84)	— (176)
Wien	— (15,0)	34 (56)	— (184)
Zürich	15,5 (13,5)	90 (101)	200 (166)

( ) Langjähriger Mittelwert für diesen Monat
— Wert nicht ermittelt

Auch wenn die Wohnungsnot eines der dominierenden sozial-politischen Themen des Jahres 1921 ist, gewinnt das stilvolle Ambiente für den wohlhabenderen Teil der Bevölkerung wieder zunehmend an Bedeutung. Die Zeitschrift »Deutsche Kunst und Dekoration« zeigt Trends für Wohnungseinrichtung und Kunsthandwerk auf und stellt neue Tendenzen in der bildenden Kunst vor.

E. PFEIFFER.

DEUTSCHE KUNST UND DEKORATION

WOHNUNGSKUNST
MALEREI · PLASTIK
ARCHITEKTUR · GÄRTEN
KÜNSTLERISCHE · FRAUEN-
ARBEITEN

DARMSTADT

XXIV JAHRG: SEPTEMBER 1921 HEFT 12

JÄHRLICH 12 HEFTE VERLAGSANSTALT ALEXANDER KOCH EINZELPREIS M. 12.–

Bayern schließt Kompromiß mit dem Reich

24. September. Der seit drei Tagen amtierende bayerische Ministerpräsident Hugo Max Graf von Lerchenfeld-Koefering erzielt nach Verhandlungen mit der Reichsregierung in Berlin einen Kompromiß in der Frage des Ausnahmezustands (→ 31. 8./S. 139). Das Kabinett unter Lerchenfelds Vorgänger, Gustav Ritter von Kahr (parteilos), war am 12. September zurückgetreten, da keine Einigung über die Forderungen Bayerns an die Reichsregierung erzielt werden konnte.

Die Kompromißlösung sieht vor, daß die Reichsregierung als Gegenleistung für die Aufhebung des Ausnahmezustands in Bayern, der sich ausschließlich gegen sozialdemokratische und weiter links stehende Kräfte richtet, den im August verhängten allgemeinen Ausnahmezustand modifiziert. Am 28. September erläßt Reichspräsident Friedrich Ebert (SPD) eine neue Notverordnung, welche die Befugnisse des Reichsinnenministers darauf beschränkt, die bayerische Staatsregierung um die Durchführung der Verordnung zu ersuchen. Damit reagiert Ebert auf den Protest der Regierung in München gegen den Eingriff in die Polizeihoheit ihres Landes. Am 15. Oktober wird daraufhin der gesonderte bayerische Ausnahmezustand beendet und der allgemein im Reich geltende eingeführt.

Die Einigung ist vornehmlich auf Drängen der Bayerischen Volkspartei (BVP) zustande gekommen. Als der nationalistischen Gruppen nahestehende Ministerpräsident Kahr strikt auf einem Widerstand ohne »Paktieren« beharrte, war eine Gesandtschaft der BVP unter Leitung ihres Fraktionsvorsitzenden Heinrich Held zu eigenen Konsultationen am 7. September nach Berlin gereist. Am 11. September hatte die Mehrheit des ständigen Ausschusses des bayerischen Landtags dann für ein Einlenken gestimmt, was Kahr zum Rücktritt bewog. In seinem Regierungsprogramm betont der neue Ministerpräsident, dessen Kabinett mehrheitlich aus BVP-Mitgliedern besteht, die »unverbrüchliche Treue« Bayerns zum Reich.

Hugo von Lerchenfeld-Koefering

Kahrs Nachfolger

Hugo Max Graf von Lerchenfeld-Koefering, geboren am 21. August 1871 in Koefering, schlug nach dem Jurastudium eine Verwaltungslaufbahn ein. Im Weltkrieg war er zunächst Polizeipräsident in Lodz und Warschau und wurde 1917 Erster Regierungskommissar beim polnischen Staatsrat. 1919 trat er in den Dienst des Auswärtigen Amts. Ab 1920 fungierte Lerchenfeld als Gesandter der Reichsregierung bei der hessischen Regierung in Darmstadt.

Reichspräsident Ebert (l.) und der neue bayerische Ministerpräsident Lerchenfeld (r.) finden zu einer Einigung über den Ausnahmezustand.

Alliierte Truppen räumen besetzte Städte im Rheinland

30. September. Da die Reichsregierung seit der Annahme des Londoner Ultimatums (→ 5. 5./S. 80) den Reparationsforderungen der Alliierten nachgekommen ist, werden die Sanktionen über Düsseldorf, Duisburg und Ruhrort wieder aufgehoben (→ 7. 3./S. 46).

Am nächsten Tag wird die Rheinzollgrenze beseitigt und die Außerkraftsetzung der deutschen Gesetze für ungültig erklärt. Der Truppenabzug verzögert sich noch über die nächsten Wochen. Das Deutsche Reich muß selbst für die Besatzungskosten aufkommen, die sich auf 100 Mrd. Mark belaufen.

Der Oberste Rat der Alliierten in Paris hatte bereits am 16. August die Aufhebung der Sanktionen für den 15. September angekündigt. Die französische Regierung sprach sich jedoch am 17. September gegen einen Truppenabzug aus, da sie diesen an die bedingungslose Einwilligung der Deutschen in die Einrichtung eines Ein- und Ausfuhrbüros gebunden sehen wollte. Angeblich habe das Reich französische Waren boykottiert. Die deutsche und die französische Regierung kommen schließlich überein, eine Kommission zu bilden, die den Warenimport und -export kontrollieren soll.

Während sich die Umstellung der bürokratischen Vorgänge noch etwas hinzieht, ändert sich das Leben der Bevölkerung sofort entscheidend. Die Straßenkontrollen der Besatzungssoldaten zur Identitätsfeststellung haben ein Ende. Zudem wird die nächtliche Ausgangssperre aufgehoben sowie die Presse- und Versammlungsfreiheit wieder eingeführt. Vor allem auch dürfen die Bewohner der drei Städte wieder nach eigenem Belieben ein- und ausreisen, während sie die Stadtgebiete vorher nur verlassen durften, um zur Arbeit zu gelangen.

Französische Infanterie in Düsseldorf; die alliierten Truppen werden abgezogen, da das Reich Reparationen zahlt.

SPD-Parteitag beschließt Öffnung zur DVP

Verhandlungen über große Koalition

23. September. Auf dem Görlitzer Parteitag der SPD verabschieden die Delegierten mit nur fünf Gegenstimmen ein neues Programm. In ihren neuen Grundsätzen versteht sich die SPD als die »Partei des arbeitenden Volkes in Stadt und Land«, die mit allen »körperlich und geistig Schaffenden« eine »Kampfgemeinschaft für Demokratie und Sozialismus« bilden will. Weiterhin wird auf dem Parteitag mit großer Mehrheit eine Entschließung des Vorstandes angenommen, die eine Koalition mit der DVP, welche die Interessen des Großbürgertums vertritt, grundsätzlich ermöglicht.

Die Sozialdemokraten ändern damit ihren politischen Kurs, denn noch das Erfurter Programm von 1891 war unter strikter Beachtung marxistischer Lehrsätze formuliert worden. Mit dem neuen Programm und der Öffnung zur bürgerlichen Mitte hingegen versucht die Partei, sich der gegenwärtigen politischen Lage anzupassen. Vor allem angesichts der bisher fehlgeschlagenen Koalitionsverhandlungen in Preußen (→ 9. 4./S. 69) und beim Antritt der neuen Reichsregierung unter Joseph Wirth (Zentrum; → 5. 5./S. 80), wo beide Male keine Einigung mit der DVP erzielt werden konnte, sucht die SPD

SPD-Politiker auf dem Weg zu einer Sitzung des Görlitzer Parteitags; Adolf Köster (l.) war 1920 Außenminister in der Regierung Hermann Müller.

nun nach einer »verbreiterten Regierungsbasis«. Weder mit der USPD noch mit der KPD kann eine Übereinstimmung in der Befürwortung der republikanisch-demokratischen Staatsform erreicht werden.

Wie der Parteivorsitzende und ehemalige Reichskanzler Hermann Müller argumentiert, muß die SPD jedoch angesichts der »Not des deutschen Volkes« politisch handlungsfähig werden. Eduard Bernstein, der wesentlich an der Ausarbeitung des Görlitzer Programms mitgewirkt hat, befürwortet die Kooperation mit der DVP, die früher »die eigentli-

che Partei der deutschen Bourgeoisie« gewesen sei, »die Partei der Hochfinanz, der Industrie und der Intelligenz«: »Diese Partei muß vor den Karren der Republik gespannt werden. Das allein sichert und festigt den inneren Frieden Deutschlands.« Als »Sensation« wird gewertet, daß selbst der ehemalige Reichskanzler Philipp Scheidemann und der frühere preußische Ministerpräsident Otto Braun, die sich bisher vehement gegen ein Zusammengehen mit der DVP gewandt haben, dieses in Hinblick auf die innenpolitische Krise nun befürworten.

21. September. Auf einer gemeinsamen Sitzung der DVP-Fraktionen des Reichstags und des preußischen Landtags in Heidelberg wird einer Erweiterung der Regierungskoalition »nach links« zugestimmt.

In der Folge beginnen Verhandlungen mit dem Kabinett von Reichskanzler Joseph Wirth (Zentrum) und der preußischen Landesregierung unter Ministerpräsident Adam Stegerwald (Zentrum) über die Einrichtung einer »großen Koalition«. Wirth sucht dabei eine stärkere Rückendeckung für seine »Erfüllungspolitik« (→ 1. 6./S. 96), während Stegerwald sein Minderheitenkabinett aus Zentrum und DDP erweitern will (→ 9. 4./S. 69).

Die Einbeziehung der DVP in die Reichsregierung mißlingt, weil sie sich mit der SPD in der Frage der Erhebung neuer Steuern nicht einigen kann. Während die SPD eine Besitzsteuer einführen will, beharrt die DVP darauf, daß die Zusatzausgaben des Reichs durch die Reparationen nur durch eine Erhöhung bereits vorhandener Steuern und Industriekredite aufgebracht werden sollen. Die Verhandlungen in Preußen laufen unterdessen weiter (→ 5. 11./S. 192).

Kriegsinvaliden fordern mehr Geld

10. September. In mehreren Städten des Deutschen Reiches und Österreichs kommt es zu größeren Demonstrationen von Kriegsinvaliden und Hinterbliebenen gegen die unzureichende staatliche Versorgung.

Reichsarbeitsminister Heinrich Brauns (Zentrum) lädt daraufhin am 12. September die Vertreter der sieben Organisationen der Kriegsbeschädigten nach Berlin zu Verhandlungen ein. Er bietet eine Erhöhung der Teuerungszulagen für Witwen um 20 Mark, für Waisen um 12 Mark und um 20 bis 50 Mark für Schwerbeschädigte an. Die Verbände weisen diese Vorschläge als unzureichend zurück, da eine Kriegerwitwe mit einer Rente von 250 Mark auskommen müsse und die Teuerungszulage keine nennenswerte Verbesserung darstelle.

Die Kriegsinvaliden und Kriegerswitwen

forderten Entschädigung für ihre verkrüppelten Glieder, für ihre zerstörte Gesundheit, für ihren geraubten Ernährer und für ihre vernichteten Lebenshoffnungen

Die Regierung schweigt

Das Parlament hat seine Arbeiten beendet. Die Regierung hat die Forderungen der Kriegsopfer nicht vorgelegt, trotzdem die sozialdemokratischen Abgeordneten die Regierung an ihre Pflichten mahnten. Die Regierungsparteien haben ihre feierlichen Versprechungen, die sie den ins Feld ziehenden Soldaten gegeben haben, nicht gehalten

Der Dank des Vaterlandes

das sind diese Bettelrenten für die Kriegskrüppel, Witwen, Waisen und Eltern von gefallenen Helden:

Die Regierung zahlt für einen gefallenen Sohn den alten und arbeitsunfähigen Eltern monatlich	57.000 Kronen
für den gefallenen Vater dem Waisenkinde monatlich	76.000 Kronen
für eine Erwerbsbeschädigung von 100 Prozent monatlich	873.000 Kronen
für eine Erwerbsbeschädigung von 75 Prozent monatlich	368.000 Kronen
für eine Erwerbsbeschädigung von 65 Prozent monatlich	131.000 Kronen
für eine Erwerbsbeschädigung von 55 Prozent monatlich	54.000 Kronen
für eine Erwerbsbeschädigung von 45 Prozent monatlich	11.000 Kronen

Kriegskrüppel, die 35 Prozent oder 25 Prozent Erwerbsunfähigkeit haben, werden mit einer einmaligen Zwangsabfertigung von 11.000 Kronen resp. 18.000 Kronen abgespeist

Demgegenüber werden die Kriegsverdiener, die sich an der Not und den Opfern des Volkes bereichert haben, geschützt!

950 Millionen zahlte die Regierung einem reichen Gutsbesitzer in Kärnten für den Krieg beschädigtes Eigentum

Die Kriegsopfer aber hungern und müssen betteln gehn! Lungenheilstätten und Spitäler wurden abgebaut! Invalidenheime wurden gesperrt und die Insassen auf die Straße gesetzt! Schloß Wilhelminenberg wurde dem Kriegsopfern entzogen und den Habsburgern wiedergegeben, welche es sofort an den schwerreichen Großindustriellen Veitscher verscherbelten

Die Kriegsopfer rufen:

alle Mitbürger ihres Vaterlandes auf, ihnen in ihrem Kampfe beizustehen und nicht zu dulden, daß weiterhin mit den Tränen der Kriegswaisen, mit der Verzweiflung der Kriegswitwen, mit dem Elend und dem Hunger der Kriegskrüppel und greisen Elternretter österreichische Schulden eingetragen werden, sondern das Geld wie jenen Geld werde, die mit durch das Geld der Kriegsopfer bezahlt

Gebt keine Stimme den Regierungsparteien!

Wählt nur jene Volksvertreter, die für die Kriegsopfer bisher eingetreten sind und auch in Zukunft eintreten werden! Für den Landesverband Wien der Kriegsinvaliden u. Kriegshinterbliebenen Österreichs: Wolfmüller, Sekretär Brandeisz, Geschäftsführender Vorsitzender

△ *Die Eingliederung der Kriegsbeschädigten in die Wirtschaft wird durch Umschulungsmaßnahmen vom Staat nur begrenzt gefördert. Private Initiativen helfen vielen ehemaligen Soldaten beim Erlernen eines neuen Berufs.*

◁ *Wie im Deutschen Reich protestieren auch in Österreich die Verbände der Kriegsinvaliden und Hinterbliebenen gegen die geringe soziale Absicherung. Ein zu 100% Kriegsbeschädigter erhält eine monatliche Rente von umgerechnet 873 Mark, eine Halbwaise lediglich 76 Mark.*

Spanier beginnen Rückeroberung Marokkos

19. September. Der Anführer der Rifkabylen im Aufstand gegen die spanische Kolonialherrschaft in Marokko, Abd El Krim, proklamiert in Melilla die unabhängige Rif-Republik. Die spanische Armee gewinnt unterdessen im Osten des Rif-Gebiets allmählich wieder an Boden.

Die neue Regierung in Madrid unter Ministerpräsident Antonio Maura y Montaner (→13. 8./S. 146) hatte nach ihrem Antritt Maßnahmen zur Modernisierung der Truppenausrüstung in Nordafrika eingeleitet. Anfang September wurde eine große Ladung an Maschinengewehren und Landungsgerät verschifft. Zudem werden jetzt Flugzeuge eingesetzt, die nach dem neuesten Stand der Technik mit drahtloser Telegrafie, Funk und Vorrichtungen zum Bombenabwurf ausgerüstet sind. Von nun an sollen außerdem Flammenwerfer und Giftgas die Rückeroberung der verlorenen Gebiete erleichtern.

Obwohl bereits im August eine Zensur auf alle Nachrichten aus dem Aufstandsgebiet verhängt wurde, können die Gerüchte über schwerwiegende Fälle von Korruption in der spanischen Armee nicht länger dementiert werden. Die Mißstände, die für die mangelnde Schlagkraft des Militärs verantwortlich sind, werden nun zum wichtigsten Gegenstand der Debatten im Parlament, der Cortes. Nach und nach kommt ans Licht, wie Offiziere, die nicht einmal an der Front erschienen sind, ihre Budgets verschwendeten, während ihre Soldaten hungerten und unter miserablen hygienischen Bedingungen leben mußten.

Die Regierung sieht sich in einer prekären Lage. Einerseits ist sie genötigt, die Verantwortlichen zur Rechenschaft zu ziehen, andererseits könnte eine zu starke Minderung der Kompetenzen der Offiziere die Rückeroberung gefährden. Deshalb wird erneut General Dámaso Berenguer mit der Operation im östlichen Rifgebiet betraut. Am 24. Oktober gelingt es ihm, den Monte Arruit, einen der Hauptstützpunkte der Spanier, nach nur kurzen Kämpfen gegen die Kabylen erneut zu besetzen.

Abd El Krim, Anführer der Rifkabylen

Kampf für Marokko

Abd El Krim aus dem Rifstamm der Beni Uriagel wurde nach seinem Studium in Fes oberster Kadi im Bezirk Melilla. Im Weltkrieg wollte er mit deutscher Hilfe eine Befreiung von der spanischen und französischen Kolonialherrschaft erreichen, wofür er elf Monate in Haft gesetzt wurde. Als seine neuen Verständigungsbemühungen seit 1919 fehlschlugen, begann er, den offenen Widerstand zu organisieren.

Ein spanischer Militärgeistlicher segnet seine gefallenen Landsleute nach erneuten Kämpfen am Monte Arruit; diesmal siegen die Spanier.

Beneš wird Ministerpräsident der Tschechoslowakei

24. September. Der tschechoslowakische Staatspräsident Tomás Garrigue Masaryk ernennt den bisherigen Außenminister Eduard Beneš zum neuen Ministerpräsidenten. Beneš, der sein bisheriges Amt behält, tritt die Nachfolge von Johann Černy an. Černy hatte ein Jahr zuvor an der Spitze eines Beamtenkabinetts, das weitgehend von den Anweisungen Masaryks abhängig war, die Regierungsgeschäfte übernommen. Der Staatspräsident hatte den früheren Chef der mährischen Landesverwaltung ernannt, um durch ein parteipolitisch ungebundenes Kabinett eine Eskalation der innenpolitischen Konflikte zu verhindern.

Neben größeren Unruhen in der Arbeiterschaft war dabei das herausragende Problem der Konflikt zwischen Tschechen und Deutschen, die ungefähr ein Fünftel der Bevölkerung ausmachen. Die Regierung hatte zum 1. Oktober 1920 deutsche Rekruten in die allgemeine Wehrpflicht einbezogen, während die deutschen Parteien für das Sudetengebiet eigene deutsche Einheiten forderten. Als das Kabinett Černy diese Forderung ablehnte, riefen die deutschen Parteien zum Streik auf, was die Regierung veranlaßte, die Demontage oder Zerstörung deutscher Denkmäler anzuordnen. Erst als die tschechischen Sozialdemokraten, derzeit die stärkste Partei im Parlament, Vermittlungsbemühungen anstrengten, ebbten die nationalen Spannungen ab.

Die Konsolidierung der innenpolitischen Lage veranlaßte Masaryk, Beneš mit der Bildung einer neuen Regierung zu betrauen. Beide hatten zusammen während des Weltkriegs in Paris eine Propagandaorganisation gegründet, aus der sich eine provisorische Regierung für den geplanten tschechoslowakischen Staat bildete. Beneš ist seit dessen Gründung im Oktober 1918 Außenminister und hat als Delegierter der Tschechen bei der Pariser Friedenskonferenz 1919 und als Vertreter seines Landes beim Völkerbund im Ausland hohes Ansehen gewonnen. Die schnelle Integration der Tschechoslowakei in das französische Paktsystem in Osteuropa (→19. 2./S. 32) und in die Kleine Entente (→23. 4./S. 67) kam vor allem auf sein Betreiben zustande.

Johann Černy tritt nach nur einjähriger Amtszeit zurück

Der tschechoslowakische Staatspräsident Tomás Garrigue Masaryk

Wiener Messe wird zum Mißerfolg

11. September. Auf dem Rotundengelände im Wiener Prater eröffnet der österreichische Bundespräsident Michael Hainisch die Wiener Messe. Bei der Industrie- und Gewerbeausstellung sind 4500 Unternehmen vertreten, davon rund 75% aus Österreich. Das Messegeschäft nimmt für die heimischen Aussteller einen nahezu ruinösen Verlauf. Zwar ist das Interesse des Fachpublikums außerordentlich groß – mit rund 150 000 Besuchern ist der Andrang doppelt so groß wie in Frankfurt am Main – doch ist der Wert der Abschlüsse äußerst gering. Der Kursverfall der österreichischen Krone veranlaßt ausländische Kunden zu zahlreichen Abschlüssen mit einem hohen Warenwert für billiges Geld. Fachleute sprechen daher von einem Ausverkauf der österreichischen Wirtschaft. Die von den Organisatoren der Messe erwartete Belebung von Industrie und Handel findet nicht statt.

Am 18. September, dem letzten Tag der Messe, kommt es zu Demonstrationen vor der Wiener Börse, die sich gegen die rapide Geldentwertung und die Wirtschaftspolitik der Bundesregierung richten.

Polizeistunde und »neue Freiheiten«

1. September. In Berlin tritt die neue Polizeistunde in Kraft. Theater, Kinos und Kabaretts erhalten nun die Möglichkeit, Spätvorstellungen oder ein verlängertes Spielprogramm anzubieten. Gaststätten sind jetzt bis 1 Uhr geöffnet.

Die Berliner stürzen sich sofort ins Vergnügen. Die Berliner »Vossische Zeitung« kommentiert am 2. September die neue Polizeistunde: »Zum ersten Mal seit vielen Jahren, in denen die Großstädter vor Mitternacht ins Bett geschickt wurden, durften die Berliner gestern einen kleinen Rückfall in die sagenhafte Unsolidität des Friedens wagen... Die ›neue Freiheit‹ der Gastwirte und Wirtsgäste sah überall volle Häuser, und die neu eingesetzten Nachtzüge der Verkehrsmittel waren stark besetzt. Für die gewaltige Industrie des nächtlichen Vergnügens bedeutete schon der erste Abend einen ansehnlichen Einnahmezuwachs.«

Zeltlager der Expeditionsgruppe am Fuße des Berges Makalu in 4920 m Höhe

Indische Sherpas als Träger bei der Expedition im Himalaja-Gebirge

Britische Expedition auf den 8848 m hohen Mount Everest

Anfang September startet eine Gruppe von britischen Bergsteigern zu einer Expedition zum Mount Everest im Himalaja, dem mit 8848 m höchsten Berg der Erde.

Die fünf Briten wollen die Erstbesteigung des Mount Everest vorbereiten, die für 1922 vorgesehen ist. Sie werden von mehreren Sherpas unterstützt, von denen Ausrüstung, *Zelte und Proviant getragen werden. Trotz eingehender Erkundungen gelingt es der Expedition nicht, den Gipfel zu erklimmen. Unüberwindliche Gletscher, extrem ungünstige Wetterbedingungen und insbesondere der Mangel an Sauerstoffgeräten zwingen die Gruppe in einer Höhe von 8326 m zum Umkehren.*

Großbrand im Pariser Kaufhaus »Printemps«: Schaulustige beobachten den gefährlichen Einsatz der Feuerwehr, die den Brand nach Stunden löscht.

Das »Printemps« in Paris brennt

25. September. Im berühmten Pariser Warenhaus »Du Printemps« am Boulevard Haussmann bricht am frühen Morgen ein Feuer aus. Es entsteht ein Sachschaden von etwa 300 Mio. Francs (175,5 Mrd. Mark), Menschen werden nicht verletzt. Ursache des Großbrandes ist ein Kurzschluß.

Das Feuer hatte sich zunächst im dritten Stockwerk entwickelt und sich von dort über den Luftschacht in die übrigen Warenabteilungen ausgedehnt. Die Feuersbrunst dauert bis 1 Uhr mittags an.

Ein umfassender Absperrungs- und Ordnungsdienst zum Schutz der zahlreichen Schaulustigen wird durch das französische Militär geleistet. Die Angestellten des exklusiven Kaufhauses können einen Großteil der Waren noch retten.

Werksgelände mit dem Explosionstrichter

Klante: 100 Mio. Mark durch Wettbetrug

11. September. Der Berliner Wettbüroinhaber Max Klante wird in einem Sanatorium, wohin er sich unter fadenscheinigen Vorwänden zurückgezogen hat, wegen Betruges verhaftet. Die Berliner Staatsanwaltschaft, die sich seit mehreren Wochen mit dem Fall befaßt, ist bei ihren Untersuchungen zu dem Ergebis gekommen, daß Klante rund 60 000 Kunden um insgesamt 100 Mio. Mark betrogen hat.

Der Klante-Konzern hatte das günstige Angebot gemacht, Geldeinlagen auf Jahresfrist mit 600% zu verzinsen. Dieser extrem hohe Zinssatz sollte dabei durch »sichere« Renngewinne finanziert werden. Klante selbst unterhält, um diese Gewinne zu gewährleisten, einen eigenen Rennstall mit acht Pferden.

Für seine lukrativen Geschäfte warb Klante mit großem Aufwand um neue Kunden. Außerdem verteilte er als werbewirksames Mittel auf Rennplätzen Geldscheine an die Besucher. Von seinen Anhängern ließ er sich als »Wohltäter« feiern. Die Leidtragenden von Klantes vielversprechenden Werbestrategien sind hauptsächlich Arbeiter und Angehörige des Mittelstands.

Der Wettbetrüger hatte »Sportbanken« in Berlin und in der Provinz aufgebaut. Viele seiner Kunden verkauften in der Hoffnung auf die sensationellen Zinsgewinne ihr letztes Erspartes oder wertvollen persönlichen Besitz. Der Fall Klante, für dessen »Sportbank« das Amtsgericht Berlin-Lichtenberg das Konkursverfahren einleitet, ist keine Einzelerscheinung: Bereits am 20. August 1921 wurde der Inhaber eines der größten Berliner Wettbüros, Karl Köhn, ebenfalls wegen Betruges und Steuerhinterziehung verhaftet.

Unter Arrest: Max Klante

Schalter in Klantes »Sportbank« in Berlin; Tausende hoffen vergeblich auf eine wundersame Vermehrung ihrer Einlagen.

Schweres Unglück bei BASF in Oppau

21. September. *Im Stickstoffwerk der Badischen Anilin- und Sodafabrik (BASF) in Oppau bei Ludwigshafen kommt es zum schwersten Explosionsunglück in der deutschen Industriegeschichte. 600 Menschen kommen ums Leben, 2500 werden zum Teil lebensgefährlich verletzt.*

Das Unglück ereignet sich am frühen Morgen, als gerade 800 Arbeiter die Schicht wechseln. Aus ungeklärten Ursachen explodiert ein Silo mit 4000 t Ammoniumsulfat-Salpeter. Durch die Detonation werden das Ammoniakwerk und zwei weitere Fabriken zerstört. Der Explosionsherd stellt sich als ein Trichter von 100 m Durchmesser und 50 m Tiefe dar. In dem benachbarten Ort Oppau stürzen fast alle Häuser ein und begraben Hunderte von Menschen unter sich; die Druckwelle deckt in den umliegenden Orten Dächer ab, Fensterscheiben werden eingedrückt und geschlossene Türen aufgesprengt.

Der Journalist Walter Ostwald berichtet in »Velhagen & Klasings Monatsheften« über seinen »beschaulichen Gang durch die Deutsche Automobilausstellung«:

»Wagenform und Motor sind flugtechnisch grundlegend befruchtet. Mehrleistung, niedrige Betriebskosten, Verringerung von Staubplage und Straßenabnützung, – das sind die Fortschritte des deutschen Kraftfahrzeugbaus mit flugtechnischen Mitteln… Zusammen mit der altbekannten deutschen Werksarbeit und der aus dieser folgenden unerreichten Lebensdauer und Betriebssicherheit deutscher Kraftfahrzeuge steht damit nun wieder der Typ des deutschen Kraftfahrzeuges nach langer Pause vor den Augen der Welt.

Wie weit dieses echt deutsche Treiben der Wirkungsgrade gediehen ist, dafür sind die zahlreichen winzigen Motorfahrräder ein gutes Beispiel: die wirtschaftlichen Nöte zwingen zu Kraftfahrzeugen, die in Anschaffung und vor allem im Betrieb sehr billig sind. Für Wagen nach Art des amerikanischen Fahrrades, sind wir an Geld und Rohstoffen zu arm. Die deutsche Lösung ist das Kleinkraftrad, das entweder in Verbindung mit dem eigentlichen Fahrrad benutzt wird, oder ein mit Motor ausgerüstetes, besonders kräftiges, unter Umständen auch in neue Form gegossenes Fahrrad darstellt.

Bei den Kraftwagen ist der ausschlaggebende Einfluß des deutschen Flugwesens noch viel deutlicher. Dies gilt zunächst einmal für die Motoren, deren Leistung und Wirtschaftlichkeit neuerdings in Deutschland außerordentlich hoch gesteigert worden ist… Dieser Einfluß der deutschen Fliegerei auf den Kraftfahrzeugbau wird augenfällig an der äußeren Form der Wagen. Ein gutes Beispiel hierfür ist der kleine Grade-Wagen, der windschnittige Linien in bisher unerreichter Schönheit und Zweckmäßigkeit erkennen läßt.«

Ein Blick in die große Halle der Deutschen Automobilausstellung zeigt die Vielfalt der angebotenen Wagen.

Funktionalität prägt Automobilausstellung

23. September. Die erste Deutsche Automobilausstellung seit zehn Jahren wird in Berlin feierlich eröffnet. Es werden zum Teil umwälzende Neuerungen der Automobilindustrie vorgestllt, die sich besonders auf technische Weiterentwicklungen sowie auf neuartige Wagenformen beziehen. Die Messe dauert bis zum 2. Oktober 1921 und wird angesichts des großen Besucherandrangs zu einem vollen Erfolg für die ausstellenden Autofirmen. Auffallend auf der Automobilausstellung sind vor allem die kleinen und leichten Wagen mit geringer Motorleistung. Bei diesen Modellen stehen Wirtschaftlichkeit und Gebrauchstüchtigkeit im Vordergrund. Ausschlaggebend für diese neuen Richtlinien im Automobilbereich sind die derzeit kaum zu finanzierenden Betriebskosten für Kraftfahrzeuge. So sind auch günstige Motorräder mit Hilfsmotoren und sog. Liliputwagen im Ausstellungsprogramm zu finden.

Der Automobilbau lehnt sich, wie die Ausstellung eindeutig dokumentiert, an Konstrukionen des Flugzeugbaus an. Eine besondere Attraktion ist das Rumpler-Tropfen- Auto des österreichischen Flugzeugkonstrukteurs Edmund Rumpler mit stromlinienförmiger Karosserie (→ S. 142). Eine kleine Sensation stellt darüber hinaus der Maybach-Sechszylinder dar, der als der erste »Wagen ohne Schaltung« präsentiert wird. Sein 70-PS-Motor verfügt auch bei niedrigen Drehzahlen über ein hohes Drehmoment. Großes Interesse bei den Besuchern erregt auch der »Rico«, ein Kraftwagen mit Propellerantrieb im Heck.

Prominenz beim Fachsimpeln: Reichspräsident Friedrich Ebert (r.) und der Rennfahrer Fritz von Opel

Die Sensation auf der Messe: Das Tropfen-Auto von Rumpler ist konkurrenzlos windschnittig, bietet aber wenig Platz und keinen Kofferraum.

Attraktion für Fachleute: Lastwagen von Krupp mit einem hydraulischen Kipper

*Vergnügungsort vieler Großstädter: Der Berliner Lunapark, dessen große Berg-
und Talbahn im expressionistischen Stil umgebaut wurde.*

*Eine Attraktion, die nicht nur Kinder begeistert: Der Flohzirkus; der Eintritt zum
Bewundern dieser »Dressurleistung« ist für jeden erschwinglich.*

Tanzbären in den Strassen
Berlins. — Oben: Meister Petz
tanzt zur Musik. — Rechts:
Auf dem Heimweg. — Unten:
Die Künste des kleinen Affen.
ZIGEUNERROMANTIK
IN DER GROSSSTADT
Aufnahmen von Photothek u. B. B. B.

*Ein Wanderzirkus mit Vorführungen von Bären und Affen fasziniert Berliner
Kinder, die gewöhnlich nicht einmal Kühe zu sehen bekommen.*

*Auch der Gesellschaftstanz erfreut sich wieder zunehmender Beliebtheit; viele
Amateure nehmen an Wettkämpfen, wie hier in Berlin, teil.*

*Während die Schallplattenproduktion in den USA immer mehr steigt, sind Pres-
sungen wie die Shimmy-Scheibe von Marek Weber im Deutschen Reich noch
eher Raritäten. Die deutsche Industrie, die vor dem Weltkrieg führend in der
Herstellung von Schallplatten war, hat seitdem wegen ihrer wirtschaftlichen Probleme den Anschluß an den internationalen Markt verloren.*

Die Vergnügungspaläste und Restaurants der Großstädte kommen bei ihrem Unterhaltungsangebot an der Jazzmusik nicht mehr vorbei. Neben Kapellen, deren Repertoire sich weitgehend auf die sog. Kaffeehausmusik beschränkt, werden mehr und mehr Ensembles verpflichtet, die den bei jungen Leuten beliebten Jazz spielen können.

Eine Einladung zu »Schönheitstanz«-Vorführungen; die zunehmende Beliebtheit dieser Nackttänze ist Indiz für einen allmählichen Wandel der moralischen und ästhetischen Werte in der deutschen Gesellschaft, der sich wie immer zuerst in der Großstadtkultur bemerkbar macht.

Nur wenige können sich das Amüsement in den teuren Nachtlokalen wie dem »Odeon Casino« in München leisten; die meisten strömen zum Tanztee in die billigeren Tanzpaläste. Dabei ist auffällig, daß Frauen immer häufiger allein ausgehen, um sich zu vergnügen.

Unterhaltung 1921:

Großstadtjugend im Jazzfieber

Trotz materieller Sorgen und politischer Unsicherheiten kommen die Vergnügungen für den deutschen Bürger nicht zu kurz. Gerade in den Großstädten bietet die einsetzende Massenkultur eine Vielzahl von Unterhaltungsmöglichkeiten für arm und reich.

Während sich das Großbürgertum im Theater und in der Oper, auf Rennbahnen, von Automobilclubs organisierten Rundfahrten, Modenschauen und Kunstauktionen die Zeit vertreibt, erholt sich das Gros der Bevölkerung bei Dampferfahrten, Zirkusvorstellungen, Aufführungen von Wanderbühnen in Gaststätten und kleinen Theatern und nicht zuletzt auch immer mehr im Kino.

Scharen von jungen Leuten aus den mittleren und gehobenen Einkommensschichten strömen neuerdings in die Tanzpaläste, wo sie nicht nur abends, sondern schon nachmittags beim Tanztee einer neuen Leidenschaft ihrer Altersgruppe frönen können: Den Modetänzen zu Jazz-Musik aus den USA, wobei der Shimmy derzeit der absolute Favorit ist (→ S. 39). Während der Jazz in Paris und London schon live von Musikern aus den USA gespielt wird, bieten die wirtschaftlichen Verhältnisse im Deutschen Reich für die Orchester aus Übersee keinen Anreiz zu längeren Engagements. Die deutschen Jazz-Musiker bleiben unter sich und bieten ihrem Publikum nur Nachempfindungen von dem, was sie auf importierten US-amerikanischen Platten an Anregungen erhalten haben.

In den USA ist der Jazz indessen schon Teil des kommerziellen Entertainments geworden. Immer mehr Bands zieht es nach Chicago, das nach New Orleans zur neuen Metropole dieser Musikrichtung geworden ist. Joe »King« Oliver, der maßgeblich zu der Entwicklung des »klassischen« New Orleans-Stils beigetragen hat und als bester Jazz-Trompeter gilt, gibt hier schon seit 1918 den Ton an. Immer mehr Nachahmer folgen ihm in den beliebtesten Vergnügungsort des Mittelwestens. Erst seit der Etablierung in Chicago beginnt der Jazz allmählich seinen Siegeszug in Europa.

Charlie Chaplin (l.) wird in Southampton freudig begrüßt.

Berittene Polizei sichert die Fahrt Chaplins durch die Londoner City.

Empfangen wie ein Held: Der Hollywoodstar in seiner Heimatstadt

Vom kleinen Chargen-Schauspieler zum Weltstar: Charlie Chaplin auf Europareise

10. September. *Der britische Schauspieler und Regisseur Charlie Chaplin, einer der berühmtesten Filmstars in den USA, unternimmt seine erste Europareise. In Londons City säumen Zehntausende die Straßen, um ihr Idol einmal aus der Nähe zu sehen und ihm begeistert zuzujubeln.*

Vor acht Jahren hatte Chaplin London verlassen und in den USA als Kleindarsteller bei der Keystone Company begonnen. In den folgenden Jahren war er in seiner Paraderolle als »little tramp« international bekannt geworden.

Charlie Chaplin wurde am 16. April 1889 in London geboren. Seine Kindheit hatte er in bitterster Armut im Elendsviertel verbracht. Seine Mutter wurde im Jahr 1896 in eine Heilanstalt eingeliefert, und sein Vater starb 1898. Bereits

mit elf Jahren erhielt Chaplin sein erstes festes Engagement, er spielte kleine Rollen in Theatern und trat auch im Zirkus auf.

1914 entstand in den USA sein erster Film, »Making a Living«. Hierin entstand Chaplins unverwechselbares Markenzeichen: Der kleine Vagabund, mit Bärtchen, Melone, zu kleiner Jacke und übergroßen Hosen und Schuhen, der in grotesken Situationen bestehen muß. Zu den bedeutendsten Filmen Chaplins, der seit 1919 Miteigentümer der Filmgesellschaft United Artists Corporation ist, zählen: »The Tramp« (1915), »The Vagabond« (1916), »Easy Street« (1917), »A Dog's Life« (1918), »Sunny Side« (1919), »The Kid« (→ 6. 2./S. 38) und »The Idle Class« (1921).

»Milieu« prägt Eröffnungsprogramm der »Wilden Bühne«

11. September. Im Keller des Berliner Theater des Westens stellt die Soubrette Trude Hesterberg, eine ehemalige Schülerin des Theaterregisseurs Max Reinhardt, das Eröffnungsprogramm ihres Kabaretts »Die wilde Bühne« vor.

»Die Schrecken dunkler Kanäle tun sich auf. Mietskasernen. Leichenschauhaus. Zuhälter. Straßenmädchen… Die Hesterberg steht vor expressionistischen Dekorationen, im schwarzen, schmucklosen Samtkleid, mit roten Schuhen, alles Mondäne hat sie abgestreift und sich brünstig eingewühlt in die Sphäre schauerlicher Tragik aus dem Kaschemmen-Milieu.« So kommentiert ein Kritiker der »Berliner Zeitung« die erste Vorstellung, die vorwiegend aus Liedern über die Berliner Halbwelt besteht. Die Texte hat zum größten Teil Leo Heller verfaßt, ein Journalist, der das »Milieu« der Reichshauptstadt seit langem gründlich studiert hat.

Der Vorrang dieser »Kaschemmenlieder« ruft jedoch auch negative Kritik hervor, so daß Hesterberg ihr

nächstes Programm im Oktober mit mehr poetischen und ulkigen Einlagen abwechslungsreicher zu gestalten beginnt. Walter Mehring, der auch für Max Reinhardts Kabarett »Schall und Rauch« und die Leipziger »Retorte« (→1. 2./S. 39) viele Gedichte und Chansons geschrie-

ben hat, wird bald der Hausautor der »Wilden Bühne«. Höhepunkte in Trude Hesterbergs Auftritten sind ihre Interpretationen seines »Börsenlieds« und der »Arie von der großen Hure Presse«, die sie in einem Kleid aus Zeitungsausschnitten vorträgt. Neben Mehring tragen auch

Kurt Tucholsky und Klabund in der Folgezeit dazu bei, daß sich dieses neue Kabarett mit seinem literarisch-satirischen Programm zu einem der anspruchsvollsten in der Republik entwickelt. Zu den Stars der Bühne zählen Blandine Ebinger, Wilhelm Bendow und Kurt Gerron.

Die »wilde Trude« in einem Ulk mit Theo Körner; »Kaschemmenlieder« bestimmen das Programm.

Pionier auf dem Gebiet des Kabaretts ist das Berliner Ensemble »Schall und Rauch«, das 1901 als literarisch-parodistisches Theater erstmals auftrat und seit 1919 unter der Leitung von Max Reinhardt und Rudolf Kurtz Erfolge feiert.

Theo Körner mit Trude Hesterberg; die »Wilde Bühne« befindet sich im Keller des Theater des Westens.

Revolutionsstück »Masse-Mensch«

29. September. In der Berliner Volksbühne wird das sozialkritische Zeitdrama »Masse-Mensch« des 27jährigen Ernst Toller erstmalig öffentlich aufgeführt. Das von Jürgen Fehling inszenierte Stück mit Heinz Hilpert, Veit Harlan und Mary Dietrich in den Hauptrollen wird ein beachtlicher Publikumserfolg.

»Masse-Mensch«, 1919 von Toller unter dem Eindruck eigener Erfahrungen geschrieben, spiegelt die Ereignisse der Münchner Räterepublik wider, an der er 1919 als Vorsitzender der bayerischen Arbeiter-, Bauern- und Soldatenräte beteiligt war. Nach dem Sturz der Räterepublik wurde Toller zu fünf Jahren Haft verurteilt.

Alfred Kerr schreibt dazu im »Berliner Tageblatt«: »Ein Märtyrerstück. Das freiwillige Todesopfer der Sonja Irene L.: Führerin einer Aufstandsbewegung; verhaftet von den Häschern des alten (pfäffisch-militaristischen) Staats – nach dem Scheitern jenes gewaltsamen Aufruhrs... Der Anblick... ihres Opfers mag die gewaltlose Weltverbesserung in Zukunft fördern.«

Martin führender Berliner Regisseur

26. September. Mit einer Inszenierung von Friedrich von Schillers Drama »Die Räuber« etabliert sich Karl-Heinz Martin als leitender Regisseur des Großen Schauspielhauses in Berlin.

»Die Räuber« ist das zweite deutsche Revolutionsdrama, das Martin in diesem Jahr zur Aufführung bringt. Im Juni hatte er für seine Inszenierung von Gerhart Hauptmanns »Die Weber« Beifallsstürme geerntet, da die Zukunft Oberschlesiens Hauptthema der innenpolitischen Diskussionen war (→ 2. 5./S. 82). Auch in Schillers Drama betont er die politische Aussage, hauptsächlich durch Hervorhebung der Massenszenen, bei denen rote Fahnen entrollt werden. Martin bleibt damit weiterhin dem politischen Engagement verhaftet, das seine bisherige Arbeit an verschiedenen deutschen Bühnen kennzeichnete. Einen Namen machte er sich vor allem durch seine Inszenierungen von expressionistischen Dramen am Hamburger Thalia-Theater.

Magda Bauer mit Partner als »Faun und Nymphe«

Annie Herzer in improvisierter Tanzpose bei einem Soloabend

Tänzerin Nina Hard bei einer bizarren Tanzdarstellung

Ausdruckstanz in vollendeter Form

Ausdruckstanz, auch freier Tanz genannt, findet 1921 in kulturinteressierten Kreisen besonders in Berlin immer größeren Zuspruch. Auf Solotanzabenden mit bekannten Ausdruckstänzerinnen wie Isadora Duncan oder Mary Wigman, aber auch auf den Veranstaltungen der vielen jungen Nachwuchstänzer, kommen die Tanzbegeisterten auf ihre Kosten.

Der phantasievolle Ausdruckstanz hat sich als Kontrast zum klassischen Ballett Anfang des 20. Jahrhunderts entwickelt. Als Wegbereiterin gilt die US-Amerikanerin Isadora Duncan, die als 21jährige ihr Debüt in New York gab und ab 1899 auch internationale Erfolge feierte. Musik, Bewegung und Kostüme heben sich im Ausdruckstanz völlig vom akademischen Ballett ab. In Anlehnung an die Antike wird reiner Seelenausdruck und die Vervollkommnung körperlicher Harmonie angestrebt.

Neben Isadora Duncan hat sich Mary Wigman einen Namen als Ausdruckstänzerin gemacht. Seit 1920 leitet sie in Dresden eine Schule, in der sie individuelle Tanzausbildung anbietet. Anders als die konventionelle klassische Ballett-Technik mit ihren standardisierten Bewegungsabläufen macht Mary Wigman die Emotionen der Tanzenden zum Maßstab. Freie, improvisierte Bewegungen aus der Alltagswelt werden in Bewegungen umgeformt.

◁ *Die deutsche Tänzerin Mary Wigman setzt auf ihren Solotanzabenden dem klassischen Ballett mit »Spitzenschuh und Tüllrock-Idylle« natürliche Bewegungen entgegen. Im freien Tanz steht die Darstellung von Liebe, Leid und Lust im Mittelpunkt, getanzt wird in leichten, wehenden Gewändern und barfuß.*

▽ *Mary Wigman ist auch als Tanzpädagogin tätig, hier in der von ihr seit 1920 geleiteten Tanzschule in Dresden.*

Paris–Brest–Paris: 1198 km nonstop

2. September. Scharen von Pariser Bürgern haben sich an der Porte Dauphine eingefunden, um Augenzeugen eines großen Spektakels im Radsport zu werden: 125 Radfahrer aus verschiedenen europäischen Ländern starten zu einem Rennen über 1198 km nach Brest (Bretagne) und zurück nach Paris.

Nach 55:07:8 h Nonstopfahrt erreicht der Belgier Mottiat als Erster das Ziel; ihm folgt mit 23 min Rückstand der Franzose Eugène Christophe. Beide sind gezeichnet von den außerordentlich harten Strapazen der Gewalttour, bei der es weder Trainer noch Ärzte zur Betreuung der Sportler gibt.

Das Rennen Paris–Brest–Paris wird 1921 zum vierten Mal ausgetragen. Es wurde 1891 von Journalisten der französischen Zeitungen »Petit Journal« und »Auto« ins Leben gerufen und danach alle zehn Jahre veranstaltet. Als legendärer Sieger ging der Franzose Charles Terront aus der ersten Wettfahrt hervor; 1901 und 1911 folgten ihm dann seine Landsleute Maurice Garin und Emile Georget. Der diesjährige Zweite, Eugène Christophe, holte bereits 1920 den ersten Preis in dem 592 km langen Rennen zwischen Paris und Bordeaux.

Der Sieger des Rennens Paris–Brest–Paris, der Belgier Mottiat (r.) gilt als As bei Langstreckenrennen, die eine enorme Kondition erfordern.

Mit der Erfindung der Tretkurbel und der Konstruktion von Fahrrädern aus Stahl statt aus Holz begann um 1870 auch die Geschichte des Radrennsports. Während der professionelle Radsport zunächst in Großbritannien und Frankreich aufkam, zogen die Deutschen bald mit einer Reihe von Wettrennen nach, die von großen Firmen organisiert wurden. Mit der Ausbreitung des Radsports ging seine Institutionalisierung einher: 1900 wurde in Paris die »Union Cycliste Internationale« (UCI) als weltweiter Radsportverband gegründet.

Bereits gegen Ende des 19. Jahrhunderts gab es eine Reihe von Rekordrennen aller Art. In Frankreich waren zudem seit den 90er Jahren Langstreckenrennen populär. 1899 fand in New York das erste Sechstagerennen statt, das bald auch in Europa nachgeahmt wurde. Mit der Einführung von Etappenrennen, der Tour de France 1903 und dem Giro d'Italia 1909, wurden schließlich neue Maßstäbe gesetzt.

Tausende bewegen sich am Wochenende auf zwei Rädern

In den letzten 20 Jahren ist das Radfahren zum Volkssport der Deutschen geworden. Mancher trainiert nach Feierabend hart, um sich am Wochenende auf den Radrennbahnen messen zu können. Vielen dient das Radeln aber auch als Ausgleich zum Arbeitsleben, wobei gerade die Bevölkerung der wachsenden Großstädte die Flucht aus den grauen Häuserschluchten hinaus ins Grüne zu schätzen weiß.

Solange das Wetter es zuläßt, finden sich Sonntag für Sonntag Tausende von Zuschauern auf den Radbahnen ein, die es inzwischen in fast jeder Großstadt gibt. Die Reichshauptstadt ist jedoch mit einer Vielzahl verschiedener Wettbewerbe führend.

Neben den Bahn-, Strecken- und und Rundrennen ist auch bei den Amateurradlern das Fliegerrennen äußerst beliebt, ein Geschwindigkeitsrennen über eine kurze Distanz, in dem zwei Fahrer gegeneinander antreten.

Während zu diesen Wettkämpfen bisher nur Männer antreten, ist das Radeln als Freizeitbeschäftigung bei beiden Geschlechtern gleichermaßen beliebt. Nicht nur die Freude an der Natur treibt die Wochenendradler dabei an, sondern auch ein gesteigertes Gesundheitsbewußtsein. Vor allem Frauen werden immer häufiger von Ärzten dazu angehalten, sich mehr sportlich zu betätigen.

Start zur Radfernfahrt Berlin–Cottbus–Berlin in Mariendorf; die Fahrer müssen 220 km bewältigen.

Vom Baum aus haben sportbegeisterte Zuschauer eine bessere Sicht auf das Sonntagsrennen in Treptow.

1. Autorennen auf der Avus

24. September. Auf der am 19. September 1921 eröffneten Avus (Automobil-, Verkehrs- und Übungsstraße) in Berlin wird das erste Autorennen ausgetragen. Sieger des gutbesuchten Rennens ist Fritz von Opel, der eine Durchschnittsgeschwindigkeit von 130,4 km/h erreicht.

Fritz v. Opel, Sieger des Rennens

reicht. Die 140 km lange Strecke (7 Bahnrunden) fährt er in einer Zeit von 64:23 min. Zweiter des Rennens wird Franz Hörner auf Mercedes, der eine mittlere Geschwindigkeit von 121,1 km/h erzielt.

Das Autorennen hat den Charakter eines großen Volksfestes: Vor Beginn des Wettrennens spielt eine Blaskapelle, Würstchenbuden und Getränkestände machen gute Umsätze, die Stimmung auf den Tribünen und Stehplätzen ist hervorragend. Schutzpolizisten und Sanitäter sind entlang der Rennstrecke postiert, um einen reibungslosen Verlauf zu gewährleisten.

Die »Vossische Zeitung« beschreibt anschaulich den Verlauf des Rennens: »Das Tempo steigt: wie kleine, farbige Rechtecke schießen die Gefährte vorüber, ihr Atem keucht. Kleine Ereignisse lassen die Herzen schlagen: hier wird einer überrundet, dort setzt ein anderer aus, invalide, wegmüde. In Leder gemummt Gestalten, wie Unweltgeschöpfe in den Wagenboden gekauert, werden sturmgeschwind vorbeigerissen, immer rascher, in die körperlich entgegenflutende Luft hinein. Einer ist Favorit: in rot glänzendem Lack. Die 14. Opel, die starke. Opel der Führer. Wenn er an den Tribünen vorbeirast, grüßen ihn Rufe und Hände. Schon ein paar Runden vor dem Ende ist ihm der Sieg nicht mehr zu nehmen.«

Die fast 20 km lange Avus mit zwei Fahrbahnen von je 7,80 m Breite ist nicht ausschließlich als Rennstrecke ausgelegt. Die Strecke von Grunewald bis Wannsee gilt als die bestausgebaute Autostraße Europas und soll den wichtigen Verkehrsweg von Berlin nach Westen in Richtung Magdeburg verbessern. Bereits 1909 wurden die ersten Pläne für die Avus vorgelegt, 1913 begann der Bau, der jedoch wegen des Weltkriegs nicht abgeschlossen wurde. 1920 übernahm der Industriekonzern von Hugo Stinnes Finanzierung und Durchführung des ehrgeizigen Projekts.

Zur Eröffnung der Avus werden Vertreter der in- und ausländischen Presse zu einer ersten Besichtigungsrunde mit Autobussen eingeladen.

Vor der schwarzen Anzeigetafel fährt der Sieger des ersten Rennens ein: Favorit Fritz von Opel hat die sieben Runden in 64:23 min zurückgelegt.

Blick von der Tribüne A an der Nordschleife der Avus; Stallgefährten der Fahrer beobachten das Rennen, das nicht durch Absperrungen gesichert ist.

Oktober 1921

Mo	Di	Mi	Do	Fr	Sa	So
					1	2
3	4	5	6	7	8	9
10	11	12	13	14	15	16
17	18	19	20	21	22	23
24	25	26	27	28	29	30
31						

1. Oktober, Samstag

Die sozialdemokratische Tageszeitung »Münchener Post« berichtet von den Aktivitäten des rechtsextremistischen Freikorps Oberland, das neben einer Spionageabteilung ein Einbruchkommando und eine »Mordabteilung« unterhalte. Die Organisation, die über eine große Anzahl an Waffen verfüge, sei von dem inzwischen zurückgetretenen Münchner Polizeipräsidenten Ernst Pöhner und seinem Mitarbeiter Wilhelm Frick gefördert worden. →S. 174

Der Reichstagsabgeordnete Felix Porsch übernimmt nach dem Tod von Karl Trimborn am 25. Juli kommissarisch den Vorsitz der Zentrumspartei.

Der Regisseur Erwin Piscator (→10. 4./S. 74) und der Maler Otto Nagel werden Sekretäre der Künstlerhilfe für die Hungersnot in Sowjetrußland. Zum Komitee gehören George Grosz, Käthe Kollwitz, Alfons Paquet und Arthur Holitscher (→2. 8./S. 144).

Im Deutschen Reich tritt eine neue Fernsprechverordnung in Kraft. Für die Einrichtung von Hauptanschlüssen werden 200 DM berechnet, ein Ortsgespräch aus einer öffentlichen Fernsprechstelle kostet 50 Pfennig, von einem privaten Anschluß 75 Pfennig.

Im Berliner Stadtteil Schöneberg wird das erste deutsche Müllkraftwerk in Betrieb genommen. Die bei der Verbrennung entstehende Schlacke wird zu Kunststeinen verarbeitet. →S. 180

2. Oktober, Sonntag

Der Reichsbund der Kriegsbeschädigten veranstaltet in Berlin eine Großdemonstration gegen die nach seiner Ansicht unzureichenden staatlichen Versorgungsleistungen. Rund 10 000 ehemalige Soldaten, viele von ihnen auf Krücken und in Rollstühlen, nehmen an der Kundgebung teil (→10. 9./S. 157).

In Düsseldorf wird der erste Kongreß des Allgemeinen freien Angestelltenbundes (AfA) abgehalten. Die Angestelltenvertretung war aus organisatorischen Gründen vom Allgemeinen Deutschen Gewerkschaftsbund abgetrennt worden, vertritt aber ebenfalls weitgehend sozialdemokratische Positionen. →S. 175

Herzog Wilhelm zu Württemberg, der frühere württembergische König, stirbt in Bebenhausen im Alter von 73 Jahren. Der für seine liberale Haltung bekannte Herrscher hatte 1918 als einziger deutscher Monarch freiwillig abgedankt und auf seinen Titel verzichtet.

Der frühere französische Ministerpräsident Georges Clemenceau erklärt bei der Enthüllung seines eigenen Denkmals in St. Hermine, daß das Deutsche Reich im Versailler Vertrag nicht genug gestraft worden sei und Frankreich daher das Recht habe, das Rheinland auf unbeschränkte Zeit zu besetzen.

3. Oktober, Montag

Der russische Schriftsteller Maxim Gorki wirft in einem Interview mit der britischen Zeitung »Daily News« den USA, Frankreich und Großbritannien vor, ihre unzureichende Hilfe für das hungernde russische Volk sei ideologisch begründet. Dazu bestehe kein Anlaß, da der Kommunismus in absehbarer Zeit einer demokratischen Staatsform Platz machen werde.

4. Oktober, Dienstag

Kapitän a.D. Hermann Ehrhardt, der 1920 mit Soldaten seiner Brigade Ehrhardt am Kapp-Putsch gegen die Reichsregierung beteiligt war, dementiert in der »München-Augsburger Abendzeitung« neue Putschpläne. Er fordert jedoch eine Amnestie für seine ehemaligen Mitstreiter, die sich ins Ausland abgesetzt haben. →S. 174

In Berlin wird die Reichsfahrt des ADAC gestartet. Das dreitägige Autorennen, bei dem zahlreiche Einzelprüfungen zu absolvieren sind, endet in Heidelberg.

5. Oktober, Mittwoch

Nach einer Entscheidung des Vatikan werden die früheren deutschen Gebiete Eupen und Malmedy vom Erzbistum Köln abgetrennt und dem Bischof von Lüttich (Belgien) unterstellt.

Die Deutsche Friedensgesellschaft verabschiedet bei ihrer Jahrestagung in Essen eine Resolution, in der sie die Abschaffung der Reichswehr fordert.

In einer Verfügung des Reichskanzlers wird das Tragen der Reichswehruniform für Zivilpersonen geregelt. Danach darf die Uniform von ehemaligen Soldaten nur noch bei Kirchgängen an Feiertagen, bei Familienfeiern und Kameradschaftstreffen getragen werden.

In London wird der internationale Schriftsteller- und Dichterverband PEN-Club gegründet. →S. 181

6. Oktober, Donnerstag

Der Oberreichsanwalt in Leipzig erläßt einen Steckbrief wegen Hochverrats gegen die Anführer des Kapp-Putsches vom März 1920. Für die Ergreifung von Wolfgang Kapp, Walther Freiherr von Lüttwitz und Hermann Ehrhardt, die sich wahrscheinlich im Ausland aufhalten, ist eine Belohnung von 50 000 Mark ausgesetzt (→4. 10./S. 174).

Um dem Streik der Berliner Kellner zu begegnen, die sich seit dem 3. Oktober aus Protest gegen das vom Magistrat geplante Verbot von Trinkgeldern im Ausstand befinden, werden vom Hotel- und Gaststättenverband 20 »Notgaststätten« eingerichtet. Ihr Betrieb wird durch Polizeischutz gesichert.

In Anwesenheit von Oberbürgermeister Konrad Adenauer (Zentrum) wird in Köln die Generalversammlung des Bundes deutscher Frauenvereine eröffnet. Auf der zweitägigen Versammlung steht das Familienrecht im Mittelpunkt, das nach Ansicht vieler Delegierter im Sinne einer Gleichstellung von Mann und Frau geändert werden müsse.

In einem Zeitungsinterview bekräftigt der frühere Chef der Obersten Heeresleitung, Feldmarschall Paul von Hindenburg, seine These, das deutsche Heer sei im Weltkrieg verraten worden: »Vergeblich wehrt man als Legende ab den Dolchstoß von hinten – und doch haben wir täglich neue Beweise dafür. Unser herrliches Heer – und mußte so zusammenbrechen!« Die Dolchstoßlegende wird seit 1918 von der Rechten immer wieder thematisiert.

7. Oktober, Freitag

Der Reichsminister für Wiederaufbau, Walther Rathenau (DDP), und der französische Minister für die besetzten Gebiete, Louis Loucheur, unterzeichnen in Wiesbaden ein Abkommen, das die Beteiligung der deutschen Industrie am Wiederaufbau Frankreichs durch Sachleistungen festlegt. →S. 175

Nach den Landtagswahlen in Thüringen vom 11. September wird in Erfurt die erste Regierung im Deutschen Reich gewählt, die nur aus Mitgliedern von SPD und USPD besteht. Die KPD toleriert die Koalition. →S. 175

Als erstes deutsches Unternehmen schaffen die Chemiewerke in Leuna den 1919 eingeführten Achtstundentag wegen Arbeitskräftemangels ab. Die Belegschaft muß ab sofort an sechs Tagen neun Stunden lang arbeiten.

Die Reichsregierung beschließt die Erhöhung der Eisenbahntarife um 30%. Für einen gefahrenen Eisenbahnkilometer müssen in der 4. Klasse 17 Pfennig und in der 1. Klasse 47 Pfennig gezahlt werden.

Die Sowjetregierung erläßt ein Dekret über die Errichtung einer Staatsbank zur Förderung von Industrie und Landwirtschaft. Sie soll mit einem Grundkapital von 2000 Mrd. Rubel zunächst nur als Kreditbank arbeiten.

Der von Fritz Lang gedrehte Spielfilm »Der müde Tod« mit Lil Dagover in der Hauptrolle wird in Berlin uraufgeführt (→S. 90).

8. Oktober, Samstag

In Berlin wird das Theater am Kurfürstendamm mit der Uraufführung des Lustspiels »Ingeborg« von Curt Goetz eröffnet. →S. 181

Der 16. Internationale Automobilsalon öffnet in Paris seine Tore.

9. Oktober, Sonntag

Der 1. Internationale Soziologenkongreß tritt in Turin zusammen. Auf der einwöchigen Veranstaltung steht die Versöhnung der Völker Europas im Mittelpunkt.

10. Oktober, Montag

Mehrere tausend Menschen demonstrieren in Innsbruck mit schwarzen Fahnen und Trauerfloren gegen die Abtretung Südtirols an Italien vor einem Jahr.

11. Oktober, Dienstag

Unter Berufung auf den am →29. August (S. 139) ausgerufenen Ausnahmezustand im Deutschen Reich (Gesetz zum Schutze der Republik), der Einschränkungen der Pressefreiheit ermöglicht, verbietet die Würzburger Kreisregierung die christlich-soziale Zeitung »Das neue Volk« für acht Tage. Das Blatt hatte den bayerischen Ministern Franz Matt (BVP) und Heinrich Oswald (BVP) vorgeworfen, die Reichsverfassung zu bekämpfen und sich öffentlich für die Wiederherstellung der Monarchie einzusetzen.

In der sächsischen Stadt Zwickau wird die erste Ortsgruppe der NSDAP außerhalb Bayerns gegründet (→29. 7./S. 112; 4. 11./S. 192).

12. Oktober, Mittwoch

Der Völkerbundrat in Genf empfiehlt den alliierten Siegermächten des Weltkriegs, den mehrheitlich polnisch besiedelten Teil des oberschlesischen Industriegebiets Polen anzugliedern (→20. 10./S. 172).

13. Oktober, Donnerstag

In Venedig unterzeichnen Vertreter Ungarns und Österreichs ein Abkommen über den Status des Burgenlandes. Ungarn verpflichtet sich, das Gebiet ohne Anspruch auf Entschädigung zu räumen. Danach soll im Raum Ödenburg eine Volksabstimmung über die Zugehörigkeit der Region stattfinden. →S. 176

Nach dem Wahlsieg der Sozialdemokraten am 4. Oktober stellt Ministerpräsident Hjalmar Branting in Stockholm sein neues Kabinett vor, das nur aus Mitgliedern seiner Partei besteht.

14. Oktober, Freitag

Mehrere deutsche pazifistische Organisationen richten ein gemeinsames Telegramm an den Völkerbundrat, in dem die Einheit Oberschlesiens und eine erneute Volksabstimmung gefordert werden (→20. 10./S. 172).

Nach einer Mitteilung des US-amerikanischen Bundesamtes für Erziehung liegt der Frauenanteil bei den Studierenden bei 36,9%. Nach Abschluß des Studiums sind die Akademikerinnen in der überwiegenden Zahl als Lehrerinnen tätig: Derzeit sind an den Volksschulen der USA 65% des Lehrpersonals weiblich, in den Grundschulklassen sogar 86,5%.

15. Oktober, Samstag

Franz Werfels magische Trilogie »Der Spiegelmensch« wird in Leipzig uraufgeführt.

In Berlin wird das Schauspiel »Manon Lescaut« von Carl Sternheim erstmals aufgeführt.

Nach seinem mißlungenen Staatsstreich im April versucht König Karl IV. zum zweiten Mal, mit Hilfe königstreuer Truppen auf den ungarischen Thron zurückzukehren. Auch dieser Restaurationsversuch scheitert. Die »Berliner Illustrirte Zeitung« zeigt Karl und seine Frau Zita bei einem Feldgottesdienst in der Nähe von Ödenburg während seines Vormarsches auf Budapest.

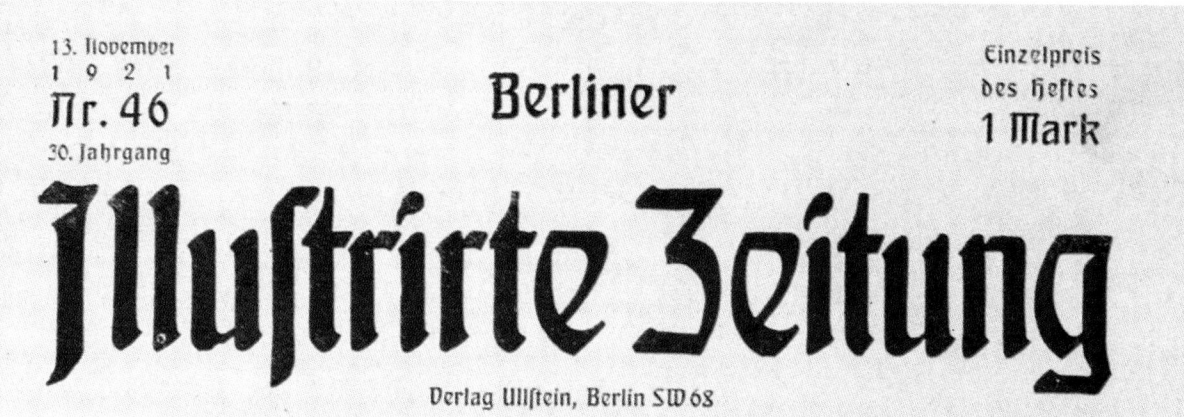

13. November 1921

Nr. 46

30. Jahrgang

Berliner

Einzelpreis des Heftes

1 Mark

Illustrirte Zeitung

Verlag Ullstein, Berlin SW 68

König Karls zweiter Versuch zur Rückgewinnung des Throns.

Karl und Zita (knieend) bei der Messe, die der Feldpater der Ostenburg-Division nach Ankunft des Zuges in Torbagy bei Oedenburg las.

16. Oktober, Sonntag

In Berlin finden Wahlen zur Stadtverordnetenversammlung statt. Es handelt sich dabei um eine von der Deutschen Volkspartei (DVP) beantragte Wiederholung der Wahl von 1920, bei der ungültige Stimmzettel mitgezählt wurden. Die bürgerlichen Parteien erringen eine knappe Mehrheit von 105 Sitzen gegenüber 90 Mandaten von SPD und USPD und 20 Mandaten der KPD.

Bei einer Volksabstimmung über die Einführung des Frauenstimmrechts im Schweizer Kanton Genf wird die Gesetzesvorlage mit 14 000 gegen 6500 Stimmen der Männer abgelehnt.

17. Oktober, Montag

Mitglieder des rassistischen Geheimbunds Ku-Klux-Klan ermorden in der Nacht in Jackson (US-Bundesstaat Mississippi) fünf Schwarze durch Teeren und Federn. →S. 180

In Genf beraten auf einem Arbeiterinnenkongreß, der vom Internationalen Gewerkschaftsbund (IGB) initiiert wurde, Delegierte aus 41 Ländern über die Schaffung einer internationalen Organisation zur Vertretung der Interessen der Frauen.

18. Oktober, Dienstag

Ludwig III., von 1913 bis 1918 letzter König von Bayern, stirbt im ungarischen Exil. Die Trauerfeier wird in München von Kardinal Michael von Faulhaber, der aus seiner monarchistischen Geistenshaltung kein Hehl macht, zelebriert. →S. 180

Das österreichische Wirtschaftsministerium veröffentlicht neue Angaben zur galoppierenden Inflation (→13. 3./S. 51): Während am 1. August ein Laib Brot im Durchschnitt 9 Kronen (0,61 Mark) kostete, muß der Verbraucher jetzt 34 Kronen (2,30 Mark) dafür bezahlen. Der Preis für ein Pfund Weizenmehl ist von 10,20 (0,69 Mark) auf 108 Kronen (7,32 Mark) gestiegen, der für ein Pfund Zucker von 114 (7,72 Mark) auf 266 Kronen (18 Mark).

Zwei US-amerikanische Kunstsammler erwerben in London Joshua Reynolds »Mrs. Siddons als tragische Muse«, Thomas Gainsboroughs »Junge in blau« und zwei Gemälde von Rembrandt. →S. 181

In Wien wird die Operette »Der Tanz ins Glück« von Robert Stolz uraufgeführt.

19. Oktober, Mittwoch

Bei einem Militärputsch in Lissabon werden Ministerpräsident Antonio Granjo und drei Mitglieder seiner Regierung ermordet. Ein neues Kabinett unter Oberst Manuel Coelho, dem Anführer der Putschisten, wird mit Billigung von Staatspräsident Antonio José de Almeída gebildet. →S. 177

20. Oktober, Donnerstag

Die vom Völkerbund eingesetzte Kommission zur Teilung Oberschlesiens legt die endgültige Grenze in diesem Gebiet fest. Das an Bodenschätzen reiche oberschlesische Revier, wo große Teile der Bevölkerung am →20. März (S. 54) für die Zugehörigkeit zum Deutschen Reich gestimmt hatten, wird Polen zugesprochen. →S. 172

In Angora (Ankara) unterzeichnen Vertreter Frankreichs und der Türkei ein Friedensabkommen zwischen beiden Ländern. →S. 177

21. Oktober, Freitag

Karl IV., als Karl I. ehemaliger Kaiser von Österreich, unternimmt einen zweiten Restaurationsversuch zur Wiedererlangung der ungarischen Königswürde (→1. 4./S. 68). Dieser scheitert am 25. Oktober. →S. 177

In London wird eine Friedenskonferenz zur Beilegung des Konflikts zwischen Irland und Großbritannien eröffnet. Der britische Premierminister David Lloyd George hat dazu den Präsidenten der irischen Republik, Eamon de Valera, eingeladen (→6. 12./S. 202).

In den Decla-Lichtspielen Unter den Linden in Berlin wird der Film »Verlogene Moral« mit Adele Sandrock uraufgeführt.

22. Oktober, Samstag

Das Kabinett unter Reichskanzler Joseph Wirth (Zentrum) tritt aus Protest gegen die Teilung Oberschlesiens am →20. Oktober (S. 172) zurück. Auf Bitten von Reichspräsident Friedrich Ebert (SPD) bildet Wirth schon vier Tage später eine neue Regierung. →S. 174

Ernährungsminister Andreas Hermes (Zentrum) berät in Berlin mit Vertretern der Landwirtschaft und des Handels, wie der Kartoffelnot im Deutschen Reich abgeholfen werden kann. Die Reichsregierung will ca. 130 000 Eisenbahnwaggons zum zügigeren Transport von Kartoffeln in unterversorgte Gebiete zur Verfügung stellen. →S. 178

Bei einer Sitzung der Pariser Akademie der Wissenschaften berichtet der Direktor des Institut Pasteur, François Roux, über ein neues Behandlungsverfahren gegen Syphilis. 110 Kranke seien mit intramuskulären Injektionen von Lösungen, die das Metall Wismut enthielten, therapiert worden. Die Ergebnisse seien vielversprechend.

Im Ufa-Palast am Berliner Zoo wird der Film »Das indische Grabmal, 1. Teil: Die Sendung des Joghi« in der Regie von Joe May mit Conradt Veidt in der Hauptrolle uraufgeführt. →S. 91

Der Film »Die Hintertreppe« von Leopold Jessner hat in Berlin Premiere. Henny Porten und Fritz Kortner spielen die Hauptrollen in diesem sozialkritischen Liebesdrama. →S. 90

23. Oktober, Sonntag

Die seit Monaten anhaltende Hitzewelle (→20. 7./S. 125) findet mit plötzlichen Stürmen und Gewittern ein Ende. Die Temperaturen sinken innerhalb von 24 Stunden bis auf 3°C in der Nacht. In Norddeutschland tobt ein Orkan.

24. Oktober, Montag

Der US-amerikanische Kriegsminister John W. Weeks gibt Anweisung, 50% der im Rheinland stationierten US-Truppen in den nächsten Monaten zurückzuziehen.

Der Brite John Boyd Dunlop, Erfinder des pneumatischen Reifens, stirbt 81jährig in Dublin.

25. Oktober, Dienstag

Auf den bayerischen Landtagsabgeordneten Erhard Auer (SPD) wird, vermutlich von Nationalsozialisten, ein Attentat verübt. Auer bleibt unverletzt. Drei Tage vorher war der Schriftleiter des NSDAP-Organs »Völkischer Beobachter«, Dietrich Eckart, wegen der Verleumdung Auers zu einer Geldstrafe von 600 Mark verurteilt worden.

Der Zentralverein deutscher Staatsbürger jüdischen Glaubens veranstaltet in Berlin eine Kundgebung gegen antisemitische Angriffe, vor allem von seiten des ehemaligen Generalquartiermeisters des deutschen Heeres, Erich Ludendorff. Dieser hatte in der Öffentlichkeit geäußert, die deutschen Juden hätten die Niederlage im Weltkrieg gewollt.

In Warschau wird ein Wirtschaftsabkommen zwischen Polen und der Freien Stadt Danzig abgeschlossen, mit dem Danzig in das polnische Zollgebiet eingegliedert wird. →S. 174

Nach dem Beschluß des Berliner Magistrats, die Tarife für Taxen um das Zehnfache und für Pferdedroschken um das Siebenfache zu erhöhen, treten 2000 Taxifahrer in einen eintägigen Streik.

26. Oktober, Mittwoch

Im Gegensatz zu ihren Kommilitoninnen in Oxford gelingt es den Studentinnen der Universität Cambridge nicht, die Gleichberechtigung durchzusetzen. Zwar wird ihr Antrag, dieselben akademischen Titel wie Männer zu erlangen, angenommen, die Gründung von studentischen Verbindungen wird ihnen jedoch verweigert. Damit können sie sich innerhalb eines College nicht selbst verwalten.

27. Oktober, Donnerstag

Im Theater an der Wien wird die Operette »Der letzte Walzer« von Oscar Straus uraufgeführt.

28. Oktober, Freitag

In den Decla-Lichtspielen Unter den Linden in Berlin wird der Film »Haschisch, das Paradies der Hölle – Ein orientalisches Abenteuer« uraufgeführt. Die Hauptrollen spielen Tilla Durieux und Fritz Kortner.

Im Berliner Vorort Ketzin überfallen sechs Männer ein Postgebäude und erbeuten 80 000 Mark Bargeld sowie Wertpapiere im Wert von 300 000 Mark. Da sie alle Telefon- und Telegrafendrähte in Ketzin vorher durchschnitten haben, können sie flüchten, bevor die Berliner Polizei verständigt ist. Der Polizeipräsident von Berlin beklagt nach Bekannt-

werden des Coups ein starkes Ansteigen derartiger Überfälle.

29. Oktober, Samstag

Die Botschafterkonferenz in Paris weist den deutschen Protest gegen die Teilung Oberschlesiens zurück. Das Reich habe in dieser Angelegenheit kein Einspruchsrecht mehr (→20. 10./S. 172).

30. Oktober, Sonntag

Bei Landtagswahlen in Baden gewinnt die bisherige Regierungskoalition aus Zentrum, SPD und DDP. DVP, USPD und KPD erhalten erstmals Mandate im Landtag.

Wie das Reichswirtschaftsministerium meldet, geht die Arbeitslosigkeit im Deutschen Reich angesichts hoher Umsätze in Industrie und Handel zurück. Da weitere Teuerungen befürchtet werden, verzeichnet die Industrie ein starkes Ansteigen der Nachfrage. Die Zahl der Vollerwerbslosen ist durch die neue Auftragslage im September von 233 000 auf 189 407 Personen, d. h. um 18,7%, gesunken.

Auf dem Berliner Wannsee ereignet sich ein schweres Unglück. Der Dampfer »Kaiser Wilhelm der Große« rammt den Dampfer »Storkow«, der nach wenigen Minuten sinkt. 20 Personen ertrinken. Als Ursachen gibt die Polizei die Baufälligkeit des »Kaiser Wilhelm« und die Trunkenheit des Kapitäns an.

Im Königlichen Schauspielhaus in Stockholm wird August Strindbergs Drama »Traumspiel« zum ersten Mal in einer neuen Inszenierung von Max Reinhardt aufgeführt. Reinhardt hatte 1920 die Leitung des Großen Schauspielhauses in Berlin abgegeben (→26. 8./S. 150).

31. Oktober, Montag

Die SPD-Parteizeitung »Vorwärts« moniert, daß in den letzten Monaten drei Beteiligte des Kapp-Putsches vom März 1920 gegen Kautionen von 100 000 Mark freigelassen wurden. Hingegen habe der kommunistische Parteisekretär Ewert, der unter Anklage des Hochverrats stand, sechs Monate bis zu seinem Freispruch in Isolierhaft verbringen müssen. Die Möglichkeit, eine Kaution zu stellen, sei ihm vom Reichsgericht in Leipzig verwehrt worden.

Die Botschafterkonferenz der Alliierten in Paris fordert die ungarische Regierung in einer Note auf, die Entthronung der Habsburger gesetzlich festzuschreiben (→21. 10./S. 177).

Am Berliner Luisen-Theater wird das Schauspiel »Vom anderen Ufer« von Hedwig Courths-Mahler uraufgeführt.

Das Wetter im Monat Oktober

Station	Mittlere Lufttemperatur (°C)	Niederschlag (mm)	Sonnenscheindauer (Std.)
Aachen	14,3 (10,0)	26 (64)	— (123)
Berlin	10,3 (8,8)	65 (58)	— (123)
Bremen	12,1 (9,4)	37 (47)	— (104)
München	11,8 (7,9)	41 (62)	— (130)
Wien	— (9,6)	— (57)	— (118)
Zürich	11,5 (8,4)	42 (80)	154 (108)

( ) Langjähriger Mittelwert für diesen Monat
— Wert nicht ermittelt

Der norwegische Polar-forscher und Diplomat Fridtjof Nansen organisiert im Auftrag des Völkerbunds die internationale Hilfs-aktion für die Hungernden in Sowjetrußland. Nansen reist durch mehrere europäische Länder, um für Spenden zu werben (Titelseite der in Berlin erscheinenden Illustrierten »Die Woche«).

DIE WOCHE
BILDER vom TAGE

Phot. Fernstaedt.

Der berühmte Polarforscher, der eine großzügige Hilfsaktion für die Hungernden in Rußland einleitete, hielt sich auf seiner Organisationsreise durch Europa einige Tage in der deutschen Reichshauptstadt auf.

FRITHJOF NANSEN IN BERLIN.

Völkerbund beschließt die Teilung Oberschlesiens

20. Oktober. Nach langwierigen Verhandlungen beschließt eine Viererkommission des Völkerbundes in Genf die Teilung des umstrittenen Abstimmungsgebiets Oberschlesien. Die neue Grenzziehung hat zur Folge, daß rund drei Viertel des Industriegebietes im Südosten des Landes Polen zugesprochen wird. Die Teilung ist für das Deutsche Reich besonders in wirtschaftlicher Hinsicht schmerzlich.

Die Völkerbundskommission, die aus Vertretern Spaniens, Belgiens, Chinas und Brasiliens zusammengesetzt ist, folgt einer Empfehlung des Völkerbundrats vom 12. Oktober. Mit der Teilung Oberschlesiens soll der seit 1919 anhaltende Konflikt zwischen der deutschen und der polnischen Bevölkerung endgültig bereinigt werden, der nach der Volksabstimmung über die nationale Zugehörigkeit, bei der fast 60 % der Bevölkerung für die Zugehörigkeit zum Deutschen Reich gestimmt hatten, noch eskaliert war (→20. 3./S. 54; 2. 5./S. 82).

Die neue Grenze folgt der Oder von ihrem Eintritt in das oberschlesische Abstimmungsgebiet bis zur Höhe von Ratibor, verläuft von dort nordöstlich nach Gleiwitz und Beuthen und führt weiter nordwestlich bis zur Höhe von Rosenberg. Mit dieser Grenzziehung gehen dem Deutschen Reich Städte und Kulturzentren verloren. Dazu gehört Kattowitz, wo nach Berechnungen des Statistischen Reichsamtes 85% der Stimmen für eine Zugehörigkeit zum Deutschen Reich abgegeben wurden. Auch Königshütte, wo eine deutsche Abstimmungsmehrheit von 78% vorhanden ist, wird polnisches Gebiet. Die meisten Städte im Industriegebiet werden allerdings von Oberschlesiern polnischer Muttersprache bewohnt.

Viel schwerer als die territorialen Verluste wiegt der erzwungene Verzicht auf das oberschlesische Industrierevier. Dieses 3200 km^2 große Gebiet ist reich an Zink-, Bleierz- und Steinkohlevorkommen. Bei den Bodenschätzen in Oberschlesien nimmt die Kohle eine herausragende Stellung ein: 77,5% der oberschlesischen Kohleförderung fallen jetzt an Polen. Von 16 in Betrieb befindlichen Zink- und Bleierzgruben bleiben nur 4 von 16 in deutscher Hand. Der Verlust der Zinkförderung beträgt gut 86%, der der Bleierzförde-

Im Berliner Lustgarten demonstrieren über 100 000 Menschen aller politischen Richtungen für Oberschlesien.

rung 77%. Auch sämtliche Silberhütten gehen dem Deutschen Reich verloren. Von den insgesamt 37 oberschlesischen Hochöfen fallen 22 an Polen.

Mit dem Beschluß der Teilung hoffen Völkerbund und Alliierte, Oberschlesien endgültig zu befrieden. Die Volksabstimmung am 20. März hatte zwar eine überwiegende Mehrheit für die Zugehörigkeit zum Deutschen Reich ergeben, doch wurde dieses Resultat von radikalen polnischen Gruppen unter Führung des

früheren Reichstagsabgeordneten Wojciech Korfanty nicht akzeptiert. Im sog. Korfanty-Aufstand (→2. 5./S. 82) kam es zu blutigen Gefechten zwischen den polnischen Freischärlern und deutschen »Selbstschutzorganisationen«, doch ergab auch die bewaffnete Konfrontation keine Entscheidung. Die Zukunft Oberschlesiens führte schließlich zu politischen Auseinandersetzungen zwischen den Besatzungsmächten Frankreich und Großbritannien. Während Frankreich die polnische

Forderung nach einem Anschluß Oberschlesiens unterstützte, bestand die britische Regierung auf der gleichrangigen Berücksichtigung deutscher Interessen (→8. 8./S. 145). Da kein Kompromiß möglich schien, wurde die Entscheidung dem Völkerbund in Genf überlassen, vor allem, weil der französische Ministerpräsident Aristide Briand die ohnehin vielen Belastungen ausgesetzte britisch-französische Zusammenarbeit nicht völlig aufs Spiel setzen wollte.

Der Teilungsbeschluß aus Genf wird im Deutschen Reich mit Bestürzung und Protest aufgenommen. Nach Auffassung der Reichsregierung verstößt die Teilung gegen die Bestimmungen des Versailler Vertrags und sei nur darauf ausgerichtet, das Deutsche Reich zu demütigen und politisch wie wirtschaftlich zu schwächen. Als Folge dieser wirtschaftlichen Verluste sieht die deutsche Regierung die Zahlung der Reparationsverpflichtungen an die Alliierten in Frage gestellt, denn die Wirtschaftskraft des Deutschen Reiches werde durch den Verlust an Bodenschätzen und Industrieanlagen erheblich beeinträchtigt. Aus Protest gegen die beschlossene Teilung Oberschlesiens tritt die seit Mai amtierende Reichsregierung unter Joseph Wirth (Zentrum) am →22. Oktober 1921 zurück.

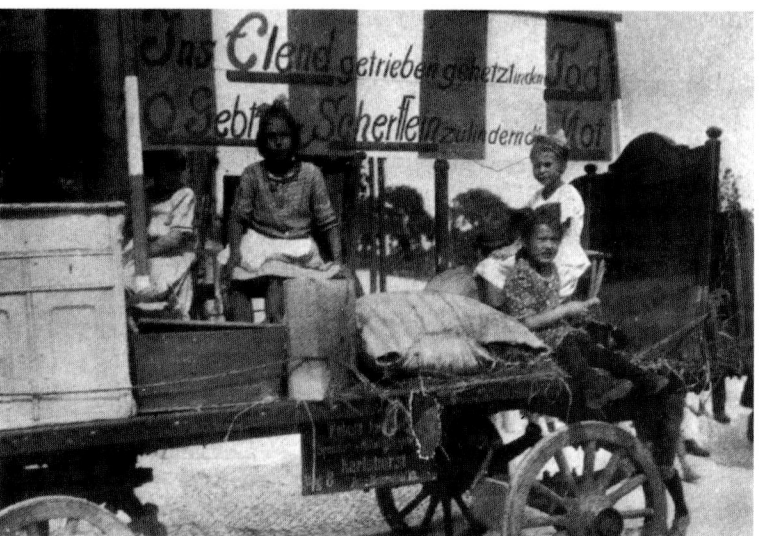

Zur Linderung der Not vieler oberschlesischer Familien, die nach der Grenzziehung ihre Heimat verlassen, werden vielerorts Hilfswerke errichtet, die vor allem Lebensmittel, Kleidung und Möbel sammeln und verschicken.

»Unheil von unübersehbarer Tragweite«

Nach der endgültigen Entscheidung über die neue Grenzziehung in Oberschlesien gibt der preußische Ministerpräsident Adam Stegerwald (Zentrum) im Landtag in Berlin eine Erklärung über die territorialen, kulturellen und wirtschaftlichen Verluste aufgrund der Teilung ab:

»Ein neues schweres Unheil von unabsehbarer Tragweite ist über Preußen und Deutschland hereingebrochen. Oberschlesien, seit den Anfängen osteuropäischer Kultur ununterbrochen im deutschen Besitz, ein Land deutscher Arbeit und Tatkraft, deutscher Intelligenz und Ordnung, soll in zwei Teile zerrissen werden, von denen der wertvollere Teil Polen überverantwortet wird. Kerndeutsche Städte, wirtschaftliche Mittelpunkte des ganzen oberschlesischen Industriegebietes, Knotenpunkte seines Eisenbahnnetzes sollen der Polonisierung verfallen.

Die gesamte Zinkproduktion, der größte Teil der Eisen- und Stahlwerke, weit mehr als die Hälfte unserer dortigen Kohlegruben werden uns entrissen, die wir andere Länder mit schweren Kohletributen versorgen müssen. Von unparteiischen Sachkennern aller Nationen, die Oberschlesien besuchten und studierten, ist seine Unteilbarkeit als unbedingte Voraussetzung seines wirtschaftlichen Gedeihens festgestellt worden. Trotzdem spaltet man es in zwei lebensunfähige Teile. Nunmehr ist dort so gut wie alles unsicher und schwankend geworden …

Den Aussichten aber auf endlichen, wirklichen Frieden und die wirtschaftliche Wiederherstellung Europas ist damit der erste Schlag versetzt. Die Zahlungsfähigkeit Deutschlands ist nach Lloyd Georges eigener Erklärung auf das äußerste geschwächt, denn der Verlust dieser reichen Gebiete bedeutet Verminderung der wirtschaftlichen Gesamtkraft Deutschlands und einen bedenklichen Ausfall an Steuern. Er vereitelt jede planmäßige Regelung von Ein- und Ausfuhr und bewirkt eine noch gar nicht zu ermessende Verminderung der Zolleinnahmen.

Ohnmächtig an äußerer Gewalt gilt es für uns, mit kühlem Kopf die Tatsachen zu prüfen … Einigkeit im Inneren ist jetzt erste und heilige Pflicht. Unsere oberschlesischen Brüder, die in den letzten zwei Jahren so Fürchterliches haben durchmachen müssen, sind für uns in dieser Beziehung ein leuchtendes Vorbild. Dort in Oberschlesien ist alle parteipolitische Gegnerschaft unter den deutschen Volksgenossen in den Hintergrund getreten vor der gemeinsamen Not.«

Oberschlesien nach der Teilung

zum Deutschen Reich
zu Polen
Deutsche Reichsgrenze 1914

Breslau · Brieg · DEUTSCHES REICH · Strehlen · Neisse · Oder · Rosenberg · POLEN · Beuthen · Gleiwitz · Kattowitz · Ratibor · TSCHECHOSLOWAKEI · Hultschin (fr. deutsch, jetzt zu CSR) · © Harenberg

Nach der Teilung Oberschlesiens ruft ein Plakat in Oppeln die aufgebrachten Bürger zur Ruhe auf.

Während einer Demonstration in Oppeln fordert ein Redner den Einmarsch der Reichswehr.

Plakat aus dem oberschlesischen Industrierevier, das die Arbeiter zur Beharrlichkeit und Einigkeit aufruft

Verschiedene Hilfsorganisationen rufen zu Geldspenden für Oberschlesier auf, die den jetzt polnischen Teil des Landes verlassen haben.

Die Hilfsbereitschaft der Bevölkerung ist groß: Dekorierter Spendentopf in Berlin.

Kabinett Wirth: Demission und Neuantritt

22. Oktober. Die Reichsregierung unter Joseph Wirth (Zentrum) tritt aus Protest gegen die Teilung Oberschlesiens (20. 10./S. 172) geschlossen zurück. Auf Ersuchen von Reichspräsident Friedrich Ebert (SPD) bildet Wirth schon vier Tage später ein neues Kabinett und bekennt sich zu seinem Kurs der Erfüllungspolitik (→ 1. 6./S. 96).

Zwei Tage nach der Demission finden bei Ebert Gespräche über die Bildung einer großen Koalition aus SPD, Zentrum, DDP und DVP statt (→ 21. 9./S. 157). Der Versuch scheitert jedoch erneut am Widerstand der DVP, die vor allem schärfere Protestmaßnahmen gegen »das oberschlesische Diktat« fordert.

Trotz ihres formalen Einspruchs bei der Botschafterkonferenz, mit dem die neue Regierung sich gegen die Verletzung des Völkerrechts verwahrt, willigt sie dennoch ein, einen Beauftragten zu entsenden, der mit Polen über die bevorstehende Grenzziehung beraten soll. In seiner Regierungserklärung, die vom Reichstag mit 230 zu 132 Stimmen angenommen wird, legitimiert Wirth die Erfüllungspolitik damit, daß das Deutsche Reich nur solange seiner Zerstörung entkommen könne, wie es »seinen böswilligen Gegnern« auch weiterhin den Vorwand dazu aus der Hand nehme.

△ Die erste Reichstagssitzung nach Antritt der neuen Regierung Wirth behandelt ausschließlich die Teilung Oberschlesiens. Wirth, der nach dem Rücktritt Friedrich Rosens vorläufig auch das Amt des Außenministers innehat, erhält von der Mehrheit des Parlaments Rückendeckung für die Fortsetzung seiner von den Rechten kritisierten Erfüllungspolitik.

◁ Der alte und neue Reichskanzler Joseph Wirth mit Zentrumswählern der Berliner Stadtverordnetenwahlen. Wirth bezeichnet die Verhandlungen mit Polen über die Grenzziehung in Oberschlesien als die »schmerzlichste« Aufgabe seiner Regierung.

Zollunion zwischen Danzig und Polen

25. Oktober. Vertreter der polnischen Regierung und der Danziger Senatspräsident Heinrich Sahm unterzeichnen in Warschau ein Wirtschaftsabkommen, durch das Danzig in das polnische Zollgebiet eingegliedert wird. Das Abkommen, das in 244 Artikeln die Beziehungen der Vertragspartner regelt, war schon im Versailler Vertrag vorgesehen.

Polen sichert sich damit den freien Handelsverkehr über den großen Ostseehafen. Die Republik, die 1919 durch die Hinzugewinnung des Polnischen Korridors (→ 21. 4./S. 69) einen Zugang zum Meer erhielt, hatte schon seit langem Handelsrechte in der vormaligen Hansestadt angestrebt, die schon seit der frühen Neuzeit zu den bedeutendsten Umschlagplätzen für die Ostseeschiffahrt zählt. Als Gegenleistung für diese Rechte verpflichtet sich Polen zur Überwachung und zum Ausbau des Transport- und Kommunikationswesens.

Danzig wurde nach dem Weltkrieg vom Deutschen Reich abgetrennt und dem Schutz des Völkerbunds unterstellt, der einen Hochkommissar zur Schlichtung von Streitfragen mit Polen einsetzte. 1920 erhielt die Stadt den Status einer Freien Stadt, deren außenpolitische Vertretung jedoch Polen übertragen wurde.

Putschist gibt Interviews in der Zeitung

4. Oktober. In der »München-Augsburger Abendzeitung« dementiert der frühere Korvettenkapitän Hermann Ehrhardt neue Putschpläne gegen die Reichsregierung. Der Freikorpsführer war im März 1920 am Kapp-Putsch maßgeblich beteiligt.

Der steckbrieflich gesuchte Ehrhardt, der sich an einem unbekannten Ort aufhält, zeigt im Gespräch mit dem Zeitungsreporter keinerlei Reue, sondern beklagt das Scheitern seiner politischen Aktivitäten: »Ich habe nach dem mißglückten Kapp-Putsch kein Bedürfnis, mich nochmals an einem solchen unvorbereiteten, planlosen Unternehmen zu beteiligen. Ich persönlich habe vielleicht am meisten von allen Beteiligten an den Folgen dieses verunglückten Putsches zu leiden gehabt. Ich sehe ganz klar, daß ein neuer Putsch zum Scheitern verurteilt ist… Die Machtmittel des Staates

sind im Vergleich zu 1920 erheblich gefestigter…«

Von der Ehrbarkeit ihrer Motive überzeugt fordert Ehrhardt eine

Anstifter politischer Morde
Hermann Ehrhardt (*29. 11. 1881) gründete nach seiner Entlassung aus der kaiserlichen Marine 1919 das Freikorps Brigade Ehrhardt, das sich bei der Niederschlagung kommunistischer Aufstände in Braunschweig und Oberschlesien hervortat. Nach dem Scheitern des Kapp-Putschs floh er nach Bayern, wo ihm der Münchner Polizeipräsident Erich Pöhner mehrere falsche Pässe ausstellte und ihn vor Strafverfolgung bewahrte. Ehrhardt gründete den rechtsradikalen Geheimbund Organisation Consul, der für die Morde an Matthias Erzberger (→ 26. 8./S. 136) und Karl Gareis (→ 9. 6./S. 99) verantwortlich ist.

Amnestie für die ins Ausland geflohenen Mitglieder seines Freikorps, die sich nach »friedlicher Arbeit in der Heimat« sehnten.

Münchner Polizei bewaffnet Rechte

1. Oktober. Die sozialdemokratische »Münchener Post« deckt die Organisationsstruktur und geheimen Aktivitäten des »Kampfbundes Oberland«, einer rechtsextremen Untergrundorganisation, auf.

Das Freikorps unterhält nach Angaben der Zeitung in München eine geheime Nachrichtenzentrale, der eine Spionage- und eine »Einbruchsabteilung« sowie ein Mordkommando unterstellt seien. Der ehemalige Polizeipräsident Ernst Pöhner und sein Mitarbeiter Wilhelm Frick, die beide nach der Einigung Bayerns mit dem Reich über den Ausnahmezustand (24. 9./S. 156) zurücktraten, hätten dem Kampfbund sowie der Turn- und Sportabteilung der NSDAP (→ 4. 11./S. 192) große Bestände an Waffen zugeschoben, um sich ihre Unterstützung beim Vorgehen gegen linke Gruppierungen zu sichern.

Louis Loucheur (l.) und Walther Rathenau finden einen Kompromiß, der dem Deutschen Reich die Begleichung der Reparationsschuld erleichtert. Sie hatten in früheren Verhandlungen bereits ein persönliches Vertrauensverhältnis aufgebaut.

Wiesbadener Abkommen über Reparationen

6. Oktober. Der deutsche Wiederaufbauminister Walther Rathenau (DDP) und sein französischer Amtskollege Louis Loucheur unterzeichnen in Wiesbaden ein Abkommen, in welchem dem Deutschen Reich die Begleichung eines Teils seiner Reparationsschulden in Sachlieferungen zugestanden wird.

Der Vertragsabschluß wird als erste Annäherung zwischen den beiden ehemaligen Kriegsgegnern gewertet, zumal Frankreich bei den bisherigen Reparationsverhandlungen eine unbeugsame Haltung gegenüber dem Deutschen Reich gezeigt hatte (→ 24. 1./S. 12). Zudem gilt die Unterzeichnung als Erfolg des Erfül-

lungspolitikers Rathenau, der bereits im Sommer Verhandlungen mit Loucheur initiiert hatte.

Im Wiesbadener Abkommen verpflichtet sich das Reich, bis zum 1. Mai 1926 Sachleistungen im Gesamtwert von 7 Mrd. Goldmark an Frankreich zu liefern. Pro Jahr sollen ihm dafür bis zu 1 Mrd. Goldmark – das sind 35 % des Warenwertes – auf seinem Reparationskonto gutgeschrieben werden. Bei den Lieferungen handelt es sich vornehmlich um Baustoffe und Einrichtungsgegenstände für Häuser, die dem Wiederaufbau der im Weltkrieg zerstörten Regionen Nordfrankreichs dienen sollen. Dabei unterliegt die

Reichsregierung jedoch keinem absoluten Zahlungszwang: Falls die Lieferungen von der deutschen Industrie nicht aufgebracht werden können, ist die ausstehende Summe pro Jahr mit 5 % zu verzinsen. Nach dem 1. Mai 1926 sollen die Restbeträge addiert und zu gleichen Jahresraten für weitere zehn Jahre festgeschrieben werden.

Die Reaktionen auf das Abkommen sind in Frankreich weitgehend positiv. Entgegen den Warnungen einer kleinen, wenn auch lautstarken Minderheit vor Zugeständnissen wird der Vertrag in der öffentlichen Meinung als praktikable und vernunftbestimmte Lösung gewertet.

Solche Holzhäuser sollen nach Frankreich geliefert werden. In der Praxis gibt es jedoch bald Probleme. Vertreter der französischen Bauindustrie beanstanden, die inländische Wirtschaft werde durch die Einfuhr aus dem Deutschen Reich stark beeinträchtigt.

Thüringen von Sozialisten regiert

7. Oktober. Der Landtag von Thüringen in Erfurt wählt eine neue Regierung, die als erste im Deutschen Reich nur aus Mitgliedern der SPD und der USPD besteht. August Frölich (SPD) wird der Nachfolger des bisherigen Ministerpräsidenten Arnold Paulssen (DDP).

Paulssens Kabinett, eine Koalition aus SPD und DDP, mußte am 30. Juli wegen einer Abstimmungsniederlage bei der Vorlage eines neuen Grundsteuergesetzes zurücktreten. Die USPD hatte ihre Zustimmung zu dem Gesetz verweigert. Zwar hatten sich SPD und DDP bei ihrer Regierungsbildung gegen ein Zusammengehen mit der USPD ausgesprochen, sie blieben jedoch während der gesamten Amtsperiode auf deren Unterstützung angewiesen.

Die Wahlen am 11. September brachten indes wieder keine eindeutigen Mehrheitsverhältnisse. Während sich die DDP für die Bildung einer Koalition der Mitte einsetzte, weigerte sich die SPD entschieden gegen ein Zusammengehen mit der DVP. Erst nachdem die KPD den beiden sozialdemokratischen Parteien ihre Unterstützung zugesichert hat, kann Frölich eine rein sozialistische Regierung bilden, die im Landtag eine Mehrheit von 28 gegenüber 26 Stimmen hat.

Erste Gewerkschaft für Angestellte

2. Oktober. Der Allgemeine freie Angestelltenbund (AfA) hält in Düsseldorf seinen ersten Kongreß ab. Der Afa hatte sich im November 1920 vom Allgemeinen Deutschen Gewerkschaftsbund (ADGB) abgespalten, um die Interessenvertretung seiner 610 000 Mitglieder gezielter organisieren zu können.

Der Afa-Vorsitzende Siegfried Aufhäuser hebt hervor, daß durch die Gründung der neuen Gewerkschaft eine »Einheitsfront von Hand- und Kopfarbeitern« geschaffen worden sei und fordert die Aufhebung der Trennung von Arbeiter- und Angestelltengesetzgebung. Der ADGB-Vorsitzende Theodor Leipart begrüßt den Anschluß des Afa an die Sozialistische Internationale. Die Angestelltengewerkschaft hatte im April 1921 einen Kooperationsvertrag mit dem ADGB geschlossen.

Ungarn muß das Burgenland an Österreich abtreten

13. Oktober. Durch Vermittlung des italienischen Außenministers Pietro Paolo Tomasi, Marquese della Torretta einigen sich der österreichische Bundeskanzler Johannes Schober und der ungarische Ministerpräsident István Graf Bethlen von Bethlen im sog. Protokoll von Venedig über die Abtretung des Burgenlandes an Österreich.

Ungarn verpflichtet sich, den größten Teil des umstrittenen Gebietes zu räumen. Der gesamte staatliche Besitz an Industrieanlagen und Eisenbahnen wird ohne Entschädigung an Österreich übergeben. In der Stadt Ödenburg (Sopron) und neun dazugehörigen Gemeinden soll frühestens eine Woche nach der Räumung eine Volksabstimmung über die nationale Zugehörigkeit dieser Region stattfinden.

Die Abtretung des Burgenlandes, das 1920 aus den Komitaten Wieselburg, Ödenburg und Eisenburg gebildet wurde, war bereits vertraglich im Frieden von Saint-Germain-en-Laye im September 1919 von den Siegermächten des Weltkriegs festgelegt worden. Die ungarische Regierung unter Reichsverweser Miklós Horthy verzögerte jedoch die Durchführung der Vertragsbestimmungen, weil sie allein die österreichische Regierung als Nachfolgerin der k. u. k.-Regierung betrachtete und dem Verlierer des Krieges keine Gebietsabtretungen schuldig sei. Der im Vertrag von Trianon vom Juni 1920 beschlossene Verlust von zwei Dritteln des ungarischen Staatsgebiets zugunsten von Rumänien, Jugoslawien und der Tschechoslowakei habe weitere Gebietsabtretungen zur Existenzfrage Ungarns werden lassen.

Als der bewaffnete Widerstand von Freischärlern gegen die österreichische Besitznahme scheitert, wird das Burgenland von ungarischen Truppen geräumt. Die Volksabstimmung in Ödenburg, die vom 14. bis zum 16. Dezember stattfindet, ergibt eine Mehrheit von 15 343 gegen 8277 Stimmen bei ca. 8000 Enthaltungen für den Verbleib bei Ungarn. Die österreichische Regierung erkennt das Ergebnis nicht an, da das Plebiszit in weniger als acht Tagen nach dem Abzug stattgefunden habe und von ungarischen Behörden und einem ungarnfreundlichen italienischen Offizier als Vertreter der Alliierten geleitet worden sei.

◁ *Der ungarische Reichsverweser Miklós Horthy (l.) inspiziert eine Gruppe von Freiwilligen, die im bewaffneten Kampf dem Anschluß des Burgenlandes an Österreich Widerstand entgegensetzen. Die Freischärler stammen zu einem großen Teil aus nationalistischen Studentenverbänden und aus den Offizierskorps der früheren k. u. k.-Armee. Mit ihrem Aufbegehren gegen die Besitzansprüche der ehemaligen Führungsmacht in der Doppelmonarchie Österreich-Ungarn repräsentieren sie das erstarkte nationale Selbstbewußtsein der Ungarn und ihren Stolz auf die neugewonnene politische Unabhängigkeit.*

Eine Gruppe festgenommener österreichischer Gendarmen wird in Ödenburg von einem ungarischen Soldaten bewacht.

Ungarische Regierungstruppen bei der Demontage von Gleisanlagen; der südlich von Ödenburg gelegene Eisenbahnknotenpunkt ist heftig umkämpft.

Bewaffneter Kampf um Westungarn

Der Streit um die nationale Zugehörigkeit des Burgenlandes drohte zeitweise zu einem militärischen Problem zu eskalieren.

Am 28. August rückten österreichische Gendarmerie und Zollbeamte in das Gebiet ein, wo sie von ungarischen Freischärlern beschossen wurden. Das österreichische Bundesheer durfte aufgrund eines Verbots der Alliierten nicht eingreifen. Blutige Gefechte bei Kirchschlag und Bruck führten jedoch nicht zu einem ungarischen Sieg. Auch der Staat der Freischärler, »Lajta-Banat«, existierte nicht länger als eine Woche. Auf Druck der Alliierten willigte die Regierung in Budapest in Verhandlungen ein.

Staatsstreich Karls IV. scheitert erneut

21. Oktober. Ex-Kaiser Karl I. von Österreich, als Karl IV. auch König von Ungarn, versucht zum zweiten Mal innerhalb eines Jahres vergeblich die Rückkehr auf den ungarischen Thron. Sein erster Restaurationsversuch war im April gescheitert (→ 1. 4./S. 68).

Karl trifft in Begleitung seiner Frau Zita am 21. Oktober mit dem Flugzeug in der westungarischen Stadt Ödenburg ein, wo er von königstreuen Truppen erwartet wird. Hier verkündet er die Übernahme der Regierungsgewalt und bildet ein provisorisches Kabinett aus ehemaligen Ministern der k. u. k.-Monarchie. Der Vormarsch seiner drei Divisionen wird 18 km vor Budapest von Regierungstruppen gestoppt; der Ex-König und seine Frau Zita sowie seine militärischen Berater werden gefangengenommen.

Da die Schweiz, die den Habsburgern bisher Asyl gewährt hatte, sich weigert, Karl wieder aufzunehmen und auch zahlreiche andere Staaten die Einreise verwehren, wird der ehemalige Monarch am 1. November zusammen mit seiner Familie nach Madeira in die Verbannung geschickt. Nachdem die ungarische Nationalversammlung – vor allem auch auf Druck der Entente – am 6. November das sog. Entthronungsgesetz angenommen hat, sind alle Herrscherrechte Karls und der Habsburger erloschen. Ungarn behält allerdings weiterhin die monarchistische Staatsform bei und hat das Recht der freien Königswahl.

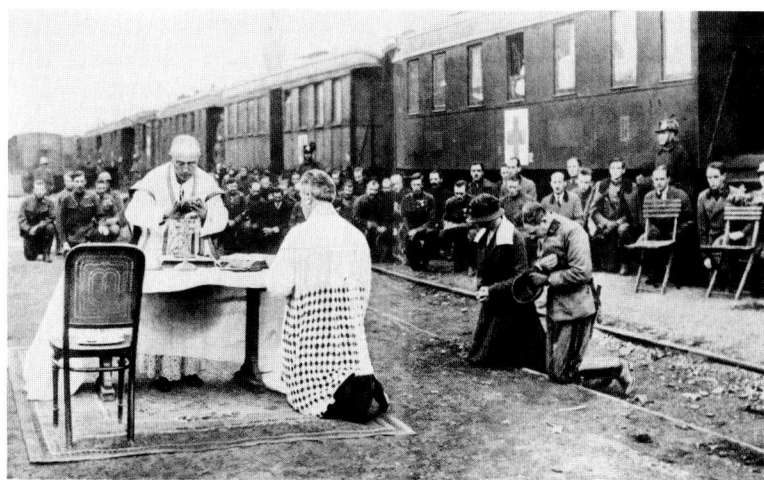

△ *Der Vormarsch des früheren ungarischen Königs und seiner Truppen nach Budapest wird für einen Feldgottesdienst unterbrochen. Karl und seine Frau Zita nehmen auf den Gleisen knieend an der Messe teil.*

◁ *Ex-König Karl mit Frau bei ihrer Ankunft in Raab, hinter ihnen der Ministerpräsident der provisorischen Regierung, Stephan Rakovsky*

Militärputsch in Portugal geglückt

19. Oktober. Unter Führung des Obersten Manuel Maria Coelho putschen in Lissabon monarchistisch gesinnte Truppenteile gegen die portugiesische Regierung.

Der liberale Ministerpräsident Antonio Granjo und drei weitere Regierungsmitglieder werden bei dem Staatsstreich ermordet. Das bisherige Kabinett wird aufgelöst. Um weiteres Blutvergießen zu vermeiden, ernennt Staatspräsident Antonio José de Almeída Oberst Coelho zum neuen Ministerpräsidenten.

Der Militärputsch in Portugal war seit langem intensiv vorbereitet worden, die geplanten Aktivitäten waren auch der Regierung bekannt. Ministerpräsident Granjo ordnete deshalb einen Tag vor dem Putsch an, daß Heeres- und Marine-Einheiten bis auf weiteres in ihren Quartieren zu bleiben hätten. Die portugiesische Sicherheitspolizei und die republikanische Garde wurden in Alarmbereitschaft versetzt.

Frühmorgens verließen die Marinetruppen und die republikanische Garde entgegen dem Regierungsbefehl ihre Kasernen und verbündeten sich mit bewaffneten Zivilisten. Nur ein Kavallerie- und ein Infanterieregiment kämpften auf seiten der Regierung. Das Kabinett von Oberst Manuel Coelho verfügt über keine sichere politische Basis. Bereits am 4. November bildet Labarato Pinot eine neue Regierung, die wiederum nach einer Offiziersrevolte am 20. Dezember zurücktreten muß.

Türkei erkennt französische Herrschaft über Syrien an

20. Oktober. Frankreich und die Türkei ratifizieren in Angora (Ankara) ein am 11. März 1921 vereinbartes Friedensabkommen, das den Abzug französischer Truppen aus Kilikien in Süd-Anatolien, das von Frankreich im Weltkrieg besetzt worden war, regelt.

Die Türkei erklärt sich darüber hinaus bereit, das seit 1920 bestehende französische Mandat über Syrien voll anzuerkennen. Die neue türkisch-syrische Grenze wird festgelegt und der Austausch von Kriegsgefangenen eingeleitet.

Im Weltkrieg verlor das damalige Osmanische Reich große Teile seines Territoriums, darunter auch Syrien. 1916 wurde Syrien zur franzö-

Der französische Diplomat Franklin-Bouillon (l.) wird zur Unterzeichnung des türkisch-französischen Abkommens in Angora (Ankara) abgeholt.

sischen Interessenssphäre erklärt und 1920 endgültig französisches Mandatsgebiet. Der Vertrag von Sèvres vom 10. August 1920 beendete den Krieg zwischen der Türkei und den Aliierten. Hierdurch wurde die Türkei auf Anatolien und das Gebiet um Konstantinopel (Istanbul) beschränkt und mußte die griechische Herrschaft in Smyrna (Izmir) akzeptieren. Der Vertrag wird von Mustafa Kemal Pascha (Kemal Atatürk), seit 1920 Vorsitzender der Großen Nationalversammlung in Angora (Ankara), nicht anerkannt. Als Oberbefehlshaber der türkischen Armee organisiert er den Kampf gegen die griechischen Truppen (→ 2. 11./S. 188).

Essen und Trinken 1921:

Nahrung knapp und teuer

Noch immer leidet die deutsche Bevölkerung unter den Nachwirkungen des Weltkriegs. Zwar wird im August die 1916/17 verhängte Zwangswirtschaft für Lebensmittel, Wein und Zucker aufgehoben, doch der Versorgungsmangel hält an. Zudem bewirken die in der zweiten Jahreshälfte galoppierende Inflation und die extreme Sommerdürre eine Preissteigerung, die den Durchschnittsbürger zu äußerst sparsamem Haushalten zwingt.

Wie groß die Not noch bei vielen ist, während andere schon wieder in lukullischen Genüssen schwelgen, zeigt ein im November von der bayerischen Landesregierung im Reichsrat eingebrachter Gesetzesentwurf »zur Bekämpfung der Schlemmerei«. Der Entwurf sieht vor, Personen, »die sich aus Hang zum Wohlleben der Genußsucht hingeben«, mit Geldstrafen bis zu 200 000 Mark oder fünf Jahren Gefängnis zu bestrafen.

Mehr Bier – weniger Getreide

	1914	1921
Pro-Kopf-Verbrauch von Getreide und Kartoffeln (kg):		
Roggen	153,1	102,9
Weizen	95,8	78,0
Gerste	108,0	35,6
Hafer	128,3	75,3
Kartoffeln	700,2	339,6

Pro-Kopf-Verbrauch von Alkohol (l):	1919	1921
Bier	48,0	54,3
Wein	4,4	5,1
Schaumwein	0,2	0,3
Branntwein	1,9	2,1

Pro-Kopf-Verbrauch von importierten Waren (kg):	1913	1920	1921
Kaffee	2,53	0,66	1,23
Kakao	0,81	0,74	1,24
Tee	0,06	0,03	0,07
Reis	2,43	2,07	3,30
Südfrüchte	4,52	1,30	0,95

»Schlemmen« ist in der Tat für die meisten ein Fremdwort geworden, da der Durchschnittsbürger aufgrund der hohen Preise sogar Fleisch fast ganz vom Speiseplan streichen muß, geschweige denn sich bisweilen den Luxus eines Glases Wein gönnen kann.

Die Diskussion um den Mangel an Lebensmitteln dreht sich 1921 vor allem um drei Grundnahrungsmittel: Kartoffeln, Milch und Getreide. Ab September häufen sich in der Presse Nachrichten über die »Kartoffelnot«, die vor allem den Westen und den Süden des Deutschen Reiches betrifft. Am 27. Oktober sieht sich das Reichsernährungsministerium daher veranlaßt, eine Erklärung zu den Ursachen der Versorgungsprobleme zu veröffentlichen: Es handle sich bei der »Kartoffelnot« keinesfalls um die Folge einer Mißernte, denn die Erträge betrügen annähernd 80% des Erntedurchschnitts der letzten drei Jahre, das sind zwischen 25 und 26 Mio. t. Da insgesamt im Deutschen Reich davon nur etwa 8 Mio. t als Saatkartoffeln verbraucht würden, sei die Versorgung der Bevölkerung eigentlich gewährleistet. Nach Angaben des Ministeriums haben jedoch vor allem zwei Faktoren den Mangel in einigen Teilen des Reichs herbeigeführt: Zum einen seien Mißstände in der Eisenbahnverwaltung die Ursache dafür, daß der Transport der Kartoffeln nicht wie geplant in die unterversorgten Gebiete erfolge. Zum anderen haben Brennereien große Bestände aufgekauft, um ihre Produktion zu sichern. Die Reichsregierung veranlaßt daraufhin umgehend schärfere Kontrollmaßnahmen.

Die Probleme bei der Milchversorgung betreffen vor allem die Reichshauptstadt. Wegen der großen Dürre im Sommer kann nicht ausreichend Winterfutter für Milchkühe geerntet werden, so daß der Viehbestand reduziert werden muß. Im August sieht sich der Berliner Magistrat genötigt, für 24 Mio. Mark Trockenmilchpulver im Ausland – vornehmlich in den USA und Dänemark – zu kaufen, um den Milchverkauf im Winter zu gewährleisten.

Die Getreideversorgung gibt Anlaß zu heftigen politischen Diskussionen. Während die SPD die Beibehaltung der Zwangswirtschaft fordert und die Rechtsparteien im Gegensatz dazu den sofortigen Übergang zur freien Wirtschaft verlangen, nimmt der Reichstag im Juni einen Kompromißvorschlag der Reichsregierung an. Um die Getreideversorgung der ärmeren Bevölkerungsteile zu sichern, wird ein neues Umlageverfahren festgesetzt, wobei 3 Mio. t Getreide weiterhin von der Regierung eingezogen werden. Der Rest wird dem freien Handel zur Verfügung gestellt.

Der Genuß von Champagner und Delikatessen, zu dem das exklusive Münchner Restautrant »Reichsadler« einlädt, ist nur für wenige erschwinglich.

Kostproben wie in dieser Weinkellerei sind ein Vergnügen für Wohlhabende; die meisten Deutschen konsumieren vorwiegend preiswertes Bier.

Eine erstaunliche Vielfalt von Gemüsen hat dieser Dachgarten vorzuweisen; sogar ein Obstbaum gedeiht hier.

Obst und Gemüse vom eigenen Dach

Not macht erfinderisch: Wo Felder fehlen, dient das Hausdach als Anbaufläche. Viele Großstädter ernten hier Obst und Gemüse für den täglichen Bedarf, denn wegen der extremen Dürre in diesem Sommer sind die Ernteerträge gering und die Preise stark angestiegen.

Nahrungsmittel müssen zwar nicht mehr wie in den Kriegsjahren »gestreckt« werden, jedoch sind die meisten Deutschen, vor allem in vielköpfigen Familien, zu sparsamem Haushalten angesichts der rapiden Teuerung genötigt. Dennoch hat gleichzeitig ein neues Ernährungsbewußtsein eingesetzt, zumal Ärzte und Wissenschaftler vermehrt vor zu geringem Vitaminverzehr warnen. Die »Hausfrauen-Seiten« der Zeitungen geben daher eine Fülle von Ratschlägen, wie man die teure vitaminreiche Kost durch preiswerte Lebensmittel ergänzt oder gar ersetzt. Vor allem wird empfohlen, Gemüsegerichte mit Hülsenfrüchten, Teigwaren oder Getreide wie Haferflocken, Maisgrieß und Graupen sowie mit Dosenfleisch zu erweitern. Zu den »Gemüsestreckgerichten«, die eine Kolumnistin der »Düsseldorfer Nachrichten« ihren Leserinnen dabei empfiehlt, gehören ein »Gemüsereispudding«, ein »Polentaring mit Mischgemüse und Zwiebeln« sowie ein »Blumenkohlauflauf mit Haferflocken«.

Kinder suchen auf den Feldern nach Kartoffeln, die bei der Ernte übersehen wurden. Oftmals müssen sie jedoch einen Teil ihrer »Sammlung« an den Bauern abgeben, den Rest tragen sie in Säcken und Körben zu ihren Familien nach Hause.

Mittagsschmaus von Kleinkindern in einem Berliner Pflegeheim; hier leben kranke Babies und Kleinkinder unter ärztlicher Betreuung.

Nicht alle Kinder können sich satt essen

Zwar sinkt die Säuglingssterblichkeit aufgrund der verbesserten Ernährungslage, aber dennoch müssen noch viele Kinder Not leiden.

Bis zum Anfang des Jahres erhält die Reichsregierung Zuwendungen von der Hoover-Hilfe, einem US-amerikanischen Kinderhilfswerk.

Pausenspeisung in einer Leipziger Volksschule; sie soll auch Kindern aus sozial schwachen Familien eine ausgewogene Ernährung ermöglichen.

Beitrag zum Umweltschutz

1. Oktober. Im Berliner Stadtteil Schöneberg wird das erste Müllkraftwerk im Deutschen Reich in Betrieb genommen.

Der Müll wird in der Reichshauptstadt in 110 l großen Behältern gesammelt und gelangt ohne Sortierung in den Verbrennungsofen. Hier verbrennt er unter Zuführung von komprimierter Luft zu einer festen, harten Schlacke, die von dem Ofen automatisch ausgestoßen wird. Diese Schlacke durchläuft einen Steinbrecher und wird über Förderbänder in die neben dem Müllkraftwerk liegende Steinfabrik transportiert und zu Kunststeinen verarbeitet. Der eigentliche Nutzwert des Müllkraftwerks liegt jedoch in der Erzeugung von Energie. Während das neue Müllkraftwerk das Problem der Abfallbeseitigung in großem Maßstab löst, werden die Möglichkeiten der Wiederverwertung auch im Kleinen erweitert. Neben den bekannten Händlern, die Eisenwaren, Papier oder Textilien sammeln, treten verstärkt sog. Tauschhändler auf, die Küchenabfälle abnehmen und zur Kompostierung verkaufen. Zwar hat man auf dem Land nur ein Lächeln für derartige Probleme der Großstädter übrig, doch hat der Schutz der Umwelt auch hier seinen Stellenwert. Die Erhaltung der Schönheiten der Natur wird in Heimatvereinen und bei Schulwandertagen immer stärker als Notwendigkeit herausgestellt.

Umweltschutz wird Thema: Ein Plakat mahnt zur Erhaltung der Natur.

Trauerprozession für den letzten König von Bayern, Ludwig III., der in seiner Geburtsstadt München mit einem Festakt beigesetzt wird

Bayern trauern um Ex-König

18. Oktober. Ludwig III., der letzte König von Bayern, stirbt im Alter von 76 Jahren in seinem ungarischen Exil auf Gut Sávár. Unter großer Anteilnahme der Bevölkerung wird er am 5. November in München feierlich beigesetzt.

1912 wurde Ludwig als Nachfolger seines Vaters Luitpold Prinzregent und ließ sich 1913 zum König proklamieren. Sein Vater hatte anstelle des für geisteskrank und regierungsunfähig erklärten Otto I. 1886 die Regentschaft übernommen.

Im November 1918 wurde der letzte Wittelsbacher-Monarch zur Abdankung gezwungen. Er ging zunächst in die Schweiz, dann nach Ungarn ins Exil. Auf seine Thronansprüche verzichtete er allerdings nicht.

Ku-Klux-Klan terrorisiert Schwarze, Juden und Einwanderer

17. Oktober. In Jackson im US-Bundesstaat Mississippi werden in der Nacht fünf Schwarze von Mitgliedern des Ku-Klux-Klan durch Teeren und Federn gelyncht.

Einen Monat zuvor hatten Angehörige des geheimen Terrorbundes die Lanier-Universität in Atlanta (US-Bundesstaat Georgia) besetzt, um die Einschreibung schwarzer Studenten zu verhindern. Unter der Gewaltparole, sie wollten hier lehren, was »Amerikanertum« hieße, hielten sie die Gebäude der Hochschule mehrere Tage lang unter ihrer Kontrolle.

Die Meldungen über Gewaltanschläge des Klans häufen sich in den letzten Monaten, vor allem im Süden der USA und in den Kleinstädten des Mittelwestens. Der Terror richtet sich dabei nicht allein gegen Schwarze, sondern zunehmend auch gegen Katholiken, Juden und Einwanderer. Der Ku-Klux-Klan, der nach dem amerikanischen Bürgerkrieg (1861–1865) als Reaktion auf die Befreiung der Sklaven entstand, bekämpft seit seiner Neugründung 1915 die vermeintliche Bedrohung der Vorherrschaft der weißen, meist britischstämmigen Protestanten. Ihren ideologischen Rückhalt beziehen die annähernd 5 Mio. Mitglieder inzwischen vornehmlich aus der Nativisten-Bewegung (→ 19. 5./S. 86), die seit langem Haß gegen alle fremden Einflüsse in den USA sät.

Mitglieder des Ku-Klux-Klan bei einer Versammlung. Bei allen Anschlägen tragen sie weiße Gewänder und Kapuzen, zum einen um nicht erkannt zu werden, zum anderen, um bei ihren nächtlichen Angriffen noch mehr Angst zu erzeugen. Die Verbrechen des Klans werden von der häufig sympathisierenden Justiz kaum verfolgt und milde bestraft.

Amy Dawson-Scott gründet PEN-Club

5. Oktober. In London ruft die britische Romanschriftstellerin Catherine Amy Dawson-Scott bei einem Dinner für Literaten den PEN-Club ins Leben. John Galsworthy, Autor der »Forsyte Saga«, wird zum ersten Präsidenten des Clubs gewählt.

PEN, eine Abkürzung für »Poets, Essayists, Novelists« (Dichter, Essayisten, Romanschriftsteller), soll den Austausch von Literaten fördern. Dawson-Scott schwebt vor, ihr Programm über die Grenzen der britischen Insel hinaus publik zu machen und damit den Anstoß für den Zusammenschluß von »Vereinigten Staaten der Literatur Europas und Amerikas« zu geben. Die Initiatorin betrachtet ihren Versuch, die Kommunikation zwischen Intellektuellen verschiedener Nationen zu fördern, gleichzeitig als Beitrag zur Bewahrung des Friedens. Zudem sollen sich Autorinnen mit Hilfe des PEN weiter emanzipieren. In einem Brief schreibt sie: »Dieser Club muß ein echter Männer-und-Frauen-Club sein« und lädt konsequent genauso viele Schriftstellerinnen wie Schriftsteller zum Beitritt ein.

»Der Scheich« verliebt sich in eine Europäerin, die als Sklavin verkleidet durch die Sahara reist.

Rudolph Valentinos Aufstieg zum umschwärmten Frauenheld

30. Oktober. *Mit der Uraufführung des Films »Der Scheich« in New York avanciert der 26jährige Schauspieler Rudolph Valentino zum Frauenidol der 20er Jahre. Er spielt in diesem Liebes- und Abenteuerfilm in der Regie von George Melford die Titelrolle. Valentino, in Italien geboren, war 1913 in die USA ausgewandert und arbeitet seit 1918 in Hollywood als Schauspieler. Durch seine ersten Filme hat er sich als »Latin Lover« einen Namen geschaffen, und auch als hervorragender Tänzer läßt er die Frauenherzen höher schlagen.*

Neues Theater am Kurfürstendamm

8. Oktober. In Berlin wird das Theater am Kurfürstendamm unter der Leitung von Eugen Robert mit der Uraufführung des Lustspiels »Ingeborg« von Curt Goetz eröffnet.

Der neue Bühnensaal, ist in den Farben Rosa, Silber und Himmelblau gehalten. Das Theater versteht sich in seinem Anspruch als eine kulturelle Institution, die »Unterhaltung für elegante Leute« bietet. Daß die neue Bühne keineswegs ein Volkstheater ist, beweist das illustre Publikum am Premierenabend.

Mit der Komödie »Ingeborg« wird eines der ersten Stücke von Curt Goetz uraufgeführt, der bisher hauptsächlich als Schauspieler in der Rolle des charmanten Lebemanns bekannt war. Auch in diesem Dreieckslustspiel ist er in der männlichen Hauptrolle neben Else Eckersberg und Adele Sandrock zu sehen. Während das Publikum der Aufführung lebhaften Beifall spendet, sprechen Zeitungskritiker von einer langatmigen Inszenierung mit mäßigem Unterhaltungswert.

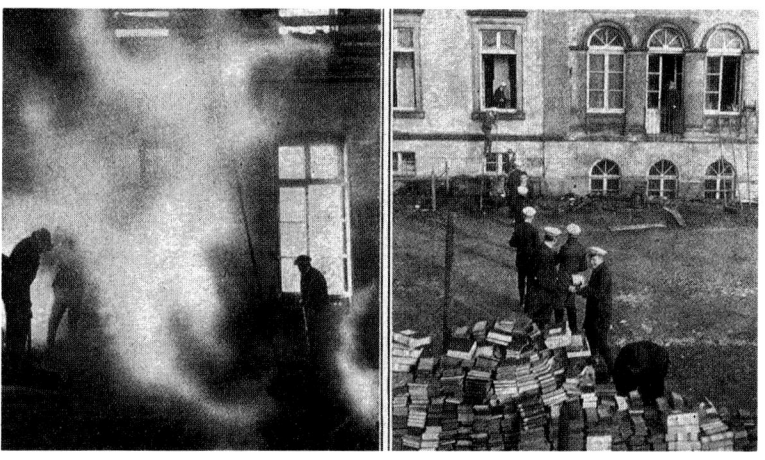

Es gelingt der Feuerwehr nicht, den Brand rechtzeitig zu löschen, um alle 150 000 Bände zu retten. Gymnasiasten sortieren später die geretteten Bücher.

Feuer zerstört 30 000 Bücher

22. Oktober. Bei einem Brand in der Lippischen Landesbibliothek in Detmold werden 30 000 der 150 000 dort aufbewahrten Bücher in den Flammen zerstört. Das Bibliotheksgebäude selbst brennt bei dem Feuer, dessen Ursache ungeklärt bleibt, vollständig nieder.

Ein großer Teil der vernichteten Werke gehört zur »Bibliothek Rosen«, einer Sammlung naturwissenschaftlicher Drucke von herausragendem archivalischem Wert. Während dieser Verlust von den leitenden Bibliotekaren als besonders tragisch eingeschätzt wird, gehen auch mit der Vernichtung des Altertumsmuseums und der Steinsammlungen wichtige archäologische Bestände verloren.

19 Millionen für zwei Rembrandts

18. Oktober. Aus London werden zwei aufsehenerregende Kunstverkäufe an US-amerikanische Sammler gemeldet.

Joseph E. Widener ersteht für annähernd 400 000 britische Pfund (18,9 Mio. Mark) zwei Gemälde von Rembrandt, die 1919 in den Besitz der Nationalgalerie in London gelangten. Die Bilder, deren Entstehungsgeschichte ungeklärt ist und deren Titel deshalb unterschiedlich angegeben werden, waren zuvor 75 Jahre im Besitz einer russischen Großfürstenfamilie gewesen, bevor sie unter dubiosen Umständen aus Sowjetrußland geschmuggelt wurden.

Am selben Tag verkauft der Herzog von Westminster zwei Meisterwerke der britischen Malerei für 200 000 Pfund (9,9 Mio. Mark) an den New Yorker Geldmagnaten Joseph Duveen: Joshua Reynolds »Mrs Siddons als tragische Muse« (um 1780) und Thomas Gainsboroughs »Junge in blau« (um 1770). Duveen will seine Bilder in seinem britischen Landsitz aufbewahren.

Cordy Millowitsch (M., sitzend) spielt die Hauptrolle in Willy Bredschneiders Operette »Die beiden Nachtigallen«, die im Berliner Wallner-Theater uraufgeführt wird. Der Text stammt von Leo Walther Stein.

Die Uraufführung der Oper »Die Liebe zu den drei Orangen« (Abb. Bühnenbild) von Sergej Prokofjew geht als herausragendes Ereignis in die Musikgeschichte ein. Sie findet in Chicago statt, da der Komponist in den USA lebt.

Musik 1921:

Aufbruch zu neuartigen Tönen, Rhythmen und Instrumenten

Obwohl das deutsche Musikleben nach außen »ruhig« erscheint, prallen 1921 Tradition und restaurative Ansätze einerseits und der »Aufbruch« der jungen Generation andererseits vehement aufeinander. Konservative (insbesondere pädagogische) Kreise versuchen, die »alten Formen« als fundamentales Ordnungsprinzip zu erhalten, jüngere Musikergenerationen dagegen sehen den künstlerischen Fortschritt nur darin gewährt, völlig neuartige Aussageformen und Stile zu schaffen. Am konsequentesten in der Ablehnung der Tradition ist der Komponist Arnold Schönberg (1874–1951) mit seiner Theorie, zwölf Halbtöne als gleichberechtigte Funktionsträger innerhalb einer Oktave zu behandeln, anstelle der bisherigen acht Ganztöne.

Das weitere Vordringen des US-amerikanischen Jazz in Europa (Paul Whiteman) sowohl in die Tanzsäle als auch später in die Kunstmusik setzt mit exotischen Schlaginstrumenten, Banjo und Saxophon, sowie mit stark synkopierten Ragtime-Rhythmen ebenfalls neue Aussageakzente.

Höhepunkte im Opernschaffen des Jahres 1921 sind die Uraufführungen von Léos Janáceks »Katja Kabanová« (23. 11. in Brünn) sowie Sergei S. Prokofjews Märchenoper »Die Liebe zu den drei Orangen« im Auditorium von Chicago (30. 12.). Während Janácek sich in seinem dramatischen Libretto der Vorlage von Alexandr N. Ostrowskis (1823–1886) »Gewitter« bediente und eine bewegende musikalische Tragödie von Schuld, Selbstanklage

Donaueschingen – Zentrum Neuer Musik

Im August finden in Donaueschingen erstmals Kammermusiktage zur Förderung zeitgenössischer Tonkunst statt.

Schwerpunkt der Veranstaltung ist die Präsentation neuester Kammermusik-Kompositionen von Paul Hindemith, Ernst Křének, Alban Berg, Arnold Schönberg, Alois Hába und Anton von Webern. Zahlreiche Werke kommen dabei zur Uraufführung, wobei sich das Havemann- und Amar-Quartett sowie die international renommierten Pianisten Eduard Erdmann und Walter Rehberg auszeichnen. Die Reaktion in der Öffentlichkeit ist sehr unterschiedlich: Lobeshymnen über den Mut zu Ungewohntem stehen im Gegensatz zu schroffer Ablehnung, wobei Schlagworte wie »Effekthascherei« sowie »Schmarren und Ziellosigkeit« kursieren.

△ Die Komponisten Wilhelm Groß, Ernst Křének, Philipp Jarnach und Alois Hába (v. l. n. r.) entspannen sich während der Pausen zwischen den Aufführungen ihrer Werke.

◁ Der Opernkomponist Richard Strauss (M.) hat den Vorsitz bei den Musiktagen übernommen. Die Aufnahme zeigt ihn im Gespräch mit Prinz Max zu Fürstenberg (l.), unter dessen Schirmherrschaft das Ereignis steht, und Ministerialrat Hugo Bartning, einem weiteren Organisator.

Ein Szenenfoto aus der Oper »Ikdar« von Joseph Gustav Mraczek, die in Dresden uraufgeführt wird. Das Libretto verfaßte Guido Glück. Robert Burg (l.) singt den Part des Mnorgis, dem grausamen Eroberer von Ikdar.

Die Oper »Das Nusch-Nuschi« von Paul Hindemith, zu der Franz Blei das Libretto verfaßte, wird in Stuttgart zusammen mit einer weiteren Oper des Komponisten, »Mörder, Hoffnung der Frauen« uraufgeführt.

und Sühne schuf, verfaßte Prokofjew sein Textbuch nach einem alten orientalischen Märchen von Carlo Gozzi. Ein schwermütiger, nur durch Lachen zu erheiternder Prinz findet in der Küche seines Schlosses drei große Orangen, von denen jede eine Prinzessin enthält. Zwei von ihnen sterben an Durst, die dritte wird mit einem Eimer Wasser zum Leben wiedererweckt. Der Zauberspuk endet, als der Prinz und die Prinzessin ein Paar werden. Prokofjew, der die Uraufführung dirigiert, erhielt diesen Kompositionsauftrag von der Chicago Opera Company, erntet jedoch nur mäßigen Erfolg. Arthur Honeggers Oper »König David«, uraufgeführt in Mézières (11. 6.), erzielt nur einen Achtungserfolg, setzt sich jedoch als »Szenisches Oratorium« (dramatischer Psalm) weltweit in den Konzertsälen durch.

Die wachsenen Dirigiererfolge von Arturo Toscanini – insbesondere an der New Yorker Metropolitan Opera - finden 1921 ihre besondere Anerkennung durch die Berufung des Italieners zum künstlerischen Leiter der Mailänder Scala.

Die »Josephslegende«, ein getanztes Drama mit der Musik von Richard Strauss, gehört 1921 zu den meistbesuchten Aufführungen in der Berliner Staatsoper. Emil Pirchan entwarf die Kostümstudie für das Gewand von Potiphars Weib; der Part wird von Tilla Durieux gespielt. Das exzentrische Gewand in Feuerrot, Silber und Orange ist bewußt auf die Farben der aufwendigen Bühnenausstattung abgestimmt.

Konzertabende mit den »Meistern des Klaviers« ziehen nach wie vor genauso viele Freunde der ernsten Musik an wie Opern und Operetten.

November 1921

Mo	Di	Mi	Do	Fr	Sa	So
	1	2	3	4	5	6
7	8	9	10	11	12	13
14	15	16	17	18	19	20
21	22	23	24	25	26	27
28	29	30				

1. November, Dienstag

Die Tageszeitungen melden eine Flecktyphusepidemie in Polen. Allein in den Monaten April bis November sind rund 173 000 Personen an dieser Seuche erkrankt. Die Epidemie nimmt immer größere Ausmaße an, da sie wegen des Mangels an Medikamenten und Krankenhäusern schwer zu bekämpfen ist.

Im Berliner Lustspielhaus wird das Drama »Peter Brauer« von Gerhart Hauptmann uraufgeführt.

2. November, Mittwoch

Die türkische Nationalversammlung unter Mustafa Kemal Pascha in Ankara verabschiedet eine Entschließung, in der den ehemaligen Gegnern im Weltkrieg ein neuer Friedensvertrag unter der Bedingung angeboten wird, daß diese Staaten in dem griechisch-türkischen Krieg Neutralität bewahren. Kemal hat den Friedensvertrag von Sèvres 1920 nicht anerkannt. →S. 188

In einer Rede vor der Deputiertenkammer beschuldigt der französische Ministerpräsident Aristide Briand die Reichsregierung, durch eine verfehlte Ausgabenpolitik den Kursverfall der Mark bewußt zu fördern, um so von den Reparationsforderungen der Alliierten befreit zu werden.

Die Kartoffelknappheit im Deutschen Reich treibt die Kartoffelpreise weiter in die Höhe. Der Zentner Kartoffeln kostet inzwischen 120 Mark, während er im Oktober noch 90 Mark kostete. →S. 178

Die französische Regierung sendet an 40 Staaten den Entwurf einer neuen »Weltsanitätskonvention«. Darin ist vor allem bestimmt, daß jedes Land dazu verpflichtet ist, den Ausbruch von Seuchen den anderen an die Konvention gebundenen Regierungen bekanntzugeben.

In New York wird das Drama »Chris Christopherson« von Eugene O'Neill uraufgeführt.

Die US-amerikanische Feministin Margret Sanger gründet in New York die Amerikanische Liga für Geburtenkontrolle. →S. 196

Innerhalb von zehn Stunden werden in Hamburg zwei Sturmfluten gemeldet. Das Wasser steigt bis zu einer Höhe von 14 Fuß (rund 4 m) über den Meeresspiegel. Straßenbahngleise sind überflutet, und Keller stehen unter Wasser.

3. November, Donnerstag

Die Entwertung der Mark an den ausländischen Devisenbörsen setzt sich unaufhaltsam fort. Der US-Dollar wird an der New Yorker Börse mit 209 Mark gehandelt gegenüber 191 Mark am Vortag (→28. 11./S. 193).

Das Deutsche Reich bewilligt die Einfuhr von fünf Mio. Liter französischen Weines in der Zeit vom 1. November bis zum 31. März 1922. Die Lieferung muß in französischer Währung bezahlt werden. Die Einfuhrbewilligung erfolgt durch die Vermittlung der deutschen Weinhandelsgesellschaft.

Der musikalische Schwank »Der heilige Ambrosius« von Adolf Rebner in der Regie von Hubert Heinrich wird in Berlin uraufgeführt.

4. November, Freitag

Reichsernährungsminister Andreas Hermes (Zentrum), der vorübergehend mit der Verwaltung des Finanzressorts betraut ist, erläutert die neuen Steuervorlagen im Reichstag in Berlin. Hermes erklärt, daß Steuererhöhungen notwendig seien, um die finanziellen Verpflichtungen des Londoner Ultimatums (→5. 5./S. 80) erfüllen zu können. Angehoben werden sollen Umsatzsteuer, Kohlensteuer, Vermögenssteuer und Einkommenssteuer.

Während einer Rede des NSDAP-Vorsitzenden Adolf Hitler im Münchner Hofbräuhaus kommt es zu gewaltsamen Auseinandersetzungen zwischen Hitler- Anhängern und Sozialdemokraten. Hitler hatte den Mordanschlag von Nationalsozialisten auf den SPD-Landtagsabgeordneten Erhard Auer im Februar gerechtfertigt. →S. 192

Der japanische Ministerpräsident Takaschi Hara wird in Tokio von einem Koreaner ermordet. →S. 189

Der Film »Violett – Roman einer Mutter« nach dem Buch von Kurt Aram mit Olga Tschechowa und Adele Sandrock in den Hauptrollen wird in Berlin uraufgeführt.

5. November, Samstag

Der preußische Landtag wählt Otto Braun (SPD) zum neuen Ministerpräsidenten. Er ist der Nachfolger des am 1. November 1921 zurückgetretenen Adam Stegerwald (Zentrum). Es kommt zur Bildung einer großen Koalition aus SPD, Zentrum, Deutscher Demokratischer Partei (DDP) und Deutscher Volkspartei (DVP). →S. 192

Der Reichsverband der Deutschen Industrie fordert in Berlin die Privatisierung der Reichsbahn, um mit dem Erlös die Staatsfinanzen aufzubessern und den Reparationzahlungen nachkommen zu können (→19. 11./S. 193).

Die Quäker richten in den USA einen Aufruf an den US-amerikanischen Präsidenten Warren G. Harding, in dem sie aus moralischen Gründen für die allgemeine Entwaffnung auf der ganzen Welt eintreten. Die Quäker sind eine religiöse Bewegung, die seit Mitte des 17. Jahrhunderts besonders in den USA verbreitet ist. Sie lehnen jede Form von Gewalt und Krieg entschieden ab.

Im ganzen Gebiet der südbayerischen Alpen herrscht infolge der überraschend warmen Witterung und der dadurch verursachten Schneeschmelze Hochwassergefahr.

6. November, Sonntag

Polen und die Tschechoslowakei unterzeichnen in Prag ein Neutralitätsabkommen, in dem sie ihre Staatsgrenzen anerkennen. →S. 189

Als Reaktion auf den am →21. Oktober (S. 177) erfolgten Putschversuch des ehemaligen österreichischen Kaisers und ungarischen Königs Karl I. (IV.) verabschiedet die ungarische Nationalversammlung in Budapest ein Gesetz zur Entthronung der Habsburger-Dynastie.

Das Fußball-Länderspiel Schweiz–Italien endet in Genf 1:1.

7. November, Montag

Auf Veranlassung von Benito Mussolini wandelt sich der faschistische »movimento« in Rom in eine Partei, die Partito Nazionale Facista (PNF). Mussolini wird zum »Duce« gewählt. →S. 189

In München wird im Residenztheater das Lustspiel »Der Schwierige« des österreichischen Dichters und Schriftstellers Hugo von Hofmannsthal mit Elisabeth Bergner in der Hauptrolle uraufgeführt.

8. November, Dienstag

Die britische Tageszeitung »Daily Telegraph« berichtet, daß der indische Freiheitskämpfer Mohandas Karamchand (»Mahatma«) Ghandi und seine Anhänger in einer Sitzung des Allindischen Kongreßausschusses in Neu-Delhi den Ungehorsam gegen die Gesetze beschlossen haben. Sie wollen damit die Autonomie erzwingen (→24. 12./S. 203).

Die erste offizielle Weltmeisterschaft der Ringer findet in Helsinki statt. Die Sieger im griechisch-römischen Stil sind Anttila, Tamminen, Rosenquist und Salila aus Finnland. →S. 197

9. November, Mittwoch

In einem Schreiben an die alliierte Botschafterkonferenz in Paris versichert die ungarische Regierung, daß sie die Habsburger von der Thronfolge gesetzlich ausschließen werde und keine Wahl eines neuen Königs ohne Rücksprache mit den Alliierten durchzuführen gedenke (→25. 10./S. 177).

In Berlin wird der Film »Zwischen Flammen und Fluten« in der Regie von Carl Heinz Wolff uraufgeführt.

10. November, Donnerstag

Der Stand der Lebenshaltungskosten im Deutschen Reich erreicht einen Rekordwert: Die Lebensmittel sind um 19,9%, die Kleidung um 37,9%, Heizung und Beleuchtung um 15,8% teurer als vor zwei Monaten. Gegenüber dem 1. Januar 1914 haben sich die Lebenshaltungskosten um das Vierzehneinhalbfache verteuert.

Das Moskauer Künstlertheater gastiert in Berlin. Gezeigt wird von Anton P. Tschechow »Drei Schwestern« und »An des Reiches Pforten« von Knut Hamsun.

11. November, Freitag

Die deutsche Aero-Union und die sowjetische Handelsvertretung gründen mit einem Stammkapital von je 2,5 Mio. Mark die Deutsch-Russische Luftverkehrsgesellschaft (Deruluft) zur Intensivierung der Handelsbeziehungen.

12. November, Samstag

Die Washingtoner Abrüstungskonferenz, die bis zum 6. Februar 1922 andauert, beginnt. Teilnehmerstaaten sind die USA, Großbritannien, Italien, Japan und Frankreich. Es geht um die Begrenzung des Wettrüstens zur See. →S. 190

In Bremen beginnt der Parteitag der Deutschen Demokratischen Partei (DDP) mit Referaten des Vorsitzenden Carl Petersen und des ehemaligen Reichsministers für Wiederaufbau, Walter Rathenau. Die Begleichung der Reparatiationsschulden und die Vorbereitung neuer Steuergesetze stehen im Mittelpunkt der Beratungen.

Der belgische Maler und Graphiker Fernand Khnopff stirbt im Alter von 63 Jahren in Brüssel. Khnopff war ein Hauptvertreter des belgischen Symbolismus.

13. November, Sonntag

Das Burgenland in Westungarn wird gemäß dem Protokoll von Venedig von österreichischen Truppen besetzt. Im Friedensvertrag von St. Germain-en-Laye wurde Österreich dieses Gebiet zugesprochen (→13. 10./S. 176).

14. November, Montag

Aufgrund innenpolitischer Kontroversen über die Hintergründe des Restaurationsversuchs von Ex-König Karl IV. tritt der ungarische Ministerpräsident István Graf Bethlen von Bethlen in Budapest von seinem Amt zurück. Am 3. Dezember 1921 bildet er ein neues Kabinett (→21. 10./S. 177).

15. November, Dienstag

Die Vertreter Londoner Banken erklären, daß sie dem Deutschen Reich keinen Reparationskredit gewähren werden. Da der Wechselkurs der Mark unaufhaltsam falle und die deutsche Wirtschaft dadurch nachhaltig geschwächt werde, sei die Rückzahlung der Kredite nicht gesichert (→28. 11./S. 193).

Eine zweitägige Konferenz der Internationalen Berufssekretariate der Metall-, Berg- und Transportarbeiter, die der Internationale Gewerkschaftsbund nach Amsterdam einberufen hat, beauftragt ein Komitee, einen Maßnahmenkatalog zur Abwendung eines Krieges vorzubereiten. Zu diesen Maßnahmen gehört die Ausrufung des Generalstreiks.

Die »Neue Zeitschrift für Arbeitsrecht« erscheint erstmals. Diese monatlich erscheinende Publikation entsteht in der Zusammenarbeit der Universität Berlin mit dem Reichsarbeitsministerium und dem Reichsamt für Arbeitsvermittlung.

Die französische Zeitschrift »L'Illustration« präsentiert die Widersacher der Washingtoner Abrüstungskonferenz auf dem Titelbild ihrer Ausgabe vom 26. November 1921: Während US-Außenminister Charles E. Hughes (r.) auf einen weitgehenden Abbau der Kriegsflotten im Weltmaßstab drängt, widersetzt sich der französische Ministerpräsident Aristide Briand diesem Ansinnen. Die Sicherheit Frankreichs, die nach wie vor vom Deutschen Reich und von Sowjetrußland potentiell bedroht sei, lasse eine umfassende Abrüstung nicht zu.

Ce numéro contient :
LA PETITE ILLUSTRATION (nouvelle Série-Roman) : Le Jubé, par M. Gaston Rageot. (Fin.)

L'ILLUSTRATION

RENÉ BASCHET, directeur.

SAMEDI 12 NOVEMBRE 1921
79ᵉ Année. — Nº 4106.

Maurice NORMAND, rédacteur en chef.

LA RÉCEPTION DU MARÉCHAL FOCH A NEW-YORK
Le 28 octobre, sur les marches de l'Hôtel de Ville (City Hall), le maire Hylan serre la main du maréchal, qui reçoit le « droit de cité ».
Phot. Wide World.

16. November, Buß- und Bettag

Über 3000 Mitglieder des Deutschen Eisenbahnerverbands protestieren mit einer Veranstaltung im Zirkus Busch in Berlin gegen die von der Reichsregierung erwogene Privatisierung der Reichsbahn (→19. 11./S. 193).

Zum wiederholten Mal wird in Berlin-Neukölln ein Lebensmittelgroßhandel von rund 200 arbeitslosen Männern geplündert. Auch in anderen Stadtteilen der Reichshauptstadt werden Metzgereien ausgeraubt (→1. 12./S. 206).

17. November, Donnerstag

Mit 198 gegen 99 Stimmen spricht der Landtag der preußischen Regierung das Vertrauen aus. Die Deutschnationalen (DNVP) hatten versucht, die erst seit knapp zwei Wochen regierende Koalition aus SPD, Zentrum und DDP unter Ministerpräsident Otto Braun (SPD) durch ein Mißtrauensvotum zu stürzen (→5. 11./S. 192).

Bei der Ankunft des britischen Thronfolgers Prinz Eduard in Bombay kommt es zu gewalttätigen Auseinandersetzungen zwischen der indischen Bevölkerung und britischen Truppen. Die Proteste der Inder richten sich gegen das Kolonialregime Großbritanniens (→24. 12./S. 203).

Der Direktor sowie 15 Angestellte des Hauptpostamtes Posen werden wegen Unterschlagung und Verletzung ihrer Dienstpflichten entlassen. Sie sollen Pakete geöffnet, Geld unterschlagen und mit dem Geraubten innerhalb eines Monats für 500 000 Mark Liköre und Schnäpse gekauft und während des Dienstes getrunken haben.

Ein viertägiger Lohnstreik der Potsdamer Leichenträger wird beendet, nachdem die Bestattungsunternehmer die Erfüllung der Forderung zugesichert haben. Die überfüllten Leichenhallen hatten eine schnelle Beendigung des Ausstands nötig gemacht.

18. November, Freitag

Reichsfinanzminister Andreas Hermes (Zentrum) legt dem Reichsrat den dritten Nachtragshaushalt für 1921 vor. Daraus ergibt sich ein Fehlbetrag im Etat von 161,6 Mrd. Mark.

In der Haftanstalt Torgau treten 100 kommunistische Gefangene in einen Hungerstreik, um eine Amnestie für politische Vergehen zu erzwingen.

Die bayerische Staatsregierung legt dem Reichsrat in Berlin einen Gesetzentwurf gegen das Schlemmerunwesen vor. Personen, »die sich aus Hang zum Wohlleben der Genußsucht hingeben« und damit »angesichts der Not der Bevölkerung Ärgernis erregen«, sollen mit Freiheitsentzug bis zu fünf Jahren bestraft werden (→S. 17).

In Hamborn spricht sich die Vereinigte Kaufmannschaft in einem Appell gegen sog. Hamsterkäufe aus. →S. 193

Die Theaterdirektion und die Schauspieler der Theateraufführung von Arthur Schnitzlers »Der Reigen« werden vom Landgericht Berlin vom Vorwurf der Erregung öffentlichen Ärgernisses freigesprochen (→3. 1./S. 22).

19. November, Samstag

Die Truppen des ukrainischen Politikers und Heerführers Simon W. Petljura, die Anfang des Monats von Rumänien aus in die Ukrainische Sowjetrepublik eingefallen sind und die sowjetischen Verbände zurückgedrängt haben, veranstalten bei Kiew ein Pogrom an der jüdischen Bevölkerung (→29. 11./S. 189).

Reichsverkehrsminister Wilhelm Groener (parteilos) lehnt das Angebot des Verbands der deutschen Industrie ab, die Reichsbahn zu verkaufen. →S. 193

Der Schriftsteller Gerhart Hauptmann wird an der Prager Universität zum Ehrendoktor der Philosophie ernannt.

In Paris wird der 1. Internationale Luftfahrtsalon eröffnet, der bis zum 25. November dauert. →S. 196

Der zweite Teil von Joe Mays exotischem Spielfilm »Das indische Grabmal – Der Tiger von Eschnapur« hat in Berlin Premiere. →S. 197

20. November, Sonntag

In Belgien kann die Klerikale Partei bei den Wahlen zur Deputiertenkammer, dem Nationalparlament, ihren Vorsprung vor den Sozialisten ausbauen.

Rund 100 Mitglieder des Deutsch-evangelischen Lehrerinnenbundes protestieren in Berlin mit Transparenten gegen die immer häufiger stattfindenden Damenboxkämpfe. →S. 197

21. November, Montag

Die Interalliierte Rheinlandkommission in Koblenz verbietet die Regimentsvereine, weil sie aufgrund revanchistischer Aktivitäten eine Bedrohung des Friedens darstellten.

Der Katholische Frauenbund und der Katholische Lehrerinnen- und Beamtinnenverband protestieren gegen eine Entscheidung des Reichsgerichts in Leipzig, daß Beamtinnen aufgrund ihrer Heirat nicht entlassen werden dürfen. Nach Ansicht der Frauenverbände ist die Aufgabe als Hausfrau und Mutter nicht mit einer Berufstätigkeit zu vereinbaren.

Nach neuen Bestimmungen des Reichspostministeriums können Privatpersonen einen Münzfernsprecher in ihrer Wohnung installieren lassen, wenn dieser allgemein zugänglich ist. Die Wohnungsinhaber sind dafür von allen Gebühren befreit.

Nach den jüngsten Bierpreiserhöhungen werden im Kreis Saarlouis sämtliche Gaststätten erfolgreich für einen Tag boykottiert.

22. November, Dienstag

Eine Gruppe von rund 100 Arbeitslosen versucht im Berliner Stadtteil Pankow, das Arbeitsamt zu besetzen und die Kasse auszurauben. Zuvor war es in Neu-kölln zu Plünderungen von Lebensmittelgeschäften gekommen.

Im Senckenberg-Museum in Frankfurt am Main wird das 100jährige Bestehen dieses größten deutschen Forschungsmuseums gefeiert.

Bei Schießereien zwischen Angehörigen der irischen Unabhängigkeitsbewegung Sinn Féin und britischen Soldaten in Belfast werden zehn Personen getötet (→6. 12./S. 202).

23. November, Mittwoch

In einer Sitzung des preußischen Landtags in Berlin, deren geordneter Ablauf durch ausgestreutes Niespulver beeinträchtigt wird, wirft der KPD-Abgeordnete Wilhelm Pieck eine Stinkbombe unter die Fraktionsbänke der Deutschnationalen.

Der US-amerikanische Präsident Warren G. Harding unterzeichnet eine Gesetzesvorlage, nach der es Ärzten untersagt ist, alkoholische Getränke aus medizinischen Gründen zu verschreiben. In den USA sind Verkauf und Genuß von Alkohol seit 1920 verboten.

24. November, Donnerstag

Der französische Ministerpräsident Aristide Briand verläßt die Washingtoner Abrüstungskonferenz. Er hatte zuvor erklärt, daß sich Frankreich nicht an einer Abrüstung beteiligen werde, da vom Deutschen Reich und Sowjetrußland weiterhin eine militärische Bedrohung ausgehe (→12. 11./S. 190).

Bei einer Abstimmung in den während des Weltkriegs besonders zerstörten Gebieten Nordfrankreichs sprechen sich 84% der Bevölkerung für die Beteiligung deutscher Arbeiter am Wiederaufbau aus.

Bei der Jahresversammlung des Verbandes der britischen Industrie in London wird die Regierung aufgefordert, das Deutsche Reich mit der Elektrifizierung Großbritanniens und dem Bau eines Tunnels unter dem Ärmelkanal zu beauftragen. Dadurch könnten fällige Reparationszahlungen im Wert von 50 Mio. Pfund Sterling (57 Mrd. Mark) abgegolten werden.

25. November, Freitag

Der japanische Kronprinz Hirohito übernimmt die Regentschaft von seinem Vater Joschihito, der wegen Geisteskrankheit seine Aufgaben als Herrscher nicht mehr wahrnehmen kann.

Der Reichsminister für Ernährung und Landwirtschaft, Andreas Hermes (Zentrum), erläßt eine Verordnung zur »Bekämpfung des wilden Aufkaufs von Kartoffeln«. Landwirte dürfen Kartoffeln an Verbraucher nur noch in handelsüblichen Mengen abgeben (→18. 4./S. 193).

Im ehemals preußischen Hultschiner Ländchen, das nach dem Versailler Vertrag an die Tschechoslowakei abgetreten wurde, kommt es bei der Einberufung von Rekruten für die tschechoslowakische Armee zu Krawallen. Die jungen Männer weigern sich, ihre preußischen Fahnen herauszugeben.

26. November, Samstag

US-Präsident Warren G. Harding schlägt in Washington vor, jährlich eine Konferenz aller Regierungschefs der Welt abzuhalten, um Probleme zu erörtern.

Der bayerische Landtag in München beschließt, daß sich Bayern am Aktienkapital der Rhein-Main-Donau AG beteiligt, die einen Kanal zwischen diesen Flüssen bauen will (→30. 12./S. 207).

27. November, Sonntag

Bei den Landtagswahlen in Hessen-Darmstadt muß die SPD erhebliche Stimmeneinbußen hinnehmen, bleibt jedoch mit 24 Sitzen stärkste Partei vor dem Zentrum mit 13 Sitzen sowie kleinen Parteien mit noch geringerem Anteil. →S. 192

28. November, Montag

An der Frankfurter Devisenbörse erreicht der US-Dollar mit 294,75 Mark seinen bisherigen Höchststand. →S. 193

Die Preußische Staatsbibliothek in Berlin beginnt mit dem Aufbau einer »Lautabteilung«, in der Schallplattenaufnahmen gesammelt werden. Dieses Archiv soll für wissenschaftliche Untersuchungen auf den Gebieten Sprachwissenschaft, Völkerkunde, Biologie und Medizin zugänglich sein. Außerdem werden Reden bekannter Persönlichkeiten aufbewahrt.

29. November, Dienstag

Der Vorstandsvorsitzende der AEG, Walther Rathenau, trifft in London ein, um mit Mitgliedern der britischen Regierung sowie Vertretern der Industrie eine Umwandlung der deutschen Reparationen von Geld- in Sachlieferungen zu erörtern. In gleicher Mission hatte der Industrielle Hugo Stinnes in den Tagen zuvor in London Gespräche geführt.

In der Ukraine schlägt die Rote Armee einen Aufstand des Kosakenführers Simon W. Petljura nieder. →S. 189

Nach den Ergebnissen einer Volkszählung in Österreich ist die Gesamtbevölkerung gegenüber 1910 um rund 10% zurückgegangen. Derzeit leben 6,5 Mio. Menschen in Österreich.

30. November, Mittwoch

In Arolsen wird ein Staatsvertrag zwischen Preußen und dem Fürstentum Waldeck-Pyrmont 1922 unterzeichnet, nach dem Pyrmont in die preußische Provinz Hannover eingegliedert wird.

Das Wetter im Monat November

Station	Mittlere Lufttemperatur (°C)	Niederschlag (mm)	Sonnenscheindauer (Std.)
Aachen	1,5 (6,0)	45 (67)	— (62)
Berlin	0,2 (3,9)	39 (46)	— (50)
Bremen	1,1 (5,3)	39 (60)	— (50)
München	−0,4 (3,0)	57 (52)	— (54)
Wien	— (4,5)	— (53)	— (58)
Zürich	0,9 (3,3)	61 (72)	37 (51)
( ) Langjähriger Mittelwert für diesen Monat — Wert nicht ermittelt			

Die Illustration von Georges Lepape für die französische Zeitschrift »La Gazette du Bon Ton« trägt den Titel »Adieu, Pauvre Amour«.

ADIEU, PAUVRE AMOUR...

ROBE D'APRÈS-MIDI EN "PALMES AGNELLA", DE RODIER

Kemal will Alliierte aus Krieg mit Griechen heraushalten

2. November. Die türkische Nationalversammlung in Ankara verabschiedet eine Entschließung, in der den ehemaligen Kriegsgegnern Frankreich, Großbritannien und Italien ein Friedensvertrag angeboten wird, falls sie ihre Neutralität im griechisch-türkischen Krieg zusichern.

Das türkische Angebot erfolgt aus einer Position der militärischen Stärke gegenüber den griechischen Truppen, die seit 1919 Teile von Westanatolien besetzt halten und im Verlauf des Jahres 1921 mehrere empfindliche Niederlagen hinnehmen mußten.

Ziel der türkischen Politik ist die Revision des Vertrages von Sèvres. In diesem internationalen Abkommen vom 10. August 1920 wurde die Neutralisierung Istanbuls und der Meerengen verfügt, außerdem mußte die Türkei große Teile ihres Staatsgebiets abtreten: Smyrna (Izmir) und Thrakien sowie alle ägäischen Inseln außer Rhodos wurden Griechenland zugesprochen, Frankreich sollte Syrien und Kilikien, Italien den südöstlichen Teil Westanatoliens erhalten.

Während Sultan Muhammad VI. diesen Vertrag unterzeichnete, regte sich in der Bevölkerung und in Militärkreisen Widerstand, der sich in der von Mustafa Kemal geführten nationalistischen Bewegung organisierte. Mit Unterstützung der Nationalversammlung in Ankara, die praktisch eine Gegenregierung zur Herrschaft des Sultans in Istanbul darstellt, führt er mit der neu zusammengestellten Armee den Kampf gegen die Griechen. Diese hatten versucht, über die kleinasiatische Westküste hinaus, deren Bevölkerung zu einem Drittel griechischer Herkunft ist, ihre Herrschaftsansprüche zu festigen. In den Gefechten von Inönü im Januar und März 1921 sowie am Sakarya-Fluß im September konnten die Türken die griechische Expansion zunächst stoppen.

Das Angebot an die drei Alliierten, einen Friedensvertrag abzuschließen, kommt einer Brüskierung der britischen Außenpolitik gleich, die zum Ausbau der eigenen Machtposition die griechischen Interessen unterstützt. Die von der Türkei angestrebte Revision des Vertrages von Sèvres wird von Frankreich gefördert, das mit der Türkei zuvor einen Sonderfrieden abgeschlossen hatte (→ 20. 10./S. 177).

△ *Kemalistische Artillerie auf dem Weg zur Front: Während die Griechen mit modernen Waffen und Transportmitteln ausgerüstet sind, werden in der türkischen Armee Büffel als Zugtiere eingesetzt.*

◁◁ *König Konstantin I. von Griechenland (*2. 8. 1868 in Athen): Der griechisch-türkische Krieg endet 1922 für die Griechen mit einer Niederlage. Konstantin I. muß zugunsten seines Sohnes Georg II. abdanken.*

◁ *Mustafa Kemal Pascha (*12. 3. 1881 in Saloniki) organisiert seit 1919 den Widerstand gegen die Feudalherrschaft.*

Französische Soldaten sichern als Vertreter der Alliierten die im Vertrag von Sèvres festgelegten Grenzen. Frankreich ist bereit, auf die ihm zugesprochenen Gebiete zu verzichten, wenn die Türkei französische Interessen berücksichtigt.

Mussolini behauptet Position als »Duce«

7. November. Auf dem dritten Parteikongreß der italienischen Faschisten in Rom wird der frühere Parteivorsitzende Benito Mussolini erneut zum »Duce« gewählt, nachdem er in einer rhetorisch ausgefeilten Rede bisherige Fehler eingestanden hat. Er trat im August zurück, nachdem sein Vorhaben eines Bündnisses mit den Sozialisten in der Partei, die seit Mai mit 35 Sitzen im Parlament vertreten ist, auf breite Ablehnung gestoßen war.

Als Gegenleistung für den Bündnisverzicht willigen Mussolinis Gegner auf dem Kongreß in eine straffe Organisation der Partei ein, die bisher nur ein Zusammenschluß einzelner Kampfbünde war. In einem Parteistatut wird die Identität von politischen und militärischen Verbänden festgelegt. Mitglieder der Stoßtrupps (»squadri«) sind fortan gleichzeitig Parteimitglieder. Hintergedanke dabei ist, daß auf diese Weise ein Vorgehen der Regierung gegen die »squadri«, die mit massiven Terroraktionen gegen linke Gruppierungen operieren, weniger wahrscheinlich wird.

Due Aquile – zwei Adler: Benito Mussolini gründete 1919 in Mailand die faschistische Bewegung, die 1921 in eine straff organisierte Partei umgewandelt wird.

Zwei Wechsel an Japans Führungsspitze

4. November. Der japanische Ministerpräsident Takaschi Hara wird in Tokio ermordet. Ein Koreaner verletzt den Politiker mit mehreren Messerstichen tödlich, als dieser auf dem Bahnhof von Tokio eintrifft. Der Attentäter protestiert mit dem Anschlag gegen die Besetzung seines Landes durch Japan.

Hara war 1918 als erster Bürgerlicher Regierungschef geworden. Seine Politik war von dem vorsichtigen Bemühen geprägt, den Einfluß des Militärs und der Bürokratie zurückzudrängen und das Männerwahlrecht zu erweitern. Zu Haras Nachfolger wird am 13. November Finanzminister Korekijo Graf Takahaschi gewählt.

Auch an der Spitze des Staates vollzieht sich inoffiziell ein Wechsel. Auf Beschluß des kaiserlichen Familienrates übernimmt der 20jährige Kronprinz Hirohito die Regentschaft. Sein Vater, Kaiser Joschihito, kann wegen einer Geisteskrankheit seine Aufgaben als Herrscher nicht mehr wahrnehmen. Der Prinzregent, der als zukünftiger Tenno religiöse Verehrung genießt, gilt als Bindeglied zwischen dem traditionellen und dem modernen Japan. Während politisch die alten Eliten nach wie vor bestimmend sind, ist das Land durch militärische Expansionen in Korea, Sowjetrußland und China zur führenden Macht in Ostasien geworden. Auch die schnelle Industrialisierung hat Japan eine herausragende Position in Produktion und Welthandel verschafft. Hirohito zeigt sich an diesen Entwicklungen interessiert und gilt als lernbegierig und weltoffen (→ 31. 5./S. 87).

Neuer japanischer Ministerpräsident: Korekijo Graf Takahaschi

Übernimmt für seinen kranken Vater die Herrschaft: Kronprinz Hirohito

Rote Armee bricht Aufstand Petljuras

29. November. Nach mehrwöchigen militärischen Auseinandersetzungen zerschlägt die Rote Armee in der Ukraine einen Aufstand gegen die bolschewistische Herrschaft.

Der Anführer der Rebellion, der Hetman (Kosakenheerführer) Simon W. Petljura, hatte bereits Ende September in der rumänischen Stadt Jassy eine Gegenregierung ausgerufen. Anfang November startete er zur Offensive gegen die Rote Armee und konnte bis Mitte des Monats Kiew besetzen. Dort führte er mit seinen Truppen ein Pogrom an der jüdischen Bevölkerung durch, wobei hundert Menschen ermordet wurden und Tausende über die Grenze nach Polen flüchteten.

Der Aufstand ist Petljuras letzte Auflehnung gegen die sowjetische Herrschaft. Nach dem Weltkrieg spielte er eine führende Rolle in der ukrainischen Unabhängigkeitsbewegung und wurde 1917 Vorsitzender des Direktoriums der Ukrainischen Republik, die Anfang 1919 von den Bolschewisten erobert und zur Sowjetrepublik erklärt wurde.

Polen vereinbart Neutralität mit ČSR

6. November. Die Außenminister Polens und der Tschechoslowakei, Konstantin Graf Skirmunt und Eduard Beneš, unterzeichnen in Prag ein Abkommen, in dem beide Staaten gegenseitig die bestehenden Grenzen anerkennen und sich im Kriegsfall Neutralität zusichern. Die Vereinbarung kommt auf französische Initiative zustande.

Der Vertrag, der auf fünf Jahre befristet ist, wird jedoch nie im polnischen Parlament (Sejm) ratifiziert. Ebenso weigert sich Polen weiterhin, dem Bündnissystem der Kleinen Entente, dem die Tschechoslowakei seit 1920 angehört, beizutreten (→ 23. 4./S. 67).

Das Abkommen ist dennoch Zeichen einer allmählichen Entspannung in einem bisher konfliktgeladenen Verhältnis. Nach dem Weltkrieg hatte es scharfe Auseinandersetzungen, vor allem um das Herzogtum Teschen, gegeben, das schließlich im Protokoll von Spa im Juli 1920 durch Schiedsspruch der Pariser Botschafterkonferenz zwischen den beiden Staaten geteilt wurde.

Vertreter von neun Nationen haben sich in Washington eingefunden, um ein Abkommen zur internationalen Flottenabrüstung auszuhandeln.

Washingtoner Konferenz soll Flottenabrüstung besiegeln

12. November. Mit einer Rede von US-Präsident Warren G. Harding beginnt in Washington eine internationale Konferenz zur Begrenzung der Flottenrüstung und zur Regelung der Verhältnisse in Fernost. Neben den fünf Siegermächten sind auch China, Portugal, Belgien und die Niederlande bei den Verhandlungen vertreten.

Während ein Abrüstungsvertrag zwischen allen neun Teilnehmerstaaten erst 1922 zustande kommt, gilt die Unterzeichnung eines Vier-Mächte-Abkommens am 13. De-

zember als erster Teilerfolg. Die USA, Großbritannien, Frankreich und Japan garantieren sich hierin gegenseitig ihre Besitzungen im Stillen Ozean. Vornehmlich aber wird durch das Abkommen das britisch-japanische Bündnis von 1911 aufgehoben, das zu einem der Hauptfaktoren im ostasiatischen Kräfteverhältnis geworden war und damit vor allem den Unwillen der USA hervorrief. Diese sahen ihre Interessen in China durch das Bündnis beeinträchtigt, vor allem nachdem Japan im Versailler Vertrag auch noch das

ehemals deutsche Kiautschou und Schantung als Mandatsgebiete in China erhielt. Durch die Aufkündigung der japanisch-britischen Verbindung sehen die USA nun die Möglichkeit, in Zukunft das aufstrebende Japan von Großbritannien zu isolieren, das ihnen gegenwärtig als verläßlichster Bündnispartner in Europa erscheint.

Die Einberufung der Konferenz geht auf die Initiative von US-Außenminister Charles E. Hughes zurück, der damit auf die immer lauter werdende Kritik in der US-amerika-

nischen Öffentlichkeit an dem seit 1916 laufenden Marinebauprogramm reagiert. Dieses würde die Flotte der USA zwar in wenigen Jahren zur stärksten in der Welt machen, da jedoch auch Großbritannien, Frankreich und Japan mit dem Bau neuer Großkampfschiffe begonnen haben, wird die Befürchtung geäußert, daß eine Fortsetzung des Bauprogramms ein Wettrüsten und damit die Gefahr eines neuen Krieges zur Folge haben könnte.

Unter dem Vorbehalt, daß die anderen Mächte die US-Politik der »Offenen Tür« in China akzeptieren müssen, präsentiert Hughes zu Beginn der Konferenz seinen Vorschlag, der zwischen den USA, Großbritannien, Japan, Frankreich und Italien ein Verhältnis der Flottenstärke von 5:5:3:1,75:1,75 vorsieht. Zudem strebt Hughes einen Baustopp für Großkampfschiffe an sowie die Verschrottung aller Bestände, die das vorgesehene Stärkeverhältnis übersteigen. Konkret bietet der US-Außenminister an, 30 US-Schiffe mit 845 750 t abzuwracken, und verlangt dafür die Verschrottung von 583 375 t der britischen und 448 928 t der japanischen Marine, was insgesamt 36 Schiffen entspricht. Erst nach langwierigen Verhandlungen, bei denen sich vor allem Japan querstellt, kann zu Beginn des neuen Jahres das Washingtoner Flottenabkommen unterzeichnet werden.

Das US-amerikanische Schlachtschiff »Washington« läuft in Camden/ US-Bundesstaat New Jersey vom Stapel. Mit 32 600 t und 188 m Länge ist sie das größte Schiff der US-Marine. Besonderes Aufsehen erregen die acht 400-mm-Geschütze, die von Elektromotoren angetrieben werden. Das Schiff kostet rund 150 Mio. US-Dollar.

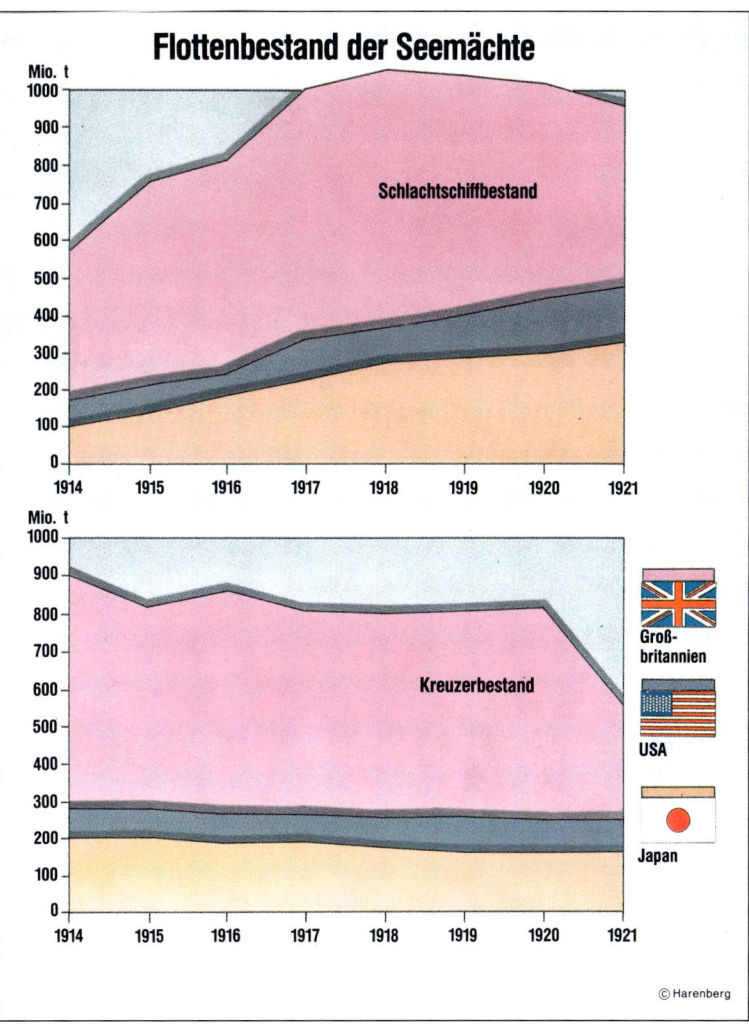

Flottenbestand der Seemächte

Mio. t — Schlachtschiffbestand (1914–1921)

Großbritannien
USA
Japan

Kreuzerbestand (Mio. t, 1914–1921)

© Harenberg

△ Die USA bieten an, auch die noch im Bau befindlichen Schlachtschiffe in die Abrüstungsverhandlungen einzubeziehen. Die Werft in Newport News könnte damit wieder für die zivile Schiffahrt produzieren.

◁ Initiator der Washingtoner Konferenz: US-Außenminister Charles E. Hughes; bei den Verhandlungen der Delegierten aus neun Ländern führt er den Vorsitz.

▽ Der Stapellauf eines US-Schlachtschiffs in Camden aus dem Dock heraus gesehen; derzeit befinden sich zehn Schlachtschiffe und sechs Kreuzer der US-amerikanischen Marine vor der Vollendung.

Hoffnung auf »internationales Verstehen«

In seiner Eröffnungsrede zur Konferenz erklärt US-Präsident Warren G. Harding:

»Die Pflicht der Konferenz ist, die Hoffnungen und Wünsche der Brüderlichkeit, die sich gerade aus dem großen Krieg ergeben haben, zu verstärken. Die Welt droht unter dem Gewicht ihrer Schulden zusammenzubrechen… Alle Männer, die eine wirkliche Beschränkung der Bewaffnung wünschen, verlangen, daß der Krieg außerhalb des Gesetzes gestellt werde. Wir haben keine Furcht, wir verteidigen keine niedrigen Ziele, wir argwöhnen in niemand einen Feind, wir denken nicht an Eroberungen. Wir wünschen, uns mit Ihnen an eine Tafel zu setzen mit der Hoffnung auf ein internationales Verstehen… Wir haben uns hier vereinigt mit dem Mandat, die Lasten der Völker zu vermindern und eine bessere Ordnung aufzurichten, die der Welt ihre Ruhe geben wird.

Es ist nicht möglich, die Bedeutung einer solchen Konferenz zu unterschätzen… Es ist nicht eine Konferenz zur Festsetzung von Bedingungen, es ist ein Zusammenkommen aus allen Teilen der Erde, um die Störungen in den internationalen Beziehungen der Nationen auf das kleinste Maß zurückzuführen. Die Welt ist friedliebend und drängt nach Erneuerung, sie hungert und dürstet nach einem besseren Zusammenleben. Die Menschen schreien nach Erlösung und flehen nach der Gewißheit dauernden Friedens. Alle verlangen nach Gerechtigkeit… Die Welt taumelt in ihren Schulden und will ihre Last abgenommen sehen. Angesichts der unermeßlichen Kosten eines Krieges und der fortwährenden Rüstungslast verlangen alle einsichtigen Völker wirkliche Beschränkungen der Rüstungen und eine Sicherheit des Friedens.«

Preußen: Erstmals eine Regierung der großen Koalition

5. November. In Preußen übernimmt erstmals ein Kabinett der großen Koalition aus Zentrum, DDP, DVP und SPD die Regierungsgeschäfte. Ministerpräsident wird der Sozialdemokrat Otto Braun. Die bürgerliche Minderheitsregierung aus Zentrum und DDP unter Adam Stegerwald, die erst seit April im Amt war (→9. 4./S. 69), trat nach fehlgeschlagenen Koalitionsverhandlungen über eine Erweiterung der Regierungsmehrheit am 1. November zurück.

Während schon seit dem Görlitzer Parteitag der SPD im September (→23. 9./S. 157) Gespräche zwischen SPD und DVP über eine Kabinettsbeteiligung begonnen hatten, löste eine Auseinandersetzung zwischen SPD und DDP eine Regierungskrise aus, die den Anstoß zu einer Kabinettsumbildung gab. Die SPD warf Innenminister Alexander Dominicus (DDP) vor, er habe – vor allem unter dem Einfluß der DNVP – antirepublikanische Strömungen in der preußischen Beamtenschaft geduldet. Sozialdemokratische Beamte seien vermehrt von ihren Vorgesetzten »schikaniert« worden. Dominicus wurde außerdem beschuldigt, er habe die Auflösung der rechten Militärverbände nicht energisch

Otto Braun wird zum zweiten Mal Ministerpräsident Preußens.

genug verfolgt (→1. 6./S. 98). So sei der sog. Heimatschutz in Schlesien einen Tag vor dem Inkrafttreten des Verbots aus der militanten Organisation Escherich (Orgesch) ausgetreten und bestehe seitdem weiter.

Die Möglichkeit zu einer Regierungsbeteiligung ergab sich für die SPD in Preußen außerdem, da sie auf Reichsebene auch an der zweiten Regierung unter Joseph Wirth (Zentrum) beteiligt ist. Nach zähen Verhandlungen, die den Rücktritt des Kabinetts Stegerwald zur Folge

Der Sozialdemokrat Carl Severing wird erneut Brauns Innenminister.

hatten, kam schließlich unter Berücksichtigung aller Interessen die große Koalition zustande.

Die Wahl Otto Brauns, der erst in letzter Minute als Kandidat aufgestellt worden war, wurde dabei von der DVP mitgetragen. Er wird damit nach nur siebenmonatiger Unterbrechung zum zweiten Mal preußischer Ministerpräsident. Braun gilt als einer der energischsten Verfechter der Republik. Als er nach dem Kapp-Putsch im März 1920 erstmals in dieses Amt gewählt wurde, entließ er

– im Gegensatz zu den halbherzigen Maßnahmen der Reichsregierung – konsequent fast 100 Verwaltungs- und Polizeibeamte, die an dem reaktionären Umsturzversuch beteiligt gewesen waren, um Preußen zur »Bürge des Bestandes der deutschen Republik« werden zu lassen.

Der Versuch zur Stabilisierung der parlamentarisch-demokratischen Ordnung in Preußen ist für das Reich von großer Bedeutung, weil das Land immer noch wie im Kaiserreich eine herausragende Rolle unter den deutschen Ländern spielt. Bis 1918 beruhte seine Sonderstellung – abgesehen von der Größe – darauf, daß der preußische König in Personalunion deutscher Kaiser war, genauso wie der preußische Ministerpräsident gleichzeitig das Amt des Reichskanzlers innehatte. Trotz der Gebietsverluste, die durch den Versailler Vertrag entstanden, umfaßt Preußen auch jetzt noch drei Fünftel der deutschen Bevölkerung sowie des Reichsterritoriums. Da es zwei Fünftel der Stimmen im Reichsrat besitzt, benötigt es nur wenige Verbündete unter den anderen Ländern, um sich entscheidend in die Reichsgesetzgebung einmischen zu können: »Wer Preußen hat, hat das Reich« gilt vielen als Maßgabe.

Schlägertrupps werden zur »Sturmabteilung«

4. November. Auf einer Parteiversammlung der NSDAP im Münchner Hofbräuhaus kommt es während einer Rede des Vorsitzenden Adolf Hitler zu einer Saalschlacht zwischen NS-Schlägertrupps und Sozialdemokraten. Die von Hitler seit 1920 als »Ordnungsdienst« eingesetzten Schlägertrupps werden seitdem Sturmabteilung (SA) genannt.

Auslöser der blutigen Auseinandersetzungen ist der Zwischenruf eines Sozialdemokraten, der gegen Hitlers Verstellung des von Nationalsozialisten verübten Mordanschlags auf den SPD-Landtagsabgeordneten Erhard Auer protestiert. Sofort entwickelt sich eine brutale Massenschlägerei. Schon vor der Versammlung hatte Hitler eine Ansprache an die SA gehalten, in der er betonte, daß diese nun »zum ersten Mal auf Biegen und

Brechen der Bewegung Treue halten« müßte. Später beschreibt er mit unumwundenem Stolz das Ereignis: »Der Tanz hatte noch nicht begonnen, als auch schon meine

Sturmtruppler, denn so hießen sie von diesem Tag an, angriffen. Wie Wölfe stürzten sie in Rudeln von acht oder zehn immer wieder auf ihre Gegner los…«

Mit Stöcken bewaffnet und ohne einheitliche Uniform haben die SA-Männer als rechtsradikale Schlägertruppe einen zweifelhaften Ruf erworben.

Kontinuität trotz Stimmeneinbußen

27. November. Bei den Landtagswahlen in Hessen-Darmstadt geht die bisherige Regierungskoalition aus SPD, Zentrum und DDP trotz Stimmeneinbußen als Sieger hervor. Die Sozialdemokraten (32,8%) verfügen mit dem Zentrum (17,4%) und der DDP (7,4%) über eine breite Mehrheit im Darmstädter Landtag. Die neue Regierung mit Ministerpräsident Karl Ulrich (SPD) sieht sich jedoch mit einer gestärkten Opposition der antidemokratischen Parteien konfrontiert. Hessische Volkspartei, ein Ableger der DNVP auf Landesebene, und USPD sowie KPD repräsentieren die rechten und linken Extreme. Die konservativen Parteien Hessischer Bauernbund und DVP verzeichnen Stimmengewinne und stellen mögliche Koalitionspartner des Zentrums dar, das mit diesem Druckmittel sein Gewicht im Regierungsbündnis trotz Stimmeneinbußen geltend machen kann.

Kurswert der Mark erreicht Tiefstand

28. November. An der Frankfurter Börse wird der US-Dollar mit 294,75 Mark notiert. Der Kurs der deutschen Währung hat damit seinen absoluten Tiefpunkt erreicht. Zu Jahresbeginn hatte der US-Dollar einen Gegenwert von 64 Mark.

Die Geldentwertung steht auf den ersten Blick vornehmlich im Zusammenhang mit der Annahme der Reparationsverpflichtungen (→ 5. 5./S. 80). Um die Schulden in Höhe von 269 Mrd. Goldmark in Form von Devisen und Edelmetallen begleichen zu können, läßt die Reichsregierung immer mehr Noten drucken. Die Papiergeldmengen, die dabei dem Geldmarkt zugeführt werden, sind weitgehend nicht durch Goldreserven gedeckt.

Die Erhöhung der Geldumlaufmenge trägt zwar wesentlich zum Anstieg der Inflation bei, stellt jedoch nicht ihre alleinige Ursache dar. Die Zahlungsfähigkeit des Deutschen Reichs hängt entscheidend davon ab, daß der Export extrem gesteigert wird, um durch Deviseneinnahmen den Wert der Entschädigungssummen zu ersetzen. Dann würden die Reparationen direkt mit Geldzahlungen beglichen, Sachlieferungen in Form von Investitionsgütern könnten entfallen, und die traditionell exportorientierte deutsche Wirtschaft würde darüber hinaus durch Auslandsaufträge stark angekurbelt.

Die Alliierten hingegen lassen sich von den Interessen ihrer heimischen Industrien leiten und verhindern aus Konkurrenzangst die Wareneinfuhr aus dem Deutschen Reich. Zwischen Mai und Juni 1921 liegt der Importüberschuß des Deutschen Reichs bei 3,2 Mrd. Mark. Der ausbleibende Exportzuwachs wird von den meisten deutschen Politikern als alleiniger Verursacher der Inflation angesehen, was sie vorläufig von der Durchführung einer Währungsreform abhält. Entscheidend bei dieser Überlegung ist zudem, daß die politischen Konsequenzen einer Bankrotterklärung des Reichs angesichts der Republikfeindlichkeit weiter Kreise nicht abzusehen sind. Das Gewährenlassen der Inflation sichert somit auch ein gewisses Maß an politischer Handlungsfähigkeit.

Der Kursverfall der Mark führt zu drastisch steigenden Preisen bei nur gering wachsender Kaufkraft. Während der Brotpreis staatlich festgesetzt ist, unterliegen andere Lebensmittel keiner Kontrolle. Wer genügend Geld hat, deckt sich auf Vorrat ein, da allgemein mit einer weiteren Geldentwertung gerechnet wird.

Hamstern wegen Versorgungskrise

18. November. Die Vereinigte Kaufmannschaft der Ruhrgebietsstadt Hamborn wendet sich in einem Aufruf gegen Hamsterkäufe sowie besonders gegen niederländische und belgische »Touristen«, die in den grenznahen Städten die Läden buchstäblich leerkaufen.

Wegen der drastisch ansteigenden Teuerung und dem Mangel an bestimmten Lebensmitteln wie Kartoffeln, Reis und Gemüse versuchen zahlreiche Familien, ihre Wintervorräte aufzustocken. Die Ungewißheit über die zukünftige Wirtschaftslage führt dazu, daß Lebensmittel über den eigentlichen Bedarf hinaus gefragt sind und das Angebot kaum noch ausreicht. Preisanhebungen sind die zwangsläufige Folge.

Die Kaufmannschaft weist darauf hin, daß durch Hamsterkäufe soziale Ungerechtigkeiten entstehen, da die Wochenlöhne der Arbeiter gerade dazu ausreichten, die unmittelbar erforderlichen Lebensmittel und Textilien einzukaufen. Eine Bevorratung sei in der Regel finanziell nicht möglich. Unterstützt durch behördliche Vorschriften dürfen daher Lebensmittel und Haushaltsgüter nur noch in kleinen Mengen ausgegeben werden.

Pläne zur Privatisierung der Reichsbahn umstritten

19. November. Der Reichsverband der Deutschen Industrie schlägt der Reichsregierung in Berlin vor, die Reichsbahn zu privatisieren, um durch den Verkaufserlös das finanzielle Gleichgewicht im Staatshaushalt wiederherstellen zu können und auf diese Weise die Möglichkeit zur Aufnahme eines Reparationskredits zu schaffen. Die Regierung und die Eisenbahnergewerkschaft stehen diesen Plänen jedoch ablehnend gegenüber.

Da die Reichsfinanzen durch die Reparationszahlungen stark belastet sind (→ 5. 5./S. 80) und der Haushalt ein Defizit von 161 Mrd. Mark aufweist, zeigt sich die Großindustrie am Kauf der Reichsbahn interessiert, die mit Verlust arbeitet. Die Unternehmer unter der Führung von Hugo Stinnes halten die Sanierung der Finanzen nur durch die Überführung von Reichsbetrieben in private Hand für möglich. Diese müssen so behandelt werden, daß sie die öffentlichen Finanzen nicht weiter belasten, sondern entlasten. In Privatwirtschaft könne die Reichsbahn unter einer straffen Betriebsführung viel größere Erträge einbringen.

Die Regierung, allen voran Verkehrsminister Wilhelm Groener (parteilos), hält die Privatisierung der Reichsbahn für nicht zweckmäßig. Groener erklärt, daß die Defizite der Bahn Folgen des Krieges, der Geldentwertung und der Kohlepreiserhöhung seien. Andere Arbeitsmethoden und eine neue Wirtschaftsführung seien notwendig, an Reformen werde gearbeitet. Sparmaßnahmen und Entlassungen seien das angemessene Mittel zur Lösung der Finanzmisere.

Am 16. November findet im Berliner Zirkus Busch eine Protestkundgebung des Deutschen Eisenbahnerverbandes statt. Dieser wehrt sich gegen die Privatisierung, weil damit Errungenschaften wie Mitbestimmungsrechte und der Achtstundentag aufgegeben würden und der Arbeiter zu einem »wehrlosen Sklaven der Unternehmer« gemacht werde. Die Eisenbahner drohen im Falle der Privatisierung mit der Organisation eines Generalstreiks.

Das Eisenbahnwesen im Deutschen Reich ist erst seit dem 1. April 1920 zentral organisiert. Zuvor befanden sich die Eisenbahnen im Besitz der einzelnen Länder.

Der Industrielle und DVP-Abgeordnete Hugo Stinnes will die Privatisierung der Reichsbahn durchsetzen.

Verkehrsminister Wilhelm Groener ist entschiedener Gegner des Verkaufs der Deutschen Reichsbahn.

Verkehr 1921:

Stillstand auf Schiene und Straße – Fortschritte in der Luft

Der seit langem geplante Ausbau des Verkehrsnetzes im Deutschen Reich kann aufgrund der wirtschaftlichen Probleme immer noch nicht in die Tat umgesetzt werden. Allein die Zivilluftfahrt erlebt im Gegensatz zu den Vorjahren einen außerordentlichen Aufschwung.

Der Besitz eines eigenen Autos ist für die meisten Deutschen weiterhin Zukunftsmusik. In der Mitte des Jahres fahren nach amtlichen Zählungen 30 000 Krafträder, 60 000 Pkw und 30 000 Lastkraftwagen auf den Straßen des Deutschen Reiches. Während dieses Ergebnis bei den Krafträdern im Vergleich zum Vorjahr eine Zunahme von 30 % und bei den Lkw sogar um 237 % bedeutet, liegt die Zuwachsrate bei den Pkw nur bei 13 %. Trotz der häufigen Warnungen, den Absatz der Automobilindustrie nicht noch weiter zu behindern, beschließt der Reichstag auf Initiative der SPD und der DDP im Dezember eine Erhöhung der Kraftfahrzeugsteuern, um diese den hohen Anschaffungs- und Betriebskosten für Pkw anzugleichen.

Die öffentlichen Verkehrsmittel geben Anlaß zu viel Unmut, wobei die

Reichsbahn das größte Sorgenkind der Verkehrsplaner ist. Schon 1920 waren die Eisenbahnen der Länder durch Staatsvertrag in den Besitz des Reichs übergegangen, was eine Reihe von bislang ungelösten Problemen mit sich brachte. Noch immer werden an den alten Landesgrenzen Personal und Lokomoti-

Wer sich kein Auto leisten kann, hängt sich für Ausflugsfahrten mit Freunden oder der Familie diesen neuartigen Beiwagen an sein Motorrad.

ven ausgewechselt, was unnötige Verzögerungen zur Folge hat. Vor allem aber haben die Länder bisher weder einheitliche Fahrpläne vereinbart, noch hat der vielfach geforderte »Materialausgleich« stattgefunden. So kommt es, daß die Bahn in mehreren industriereichen Gebieten den Anforderungen an ihre -

Transportkapazitäten nicht mehr nachkommen kann, während andernorts Waggons unbenutzt auf den Bahnhöfen herumstehen.

Gewerbliche Nutzung dominiert
(Verwendungszwecke der Kfz in Preußen laut amtlicher Statistik vom 1. 7. 1921)

Personenbeförderung:

öffentl. Fuhrverkehr	5457
Behördenzwecke	2545
gewerbliche Zwecke	29 238

Lastenbeförderung:

Behördenzwecke	2154
Transportgewerbe	2367
Brauereigewerbe	487
Baugewerbe	615
Sonstige Zwecke	8789

In den Sommermonaten droht außerdem der Nahverkehr in der Reichshauptstadt mehrmals zusammenzubrechen, da es wegen Modernisierungsarbeiten zu großen Ausfällen bei der Straßenbahn kommt, gleichzeitig aber der Ausbau des Omnibusnetzes noch in den Anfängen steckt. Zahlreiche Verspätungen sind die Folge. Erst im Dezember einigt man sich zudem auf einheitliche Tariferhöhungen bei allen Transportmitteln, um die Lage nicht durch die Zulassung von Konkurrenzunternehmen noch weiter zu erschweren.

Obwohl das Deutsche Reich durch die Bestimmungen des Versailler Vertrages zur Auslieferung aller Militärflugzeuge und Luftschiffe sowie eines großen Teils der zivilen Maschinen verpflichtet wurde, nimmt die Bedeutung des Luftverkehrs deutlich zu. Das Linienflugnetz zwischen den großen Städten wird dichter, und die Beförderung von Post und Passagieren ist nichts Außergewöhnliches mehr (→ 26. 2./S. 38). Die Zahl der zurückgelegten Flugkilometer allein steigt im Vergleich zum Vorjahr um das Vierfache. Zudem wird der Luftverkehr mit dem Ausland stark ausgeweitet: Während deutsche Linienflugzeuge 1920 nur drei Flughäfen in den Niederlanden, Dänemark und Schweden anflogen, bestehen jetzt auch Verbindungen nach Sowjetrußland und Danzig.

△ *Wohlstand hat seinen Preis: Wenn Tausende gutbetuchter New Yorker Familien Erholung im Grünen suchen, sind sie nicht mehr allein. Für diejenigen, denen das Auto ein Stück Freiheit bedeutet, enden die unbegrenzten Möglichkeiten oftmals bereits an der Stoßstange des Vorausfahrenden. Während sich die Wageninsassen über die verschwendete Freizeit im Stau ärgern, stellen die Autolawinen für Fußgänger eine bisher seltene Attraktion dar.*

▷ *»Signalstationen« gehören in New York schon zum gewohnten Straßenbild. Nur noch die Installierung von Ampeln könnte dem Verkehrschaos ein Ende setzen.*

Das neue britische Luftschiff »R 38« neben dem Gerüst seines Vorgängers »R 37« auf der Werft

Großbritannien stoppt Luftschiffbau

Im Juli 1921 beschließt die britische Regierung einen Baustopp für Luftschiffe, um den zukunftsweisenderen Flugzeugbau stärker voranzutreiben. 1919 war dem britischen Major Scott die erste Ozeanüberquerung mit dem Luftschiff »R 34« in 100 Stunden gelungen. Das Fliegen mit den riesigen »Zigarren« erlebte jedoch schon vor dem Weltkrieg seinen eigentlichen Höhepunkt: Zwischen 1907 und 1914 wurden 1600 Fahrten durchgeführt und 37 000 Passagiere transportiert.

Vom Pariser Bahnhof Le Bourget werden Direktflüge nach London abgewickelt.

Die Passagierkapazität der Maschinen ist begrenzt: Nur zehn Personen haben Platz.

Lkw sichern den zügigen Transport

Während bisher nur wenige Pkw auf den Straßen des Deutschen Reichs rollen, werden Lastwagen immer häufiger im Güterverkehr eingesetzt. Diese Tatsache erklärt sich nicht zuletzt durch die Unzulänglichkeiten der Reichsbahn. Nur mit Lkw können auch entlegene Orte in der Provinz erreicht werden. Zudem ist durch die Lkw eine größere Gewähr für die schnelle Zustellung der Waren und den sorgsamen Umgang mit wertvollen Gegenständen gegeben.

◁ Verbindung von Schiene und Straße: Dieser Waggon kann einem Lkw aufgesattelt werden.

Geburtenkontrolle soll den Armen helfen

2. November. Die Feministin Margaret Sanger gründet in New York die Amerikanische Liga für Geburtenkontrolle. Sanger kämpft bereits seit 1912 für die Entkriminalisierung der Aufklärung über Verhütungsmethoden und gilt als Gründerin der Geburtenkontroll-Bewegung in den Vereinigten Staaten. Im letzten Jahrzehnt hat ihre publikumswirksame Arbeit ganz entscheidend zu einem Wandel in der öffentlichen Sexualmoral beigetragen.

Die Liga tritt vor allem für die Aufhebung des immer noch bestehenden Gesetzes von 1873 ein, das Aufklärungsschriften und Verhütungsmittel als Obszönitäten deklariert. Sanger und ihre Mitarbeiterinnen hingegen kämpfen dafür, daß Ärzte Verhütungsmittel verschreiben können. In ihrer regelmäßig erscheinenden Zeitschrift »Family Limitation« legen sie immer wieder dar, daß eine bewußte Familienplanung der Armut der unterprivilegierten Schichten ein Ende setzen kann.

Während die Liga eine landesweit organisierte Reformbewegung darstellt, widmete sich Sanger in den Jahren zuvor mehr der »direkten Ak-tion«, indem sie Aufklärungsschriften und Verhütungsmittel auf der Straße verteilte. 1916 richtete sie im New Yorker Stadtteil Brooklyn die erste »Geburtenkontroll-Klinik« ein, mit der sie ihre Aufklärungsarbeit erstmals institutionalisierte. Als aktive Sozialistin argumentierte Sanger in den ersten Jahren ihrer Aktivität, Geburtenkontrolle sei eine antikapitalistische Waffe, da ohne eine bewußte Familienplanung die Armen durch ihren Kinderreichtum immer arm blieben. Enttäuscht durch die zunehmende Schwächung des Sozialismus in den USA hat sie diesen ideologischen Anspruch aufgegeben und widmet sich nun ihrem Anliegen, durch Aufklärungsarbeit soziale Not zu lindern.

Margaret Sanger (l.) nahm 1912 eine Stelle als Krankenschwester in der New Yorker Lower East Side an, wo sie erstmals in der Realität mit dem Zusammenhang zwischen Armut und fehlender Geburtenkontrolle konfrontiert wurde. 1914 veröffentlichte sie ihre erste Aufklärungsbroschüre, »Die Rebellin«. Nach der Eröffnung ihrer Geburtenkontroll-Klinik in Brooklyn wurde sie zu 30 Tagen Haft im Arbeitshaus verurteilt.

Pariser Aero-Salon zeigt Neuentwicklungen

19. November. In Paris wird der Aero-Salon eröffnet, auf dem internationale Flugzeughersteller eine Woche lang ihre neuesten Modelle präsentieren.

Charakteristisch für diese Luftfahrtausstellung ist die eindeutige Dominanz der zivilen Luftfahrt, während Militärflugzeuge nur einen kleinen Raum einnehmen und beim Publikum auf wenig Interesse stoßen. Die Passagier- und Transportmaschinen der französischen Firmen Nieuport-Astra, Latécoère, Farman und Breguet sind ein besonderer Anziehungspunkt. Sichtbar ist das Bemühen der Konstrukteure, den Wünschen der Kunden nach größeren und robusteren Maschinen mit einer komfortableren Ausstattung nachzukommen.

Clou der Ausstellung ist der »Super-Goliath«, ein viermotoriger Doppeldecker mit einer Vielzahl von Verwendungsmöglichkeiten. Bei einem Eigengewicht von 6 t können noch 4,5 t zugeladen werden. In einer Flughöhe von 4500 m erreicht die Maschine eine Geschwindigkeit von 160 km/h und erzielt wegen ihres großen Treibstofftanks eine Reichweite von nahezu 1500 km.

Daneben zieht der von Louis Breguet konstruierte »Léviathan« zahlreiche Neugierige an. Diese Leichtmetallkonstruktion ist herkömmlichen Maschinen mit konventionellem Holzrumpf in Geschwindigkeit und Zuladung deutlich überlegen. Der »Léviathan«, der auch als Passagierflugzeug eingesetzt werden kann, verfügt über vier Motoren, von denen nur drei permanent betrieben werden und einer im Notfall als Reserveantrieb dient.

Später von vielen Besuchern bestaunt und bewundert: Der »Super-Goliath« im Grand Palais während der Montage auf dem Pariser Aero-Salon

Mut zum Risiko: Kapitän Fitzgerald

Über den Wolken: Ein Luftartist

Ungleicher Kampf: Auto gegen Flugzeug

Mut in der Luft

Halsbrecherische Kunststücke in der Luft und am Boden haben derzeit in den USA unter mutigen Akrobaten Hochkonjunktur. Besonders bekannt ist der Armeeflieger Kapitän Fitzgerald wegen seiner tollkühnen Kunststücke auf Eisengerüsten an New Yorker Wolkenkratzern.

Der »Tiger von Eschnapur«: Indische Kulisse in Berlin

19. November. In Berlin wird der zweite Teil des Abenteuerfilms »Das indische Grabmahl – Der Tiger von Eschnapur« uraufgeführt. Dieser Streifen verkörpert die Tendenz in der deutschen Filmwirtschaft, auf Dreharbeiten an den Originalschauplätzen zu verzichten und heimische Filmstudios auszubauen.

»Der Tiger von Eschnapur« entstand in Woltersdorf bei Berlin, das sich mehr und mehr zu einem »Hollywood Deutschlands« entwickelt. Selbst die Außenaufnahmen konnten durch aufwendige Kulissen so gedreht werden, daß der Betrachter des Films keinen Unterschied zu den indischen Regenwäldern erkennen kann. Billig war diese Art der Produktion allerdings nicht: Elefanten, Tiger und Krokodile mußten eingeführt werden, und der Nachbau ihrer natürlichen Umgebung verschlang riesige Summen. Der kommerzielle Erfolg der ersten Folge ließ diese Investition jedoch als sinnvoll erscheinen.

Der nach dem Roman von Thea von Harbou und dem Drehbuch ihres Mannes, dem Regisseur Fritz Lang, entstandene Film von Joe May schildert die Liebesgeschichte zwischen einem deutschen Ingenieur und einer indischen Maharani.

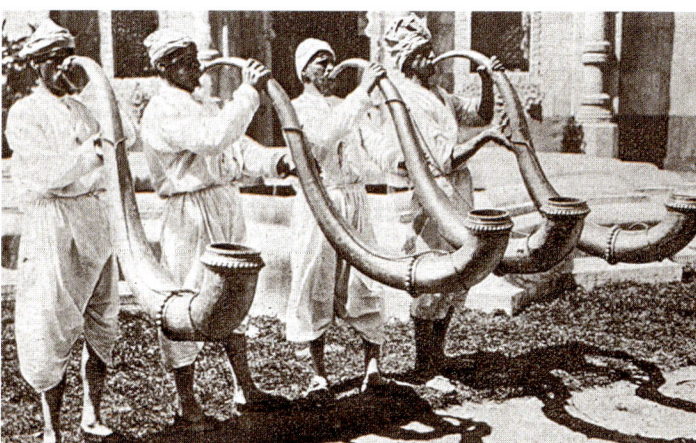

◁ △ *In Woltersdorf bei Berlin wurde für den Film »Der Tiger von Eschnapur« ein indisches Dorf rekonstruiert.*

△ *Deutsche Statisten können nicht alles: Überzeugendes indisches Kolorit müssen die Tuba-Posaunen-Bläser aus Punjab liefern.*

◁ *Eine Filmszene: Empfang beim Maharadscha in Eschnapur. Conrad Veidt als Maharadscha (l.) und Olaf Fönss (2. v. r.) als der ahnungslose deutsche Ingenieur, der den heiklen Auftrag hat, die Frau des Maharadschas und ihren Geliebten lebendig einmauern zu lassen.*

Die muskulösen Teilnehmer der Ringer-Weltmeisterschaft 1921 stellen sich zum Gruppenfoto.

Ringer-Weltmeisterschaft: Siege der Finnen

8. November. *In Helsingfors (Helsinki) beginnt die Weltmeisterschaft der Ringer, die seit 1904 in unregelmäßigen Abständen stattfindet.*
In acht Gewichtsklassen werden die Kämpfe im griechisch-römischen Stil ausgetragen, bei dem nur Griffe bis zur Gürtellinie erlaubt sind. Wegen der geringen internationalen Beteiligung gehen ausschließlich Finnen als Sieger in den einzelnen Gewichtsklassen hervor. Der Goldmedaillengewinner von 1920 im Federgewicht, O. Friman, holt sich nun auch den Weltmeistertitel. K. Antilla, der im Vorjahr Olympiasieger im Freistil geworden war, erringt in Helsingfors den Titel im Leichtgewicht.

Kovacs (l.) gegen Beier; die ersten Frauen im Boxring überzeugen durch ungewöhnlichen Kampfgeist.

Proteste gegen Damen-Boxkampf in Berlin

20. November. *Unter großem Zuschauerandrang findet in Berlin erstmals ein Damen-Boxkampf statt. Der Deutsch-evangelische Lehrerinnenbund protestiert lautstark vor dem Veranstaltungsort gegen diese ihrer Meinung nach diskriminierende Veranstaltung.*
Gut durchtrainiert präsentieren sich die Gegnerinnen: Ilona Kovacs aus Ungarn und Franzi Beier aus Österreich. Aufsehen erregt allein schon ihre »Kampfkleidung«, kurze Röcke und Hauben. Aber mit ihrer unkonventionellen Technik versetzen sie die Männerwelt noch mehr in Erstaunen, galt doch Boxen bislang als Domäne der Männer.

Dezember 1921

Mo	Di	Mi	Do	Fr	Sa	So
			1	2	3	4
5	6	7	8	9	10	11
12	13	14	15	16	17	18
19	20	21	22	23	24	25
26	27	28	29	30	31	

1. Dezember, Donnerstag

Der preußische Innenminister Carl Severing (SPD) hebt einen Erlaß seines Amtsvorgängers Alexander Dominicus (DDP) auf, der Kommunisten von einer Tätigkeit im Staatsdienst ausschloß. Severing beruft sich dabei auf die in der Weimarer Reichsverfassung festgeschriebene Meinungsfreiheit der Beamten.

Um ihr Defizit auszugleichen, erhöht die Deutsche Reichsbahn die Gütertarife um 50%. Dadurch sollen die Einnahmen der Reichsbahn um 20,1% steigen.

In Wien endet eine Demonstration mit über 30 000 Teilnehmern gegen die galoppierende Inflation mit Plünderungen und Ausschreitungen. →S. 206

In New York wird eine Stiftung zum Gedenken an den im August verstorbenen italienischen Tenor Enrico Caruso gegründet (→2. 8./S. 150), die mittellose junge Künstler unterstützen soll.

2. Dezember, Freitag

Das preußische Kultusministerium weist alle Schuldirektoren an, für den allgemeinen deutschen Schülertag am 5. Dezember in Hannover keine Schüler zu beurlauben. Die Veranstalter hatten für eine Ehrengabe gesammelt, die auf dem Grab der 1920 verstorbenen Frau des früheren Feldmarschalls Paul von Hindenburg niedergelegt werden sollte. Darüber hinaus ist eine Kundgebung zu Ehren Hindenburgs vorgesehen.

In Krefeld wird das Märchenspiel »Der treue Johannes« von Karl Röttger uraufgeführt.

3. Dezember, Samstag

Unter der Leitung von Reichskanzler Joseph Wirth (Zentrum) nimmt eine Kreditkommission ihre Arbeit auf, die ausländische Anleihen zur Erfüllung der Zahlungsverpflichtungen gegenüber den Siegermächten beschaffen soll. Ihr gehören neun Mitglieder aus Industrie und Bankgewerbe an, u. a. Reichsbankpräsident Rudolf Havenstein und der Industrielle Alfred Hugenberg.

Die Reparationskommission in Paris fordert materielle Garantien für die im Januar und Februar 1922 fälligen Reparationszahlungen. Das Deutsche Reich bittet die Alliierten um Aufschub, weil es derzeit noch keine Kredite beschaffen könne.

Der bisherige ungarische Ministerpräsident István Graf Bethlen von Bethlen bildet ein neues Kabinett. Er war am 14. November nach innenpolitischen Auseinandersetzungen um die Regierungsansprüche der Habsburger zurückgetreten (→21. 10./S. 177).

In Bern wird ein Abkommen zwischen dem Deutschen Reich und der Schweiz unterzeichnet, das die Regelung aller Streitigkeiten zwischen beiden Staaten an einen Schiedsgerichtshof überweist, der aus Richtern des Internationalen Gerichtshofs in Den Haag zusammengesetzt ist.

Unter der Leitung des preußischen Innenministers Carl Severing (SPD) wird in Berlin eine Kommission gebildet, die den Wucher bei Lebensmittelpreisen bekämpfen soll. Die Kommission setzt sich aus Vertretern der Landesregierung, des Handels und der Verbraucherverbände zusammen.

Das anhaltende Frostwetter hat zu einer verstärkten Eisbildung auf dem Rhein geführt. Schiffahrt und Fährbetrieb müssen eingestellt werden.

Die Oper »Die Hochzeit des Faun« von Bernhard Sekles wird unter der musikalischen Leitung von Erich Kleiber in Düsseldorf uraufgeführt.

In Paris wird in der Galerie Six eine Ausstellung des US-amerikanischen Künstlers Man Ray eröffnet.

4. Dezember, Sonntag

Der indische Unabhängigkeitskämpfer Lala Laipat Rai und drei seiner Mitarbeiter werden bei einer politischen Versammlung in Lahore von der britischen Kolonialpolizei verhaftet. Ihnen wird vorgeworfen, einen Umsturzversuch zu planen. Laipat Rai ist ein enger Mitarbeiter von Mohandas Karamchand (»Mahatma«) Gandhi (→24. 12./S. 203)

Im Berliner Schauspielhaus wird die Dichtung »Die Höhe des Gefühls« des Prager Schriftstellers Max Brod szenisch uraufgeführt.

5. Dezember, Montag

Der Hauptausschuß des preußischen Landtags schlägt vor, das Defizit im Landeshaushalt in Höhe von 933 Mio. Mark durch die Einführung einer neuen Grundsteuer auszugleichen.

Die erste Reichsbetriebsrätekonferenz für die Metallindustrie findet in Leipzig bis zum 7. Dezember statt. Ein zentrales Thema der Konferenz ist die Ertragslage der deutschen Stahlindustrie.

In Hannover findet der erste deutsche Schülertag statt, an dem 3000 Gymnasiasten teilnehmen. Bei der Eröffnung beschreibt der frühere Generalfeldmarschall Paul von Hindenburg die Aufgaben der Jugend: »Wenn wir auch tief gesunken sind, nicht nur im Sinne der Politik, sondern auch moralisch: Es bleibt uns dennoch die Pflicht wieder aufzubauen nach bestem Können. Gottesfurcht, Treue, Würde und Ehrlichkeit allein können uns auf diesem Wege helfen.«

Nach ersten Rückgewinnen im Oktober (→18. 8./S. 146) gelingt den spanischen Kolonialtruppen in Marokko die Wiedereroberung weiterer Gebiete im Rifgebirge. Im Osten können sie die alten Stellungen bis zum Muluya-Fluß erneut behaupten.

Die illustrierten Zeitschriften erhöhen ihre Preise. Die »Illustrierte« kostet statt 1 Mark jetzt 1,50 Mark. Die Preissteigerung wird mit den erhöhten Transportkosten der Bahn und der Papierknappheit begründet.

Der Franzose Henri Désiré Landru wird in Paris zum Tode verurteilt. Das Gericht hält ihn für schuldig, zwischen Januar 1915 und Januar 1919 zehn Frauen ermordet zu haben. →S. 207

6. Dezember, Dienstag

In London unterzeichnen Vertreter der britischen Regierung und der irischen Unabhängigkeitsbewegung Sinn Féin ein Abkommen, das Irland mit Ausnahme der Provinz Ulster zum Freistaat erklärt. →S. 202

Bei der Hauptversammlung des Arbeitgeberverbandes Deutscher Eisen- und Stahlindustrie betont der Vorsitzende Ernst Poensgen die politische Gefahr einer hohen Arbeitslosigkeit: »Eine wirksame Abwehr der Anarchie ist nur denkbar, wenn es gelingt, die Massen bei der Arbeit zu halten. Arbeitslosigkeit in Deutschland ist der Herd des Welt-Bolschewismus.« Der Verband hat 558 Mitglieder, die fast 400 000 Arbeiter beschäftigen.

Die Gesellschaft für Erdkunde und der Verband deutscher Schulgeographen fordern auf ihrer Monatssitzung in Berlin, daß in allen Schulen das Fach Geographie bis zum letzten Schuljahr mit mindestens zwei Unterrichtsstunden pro Woche unterrichtet werden müsse. Die »Aschenbrödelstellung« des Geographieunterrichts müsse beseitigt werden.

In verschiedenen D-Zügen auf der Strecke Hamburg–Berlin werden Versuche mit drahtlosem Fernsprechverkehr vorgenommen.

7. Dezember, Mittwoch

Durch Fehlspekulationen entstandene Devisenverluste in Höhe von 340 Mio. Mark führen zum Zusammenbruch der Pfälzischen Bank in Ludwigshafen. Reserven und Aktienkapital im Wert von 100 Mio. Mark reichen nicht aus, um die Gläubiger zu entschädigen.

8. Dezember, Donnerstag

Der Reichsrat in Berlin beschließt die Erhöhung der Post- und Telegrafengebühren. Infolge von Lohnerhöhungen und der Verteuerung aller Materialien beträgt das Defizit der Reichspost 4 Mrd. Mark. Ein Brief kostet künftig eine Mark, eine Postkarte 60 Pfennig. Die Telegrammgebühren steigen für ein Wort von bislang 35 auf 75 Pfennig.

9. Dezember, Freitag

Die tschechoslowakische Regierung beklagt sich in einer Note an das Reichswirtschaftsministerium in Berlin, daß der Export von Bier aus Pilsen ins Deutsche Reich wegen hoher Zölle und Frachtkosten auf Null zurückgegangen sei. Vor dem Weltkrieg seien jährlich mehr als 500 000 hl Bier ausgeführt worden.

In Jerusalem wird das erste palästinensische Landesmuseum mit jüdischen und moslemischen Abteilungen eröffnet.

10. Dezember, Samstag

In Stockholm und Christiania (Oslo) werden die Nobelpreise überreicht. →S. 206

In Sowjetrußland werden als Folge der seit März eingeleiteten Neuen Ökonomischen Politik (NEP) alle Unternehmen mit bis zu zehn Beschäftigten privatisiert (→8. 3./S. 53).

11. Dezember, Sonntag

Die Internationale Liga für Menschenrechte fordert auf ihrer Jahrestagung in Reims, daß zum Wiederaufbau der im Weltkrieg zerstörten Gebiete in Frankreich deutsche Arbeiter herangezogen werden müßten.

12. Dezember, Montag

In Frankreich treten die Belegschaften aller Bergwerke aus Protest gegen die geplante Herabsetzung ihrer Löhne für 24 Stunden in den Ausstand.

Im Leipziger Kleinen Theater wird das Schauspiel »Friedrich und Anna« von Georg Kaiser uraufgeführt.

13. Dezember, Dienstag

Im Rahmen der Washingtoner Abrüstungskonferenz wird ein Viermächteabkommen geschlossen. Großbritannien, Frankreich, die USA und Japan erkennen darin die bestehenden Besitzverhältnisse im Stillen Ozean an (→12. 11./S. 190).

In Santiago de Chile breitet sich eine Typhusepidemie aus. Mehrere Tausend Menschen sind bereits an der Krankheit gestorben.

14. Dezember, Mittwoch

Im Raum Ödenburg (Sopron) in Ungarn findet eine Volksabstimmung über die künftige Staatszugehörigkeit des Gebietes statt. Die Abstimmung ergibt eine Mehrheit von 65,08% für den Verbleib bei Ungarn. Österreich muß das Gebiet an Ungarn abtreten (→13. 10./S. 176).

Im Deutschen Reich fehlen monatlich etwa zwei Mio. Tonnen Kohlen zur Versorgung der Bevölkerung. Die Kohlennot ist hauptsächlich durch den Mangel an Transportmöglichkeiten per Zug und auf das Versagen der Flußschiffahrt zurückzuführen. Das anhaltende Frostwetter verursacht diese Transport- und Verkehrsschwierigkeiten.

15. Dezember, Donnerstag

Der Polizeipräsident von Berlin erläßt eine neue Dienstmannsordnung. Wer als selbständiger Dienstmann arbeiten will, muß für seine Lizenz 5000 Mark zahlen und sich verpflichten, »bei der Ausübung seines Gewerbes weder in zerrissener oder unsauberer Kleidung noch in angetrunkenem Zustande zu erscheinen und sich gegen das Publikum in höflicher Weise zu betragen.«

Bedauernswertes Deutsches Reich: Nicht Weihrauch und Myrrhe bringen die »Heiligen Drei Könige« Aristide Briand (Frankreich), David Lloyd George (Großbritannien) und Jósef Pilsudski (Polen, v. l.), sondern Schuldenlasten, Entwaffnung und Gebietsverluste. Titelseite der in Stuttgart erscheinenden satirischen Zeitschrift »Der wahre Jacob«.

Nr. 923 25 1921 (Weihnachtsnummer)   Preis 1 Mark   38. Jahrgang

DER WAHRE JACOB

○○ Bezugspreis in Deutschland jährlich 26 Mark ○○ | ○○ Erscheint alle vierzehn Tage in Stuttgart ○○ | Verantwortlich für die Redaktion: A. Rettelbusch in Stuttgart
Postbezug vierteljährlich 6 M. 50 Pf. (ohne Bestellgeld) | Anzeigen für die viergespaltene Nonpareillezeile 15 Mark | Druck und Verlag von J. H. W. Dietz Nachf. G m. b. H. Stuttgart

Die heiligen drei Könige in Deutschland

Sie brachten früher reiche Gaben   Heut' aber ziehen sie dem Knaben
Zur Weihnachtszeit ins ärmste Haus,   Getrost das letzte Hemdchen aus.

16. Dezember, Freitag

Österreich und die Tschechoslowakei unterzeichnen den Vertrag von Lana, in dem beide Staaten die Unverletzlichkeit der Staatsgrenzen garantieren. Das Gebiet der ČSR gehörte bis 1918 zu Österreich-Ungarn.

Die Mark ist weiter gefallen. Ein US-Dollar entspricht 196,50 Mark gegenüber 300 Mark am Monatsanfang (→ 3. 11./S. 193).

Der Film »Klan« nach dem Schauspiel von Alexandre Dumas wird in Berlin uraufgeführt.

Der frühere Generaldirektor der Berliner Staatlichen Museen, Wilhelm von Bode, stiftet nach dem Verkauf seiner Privatbibliothek den Erlös von 2,5 Mio. Mark für die Vollendung des asiatischen Museums in Dahlem.

Der französische Komponist Camille Saint-Saëns stirbt im Alter von 86 Jahren in Algier. Eine seiner bekanntesten Opern ist »Samson und Dalila«.

17. Dezember, Samstag

Der erste internationale demokratische Kongreß in Paris, auf dem mehrheitlich Vertreter christlicher Vereinigungen vertreten sind, beendet nach zehntägigen Beratungen seine Arbeit. In einer abschließenden Deklaration fordern die Versammelten aus 25 Ländern, unter denen sich auch deutsche und österreichische Delegierte befinden, Maßnahmen zur Förderung des Pazifismus und den Ausbau des Völkerbunds zu einer wirklichen Gemeinschaft aller Völker.

Der konservative Politiker und Mitbegründer der Deutschnationalen Volkspartei (DNVP), Clemens von Delbrück, stirbt im Alter von 65 Jahren in Jena.

18. Dezember, Sonntag

In Belgrad wird die Sozialistische Partei Jugoslawiens (SPJ) gegründet. Sie ist ein Zusammenschluß der sozialreformistischen Mitte-Links-Strömungen innerhalb der jugoslawischen Arbeiterbewegung und steht in scharfem Gegensatz zu den Kommunisten. Dragisa Lapcevic wird zum Vorsitzenden gewählt.

19. Dezember, Montag

Auf der Hauptversammlung der Friedrich Krupp AG in Essen wird Werksangehörigen die Möglichkeit eröffnet, Vorzugsaktien im Nennwert von 1000 Mark zu 110% des Nennwerts zu erwerben. Das Bezugsrecht steht allen Arbeitern und Angestellten zu.

Infolge des Friedensvertrags zwischen den USA und dem Deutschen Reich vom → 25. August (S. 140) werden in New York, San Francisco und Chicago deutsche Generalkonsulate eingerichtet. Weitere Konsulate sind für New Orleans und St. Louis vorgesehen.

Bertolt Brecht veröffentlicht seine Gedichte »Erster Brief an die Mestizen, da erbitterte Klage geführt wurde gegen die Unwirtschaftlichkeit«, »Epistel« und »Früher dachte ich: ich stürbe auf eignem Leinenzeug«.

20. Dezember, Dienstag

Der französische Ministerpräsident Aristide Briand äußert gegenüber US-amerikanischen Journalisten, daß Frankreichs Flottenbauprogramm nicht gegen Großbritannien gerichtet sei. Jedoch könnten die sechs Kreuzer von je 10 000 t, die dem Deutschen Reich im Versailler Vertrag zugestanden wurden, eine Bedrohung für Frankreich darstellen. Großbritannien fordert seit mehreren Wochen vehement eine Abrüstung nicht nur der französischen Schlachtschiffe, sondern auch der U-Boote.

21. Dezember, Mittwoch

Das Reichsgericht in Leipzig verurteilt Traugott von Jagow als einzigen der Hauptbeteiligten am Kapp-Putsch von 1920. Jagow erhält fünf Jahre Festungshaft, wird aber schon 1924 begnadigt. →S. 205

22. Dezember, Donnerstag

Der US-amerikanische Kongreß bewilligt 20 Mio. US-Dollar als Hilfe für die hungernde Bevölkerung Sowjetrußlands (→ 2. 8./S. 144).

Der britische Premierminister David Lloyd George und der französische Ministerpräsident Aristide Briand beenden in London ihre zweitägigen Beratungen über die Reparationsverpflichtungen des Deutschen Reiches. Sie kommen überein, diesem kein Moratorium für die Zahlungen im Januar und Februar zu gewähren, jedoch einstweilig auf die 26%ige Abgabe auf den deutschen Export zu verzichten. Die deutschen Leistungen werden hierdurch um 270 Mio. Goldmark gemindert (→ 5. 5./S. 80).

Die Geschäftsleitung der BASF in Ludwigshafen teilt mit, daß bei der Explosion des Stickstoffwerks Oppau am → 21. September (S. 160) ein Schaden von 321 Mio. Mark entstanden sei. Nur 70 Mio. Mark seien durch Versicherungsleistungen gedeckt.

Der österreichische Nationalrat erläßt eine Ergänzung zum Steuergesetz. Ab Januar 1922 muß danach auch ausländisches Kapital in Österreich versteuert werden.

Die US-amerikanische Regierung kündigt an, daß sie im Januar wieder diplomatische Vertreter ins Deutsche Reich und nach Österreich entsenden wird (→ 25. 8./S. 140).

Das Liebesdrama »Die Hintertreppe« mit Henny Porten und Fritz Kortner in den Hauptrollen wird in Berlin uraufgeführt. Die Regie führte Leopold Jessner.

23. Dezember, Freitag

Reichspräsident Friedrich Ebert (SPD) hebt die Verordnung zum Schutze der Republik und damit den Ausnahmezustand auf (→ 29. 8./S. 139).

Der US-amerikanische Präsident Warren G. Harding begnadigt den Sozialistenführer Eugene V. Debs. Dieser war 1918 in einem spektakulären und offensichtlich politisch motivierten Gerichtsverfahren

zu zehn Jahren Zuchthaus verurteilt worden, weil er angeblich mehrfach die Teilnahme der USA am Weltkrieg kritisiert hatte.

In Breslau demonstrieren 8000 Beamte, Angestellte und Arbeiter der Reichsbahn für höhere Löhne und fordern eine einmalige Zahlung von 1000 Mark. Für den Fall, daß die Eisenbahndirektion den Forderungen nicht nachkommt, drohen sie mit Streik.

24. Dezember, Samstag

Die offiziellen Feierlichkeiten bei der Ankunft des britischen Thronfolgers Prinz Eduard in Kalkutta werden von der Bevölkerung boykottiert. Diese Maßnahme wird von dem indischen Freiheitskämpfer Mohandas Karamchand (»Mahatma«) Gandhi organisiert. →S. 203

Auf der Washingtoner Abrüstungskonferenz, die am 12. November begonnen hat, kommt es zu Auseinandersetzungen zwischen der britischen und der französischen Delegation. Der französische Gesandte Pierre Sarraut erklärt, die Begrenzung der U-Boot-Tonnage auf 31000 t für Frankreich sei unannehmbar. Der britische Delegierte Arthur James Balfour spricht daraufhin von einer Bedrohung Großbritanniens (→ 12. 11./S. 203).

In Kairo finden blutige Auseinandersetzungen zwischen streikenden Studenten und der britischen Besatzungsarmee statt. Die Studenten, von denen fünf getötet und zwanzig verletzt werden, kämpfen auf der Seite der ägyptischen nationalistischen Bewegung, die ein Ende des seit 1914 bestehenden britischen Protektorats fordert.

Die Weihnachtsstimmung im Deutschen Reich ist angesichts von Inflation und Versorgungsnot gedämpft. Auch das regnerische Weihnachtswetter läßt keine Festtagsstimmung aufkommen. →S. 210

25. Dezember, 1. Weihnachtstag

Aus Protest gegen die Erhöhung der Kraftfahrzeugsteuer und die vom Magistrat festgesetzten Beförderungstarife treten in Berlin die Kraftdroschkenfahrer während der Weihnachtsfeiertage in den Streik.

26. Dezember, 2. Weihnachtstag

In Danzig treten die Hafenarbeiter in einen Streik, um gegen das Löschen der Ladung eines französischen Dampfers mit Sprengstoffmunition zu protestieren.

Durch Brandstiftung wird der Hauptbahnhof von Bukarest völlig zerstört. Auch das benachbarte Postamt wird ein Raub der Flammen.

27. Dezember, Dienstag

In Berlin fahren 1921 wieder 60 876 Personenkraftwagen auf den Straßen, womit die Vorkriegszahl erreicht wurde. 78% dieser Pkw haben eine Stärke von bis zu 14 PS. 1914 hatten noch 54,1% der Autos weniger als 16 PS.

Die deutsche Luftverkehrs-Gesellschaft gibt ihre Verkehrsstatistik für 1921 heraus, wobei sie den Aufschwung des deutschen Zivilflugwesens hervorhebt. 4680 Flüge von insgesamt 566 328 km wurden ausgeführt gegenüber 2898 Flügen von 374 345 km im Vorjahr. Dies entspricht einer Steigerung von 51%.

Das Amtsgericht in Köln verurteilt einen Kellner wegen Preistreiberei und Betruges zu drei Monaten Gefängnishaft und 10 000 Mark Geldstrafe. Er hatte in zwei Fällen für Säfte den doppelten Preis verlangt und den Mehrpreis in die eigene Tasche gewirtschaftet.

28. Dezember, Mittwoch

Reichsjustizminister Gustav Radbruch (SPD) gibt bekannt, daß aufgrund der Weihnachtsamnestie von Reichspräsident Friedrich Ebert (SPD) für sog. Mitläufer bei den Märzunruhen in Mitteldeutschland insgesamt 268 Gefangene freigelassen wurden (→ 21. 3./S. 48).

29. Dezember, Donnerstag

In Österreich wird das sog. Trennungsgesetz erlassen: Die Stadt Wien wird von Niederösterreich getrennt und zum selbständigen Bundesland erklärt.

30. Dezember, Freitag

Das Justizministerium gibt bekannt, daß sich im Deutschen Reich die Zahl der Ehescheidungen mit 39 000 gegenüber 1913 mehr als verdoppelt hat.

In München wird die Rhein-Main-Donau AG zum Bau einer Großschiffahrtsstraße gegründet. →S. 207

Der rumänische Hochstapler Addje Aurel wird von der Strafkammer des Berliner Landgerichts zu vier Jahren Gefängnis und Ehrverlust verurteilt. Er hatte von einer vertrauensseligen Witwe, die ihm sogar glaubte, er stamme von dem römischen Kaiser Mark Aurel ab, insgesamt 106 000 Mark erschlichen. Aurel verbrachte dann die meiste Zeit auf Reisen, auf denen er sich angeblich mit seiner Familie aussöhnen wollte. Diese hatte ihn verstoßen, weil er im Weltkrieg auf deutscher Seite kämpfte.

In Chicago wird die Märchenoper »Die Liebe zu den drei Orangen« von Sergei S. Prokofjew uraufgeführt. →S. 182

31. Dezember, Samstag

In der ungarischen Nationalversammlung in Budapest kommt es zu Tumulten und Prügeleien, so daß die Sitzung auf unbestimmte Zeit vertagt werden muß. Der Streit hatte sich an der positiven Haltung einiger Parlamentarier zum früheren Herrscherhaus der Habsburger entzündet (→ 21. 10./S. 177).

Das Wetter im Monat Dezember

Station	Mittlere Lufttemperatur (°C)	Niederschlag (mm)	Sonnenscheindauer (Std.)
Aachen	3,0 (3,1)	70 (62)	— (49)
Berlin	0,6 (0,7)	66 (41)	— (36)
Bremen	2,6 (2,2)	72 (54)	— (33)
München	0,5 (−0,7)	31 (44)	— (41)
Wien	— (0,9)	— (51)	— (41)
Zürich	1,0 (0,2)	43 (73)	29 (37)
( ) Langjähriger Mittelwert für diesen Monat − Wert nicht ermittelt			

Tanz- und Nachtclubamüsements, wie sie die Zeitschrift »Jugend« auf ihrer Titelseite zum Jahresausklang ironisch darstellt, sind nur den betuchten Großstädtern am Silvesterabend beschieden. Den meisten Deutschen fehlen nach wie vor Mittel und Möglichkeiten zu einem exklusiven Vergnügen. Es bleibt der Wunschtraum manch braven Mannes, die letzte Nacht des Jahres mit einer leicht geschürzten Variététänzerin zu verbringen: Sie tanzt ihm auf der Nase herum.

Südirland wird Freistaat im britischen Königreich

6. Dezember. In London verständigen sich nach langen, harten Verhandlungen in den frühen Morgenstunden Mitglieder der britischen Regierung und Vertreter der irischen Unabhängigkeitsbewegung Sinn Féin auf einen Kompromiß im Irlandkonflikt. Während Nordirland unmittelbar bei Großbritannien verbleibt, erhält Südirland als »Irish Free State« den Status eines Dominions im britischen Königreich.

Der neue Staat im Süden des Landes wird aus 26 Grafschaften gebildet und erhält die gleiche Rechtsstellung wie die Dominions Kanada, Australien, Neuseeland und Südafrika. Das Parlament in Dublin übt die legislative Gewalt aus und kontrolliert die Regierung. Irland erhält das Recht auf eigene Streitkräfte, doch liegt der Küstenschutz weiterhin in der Zuständigkeit der britischen Marine, die ihre vier Stützpunkte auf der Insel behält. Als Vertreter der britischen Krone wird ein Generalgouverneur nach Dublin entsandt, der im Gegensatz zu dem bisher amtierenden Lord Lieutenant nur über repräsentative Funktionen verfügt. Bestandteil der Vereinbarungen ist außerdem die Einsetzung einer Kommission zur Festlegung der Grenze zwischen Nordirland und Südirland.

Premierminister David Lloyd George ist seit Mitte des Jahres um einen Ausgleich im britisch-irischen Konflikt bemüht. Am 11. Juli 1921 wurde in London auf seine Initiative hin ein Waffenstillstandsabkommen zur Vorbereitung der britisch-irischen Friedensverhandlungen abgeschlossen. Teilnehmer auf irischer Seite waren Eamon de Valera und der seit Juni amtierende nordirische Premierminister John Craig (→7. 6./S. 101). Die Frage der Unabhängigkeit Irlands wurde auf dieser Konferenz nicht erörtert, wie es de Valera gefordert hatte. Diskussionsgrundlage der Briten war allein die Frage, welchen Status Irland innerhalb des Königreichs einnehmen könnte. De Valera reiste daher vorzeitig aus London ab und überließ den gemäßigten Sinn-Féin-Politikern Arthur Griffith und Michael Collins die Verhandlungsführung. Die gewaltsamen Auseinandersetzungen zwischen Briten und Iren dauerten unterdessen an.

Unter strengster Geheimhaltung fanden in London seit dem 21. Ok-

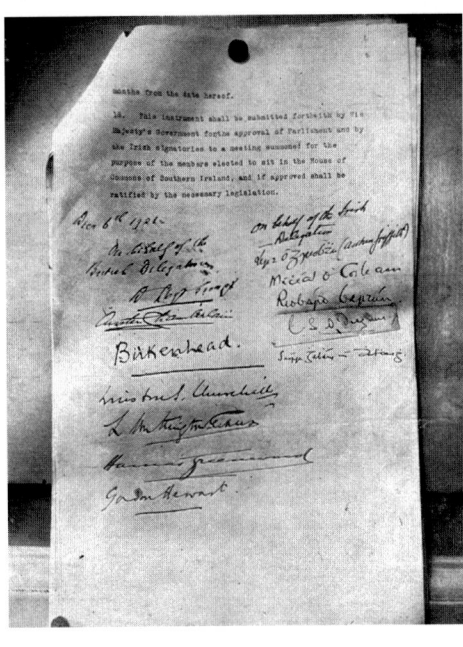

△ *Die Führer der irischen Unabhängigkeitsbewegung Sinn Féin während einer Verhandlungspause bei der britisch-irischen Friedenskonferenz in London: Arthur Griffith (l.) und Michael Collins (3. v. l.) sind am Ende unter Druck von Lloyd George kompromißbereit.*

◁ *Der Vertrag, der die Teilung Irlands besiegelt und den neuen Status für Südirland festlegt, mit den Unterschriften beider Vertragsparteien: Die linke Seite zeigt die britischen Unterzeichner mit David Lloyd George an erster Stelle, rechts die Unterschriften der Iren mit Arthur Griffith am Anfang.*

tober erneut irisch-britische Verhandlungen statt. Neben Premierminister David Lloyd George waren auf britischer Seite Kolonialminister Winston Churchill und der Vorsitzende des Unterhauses, Joseph Austen Chamberlain, vertreten. Arthur Griffith, Mitbegründer der Sinn Féin, und Finanzminister Michael Collins standen an der Spitze der Sinn-Féin-Delegation. Der Präsident Südirlands, Eamon de Valera, nahm an den Gesprächen nicht teil, da er nicht bereit ist, den britischen Interessen entgegenzukommen. Unter Druck von Premierminister Lloyd

George, der mit einer militärischen Intervention durch britische Streitkräfte drohte, nahmen die Iren von ihren Forderungen nach völliger Selbstbestimmung Abstand und erklärten sich zu einem Kompromiß bereit. Sie erkannten widerstrebend an, daß ganz Irland weiterhin zum Herrschaftsbereich der britischen Krone gehört und die Beamten dem König ihren Treueeid leisten.

Bedingt durch den »Government of Ireland Act« von 1920 ist Irland in zwei halbautonome Teile mit eigenen Parlamenten und eigener Verwaltung in Belfast (Nordirland) und

Dublin (Südirland) getrennt. Dem nordirischen Parlament unterstehen insgesamt sechs Grafschaften: Entrim, Londonderry, Fermanagh, Tyrone, Armagh und Down. Von Sinn Féin wird das Gesetz zur Teilung prinzipiell abgelehnt: Im Gegensatz zu den protestantischen Ulster Unionists in Nordirland, die für den Verbleib bei Großbritannien eintreten, kämpft Sinn Féin für die vollständige Unabhängigkeit der gesamten, mehrheitlich katholischen Insel von Großbritannien. Der militärische Flügel von Sinn Féin, die Irisch-Republikanische Armee (IRA), setzt dabei Gewalt als Mittel gegen die als Besatzer empfundenen britischen Soldaten ein. Seit der Unterzeichnung des »Government of Ireland Act« durch König Georg V. am 23. Dezember 1920 riß die Kette der blutigen Auseinandersetzungen in Irland nicht mehr ab. Sprengstoffanschläge und Morde an britischen Soldaten, die in Südirland stationiert sind, und brutale Übergriffe der Truppen auf die irische Zivilbevölkerung führten zu einer Eskalation der Gewalt.

Am 21. Januar 1922 nimmt der Dail Eireann, das Parlament in Dublin, mit 64 gegen 57 Stimmen den Vertrag mit Großbritannien an. Mit diesem Schritt wird die Trennung des Landes einmal mehr festgeschrieben, nachdem sechs Monate zuvor Nordirland ein eigenes Parlament erhalten hatte (→7. 6./S. 101).

Kein Jubel für Kronprinz Eduard in Indien

24. Dezember. Die Feierlichkeiten aus Anlaß des Besuchs des britischen Thronfolgers Prinz Eduard in Kalkutta werden von der indischen Bevölkerung boykottiert. Der Freiheitskämpfer Mohandas Karamchand (»Mahatma«) Gandhi hatte zu der gewaltfreien Aktion als Zeichen des Widerstands der Inder gegen die britische Kolonialherrschaft aufgerufen.

Schon Wochen vor der Ankunft des Prinzen hatte der Nationalkongreß, die Interessenvertretung der Inder, die für ihr Land den Status eines Dominions (Kronlands) anstrebt, diesen »hartal« (»Tag der Trauer«) angekündigt. Um die Gewaltlosigkeit der Aktion unter Beweis zu stellen, forderte Gandhi die Bewohner Kalkuttas auf, ihre Häuser nur im äußersten Notfall zu verlassen, um so jede mögliche Konfrontation mit Polizei und Militär zu vermeiden.

Dennoch hatte die britische Kolonialregierung unter Vizekönig Rufus D. Reading schon im Vorfeld des Besuchs von Prinz Eduard Maßnahmen zur Eindämmung der Protestbewegung ergriffen. Nachdem es bereits bei der Ankunft des britischen Thronfolgers im November in Bombay zu Boykottaktionen gekommen war, wurde eine Verhaftungswelle in Gang gesetzt, bei der 3500 Personen festgenommen wurden, davon am 23. Dezember allein 650 in Kalkutta. Zu sechs Monaten Haft wird dabei auch Jawaharlal Nehru verurteilt, seit 1919 einer der Führer des indischen Nationalkongresses, der Partei, die für die Unabhängigkeit Indiens kämpft.

Die Öffentlichkeit im britischen Mutterland erhält indessen durch die Berichterstattung der Zeitungen ein beschönigtes Bild von den Vorgängen in der Kolonie. So klassifiziert die »Times« die Protestaktionen in Kalkutta als »völlige Niederlage« der indischen Unabhängigkeitsbewegung und berichtet, daß sich »enorme Menschenmassen« zur Begrüßung des Prinzen eingefunden hätten.

Trotz der Gewaltmaßnahmen der britischen Regierung ist die nationale Protestbewegung nach dem Weltkrieg erstarkt, als offensichtlich wurde, daß die Briten die Loyalität der Inder im Krieg nicht durch größere Zugeständnisse an Freiheit entlohnen würden, sondern im Gegenteil ihre Repressionen noch verschärften. Seitdem spielt Gandhi, von seinen Gefolgsleuten als »Mahatma« (»dessen Seele groß ist«) verehrt, eine aktive Rolle in der indischen Unabhängigkeitsbewegung. In den beiden Jahrzehnten zuvor hatte er sich als Rechtsanwalt in Südafrika für die Rechte der Farbigen stark gemacht.

Durch unermüdliches Reisen, auch in entlegene Teile des Landes, gelang es Gandhi, große Teile des indischen Volks mit seiner Lehre des gewaltlosen Widerstands vertraut zu machen. Gleichzeitig formte er den Nationalkongreß in eine Massenorganisation um. Der Kongreß besteht als politische Organisation zwar schon seit 1885, war aber bisher ausschließlich eine Interessenvertretung der Intellektuellen aus der Oberschicht.

Ende 1920 setzte Gandhi eine massive Kampagne in Gang, die auf den Prinzipien »Verweigerung der Zusammenarbeit« (»non-cooperation«) und »ziviler Ungehorsam« (»civil disobedience«) basiert. Britische Institutionen – Behörden, Gerichte und Schulen – werden genauso boykottiert wie britische Industriegüter.

Symbolischen Wert im Kampf gegen die Kolonialmacht hat dabei das Handspinnen gewonnen. Seit dem Beginn der Industrialisierung im 19. Jahrhundert wird indische Baumwolle in Großbritannien verarbeitet und dann mit erheblichem Profit wieder nach Indien verkauft. Um diese wirtschaftliche Abhängigkeit aufzubrechen, propagiert Gandhi, der selbst jeden Tag eine Stunde betend am Spinnrad verbringt, die Rückkehr zum dörflichen Handwerk. In dessen Verfall sieht er die Ursache der großen Armut der Landbevölkerung.

Eamon de Valera, Präsident der provisorischen irischen Republik und Führer der Unabhängigkeitsbewegung Sinn Féin. Er kämpft kompromißlos für die Autonomie Irlands.

Der Führer der seit 1919 bestehenden radikalen Irisch-Republikanischen Armee (IRA), Michael Collins, fordert in Armagh die vollständige Loslösung Irlands von Großbritannien.

Eine Straßenszene in einer indischen Großstadt: Menschen ziehen ein Spinnrad, das zum Symbol des nationalen Widerstands gegen die britische Kolonialherrschaft geworden ist. Während des Besuchs des britischen Kronprinzen finden zudem öffentliche Verbrennungen von Baumwolltuch statt – als Zeichen für die angestrebte Unabhängigkeit vom britischen Handelsmonopol.

Wohnen und Design 1921:

Keine Tapete haftet an den Wänden – überall ist Schimmel

Nach den Schätzungen des Deutschen Städtetags fehlen im Jahr 1921 mehr als eine Mio. Wohnungen, 1918 waren es rund 800 000. Die schlechte Wirtschaftslage des Deutschen Reichs verhindert sowohl private wie öffentliche Initiativen zum umfangreichen Neubau von Wohnungen.

Aufgrund der Wohnungsnot sind viele Familien in Notquartieren untergebracht. Die sanitären Einrichtungen in diesen Baracken sind unzureichend, Wasser muß häufig noch aus Brunnen geschöpft werden und ist hygienisch nicht einwandfrei. Das Heizen ist wegen der Bretterwände und der undichten Fenster oftmals zwecklos.

Abkehr von äußerlicher Wirkung

Im Juni 1921 veröffentlicht die Organisation der Berliner Hand- und Kopfarbeiter eine Proklamation, in der sie Maßnahmen zur Lösung der Wohnungsnot in Berlin darlegt.

»Seit Jahren leidet das Berliner arbeitende Volk unter steigender Wohnungsnot und Arbeitslosigkeit…

Es muß unter Anspannung aller Kräfte eine möglichst umfangreiche Neubautätigkeit und eine sachgemäße Erfassung und Verteilung des vorhandenen Wohnraums einsetzen, um Arbeitslose nutzbringend zu beschäftigen und Wohungslose unterzubringen…

Berlin muß umfassende Bodenpolitik treiben, muß Land für Neubauten, für Kleingärten und Freiflächen zur Verfügung stellen…

Berlin muß… die Baustoffversorgung und Bauausführung in erster Linie auf gemeinwirtschaftlicher Grundlage betreiben.

Berlin muß unter vollster Wahrung des Mieterschutzes eine sachgemäßere und verschärfte Erfassung und Verteilung des vorhandenen Wohnraums durchführen…

Um ein wohnungspolitisch gesünderes und auch ein städtebaukünstlerisch schöneres Berlin für alle Zukunft zu schaffen, bedarf es aber grundsätzlicher Abkehr von allen Maßnahmen, die nur auf äußerliche Wirkung berechnet sind. Es bedarf der Abkehr von… der Anlage prunkender Straßenzüge mit ungesunder Häufung lebensvernichtender Wohnungen…«

Im November verweigern die Bewohner der Notwohnungen in Charlottenburg (Berlin) die Mietzahlungen, um gegen die unerträglichen Lebensbedingungen in den Barackensiedlungen zu protestieren. Die Fußböden bestehen nur aus Steinen, und die Wände sind so feucht, daß keine Tapete haftet und sich überall Schimmel ausbreitet.

Die Zweizimmerwohnungen kosten monatlich 57 Mark, wobei die Mietverträge alle vier Wochen verlängert werden müssen. Die Möglichkeiten, eine andere Wohnung zu finden, sind begrenzt, da die Zuteilung von Mietwohnungen von den Behörden vorgenommen wird.

Nicht nur durch die Wohnungszwangsbewirtschaftung versucht der Staat, der Wohnungsnot Herr zu werden. Am 26. Juni 1921 wird eine Wohnungsbauabgabe in Form einer Miete oder Grundsteuer eingeführt. Infolge der hohen Inflation können aber auch dadurch nicht genügend Mittel für ausreichende Bauvorhaben beschafft werden. So werden in Berlin 1921 nur 403 Wohnungen neu gebaut.

Die elegante Inneneinrichtung eines Wohnzimmers nach einem Entwurf von René Herbst, ausgestellt im Jahr 1921 in Paris. Solche luxuriösen Möbel können sich nur Wohlhabende leisten, für die eine repräsentative Inneneinrichtung zugleich ein Statussymbol ist. In den Wohnungen der Arbeiterfamilien dagegen fehlt häufig sogar das notwendigste Mobiliar.

Ein Modellversuch, die Wohnungsnot zu lindern: Zimmer mit eingebautem Drehschrank in den USA. Auf der einen Seite ist der praktische Schrank als Küche mit Spüle zu benutzen, die andere Seite ist als Schreibtisch zu verwenden.

Produktdesign für die Massen

Die politische Umwälzung durch die Novemberrevolution von 1918 und die wirtschaftliche Notlage zu Beginn der 20er Jahre zwingen auch die Designer zum Umdenken.

Die kunsthandwerkliche, individuelle Produktion für eine kleine wohlhabende Schicht entspricht nicht mehr der gesellschaftlichen Situation. Die Designer übernehmen eine sozialpolitische Verpflichtung: Ihre Produkte sollen an den Bedürfnissen der breiten Massen orientiert und preiswert sein. Dies ist nur durch die industrielle Herstellung möglich, deren Bedingungen Rückwirkungen auf das Produktdesign haben. Der Entwicklung einer neuen egalitären Produktkultur steht in der Praxis jedoch die wirtschaftliche Lage entgegen – die Industrie zeigt erst mit dem Aufschwung Mitte der 20er Jahre Interesse an neuem, avantgardistischem Design.

Auch im Bauhaus wird eine Synthese aller gestalterischen Kräfte zum Aufbau einer neuen Kultur angestrebt. Der künstlerische handwerkliche Entwurf wird als Modell für die industrielle Produktion verstanden.

◁ Breuers Afrikanischer Stuhl unterscheidet sich deutlich von den späteren Stahlrohrstühlen.

Möbelwerkstatt des Bauhauses in Weimar; im Vordergrund der Teil eines Sessels von Marcel Breuer, der klare Linien und Funktionalität aufzeigt

Kapp-Putsch verharmlost

21. Dezember. Vor dem Reichsgericht in Leipzig endet der Hochverratsprozeß gegen die Kapp-Putschisten Traugott von Jagow, Konrad von Wangenheim und Heinrich Schiele mit einem Urteilsspruch über fünf Jahre Festungshaft für Jagow. Die beiden anderen Angeklagten werden freigesprochen. Das Urteil ist das einzige, das jemals gegen einen der Hauptbeteiligten an dem Umsturzversuch vom März 1920 ausgesprochen wird.

In der Urteilsbegründung beruft sich das Gericht auf das Amnestiegesetz vom 4. August 1920, das alle Teilnehmer des Putsches straffrei ausgehen läßt, die nicht zu den »Urhebern oder Führern des Unternehmens« gehörten. Da Wangenheim und Schiele Ministerposten im Kabinett des selbsternannten Reichskanzlers Wolfgang Kapp abgelehnt hätten, fielen sie nicht unter die Anklage des Hochverrats. Beide werden freigesprochen, obwohl Wangenheim seine Verteidigungsrede mit dem Wunsch beschließt, dem »Vaterland« möge »in der schlimmen und bevorstehenden Zeit« ein »so großer Staatsmann beschieden sein« wie Kapp, und obwohl Schiele für die Kapp-Regierung eine Verfassung entwarf. Der frühere Berliner Polizeipräsident Jagow hingegen, der als Kapps Innenminister nachweislich eine Reihe von Verfügungen unterzeichnete, wird verurteilt, weil er maßgeblich an der Planung des Umsturzversuchs beteiligt gewesen ist.

Dennoch werden auch in diesem Richterspruch mildernde Umstände berücksichtigt. Der Oberreichsanwalt als Ankläger hatte eine Strafe von sieben Jahren Festungshaft für Jagow gefordert. Die Herabsetzung des Urteils auf fünf Jahre – die Mindeststrafe bei Hochverrat – begründet das Gericht damit, daß der Angeklagte »unter dem Banne selbstloser Vaterlandsliebe und eines verführerischen Augenblicks dem Rufe Kapps gefolgt« sei. Eine direkte Urheberschaft am Putsch wird ihm aber genauso abgesprochen wie Wangenheim und Schiele.

Allen drei Angeklagten war gleichermaßen bei Erlaß des Amnestiegesetzes Hochverrat zur Last gelegt worden. Dennoch waren sie gegen Kaution aus der Untersuchungshaft entlassen worden. Obwohl während des Prozesses anhand von Briefen und Telegrammen der eindeutige

Kapps »Innenminister«: Traugott von Jagow (Aufnahme von 1913)

Nachweis geliefert wird, daß alle drei seit Juni 1919 über die Vorbereitung des Putsches informiert waren und sich aktiv an dieser Verschwörung beteiligten, finden die Einwände der Verteidigung letztlich stärkere Berücksichtigung als die Beweise der Anklage.

Die Voreingenommenheit der Rechtsprechung ist bei der Vernehmung des ehemaligen Generalquartiermeisters des deutschen Heeres im Weltkrieg, Erich Ludendorff, ebenso offensichtlich. Obwohl auch dieser nachweislich seit 1919 mit Kapps Leuten in schriftlichem und persönlichem Kontakt stand und die Brigade Ehrhardt beim Marsch auf Berlin begrüßte, läßt das Gericht ihn ohne nachzufragen mit der Ausrede davonkommen, er habe sich nur an Vorbereitungen zu einem »Gegenstoß gegen einen bolschewistischen Angriff«, nicht aber an dem Versuch eines Staatsstreichs beteiligt.

Die Haltung der Richter ist symptomatisch für die starken reaktionären Tendenzen innerhalb der Weimarer Justiz. Auch wenn nicht grundsätzlich nur gegen Linke scharf vorgegangen wird, sind Sympathien für rechtsradikale Motive augenscheinlich: Bis 1921 sind von insgesamt 15 Morden, die von Linken begangen wurden, acht mit Hinrichtung und die übrigen mit durchschnittlich 14 Jahren Haft geahndet worden, während auf 314 Morde von rechts nur durchschnittlich zwei Monate Haft entfielen. Auch Jagow wird schon 1924 begnadigt.

Zum Schutz vor weiteren Plünderungen werden Banken, Wechselstuben und Geschäfte mit Brettern vernagelt.

Das berühmte Café Sacher nach den Ausschreitungen: Zerstörte Scheiben werden vorläufig durch Holzbretter ersetzt.

Inflation: Wiener plündern die Geschäfte

1. Dezember. 30 000 Menschen demonstrieren in Wien gegen die drastisch zunehmende Geldentwertung und die erneute Erhöhung der Lebensmittelpreise. Viele Kaufhäuser in der Innenstadt von Wien werden geplündert. Es kommt zu gewalttätigen Zusammenstößen zwischen Demonstranten und der Polizei und zu Verletzten auf beiden Seiten. Der Sachschaden durch die Zerstörung von großen Schaufensterscheiben liegt in Millionenhöhe.

Die von Arbeitern initiierte Demonstration nahm ihren Ausgang in den Fabriken der im Norden gelegenen Industrievororte. Dort legten die Arbeiter am Morgen aus Protest gegen die von Tag zu Tag steigenden Preise ihre Arbeit nieder. Ihrem Beispiel folgten die Belegschaften weiterer Fabriken. Mittags ·formierten sich die Streikenden zu einem Demonstrationszug in Richtung Innenstadt, wo sich ihnen zahlreiche Bürger anschlossen.

Die Wut und die wachsende Unzufriedenheit der Bevölkerung entladen sich in Plünderungen von Geschäften, bei denen die Polizei machtlos zusehen muß. Erst in den Abendstunden gelingt es der Polizei, wieder Ruhe in der Stadt herzustellen. Die »Frankfurter Zeitung« beschreibt die Vorkommnisse: »In manchen Straßen blieb keine Schaufensterscheibe ganz. Die Kaffeehäuser usw., auf die es die wilderregte Menge besonders abgesehen hatte, wurden zum Teil geplündert, Trambahnen und Automobile angehal-

ten, Passanten, die durch Pelze oder sonstige Zeichen von Wohlhabenheit auffielen, mißhandelt.«

Der Demonstrationszug bewegt sich nach diesen Zwischenfällen weiter zum Nationalrat. Einer Delegation der Arbeiter gelingt es, ins Parlament vorzudringen. Bundespräsident Michael Hainisch und Finanzminister Ferdinand Grimm nehmen die Forderungen entgegen. Die Arbeiter verlangen u.a. die staatliche Bewirtschaftung der Devisen.

Schon seit dem Ende des Weltkrieges ist in Österreich ein rapider Währungsverfall zu beobachten. Durch den Zerfall der Habsburger Doppelmonarchie ist die Wirtschaft Österreichs zerrüttet. Das vorwiegend agrarisch strukturierte Land kann sich ohne ausländische Kredithilfe kaum über Wasser halten. Bis zur Jahresmitte sind die Lebenshaltungskosten um gut 63% angestiegen, am Jahresende beträgt die Steigerungsrate 573%.

Die Inflation gefährdet selbst einen Berufszweig, der in Wien bisher als absolut krisenfest galt: Die Kellner in den Kaffeehäusern. Die »Arbeiter des Kaffeehausgewerbes«, wie sie auf einem Plakat der Gewerkschaften genannt werden, erhalten keinen festen Lohn, sondern leben von den Trinkgeldern der Gäste. Der Umsatzrückgang und der schwindende Realwert der Trinkgelder bringen die Kellner an den Rand der Existenz.

Wiener!

Der klassenbewusste Teil der Arbeiter des Kaffeehausgewerbes befindet sich im Streik!

Nicht nur, um ihre eigenen Interessen, sondern auch die Konsumenten vor der unersättlichen Raubgier der Unternehmer zu schützen. Wir fordern die endliche

Abschaffung des elenden Trinkgeldbettels

denn wir wollen auch so wie ihr aufrechte Menschen sein, welche nicht von Gnadenkreuzern leben wollen. Deshalb fordern wir auch einen **festen Lohn.**

Die Unternehmer sagen, er ist zu hoch, sie könnten ihn nicht bezahlen, doch wir sagen: Wenn wir dieses Geld bekämen, das die Unternehmer in einem gelungenen Raubzug aus den Taschen der Konsumenten stahlen, für bischen durch chemische Präparate verunreinigtes Wasser, so müssten wir das Fünffache dessen bekommen, was wir verlangen.

Wir wollen nicht mehr die konsumierenden Proletarier schröpfen lassen durch Unternehmer einerseits und Trinkgeld andererseits und wollen das Revier- (Einkellner) System einführen.

Wir wollen uns nicht mehr zugrunde richten lassen, durch eine überlange Arbeitszeit, denn 90% unserer Berufsgenossen sterben frühzeitig an der Tuberkulose.

Darum fordern wir den Achtstundentag.

Darum heraus Volksgenossen, Mitbrüder, konsumierende Proletarier!

Unterstützt uns in unserem großen Werke, es ist auch in Eurem Interesse.

Die meisten Großbetriebe werden sich heute uns anschließen. Seid auf unserer Seite im Kampfe um unsere Menschenrechte, gebet kein Trinkgeld mehr, um die Indolenten aufzurütteln.

Für das Streikkomitee

Martinelli — Bass.

Nobelpreis für deutschen Chemiker

10. Dezember. In der schwedischen Hauptstadt Stockholm werden in diesem Jahr nur zwei Nobelpreise verliehen. Während der Nobelpreis für Medizin 1921 überhaupt nicht vergeben wird, müssen zwei Preisträger auf die Verleihung im folgenden Jahr warten.

Dem deutschen Physiker Albert Einstein wird der Nobelpreis »besonders für seine Entdeckung des Gesetzes des fotoelektrischen Effekts« zugestanden, der Brite Frederick Soddy wird für seine Forschungen auf dem Gebiet der Nuklearchemie gewürdigt.

Walther Nernst, geboren am 25. Juni 1864, lehrt als Professor in Göttingen und Berlin. Seine bedeutendste Entdeckung ist das nach ihm benannte Nernstsche Theorem zur Thermodynamik.

Anatole France, geboren am 16. April 1844 in Paris, machte sich als Literaturkritiker einen Namen. Durch die historischen Romane »Thais« und »Die Götter dürsten« sowie die Biographie »Das Leben der heiligen Johanna« wurde er einem breiten Publikum bekannt.

»Als Anerkennung für seine thermochemischen Arbeiten« wird der deutsche Chemiker Walther Nernst ausgezeichnet. Nernst, der zu den Begründern der physikalischen Chemie zählt, wurde der Preis schon 1920 zugesprochen.

Zwei Politiker teilen sich in diesem Jahr den Nobelpreis für Frieden, der vom norwegischen Parlament in Christiania (Oslo) vergeben wird. Der schwedische Ministerpräsident Karl Hjalmar Branting wird für sein Engagement im Völkerbund ausgezeichnet. Der Norweger Christian Lous Lange erhält den Preis in Anerkennung seiner Arbeit in der Interparlamentarischen Union.

Der französische Schriftsteller und Literaturkritiker Anatole France wird im Alter von 78 Jahren für sein Lebenswerk geehrt, das geprägt sei »von edler Stilkunst… und französischem Gemüt.«

Kanal soll die Nordsee mit dem Schwarzen Meer verbinden

30. Dezember. Durch Vertragsabschluß zwischen dem Deutschen Reich und dem Freistaat Bayern wird in München die Rhein-Main-Donau AG gegründet. In Bayern, wo seit fast 100 Jahren Pläne zum Bau einer Kanalverbindung zwischen dem Main und der Donau bestehen, erhofft man sich große wirtschaftliche Vorteile von diesem Projekt.

Die Großschiffahrtsstraße soll vom Main bei Aschaffenburg bis Bamberg, über die Regnitz nach Nürnberg und Regensburg bis zur Donau bei Passau verlaufen. Von dort soll ein Durchbruch zur Altmühl geschaffen werden, die bei Kelheim in die Donau mündet. Die Gesellschaft plant zudem, die Donau von Ulm bis Kelheim mit Staustufen auszubauen und Schiffahrtsanschlüsse nach Augsburg und München herzustellen. Aschaffenburg wird durch das Projekt zum wichtigsten bayerischen Mainhafen. Bei Vertragsabschluß rechnet man mit 15 Jahren Bauzeit. Der projektierte Kanal ist dabei nicht nur von großer verkehrspolitischer Bedeutung, sondern soll auch für die Energiegewinnung genutzt werden. Während die Unterhaltung der Schiffahrtsstraße dem Reich obliegt, unterstehen die geplanten Wasserkraftwerke der neugegründeten Aktiengesellschaft. Der hier erzeugte Strom soll zu festgelegten Konditionen an die Energieversorgungsunternehmen des Reichs verkauft werden. Grundlage des Abkommens ist ein Staatsvertrag vom 19. Juli 1921, durch den die Rechte über die deutschen Wasserstraßen von den Ländern auf das Reich übergegangen sind.

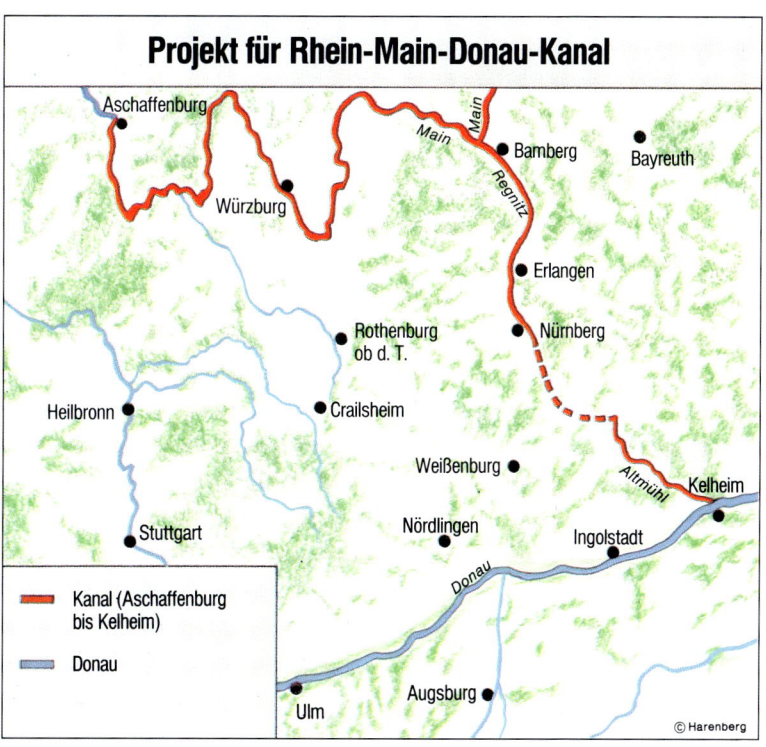

Projekt für Rhein-Main-Donau-Kanal

Kanal (Aschaffenburg bis Kelheim)

Donau

© Harenberg

△ *Bei der Eröffnung des ausgebauten Hafens von Aschaffenburg, dem Ausgangspunkt der geplanten Großwasserstraße Rhein-Main-Donau: Mitglieder der Reichsregierung und der bayerischen Landesregierung besichtigen bei einer Dampferrundfahrt die neuerrichteten Hafenanlagen.*

◁ *Als Nahziel will die neugegründete Gesellschaft den Main kanalisieren, einen Durchbruch zur Altmühl bei Nürnberg schaffen und die Donau kanalisieren, so daß ein durchgehend beschiffbarer Wasserweg zwischen Aschaffenburg und Passau entsteht. Das Fernziel hingegen ist der Bau einer europäischen Binnenwasserstraße, welche die Nordsee mit dem Schwarzen Meer verbinden soll. Das anvisierte Projekt ist ein Jahrhundertwerk, denn während vom Main bis zur Nordsee nur etwa 500 km ausgebaut werden müssen, sind es von Passau bis zum Schwarzen Meer noch über 1600 km durch z. T. unwegsames Gelände.*

Todesurteil für »Blaubart«

5. Dezember. Vor einem großen Aufgebot an Presse und Schaulustigen wird der 53jährige Franzose Henri Désiré Landru wegen zehnfachen Frauenmordes von einem Pariser Geschworenengericht zum Tode verurteilt.

Landru tötete seine Opfer in seinem Landhaus in Gambais, wo er sie anschließend auch verbrannte. Bei Durchsuchungen fand die Polizei Überreste von Asche, Knochen, Zähnen sowie Haarspangen und Kleiderfetzen. Landrus minuziös geführtes Notizbuch verrät zusätzlich den Zeitpunkt der Verbrechen.

Bahnbeamte erinnern sich außerdem, daß der Täter für sich selbst immer Rückfahrkarten nach Gambais kaufte, für seine »Verlobten« jedoch nur einfache Fahrten buchte.

Der »Blaubart von Gambais« hatte über Heiratsannoncen die Bekanntschaft von Witwen und geschiedenen Frauen gesucht, die ihm wegen seiner anscheinend starken Ausstrahlung schnell hörig wurden und deren Verschwinden oft erst nach einiger Zeit bemerkt wurde. Mit dem Gehabe eines Mannes von Welt erschlich Landru sich schnell ihre kleinen Vermögen.

Landru (1. v. l.) verfolgt mit regungsloser Miene den Verlauf des Prozesses.

Jessner – eine Treppe genügt

»Als Stanislawski zuerst [1905] mit dem Moskauer Künstlertheater nach Berlin kam, begann Reinhardt ins Deutsche Theater überzusiedeln. Eine Epoche der Theatergeschichte liegt abgeschlossen zwischen diesem Datum und heute«, schreibt der Theaterkritiker Herbert Jhering am 30. November 1921 über das Gastspiel des Moskauer Künstlertheaters in Berlin. Krieg und Revolution haben die weltberühmte Truppe des russischen Regisseurs und Schauspiellehrers Konstantin S. Stanislawski verändert, der Erfolg des Expressionismus vertreibt Max Reinhardt aus Berlin.

Reinhardt, der 1905 das Deutsche Theater übernommen hatte, leitete zeitweise vier Berliner Bühnen, bis er im Oktober 1920 die Direktion seiner Theater an Felix Hollaender übergab. Ende 1921 verabschiedet er sich mit zwei Inszenierungen auch als Regisseur von den Berlinern: Am 13. Dezember bringt er im Deutschen Theater August Strindbergs »Traumspiel« heraus, zu Silvester hat seine Inszenierung von Jacques Offenbachs Operette »Orpheus in der Unterwelt« im Großen Schauspielhaus Premiere. Noch einmal triumphiert seine Vorstellung vom Theater als großem Fest – der Schriftsteller Alfred Döblin notiert: »Ganz Berlin erzählt: Das muß man gesehen haben. Es war in der Tat ein Gaudi.«

Danach geht Reinhardt nach Wien, obwohl sich die Pläne, ihn ans Burgtheater zu verpflichten, bereits zerschlagen haben. Geplant war dort u. a. die Uraufführung von Hugo von Hofmannsthals Komödie »Der Schwierige«, die dann im November Kurt Stieler an den Münchner Kammerspielen inszeniert. Noch im selben Monat (am 30. 11.) kommt das Stück unter der Regie von Bernhard Reich in Berlin heraus, wo es jedoch von der Kritik abgelehnt wird.

Nach Erfolgen in der Provinz hat sich der Expressionismus nun auch gegen die realistische Spieltradition Berlins durchgesetzt. Selbst Max Reinhardt unternimmt am Anfang seines letzten Berliner Jahres noch einen Versuch mit dem ihm fremden Stil. Am 12. April hat an den Berliner Kammerspielen seine Inszenierung der Uraufführung von

August Stramms Stück »Kräfte« Premiere. Der Theaterkritiker Alfred Kerr schreibt darüber: »Wesenszüge des Expressionismus sind: eindringlichste Glut; Abwendung von der Wirklichkeit; Revolution; Telegrammstil. Davon hier bloß Telegrammspiel.«

Leopold Jessner wird zu einem der führenden Regisseure der neuen Epoche. Eine Woche nach der Uraufführung in den Hamburger Kammerspielen zeigt er in Berlin seine Inszenierung der »Echten Sedemunds« von Ernst Barlach. Seine großen Erfolge hat dieser zu kühnen Neuerungen neigende Regisseur allerdings nicht mit zeitgenössischen Stücken, sondern mit Klassikern. Am Staatlichen Schauspielhaus, das er seit 1919 als Intendant leitet, inszeniert der 43jährige Jessner in diesem Jahr William Shakespeares »Othello« und Friedrich von Schillers »Verschwörung des Fiesco zu Genua«. Döblins Bericht über diese Aufführung beschreibt den antinaturalistischen Stil des Regisseurs: »Jessner reduziert immer. Er läßt weg, abstrahiert. Da ist nicht der Marktplatz, der Ballsaal, der Festsaal, die wimmelnde Volksmasse. Vielmehr eine Treppe! Es genügt. Eine raffinierte Treppe… Der Mann ist Kenner; er stellt die Einbildungskraft in Rechnung und spart Millionen.«

Neben Jessner hat in Berlin der Regisseur Jürgen Fehling seine ersten Erfolge. An der Volksbühne inszeniert er »Masse Mensch« von Ernst Toller. Die Uraufführung im November 1920 in Nürnberg hat nur zwei geschlossene Vorstellungen erlebt, und als am → 29. September 1921 (S. 165) in Berlin die erste öffentliche Vorstellung über die Bühne geht, sitzt der Autor, abgeurteilt als einer der Führer der Bayerischen Räterepublik, noch immer in Festungshaft.

Am Hessischen Landestheater in Darmstadt sorgt Gustav Hartung, der Intendant des Theaters, mit seinen stilisierten Inszenierungen für Aufsehen. Am 22. März zeigt er die Uraufführung von Fritz von Unruhs »Louis Ferdinand« mit Heinrich George in der Titelrolle.

(Siehe auch Übersicht »Uraufführungen« im Anhang).

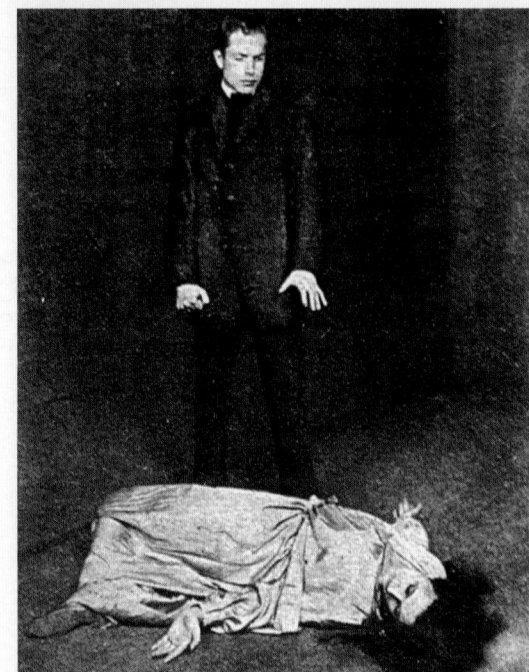

△ *Uraufführung von Gerhart Hauptmanns Tragikomödie »Peter Bauer« im Berliner Lustspielhaus; die Titelrolle ist mit Jacob Tiedtke (M.) besetzt.*

◁ *Walter Bruno Iltz und Alice Verden in dem expressionistischen Drama »Jenseits« von Walter Hasenclever*

▽ *Uraufführung von Georg Kaisers Drama »Die jüdische Witwe« im Stadttheater Nordhausen/Harz. Georg Kaiser zählt zu den bedeutendsten Dramatikern des Expressionismus.*

△ *In der Komödie »Der Schwierige«
nimmt Hugo von Hofmannsthal die
Situation des österreichischen Adels
nach dem Zusammenbruch der k. u.
k. Monarchie aufs Korn. In der Uraufführung in München spielen Gustav Waldau (1) und Elisabeth Bergner (2) die Hauptrollen.*

◁ *Uraufführung von Franz Werfels
expressionistischem Drama »Der
Spiegelmensch« in Leipzig mit Ewald
Schindler (l.) und Lutz Altschul*

▽ *Heinrich George und Gerda Müller in der Uraufführung von Kokoschkas »Orpheus und Eurydike«*

*Fritz Kortner ist die beherrschende Fi-
gur in Leopold Jessners Inszenierung
des »Othello«. Auch in dieser Neube-
arbeitung der Shakespeare-Tragödie
ist die Stufenbühne dramaturgisches
Element, das von Jessner hier erneut
mit Geschick variiert wird.*

Pfiffe und Applaus für Kokoschka-Stück

Der Schriftsteller und Maler Oskar
Kokoschka gehört zu den Bahnbre-
chern des expressionistischen Theaters. Die Aufführung seiner ersten
drei Einakter, »Mörder, Hoffnung
der Frauen«, »Der brennende Dorn-
busch« und »Hiob«, endete 1917 in
Dresden im Tumult.
Als am 2. Februar 1921 der Schauspieler Heinrich George im Frankfurter Schauspielhaus neben Gerda
Müller die Titelrolle in der Uraufführung von »Orpheus und Eurydike« spielt, wird Kokoschkas Neu-
deutung des antiken Mythos jedoch
nicht völlig ausgepfiffen: »Es [gab]
zwischen Klatschern und Pfeifern
einen erhebenden Wettkampf«,
schreibt die »Franfurter Zeitung«,
und fügt hinzu, erst »als dann Herr
George-Orpheus und Frau Müller-
Eurydike sich verbeugten, da fanden noch einige mehr den berechtig-
ten Anlaß zum Applaus.«

Weihnachtsfeier des Deutschen Roten Kreuzes für die ärmsten Frauen und Kinder in Berlin

Sammlung der Heilsarmee für notleidende Familien

»Seit 1914 keine echte Weihnachtsfreude«

24. Dezember. Weihnachten 1921 ist ein wirkliches Fest der Stille. Nicht das Schenken steht im Vordergrund, sondern das beschauliche Zusammensein im Familienkreis.

Schon in der Vorweihnachtszeit wird an der zurückhaltenden Werbung deutlich, daß in diesem Jahr das Fest der Liebe in einem recht bescheidenen Rahmen gefeiert wird. Die »Berliner Illustrirte Zeitung« schreibt: »Die echte, sorglose Weihnachtsfreude haben wir seit 1914 nicht mehr erlebt. Wenn wir aber gerecht sein wollen, müssen wir zugeben, daß sich die Verhältnisse ein wenig gebessert haben. Aber freilich, die schönen Dinge sind ins Ausland gegangen, das gute deutsche Spielzeug ist nur in England billig zu haben. Ein paar Hände haben auch in Deutschland Reichtum gesammelt, aber die Zahl unserer Kinder, die selbst Weihnachten darben werden, ist noch erschreckend groß… Mag der Festglanz anderswo größer sein, die Heimat des Weihnachtsfestes bleibt doch Deutschland: Die innige Stärke unserer Feierempfindungen wird nirgendwo erreicht. Und der Familienvater, der es schon als Fortschritt verzeichnet, daß er seinen Kleinen wieder eine Ahnung vom deutschen Weihnachtsbaum geben kann, mag die Hoffnung hegen, daß es im nächsten Jahr vielleicht besser werden kann.«

Der in deutschen Stuben unentbehrliche Weihnachtsbaum hat seinen Preis. In Berlin kostet die Weihnachtstanne 500 Mark – der halbe Monatslohn eines Arbeiters. Zahlreiche Überfälle auf Weihnachtsbaumverkäufer sind daher kaum verwunderlich. Auch das traditionelle Weihnachtsmahl ist nur für wenige erschwinglich: Eine Gans kostet pro kg 36 Mark, und für einen Hasen müssen 26 Mark pro kg bezahlt werden.

Karitative Veranstaltungen haben am Heiligabend großen Zulauf. Im Berliner Lustgarten veranstaltet die Amerika-Hilfe des Roten Kreuzes eine Weihnachtsfeier unter freiem Himmel. Die Kinder erhalten zur Bescherung Unterwäsche, Schuhe und Spielzeug.

Nicht die materielle Not, sondern die Vereinsamung vieler Menschen gibt zu Ermahnungen wie in der »Düsseldorfer Zeitung« Anlaß: »Von jeher schon sind die Festtage für Einsame oft unerfreulicher als die geschäftigen Werktage. Noch weit mehr ist dies der Fall in den letzten schicksalsschweren Jahren, da jede festliche Ausspannung den Einsamen nur Gelegenheit bietet, sich tiefer in den Kummer zu versenken, daß Vater, Bruder, Sohn oder Verlobter den heldenhaften Tod fürs Vaterland gefunden haben, wodurch Hoffnungen restlos vernichtet sind.«

▷ *Anzeige für einen Steinbaukasten: Teures Geschenk für den Bürgersohn*

Für die Dame: Parfüm als Geschenk

Elektrische Geräte treten ihren Siegeszug als Weihnachtsgeschenke an.

»Saccharinsekt zu Valutapreisen«

31. Dezember. In der Wochenschrift für Politik, Kunst und Wirtschaft »Die Weltbühne« karikiert Kurt Tucholsky unter seinem Pseudonym Peter Panter die in Konventionen erstarrte und zutiefst provinzielle Art der »besseren Gesellschaft«, den Jahreswechsel zu feiern.

»Was unternehme ich Sylvester? Soll ich zu Kallmanns gehen? Die zünden ihren Tannenbaum an, drehen das Grammophon auf, das ihnen »Stille Nacht, heilige Nacht« vorkratzt, die Kinder lagern sich mit den Torsos ihrer Spielsachen auf den guten Teppich, und Vater raucht die neue Pfeife an. Mutter Kallmann spricht mit mir über die Dienstbotenmisere und ich sage: ›Jawohl, gnädige Frau!... Denken Sie nur gnädige Frau!‹ Das Andre sagt sie. Ich werde doch lieber nicht zu Kallmanns gehen...

Soll ich auf einen öffentlichen Ball gehen? Da werden sich zweitausend Menschen in Räumen drängen, die nur für zweihundert berechnet sind. Kellner werden sich den Saccharinsekt zu Valutapreisen aus den Händen schlagen lassen. In der Mitte tun ein paar Leute so, als ob sie tanzten. Es sind Alle da: man zeigt sich, die Herren aus der Wilhelm-Straße, Kino-Namen werden geflüstert, und die Bühne hat ihre besten Vertreter... auch die Wissenschaft... Nur die Kokotten benehmen sich anständig. Wer wird auch Sylvester fachsimpeln, wenn mans das ganze Jahr tun muß...! Die Luft wird stickig und verbraucht sein, die Scherze auch. Nein – ich werde lieber nicht auf einen Ball gehen...

Also: was dann? Ich schlage vor, wir füllen die kleine blaue Blumenvase wie gewöhnlich mit roten Blumen und trinken einen stillen roten Wein. Vielleicht erwachst du nachts so gegen Zwölf. Ich werde dir dann sagen: ›Liebe – ich glaube, jetzt muß ich mir einen Zylinder aufsetzen und du schlägst ihn ein. Das ist so Sitte.‹ Und darauf du: ›Ich bin so müde. Gute Nacht!‹

Und wenn du morgen aufwachst, ist es – wetten, daß? – 1922, und ich küsse dir das neue Jahr aus den Augen. Und da es ein alter Aberglaube ist, daß man das ganze Jahr hindurch tun wird, was man Sylvester tut, so eröffnen sich für uns freundliche und wahrhaft erfrischende Perspektiven. Prosit Neujahr!«

Beilegung der Krisen ist nicht abzusehen

Auf der Schwelle zum neuen Jahr stellt sich für viele Länder der Erde die innere Situation kritischer dar als zwölf Monate zuvor.

Deutsches Reich bleibt isoliert

Die Republik nimmt eine schwere Bürde mit in das neue Jahr 1922. Innenpolitische Auseinandersetzungen um die »Erfüllungspolitik«, Zahlungsschwierigkeiten bei den Reparationen und daraus resultierende Konflikte mit den Siegermächten bleiben weiterhin die bestimmenden Themen.

Schon am 14. Dezember bittet die Reichsregierung die Alliierten um ein Moratorium für die nächste fällige Reparationsrate. Es ist offensichtlich, daß die deutsche Wirtschaft nicht in der Lage ist, die zusätzlichen Leistungen aufzubringen, zumal der deutsche Markt nicht in die internationalen Handelsbeziehungen integriert wird. Das Abflauen der Inflation zum Ende des Jahres ist somit ein trügerisches Zeichen; von einer Stabilisierung der Mark kann keine Rede sein (→ 28. 11./S. 193).

Die Bemühungen der Reichsregierung unter Joseph Wirth (Zentrum) um eine Verständigung mit den Siegermächten (→ 1. 6./S. 96) und die deutsche Ohnmacht gegenüber der endgültigen Teilung Oberschlesiens (→ 20. 10./S. 172) heizen die Agitation der Rechten weiter an, die nach immer neuen Sündenböcken für die Niederlage im Weltkrieg und die militärische Schwächung des Deutschen Reichs durch den Versailler Vertrag sucht. Der Konflikt um die Auflösung der Einwohnerwehren (→ 1. 6./S. 98), die große Zahl der Geheimorganisationen, die Entwicklung Bayerns zu einem Hort dieser rechtsradikalen Bünde und der Mord an dem »Novemberverbrecher« Matthias Erzberger (→ 26. 8./S. 136) sind symptomatisch für eine eskalierende Republikfeindlichkeit.

Hunger grassiert weiterhin

Zumindest im Deutschen Reich sind die Versorgungsmißstände weitgehend behoben, während in Sowjetrußland der Hunger Millionen von Opfern fordert. Erst allmählich ist abzusehen, daß die zahlreichen Hilfsaktionen der westlichen Welt, vor allem des Völkerbunds, und die teilweise Rückkehr zur Privatwirtschaft (Neue Ökonomische Politik, NEP) eine Linderung zumindest der größten Not bewirken. Hingegen ist immer noch unklar, ob Österreich, dessen Bevölkerung ebenfalls extrem unter grundlegenden Versorgungsschwierigkeiten leidet, Kredite der Alliierten zum Wiederaufbau seiner völlig zerrütteten Wirtschaft erhalten wird (→ 13. 3./S. 51; 1. 12./S. 206).

Der Hunger ist immer noch Sowjetrußlands größtes Problem: In einer Straße von Petrograd (Leningrad) haben Menschen ein Lagerfeuer entfacht, um sich vor der starken Kälte zu schützen. So wie die extreme Dürre im Sommer beeinträchtigt auch der harte Winter die Versorgung mit Lebensmitteln. Lenins NEP allein kann auch nicht schnell genug den Hunger der Bevölkerung mildern.

Umwälzungen stehen bevor

Während das Deutsche Reich isoliert bleibt, bemühen sich die Siegermächte um eine bessere Verständigung untereinander. Auf der Washingtoner Konferenz, die über die Jahresgrenze hinaus andauert, stehen sowohl ein Abkommen zur Flottenabrüstung auf dem Programm als auch ein Neunmächtevertrag über Rechte der westlichen Verbündeten in China (→ 12. 11./S. 190). Auf nationaler Ebene haben jedoch auch die Siegermächte mit gravierenden Problemen zu kämpfen.

Die USA versuchen, die Nachkriegsprobleme durch eine Abschottung von der Alten Welt zu bewältigen, wobei diese Politik der »Nichteinmischung« jedoch nicht die Wirtschaftsbeziehungen zu Europa betrifft (→ 4. 3./S. 51). Durch Hinwendung zu einer Politik des »laissez faire«, die das »big business« enorm fördert, soll der Depression im Inland entgegengewirkt werden.

Großbritannien, das zudem unter extremen wirtschaftlichen Schwierigkeiten leidet (→ 14. 1./S. 15), sieht sich von einer Umwälzung in seinem Empire bedroht: Südirland spaltet sich als Republik ab (→ 6. 12./S. 202), in Indien nimmt der Widerstand gegen die Kolonialherrschaft zu (→ 24. 12./S. 203), und im Mandatsgebiet Ägypten kommt es zu erbitterten Auseinandersetzungen zwischen Unabhängigkeitskämpfern und britischen Militärs (→ 1. 1./S. 15).

Am deutlichsten macht sich die Nachkriegsmisere jedoch in Italien bemerkbar, wo der Faschismus rapide an Boden gewinnt. Durch die Umwandlung der faschistischen Partei in eine paramilitärische Organisation bereitet Benito Mussolini systematisch die Machtübernahme vor (→ 7. 11./S. 189).

Neue Postwertzeichen im Deutschen Reich 1921

Freimarkenausgabe mit Arbeitermotiven: Schmied, Bergarbeiter und Schnitter

Freimarken mit Posthornzeichnung

Freimarken mit Ziffer und Pflüger

Germania mit Kaiserkrone, verschiedene Wertaufdrucke

Freimarkenausgabe mit sieben Werten

Anhang

Die Regierungen des Deutschen Reichs, Österreichs und der Schweiz 1921

Neben den Staatsoberhäuptern des Deutschen Reichs, Österreichs und der Schweiz sind in der Zusammenstellung die einzelnen Kabinette des Jahres 1921 in chronologischer Reihenfolge enthalten. Hinter den Namen der wichtigsten Regierungsmitglieder steht in Klammern der Zeitraum ihrer Tätigkeit.

Deutsches Reich

Staatsform:
Republik
Reichspräsident:
Friedrich Ebert (SPD; 1919–1925)

Kabinett Fehrenbach, Koalition aus Zentrum, DVP und DDP (1920–4. 5. 1921):
Reichskanzler:
Konstantin Fehrenbach (Zentrum; 1920–4. 5. 1921)
Vizekanzler:
Rudolf Heinze (DVP; 1920–4. 5. 1921)
Auswärtiges:
Walter Simons (parteilos; 1920–4. 5. 1921)
Inneres:
Erich Koch (DDP; 1919–4. 5. 1921)
Finanzen:
Joseph Wirth (Zentrum; 1920–22. 10. 1921)
Wirtschaft:
Ernst Scholz (DVP; 1920–4. 5. 1921)
Arbeit:
Heinrich Brauns (Zentrum; 1920–1928)
Justiz:
Andreas Blunck (DDP; 1920–4. 5. 1921)
Wehr:
Otto Geßler (DDP; 1920–1928)
Post:
Johannes Giesberts (Zentrum; 1919–1920, 1920–1922)
Verkehr:
Wilhelm Groener (parteilos; 1920–1922)
Ernährung:
Andreas Hermes (Zentrum; 1920–1922)
Schatz:
Hans von Raumer (DVP; 1920–4. 5. 1921)
Staatssekretär der Reichskanzlei:
Heinrich Albert (parteilos; 1919–4. 5. 1921)
Pressechef:
Friedrich Heilbronn (parteilos; 1920–4. 5. 1921, 1922/23)

1. Kabinett Wirth, Koalition aus Zentrum, SPD und DDP (10. 5.–22. 10. 1921:
Reichskanzler:
Joseph Wirth (Zentrum; 10. 5. 1921–1922)
Vizekanzler:
Gustav Bauer (SPD; 10. 5. 1921–1922)
Auswärtiges:
Friedrich Rosen (parteilos; 10. 5.–22. 10. 1921)
Inneres:
Georg Gradnauer (SPD; 10. 5.–22. 10. 1921)
Finanzen:
Joseph Wirth (Zentrum; 1920–22. 10. 1921)
Wirtschaft:
Robert Schmidt (SPD; 1919/20, 10. 5. 1921–1922)
Arbeit:
Heinrich Brauns (Zentrum; 1920–1928)
Justiz:
Eugen Schiffer (DDP; 1919/20, 10. 5.–22. 10. 1921)
Wehr:
Otto Geßler (DDP; 1920–1928)
Post:
Johannes Giesberts (Zentrum; 1919–1920, 1920–1922)
Verkehr:
Wilhelm Groener (parteilos; 1920–1923)
Ernährung:
Andreas Hermes (Zentrum; 1920–1922)
Schatz:
Gustav Bauer (SPD; 1920, 10. 5. 1921–1922)
Wiederaufbau:
Walther Rathenau (DDP; 10. 5.–22. 10. 1921)
Staatssekretär der Reichskanzlei:
Hemmer (Zentrum; 10. 5. 1921–1922)
Pressechef:
Oskar Müller (parteilos; 10. 5. 1921–1922)

2. Kabinett Wirth, Koalition aus Zentrum, SPD und DDP (26. 10. 1921–1922):
Reichskanzler:
Joseph Wirth (Zentrum; 10. 5. 1921–1922)
Vizekanzler:
Gustav Bauer (SPD; 10. 5. 1921–1922)
Auswärtiges:
Joseph Wirth (Zentrum; 26. 10. 1921–1922)
Inneres:
Adolf Köster (SPD); 26. 10. 1921–1922)
Finanzen:
Andreas Hermes (Zentrum; 26. 10. 1921–1922)
Wirtschaft:
Robert Schmidt (SPD; 1919/20, 10. 5. 1921–1922)
Arbeit:
Heinrich Brauns (Zentrum; 1920–1928)
Justiz:
Gustav Radbruch (SPD; 26. 10. 1921–1922)
Wehr:
Otto Geßler (DDP; 1920–1928)
Post:
Johannes Giesberts (Zentrum; 1919–1920, 1920–1922)
Verkehr:
Wilhem Groener (parteilos; 1920–1923)
Ernährung:
Andreas Hermes (Zentrum; 1920–1922)
Schatz:
Gustav Bauer (SPD; 1920, 10. 5. 1921–1922)
Staatssekretär der Reichskanzlei:
Hemmer (Zentrum; 10. 5. 1921–1922)
Pressechef:
Oskar Müller (parteilos; 10. 5. 1921–1922)

Regierungen der deutschen Länder und Freien Hansestädte

Anhalt:
Heinrich Deist (SPD), Ministerpräsident (1919–1924, 1924–1932)
Baden:
Gustav Trunk (Zentrum), Staats- und Ministerpräsident (1920–23. 11. 1921, 1925/26, 1927); Hermann Hummel (DDP), Staats- und Ministerpräsident (23. 11. 1921–1922)
Bayern:
Gustav Ritter von Kahr (parteilos), Ministerpräsident und Außenminister (1920–12. 9. 1921); Hugo von und zu Graf Lerchenfeld auf Koefering und Schönburg (BVP), Ministerpräsident und Außenminister (21. 9. 1921–1922)
Braunschweig:
August Junke (USPD), Ministerpräsident (1920–1922)
Bremen:
Martin Donandt (DNVP), Erster Bürgermeister (1920–1933)
Hamburg:
Arnold G. F. Diestel, Erster Bürgermeister (1920–1924)
Hessen:
Karl Ulrich (SPD), Ministerpräsident (1918–1928)
Lippe:
Heinrich Drake (SPD), Ministerpräsident (1920–1933)
Lübeck:
Johannes Neumann, Regierender Bürgermeister (1920–1927)
Mecklenburg-Schwerin:
Hermann Reincke-Bloch (DVP), Ministerpräsident und Außenminister (1920–12. 1. 1921); Johannes Stelling (SPD), Ministerpräsident und Außenminister (19. 1. 1921–1924)
Mecklenburg-Strelitz:
Kurt Artur Freiherr von Reibnitz (SPD), Minister (1919–1923, 1928–1929, 1929–1931)
Oldenburg:
Theodor Tantzen (DDP), Ministerpräsident (1919–1923, 1945/46)
Preußen:
Otto Braun (SPD), Ministerpräsident (1920–21. 4. 1921, 5. 11. 1921–1925, geschäftsführend 1925–1932); Adam Stegerwald (Zentrum), Ministerpräsident (21. 4.–5. 11. 1921)
Sachsen:
Wilhelm Buck (SPD), Ministerpräsident (1920–1923)
Schaumburg-Lippe:
O. Bönners (parteilos), Ministerpräsident (1919–1922)
Thüringen:
Arnold Paulssen (DDP), Ministerpräsident (1920–7. 10. 1921, 1929); August Frölich (SPD), Ministerpräsident (7./14. 10. 1921–1923/24)
Württemberg:
Johannes von Hieber (DDP), Ministerpräsident (1920–1924)

Österreich

Staatsform:
Republik
Bundespräsident:
Michael Hainisch (christlichsozial; 1920–1928)

2. Kabinett Mayr (1920–1. 6. 1921):
Bundeskanzler:
Michael Mayr (christlichsozial; 1920–1. 6. 1921)
Vizekanzler:
Walter Breisky (christlichsozial; 1920–1922)
Äußeres:
Michael Mayr (christlichsozial; 1920–1. 6. 1921)
Inneres:
Egon Glanz (christlichsozial; 1920–7. 4. 1921); Walter Breisky (christlichsozial; 1920, 7.–23. 4. 1921); Rudolf Ramek (christlichsozial; 23. 4.–1. 6. 1921)
Unterricht:
Walter Breisky (christlichsozial; 1920–1922)
Finanzen:
Ferdinand Grimm (1920–7. 10. 1921)
Justiz:
Rudolf Paltauf (1920–1922)
Handel:
Eduard Heinl (christlichsozial; 1920–1. 6. 1921)
Volksernährung:
Alfred Grünberger (parteilos; 1920–1922)
Land- und Forstwirtschaft:
Alois Haueis (christlichsozial; 1920–1. 6. 1921)
Heerwesen:
Egon Glanz (christlichsozial; 1920–7. 4. 1921); Walter Breisky (christlichsozial; 7.–28. 4. 1921); Karl Vaugoin (christlichsozial; 28. 4.–7. 10. 1921, 1922–1933)
Soziale Verwaltung:
Josef Resch (christlichsozial; 1920–1. 6. 1921)
Verkehrswesen:
Karl Pesta (1920–1. 6. 1921)

1. Kabinett Schober (21. 6. 1921–1922):
Bundeskanzler:
Johannes Schober (parteilos; 21. 6. 1921–1922, 1929/30)
Vizekanzler:
Walter Breisky (christlichsozial; 1920–192)
Äußeres:
Johannes Schober (parteilos; 21. 6. 1921–1922)
Inneres:
Leopold Waber (großdeutsch; 21. 6. 1921–1922)
Unterricht:
Walter Breisky (christlichsozial; 1920–1922)
Finanzen:
Ferdinand Grimm (1920–7. 10. 1921); Alfred Gürtler (christlichsozial; 7. 10. 1921–1922)
Justiz:
Rudolf Paltauf (1920–1922)
Handel:
Alexander Angerer (großdeutsch; 21. 6.–7. 10. 1921); Alfred Grünberger (parteilos; 7. 10. 1921–1922)
Volksernährung:
Alfred Grünberger (parteilos; 1920–1922)
Land- und Forstwirtschaft:
Leopold Hennet (christlichsozial; 21. 6. 1921–1922)
Heerwesen:
Karl Vaugoin (christlichsozial; 28. 4.–7. 10. 1921, 1922–1933); Josef Wächter (parteilos; 7. 10. 1921–1922)
Soziale Verwaltung:
Franz Pauer (parteilos; 21. 6. 1921–1922)

Die Regierungen Österreichs und der Schweiz 1921

Verkehr:
Walter Rodler (21. 6. 1921–1922)

Schweiz

Staatsform:
Republik

Bundespräsident:
Edmund Schultheß (freisinnig; 1917, 1921, 1928, 1933)

Politisches Departement (Äußeres):
Giuseppe Motta (katholisch-konservativ; 1920–1940)

Inneres:
Ernest Louis Chuard (freisinnig; 1920–19287

Justiz und Polizei:
Heinrich Häberlin (freisinnig; 1920–1934)

Finanzen und Zölle:
Jean-Marie Musy (katholisch-konserva-

tiv; 1919–1934)

Militär:
Karl Scheurer (freisinnig; 1919–1929)

Volkswirtschaft:
Edmund Schultheß (freisinnig; 1912–1935)

Post und Eisenbahn:
Robert Haab (freisinnig; 1918–1929)

Deutsches Reich, Österreich und Schweiz 1921 in Zahlen

Die Statistiken für die drei deutschsprachigen Länder umfassen eine Auswahl von grundlegenden Daten. Es wurden vor allem Daten aufgenommen, die innerhalb der einzelnen Länder vergleichbar sind. Maßgebend für alle Angaben waren die amtlichen Statistiken. Die Zahlen beziehen sich, soweit nicht anders angemerkt, auf die jeweiligen Staatsgrenzen von 1921. Nicht in allen gesellschaftlichen Bereichen finden jährliche Erhebungen statt, so daß mitunter Daten aus früheren Jahren aufgenommen werden mußten. Das Erhebungsdatum ist jeweils angegeben (unter der Rubrik »Stand«). Die aktuellen Zahlen des Jahres 1921 werden – wo möglich – durch einen Vergleich zum Vorjahr relativiert. Wichtige Zusatzinformationen zum Verständnis einzelner Daten sind in den Fußnoten enthalten.

Deutsches Reich

Erhebungsgegenstand	Wert	Vergleich Vorjahr (%)	Stand
Fläche (km²)	474 303,9	–	28. 6. 1919
Bevölkerung			
Wohnbevölkerung[2]	62 473 000	+ 1,1	1921
männlich[3]	28 496 496	–	8. 10. 1919[1]
weiblich[3]	31 356 363	–	8. 10. 1919[1]
Einwohner je km²	131,7	– 1,1	1921
Ausländer und Personen mit unbekannter Staatsangehörigkeit	1 270 342	–	1. 12. 1916[1]
Privathaushalte	14 283 000	–	1. 12. 1910[1]
Einpersonenhaushalte	1 045 000	–	1. 12. 1910[1]
Mehrpersonenhaushalte	13 238 000	–	1. 12. 1910[1]
Lebendgeborene	1 560 447	– 2,4	1921
Gestorbene	911 172	– 7,5	1921
Eheschließungen	731 157	–18,3	1921
Ehescheidungen	39 216	+ 7,3	1921
Familienstand der Bevölkerung[3]			
Ledige insgesamt	35 941 510	–	1. 12. 1916[1]
männlich	16 398 807	–	1. 12. 1916[1]
weiblich	19 542 703	–	1. 12. 1916[1]
Verheiratete	21 023 944	–	1. 12. 1916[1]
Verwitwete und Geschiedene	3 861 219	–	1. 12. 1916[1]
männlich	860 485	–	1. 12. 1916[1]
weiblich	3 000 734	–	1. 12. 1916[1]
Familienstand unbekannt	90 185	–	1. 12. 1916[1]
Religionszugehörigkeit			
Christen insgesamt	57 439 326	–	1. 12. 1920[1]
katholisch	19 322 031	–	1. 12. 1910[1]
evangelisch	39 117 295	–	1. 12. 1910[1]
Juden	538 909	–	1. 12. 1910[1]
Andere, ohne Konfession	472 108	–	1. 12. 1910[1]
Altersgruppen			
unter 5 Jahren	6 331 514	–	1. 12. 1916[1]
5 bis unter 10 Jahren	7 423 480	–	1. 12. 1916[1]
10 bis unter 15 Jahren	7 321 959	–	1. 12. 1916[1]
15 bis unter 20 Jahren	6 567 397	–	1. 12. 1916[1]
20 bis unter 30 Jahren	8 078 695	–	1. 12. 1916[1]

Erhebungsgegenstand	Wert	Vergleich Vorjahr (%)	Stand
30 bis unter 40 Jahren	7 231 926	–	1. 12. 1916[1]
40 bis unter 50 Jahren	6 873 484	–	1. 12. 1916[1]
50 bis unter 60 Jahren	5 549 943	–	1. 12. 1916[1]
60 bis unter 70 Jahren	3 453 498	–	1. 12. 1916[1]
70 bis unter 80 Jahren	1 641 122	–	1. 12. 1916[1]
80 bis unter 90 Jahren	334 214	–	1. 12. 1916[1]
90 bis unter 100 Jahren	16 409	–	1. 12. 1916[1]
100 und darüber	170	–	1. 12. 1916[1]
unbekannt	93 047	–	1. 12. 1916[1]
Die zehn größten Städte			
Berlin	3 803 785	–	8. 10. 1919[1]
Hamburg	985 779	–	8. 10. 1919[1]
Köln	640 940	–	8. 10. 1919[1]
Leipzig	636 485	–	8. 10. 1919[1]
München	630 711	–	8. 10. 1919[1]
Dresden	587 748	–	8. 10. 1919[1]
Breslau	528 260	–	8. 10. 1919[1]
Essen	439 257	–	8. 10. 1919[1]
Frankfurt am Main	433 002	–	8. 10. 1919[1]
Düsseldorf	407 338	–	8. 10. 1919[1]
Erwerbstätigkeit			
Erwerbstätige	21 830 549	–	1. 12. 1916[1]
männlich	13 026 245	–	1. 12. 1916[1]
weiblich	8 804 304	–	1. 12. 1916[1]
nach Wirtschaftsbereichen			
Land- und Forstwirtschaft, Tierhaltung und Fischerei	5 514 549	–	1. 12. 1916[1]
Produzierendes Gewerbe	7 376 364	–	1. 12. 1916[1]
Handel und Verkehr	2 574 057	–	1. 12. 1916[1]
Häusliche Dienste	1 528 272	–	1. 12. 1916[1]
Militär und freie Berufe	3 900 529	–	1. 12. 1916[1]
Sonstige	936 778	–	1. 12. 1916[1]
Ausländische Arbeitnehmer	428 863	–	1. 12. 1916[1]
Arbeitslose[2]	354 000	–	1921
Betriebe			
Landwirtschaftliche Betriebe	5 736 082	–	1907[1]
Bergbau, Industrie und Baugewerbe	2 086 368	–	1907[1]
Handel, Gastgewerbe, Reiseverkehr	83 931	–	1907[1]
Verkehr			
Eisenbahnnetz (km)	55 656,7	+ 0,2	1921
Beförderte Güter (Mio. t)	353,9	+ 5,0	1921
Bestand an Kraftfahrzeugen	118 640	–	1921
davon Pkw	60 611	–	1921
davon Lkw	30 267	–	1921
Auf Binnenschiffen beförderte Güter (t)	41 649 000	– 3,6	1921
Luftverkehr			
Beförderte Personen	6 804	+71,2	1921
Beförderte Güter (t)	541 907	+78,3	1921
Bildung			
Schüler an			
Volksschulen	8 930 070	–	1921/22
Mittelschulen	329 344	–	1921/22
Höheren Schulen	751 442	–	1921/22
Studenten[4]	120 196	+ 3,9	1921
Gesundheitswesen			
Ärzte	30 558	–	1909[1]
Zahnärzte	11 213	–	1909[1]
Krankenhäuser	4 502	– 0,2	1921
Sozialleistungen			
Mitglieder der gesetzlichen Krankenversicherung	17 442 378	+ 2,1	1921
Rentenbestand			
Rentenversicherung der Arbeiter	1 929 033	–	1920[1]

[1] Letzte verfügbare Angabe
[2] Jahresdurchschnitt
[3] Ortsanwesende Bevölkerung
[4] Alle Hochschulen

Statistische Zahlen 1921

Erhebungsgegenstand	Wert	Vergleich Vorjahr (%)	Stand
Finanzen und Steuern			
Gesamtausgaben des Staates (Mio. M)	144 577,0	+ 178,3	1921
Gesamteinnahmen des Staates (Mio. M)	149 569,6	+ 182,0	1921
Schuldenlast des Staates (Mio. M)	248 849,1	+ 34,6	1921
Preise			
Index der Einzelhandelspreise (1913 = 100)	1337	+ 28,1	1921
Einzelhandelspreise ausgewählter Lebensmittel (M)[5]			
Schweinefleisch, 1 kg	23,20	–	1920[1]
Rindfleisch, 1 kg	13,76	–	1920[1]
Weizenmehl, 1 kg	2,32	–	1920[1]
Vollmilch, 1 l	2,16	–	1920[1]

Erhebungsgegenstand	Bremen	Berlin	Breslau	Aachen	Stuttgart	München
Klimatische Verhältnisse						
Mittl. Lufttemperatur (°C)						
Januar	5,6	4,6	4,0	5,9	5,3	4,3
Februar	2,9	1,6	0,2	3,0	2,1	0,9
März	7,3	6,6	6,2	7,3	6,6	6,5
April	9,1	9,2	8,6	8,6	9,1	7,4
Mai	15,0	15,4	15,1	13,7	15,7	15,1
Juni	14,6	15,0	14,6	14,8	16,8	15,5
Juli	18,3	19,1	19,2	19,7	21,9	21,0
August	17,7	18,4	19,2	17,5	19,1	18,4
September	14,2	14,1	13,4	15,2	16,2	14,9
Oktober	12,1	10,3	10,0	14,3	12,4	11,8
November	1,1	0,2	0,0	1,5	0,6	-0,4
Dezember	2,6	0,6	-0,7	3,0	1,1	0,5
Niederschlagsmengen (mm)						
Januar	113	93	62	90	39	50
Februar	23	32	40	17	8	23
März	24	4	8	34	18	17
April	28	24	60	27	28	64
Mai	22	87	35	33	101	102
Juni	74	81	113	30	34	120
Juli	31	20	27	10	32	51
August	23	65	21	51	67	122
September	22	34	23	45	84	34
Oktober	37	65	54	26	14	41
November	39	39	40	45	31	57
Dezember	72	66	57	70	16	31

[1] Letzte verfügbare Angabe
[2] Jahresdurchschnitt
[3] Schätzung
[4] Die erste Volkszählung in Nachkriegsösterreich findet 1923 statt; bis dahin liegen in dieser Rubrik nur Vorkriegszahlen für das Gebiet von Österreich-Ungarn vor
[5] In Berlin
[6] Haupt- und Lokalbahnen

Österreich

Erhebungsgegenstand	Wert	Vergleich Vorjahr (%)	Stand
Fläche (km²)	83 833	± 0	1921
Bevölkerung			
Wohnbevölkerung[2]	6 503 567	+ 0,8	1921
männlich	3 081 721	–	1920[1]
weiblich	3 344 573	–	1920[1]
Einwohner je km²	77,6	+ 0,8	1921
Ausländer	423 487	–	1920[1]
Lebendgeborene	151 138	+ 3,1	1921
Gestorbene	110 451	– 10,0	1921
Eheschließungen	81 223	– 5,4	1921
Familienstand der Bevölkerung			
Ledige insgesamt	3 587 774	–	1920[1]
männlich	1 783 063	–	1920[1]
weiblich	1 804 711	–	1920[1]
Verheiratete	2 072 203	–	1920[1]
Verwitwete und Geschiedene	471 471	–	1920[1]
männlich	124 848	–	1920[1]
weiblich	346 623	–	1920[1]
Religionszugehörigkeit[3]			
Christen insgesamt	6 451 400	–	1920[1]
katholisch	6 225 843	–	1920[1]
evangelisch	206 505	–	1920[1]
Sonstige	19 052	–	1920[1]
Juden	194 584	–	1920[1]
Altersgruppen[3]			
unter 20 Jahren	1 081 695	–	1920[1]
20 bis unter 30 Jahren	559 800	–	1920[1]
30 bis unter 40 Jahren	491 747	–	1920[1]
40 bis unter 50 Jahren	416 478	–	1920[1]
50 bis unter 60 Jahren	310 885	–	1920[1]
60 und darüber	335 110	–	1920[1]
Die zehn größten Städte[3]			
Wien	1 841 326	–	1920[1]
Graz	157 032	–	1920[1]
Linz	99 527	–	1920[1]
Innsbruck	55 659	–	1920[1]
Salzburg	36 450	–	1920[1]
Wiener Neustadt	35 023	–	1920[1]
St. Pölten	30 342	–	1920[1]
Klagenfurt	26 111	–	1920[1]
Baden	21 095	–	1920[1]
Steyr	20 234	–	1920[1]
Erwerbstätigkeit			
Erwerbstätige	16 020 405	–	1910[4]
nach Wirtschaftsbereichen			
Land- und Forstwirtschaft, Tierhaltung und Fischerei	8 506 466	–	1910[4]
Industrie und Gewerbe	3 627 816	–	1910[4]
Handel und Verkehr	1 576 623	–	1910[4]
Öffentlicher Dienst und freie Berufe	2 309 500	–	1910[4]
Betriebe			
Landwirtschaftliche Betriebe	389	–	1920[1]
Bergbau	41	–	1920[1]
Baugewerbe	11 709	–	1920[1]
Handel, Gastgewerbe, Reiseverkehr	8 156	–	1920[1]
Sonstige	43 236	–	1920[1]
Verkehr			
Eisenbahnnetz (km)[6]	6 338	–	1920[1]

Erhebungsgegenstand	Wert	Vergleich Vorjahr (%)	Stand
Bestand an Kraftfahrzeugen	9 238	–	1920[1]
davon Pkw	6 400	–	1920[1]
davon Lkw	2 838	–	1920[1]

Bildung

Schüler an			
Volks- und Bürgerschulen		–	1921/22
Realschulen, Deutschen Mittelschulen	16 706	–	1921/22
Gymnasien, Realgymnasien	21 905	–	1921/22
Studenten	16 634	–	1921/22

Sozialleistungen

Mitglieder der gesetzlichen Krankenversicherung	785 095	–	1918[1]

Preise

Großhandelspreise ausgewählter Lebensmittel in Kronen (Mark)

Schweinefleisch, 1 kg	15,17 (10,90)	–	1918[1]
Rindfleisch, 1 kg	6,68 (4,48)	–	1918[1]
Kartoffeln, 1 kg	0,67 (0,45)	–	1918[1]
Milch, 1 l	0,61 (0,41)	–	1918[1]
Kaffee, 1 kg	0,58 (0,39)	–	1918[1]
Zucker, 1 kg	1,53 (1,03)	–	1918[1]

[1] Letzte verfügbare Angabe
[2] Schätzung

Schweiz

Erhebungsgegenstand	Wert	Vergleich Vorjahr (%)	Stand
Fläche (km^2)	41 294,93	± 0,0	1921
Bevölkerung			
Wohnbevölkerung[2]	3 875 800	– 0,02	1921
männlich	1 871 123	–	1920[1]
weiblich	2 005 777	–	1920[1]
Einwohner je km^2	93,9	± 0,0	1921
Ausländer	402 385	–	1920[1]
Privathaushalte	886 874	–	1920[1]
Lebendgeborene	80 808	– 0,5	1921
Gestorbene	49 518	– 11,6	1921
Eheschließungen	32 624	– 6,7	1921
Ehescheidungen	1 979	– 11,7	1921
Familienstand der Bevölkerung			
Ledige insgesamt	2 281 170	–	1920[1]
männlich	1 127 467	–	1920[1]
weiblich	1 153 703	–	1920[1]
Verheiratete	1 337 653	–	1920[1]
Verwitwete und Geschiedene	265 497	–	1920[1]
männlich	78 844	–	1920[1]
weiblich	186 653	–	1920[1]
Religionszugehörigkeit			
Christen insgesamt	3 815 908	–	1920[1]
katholisch	1 585 311	–	1920[1]
evangelisch	2 230 597	–	1920[1]
Juden	20 979	–	1920[1]
andere, ohne Konfession	43 433	–	1920[1]
Altersgruppen			
unter 5 Jahren	328 866	–	1920[1]
5 bis unter 10 Jahren	346 063	–	1920[1]
10 bis unter 15 Jahren	390 365	–	1920[1]
15 bis unter 20 Jahren	386 901	–	1920[1]
20 bis unter 30 Jahren	653 485	–	1920[1]
30 bis unter 40 Jahren	543 828	–	1920[1]
40 bis unter 50 Jahren	488 576	–	1920[1]
50 bis unter 60 Jahren	363 569	–	1920[1]
60 bis unter 70 Jahren	227 417	–	1920[1]
70 bis unter 80 Jahren	108 445	–	1920[1]
80 und darüber	24 804	–	1920[1]
Die zehn größten Städte[2]			
Zürich	202 480	– 2,3	1921
Genf	136 000	+ 0,7	1921
Basel	135 750	– 0,2	1921
Bern	103 600	– 1,0	1921
St. Gallen	69 220	– 1,7	1921
Lausanne	67 890	– 0,9	1921
Winterthur	49 780	– 0,4	1921
Luzern	43 530	– 1,1	1921
La Chaux-de-Fonds	37 300	– 1,1	1921
Biel	34 380	– 0,6	1921
Erwerbstätigkeit			
Erwerbstätige	1 871 725	–	1920[1]
männlich	1 236 281	–	1920[1]
weiblich	635 444	–	1920[1]
nach Wirtschaftsbereichen			
Land- und Forstwirtschaft, Tierhaltung und Fischerei	482 758	–	1920[1]
Industrie, Handwerk, Baugewerbe	802 876	–	1920[1]
Dienstleistungen	586 091	–	1920[1]
Ausländische Arbeitnehmer	216 224	–	1920[1]
Stellensuchende	294 174	+ 112,4	1921

Statistische Zahlen 1921

Erhebungsgegenstand	Wert	Vergleich Vorjahr (%)	Stand
Außenhandel			
Einfuhr in Mio. sFr. (Mark)	2 296,3 (29 851,9)	− 45,9	1921
Ausfuhr in Mio. sFr. (Mark)	2 140,1 (27 821,3)	− 34,7	1921
Einfuhrüberschuß in Mio. sFr. (Mark)	156,2 (2 030,6)	− 83,8	1921
Verkehr			
Eisenbahnnetz (km)[3]	2 983	− 1,2	1921
Beförderte Personen (in 1000)	120 123	− 6,5	1921
Beförderte Güter (in 1000 t)	16 895	− 23,3	1921
Bestand an Kraftfahrzeugen	20 412	–	1920[1]
davon Pkw	8 902	–	1920[1]
davon Lkw	3 331	–	1920[1]
Bildung			
Schüler an			
Primarschulen	531 009	− 1,0	1921/22
Sekundarschulen	54 604	–	1921/22
unteren Mittelschulen	17 128	+ 11,9	1921/22
oberen Mittelschulen	10 152	− 9,9	1921/22
Studenten	6 510	− 6,3	1921/22
Gesundheitswesen			
Ärzte	2 759	–	1920[1]
Sozialleistungen			
Mitglieder der gesetzlichen Krankenversicherung	984 572	+ 1,6	1921
Finanzen und Steuern			
Gesamtausgaben des Staates in Mio. sFr. (Mark)	364,2 (4 734,6)	+ 31,5	1921
Gesamteinnahmen des Staates in Mio. sFr. (Mark)	247,2 (3 213,6)	− 6,8	1921
Schuldenlast des Staates in Mio. sFr. (Mark)	1 758,2 (228 566,6)	+ 9,5	1921
Löhne und Gehälter			
mittlerer Stundenverdienst männlicher Arbeiter in sF. (Mark)	1,62 (21,1)	+ 3,2	1921
Preise			
Einzelhandelspreise ausgewählter Lebensmittel in sFr. (Mark)			
Butter, 1 kg	7,20 (93,62)	− 15,3	1921
Weizenmehl, 1 kg	0,79 (10,31)	− 7,1	1921
Schweinefleisch, 1 kg	5,76 (74,88)	− 14,0	1921
Rindfleisch, 1 kg	4,71 (61,23)	− 16,0	1921

Erhebungsgegenstand	Wert	Vergleich Vorjahr (%)	Stand
Eier, 1 Stück	0,24 (3,12)	− 38,5	1921
Kartoffeln, 1 kg	0,23 (2,99)	+ 9,5	1921
Vollmilch, 1 l	0,49 (6,37)	+ 11,4	1921

Erhebungsgegenstand	Zürich	Basel	Bern	Genf	Davos	Lugano
Klimatische Verhältnisse						
Mittl. Lufttemperatur (°C)						
Januar	4,1	5,4	3,2	4,1	−3,2	4,8
Februar	1,1	2,1	0,4	2,0	−6,1	4,1
März	6,2	6,6	5,3	6,7	−0,8	8,6
April	7,7	8,7	6,9	8,4	1,5	10,0
Mai	14,2	14,8	13,3	14,7	9,0	16,1
Juni	16,2	17,3	16,5	18,5	10,1	20,1
Juli	20,0	21,9	19,8	22,1	14,1	22,9
August	17,3	18,3	17,0	18,9	12,0	20,2
September	15,5	15,8	14,8	16,4	10,2	17,7
Oktober	11,5	12,5	10,8	12,0	5,9	14,3
November	0,9	1,9	0,2	3,0	−3,4	5,1
Dezember	1,0	1,7	0,2	2,0	−4,1	3,8
Niederschlagsmengen (mm)						
Januar	53	37	31	41	113	84
Februar	10	2	6	14	8	39
März	26	18	20	18	18	36
April	68	41	59	18	65	109
Mai	76	85	163	91	77	153
Juni	98	49	69	25	133	61
Juli	50	31	42	64	43	59
August	97	96	149	110	89	260
September	90	63	102	33	71	22
Oktober	42	18	25	14	45	13
November	61	39	41	14	66	10
Dezember	43	21	21	15	32	2
Sonnenscheindauer (Std.)						
Januar	56	82	71	65	56	35
Februar	117	67	46	38	35	41
März	216	48	44	30	32	33
April	129	68	62	37	62	44
Mai	183	72	63	57	65	59
Juni	229	59	48	33	61	30
Juli	307	43	34	18	49	24
August	229	47	46	37	54	35
September	200	45	48	42	35	36
Oktober	154	50	34	27	29	17
November	37	74	87	82	40	31
Dezember	29	80	81	70	59	34

[1] Letzte verfügbare Angabe
[2] Schätzung
[3] Schweizerische Bundesbahnen

Staatsoberhäupter und Regierungen ausgewählter Länder 1921

Die Einträge zu den wichtigsten Ländern des Jahres 1921 informieren über die Staatsform, Titel und Namen des Staatsoberhaupts sowie in Klammern dessen Regierungszeit. Es folgen – soweit vorhanden – die Regierungschefs, bei wichtigeren Ländern auch die Außenminister des Jahres 1921; jeweils in Klammern stehen die Zeiträume der Amtsausübung. Eine Kurzdarstellung gibt – wo es sinnvoll erscheint – einen Einblick in die innen- und außenpolitische Situation des Landes. Über bewaffnete Konflikte und Unruhegebiete, auf die hier nicht näher eingegangen wird, informiert der Anhang »Kriege und Krisenherde des Jahres 1921« gesondert.

Abessinien (Äthiopien)

Kaiserreich; *Kaiserin:* Woisero Zäuditu (1916–1928)
Regent und Thronfolger: Täfäri Mäkwännen (1916–1928, danach *König* 1928–1930 und *Kaiser* 1930–1974 als Haile Selassie I.)

Afghanistan

Emirat; *Emir:* Aman Ullah (1919–1929, *König* ab 1926)
Seit 1879 erkennt das Land die britische Oberhoheit über seine Außenpolitik an.

Ägypten

Sultanat; seit Ausbruch des Ersten Weltkriegs britisches Protektorat unter Aufhebung der osmanischen Oberhoheit
Britischer Oberkommissar: Edmund Henry Hynmann Allenby Viscount of Megiddo and Felixstowe (1919–1925)
Sultan: Fuad I. (1917–1922, danach *König* 1922–1936)

Albanien

Republik; *Staatspräsident:* Turchan Pascha (1918–1924)

Algerien

Französisches Generalgouvernement; *Generalgouverneur:* Jean-Baptiste Eugène Abel (1919–28. 7. 1921), Théodore Steeg (28. 7. 1921–1925)
Algerien ist politisch und wirtschaftlich dem Mutterland angegliedert.

Annam

Königreich; de facto französisches Protektorat; *König:* Khwai Dinh (1916–1925, Kaiser ab 1922)

Argentinien

Bundesrepublik; *Präsident:* Hipólito Irigoyen (1916–1922, 1928–1930)

Äthiopien

Siehe Abessinien

Australien

Bundesstaat im Britischen Empire; *Ministerpräsident:* William Morris Hughes (1915–1923)
Britischer Generalgouverneur: Henry William Forster (1920–1925)

Belgien

Königreich; *König:* Albert I. (1909–1934)
Ministerpräsident: Henri Graf Carton de Wiart (1920–19. 11. 1921), Georges Theunis (Dezember 1921–1925, 1934/35)
Außenminister: Henri Jaspar (1920–1924, 1934)

Bhutan

Königreich; *König:* Ugyen Wangchuk (1907–1926)
Das Land erkennt die britische Vormacht an, regelt seine inneren Angelegenheiten jedoch selbständig.

Birma

Provinz von Britisch-Indien
Birma wurde 1886 von Großbritannien annektiert.

Bolivien

Republik; *Präsident:* Bautista Saavedra (1920–1925)

Brasilien

Bundesrepublik; *Präsident:* Epitacio da Silva Pessôa (1919–1922)

Bulgarien

Königreich; *König* bzw. *Zar:* Boris III. (1918–1943)
Ministerpräsident: Alexandar Stamboliski (1919–1923)

Chile

Republik; *Präsident:* Arturo Alessandri y Palma (1920–1925)

China

Republik; *Präsident:* Hsü Shih-ch'ang (1918–1922)
China ist zersplittert in die Machtbereiche regionaler Militärcliquen.

Costa Rica

Republik; *Präsident:* Julio Acosta García (1919, 1920–1924)

Dänemark

Königreich; *König:* Christian X. (1912 bis 1947)
Ministerpräsident: Niels Thomas Neergaard (1920–1924)

Danzig

Freie Stadt unter dem Schutz des Völkerbunds
Völkerbundskommissar: Bernardo Attolico (Italiener; 1920–24. 1. 1921), Richard Cyril Byrne Haking (Brite; 24. 1. 1921–1923)
Senatspräsident: Heinrich Sahm (1920–1931, zuvor Oberbürgermeister 1919/20)

Dominikanische Republik

1916 bis 1924 von den USA besetztes Land; (*Präsident:* Frederico Henríquez y Carvajal; 1916–1922)
Die Regierungsgewalt liegt bei einem US-Militärgouverneur. Erhebungen gegen die Besatzungsmacht werden niedergeschlagen.

Ecuador

Republik; *Präsident:* José Luis Tamayo (1920–1924)

El Salvador

Republik; *Präsident:* Jorge Meléndez (1919–1923)

Estland

Republik; Ministerpräsident und »Staatsältester«: Piip (1920–1922)

Finnland

Republik; *Staatspräsident:* Kaarlo Juho Stählberg (1919–1925)
Ministerpräsident: Juho Vennola (1919/20, 9. 4. 1921–1922, 1931), Rafael Erich (1920–8. 4. 1921)

Frankreich

Republik; *Präsident:* Alexandre Millerand (1920–1924)
Kabinett Leygues (1920–10. 1. 1921):
Ministerpräsident und Außenminister: Georges Leygues (1920–10. 1. 1921)
6. Kabinett Briand (16. 1. 1921–1922):
Ministerpräsident: Aristide Briand (1909–1911, 1913, 1915–1917, 16. 1. 1921–1922, 1925/26, 1929)
Außenminister: Aristide Briand (1915 bis 1917, 16. 1. 1921–1922), 1925–1932)

Georgien

Demokratische Republik; *Staatspräsident:* Noe Zordania (1918–März 1921)
Das Land wird im März der UdSSR eingegliedert.

Griechenland

Königreich; *König:* Konstantin I. (1913–1917, 1920–1922)
Ministerpräsident: Demetrios Rallis (1897, 1903, 1905, 1908/09, 1920–7. 2. 1921), Nikolaus Kalojeropulos (1916, 7. 2.–7. 4. 1921), Demetrios Gunaris (1915, 7. 4. 1921–1922)
Außenminister: Demetrios Rallis (1920–4. 2. 1921), Georg Baltatzis (6. 2. 1921–1922)

Großbritannien

Königreich; *König:* Georg V. (1910–1936)
2. Kabinett Lloyd George (Koalition liberal-konservativ; 1919–1922):
Premierminister: David Lloyd George (1916–1922)
Außenminister: George Nathaniel Curzon (1919–1922)
Staatssekretär für Indien: Edwin Samuel Montagu (1919–1922)
Vorsitzender des Geheimen Rats: Arthur James Balfour (1919–1922)

Guatemala

Republik; *Präsident:* Carlos Herrera y Luna (1920–1922)

Haiti

Republik; *Präsident:* Philippe Sudre Dartiguenave (1915–1922)
Seit 1915 ist Haiti von den USA besetzt (bis 1934), die das politische Geschehen, die Finanzen und die Zölle kontrollieren. Der Präsident ist mit Hilfe der USA an die Macht gekommen.

Honduras

Republik; *Präsident:* López Gutiérrez (1919–1924)
Honduras ist eine der wichtigsten Wirtschaftsprovinzen des US-Bananentrusts United Fruit Company.

Indien (Britisch-Indien)

Britisches Vizekönigreich; *Vizekönig:* Frederik John Napier Thesiger Viscount Chelmsford (1916–1. 4. 1921), Rufus Daniel Isaacs (ab 1926: Viscount Reading) (1. 4. 1921–1925)

Indochinesische Union

Französisches Protektorat; *Generalgouverneur:* Maurice Long (1920–1922)
Die Indochinesische Union ist ein französisches Protektorat, bestehend aus den 1887 vereinigten französischen Protektoraten Annam, Tonkin und Kambodscha, der Kolonie Kotschinchina und ab 1893 auch Laos.

Irak

Königreich; *König:* Faisal I. (23. 8. 1921–1933)
Irak war bis 1914 Teil des Osmanischen Reichs, wurde zu Beginn des Ersten Weltkriegs von britischen Truppen besetzt und wird 1921 Königreich.

Iran

Siehe Persien (amtlich »Iran« ab 1934)

Irland

Teil von Großbritannien
Irland ist seit 1801 dem Vereinigten Königreich von Großbritannien und Irland eingegliedert; der von Großbritannien 1921 vorgelegte Vertrag sieht die Proklamation des Freistaats vor; der Vertrag wird am 8. 1. 1922 von Irland angenommen.

Island

Republik; *Ministerpräsident:* Jon Magnusson (1917–1922)
Island ist von 1918 bis 1944 ein selbständiger Staat in Personalunion mit Dänemark. 1944 wird es unabhängig.

Italien

Königreich; *König:* Viktor Emanuel III. (1900–1946)
5. Kabinett Giolitti (1920–27. 6. 1921):
Ministerpräsident: Giovanni Giolitti (1892/93, 1903–1905, 1906–1909, 1911–1914, 1920–27. 6. 1921)
Außenminister: Carlo Sforza (1920–27. 6. 1921)
1. Kabinett Bonomi (4. 7. 1921–1922):
Ministerpräsident: Ivanoe Bonomi (4. 7. 1921–1922, 1944/45)
Außenminister: Pietro Paolo Tomasi Marchese della Torretta (4. 7. 1921–1922)

Japan

Kaiserreich; *Kaiser:* Joschihito (1912–1926)
Ministerpräsident: Takaschi Hara (1918–4. 11. 1921), Korekijo Graf Takahaschi (12. 11. 1921–1922)
Außenminister: Yasuya Graf Uchida (1918–1923)

Jemen

Königreich; *König:* Hamid Ad Din Jahja (1918–1948, zuvor Imam 1904–1918)

Jordanien

Siehe Transjordanien

Jugoslawien

Siehe Königreich der Serben, Kroaten und Slowenen

Kambodscha

Königreich unter französischem Protektorat; *König:* Sisovath (1904–1927)
Kambodscha ist ein zur Indochinesischen Union gehörendes französisches Protektorat.

Kanada

Königreich im Britischen Empire; *Premier-* und *Außenminister:* Arthur Meighen (1920–6. 12. 1921), William Lyon Mackenzie King (6. 12. 1921–1926, 1926–1930, 1935–1948)
Britischer Generalgouverneur: Victor Cavendish Herzog von Devonshire (1916–11. 8. 1921), Julian Byng of Vimy of Thorpe-le-Soken (11. 8. 1921–1926)

Kirchenstaat

Siehe Papst

Kolumbien

Republik; *Präsident:* Marco Fidel Suarez (1918–11. 11. 1921), Jorge Holguín (1909, 11. 11. 1921–1922)

Königreich der Serben, Kroaten und Slowenen

Königreich; *König:* Peter I. Karadordević (1903–16. 8. 1921, 1903–1918 König von Serbien), Alexander I. (16. 8. 1921–1934)
Ministerpräsident: Milenko Vesnić (1920–1. 1. 1921), Nikola Pasić (1918, 1. 1. 1921–1924, 1924–1926)
Das Land wird 1929 in Königreich Jugoslawien umbenannt.

Korea

Japanisches Generalgouvernement unter dem Namen Chosen (1910–1945); *Generalgouverneur:* Makoto Graf Saito (1919–1927, 1929–1931)

Kuba

Republik; *Präsident:* Mario García Menocal (1913–20. 5. 1921), Alfredo Zayas y Alonso (20. 5. 1921–1925)
Das Land ist wirtschaftlich (Zucker, Tabak) und politisch völlig abhängig von den USA, die sich seit der Räumung der Insel 1902 auch das Interventionsrecht vorbehalten haben.

Kuwait

Emirat unter britischem Protektorat; *Emir:* Scheich Salim (1917–1921), Scheich Ahmad (1921–1950)

Laos

Königreich unter französischem Protektorat; *König:* Sisavong Vong (1904–1959)
Laos ist seit 1893 ein zur Indochinesischen Union gehörendes französisches Protektorat.

Lettland

Republik; *Staatspräsident:* Zuletzt Karlis Ulmanis (1918/19), danach fungiert bis 1922 kein Staatspräsident
Ministerpräsident: Karlis Ulmanis (1918/19, 1919–17. 6. 1921, 1925/26,

1931, 1934, 1934–1940), Siegfried Meierovic (17. 6. 1921–1923)

Libanon

Französisches Völkerbundmandat; Libanon wird 1926 Republik.

Liberia

Republik; *Präsident:* Charles Dunbar Burgess King (1920–1930)

Liechtenstein

Fürstentum; *Fürst:* Johann II. (1858–1929)

Litauen

Republik; *Präsident:* Antanas Smetona (1919–1922, 1926–1940)
Ministerpräsident: Kasimir Grinius (1920–1923)

Luxemburg

Großherzogtum; *Großherzogin:* Charlotte (1919–1964)
Ministerpräsident und *Außenminister:* Emil Reuter (1918–1925)

Marokko

Sultanat unter französischem Protektorat; *Sultan:* Jusuf (1912–1927)
Französischer Generalresident: Louis Hubert Lyautey (1912–1925)

Memelgebiet

Autonomer Staat; unter gemeinsamer Verwaltung der alliierten Hauptmächte
Alliierter Oberkommissar: General Odry (Franzose; 1920–1922)

Mexiko

Bundesrepublik; *Präsident:* Alvaro Obregón (1920–1924)

Monaco

Fürstentum; *Fürst:* Albert (1889–1922)

Nepal

Königreich; *König:* Tribhuvana (1911–1950, 1952/53)
Ministerpräsident: Maharadscha Sri Tschandra Schah Rana (1901–1929)

Neuseeland

Dominion im Britischen Empire; *Premierminister:* William Ferguson Massey (1912–1925)

Nicaragua

Republik; *Präsident:* Diego Manuel Chamorro (1. 1. 1921–1923)
1912 sind US-Marinetruppen in Nicaragua gelandet, die bis 1933 im Land bleiben.

Niederlande

Königreich; *Königin:* Wilhelmina (1890–1948)
Ministerpräsident: Charles Joseph Maria Ruys de Beerenbrouck (katholisch; 1918–1925, 1929–1933)
Außenminister: Herman Adriaan van Karnebeeck (1918–1927)

Nordirland

Teil von Großbritannien; *Ministerpräsident:* James Craig Viscount Craigavon (1921–1940)

Norwegen

Königreich; *König:* Håkon VII. (1905–1957)
Ministerpräsident: Otto Bahr Halvorsen (1920–22. 6. 1921, 1923), Otto Albert Blehr (1902/03, 22. 6. 1921–1924)

Palästina

Britisches Völkerbundsmandat; *Oberkommissar:* Herbert Louis Samuel (1920–1925)

Panama

Republik unter faktischem Protektorat der USA
Präsident: Belisario Porras (1912–1916, 1918–1924)
Die Verfassung von 1904 sieht das Interventionsrecht der USA vor, die davon mehrmals Gebrauch machen (1908, 1912, 1918).

Papst

Benedikt XV., vorher Giacomo Marchese della Chiesa (1914–1922)
Kardinalstaatssekretär: Kardinal Pietro Gasparri (1914–1930)
Der frühere Kirchenstaat ist seit 1870 dem italienischen Nationalstaat eingegliedert. Erst 1929 wird durch die Lateranverträge der autonome Stadtstaat Vatikanstadt geschaffen.

Paraguay

Republik; *Präsident:* Manuel Gondra (1910/11, 1920–1. 10. 1921), Félix Paiva (31. 10.–3. 11. 1921), Eusebio Ayala (3. 11. 1921–1923)

Persien

Kaiserreich; *Kaiser/Schah:* Ahmad Schah (1909–1925)

Peru

Republik; *Präsident:* Augusto Bernardino Leguía (1908–1912, 1919–1930)

Philippinen

Gouvernement der USA; *Generalgouverneur:* Francis Burton Harrison (1913–1921), Leonard Wood (6. 10. 1921–1927)
Durch die 1916 vom US-Kongreß verabschiedete Jones-Akte ist den Philippinen die staatliche Unabhängigkeit in Aussicht gestellt worden, sobald eine stabile Regierung gebildet sei (realisiert erst 1946).

Polen

Republik; *Staatspräsident:* Jósef Klemens Piłsudski (1918–1922)
Ministerpräsident: Wincenty Witos (1920–10. 9. 1921, 1923, 1926), Anton Ponikowski (1918, 20. 9. 1921–1922)
Zu Oberschlesien siehe den Anhang »Kriege und Krisenherde«

Portugal

Republik; *Staatspräsident:* Antonio José de Almeida (1919–1923)
Ministerpräsident: Abel Hipólito (1920–13. 2. 1921), Bernardino Luis Machado Guimarães (1914, 14. 3.–24. 5. 1921), Barros Gureiros (24. 5.–28. 8. 1921), António Granjo (1920, 28. 8.–20. 10. 1921), Manuel Maria Coelho (20. 10.–4. 11. 1921), Liberato Pinto (4. 11.–20. 12. 1921), Francisco Punto da Cunha Leal (20. 12. 1921–1922)

Rumänien

Königreich; *König:* Ferdinand I. (1914–1927)
Ministerpräsident: Alexandru Avarescu (1918, 1920–17. 12. 1921, 1926–1927), Take Ionescu (17. 12. 1921–1922)

Sansibar

Sultanat unter britischem Protektorat; *Sultan:* Chalifa II. (1911–1960)

Saudi-Arabien

Königreich; *König:* Husain Ibn Ali (»König der Araber«, 1916–1924)

Schweden

Königreich; *König:* Gustav V. (1907 bis 1950)
Ministerpräsident: Hjalmar Branting (1920, 13. 10. 1921–1923, 1924/25), Ludwig de Geer (1920–23. 2. 1921), Oskar Friedrich Sydow (23. 2.–13. 10. 1921)

Siam

Siehe Thailand

Sowjetrußland

Republik; *Vorsitzender des Allrussischen Zentralvollzugsausschusses (Staatsoberhaupt):* Michail I. Kalinin (1919–1946)
Parteichef: Wladimir I. Lenin (bis April 1922)
Vorsitzender des Rats der Volkskommissare (Ministerpräsident): Wladimir I. Lenin (1917–1924)
Volkskommissar des Äußeren: Georgi W. Tschitscherin (1918–1930)
Volkskommissar der Verteidigung: Leo D. Trotzki (1918–1924)
Volkskommissar für Volksbildung: Anatoli W. Lunatscharski (1917–1930)

Spanien

Königreich; *König:* Alfons XIII. (1886–1931)
Ministerpräsident: Manuel Allendesalazar (1919–1920, 12. 3.–13. 8. 1921), Eduardo Dato Iradier (1913–1915, 1917, 1920–12. 3. 1921), António Maura y Montaner (1903/04, 1907–1909, 1918, 1919, 13. 8. 1921–1922)

Südafrikanische Union

Dominion im Britischen Empire; *Ministerpräsident:* Jan Christiaan Smuts (1919–1924)
Generalgouverneur: Arthur Herzog von Connaught (1920–1924)

Syrien

Französisches Völkerbundsmandat; *Oberkommissar:* Henri Joseph Eugène Gouraud (1919–1923)
König: Faisal I. (März 1920–25. 7. 1920)

Thailand

Königreich; *König:* Rama VI. (1910 bis 1925)

Tibet

Autonomer Staat seit 1914; *Dalai-Lama:* Thupten Gjatso (1876/95–1933)
Pantschen-Lama: Tschökji Njima (1883–1937)

Transjordanien

Emirat; *Emir:* Abd Allah Ibn Al Husain (21. 3. 1921–1946, *König* 1946–1950/51)

Tschechoslowakei

Republik; *Staatspräsident:* Tomáš Garrigue Masaryk (1918 bzw. 1920–1935)
Ministerpräsident: Johann Cernỳ (1920 bis 2. 10. 1921, 1926), Eduard Beneš (26. 9. 1921–1922)
Außenminister: Eduard Beneš (1918–1935)

Tunis

Französisches Protektorat; *Bei:* Muhammad V. (1906–1922)
Generalresident: Pierre Etienne Flandin (1918–1921), Lucien Saint (Januar 1921–1929)

Türkei

Sultanat; *Sultan:* Muhammad VI. (1918–1922)
Großwesir: Ahmad Taufik Pascha (1909, 1918–1919, 1920–1922)

UdSSR

Siehe Sowjetrußland

Ungarn

Monarchie; *Reichsverweser:* Miklós Horthy (1920–1944)
Ministerpräsident: Pál Graf Teleki (1920–7. 4. 1921), István Graf Bethlen von Bethlen (15. 4. 1921–1931)

Uruguay

Republik; *Präsident:* Baltasar Brum (1919–1923)

USA

Bundesstaat; *28. Präsident:* Thomas Woodrow Wilson (Demokrat; 1913–4. 3. 1921)
Vizepräsident: Thomas Riley Marshall (1913–1921)
Außenminister: Robert Lansing (1915–4. 3. 1921)
29. Präsident: Warren Gamaliel Harding (Republikaner); 4. 3. 1921–1923)
Vizepräsident: Calvin Coolidge (4. 3.

1921–1923, dann 29. Präsident)
Außenminister: Charles Evans Hughes (4. 3. 1921–1925)
Die USA schließen Friedensverträge mit Österreich (24. 8.), dem Deutschen Reich (25. 8.) und Ungarn (29. 8.). – Am 12. November beginnt die Washingtoner Flottenkonferenz

Vatikanstadt

Siehe Papst

Venezuela

Diktatur; *Präsident:* Juan Vicente Gómez (1908–1929, 1931–1935)

Kriege und Krisenherde des Jahres 1921

Die herausragenden politischen und militärischen Krisensituationen des Jahres 1921 werden – alphabetisch nach Ländern geordnet – im Überblick dargestellt. Internationale Kriege und Krisenherde sind dem alphabetischen Länderverzeichnis vorangestellt.

Konflikt um Reparationen

Um ihren Forderungen nach vollständiger Begleichung der Reparationsschulden Nachdruck zu verleihen, besetzen alliierte Truppen im März die Städte Duisburg, Düsseldorf und Ruhrort. Die Reichsregierung hatte zuvor auf der Londoner Konferenz zur Festlegung der Reparationen klargestellt, daß sie Kriegsschulden in Höhe von 269 Mrd. Goldmark nicht anerkennen werde. Erst die neue Reichsregierung unter Joseph Wirth (Zentrum), die mit ihrem Konzept der »Erfüllungspolitik« eine Verständigung mit den Alliierten sucht, lenkt nach der Androhung weiterer Sanktionen im Londoner Ultimatum vom 5. Mai ein. Das Deutsche Reich ist hiernach verpflichtet, eine Reparationsschuld von 132 Mrd. Goldmark in 42 Annuitäten zuzüglich 12% seines Exports zu zahlen.
Die Besetzung der Ruhrgebietsstädte wird dennoch nicht sofort aufgehoben, sondern erst am 1. Oktober, nachdem die Deutschen die erste Rate übergeben haben. Die zusätzliche Last, die nun auf der ohnehin geschwächten Wirtschaft liegt, ist auf Dauer untragbar, zumal die Alliierten den deutschen Markt weitgehend boykottieren. Schon am Ende des Jahres ist abzusehen, daß die Reichsregierung bei der Fälligkeit der nächsten Rate zahlungsunfähig sein wird.

Aufstände in Mitteldeutschland

Auf Initiative des Präsidiums der Kommunistischen Internationale (Komintern) in Moskau ruft die KPD-Führung am 17. März zum Generalstreik im mitteldeutschen Industriegebiet auf. Man rechnet damit, zwei bis drei Millionen Arbeiter mobilisieren zu können und damit das Signal für den Beginn der proletarischen Revolution zu geben.
Zwar kommt es in den folgenden zwei Wochen in Mansfeld, Merseburg und einigen anderen sächsischen Städten zu schwereren militärischen Auseinander-

setzungen zwischen den Streikenden und der preußischen Sicherheitspolizei sowie Teilen der Reichswehr, jedoch gelingt es der KPD-Zentrale nicht, die Arbeiterschaft hinter sich zu bringen. Bis zum 29. März werden die Unruhen aufgrund der mangelnden Organisation des Aufstands niedergeschlagen. Ebenso mißlingen Solidaritätsaktionen in Hamburg und im Ruhrgebiet. Die KPD verliert in der Folge fast die Hälfte ihrer Mitglieder.

Polen erhält Teile Oberschlesiens

Am 20. März entscheiden sich bei einer Volksabstimmung in Oberschlesien 60% der Bevölkerung für den Verbleib beim Deutschen Reich, 40% für die Zugehörigkeit zu Polen. Im Versailler Vertrag war Oberschlesien zum Abstimmungsgebiet erklärt worden.
Unter dem polnischen Politiker Wojciech Korfanty bricht daraufhin am 2. Mai ein Aufstand aus, durch den ganz Oberschlesien für Polen gewonnen werden soll. Auf deutscher Seite formiert sich als Reaktion der sog. deutsche Selbstschutz, dem es schon am 23. Mai gelingt, die stärkste Befestigung der Freischärler, den Annaberg, zu erobern. Die Kämpfe dauern dennoch bis zum Herbst weiter an. Während die polnischen Insurgenten auf die Duldung ihrer Aktionen durch die französische Kontrollkommission rechnen können, bemühen sich die britischen Vertreter um die gleichrangige Berücksichtigung deutscher Interessen.
Da die Alliierten unter sich zu keiner Einigung über die Zugehörigkeit des Gebiets kommen, wird die Angelegenheit dem Völkerbund überwiesen. Dieser fällt am 14. Oktober den Beschluß, Oberschlesien zu teilen: Das Industrierevier – und damit 90% des oberschlesischen Kohlevorkommens sowie sämtliche Zink-, Blei- und Silberhütten – fallen an Polen. Die Reichsregierung unter Joseph Wirth tritt am 25. Oktober aus Protest gegen die Teilung zurück, Wirth bildet jedoch vier Tage später ein neues Kabinett.

Bürgerkrieg in Irland

Während in Irland die blutige Auseinandersetzung zwischen Katholiken und Protestanten zunimmt, wird die Teilung des Landes auch politisch festgeschrieben. Im Juni eröffnet der britische König Georg V. in Belfast das erste nordirische Parlament, Südirland dagegen wird weiterhin direkt von London aus regiert. Angesichts der eskalierenden Ausschreitungen zwischen Angehörigen der irischen Unabhängigkeitsbewegung Sinn Féin mit ihrem militanten Flügel Irisch-Republikanische Armee und britischen Truppen finden im Sommer in London eine Reihe von Verhandlungen zwischen der britischen Regierung, dem Vorsitzenden der irischen Unabhängigkeitsbewegung, Eamon de Valera, und dem Premierminister von Nordirland, James Craig, statt. Zunächst kann keine Einigung erzielt werden, da Südirland den Status eines Dominion (Kronlands) ablehnt. Erst als die Briten mit einer massiven militärischen Intervention drohen, wird diese Lösung angenommen. Am 6. Dezember erhält Südirland als »Irish Free State« den gleichen Status wie Kanada, Australien, Neuseeland und Südafrika. Die Iren müssen jedoch anerkennen, daß sie nach wie vor zum Herrschaftsbereich der britischen Krone gehören. Am 22. Januar 1922 billigt der Dail Eirann, das Parlament in Dublin, mit knapper Mehrheit den neuen Status.

Spanische Verluste in Marokko

Nach neun Jahren Protektoratsherrschaft in Marokko verlieren die Spanier in der Schlacht bei Annual zwischen dem 17. und 21. Juli 5000 km² ihres Mandatsgebiets. Der Anführer der aufständischen Rifkabylen, Abd El Krim, proklamiert am 19. September die Rif-Republik.
Die Niederlage bewirkt eine innenpolitische Krise und einen Regierungswechsel in Spanien. Antonio Maura y Montaner, der am 13. August Ministerpräsident wird, sieht vorerst von weiteren Militärexpeditionen in Marokko ab und forciert statt dessen die technische Modernisierung der Armee und die Wiedererrichtung der zerstörten Befestigungen. Bereits im Oktober erobern die Spanier eine wichtige Befestigung, den Monte Arruit, zurück.

Matrosenaufstand in Kronstadt

Zu Beginn des Jahres kommt es aufgrund der katastrophalen Versorgungslage in Sowjetrußland vermehrt zu Streiks, die Ende Februar mit Massendemonstrationen in Petrograd (Leningrad) ihren Höhepunkt erreichen. Der Petrograder Parteisekretär Grigori W. Sinowjew beantwortet schließlich den Protest mit der Verhängung des Standrechts und zahlreichen Verhaftungen.
Als Reaktion auf diese Maßnahmen wird am 2. März auf einer Versammlung von Matrosen in Kronstadt, einer Petrograd vorgelagerten Festung, ein »Provisorisches Revolutionskomitee« gebildet, das sich mit einem Aktionsprogramm gegen die Mißwirtschaft der bolschewistischen Regierung richtet und sofortige geheime Neuwahlen fordert.
Da sich 16 000 Matrosen dem Programm anschließen, befürchtet die Sowjetregierung, Kronstadt werde zum Ausgangspunkt einer neuen Revolution. Am 7. März beginnt der Angriff der Roten Armee mit schwerer Artillerie auf die Befestigung der Aufständischen. Bis zum 18. März halten die erbitterten Kämpfe an; erst dann gewinnen die Regierungstruppen die Oberhand. Die Überlebenden werden durch Exekutivkommandos erschossen oder in Straflager verbannt.

Hunger in Sowjetrußland

In Sowjetrußland sind 1921 Millionen Menschen vom Hunger bedroht. Unzählige sterben wegen der unzureichenden Versorgung mit den notwendigsten Nahrungsmitteln.
Eine der wesentlichen Ursachen der Notlage ist auf die Wirtschaftsorganisation der Bolschewisten seit der Oktoberrevolution, den »Kriegskommunismus«, zurückzuführen. Als die Regierung erkennt, daß ihre zentralistische Wirtschaftsführung die Lage weiter verschlechtert, führt Wladimir I. Lenin im März die Neue Ökonomische Politik (NEP), die teilweise Rückkehr zu marktwirtschaftlichen Prinzipien, ein. Der Versorgungsmangel wird aber durch die extreme Dürre im Sommer weiter erschwert.
In Westeuropa und den USA laufen verschiedene Hilfsaktionen an die Hungernden an. Die effektivste ist dabei die des Völkerbunds unter der Leitung des

Hochkommissars Fridtjof Nansen. Ab dem Herbst werden Nahrungsmittel, Medikamente und Sanitätspersonal in die am schwersten betroffenen Gebiete geschickt. In Berlin wird am 12. August die Internationale Arbeiterhilfe (IAH) gegründet, die ebenfalls Hilfsmaßnahmen koordiniert und Spenden sammelt.

Krieg in Kleinasien dauert an

Der Ausgang des seit 1919 andauernden griechisch-türkischen Krieges bleibt auch 1921 offen. Die Griechen hatten unter Duldung der Alliierten Teile Westanatoliens besetzt und versuchen seither, ihren Herrschaftsbereich nach Osten auszudehnen. Die Schlachten bei Inönü im März und am Sakarya im September enden zwar mit einem Sieg der Türken, doch ziehen die Griechen nicht aus Westanatolien ab. Ohne Folgen bleiben diese Siege jedoch nicht: Frankreich verzichtet freiwillig auf das türkische Territorium, das ihm 1920 im Vertrag von Sèvres, zugesprochen worden war. Die Türkei sagt dafür zu, die französischen Interessen im östlichen Mittelmeer zu berücksichtigen.

Ungarn verbannt Habsburger

Der ehemalige österreichische Kaiser Karl I. (1916–1918), der als Karl IV. König von Ungarn war, unternimmt im April und Oktober 1921 zwei Versuche zur Wiedererlangung der Königswürde, die beide scheitern.

Während er im April auf legalem Weg nach Budapest reist und von der Regierung vergeblich seine Wiedereinsetzung fordert, versucht er im Oktober, seine Thronansprüche mit militärischer Gewalt durchzusetzen. Der Vormarsch der königstreuen Truppen wird 18 km vor Budapest nach einem kurzen Schußwechsel von der regulären Armee gestoppt. Karl und seine Frau Zita sowie die Berater des Königs werden gefangengenommen und sollen wegen Hochverrats angeklagt werden. Auf Druck der Großen und der Kleinen Entente verweist jedoch die ungarische Regierung unter Reichsverweser Miklós Horthy den ehemaligen König am 1. November für immer des Landes. Karl geht ins Exil nach Madeira. Am 6. November nimmt die ungarische Nationalversammlung ein Gesetz an, das die Entthronung der Habsburger bestimmt.

Ausgewählte Neuerscheinungen auf dem Buchmarkt 1921

Die Auswahl berücksichtigt nicht nur Neuerscheinungen von literarischem oder wissenschaftlichem Wert, sondern auch vielgelesene Bücher des Jahres 1921. Die Werke sind im Länderalphabet entsprechend der Nationalität der Autoren und hier wiederum alphabetisch nach den Namen der Schriftsteller aufgeführt (siehe auch den Übersichtsartikel auf S. 24).

Deutsches Reich

Horst Wolfram Geißler
Der liebe Augustin
Die Geschichte eines leichten Lebens
Roman
Noch im Erscheinungsjahr sechs Auflagen erreicht der beim Verlag Parcus in München herausgekommene Roman »Der liebe Augustin. Die Geschichte eines leichten Lebens« von Horst Wolfram Geißler (1893–1983). In diesem Unterhaltungsroman schildert Geißler die Geschichte des volkstümlich gewordenen Lebenskünstlers Augustin Sumser in der Zeit um 1800. Da der Autor das Motto »Immer bleibt die Welt sich gleich« vertritt, sind die Bemühungen des liebenswürdigen Helden darauf gerichtet, die Widrigkeiten des Lebens als Schicksalsschläge hinzunehmen und sie mit Humor zu meistern. Mit dem Lied »Ach du lieber Augustin, alles ist hin«, das er selbst singt und seinen Spieluhrenwalzen eingraviert, erwirbt er sich die Zuneigung der Menschen.

Norbert Jacques
Dr. Mabuse, der Spieler
Roman
Beim Verlag Ullstein in Berlin erscheint der Roman »Dr. Mabuse, der Spieler« von Norbert Jacques (1880–1954). Der Psychiater Dr. Mabuse, ein ebenso herrschsüchtiger wie skrupelloser Mann, nutzt seine hypnotischen Fähigkeiten und seine Macht über Menschen, die sich ihm anvertraut haben, aus, um in Spielsalons bedeutende Geldsummen zu gewinnen, ohne daß Falschspiel nachgewiesen werden kann. Außerdem betreibt er Schmuggel und Mädchenhandel mit dem Ziel, in Brasilien sein eigenes Kaiserreich zu gründen. Sein Gegenspieler ist der idealistische Staatsanwalt Wenk. Der während der Weimarer Republik spielende Roman wird 1922 unter der Regie von Fritz Lang verfilmt.

Wilhelm Lehmann
Weingott
Ein Roman
1923 mit dem Kleistpreis ausgezeichnet wird Wilhelm Lehmann (1882–1968) für den Roman »Weingott«, der beim Verlag Lintz in Trier erscheint. Geschildert wird der vergebliche Versuch des Geschichtsprofessors Weingott, einen Ausgleich zwischen der Sehnsucht des Menschen und der Natur zu finden: »Er suchte die Weisheit, vor der die Menschen Bäume sind und die Bäume Menschen. Sie war nur verborgen, verschüttet von der Welt, vom Universum und vom Ich.« Vom sinnenhaften Erleben der Welt ausgehend, begründet Lehmann mit diesem Roman in symbolreicher, bildkräftiger Sprache eine Art Naturmystik.

Felix von Luckner
Seeteufel
Abenteuer aus meinem Leben
Der Seeoffizier Felix Graf von Luckner (1881–1966) veröffentlicht in Leipzig den autobiographischen Roman »Seeteufel. Abenteuer aus meinem Leben«. Luckner durchbrach im Ersten Weltkrieg mit dem Hilfskreuzer »Seeadler« die britische Blockade und kaperte im Atlantik zahlreiche Schiffe der Alliierten. Der große Erfolg des Werks ist u. a. auf die Verherrlichung vergangener deutscher Größe zurückzuführen: »Heute, da alles verloren ging, was uns Seedeutschen die zweite Heimat bedeutete, Kolonien und ein stolzes, freies Gefühl unter der deutschen Flagge auf allen Meeren, ist uns nur ein Stück geblieben, die deutsche Scholle. Möchte aus ihr eine kräftige junge Eiche aufwachsen, die das ganze Volk unter ihrem Schatten vereint! Möchten ihre Schößlinge wieder als Mastbäume auf deutschen Schiffen ragen! Die Sehnsucht nach dem verlorenen Meer weht durch das deutsche Land!«

Frankreich

Paul Valéry
Die junge Parze
(La Jeune Parque)
Gedicht
Mit einer Lithografie von Pablo Picasso erscheint in Paris das umfangreiche Gedicht »Die junge Parze« von Paul Valéry (1871–1945) erstmals in Buchform. Das als »hermetisches Gedicht« bezeichnete, in paarweise gereimten Alexandrinern geschriebene Werk enthält den Monolog eines jungen, unberührten Mädchens, das, auf einer Felsklippe am Meer ruhend, vom Biß einer Schlange erwacht. Das jungfräuliche Ich ihres bisherigen Lebens weicht widerstrebend der Sehnsucht nach Liebe und Begehren. Das Gedicht endet mit einem rauschhaften Hymnus der Parze an das Meer, den Wind, das Licht und die Sonne. – Die deutsche Übersetzung erscheint 1947.

Norwegen

Johan Bojer
Die Lofotfischer
(Den siste viking)
Roman
In dem in Kristiana (Oslo) erscheinenden Roman »Die Lofotfischer« schildert Johan Bojer (1872–1959) das harte und entbehrungsreiche Leben norwegischer Fischer, die im Winter mit ihren Booten die Westküste hinauf zu den Lofoten-Inseln fahren, um ihren Lebensunterhalt durch Fischfang sicherzustellen. – Die deutsche Übersetzung erscheint 1923.

Schweiz

Carl Gustav Jung
Psychologische Typen
Psychoanalytisches Werk
In Zürich veröffentlicht Carl Gustav Jung (1875–1961) das grundlegende psychoanalytische Werk »Psychologische Typen«. Jung unterscheidet zwischen dem extrovertierten und dem introvertierten Typen. Beim extrovertierten Menschen ist die Libido (seelische Energie) vorwiegend zentrifugal auf ein Objekt gerichtet, beim introvertierten Menschen ist die Libido zentripetal auf das eigene Ich gerichtet. Denken, Empfinden, Fühlen und Intuition werden als konstituierend für beide Typen aufgefaßt.

Spanien

Ramón Pérez de Ayala
Belarmino und Apolonio
(Belarmino y Apolonio)
Roman
Ernst, trockener Humor und Satire prägen den in Madrid erscheinenden Roman »Belarmino und Apolonio« von Ramón Pérez de Ayala (1881–1962). Erzählt wird die Geschichte zweier Schuhmacher, von denen sich einer der Philosophie und der andere dem Versemachen verschrieben hat. – Die deutsche Übersetzung erscheint 1959.

Tschechoslowakei

Jaroslav Hašek
Die Abenteuer des braven Soldaten Schwejk während des Weltkrieges
(Osudy dobrého vojáka Švejka za světové války)
Roman
Weltruhm erlangt Jaroslav Hašek (1883–1923) mit dem satirischen Roman »Die Abenteuer des braven Soldaten Schwejk während des Weltkriegs«, dessen erster Band in Prag erscheint (vier Bände bis 1923, unvollendet wegen Hašeks Tod). Sieg oder Niederlage sind dem Prager Hundehändler Schwejk, der durch amtsärztliches Attest als blöde ausgewiesen ist, im Getriebe der k. u. k. Kriegsmaschinerie völlig gleichgültig. Die Darstellung seines mit entwaffnender Einfältigkeit und wohlberechneter Naivität geführten Privatkriegs gegen Vorgesetzte und Bürokratie zählt zu den bedeutendsten Satiren auf den Militarismus. – Die deutsche Übersetzung des Gesamtwerks erscheint 1926/27. Bertolt Brecht dramatisiert den Stoff in dem Stück »Schwejk im Zweiten Weltkrieg«, das 1957 uraufgeführt wird.

UdSSR

Wladimir W. Majakowski
150 000 000
(150 000 000)
Poem
Die revolutionäre Erhebung als Bewegung einer namenlosen Masse von Sowjetbürgern stellt Wladimir W. Majakowski (1893–1930) in dem in Moskau erschienenen umfangreichen Poem »150 000 000« dar. Gegner des Helden Iwan ist der dynamitspeiende US-Präsident Woodrow Wilson, der in Chicago in einem Luxushotel hinter 300 Vorzimmern wohnt. Während der »Weltmeisterschaft im Klassenkampf« durchschlägt Wilson Iwan mit seinem Säbel, doch der klaffenden Wunde entsteigen Menschen, Panzerkreuzer usw. Die Waffen Wilsons – Seuchen, Hunger, »Demokratismen« usw. – nützen nichts, die Revolution siegt. – Die deutsche Übersetzung (von Johannes R. Becher) erscheint 1924.

USA

John Dos Passos
Drei Soldaten
(Three Soldiers)
Roman
Die Entmenschlichung von Soldaten, die im Krieg nur noch als Maschinen zu funktionieren haben, ist das Thema des Romans »Drei Soldaten« von John Dos Passos (1896–1970), erschienen in New York. Diese Entwicklung wird am Beispiel dreier US-Soldaten in Frankreich während des Ersten Weltkriegs aufgezeigt: einem strebsamen Konformisten, einem aufsässigen Farmersohn und einem sensiblen Musiker. Dem Streber bleibt der gewünschte militärische Erfolg versagt, die beiden anderen desertieren nach der Unterzeichnung des Waffenstillstands, der Musiker wird gefaßt. – Die deutsche Übersetzung erscheint 1922.

Uraufführungen Schauspiel, Oper, Operette und Ballett 1921

Die bedeutendsten Uraufführungen in den Bereichen Schauspiel, Oper, Operette und Ballett sind im Länderalphabet nach der Nationalität der Autoren/Komponisten geordnet (siehe auch die Übersichtsartikel auf S. 82 und S. 208).

Deutsches Reich

Eduard Künneke
Der Vetter aus Dingsda
Operette in drei Akten
Die Operette »Der Vetter aus Dingsda« von Eduard Künneke (1885–1953) wird am 15. April im Berliner Theater am Nollendorfplatz uraufgeführt. Die Liebes- und Verwechslungskomödie um die Rückkehr eines in ein fernes Land ausgewanderten Vetters wird zu einem der größten Erfolge Künnekes und der Berliner Operette. Der flotte Berliner Tonfall wird durch schmissige Rhythmik ergänzt. Berühmtestes Stück ist das Lied »Ich bin nur ein armer Wandergesell«.

Fritz von Unruh
Louis Ferdinand Prinz von Preußen
Drama in fünf Akten
Im Hessischen Landestheater in Darmstadt wird am 22. März das Preußen- und Offiziersdrama »Louis Ferdinand Prinz von Preußen« von Fritz von Unruh (1885–1970) uraufgeführt. Das bereits 1913 im Druck erschienene Werk galt vor der Revolution von 1918 als Angriff auf die Monarchie und war zusammen mit anderen Werken des Dichters verboten worden. Das im Oktober 1806 spielende Stück folgt im wesentlichen den historischen Ereignissen. Prinz Louis Ferdinand weist die ihm von kriegslüsternen Generalen angebotene Königskrone zurück, um nicht zum Verräter an König Friedrich Wilhelm III. zu werden; danach sucht und findet er den Tod im Kampf gegen die Franzosen.

Großbritannien

William Somerset Maugham
Der Kreis
(The Circle)
Komödie in drei Akten
Mit dem Schauspiel »Der Kreis«, das am 3. März im Haymarket Theatre in London uraufgeführt wird, erweist sich William Somerset Maugham (1874–1965) als Meister der leichten Gesellschaftskomödie, wie sie sich im London der Nachkriegszeit großer Beliebtheit erfreut. Elisabeth, die junge und hübsche Frau eines aufstrebenden Politikers, verliebt sich in einen völlig unbegüterten, romantisch veranlagten Pflanzer aus den Kolonien. Obwohl ihr von ihrer Mutter klargemacht wird, welche Opfer das Leben fordert, wenn man sich für die romantische Liebe entscheidet (Spiel im Spiel), sind Elisabeths Unzufriedenheit mit den Konventionen und ihre Liebe stärker als das warnende Beispiel der Mutter und die Rücksicht auf den Mann. Elisabeth entscheidet sich für das unsichere Leben mit dem Geliebten. – Die deutschsprachige Erstaufführung findet 1923 statt.

Italien

Luigi Pirandello
Sechs Personen suchen einen Autor
(Sei personaggi in cerca d'autore)
Eine Komödie im Entstehen
Im Teatro Valle in Rom findet am 10. Mai die spektakuläre Uraufführung des Dramas »Sechs Personen suchen einen Autor« von Luigi Pirandello (1867–1936) statt; der Autor muß sich nach der Premiere vor dem erbosten Publikum in Sicherheit bringen. Mit der Aufführung in Mailand im selben Jahr beginnt dann der Siegeszug dieses Stücks, in dem die Grenze zwischen Sein und Schein thematisiert wird: Sechs Personen treten auf die Bühne, auf der ein Stück geprobt wird, und verlangen vom Theaterleiter, daß »ihr Stück« gespielt werde; ihre erst halbfertigen, bloß skizzierten Persönlichkeiten, drängen danach, zum wirklichen »Sein« erhoben zu werden, das wiederum – der Natur des Theaters entsprechend – »Schein« ist. Indem sich die Gestalten spielen, realisieren sie sich, wobei Sein und Schein immer mehr ineinander fließen, aus dem Spiel wird blutiger Ernst: Ein Mädchen ertrinkt, ein Junge begeht Selbstmord. Alle verlassen fluchtartig die Bühne. Der Theaterleiter drückt sein Bedauern darüber aus, daß er durch die »sechs Personen« einen Tag verloren hat und die Probe absagen muß. – Die deutschsprachige Erstaufführung findet 1924 in Wien statt. Pirandello will in diesem Klassiker des modernen Dramas »die aus der leeren Abstraktheit der Worte entspringende unvermeidliche Täuschung gegenseitigen Sich-Verstehens« darstellen.

Österreich

Hugo von Hofmannsthal
Der Schwierige
Lustspiel in drei Akten
Die Komödie »Der Schwierige«, die am 7. November im Münchner Residenztheater uraufgeführt wird, zählt zu den bedeutendsten Lustspielen von Hugo von Hofmannsthal (1874–1929), in denen sich die Tradition des Wiener Volkstheaters mit romantischen Vorbildern verbindet. Inszeniert wird die Liebesgeschichte des »schwierigen«, durch die Fronterlebnisse noch scheuer gewordenen Grafen Hans Karl Bühl, der der Meinung ist, »daß es unmöglich ist, den Mund aufzumachen, ohne die heillosesten Überzeugungen anzurichten«. Von seiner Überzeugung, daß Verständnis zwischen Menschen unmöglich ist, befreit ihn Helene.

Oskar Kokoschka
Orpheus und Eurydike
Schauspiel in drei Akten mit einem Nachspiel
In dem 1915 entstandenen und 1917 umgearbeiteten Schauspiel »Orpheus und Eurydike«, das am 2. Februar im Städtischen Schauspielhaus in Frankfurt am Main uraufgeführt wird, deutet Oskar Kokoschka (1886–1880) den antiken Mythos als Urkampf der Geschlechter und als Grundfrage des Seins. In den expressionistischen Bildern und Sprachrhythmen des Stücks erscheinen Orpheus und Eurydike als Inkarnationen einander widerstreitender Elementarmächte, hinter deren Liebesvereinigung der Haß steht. In der Person des Hades stellt Kokoschka den Urtyp des schöpferischen Künstlers dar.

Rußland

Sergei S. Prokofjew
Die Liebe zu den drei Orangen
(Ljubow k trjom apelsinam
L'Amour des trois oranges)
Oper in vier Akten
In den USA entstand die Oper »Die Liebe zu den drei Orangen« des russischen Komponisten Sergei S. Prokofjew (1891–1953); am 30. Dezember wird sie im Auditorium von Chicago uraufgeführt. Das Libretto schrieb – nach Carlo Gozzi – der Komponist selbst, die Uraufführung findet jedoch in französischer Sprache statt. Mit Elementen der Commedia dell'arte und des Märchenspieles, mit Maskeraden und Tanzeinlagen wird die skurrile Geschichte eines Prinzen inszeniert, dem eine Hexe die Liebe zu drei Orangen anzaubert. Den Orangen entsteigen schließlich Prinzessinnen. Prokofjews Musik kommt dem Grotesken des Textbuchs entgegen. Das Werk wird ein großer Erfolg.

Sergei S. Prokofjew
Der Narr
(Le Chout)
Ballett im drei Bildern
Am 17. Mai wird im Théâtre de la Gaité-Lyrique in Paris das Ballett »Der Narr« von Sergei S. Prokofjew (1891–1953) durch Sergei Diaghilews Ballets Russes uraufgeführt. Das Libretto schrieb der Komponist nach der Sammlung russischer Märchen von Alexandr N. Afanasjew. Das musikalische Material für dieses Ballett, dessen Untertitel »Geschichte eines Narren, der sieben andere genarrt hat«, schöpfte Prokofjew aus den Liedern und Tänzen seiner Heimatstadt Sonzowka (Krasnoje).

Tschechoslowakei

Karel Čapek
W.U.R.
(R.U.R.)
Utopistisches Kollektivdrama
In dem Drama »W.U.R.«, das am 25. Januar im Nationaltheater in Prag uraufgeführt wird, benutzt Karel Čapek (1890–1938) die Idee der Erfindung von Robotern zu einer umfassenden Kritik der modernen Profitgesellschaft. Gleichzeitig warnt er vor den Folgen einer übertechnisierten Zivilisation, die »die Werte der Liebe und Arbeit, der Begeisterung und des Glaubens, des Heroismus und der Schöpferkraft als beglückenden Lebensinhalt zerstört«. Die Roboter entwickeln menschliche Verhaltens- und Denkweisen, stürzen in einer Revolution die Herrschaft der Menschen und vertilgen sie vom Erdboden. – Die deutsche Übersetzung erscheint 1922.

USA

Eugene O'Neill
Anna Christie
(Anna Christie)
Schauspiel in vier Akten
Zu den erfolgreichsten Dramen von Eugene O'Neill (1888–1953) zählt das Stück »Anna Christie«, das am 2. November unter dem Titel »Chris Christopherson« im Vanderbilt Theater in New York uraufgeführt wird. Geschildert wird die Wandlung der verbitterten Prostituierten Anna Christie zur innig Liebenden. – Der Autor erhält für das Stück 1922 den Pulitzerpreis. Die deutschsprachige Erstaufführung findet 1923 statt.

Filme 1921

Die wichtigsten neuen Filme des Jahres 1921 sind im Länderalphabet entsprechend der Nationalität der Regisseure und hier wiederum alphabetisch nach Regisseuren aufgeführt. Bei ausländischen Filmen steht unter dem deutschen Titel der Originaltitel (siehe auch den Übersichtsartikel auf S. 90).

Dänemark

Carl Theodor Dreyer
Blätter aus Satans Buch
(Blade af satans bog)
Unter dem Einfluß von David Wark Griffiths »Intoleranz« entstand der Episodenfilm »Blätter aus Satans Buch« von Carl Theodor Dreyer. Am Beispiel von vier Geschichten – Tod Jesu, Inquisition in Spanien, Französische Revolution, Bürgerkrieg in Finnland –, in denen der Teufel in verschiedener Gestalt auftritt – Judas, Großinquisitor, Jakobiner, Kommunist –, will Dreyer zeigen, wie das Böse in der Welt überhand nimmt.

Deutsches Reich

Dimitri Buchowetzki
Danton
Frei nach Georg Büchners Schauspiel »Dantons Tod« drehte Dimitri Buchowetzki den Film »Danton«, der am 7. Mai in Berlin uraufgeführt wird. Die Wirren während der Französischen Revolution werden dabei jedoch – anders als bei Büchner – zurückgeführt auf den Machtkampf zwischen dem als sinnenfroh und liebenswert gezeichneten Danton (Emil Jannings) und dem nüchternen Verstandesmenschen Robespierre (Werner Krauss).

Svend Gade/Heinz Schall
Hamlet
Im Mozartsaal in Berlin wird der Film »Hamlet« von Svend Gade und Heinz Schall mit Asta Nielsen in der Titelrolle uraufgeführt. Der Film folgt im wesentlichen dem Drama von William Shakespeare, geht jedoch davon aus, daß Hamlet kein Mann war, sondern eine Frau, die aus dynastischen Gründen gezwungen war, diese Männerrolle zu spielen.

Leopold Jessner/Paul Leni
Die Hintertreppe
Der Film »Die Hintertreppe«, der am 22. Dezember in Berlin uraufgeführt wird, ist die erste Filmregiearbeit des Theaterintendanten Leopold Jessner, der in diesem Film die Schauspielerführung leitete, während Paul Leni Bildregie führte. Henny Porten spielt ein Dienstmädchen, das lange vergeblich auf den Geliebten (Wilhelm Dieterle) wartet und sich in den Briefträger (Fritz Kortner) verliebt, der sie in ihrem Schmerz zu trösten versucht. Als der Geliebte wieder auftaucht, erschlägt der Briefträger den Nebenbuhler. Das Dienstmädchen wird wegen des Skandals entlassen und nimmt sich das Leben.

Fritz Lang
Der müde Tod
Ein deutsches Volkslied in sechs Versen
Großen Erfolg im In- und Ausland hat Fritz Lang mit dem Film »Der müde Tod«. Ein deutsches Volkslied in sechs Versen«, der am 7. Oktober im Berliner Mozartsaal uraufgeführt wird. In technisch und künstlerisch vollendeter Bildsprache erzählt Lang die romantisch-tragische Geschichte einer Frau (Lil Dagover), die mit dem Tod (Bernhard Goetzke) um das Leben ihres Mannes (Walter Janssen) ringt und diesen Kampf verliert.

Joe May
Das indische Grabmal
Im Ufa-Palast am Berliner Zoo wird am 22. Oktober Joe Mays Film »Das indische Grabmal«, 1. Teil: »Die Sendung der Yoghi« uraufgeführt. (2. Teil: »Der Tiger von Eschnapur«). Conrad Veidt spielt in diesem exotischen Abenteuer- und Liebesfilm einen indischen Fürsten, der sich an seiner Frau (Erna Morena) und ihrem Geliebten (Paul Richter) rächen will. Zwar weigert sich der Ingenieur Rowland (Olaf Fönss), auf Befehl des Maharadschas die Liebenden lebendig einzumauern, hat jedoch bei seinem Bemühen, die beiden zu retten, keinen Erfolg. Die Frau begeht Selbstmord, nachdem ihr Geliebter von Tigern zerrissen worden ist.

Ernst Lubitsch
Die Bergkatze
Im Berliner Ufa-Palast am Zoo wird am 14. April der als »groteskes Lustspiel« bezeichnete Film »Die Bergkatze« von Ernst Lubitsch uraufgeführt. Der Film, der u.a. das Militär karikiert, wird ein Mißerfolg, offenbar weil das Publikum nicht bereit ist, ein »Lustspiel« ohne Happy-End zu akzeptieren. Erzählt wird die Geschichte eines Offiziers (Paul Heidemann), der sich in die Tochter (Pola Negri) eines Räuberhauptmanns verliebt. Die beiden finden jedoch nicht zueinander, da das Mädchen erkennt, daß Räuber und Soldat nicht zusammenpassen.

Friedrich Wilhelm Murnau
Der Gang in die Nacht
In der Liebestragödie »Der Gang in die Nacht« von Friedrich Wilhelm Murnau, die am 21. Januar uraufgeführt wird, spielt Conrad Veidt einen blinden Maler, in den sich die Frau (Erna Morena) seines Arztes (Olaf Fönss) verliebt. Die Frau verläßt den Arzt, der den Erblindeten geheilt hat. Als der Maler Jahre später wieder erblindet, lehnt es der Arzt ab, den Verführer seiner Frau erneut zu heilen. Die Frau, der Maler und der Arzt enden im Selbstmord.

Friedrich Wilhelm Murnau
Schloß Vogelöd
Eine gewöhnliche Kolportagegeschichte benutzt Friedrich Wilhelm Murnau, um in dem Film »Schloß Vogelöd«, uraufgeführt am 7. April im Marmorhaus in Berlin, eine Atmosphäre des Unheimlichen zu beschwören. Mit diesem Film beginnt die Karriere von Olga Tschechowa. Sie spielt eine Witwe, deren zweiter Mann (Paul Hartmann) als der Mörder ihres ersten Manns entlarvt wird.

Lupu Pick
Scherben
Die Familien- und Liebestragödie »Scherben« von Lupu Pick, uraufgeführt am 27. Mai im Berliner Mozartsaal, distanziert sich von der Theatralik des Expressionismus. In psychologisierenden Symbolen (»Scherben«) wird die Geschichte eines Bahnwärters (Werner Krauss) erzählt, der den Verführer seiner Tochter (Edith Posca) erwürgt. Der Film kommt fast völlig ohne Zwischentitel aus.

Frankreich

Louis Delluc
Fieber
(Fièvre)
Mit Elementen des Impressionismus zeichnet Louis Delluc in dem Film »Fieber« das Bild einer Marseiller Hafenbar und ihrer Gäste. Der von einer Reise in den Fernen Osten zurückgekehrte Matrose Militis (Van Daele) erkennt in der Frau des Wirts (Eve Francis) seine frühere Geliebte wieder. Wegen einer Annamitin (Elena Sagrary), die Militis mitgebracht hat, kommt es zu einem Streit zwischen den Matrosen, der mit Mord endet. Wie viele von Dellucs Filmen ist auch dieser eine Meditation über Vergangenheit und Gegenwart.

Jacques Feyder
Die Herrin von Atlantis
(L'Atlantide)
Ein großer Publikumserfolg wird der exotisch-romantische Film »Die Herrin von Atlantis« von Jacques Feyder, der in der Sahara gedreht wurde. Zwei Offiziere (Georges Melchior, Jean Angelo) entdecken in einer Oase den letzten Teil des versunkenen Kontinents Atlantis. Hier herrscht Königin Antinéa (Stacia Napierkowska), die die Fähigkeit hat, alle Männer in sich verliebt zu machen. Doch der eine der beiden Offiziere widersteht ihr.

Großbritannien

Charles Chaplin
Das Kind
(The Kid)
»Das Kind«, der autobiographisch gefärbte erste Langfilm des Briten Charlie Chaplin, der seit 1914 in den USA lebt, wird einer der größten Kassenschlager der Stummfilmzeit. Romantisierend und nicht ohne Sentimentalität wird die Geschichte eines Vagabunden (Chaplin) erzählt, der mit einem kleinen Jungen (Jackie Coogan) in den Londoner Slums zu überleben sucht. Der Film wird am 6. Februar uraufgeführt.

Schweden

Victor Sjöström
Der Fuhrmann des Todes
(Körkarlen)
Nach einer Erzählung von Selma Lagerlöf drehte Victor Sjöström den Film »Der Fuhrmann des Todes«, der zu den Höhepunkten des schwedischen Stummfilms zählt. Ein zechfreudiger Mann (Victor Sjöström) wird durch die Liebe und Opferbereitschaft eines Mädchens (Astrid Holm) davor bewahrt, ein Jahr lang Fuhrmann des Todes zu sein. Der in einer Silvesternacht spielende Film verbindet Traum, Wirklichkeit und Sagenhaftes.

USA

Rex Ingram
Die vier apokalyptischen Reiter
(The Four Horsemen of the Apocalypse)
Mit der Darstellung eines jungen Mannes, der ein Verhältnis mit einer verheirateten Frau (Alice Terry) hat, schafft Rudolph Valentino mit dem erfolgreichen Film »Die vier apokalyptischen Reiter« von Rex Ingram den Sprung zum Hollywoodstar. Der vor und während des Ersten Weltkriegs spielende Film wird einer der größten Kassenschlager der Stummfilmzeit.

Buster Keaton
Das Bleichgesicht
(The Paleface)
»Das Bleichgesicht« zählt zu den berühmtesten Stummfilmkomödien von und mit Buster Keaton. Er spielt einen Mann, der bei der Schmetterlingsjagd von Indianern gefangengenommen und an den Marterpfahl gebunden wird, jedoch entkommen kann. Bei der nächsten Schmetterlingsjagd trägt er einen Asbestanzug, fällt wieder in die Hände der Indianer und wird an den Marterpfahl gebunden. Als die Indianer sehen, daß ihm das Feuer nichts anhaben kann, ernennen sie das Bleichgesicht zum Ehrenhäuptling. In dieser Funktion kämpft Buster Keaton mit den Indianern erfolgreich gegen eine Ölgesellschaft, die die Indianer von ihrem Land vertreiben will.

George Melford
Der Scheich
(The Sheikh)
Rudolph Valentino spielt die Titelrolle in George Melfords Abenteuer- und Liebesfilm »Der Scheich«. Er verliebt sich in ein europäisches Mädchen (Agnes Ayres), das sich während einer Reise durch die Sahara als Sklavin verkleidet hat, und entführt sie, doch weist sie sein Werben zunächst zurück. Als das Mädchen von Arabern gefangengenommen wird, befreit der Scheich die Begehrte in dem Augenblick, als sie gerade Selbstmord begehen will. Die beiden heiraten.

Erich von Stroheim
Närrische Frauen
(Foolish Wives)
Thema des Films »Närrische Frauen« von Erich von Stroheim ist die Verlogenheit der bürgerlichen Gesellschaft. Stroheim spielt einen Hochstapler, der sich als Graf ausgibt, in Monaco die Frau des US-Botschafters verführt, ohne das schon lange andauernde Verhältnis mit einem Dienstmädchen zu beenden. Als er schließlich die geistig behinderte Tochter eines Geldfälschers vergewaltigt, wird er vom Vater des Mädchens auf bestialische Weise getötet. Die Frauen erscheinen in diesem Film durchweg als Opfer.

Sportereignisse und -rekorde des Jahres 1921

Die Aufstellung erfaßt Rekorde, Sieger und Meister in wichtigen Sportarten. Aufgenommen werden nur solche Wettbewerbe, die in den vergangenen Jahren bereits regelmäßig ausgetragen worden sind oder ab 1921 kontinuierlich zu den Sportprogrammen gehören. Die Sportarten erscheinen in alphabetischer Reihenfolge.

Automobilsport

Grand-Prix-Rennen

Großer Preis von (Tag) Kurs/Strecke (Länge)	Sieger (Land)	Marke	Ø km/h
Andre Gold Cup / Brooklands/GBR (323,65 km)	Henry Segrave (GBR)	Talbot-Darracq	142,942
Frankreich (26.7.) Le Mans (517,86 km)	Jim Murphy (USA)	Duesenberg	125,699
Coupe George Boillot (2.7.) Boulogne/FRA (373,75 km)	André Dubonnet (FRA)	Hispano-Suiza	104,748
Italien (4.9.) Brescia (519 km)	Jules Goux (FRA)	Ballot	144,736

Langstreckenrennen

Kurs/Dauer (Tag)	Sieger (Land)	Marke	Ø km/h
Indianapolis/500 ms (30.5.)	John Milton (USA)	Frontenac	144,230
Targa Florio/432 km (29.5.)	Giulio Masetti (ITA)	Fiat	58,236

Rallyes

Monte Carlo	nicht ausgetragen

Boxen/Schwergewicht

Ort/Tag	Weltmeister (Land)	Gegner	Ergebnis
Jersey City/2.7.	Jack Dempsey (USA)	George Carpentier (FRA)	K. o. 4. Rd.

Eiskunstlauf

	Herren	Damen
Deutsche Meister (Berlin)	Werner Rittberger (Berlin)	Ellen Brockhöft (Berlin)

Fußball

Länderspiele	Ergebnis	Ort	Tag
Deutschland (+ 0/= 2/− 1)			
Deutschland–Österreich	3:3	Dresden	5.5.
Ungarn–Deutschland	3:0	Budapest	5.6.
Finnland–Deutschland	3:3	Helsingfors	18.9.
Österreich (+ 3/= 3/− 0)			
Deutschland–Österreich	3:3	Dresden	5.5.
Finnland–Österreich	2:3	Helsinki	
Österreich–Schweden	2:2	Wien	
Schweden–Österreich	1:3	Stockholm	
Schweiz–Österreich	2:2	St. Gallen	1.5.
Österreich–Ungarn	4:1	Wien	
Schweiz (+ 4/= 2/− 2)			
Italien–Schweiz	2:1	Mailand	6.3.
Holland–Schweiz	2:0	Amsterdam	28.3.
Schweiz–Österreich	2:2	St. Gallen	1.5.
Schweiz–Italien	1:1	Genf	6.11.

Landesmeister

Deutschland	1. FC Nürnberg–Vorwärts Berlin 5:0 (Düsseldorf, 12.6.)
Österreich	Rapid Wien
Schweiz	Grashoppers Zürich
Belgien	Daring Brüssel
Dänemark	Akademisk

Landesmeister

England	FC Burnley
Finnland	PS Helsinki
Holland	NAC Breda
Italien	Pro Vercelli
Norwegen	Frigg Oslo
Schottland	Glasgow Rangers
Schweden	IFK Eskilstuna

Landespokal

Österreich	Wiener Amateure (Austria)–Wiener SK 2:1
Schweiz	FC Bern
England	Tottenham Hotspurs–Wolverhampton Wanderers 1:0
Frankreich	Red Star Paris–Olympique Paris 2:1
Holland	Schoten
Schottland	Patrick
Spanien	Atletico Bilbao–Atletico Madrid 4:1

Gewichtheben/Schwergewicht

Weltrekorde	Dreikampf	Drücken	Reißen	Stoßen
Karl Mörke (GER)	380,0 kg	115,0 kg	–	–
Hermann Görner (GER)	–	–	120,0 kg	157,0 kg
Hermann Gässler (GER)	–	–	–	157,0 kg

Leichtathletik

Deutsche Meisterschaften (Hamburg, 20./21. 8.)

Disziplin	Sieger (Ort)	Leistung
Männer		
100 m	Hubert Houben (Krefeld)	10,8
200 m	Hubert Houben (Krefeld)	23,3
400 m	Willi Dünker (Charlottenburg)	49,6
800 m	Walter Kern (Frankfurt)	1:57,4
1500 m	Friedrich-Franz Köpke (Zehlendorf)	4:07,4
5000 m	Emil Bedarff (Frankfurt)	15:48,4
10000 m	Gregor Vietz (Berlin)	34:27,4
Marathon[1]	Max Wils (Berlin)	3:11:21,8
110 m Hürden	Karl Gillmann (München)	16,4
4 × 100 m	Eintracht Frankfurt	42,9
3 × 1000 m	TSV Zehlendorf 88	7:58,6
Hochsprung	Ernst Fritzmann (Berlin)	1,805
Stabhochsprung	Heinrich Fricke (Hannover)	3,70
Weitsprung	Ernst Söllinger (München)	7,14
Kugelstoßen	Karl von Halt (München)	12,75
Diskuswurf	Gustav Steinbrenner (Frankfurt)	42,75
Speerwurf	Heinrich Buchgeister (Charlottenburg)	60,73
Dreikampf	Arthur Holz (Charlottenburg)	200
Zehnkampf[2]	Karl von Halt (München)	587
5000 m Bahngehen	Hermann Müller (Berlin)	24:01,8
50 km Gehen[3]	Hermann Müller (Berlin)	4:40:14,3
Frauen		
100 m	Marie Kießling (München)	12,8
4 × 100 m	TSV München 1860	52,1
Weitsprung	Marie Kießling (München)	5,46
Kugelstoßen	Frieda Gasse (Niederlehme)	8,85

[1] Berlin 17. 7.
[2] Köln 17./18. 9.
[3] München 7. 9.

Weltrekorde (Stand 31. 12. 1921)

Disziplin	Name (Land)	Leistung	Datum	Ort
Männer				
100 m	Charles Paddock (USA)	10,4	23.04.1921	Redlands
200 m (Gerade)	Archie Hahn (USA)	21,6	26.03.1904	St. Louis
	Charles Paddock (USA)	20,8y	26.03.1921	Berkeley
200 m (Kurve)	William Applegarth (GBR)	21,2y	04.07.1914	London
400 m	James Meredith (USA)	47,4y	27.05.1916	Cambridge/USA
	Charles Reidpath (USA)	48,2	08.07.1912	Stockholm

Disziplin	Name (Land)	Leistung	Datum	Ort
800 m	James Meredith (USA)	1:51,9	08.07.1912	Stockholm
1000 m	Anatole Bolin (SWE)	2:29,1	22.09.1918	Stockholm
1500 m	John Zander (SWE)	3:54,7	05.08.1917	Stockholm
Meile	Norman Taber (USA)	4:12,6	16.07.1915	Cambrigde/USA
3000 m	John Zander (SWE)	8:33,2	07.08.1918	Stockholm
5000 m	Hannes Kohlemainen (FIN)	14:36,6	10.07.1912	Stockholm
10 000 m	Paavo Nurmi (FIN)	30:40,2	22.06.1921	Stockholm
110 m Hürden	Earl Thomson (CAN)	14,8	18.08.1920	Antwerpen
400 m Hürden	Frank Loomis (USA)	54,0	16.08.1920	Antwerpen
	John Norton (USA)	54,2y	16.06.1920	Pasadena
3000 m Hindernis*	Josef Ternström (SWE)	9:49,8	04.07.1914	Malmö
4 × 100 m	USA	42,2	22.08.1920	Antwerpen
4 × 400 m	USA	3:16,6	15.07.1912	Stockholm
Hochsprung	Edward Beeson (USA)	2,02	02.05.1914	Berkeley
Stabhochsprung	Frank Foss (USA)	4,09	20.08.1920	Antwerpen
Weitsprung	Edwin Gourdin (USA)	7,69	23.07.1921	Cambrigde/USA
Dreisprung	Daniel Ahearn (USA)	15,52	30.05.1911	Celtic Parc
Kugelstoßen	Ralph Rose (USA)	15,54	21.08.1909	San Francisco
Diskuswurf	James Duncon (USA)	47,58	27.05.1912	New York
Hammerwurf	Patrick Ryan (USA)	57,77	17.08.1913	New York
Speerwurf	Jonni Myyrä (FIN)	66,10	24.08.1919	Stockholm
Zehnkampf*	Aleksander Klumberg (EST)	7363,625	3.–5.7.1920	Reval
*Frauen**				
100 m	Marie Kießling (GER)	12,8	21.08.1921	Hamburg
200 m	Marie Mejzlikova (ČSR)	29,0	20.06.1920	Pardubitz
400 m	Elena Tscharuschnikowa (URS)	65,0	12.06.1921	Wjatka
800 m	Lucie Bréard (FRA)	2:30,2	10.03.1921	Monte Carlo
4 × 100 m	TSV 1860 München (GER)	52,1	20.08.1921	Hamburg
4 × 200 m	Großbritannien	1:46,2	10.03.1921	Monte Carlo
Hochsprung	Anneliese Finn (GER)	1,45	20.08.1921	Hamburg
Weitsprung	Marie Kießling (GER)	5,54	29.05.1921	München
Kugelstoßen	Frieda Grasse (GER)	8,85	20.08.1921	Hamburg

* inoffiziell, auch rückwirkend nicht anerkannt
y = Yardstrecke: [1] 220 Yard (201,17 m); [2] 440 Yard (402,34 m)

Deutsche Rekorde (Stand 31.12.1921)

Disziplin	Name (Stadt)	Leistung	Datum	Ort
Männer				
100 m	Richard Rau (Berlin)	10,5	13.08.1911	Braunschweig
200 m	Richard Rau (Berlin)	22,0	28.06.1914	Berlin
400 m	Hanns Braun (München)	48,3	13.07.1912	Stockholm
800 m	Hanns Braun (München)	1:52,2	13.07.1912	Stockholm
1000 m	Georg Mickler (Berlin)	2:32,3	22.06.1913	Hannover
1500 m	Friedr.-Franz Köpcke (Berlin)	4:02,8	03.07.1921	Berlin
3000 m	Emil Bedarff (Frankfurt)	8:48,3	21.07.1921	Frankfurt/M.
5000 m	Emil Bedarff (Düsseldorf)	15:40,3	14.08.1920	Dresden
10 000 m	Martin Ruppert (Berlin)	33:03,5	19.06.1921	Berlin
110 m Hürden	Walter Martin (Leipzig)	15,8	18.08.1912	Duisburg
400 m Hürden	Gerhard v. Massow (Berlin)	58,5	31.08.1920	Berlin
4 × 100 m	Nationalstaffel	42,3	08.07.1912	Stockholm
	TSV 1860 München	42,6	28.06.1914	Braunschweig
Hochsprung	Robert Pasemann (Berlin)	1,923	13.08.1911	Braunschweig
Stabhochsprung	Robert Pasemann (Berlin)	3,79	06.07.1913	Berlin
Weitsprung	Karl Hornberger (Kreuznach)	7,33	21.08.1921	Hamburg
Dreisprung	Otto Bäurle (München)	14,17	12.05.1912	München
Kugelstoßen	Ernst Söllinger (München)	13,47	21.08.1921	Hamburg
Diskuswurf	Gustav Steinbrenner (Frankfurt)	44,61	07.08.1921	Bingen
Hammerwurf	Max Furtwengler (Fürth)	39,87	21.08.1920	Stuttgart
Speerwurf	Heinrich Buchgeister (Berlin)	62,10	19.06.1921	Karlsruhe
Zehnkampf	Karl Halt (München)	636	7.–9.7.1914	Malmö

Disziplin	Name (Stadt)	Leistung	Datum	Ort
Frauen				
100 m	Marie Kießling (München)	12,8	21.08.1921	Hamburg
4 × 100 m	TSV 1860 München	52,1	20.08.1921	Hamburg
Hochsprung	Lucie Voigt (Berlin)	1,405	04.09.1921	Berlin
Weitsprung	Marie Kießling (München)	5,54	29.05.1921	München
Kugelstoßen	Frieda Grasse (Niederlehme)	9,30	06.08.1921	Berlin

Pferdesport

Disziplin/Turnier	Sieger (Land)	Pferd (Gestüt)	Tag
Galopprennen			
Deutsches Derby	L. Danek	Omen	
Prix de l'Arc de Triomphe		Ksar	
Trabrennen			
Deutsches Derby	A. Stegemann (GER)	Graphit (Bahrenfeld)	
Prix d'Amerique			
Turniersport			
Springreiten			
Deutsches Derby	Hans J. Andreae (GER)	Teufel	

Radsport

Disziplin, Ort	Plazierung, Name (Land)	Zeit/Rückstand
Straßenweltmeisterschaft		
Amateure (190 km) Kopenhagen	1. Sköld (SWE)	
	2. Hansen	
	3. Davey	
Rundfahrten (Etappen)		
Tour de France (15) Datum: 26.6.–24.7. Länge: 5485 km 123 Starter, 38 im Ziel	1. Leon Scieur (BEL)	221:50:26
	2. Hector Heusghem (BEL)	18:24
	3. Honoré Barthelemy (FRA)	1:01:30
Giro d'Italia (10) Datum: 25.5.–12.6. Länge: 3106 km 69 Starter, 27 im Ziel	1. Giovanni Brunero (ITA)	120:24:39
	2. Gaetano Belloni (ITA)	1:00
	3. Bartolomeo Aymo (ITA)	20:06

Schwimmen

Deutsche Meisterschaften (Leipzig)

Disziplin	Sieger (Stadt)	Leistung
Männer		
Freistil 100 m	Herbert Heinrich (Leipzig)	1:05,2
Freistil 400 m	Herbert Heinrich (Leipzig)	5:38,4
Freistil 1500 m	Bernhard Skamper (Köln)	23:23,0
Brust 100 m	Erich Rademacher (Magdeburg)	1:21,4
Rücken 100 m	Gustav Frölich (Magdeburg)	1:17,2
Seite 100 m	Emil Benecke (Magdeburg)	1:15,8
Kunstspringen	Fritz Wiesel (Leipzig)	125,20
Mehrkampf	Artur Mund (Halberstadt)	74,1
Wasserball	Wasserfreunde Hannover	
Frauen		
Freistil 100 m	Grete Rosenberg (Hannover)	1:24,8
Brust 100 m	Erna Murray (Berlin)	1:34,4
Rücken 100 m	Erna Murray (Berlin)	1:32,4
Kunstspringen	Lini Söhnchen (Osnabrück)	72,2

Weltrekorde (Stand: 31.12.1921)

Disziplin	Name (Land)	Leistung	Datum	Ort
Männer				
Freistil 100 m	Paoa Kahanamouku (USA)	1:00,4	24.08.1920	Antwerpen
Freistil 200 m	T. H. Cann (USA)	2:19,8	10.04.1920	Detroit
Freistil 400 m	Norman Ross (USA)	5:14,4	25.09.1921	Brighton Bay
Freistil 800 m	Norman Ross (USA)	11:24,2	10.01.1920	Sydney
Freistil 1500 m	George Hodgson (CAN)	22:00,0	10.07.1912	Stockholm

Schwimmen (Fortsetzung)

Disziplin	Name (Land)	Leistung	Datum	Ort
Freistil 4 × 100 m	Deutschland	4:34,0	20.07.1912	Hamburg
Freistil 4 × 200 m	USA	10:04,4	29.08.1920	Antwerpen
Brust 100 m	Willi Lützow (GER)	1:16,8	24.05.1914	Magdeburg
Brust 200 m	Erich Rademacher (GER)	2:53,2	02.10.1921	Darmstadt
Rücken 100 m	Gustav Frölich (GER)	1:14,0	02.10.1921	Darmstadt
Rücken 200 m	Otto Fahr (GER)	2:48,4	03.04.1912	Magdeburg
Frauen				
Freistil 100 m	Ethelda Bleibtrey (USA)	1:13,6	25.08.1920	Antwerpen
Freistil 200 m	Claire Boyle (USA)	2:47,6	25.08.1921	Brighton Bay
Freistil 400 m	Hilda James (GBR)	6:16,6	29.07.1921	Leeds
Freistil 800 m	Gertrud Ederle (USA)	13:19,0	17.08.1919	Indianapolis
Freistil 1500 m	Fanny Durack (AUS)	26:08,0	1914	Sydney
Freistil 4 × 100 m	USA	5:11,6	25.08.1920	Antwerpen
Brust 100 m	Erna Murray (GER)	1:32,4	1921	Leipzig
Brust 200 m	Erna Murray (GER)	3:28,0	15.08.1920	Darmstadt
Rücken 100 m	Erna Murray (GER)	1:34,4	1921	Leipzig

Deutsche Rekorde (Stand: 31.12.1921)

Disziplin	Name (Stadt)	Leistung	Datum	Ort
Männer				
Freistil 100 m	Kurt Bretting (Magdeburg)	1:02,4	06.04.1912	Brüssel
Freistil 200 m	Kurt Bretting (Magdeburg)	2:27,3	20.04.1912	Magdeburg
Freistil 400 m	Oskar Schiele (Magdeburg)	5:31,2	21.04.1912	Magdeburg
Freistil 800 m	Otto Fahr (Cannstatt)	11:45,0	20.04.1912	Magdeburg
Freistil 1500 m	Bernhard Skamper (Köln)	23:10,0	24.07.1921	Duisburg
Freistil 4 × 100 m	Hellas Magdeburg	5:09,4	11.07.1910	Frankfurt
Brust 100 m	Willi Lützow (Magdeburg)	1:16,8	24.05.1914	Magdeburg
Brust 200 m	Erich Rademacher (Magdeburg)	2:53,2	02.10.1921	Darmstadt
Rücken 100 m	Gustav Frölich (Magdeburg)	1:14,0	02.10.1921	Darmstadt
Rücken 200 m	Otto Fahr (Cannstatt)	2:48,4	03.04.1912	Magdeburg
Frauen				
Freistil 100 m	Grete Rosenberg (Hannover)	1:22,2	28.06.1914	Berlin
Freistil 200 m	E. Bohne (Magdeburg)	3:46,4	1907	Hannover
Freistil 4 × 100 m	Jungdeutschland Darmstadt	7:08,2	1921	Darmstadt
Brust 100 m	Erna Murray (Berlin)	1:32,4	1921	Leipzig
Brust 200 m	Erna Murray (Berlin)	3:28,0	15.08.1920	Darmstadt
Rücken 100 m	Erna Murray (Berlin)	1:34,4	1921	Leipzig

Tennis

Turnier	Ort	Datum
Wimbledon	London	20.6.–2.7.
US Open		
Australian Open	Melbourne	
Internationale Deutsche	Hamburg	
Davis-Cup-Endspiel	New York	

Turnier	Sieger (Land) – Finalgegner (Land)	Ergebnis
Herren-Einzel		
Wimbledon	Bill Tilden (USA) – Brian Norton (SAF)	4:6, 2:6, 6:1, 6:0, 7:5
US Open	Bill Tilden (USA) – Bill Johnston (USA)	6:1, 6:3, 6:1
Australian O.	R. H. Gemmell – A. Hedemann	7:5, 6:1, 6:4
Int. Deutsche	Otto Froitzheim (GER)	
Davis-Cup	USA – Japan	5:0
Damen-Einzel		
Wimbledon	Suzanne Lenglen (FRA) – Elizabeth Ryan (USA)	6:2, 6:0
US Open	Molla Bjurstedt-Mallory (USA) – Mary K. Browne (USA)	4:6, 6:4, 6:2
Int. Deutsche	Ilse Friedleben (GER)	
Herren-Doppel		
Wimbledon	Randolph Lycett (GBR)/ Maxwell Woosnam (GBR) – A. H. Lowe (GBR)/ F. G. Lowe (GBR)	6:3, 6:0, 7:5
US Open	Vince Richards (USA)/ Bill Tilden (USA) – W. M. Washburn (USA)/ Norris Williams (USA)	13:11, 12:10, 6:1
Australian O.	S. H. Eaton/ R. H. Gemmell – E. Stokes/ N. Breasley	7:5, 6:3, 6:3
Int. Deutsche	Heyden/Schomburgk (GER)	
Damen-Doppel		
Wimbledon	Suzanne Lenglen (FRA)/ Elizabeth Ryan (USA) – A. E. Beamish/ G. Peacock	6:1, 6:2
US Open	Mary K. Browne (USA)/ L. Williams – Helen Gilleandean (AUS)/ L. G. Morris	6:3, 6:2
Mixed		
Wimbledon	Randolph Lycett (GBR)/ Elizabeth Ryan (USA) – Maxwell Woosnam (GBR)/ P. L. Howkins	6:3, 6:1
US Open	Bill Johnson (USA)/ Mary K. Browne (USA) – Bill Tilden (USA)/ Molla Bjurstedt-Mallory (USA)	3:6, 6:4, 6:3
Int. Deutsche	Ehepaar Schomburgk (GER)	

Abkürzungen zu den Sportseiten

AUS	Australien	DAN	Dänemark	GER	Deutschland	NOR	Norwegen	UNG	Ungarn
AUT	Österreich	EST	Estland	HOL	Niederlande	NSE	Neuseeland	URS	Sowjetrußland
BEL	Belgien	FIN	Finnland	IRL	Irland	SAF	Südafrika	USA	Vereinigte Staaten von Amerika
CAN	Kanada	FRA	Frankreich	ITA	Italien	SUI	Schweiz		
ČSR	Tschechoslowakei	GBR	Großbritannien	LUX	Luxemburg	SWE	Schweden		

Nekrolog 1921

Bekannte Persönlichkeiten aus allen Bereichen des gesellschaftlichen Lebens, die im Jahr 1921 gestorben sind, werden – alphabetisch geordnet – in Kurzbiographien dargestellt.

Jean Aicard

französischer Schriftsteller (*4. 2. 1848, Toulon), stirbt am 13. Mai 1921 in Paris. Aicard, ab 1909 Mitglied der Académie française, wurde vor allem bekannt durch seine Schilderungen der Provence, die er in Gedichten besang (»Poèmes de Provence«, 1874) und deren Menschen das zentrale Thema seines Romans »Maurin des Maures« (1908) sind. Darüber hinaus trat er als Dramatiker hervor (»Le père Labonnard«, 1889). Von der Académie preisgekrönt wurde sein Gedicht über »Lamartine« (1883).

Francisco d'Andrade

portugiesischer Sänger (*11. 1. 1859, Lissabon), stirbt am 8. Februar 1921 in Berlin. D'Andrade, Bariton, trat nach seinem Debüt 1882 in San Remo an den bedeutenden Bühnen Europas auf und wurde weltberühmt vor allem als Interpret von Wolfgang Amadeus Mozarts Don Giovanni; in dieser Rolle malte ihn Max Slevogt. Weitere Glanzrollen waren Figaro und Rigoletto.

Auguste Viktoria

letzte deutsche Kaiserin und Königin von Preußen (*22. 10. 1858, Dolzig/Niederlausitz), stirbt am 11. April 1921 im Exil in Schloß Doorn in den Niederlanden. Die älteste Tochter des Herzogs Friedrich von Schleswig-Holstein-Sonderburg-Augustenburg wurde 1881 mit dem Prinzen Wilhelm von Preußen, dem späteren Kaiser Wilhelm II., vermählt. Aus der Ehe gingen sechs Söhne und eine Tochter hervor. Politisch trat Auguste Viktoria nicht in den Vordergrund. Ihr Hauptinteresse galt Kirchenangelegenheiten und der sozialen Fürsorge.

Maximilian David Berlitz

deutsch-US-amerikanischer Sprachpädagoge (*1852, in Württemberg), stirbt am 6. April 1921 in New York. Berlitz begründete in den USA eine neue Art des Erlernens von Fremdsprachen, die sich durch die nach ihm benannten Berlitzschulen in aller Welt verbreitete. Die erste Schule dieser Art gründete er 1878 in Providence/Rhode Island. Mit seiner Idee, die Schüler nur durch ausländische Lehrkräfte in deren Muttersprache unterrichten zu lassen und dabei auf Hilfsmittel wie Bilder oder Gegenstände zurückzugreifen, erzielte er große Erfolge.

Theobald von Bethmann Hollweg

deutscher Politiker (*29. 11. 1856, Hohenfigow bei Eberswalde), stirbt am 2. Januar 1921 in Hohenfinow. Bethmann Hollweg wurde 1905 Staatssekretär des Reichsamts des Innern, zugleich Stellvertreter des Reichskanzlers und Vizepräsident des preußischen Staatsministeriums. 1909 wurde er Reichskanzler und preußischer Ministerpräsident. Im Marokkoabkommen (1911) sah er den Anfang einer neuen Konstellation, die zur Zusammenarbeit mit Großbritannien und zur Vergrößerung des deutschen Kolonialbesitzes führen könnte. Der Beginn des Ersten Weltkriegs ist wesentlich auf diplomatische Fehler und eine Fehleinschätzung der Lage durch Bethmann Hollweg zurückzuführen. Seine Ablehnung annexionistischer Forderungen brachte ihn während des Kriegs in Gegensatz zu den Rechtsparteien und zur Obersten Heeresleitung. Den uneingeschränkten U-Boot-Krieg und damit den Bruch mit den USA konnte er 1917 nicht verhindern. Im Juli desselben Jahres wurde er verabschiedet.

Alexandr Alexandrowitsch Blok

russischer Dichter (*28. 11. 1880), Petersburg/Leningrad), stirbt am 7. August 1921 in Petrograd (Leningrad). Blok zählt zu den bedeutendsten Vertretern des russischen Symbolismus der Jahrhundertwende und wurde als einer der wenigen dieser Dichtergruppe in weiten Kreisen populär. Außer durch Gedichte (»Die Verse von der schönsten Dame«, 1904) wurde er durch Dramen bekannt (»Die Schaubude«, 1905; »Die Unbekannte«, 1906; »Rose und Kreuz«, 1912). Die Oktoberrevolution (1917) erlebte er in mystischer Verklärung als kosmische Revolution. Das Revolutionsgeschehen fand Niederschlag in der Verserzählung »Die Zwölf« (1918, deutsch von Paul Celan 1958), die zu seinen bedeutendsten Werken zählt.

Charles Joseph Bonaparte

US-amerikanischer Politiker (*9. 6. 1851, Baltimore), stirbt am 28. Juni 1921 in Baltimore. Bonaparte war unter Theodore Roosevelt 1905/06 Marineminister. Als Justizminister (1906–1909) gründete er 1908 das Bureau of Investigation, das spätere FBI. Bonaparte war ein Enkel von Jérôme Bonaparte, dem früheren König von Westfalen (1807–1813), aus dessen erster Ehe mit Elizabeth Patterson.

Enrico Caruso

italienischer Sänger (*27. 2. 1873, Neapel), stirbt am 2. August 1921 in Neapel. Caruso, Sohn eines Mechanikers, erhielt seine Gesangsausbildung bei Guglielmo Vergine und debütierte 1894 am Teatro Nuovo in Neapel. Den Durchbruch zu internationaler Anerkennung erzielte er 1898 bei der Uraufführung von Umberto Giordanos »Fedora« in Mailand, wo er im Teatro Lirico die Rolle des Loris sang. Es folgten Gastspiele in London und Petersburg (Leningrad). 1903 verkörperte er den Herzog von Mantua in Giuseppe Verdis »Rigoletto« am Metropolitan Opera House in New York, zu dessen Ensemble er bis zu seinem Tod zählte. Zahlreiche Gastspiele führten den berühmten Tenor in die bedeutendsten Hauptstädte der Welt. Er besaß eine strahlende Stimme mit starker Ausdrucksfähigkeit und gestaltete seine Rollen mit darstellerischem Talent. Zu seinem Repertoire, das auch auf fast 250 Schallplatten (seit 1902) erhalten ist, gehören über 60 Opernrollen und 500 Lieder. Er war u. a. mit Giacomo Puccini, Ruggiero Leoncavallo und Francesco Cilea befreundet, nahm regen Anteil am zeitgenössischen Musikschaffen und sang in mehreren Opernuraufführungen. Seine internationale Geltung als Sänger und seine Schallplattenaufnahmen verschafften ihm Einnahmen, die es ihm erlaubten, auf seinem Schloß Bellosguardo bei Florenz ein herrschaftliches Leben zu führen.

Eduardo Dato Iradier

spanischer Rechtsanwalt und Politiker (*12. 8. 1856), La Coruña), wird am 8. März 1921 in Madrid von Anarchisten ermordet. Dato Iradier war ab 1883 konservatives Mitglied der Cortes (Parlament), von 1899 bis 1900 Innen- und 1902/03 Justizminister und wurde 1907 Bürgermeister von Madrid. Während des Ersten Weltkriegs hielt er als Ministerpräsident (1913–1915, 1917) und Außenminister (1918) die spanische Neutralität aufrecht. 1920 wurde er zum dritten Mal Ministerpräsident.

Franz von Defregger

österreichischer Maler (*30. 4. 1835, Ederhof bei Stronach/Tirol), stirbt am 2. Januar 1921 in München. Defregger, von 1878 bis 1910 Professor an der Münchner Akademie, hatte großen Erfolg mit Genre- und Historienbildern aus dem Leben der Tiroler Bauern und zählte im ausgehenden 19. Jahrhundert zu den populärsten Münchner Malern. Besonders bekannt wurden »Das letzte Aufgebot« (1872) und »Der Schmied von Kochel« (1882).

Karl Eugen Dühring

deutscher Philosoph, Nationalökonom und Wissenschaftstheoretiker (*12. 1. 1833, Berlin), stirbt am 21. September 1921 in Nowawes/Potsdam. Dühring zählt zu den bedeutendsten Vertretern des deutschen Positivismus. Wegen seiner Angriffe gegen das Universitätswesen und gegen Professoren wurde ihm 1877 die Lehrbefugnis entzogen, von da an lebte er als Privatgelehrter. Dühring vertrat die Ansicht, der Philosoph müsse Reformator der Menschheit sein. Die Wirklichkeit müsse nach den Möglichkeiten der Verstandesleistung und »nach dem Leitfaden der Materialität« gestaltet werden. Dem darwinistischen Kampf ums Dasein stellte er die Idee einer »wirklich freien Gesellschaft« gegenüber, in der alle Zwangs- und Herrschaftsverhältnisse beseitigt sind. Friedrich Engels bekämpfte diesen Standpunkt in dem bekannten »Anti-Dühring« (»Herrn Eugen Dührings Umwälzung der Wissen-

schaft«, 1878). Dühring forderte ein Leben ohne Religion und bekämpfte besonders das Judentum und das Christentum. Er wird vielfach als »Begründer« des Antisemitismus bezeichnet. Hauptwerke: »Der Werth des Lebens« (1865), »Kritische Geschichte der Philosophie« (1869), »Kritische Geschichte der Nationalökonomie und des Sozialismus« (1871), »Kritische Geschichte der allgemeinen Prinzipien der Mechanik« (1872).

John Boyd Dunlop

irischer Tierarzt und Erfinder schottischer Herkunft (*5. 2. 1840, Dreghorn/Ayrshire), stirbt am 23. Oktober 1921 in Dublin. Dunlop erfand den pneumatischen Reifen. 1899 gründete er die Dunlop Ltd., ein Unternehmen zur Herstellung von Luftreifen aller Art.

Matthias Erzberger

deutscher Zentrums-Politiker (*20. 9. 1875, Buttenhausen/Münsingen), wird am 26. August 1921 bei Bad Griesbach während eines Erholungsurlaubs im Schwarzwald von Heinrich Tillessen und Heinrich Schulz, Mitgliedern der geheimen Organisation Consul, erschossen. Erzberger wurde 1903 Zentrumsabgeordneter des Reichstags und zählte bald zu den profiliertesten Vertretern des linken Flügels seiner Partei. 1917 war er maßgeblich beteiligt an der Friedensresolution des Reichstags. Unter Reichskanzler Max Prinz von Baden wurde er am 3. Oktober 1918 Staatssekretär ohne Portefeuille. Als Vorsitzender der deutschen Waffenstillstandskommission unterzeichnete er am 18. November 1918 den Waffenstillstand von Compiègne. Als Reichsminister ohne Geschäftsbereich im Kabinett Philipp Scheidemann ab Februar 1919 leitete er auch die weiteren Verhandlungen mit den Siegermächten des Ersten Weltkriegs über die Ausführung des Waffenstillstandsvertrags. In der Weimarer Nationalversammlung trat er für die Unterzeichnung des Versailler Friedensvertrags ein. Im Juni 1919 wurde er unter Gustav Bauer Reichsfinanzminister und (bis Oktober 1919) Vizekanzler. Er führte die nach ihm benannte Erzbergersche Finanzreform durch, eine umfassende Neuorganisation des deutschen Steuerwesens (Reichseinkommensteuer, Finanzämter, Reichsabgabenordnung, Länderfinanzausgleich usw.), durch die u. a. Besserverdienende stärker belastet wurden. Anfeindungen der nationalistischen Rechten führten am 12. März 1920 zu Erzbergers Rücktritt, doch war die Wiederaufnahme seiner parlamentarischen Tätigkeit für Herbst 1921 vorgesehen.

Philipp Fürst zu Eulenburg und Hertefeld, Graf von Sandels

deutscher Politiker und Diplomat (*12. 2. 1847, Königsberg/Preußen), stirbt am 17. September 1921 in Schloß Liebenberg bei Templin. Eulenburg hatte als Freund und Vertrauter von Kaiser Wilhelm II. seit 1886 eine überaus einflußreiche Stellung am deutschen Kaiserhof, auch nachdem er 1903 seinen Abschied als Botschafter in Wien (seit 1894) genommen hatte. 1906 wurde er in die von Maximilian Harden ausgelöste Homosexualitäts- und Meineidsaffäre hineingezogen. Die Vorwürfe wurden nicht geklärt, fügten aber dem Ansehen der deutschen Monarchie schweren Schaden zu.

Ludwig Forrer

schweizerischer Politiker (*9. 2. 1845, Islikon/Thurgau), stirbt am 28. September 1921 in Bern.
Forrer hatte als Führer der radikaldemokratischen Partei bedeutenden Anteil an der Politik des Kantons Zürich und der Eidgenossenschaft. Von 1870 bis 1900 war er Mitglied des Kantonsrats Zürich und von 1873 bis 1900 zugleich Mitglied des Nationalrats. Von 1900 bis 1902 leitete er das Zentralamt für den internationalen Eisenbahntransport. 1902 wurde er zum Mitglied des Bundesrats gewählt, wo er ab 1907 das Post- und Eisenbahndepartement leitete (bis 1917). 1906 und 1912 war er Bundespräsident.

Alfred Hermann Fried

österreichischer Pazifist, Friedensnobelpreisträger 1911 (*11. 11. 1864, Wien), stirbt am 4. Mai 1921 in Wien.
Fried war Mitbegründer der Deutschen Friedensgesellschaft (1892), gab allerdings bald die Hoffnung auf eine allgemeine Abrüstung auf und setzte sich stattdessen für die Schaffung einer internationalen Organisation ein, die das Prinzip der militärischen Stärke als politisches Drohmittel internationaler Kontrolle unterwerfen sollte. 1911 erhielt er mit dem Niederländer Tobias Michael Asser den Friedensnobelpreis für seine Bemühungen um eine Weltfriedensordnung.

August Gaul

deutscher Bildhauer und Grafiker (*22. 10. 1869, Großauheim), stirbt am 18. Oktober 1921 in Berlin.
Gaul zählt zu den bedeutendsten Tierplastikern der modernen europäischen Kunst. Er schuf Rundplastiken (kleine Hunde, Pferde), wobei er sorgfältige Naturbeobachtung in auf das Wesentliche vereinfachte plastische Formen mit oft monumentalem Umriß übertrug.

Otto von Gierke

deutscher Jurist und Rechtshistoriker (*11. 1. 1841, Stettin), stirbt am 10. Oktober 1921 in Berlin.
Gierkes Bemühen war es, »dem ungebrochenen deutschen Rechtsgedanken« nachzugehen. Dabei schuf er monumentale Werke zur Geschichte und Dogmatik des Genossenschaftsrechts unter Betonung des germanistischen Aspekts: »Das deutsche Genossenschaftsrecht« (1868–1913), »Deutsches Privatrecht« (1895–1917, unvollendet).

Agenor Maria Adam Graf Goluchowski

österreichisch-ungarischer Politiker (*25. 3. 1849, Lemberg), stirbt am 28. März 1921 in Lemberg.
Goluchowski war von 1895 bis 1906 österreichisch-ungarischer Außenminister. Dabei hielt er an der Dreibundpolitik fest (Bündnis Deutsches Reich, Österreich-Ungarn, Italien), suchte aber auch den Ausgleich mit dem Russischen Reich.

Carl Hauptmann

deutscher Schriftsteller (*11. 5. 1858, Bad Salzbrunn), stirbt am 4. Februar 1921 in Schreiberhau.
Der ältere Bruder von Gerhart Hauptmann begann mit naturalistischen Dramen aus dem schlesischen Bauernmilieu (»Waldleute«, 1896). Erfolgreicher war er als Verfasser symbolistischer Prosa (Frauenroman »Mathilde«, 1902). Der Künstlerroman »Einhart der Lächler« (1907) spiegelt die Selbstisolierung eines bürgerlichen Künstlers. Zuletzt war Hauptmann ein Vertreter des Expressionismus. Weitere Dramen: »Ephraims Breite« (1900), »Die armseligen Besenbinder« (1913), »Tobias Buntschuh« (1916).

Adolf von Hildebrand

deutscher Bildhauer (*6. 10. 1847, Marburg an der Lahn), stirbt am 18. Januar 1921 in München.
Hildebrand zählt zu den Hauptvertretern der Neuklassik im ausgehenden 19. Jahrhundert, als Vorbilder gelten die Kunst der Antike und der italienischen Frührenaissance. Er schuf monumentale Brunnenanlagen (Wittelsbacherbrunnen, 1895; Hubertusbrunnen, 1907; beide in München), Denkmäler (Bismarck, 1910, München), Marmorstandbilder, Porträtbüsten, Reliefs und Plaketten. Von großem Einfluß bis weit in das 20. Jahrhundert hinein blieben auch seine kunsttheoretischen Schriften, z.B. »Das Problem der Form in der bildenden Kunst« (1893).

Hans Huber

schweizerischer Komponist (*28. 6. 1852, Eppenburg/Kanton Solothurn), stirbt am 25. Dezember 1921 in Locarno.
Huber leitete von 1896 bis 1918 die Basler Musikschule und initiierte die Gründung des Schweizerischen Tonkünstlervereins (1900). Als Komponist schuf er nachromantische Werke (Lieder und Chöre, Opern, Sinfonien, Klavier- und Violinkonzerte, Kammermusik, Klavierwerke).

Engelbert Humperdinck

deutscher Komponist (*1. 9. 1854, Siegburg), stirbt am 27. September 1921 in Neustrelitz.
Humperdinck wurde 1880 Assistent Richard Wagners in Bayreuth und arbeitete an der Vorbereitung der Uraufführung des »Parsifal« mit.
International bekannt wurde er mit dem romantischen Märchenspiel »Hänsel und Gretel« (1893), das trotz gewisser Einflüsse Wagners, vor allem des gewaltigen Orchesterapparats, und vieler kontrapunktischer Feinheiten bis heute zahlreichen Kindern und Jugendlichen den Weg zur Oper ebnet. Seine zweite Märchenoper, »Die Königskinder« (1910), fand weniger Verbreitung.

Fernand Khnopff

belgischer Maler und Grafiker (*12. 9. 1858, Grembergen bei Dendermonde), stirbt am 12. November 1921 in Brüssel.
Khnopff zählte neben James Ensor zu den Hauptvertretern des belgischen Symbolismus. Unter dem Einfluß von Gustave Moreau und den Präraffaeliten malte er mystisch-allegorische Bilder sowie Landschaften.

Wladimir Galaktionowitsch Korolenko

russischer Schriftsteller (*27. 7. 1853, Schitomir), stirbt am 25. Dezember 1921 in Poltawa.
Korolenko wurde 1876 wegen Teilnahme an Studentendemonstrationen von der Landwirtschaftlichen Hochschule Moskau relegiert und 1881 nach Ostsibirien deportiert (bis 1885). Land und Leute in Sibirien sind das Thema vieler seiner Novellen und Erzählungen: »In schlechter Gesellschaft« (1885), »Der blinde Musiker« (1886), »Der Wald rauscht« (1886). Von 1906 bis 1922 erschienen seine Erinnerungen aus Kindheit und Jugend, »Die Geschichte meines Zeitgenossen«.

Pjotr Alexejewitsch Fürst Kropotkin

russischer Revolutionär (*9. 12. 1842, Moskau), stirbt am 8. Februar 1921 in Dmitrow (Gouvernement Moskau).
Kropotkin, ursprünglich Kosakenoffizier in Sibirien, unternahm nach dem Studium der Geographie ausgedehnte Forschungsreisen. Während eines Aufenthalts in der Schweiz 1872 bekannte er sich zu einem anarchistischen Sozialismus. 1874 wurde er in Rußland verhaftet, 1876 gelang ihm die Flucht aus der Petersburger (Leningrader) Festung nach Großbritannien. Bis 1917 diente er in Westeuropa und wurde zum Haupttheoretiker des Anarchokommunismus. Dieser forderte die Vergesellschaftung der Produktionsmittel, die kleinen Gruppen übertragen werden sollen, wobei gleichzeitig jede Regierungsform abgeschafft werden soll. Kropotkins sittliche und soziale Anschauungen gipfeln im Grundsatz der gegenseitigen Hilfe. Hauptwerke: »Memoiren eines Revolutionärs« (1899), »Gegenseitige Hilfe in der Entwicklung« (1902).

Gabriel Lippmann

französischer Physiker (*16. 8. 1845, Hollerich/Luxemburg), stirbt am 12. Juli 1921 auf See.
Lippmann, Professor an der Sorbonne in Paris, arbeitete vor allem auf dem Gebiet der Optik. Er entwickelte das nach ihm benannte Lippmann-Verfahren zur Naturfarbenfotografie unter Ausnutzung der Interferenz stehender Lichtwellen. 1908 erhielt er den Nobelpreis für Physik.

Ludwig III.

letzter König von Bayern (*7. 1. 1845, München), stirbt am 18. Oktober 1921 in Sárvár in Ungarn.
Ludwig folgte seinem Vater, Prinzregent Luitpold, 1912 als Regent für den geisteskranken König Otto nach, erklärte die

Ercole Morselli

italienischer Schriftsteller (*19. 2. 1882, Pesaro), stirbt am 16. März 1921 in Rom.
Morsellis Dramen und Novellen sind Ausdruck einer pessimistischen Weltsicht und der Überzeugung, daß das Leben ein Gefängnis ist, aus dem Befreiung nur durch die Kraft des Geistes möglich ist. Sein Drama »Glauco« (1919) wurde in Italien ein grandioser Bühnenerfolg. Ottorino Respighi vertonte sein Drama »Belfagor« (postum 1930).

Karl Ernst Osthaus

deutscher Kunsthistoriker (*15. 4. 1874, Hagen), stirbt am 25. März 1921 in Meran.
Osthaus gründete das Museum Folkwang in Hagen (1902 eröffnet), dessen Innenausstattung er dem belgischen Architekten Henry van de Velde übertrug. 1907 war er Mitbegründer des Deutschen Werkbundes. Hauptwerke: »Grundzüge der Stilentwicklung« (1918), »Van de Velde, Leben und Schaffen des Künstlers« (1920).

Oskar Panizza

deutscher Schriftsteller (*12. 11. 1853, Bad Kissingen), stirbt am 30. September 1921 in Bayreuth.
Panizza schrieb phantastische Erzählungen im Stil Edgar Allan Poes und neuromantische Gedichte im der Nachfolge Heinrich Heines. Einen Prozeß wegen Gotteslästerung trug ihm das Drama »Das Liebeskonzil« (1895) ein. 1901 wurde er wegen Majestätsbeleidigung in der satirischen Schrift »Psichopatia criminalis« (1898) und der Gedichtsammlung »Parisjana« (1900) angeklagt.

Emilia von Pardo Bazán

spanische Schriftstellerin (*15. 9. 1851, La Coruña), stirbt am 12. Mai 1921 in Madrid.
Pardo Bazán zählt zu den Hauptvertretern des naturalistischen Romans in Spanien. Die meisten ihrer Romane spielen in ihrer Heimat Galizien: »Das Gut Ulloa« (1806), »Um einen Königsthron« (1902). Darüber hinaus schrieb sie Essays, Reiseliteratur, Lyrik und literaturkritische Schriften.

Camille Saint-Saëns

französischer Komponist (*9. 10. 1835, Paris), stirbt am 16. Dezember 1921 in Algier.
Saint-Saëns zählte zu den berühmtesten französischen Komponisten seiner Zeit und gilt als Hector Berlioz als bedeutendster französischer Komponist des 19. Jahrhunderts. Er komponierte u.a. Opern (»Samson und Delila«, 1877), Bühnenmusiken, sinfonische

Regentschaft jedoch 1913 für beendet und ließ sich selbst zum König proklamieren. Am 13. November 1918 dankte er ab.

Dichtungen (»Das Spinnrad der Omphale«, 1861; »Totentanz«, 1874), ein Ballett, fünf Sinfonien, Violin-, Cello- und Klavierkonzerte, kirchliche und weltliche Chorwerke, Kammermusik, Orgelwerke und Klaviermusik und trat auch als Theoretiker und (antideutsch eingestellter) Musikschriftsteller hervor.

August Scherl

deutscher Verleger (* 24. 8. 1849, Düsseldorf), stirbt am 18. April 1921 in Berlin.
Mit dem »Berliner Lokal-Anzeiger« gründete Scherl, Sohn eines Buchhändlers, 1883 nach US-amerikanischem Vorbild den Typ der unterhaltsamen, mit ausführlichem Lokalteil versehenen und durch Massenabsatz billig gehaltenen Zeitung »für die kleinen Leute«. Seine 1899 gegründete Illustrierte »Die Woche« erschien erstmals mit farbigem Titelblatt. 1900 folgte die Zeitung »Der Tag« in zwei Ausgaben, dem rechtsgerichteten »Schwarzen Tag« und dem breitergefächerten »Roten Tag«. Durch die Abteilungen »Adreßbücher« und »Annoncenexpedition« nahm der Verlag nach 1900 einen großen Aufschwung, die Zeitschriften »Die Gartenlaube«, »Vom Fels zum Meer« und »Sport im Bild« konnten erworben werden. 1913 verkaufte Scherl aus finanziellen Gründen seinen Verlag, der über den Deutschen Verlagsverein an den rechtskonservativen Hugenbergkonzern gelangte und zum Inbegriff antirepublikanischer Pressepolitik wurde.

Georg Schönerer

österreichischer Politiker (* 17. 7. 1842, Wien), stirbt am 14. Dezember 1921 in Rosenau Schloß in Niederösterreich.
Georg von Schönerer wurde 1873 Mitglied des Reichsrats, ab 1879 war er der Führer der Deutschnationalen Bewegung. Er vertrat einen bedingungslosen Antisemitismus und forderte den Anschluß Österreichs an das Deutsche Reich. Nach seinem Überfall auf das liberale »Neue Wiener Tagblatt« 1888 wurde er zu Kerker und Verlust des Mandats und des Adelstitels verurteilt. Von 1897 bis 1907 war er erneut Mitglied des Reichsrats, ohne jedoch seine Führungsrolle in der Deutschnationalen Bewegung zurückerlangen zu können.

Nikolai Jegorowitsch Schukowski

russischer Mathematiker und Strömungsforscher (* 17. 1. 1847, Orechowo/Gebiet Wladimir), stirbt am 17. März 1921 in Moskau.
Schukowski leitete das 1918 von ihm gegründete Zentrale Aerohydrodynamische Institut (ZAGI) in Moskau. Seine theoretischen Arbeiten über die Luftfahrt und seine Entwürfe von Tragflächen ließen ihn zum Wegbereiter der modernen Luftfahrtforschung werden.

Friedrich von Thiersch

deutscher Architekt (* 18. 4. 1852, Marburg), stirbt am 23. Dezember 1921 in München.

Thiersch war ein Vertreter des historisierenden Stils. In seinem Hauptwerk, dem Justizpalast in München (1887–1897), knüpfte er an den süddeutschen Barock an.

Ludwig Thoma

deutscher Schriftsteller (* 21. 1. 1867, Oberammergau), stirbt am 26. August 1921 in Rottach(-Egern).
Thoma wurde bekannt durch volkstümliche oberbayrische Dorf- und Kleinstadtgeschichten, Idyllen, tragische Bauernromane, Volksstücke und Bauerntragödien. Seine antistädtische bajuwarische Grundhaltung verband er mit Gesellschaftskritik und betonter Tendenz gegen Klerikalismus und Spießbürgertum. Die bäuerlichen Menschen seiner Heimat stellt er als positive Gestalten Adligen, Bürgern und Intellektuellen gegenüber. Nach dem Ausbruch des Ersten Weltkriegs wandelte er sich zum Rechtskonservativen. Zu seinen Hauptwerken zählen die »Lausbubengeschichten« (1905), der Schwank »Erster Klasse« (1910), die Satire »Josef Filsers Briefwexel« (1912) und die Lustspiele und Sketche »Die Medaille« (1901), »Die Lokalbahn« (1902) und »Moral« (1909).

Iwan Mintschow Wasow

bulgarischer Schriftsteller (* 9. 7. 1850, Sopot/Wasowgrad), stirbt am 22. September 1921 in Sofia.
Wasow zählt zu den Klassikern der bulgarischen Literatur. Die zentralen Themen seines Werkes – Erzählungen, Romane, Lyrik, Dramen – sind Geschichte und Landschaft Bulgariens, das Leben seines Volkes und der bulgarische Freiheitskampf. Sein Hauptwerk ist der historische Roman »Unter dem Joch« (1889/90).

Gabriela Zapolska

polnische Schriftstellerin (* 30. 3. 1857, Podhajce/Podgaizy), stirbt am 17. Dezember 1921 in Lemberg.
Zapolska zählte zu den führenden Vertretern des polnischen Naturalismus. Themen ihrer Romane und Dramen sind das Schicksal der unterdrückten Frau, Prostitution, Ghettoprobleme, Aufbegehren gegen die Scheinmoral der Gesellschaft. Zu ihren bekanntesten Romanen zählen »Käthe« (1888), »Sommerliebe« (1905), »Wovon man nicht spricht« (1909), »Woran man nicht denken mag« (1914). Dramen: »Die kleine Kröte« (1897), »Der Polterabend« (1900), »Die Moral der Frau Dulska« (1907). Mit ihren Schauspielen schuf sie einen neuen Dramentypus in der polnischen Literatur, die Spießertragikomödie, die naturalistische und karikaturistische Elemente verbindet.

Personenregister

Das Personenregister enthält alle in diesem Buch genannten Personen (nicht berücksichtigt sind mythologische Gestalten und fiktive Persönlichkeiten sowie Eintragungen im Anhang mit Ausnahme des Nekrologs). Die Herrscher und Angehörigen regierender Häuser mit selben Namen sind alphabetisch nach den Ländern ihrer Herkunft geordnet. Kursive Zahlen verweisen auf Abbildungen.

Sachregister

Das Sachregister enthält Suchwörter zu den in den einzelnen Artikeln behandelten Ereignissen sowie Hinweise auf die im Anhang erfaßten Daten und Entwicklungen. Kalendariumseinträge sind nicht in das Register aufgenommen. Während politische Ereignisse im Ausland unter den betreffenden Ländernamen zu finden sind (Beispiel »Bürgerkrieg« unter »Irland«), wird das politische Geschehen im Deutschen Reich unter den entsprechenden Schlagwörtern erfaßt. Begriffe zu herausragenden Ereignissen des Jahres sind ebenso direkt zu finden (Beispiel »Reparationen« eben dort). Ereignisse und Begriffe, die einem großen Themenbereich (außer Politik) zuzuordnen sind, sind unter einem Oberbegriff aufgelistet (Beispiel »Dadaisten« unter »Kunst«).

Texte

Copyright für den Beitrag aus Otto Böss (Hg.). Rußland-Chronik: by Verlag »Das Bergland Buch« in der F. A. Herbig Verlagsbuchhandlung GmbH München

Abbildungen

Allgemeiner Deutscher Nachrichtendienst, Berlin/DDR (1); Archiv der deutschen Jugendbewegung, Burg Ludwigstein (3); Archiv Gerstenberg, Wietze (3); Archiv für Kunst und Geschichte, Berlin (1); Archiv Rowohlt Verlag, Reinbek (1); Bauhaus-Archiv, Museum für Gestaltung, Berlin (2); Bettmann Archive, New York/USA (6); Bundespostmuseum, Frankfurt (1); Daimler Benz AG, Stuttgart (2); Deutsche-Presse-Agentur, Frankfurt (1); Deutsches Museum, München (3); Excelsior/Presse-Sports, Paris/F (7); Friedrich Ebert Stiftung. Archiv der sozialen Demokratie, Bonn (2); Harenberg Kommunikation, Dortmund (479); Historia-Photo, Hamburg (4); Keystone Pressedienst, Hamburg (9); Kharbine Tapabor, Paris/F (1); Langenwiesche-Brandt, Ebenhausen (2); Lenin-Bibliothek, Moskau/UdSSR (1); Österreichische Nationalbibliothek, Wien/A (1); Presseagentur Schirner, Meerbusch (2); Rudolf Steiner Nachlaßverwaltung, Dornach/CH (2); Sammlung Nederlands Documentatiecentrum voor de Bowkunst, Amsterdam/NL (2); Schiller Nationalmuseum/Deutsches Literaturarchiv, Marbach (1); Städtische Kunstsammlung Darmstadt (1); Süddeutscher Verlag Bilderdienst, München (19);
© für die Abbildungen:
Georg Grosz: »Ecce Homo«, VG Bild-Kunst 89
Max Ernst: »Der Elefant von Celehes«, BG Bild-Kunst 89;
Raoul Hausmann: »Tatlin zu Hause«, VG Bild-Kunst 89;
Käthe Kollwitz: Plakat der Hungerhilfe, VG Bild-Kunst 89;
Man Ray: »Cadeau«, VG Bild-Kunst 89;
Pablo Picasso: »Große Badende«, VG Bild-Kunst 89;

© für die Karten, Grafiken und Kolorierungen
Harenberg Kommunikation, Dortmund (564)

Trotz größter Sorgfalt konnten die Urheber des Bildmaterials nicht in allen Fällen ermittelt werden. Es wird gegebenenfalls um Mitteilung gebeten.